दुर्गासप्तशती
Durgā Saptaśati

दुर्गासप्तशती
Durgā Saptaśatī

Sanskrit Text with Seven Commentaries and Revised English Translation

Vol. I

English Translation
F. E. Pargiter

Critically Edited by
DR. N. C. PANDA
VVBIS & I.S. (Department of Sanskrit)
PANJAB UNIVERSITY
Sadhu Ashram, Hoshiarpur, Punjab

BKP

Bharatiya Kala Prakashan
Delhi **India**

Published by
Bharatiya Kala Prakashan
3421-A, IInd Floor, Narang Colony
Trinagar, Delhi-110035
Ph: 8076386754, 9811642997
info@bkpbooks.com
web: www.bkpbooks-com
Buy online @ : www.buybooky.in

ISBN : 978-81-80902-90-1 (2 Vol. Sets) (HB)

First Edition : 2012
Reprint : 2025

Laser Type Setting :
A. R. Printers, Delhi
Printed at :
G.S. Offset, Shahdara, Delhi

DEDICATION

Dedicated with Profound Regards
To
PROF. DR. GANGADHAR PANDA
A Renowned Acharya
of
Indian Culture & Tradition
&
An Ideal Teacher, a Prolific Writer,
An Eminent Scholar of Sanskrit & Indology
And
Professor of Sanskrit
(Dept. of Purana & Itihasa)
&
Former Dy. Educational Adviser (Sanskrit)
Ministry of H.R.D., Govt. of India, New Delhi,
Sampurnananda Sanskrit University
Varanasi

Vol. I
Contents

Foreword

Durgā Saptaśatī is known as a religious and most popular text in India. It describes the victory of the Goddess Durgā over the demon Mahiṣāsura. Durgā Saptaśatī or Devī Māhātmya or Saptaśatī Caṇḍī is a part of the Mārkaṇḍeya Purāṇa and contains 700 verses. A ritual reading of this text is part of Navarātri celebrations in honour of the Goddess. Devī Durgā portrayed as Mahiṣāsura Mardinī, *i.e.* slayer of the buffalo-demon is being worshipped by the devotees of Śakti in India and Abroad. In India, especially the people of Eastern India worship Her with great devotion and fervour.

Durgā Saptaśatī has been translated into most of the Indian languages. There are a number of commentaries on this holy text. The most important and old commentaries on this text are : Durgā-Pradīpa, Guptavatī, Caturdharī, Śāntanavī, Nāgojībhaṭṭī, Jagaccandra-candrikā and Daṁśoddhāra. These famous commentaries are quite helpful to understand the original verses/texts of Durgā Saptaśatī.

Dr. Narasingha Charan Panda, Associate Professor, V.V.B.I.S. & I.S., Panjab University, Sadhu Ashram, Hoshiarpur, has got a good experience of Research Methodology and editing of Sanskrit & Buddhist texts, Research Journals and articles by associating himself with various Research projects in different Institutions.

It is a matter of great pleasure that Dr. Panda has edited Durgā Saptaśatī with its above seven commentaries along with the English translation in a proper way. The book is also equipped with a general Index, Śloka Index and Glossary. It will certainly create interest in both Indologists as well as general readers.

I congratulate Dr. Panda, a serious scholar, gifted with an unassuming nature, on this publication. I trust, Indology, especially Sanskrit Studies shall be further enriched by other works from his pen in future.

Lastly, I pay deep obeisance to the Divine Mother for Her kind Blessings, as :

"tanīyāṁsaṁ pāṁsuṁ tavacaraṇa-paṅke-ruhabhavaṁ
viriñciḥ saṁcinnvan viracayati lokānavikalam/
vahatyenaṁ śauriḥ kathamapi sahasreṇa śirasāṁ
haraḥ saṁkṣudyainaṁ bhajati bhasitoddhūlanavidhim//

(Prof. Gangadhar Panda)
Professor of Purāṇa-itihāsa
Dean, Faculty of Sāhitya & Saṁskṛti
Sampurananda Sanskrit Vishvavidyalaya, Varanasi

शिवसंकल्पः

यथा महाभारतस्य महिमा भीष्मपर्वान्तर्गतायां श्रीमद्भगवद्गीतावायधिकं वरीवर्ति, तथैव पुराणेषु मार्कण्डेयपुराणे दुर्गासप्तशती स्वमहिम्ना वर्तते। यो ग्रन्थोऽधिको लोकप्रियो भवति, तस्योपरि भाष्यं टीका वाऽहमहमिकया राराजते। तथैव दुर्गासप्तशत्याः सन्ति नैकाः टीकासम्पत्तयः। एतासु टीकासु प्राचीनसप्तटीकानां सञ्चयं कृत्वा ता अधिकृत्य तुलनात्मकमनुशीलनपूर्वकमेकं महत्त्वपूर्णग्रन्थरत्नं निरमापि पञ्जाबविश्वविद्यालयस्य होशियारपुर-परिसरान्तर्गतविश्वेश्वरानन्दविश्वबन्धुवैदिकशोधसंस्थानस्यास्मदनुजकल्पेन तरुणेन विदुषा उपाचार्यपलाङ्कृतवता श्रीमता डॉ. नरसिंहचरणपण्डामहोदयेन।

अनेन महत्त्वपूर्णकार्येण न केवलं शाक्तसम्प्रदाय ह्यपि तु सकलसंस्कृतजगतो महदुपकारो भविष्यतीति निश्चप्रचमवैमि। अहं पुनः श्रीमते आयुष्मते, नरसिंहचरणपण्डामहोदयाय साधुवादैर्हार्दमभिनन्दनं समर्पयामि। देव्याश्चरणसरोजेषु नतिततिं समर्प्य विरमामि।

तनीयांसं पांसुं तवचरणपङ्केरुहभवं
विरञ्चिः संचिन्वन् विरचयति लोकानविकलम्।
वहत्येनं शौरिः कथमपि सहस्रेण शिरसां
हरः संक्षुद्यैनं भजति भसितोद्धूलनविधिम्॥

प्रो. गंगाधर पण्डा
सम्पूर्णानन्द संस्कृत विश्वविद्यालय, वाराणसी
आचार्य, पुराणेतिहास,
संकायाध्यक्ष, साहित्यसंस्कृतिसंकाय
योजना समन्वयक, पाण्डुलिपि संशोधन केन्द्र
राष्ट्रीय पाण्डुलिपि मिशन

Acknowledgements

I am extending my sincere regards and thanks to Prof. Gangadhar Panda, Head & Dean, Dept. of Purāṇa-Itihāsa, Sampurnananda Sanskrit University, Varanasi, Prof. Gopabandhu Mishra, B.H.U. Varanasi, Prof. Brijes Kumar Shukla, Dept. of Sanskrit, Lucknow University, Lucknow, Prof. Surendra Mohan Mishra, Kurukshetra University, Kurukshetra, Prof. Shukdev Bhoi, L.B.S., New Delhi, for their enlightening inspiration and scholarly suggestions to complete this work successfully.

I feel it a great honour in dedicating this book to Dr. Gangadhar Panda, Professor & Dean, Sampurnananda Sanskrit University, Varanasi and Project Coordinator, National Manuscript Mission, an eminent Sanskrit scholar, a true researcher, a great poet, and a man of helping and inspiring attitude.

I beg to express my sincere thanks to Prof. J. P. Semwal, Prof. Shuk Dev Sharma, Prof. Krishna Murari Sharma and Dr. Kam Dev Jha, Principal, DAV College, Naneyok, Ambala.

I am also thankful to my wife Mrs. Shradhanjali Panda for the support she has been giving in the production of this book.

I owe enormous debt of gratitude to all those scholars, Institutions and Publishers, whose works / editions have helped me, lot in preparing this revised edition. Besides, I express my great fullness to the great scholars like Prof. F.E. Pargiter, Prof. V.S. Agrawala and Swami Tatthananda, as I have consulted their works for editing this book.

Last but not least, I am also thankful to Sri C.P. Gautam, Publisher, Bharatiya Kala Prakashan, Delhi, for kindly undertaking the publication of this book.

Dated: 15.9.2011

DR. N. C. PANDA
Panjab University, VVRIS & IS,
Sadhu Ashram, Hoshiarpur, 146 001

INTRODUCTION

Purāṇas are known as the fifth Veda[1] in Indian culture. The aim of Purāṇas is to acquaint the general mass with the teachings and philosophy of the Veda which are to be adopted as the principle and thus achieve the goal of life. As Vedavyāsa says: "*itihāsa-purāṇābhyāṁ vedaṁ samupabṛṁhayet.*"[2] So, for the complete study of the Veda, Purāṇas are indispensable Vedic study was confined to a limited intellectual group. But, the Purāṇas were open to all. Various Purāṇas provide us valuable information about the social religious and cultural life of ancient and medieval India. It is noteworthy that despite exaggerations, myths and legends, some of these works throw considerable light on the early political history of India.

The Eighteen Mahā Purāṇas[3] enunciates the meaning and the implication of vice and virtues in our life in various ways. They elaborately describe the aim of our life with a view to making our life more virtuous and fit to achieve the goal of four *Puruṣārthas, i.e. dharma, artha, kāma* and *mokṣa*. Hence, the Purāṇas explain the real truth and value of life and thus serve the purpose of welfare of mankind in their own way.

The Purāṇas are a sort of encyclopedia endeavouring to deal with the histories of five independent subjects, *viz.* creation and recreation of the universe, gods, reigns of fourteen Manus, and the kings of the solar race as Rāma and others, and of the lunar race as Pāṇḍavas and others. Similarly, are mentioned the dynasties of the Nandas, Mauryas, Guptas and others. In no other country or civilization such gigantic attempt was ever made to threat of so many subjects in such single volumes.

Besides, the Purāṇas are a vast store house of authentic materials supplying themes or many works of classical Sanskrit, prose, poetry, and drama. They also contain useful geographical information and also mention different cult of worship, *vratas* and *tīrthas*. In addition to these, Purāṇas also contain the knowledge of various branches of science, *viz.* Medical science, Astronomy, Botany, Chemistry, Vāstu, and Architecture.

Among the Eighteen Mahā Purāṇas, ten are termed as Śaiva-Purāṇas, four Brahma-Purāṇas, two Śākta-Purāṇas and four Vaiṣṇava Purāṇas as mentioned in the Kedāra Khaṇḍa of Skanda Purāṇa. The Śaiva, Bhaviṣya, Mārkaṇḍeya, Liṅga, Varāha, Skanda, Matsya, Kūrma, Vāmana, Brahamāṇḍa are the ten Śaiva Purāṇas; Viṣṇu, Bhāgavata, Nāradīya and Garuḍa are four Vaiṣṇava Purāṇas; whereas Brahma and Padma describe the glory of lord Brahmā and hence are called the Brahma Purānas.

The Mārkaṇḍeya Purāṇa[4] is one of the oldest Purāṇas. It is a very popular and most important work of the Indian tradition. This Purāṇa has 137 chapters. A study of the treatise reveals three stages of its developments. Chapters 1-44 are represented as narrated by four wise birds living Vindhya Mountain. Chapters 45 to 80; nominally a dialogue between Jaimini and Dharma-birds, but in reality the interlocutors are Mārkaṇḍeya and his pupil Krauṣṭuki who starts the real discussion on the Purāṇic contents. Chapters 81 to 93 constitute the *Durgā-saptaśatī* or *Devī Māhātmya*, popularly known as 'Caṇḍī' or 'Durgā Saptaśatī'. Presently, Durgā-saptaśatī is well-recognized as a separate sacred text like Bhagavad Gītā and it is being Chanted everyday by a number Hindus, *i.e.* the worshippers of Devī Durgā. In order to satisfy the Supreme Goddess Durgā the devotees used to chant the sacred verses of this holy text.

It is known that Devī Durgā is the Divine Supreme Power. She is the mother who creates the world and all creatures. Śakti is symbolized as a women or the mother. In the Mahānirvāṇa Tantra[5], Śakti has been addressed as Kālī, Tāriṇī, Durgā, Ṣoḍaśī, Bhuvaneśvarī, Dhūmāvatī, Bagalā, Bhairavī, Chinnamastā, Annapūrṇā, Vāgdevī, Kamalālayā and Śiva. In the Saundaryalaharī[6], Śakti has been called Āruṇā, Pārvatī, Caṇḍī, Umā, Bhavānī, Satī, Samayā, besides Jananī, Mātṛ, Devī and Ambā. In the Lalitā Sahasranāma; Śakti has been named as Kālī, Karālī, Kalāvatī, Kamalā and Kalidarpaghnī. These names have occured due to their various functions, qualities and forms.

Lord Śiva is commonly said to be the male principle and Śakti is the female principle. As a matter of fact they are neither male nor female, nor are they neuter. The person, who worships the wisdom (*jñāna*) aspect of reality commonly called the male principle, is a Śaiva; and he worships the power aspects, or the female principle, is called a Śākta. When Lord Śiva is worshipped, his consort is also worshipped, as these two are inseparable. For the same reason when Śakti is worshipped, Śiva is also worshipped. Śakti is an immanent principle of Śiva[7]. Without Śakti, Śiva is inactive. Devoid of Śakti, Śiva would be insentient (*jaḍa*) and, consequently, as good as 'dead' (*śava*). Śiva knows Himself only through His Śakti. But Śakti also depends upon Śiva for its functioning. Both are essentially dependent upon each other.[8] Śakti is symbolically represented as the spouse of Śiva and hence she is the immanent principle of Śiva.

The forms of Śakti are numerious. A number of them are classed as the Mahāvidyās - or Vidyās and the Nityās. The Tantrasāra quotes two lists of Mahāvidyās from the Mālinivijaya and the Muṇḍamālā Tantra, of which the following ones giving ten names are very popular in eastern India : (1) Mahākālī, (2) Tārā, (3) Ṣoḍaśī, (4) Bhuvaneśvarī, (5) Chinnamastā, (6) Bhairavī, (7) Dhūmāvatī, (8) Bagalāmukhī, (9) Mātaṅgī, (10) Kamalā. These ten Mahāvidyās or Śakti's are worshipped in their respective *yantras*. The *yantras* of these ten Mahāvidyās are also are very famous in the Tāntric rirtual.

1. Devī Kālī

Devī Kālī is considered to be the most important and popular of the Śakti deities in eastern India. She is worshipped on different occasions under different names and forms, all fearful and ferocious, manifesting the spirit of destruction which she represents.

Regarding the origin of Kālī, which is described in the Tantras as the cheif of all the Mahāvidyās, different accounts are available. According to the Svatantra Tantra, quoted in the Prāṇatoṣiṇī, she appeared in the city of Avanti on the day of Mahārātrī, *i.e.* on the dark eleventh of the month of Phālguna. She is often identified with Satī, the daughter of Dakṣa and with Pārvatī, the daughter of Menakā. The Muṇḍamālā Tantra identifies Kālī with Kṛṣṇa and Ṣoḍaśī. It is not proper to enter here into a detailed study of the very close relation existing, from the cultural view point, between Kṛṣṇa and Ṣoḍaśī. What concern us here is that the Vidyās Kālī and Ṣoḍaśī too are similarly connected. The Prāṇatoṣiṇī Tantra gives a vision of the story of Kālī's conversion into Sundarī or Ṣoḍaśī.

There are several varieties of this Goddess. In the Puraścaryārṇava, we find mention of nine types, *viz.* Dakṣīṇā, Bhadrā, Śmaśāna, Kāla, Guhyā, Kāmakalā, Dhanā, Siddhi and Caṇḍī. The Jayadratha Yāmala refers to Ḍambara Kālī, Gahaneśvarī, Ekatāra, Caṇḍaśābarī, Vajravatī, Rakṣākālī, Indīvarī Kālī, Dhandā, Ramaṇyā, Īśānakālī and Mantramātā. The Saṁmohana Tantra speaks of ten varieties, but actually mentions seven, *viz.* Sparśamaṇi, Cintāmaṇi, Siddhakālī, Vidyārājñī, Ḳāmakalā, Haṁsa Kālī and Guhya Kālī. Of these varieties Dakṣiṇā and Bhadra Kālī belong to the Southern Āmnāya, while Guhya Kālī, Kāmakalā, Mahākālī and Mahāśmaśāna Kālī belong to the northern Āmnāya. Guhya Kālī, generally worshipped in Nepal, is often described as the best of all types, and it was of this goddess that Brahmā, Vasiṣṭha, Rāma, Kuvera, Yama, Bharata, Rāvaṇa, Bali, Indra and others were the worshippers. The number of her faces is said to vary with various Sādhakas. The type which Bharata worshipped has ten faces and her *mantra* consists of sixteen syllables. The external features of the types of which Rāmacandra was a votary are exactly the same, but her *mantra* consists of seventeen syllables rather than sixteen. Hārīta and Cyavana both worshipped this seventeen syllable *vidyā*, but Hārīta obstructed it with a Kīla, so that until this is removed, which is practically a very difficult matter, it can not reveal itself and become effective. The Cyavana type is still in use. The Mahākāla Saṁhitā explicitly says that the ten faced type of Guhya Kālī[9] is the fundamental type of which the other varieties are modifications. There are seven varieties of Guhya Kālī and five of Dakṣiṇā Kālī. The worshippers of Kāmakalā Kālī are named in the Mahākāla Saṁhitā, *viz.* Indra, Varuṇa, Vivasvān, Candra and the seers. The eighteen syllabled type of this Vidyā is supposed to be the best among others.

Goddess Kālī is called Kālaśaṅkarṣiṇī, because she destroys time and death. Abhinavagupta describes three forms of Kālī, viz. Sṛṣṭi-Kālī, Rakta-Kālī, Sthitināsa-Kālī, Yama-Kālī, Mṛtyu-Kālī, Bhadra-Kālī, Mārtaṇḍa-Kālī, Paramārka-Kālī, Kālāgnirudra-Kālī, Mahākāla-Kālī and Mahābhairavaghora-Caṇḍa-Kālī.

It is observed that goddess Kālī manifest powers of (1) Sṛṣṭi or manifestation, (2) Sthiti or maintenance, (3) Saṁhāra or withdrawal, (4) Anākhyā or the indefinable aspect in relation to *pramātā*, *pramāṇa* and *prameya*. So, Kālī assumes twelve forms.

In the Muṇḍaka Upaniṣad Goddess Kālī is described as black in colour and terrible in Nature.

Kālī karālī ca manojavā ca sulohitā yā ca sudhūmravarṇā.[10]

2. Devī Tārā

Goddess Tārā is the second Mahāvidyā in the list. She is regarded as the Devī of knowledge. She is variously named as: Ugra Tārā, Nīla Sarasvatī, Ekajaṭā, Mahā Tārā, Vidyārājñī, Vāgīśvarī and Sarasvatī. The Tantracūḍāmaṇī and Tantrārṇava describe it as Kucchukā and call it a secret Vidyā. In the Tārārahasyavṛtti, the mention of several kinds of Tārā is also to be noted as: Tārā, Ugrā, Mahogrā, Vajrakālī, Sarasvatī, Kāmeśvarī and Bhadrakālī.

According to the Indian Tantric tradition, different *mantras* of this goddess were worshipped by different persons for different purposes. Thus for instance the *mantras* which Brahmā had resorted to while conferring boons on Tārakāsura and Hiraṇyakaśipu were twelve syllables and seven syllables respectively. Rāma's *mantra* was seven syllables. There is a seven syllables *mantra* of the Goddess associated with the name of Brahmā, but it is somewhat different. Nārāyaṇa, for subjugating the Daityas, worshipped the five syllables form of the *mantra*. Lord Viṣṇu, in the form of Buddha, is said to have worshipped the twelve syllables *mantras* for preaching of Buddhism. The *mantra* which Mahādeva gave to Paraśurāma, and incarnation of Viṣṇu, for bringing to an end the Kṣatriyas in the land was five syllables *mantra* of Goddess Tārā.

The different forms of Tārā of which the exact number cannot be determined, are arranged in some Tantras, according to the Āmnāya to which each is affiliated. So, Sparśatārā, Candravarṇā, Candraghaṇṭā, Ghaṇṭikā and Trailokyavijayā belong to the last; Cintāmaṇi, Siddhajaṭā, Trijaṭā, Krūra-mālikā, Krūracaṇḍā, Vajratārā, Brahmatārā Maṇitārā, *etc.* belong to South; Ugratārā and eighty-four types of Haṁsatārā, Mahānīlā Sarasvatī, Nīlasundarī and Mahānīla-sundarī to the Upper Āmnāya.

In connection with the origin of the Goddess Tārā is known that She is came forth from the upper mouth of Lord Śiva in the form of bright flame and fall into the Chola lake to the west of mount Meru on the day of Kālarātrī, *i.e.,* on the day of Dīpāvalī. Rising out of the lake she assumed a blue hue and became known as Nīla-sarasvatī. It is to be noted that for a long time the Tārā-*mantra*, owing to the cause of Vasiṣṭha, remained subsequently, so as to remove its barrenness. In some places it is noted that the effect of the curse was till the advent of the Kṛṣṇa incarnation.

However, it is fact that Tārā is the only one goddess who is venerated not only in the Hindu Tantric tradition, but also in the Buddhist Tantric tradition by a large number of devotees in this country. According to the ancient tradition, Goddess Tārā is said to symbolise the parāvāk in embodied form. She is held to be of the nature of Pūrṇa-ahaṁtā , *i.e.* The pure 'I experience' in absolute form. This way, goddess Tārā is now popularised in both Hindu and Buddhist Tantric tradition as a goddess of Nīla Sarasvatī.

3. Devī Ṣoḍaśī

Devī Ṣoḍaśī is the third Mahāvidyā. She represents the power of perfection and sustenance. In the Tantric tradition she is known by the names of Śrīvidyā and Tripurasundarī. Kāma is the main aspect in worshiping Tripurasundarī. She is the main Devī of Śrīvidyā form of worship and is invoked either in the Śrīyantra or in her own *Yantra.*[11]

It is known that Śrī Śaṅkarācārya was follower of the Śrīvidyā tradition for his spiritual practices, which is evident from the fact that he installed a Śrīcakra in all the *maṭhas* he established. This also fortifies our contention that worship of Śrīvidyā was in the beginning common to both the Vedic and Tantric traditions.[12] Besides these, Devī Ṣoḍaśī was said to be worshipped at twelve different places in different forms, *e.g.* as Kāmākṣī at Kāñcipuram, as Bhrāmarī in the region called Malayagiri, as Kaumārī at Kanyākumārī, as Ambā at Anarta in Gujarat state, as Devī Mahālakṣmī at Karabīra, as Kālikā in Malwa, as Lalitā at Prayāga. She is also worshiped as Vindhyavāsinī in Vindhyācala in U.P., as Viśālākṣī at Kāśī (Vārāṇasī), as Maṅgalācaṇḍī at Gayā,Bihar , as Sundarī in Bengal and Devī Guhyeśvarī in Nepal.[13] However, Devī Ṣoḍaśī is being worshipped by the different Tāntric worshippers in various parts of the world to obtain worldly material as well as spiritual happiness in life.

4. Devī Bhuvaneśvarī

Goddess Bhuvaneśvarī is the fourth of the ten

Mahāvidyās. She appears in her *yantra* seated on a star hexagon, which is associated with the transcendent immensity of both the male and female principle as one. In the Bhuvaneśvarī *yantra* she is described as:

uddyadinadyutimindukirīṭāṁ tuṅga-
kucāṁ nayanatraya yuktām I
smeramukhīṁ varadāṅkuśapāśā-
bhītikarāṁ prabhaje bhuvaneśīm II[14]

At present the worship of the goddess Bhuvaneśvarī remained confined to isolated pockets with a limited number of Tāntric devotees. Śākta Pramoda, Bhuvaneśvarī Tantra, Bhuvaneśvarī Rahasya, Bhuvaneśvarī stotra and Bhuvaneśvarī Pārijāta are the few texts in which the nature and form of the goddess and the Tāntric rituals connected with her worship are described.

5. Devī Chinnamastā

Goddess Chinnamastā is also known as Pracaṇḍa Caṇḍikā. The Chinnamastā Tantra, Śaktisaṅgama Tantra and Śākta Pramoda describe her real form (*svarūpa*), quality (*guṇa*), *yantra*, *mantra* and the procedure of worship. The Śaktisaṅgama Tantra in its section named Chinnamastā throws some light on her nature. However, due to Her terrible form, she has very few devotees.

6. Devī Tripurā Bhairavī

Goddess Tripurā Bhairavī is being worshipped in different forms and names, such as: Kamaleśvarī-Bhairavī, Siddhi-Bhairavī, Caitanya-Bhairavī, Nityā-Bhairavī, *etc.* Her devotees worship her with great devotion. Her nature and mode of worship can be known from the Bhairavī Tantra, Bhairavī Saparyāsiddhi, Bhairavī Rahasya, *etc.* Her *yantra* is a hexagon placed with in a circle of lotuses. The Śāradātilaka Tantra describes Tripurā Bhairavī as:

udyatbhānusahasrakāntimaruṇakṣaumām̐ śiromālinīm |

raktāliptapayodharām̐ japavaṭim̐ vidyāmabhītim̐ varām||

hastābjairdadhatīm̐ trinetravilasad vaktrāravindaśriyam|

devīm̐ baddhahimām̐śuratnamukuṭām̐ vande samandasmitām||[15]

7. Devī Dhūmāvatī

Goddess Dhūmāvatī is known as the goddess of Uttarāmnāya, *i.e.* belonging to northern region who moves in a chariot having the flag marked by a crow.[16] She is represented wearing a white dress and holding a winnowing instrument is one of her hands. Besides, she is depicted as an emaciated witchlike goddess. She is invoked by her devotees for vanquishing their enemies. In the Mantramahodadhi, the nature and importance of the Devī are described Her *bīja-mantra* is '*dhūm*'. Goddess Dhūmāvatī should be worshipped by the following *mantra*:

dhanahṛṣṭā dhanapuṣṭā dānādhyayanakāriṇī /

dhanarakṣā dhanaprāṇā dhanānandakarī sadā //

śatrugrīvācchidācchāyā śatrupadhatikhaṇḍinī /

śatruprāṇaharāhāryā śatrūnmūlanakāriṇī //

madirāmodayukto vai devīdhyānaparāyaṇaḥ/

tasya śatruḥ kṣayam̐ yāti yadi śakrasamo'pi vai //[17]

8. Devī Bagalāmukhī

Goddess Bagalāmukhī is the eighth Mahāvidyā. She

is always invoked by the devotees for paralyzing the activities of enemies in all the three spheres of creation. Besides, She is meditated upon as holding the tongue of the enemy with one hand, and thrashing him with a club. By the grace of the Devī the adept becomes powerful enough to enchant the world. [18] Datia in Madhya Pradesh is well-known for sheltering a temple dedicated for her worship.

9. Devī Mātaṅgī

The ninth Mahāvidyā is Devī Mātaṅgī. She is depicted as having a fierce look. According to Brahmayāmala, the goddess, placed with the austerities performed by sage Mataṅga, incarnated in the family of the sage as his daughter, there fore she bears the name Mātaṅgī. The Mātaṅgī Karma and Mātaṅgī Paddhati are two well-known Tantric texts shedding light on her nature and various ways of worship. Besides, Mātaṅgī is known by various names, *viz.* Sumukhī, Ucchiṣṭacāṇḍālinī and Mahā-piśācinī. She also appears in various forms and names, such as: Rāja-Mātaṅgī, Vaśya-Mātaṅgī, Karaṇa-Mātaṅgī, *etc.* Devī Mātaṅgī represents the power of domination, dispels evil and dispenses justice to all.

10. Devī Kamalā

Goddess Kamalā is the tenth of the Mahāvidyās. She is a very adorable goddess on account of her fair complexion and charming face. She is bedecked with garlands made from priceless gems and wears a beautiful crown on her head. Four white elephants from the snow-clad Himalayan peaks are depicted as continuously pouring holy waters from four golden jars which they hold with their trunks. She sits on a beautiful lotus. From the name and the description it appears that Lakṣmī, the goddess of wealth and fortune of the Purāṇas is identical with the goddess Kamalā. The Śāradā-tilaka, Śāktapramoda and Tantrasāra, *etc*. describe her form and mode of worship in a positive way. The Śāradātilaka describes goddess Kamalā as:

kāntyā kāñcanasannibhāṁ himagiriprakhyaiścaturbhirgajai-
rhastotkṣiptahiraṇmayāmṛtaghaṭairāsicyamānāṁ śriyam|
vibhrāṇāṁ varamabjayugmamabhayaṁ hastaiḥ kirīṭojjvalāṁ-
kṣaumābaddhanitambalalitāṁ vande'ravindasthitām ||[19]

This way, the above ten Mahāvidyās have a great significance in the Indian Tāntric tradition. These goddesses are being worshipped in their respective *yantras* by their devotees to obtain the four *puruṣārthas, i.e., dharma, artha, kāma* and *mokṣa* in life.

Durgā Saptaśatī or Devī Māhātmya depicts Devī in her universal form as Śakti. Goddess Durgā, represents the lethal energy of Divine Anger when turned against evil. According to the text the world was under attack by the furious demon Mahiṣāsura, who took various forms including that of a buffalo. The gods, fearing total annihilation endowed Devī Durgā with their heavenly powers. Riding a lion into battle, goddess Durgā slew the buffalo by cutting of its head and then she destroyed the spirit of the demon Mahiṣa as it emerged from the buffalo's severed neck. It is through this Divine Act, that order was established in the world. She is the Great Mother who controls and regulates both the universal and the individual manifestations.

The metaphysical exposition of the manifold manifestations of the one Supreme Energy or Devī is found in its best poetical form in a rare *stotra* in the present text presenting the invocation of the goddess by the assembly of the *devas* when the demons Śumbha and Niśumbha followed the death of Mahiṣa by a fresh demonstration of the Āsuric forces in the world-wide riotous disruption. In this *stotra* the great goddess is invoked as Viṣṇu-māyā, *i.e.* the Supreme Śakti of Lord Viṣṇu. It should be observed here that the goddess conceived of as Viṣṇu-māyā is no other than Nārāyaṇī, and the great Bhāgavata teachers who were pledged to the doctrine of an all comprehensive synthesis of the Vedic and Purāṇic thoughts and definitions propounded the essential identity of Kātyāyanī and Nārāyaṇī. There is a reason why the goddess is called Kātyāyanī. The root meaning of Kātyāyanī is Supreme mystery. She is the supreme goddess a mystery for ever. Whatever be the name and form, whether Gaurī, Pārvatī, Mahiṣāsuramardinī, Śrī, Lakṣmī, Nārāyaṇī, Vāc, Sarasvatī, Sāvitrī, Svāhā, Svadhā, *etc.* all defy the orbit of words and meaning. The goddess is the Divine Light that has descended to the plane of matter. Matter is *āsuric* or darkness-in-form, and the goddess rules Supreme over all the *asuras* (demons). When once the Devī is conceived of as *cetanā*, all the faculties of the soul and the forms engendered in matter become identified with her power.[20]

The aim of this text is to preach the ancient truth of the Vedas, which days: God is one; sages call him by various names.[21] In this all contradictory and philosophical views are reconciled. By the proper study of the scripture with devotion and with an eye of security one will find that two streams are flowing concurrently in it namely a man's relation with the Divine Mother and the Divine Grace working for redemption of humanity with the profundity of thought and practicability of its discipline Durgā Saptaśatī is really a wonderful scripture in which Hinduism in all its highest aspects is developed. It fulfills all requirements of religion. It is an appeal to the entire humanity covering the whole ground of religious life.

It is known that Durgā Saptaśatī has a number of commentaries. The present edition contains seven important commentaries like: Durgā-Pradīpa, Guptavatī, Caturdharī, Śāntanavī, Nāgojībhaṭṭī, Jagaccandra-candrikā and Daṁśoddhāra. These commentaries are very famous and quite helpful to understand the original text of Durgā Saptaśatī. Beside the original text and commentaries, this edition also contains the English translation of F.E. Pargiter. However, the present edition is being prepared on the basis of several published versions for the benefit of Indological researchers and the common readers of Durgā Saptaśatī (Caṇḍī). The chief peculiarity of this edition is that it contains all variant readings of the verses.

Hope, this critically edited text of Durgā-Saptaśatī will its authentic version will duly encourage the young researchers to under take further conceptual study of this most sacred as well as religious text.

REFERENCES

1. *Itihāsapurāṇāni pañcamaṁ vedamīśvaraḥ* I
Bhāgavata Purāṇa, III.12.39.
2. *Mahābhārata,* I.1.68.
Brāhmaṁ pādmaṁ vaiṣṇavañca śaivaṁ laiṅgaṁ sagāruḍam I
nāradīyaṁ bhāgavatamāgneyaṁ skāndasaṁjñitam II
*bhavisyaṁ brahmavaivartaṁ mārkaṇḍayaṁ savāmanam*I
vārāhaṁ mātsyaṁ kaurmaṁ brahmāṇḍayaṁ savāmanam I
*Vārāhaṁ mātsyaṁ kaurmaṁ brahmāṇḍākyāmiti triṣaṭ*II
–*Bhāgavata Purāṇa,* XII.7.23-24
4. *asṭādaśapurāṇāṇāni yānī prāha pitāmaha I*

teṣām tu saptamaṁ jñeyaṁ mārkaṇḍeyaṁ suviśrutam ॥
Mārkaṇḍeya Purāṇa, chapter 137.7-8

5. *tvaṁ kālī tāriṇī durgā ṣoḍaśī bhuvaneśvarī* ।
dhūmāvatī tvaṁ bagglā bhairavī chinnamastakā ॥
tvamannapūrṇā vāgdevī tvaṁ devī kamalālayā ।
sarvaśaktisvarūpa tvaṁ sarvadevamayī tanuḥ ॥
Mahānirvāṇa Tantra, IV.13-14

6. See verses 17 to 55.
7. *śakti sā śivasya śakti, Ānanda sūtra, 2.*
8. *na śivaḥ śaktirahito na śaktivyatirekiṇī* ।
–*Śivadṛṣṭi,* III. 2cd.
Cf. śaktiśca śaktimadrūpād vyatirekaṁ na vāñchati — *Bodhapañcadaśikā,*3
Also *cf. Śivaḥ śaktyā yukto yadi bhavati śaktaḥprabhavituṁ*
na cedevaṁ devaḥ na khalu kuśalaḥ spanditumapi । *Saundaryalaharī,* 1
9. This is the *sakala* form of the goddess, which has three distinct aspects, *viz.* gentle (*saumyā*), rough (*ugrā*) and extremely fierce (*mahākrurā*).
10. *Muṇḍaka Upaniṣad,* 1.2.4.
11. For details, see *Mantramahodadhi*, IV, 83-88.
12. Aspect of Tantra Yoga, D.B. Sen Sharma, ch. I, p. 45.
13. *Bhahma Purāṇa,* IV.3.
14. Vide, *Śākta-pramoda, Bhuvaneśvarī Tantra,* p.197.
15. *Śāradātilaka,* XIII.31.
16. *kākadhvajarathārūḍhā kevalā kaṭhinā kuhūḥ.*
— *Śāktapramoda, Dhūmāvatī Tantram,* p. 292.
17. *Quoted in Perspectives of Indian Thought* by N.C. Panda, p.157.
18. *baglāmukhīṁ trijagatāṁ saṁstambhinīṁ cintayet.*
—*Mantra Mahodadhi,* X.5cd.
19. *Śāradātilaka,* VIII.4.
20. Agrawala, V.S., *The Glorification of the Great Goddesses,* p.24.
21. *ekaṁ sad viprā bahudhā vadanti. Ṛgveda,* I.164.46

॥ श्रीः ॥

दुर्गासप्तशती

गुप्तवत्यादिसप्तटीकासंवलिता

उपोद्घातः

श्रीगणेशाय नमः। वृषवाहनविघ्नेशौ हंसवाहं सरस्वतीम्। स्वेष्टं श्रीबटुकं नत्वा पितरं व्यंकटं ततः॥1॥ श्रीगौतमकुलोत्पन्नो ज्योतिर्विद्व्यंकटात्मजः। हरिकृष्णः करोत्यत्र दुर्गोपासनसंग्रहम्॥2॥ अस्यामुपासनायां वै साधारणमपेक्षितम्। तत्सव पूर्वमेवोक्तं विज्ञेयमिह चादरात्॥3॥ पूर्वोक्तानां पदार्थानामत्र वक्ष्याम्यनुक्रमम्। लक्षणं गुरुशिष्याणां दीक्षाग्रहणनिर्णयः॥4॥ पारायणविधानं चाभिषेकस्य विधानकम्। बीजानां लक्षणं चैव पुरश्चर्याविधिस्तथा॥5॥ स्थानस्य निर्णयश्चैवासनस्य च विनिर्णयः। मुद्राणां लक्षणाध्यायो मालनिर्णय एव च॥6॥ जपस्य लक्षणं चैव ह्यजपाजपलक्षणम्। तान्त्रिकंस्नानसंध्यादिनित्यकर्मनिरूपणम्॥7॥ भूशुद्धिद्वारपूजादिदेहरक्षानिरूपणम्। भूतशुद्धिश्च प्राणानां प्रतिष्ठाविधिरेव च॥8॥ न्यासानां निर्णयश्चैव मातृकान्यासनिर्णयः। अनेकविधन्यासानां सप्रमाणं निरूपणम्॥9॥ अर्चनं द्विविधं चैव वामदक्षिणभेदतः। वामेन वा दक्षिणेन पूजनं तु यथारुचि॥10॥ पात्राणां लक्षणं चैव पात्रस्थापननिर्णयः। शुद्धिः पञ्चमकाराणां या वामे परिकीर्तिता॥11॥ पात्राणां ग्रहणं चैव तिरस्करणिपूजनम्। अन्तर्यागविधानं च वैश्वदेवनिरूपणाम्॥12॥ बहिर्यागविधानं च देवतापीठनिर्णयः। सर्वयन्त्रप्रतिष्ठा च सापि भेदद्वयात्मिका॥13॥ इष्टदेवस्थापनार्थं प्रथमं यन्त्रपूजनम्। वश्याद्यनेककार्येषु यानि यन्त्राणि सन्ति हि॥14॥ तेषां चैव प्रतिष्ठा च यन्त्रं सिद्धिकरं यतः। अनेकविधपूजाया भेदलक्षणवर्णनम्॥15॥

शङ्खघण्टापूजनं च तन्माहात्म्यनिरूपणम्। उपासनाप्रभेदेन भस्मरुद्राक्षधारणम् ॥16 ॥ गोपीचन्दमाहात्म्यं तुलसीकाष्ठधारणम्। निर्णयश्चैव संप्रोक्तो ह्यावाहनंविसर्जने ॥17 ॥ आसनस्यच ध्यानस्य तथा पाद्यार्घ्यनिर्णयः। विधिराचमनीयस्य मधुपर्कस्य निर्णयः ॥18 ॥ विधिः स्नानाभिषेकस्य जलाहरणंनिर्णयः। वस्त्रस्य चोपवीतस्य तथालंकरणस्य च ॥19 ॥ गन्धाक्षतानां पुष्पाणां च विनिर्णयः। धूपदीपविधानं च नैवेद्यस्य विनिर्णयः ॥20 ॥ फलताम्बूलयोश्चैव दक्षिणायाश्च निर्णयः। आरार्तिकमन्त्र-पुष्पप्रदक्षिणविनिर्णयः ॥21 ॥ प्रणामस्य प्रार्थनायास्तीर्थस्य च विनिर्णयः ॥ अङ्गपूजाऽऽवर्णपूजा बलिदानादिनिर्णयः ॥22 ॥ कुमारिकादिपूजायाः शक्तिपूजननिर्णयः। स्तोत्रादिपठनं चैव तीर्थग्रहणनिर्णयः ॥23 ॥ होमस्य च विधानं वै कुण्डमण्डपलक्षणम्। तर्पणस्य मार्जनस्य द्विजसंतर्पणस्य च ॥24 ॥ विधानं च पृथक्प्रोक्तं निर्णयश्च पृथक्पृथक्। मन्त्रस्य शीघ्र सिद्ध्यर्थं विधिरुक्तो मया नृणाम् ॥25 ॥ सर्वसिद्धिकरः साक्षान्मन्त्रसंस्कार पूर्वकः। मूलिकाग्रहणे मन्त्रा दिशां नियम एव च ॥26 ॥ ऋतुमासर्क्षवाराणां तिथीनां नियमस्तथा। अङ्गुलीनिर्णयश्चैव वन्दाग्रहणनिर्णयः ॥27 ॥ सिद्धार्यादिचक्रमार्गशोधनं साधकेष्टयोः। शापोद्धारोत्कीलने च सूतकादिविनिर्णयः ॥28 ॥ नपुंसकादिभेदाश्च मन्त्राचणां ये प्रकीर्तिताः। पुरश्चरणतः पूर्वकृत्यं यच्चान्तिमे तथा ॥29 ॥ तत्सर्वमपि ग्रन्थेऽस्मिन्पूर्वमेव प्रकीर्तितम्। आवर्णदेवतानां च यजनार्थं विशेषतः ॥30 ॥ उद्धारश्चैव यन्त्राणां मन्त्रोद्धारस्तथैव च। सर्वेषा चैव देवानां गायत्रीमन्त्रसंग्रहः ॥31 ॥ चक्रपूजाविधिश्चैव काम्यपूजाविधिस्तथा। नैमित्तिकार्चनविधिर्विशेषेण निरूपितः ॥32 ॥ गर्भाधानादिसंस्कारास्तान्त्रिकाश्च निरूपिताः। दीक्षितस्योपासकस्य ह्यन्त्येष्टिकर्मनिर्णयः ॥33 ॥ कोलमार्गप्रकाशश्च कौलखण्डनमेव च। पूजापराधाः सम्प्रोक्ताः स्वस्तिकादिनिरूपणम् ॥34 ॥ देवालयस्य मर्यादासेवनं च निरूपितम्। निर्णयश्चाधिकारश्च शब्दसृष्टिनिरूपणम् ॥35 ॥ षडाम्नायस्य चोत्पत्तिः पवित्रदमनार्चनम्। मूर्तीनांलक्षणं चैव तपोमार्गनिदर्शनम् ॥36 ॥ जातिस्मरस्य चोपायाः प्रशंसा च निरूपिता। दुष्कर्मप्रायश्चित्तानि नित्यशिक्षानिरूपणम् ॥37 ॥ शरीरस्य स्वरूपं च कामनाभेदनिणयः। पृथक्पृथक्तथाध्यायैः सर्वेषां निर्णयः स्फुटः ॥38 ॥ परिभाषाभिधेऽध्याये केषाच्चिन्निर्णयस्तथा। कृतस्तदनुरोधेन

प्रयोगः सिद्धिदो नृणाम् ॥39॥ अदृष्ट्वैव विधानं तु कृतश्चेन्नैव सेत्स्यति। एषां सर्वोपासनेषु ह्युपयोगो भवेत्किल ॥40॥ तेषां सर्वपदार्थानां पूर्वमेव निरूपणम्। कृतं तस्मादिद्वशेषेण दृष्ट्वोपासनमारभेत् ॥41॥ सर्वे शाक्ता द्विजाः प्रोक्ता च शैवा न च वैष्णवाः।आदिदेवीमुपासन्ते गायत्रीं वेदमातरम् ॥42॥ तस्मादादौ प्रयत्नेन गायत्रीं प्रयुतं जपेत्। पटलं पद्धतीवर्म तथा नमसहस्रकम् ॥43॥ स्तोत्राणि चेति पञ्चाङ्गं देवतोपासने स्मृतम्। कवचं देवतागात्रं पटलं देवताशिरः ॥44॥ पद्धतिर्देवहस्तौ तु मुखं साहस्रकं स्मृतम् स्तोत्राणि देवतायादौ पञ्चाङ्गं पञ्चभिः स्मृतम् ॥45॥ जपो होमस्तर्पणं च मार्जनं विप्रभोजनम्। आराधनं पञ्चविधं देवतानां प्रकीर्तितम् ॥46॥ पञ्चाङ्गैः सहितं त्वेतद्दशाङ्गं कथ्यते बुधैः। हृदयं दीपदानं च स्तवराजादिकं तथा ॥47॥ मालामन्त्रस्तथा कल्पः सर्वमेतद्द्रवीम्यहम्। उपासना शराङ्गेषु या प्रोक्ता पद्धतिः पुरा ॥48॥ इष्टदेवार्चनार्थं वै द्वितीयाङ्गं च तत्स्मृतम्। तस्योपयोगिकं ह्येतत्सर्वं पूर्वं मयोदितम् ॥49॥ सविस्तरं च तद्दृष्ट्वा कार्या पद्धतिरुत्तमा। सनिर्णयां च सर्वत्र लिखामि यदि पद्धतिम् ॥50॥ तदा ग्रन्थो महानेव भवेत्तस्माच्च पूवर्तः। लिखित्वा निर्णयं पश्चात्पटलादिकमत्र वै ॥51॥ प्रवक्ष्यामि विशेषेण ग्रन्थानालोक्य यत्नतः। तस्माद्यत्नपरो भूयात्स्वस्य सिद्ध्यै न संशयः न संशयः ॥52॥ उपोद्धातप्रकरणं प्रथमं परिकीर्तितम्। दुर्गामाहात्म्यं पाद्मोक्तं द्वितीयं च ततः परम् ॥53॥ देवीरहस्यतन्त्रोक्तं दुर्गापञ्चाङ्गमीरितम्। अष्टमं च प्रकरणं दुर्गाभुवनवर्णनम् ॥54॥ पञ्चरत्नेश्वरीविद्या दुर्गास्तोत्रं ततः परम्। ब्रह्मवैवर्तसंप्रोक्तं दुर्गाकवचमुत्तमम् ॥55॥ अष्टोत्तरशतं नामस्तोत्रं तन्त्रोक्तमेव च। रुद्रचण्डीप्रकरणं त्रयोदशममीरितम् ॥56॥ रुद्रयामलतन्त्रोक्तं सूक्तत्रयमतः परम् ॥58॥ एकविंशे प्रकरणे दुर्गाकल्पः प्रकीर्तितः। मार्कण्डेयपुराणोक्तं सूक्तत्रयमुदीरितम् ॥59॥ चण्डिकाहृदयं चैव चण्डिकास्तोत्रमेव च। लघुदुर्गासप्तशतीस्तोत्रं कवचमेव च ॥60॥ कुब्जिकातन्त्रसंप्रोक्तं दुर्गास्तोत्रं ततः परम्। गुरुकीलकसंज्ञं वै पटलं परिकीर्तितम् ॥61॥ तथा मन्त्रविभागश्च संप्रोक्तोऽष्टप्रभेदतः। दुर्गायाः पटलं चैव नित्यदुर्गाविधानकम् ॥62॥ नवचंडीविधानं च नवरात्रिविधानकम्। शतचण्डीविधानं च सहस्रायुतलक्षकम् ॥63॥ दुर्गामखप्रयोगश्च दीपदानविधिस्ततः। नित्यार्चनप्रयोगश्च तथा नैमित्तिकार्चनम् ॥64॥ दुर्गादमनपूजा च पवित्रारोपणं

तथा। एकचत्वारिंशके तु जयदुर्गाविधानकम् ॥65॥ दुर्गाषोडशनामाख्यं स्तोत्रं सार्थं ततः परम्। श्रीजामदग्न्यसंप्रोक्तं दुर्गास्तोत्रं सविस्तरम् ॥66॥ तथा गणेशखण्डोक्तं दुर्गाकवचमेव। च। दकारपूर्वकं स्तोत्रं दुर्गानामसहस्रकम् ॥67॥ नामावली च तस्यैव तथा चाष्टोत्तरस्य च। शतस्य नामावलिका दुर्गानीराजनं ततः ॥68॥ श्रीदुर्गाब्रह्मकवचमर्गलाकीलकं तथा। न्यासाश्च रात्रिसूक्तं च दुर्गासप्तशती तथा ॥69॥ देवीसूक्तं रहस्यानि दुर्गासंहार एव च। देवीगीता च संप्रोक्ता साक्षान्निर्वाणदायिनी ॥70॥ एतत्सर्वं मया पूर्वं हरिकृष्णेन धीमता। ज्योतिषार्णवमध्यस्थे स्कन्धे वै धर्मसंज्ञकै ॥71॥ उपासनाख्ये स्तबके विस्तरेण निरूपितम्। अत:परं चार्थबोधज्ञानार्थमिदमुच्यते ॥72॥

गुप्तवतीटीकास्थः सप्तशत्युपोद्घातः

श्रीगणेशाय नमः। श्रीरामं प्रतिपुष्कराभिधमहायक्षेण वेदयत्रयव्याख्यानावसरे विशिष्य कथितं श्रीविष्णुधर्मोत्तरे। तां धेनुंसमुपह्वयामि सुदुघामित्यृग्गतं शङ्कराचार्यं शिष्यचतुष्टयेन सहितं वंदे गुरूणांगुरुम् ॥1॥ विधिविष्णुमुखामरोदरयस्थितिनाशेषु शिवोऽप्यनीश्वरः। जगदम्ब तव त्वयं क्रमः क्षणमुद्दालकपुष्पभञ्जिका ॥2॥ कवचार्गले च कीलकमादौ मध्ये त्रयोदशोध्यायी। अन्ते प्राधासानिकवैकृतिके मूर्तित्रयं रहस्यानाम् ॥3॥ इति मार्कण्डेयपुराणाध्यायेषूनविंशतौ गुप्तान्। अर्थान् प्रकटीकुरुते भास्कररायोऽग्निचित् कतिचित् ॥4॥ सप्तशती लुप्तसृतीराप्तवती सत्यतीव तप्तवती। मम तु मतीरचितवती गुप्तवती नाम बिभ्रती विवृतिम् ॥5॥ काव्यव्याकृतितार्किकौपनिषदेष्वेकैकविद्भिः कृताष्टीकाः सन्ति चतुर्विधा अपि चमत्कारावहास्तद्विदाम्। ताश्चण्डीजपहोमतर्पणमुखानुष्ठानमात्रोपयोग्यर्थज्ञानमभीप्सतां न विदुषां चित्ते चमत्कुर्वते ॥6॥ एतद्ग्रन्थ रसास्वादसामर्थ्यं विदुषां यदि। किमिति प्रार्थनीयास्ते न चेत् प्रार्थनयापि किम् ॥7॥ कैः पुष्पैरक्षतान् दत्त्वा भृङ्गा भुवि निमन्त्रिताः। केन वा चम्पकेनार्धचन्द्रं दत्त्वा निराकृताः ॥8॥ यत् सप्तशत्यायुषि गुप्तवत्यामपेक्षणीयं तदवेक्षणीयम्। चण्डीसपर्य्याक्रमकल्पवल्ल्यां यत्तत्र गुप्तं तदिहास्ति क्लृप्तम् ॥9॥ तत्रादौ वक्ष्यमाणार्थानुक्रमणीश्लोकाश्चतुर्दश लिख्यन्ते। मङ्गलाचरणं ग्रन्थप्रतिपाद्यार्थसङ्ग्रहः। ततश्चण्डीतिशब्दस्य तदर्थस्य च निर्णयः ॥1॥ तन्मत्रस्य नवार्णस्योद्धारस्तस्यार्थवर्णनम्। चण्डीस्तवेपि हृल्लेखा वाग्भवं चेतनी रमा ॥2॥ कामः कामकला विघ्नो वाराही नारसिंहिकाः। परा प्रासादतद्योगसर्वमङ्गलकालिका: ॥3॥ नवार्णश्चेति सर्वेषां मन्त्रोद्धारप्रवेशनम्। सङ्क्षेपेण नवार्णस्य साधनक्रमवर्णनम् ॥4॥ अङ्गाङ्गीभावनिष्कर्ष-

श्चण्डीस्तवनवार्णयोः ततः सप्तशतीशब्द- स्तदर्थस्तत्प्रशंसनम् ॥5॥ शापोद्धारोत्कीर्तने च तत्स्तोत्रपठनक्रमः। तत्पुरश्चरणं काम्यप्रयोगे बलिनिर्णयः ॥6॥ आवृत्तौ पाठवैचित्र्यमृत्विजान्दक्षिणाक्रमः। कवचस्यार्गलायाश्च कीलक- स्यार्थवर्णनम् ॥7॥ ततो रहस्यतन्त्रस्थगुरुकीलकलेखनम्। तदर्थवर्णनं कात्यायनीतन्त्रस्य मुख्यता ॥8॥ तत्राद्यपटलव्याख्या परोक्ताभासखण्डनम्। ततस्तत्सङ्ग्रहशतश्लोक्या अंशेन लेखनम् ॥9॥ स्तोत्राद्यचरितव्याख्या द्वितीयपटलस्य च। तत्सङ्ग्रहांशो व्याख्यानं मध्यमेऽथ चरित्रके ॥10॥ तृतीयपटलव्याख्या ततस्तत्संग्रहांशकः। तृतीयचरितेऽध्यायषट्क-मन्त्रार्थवर्णनम् ॥11॥ चतुर्थपटलव्याख्याः ततस्तत्संग्रहांशकः। एकादशादित्रितयमंत्राध्यायार्थवर्णनम् ॥12॥ अथ यामलतन्त्रोक्तः प्रकारस्तस्य संग्रहः। ततस्तन्त्रान्तरप्रोक्तसंग्रहांशसमापनम् ॥13॥ प्राधानिकरहस्यस्य व्याख्या वैकृतिकस्य च। ततो मूर्तिरहस्यस्येत्यनुक्रमणिका मता ॥14॥ तत्र चण्डीनाम परब्रह्मणः पट्टमहिषी देवता। चण्डभानुश्चण्डवाद-इत्यादावियत्तानावच्छिन्नाऽसाधारणगुणशालिपरत्वेन चण्डपदस्य प्रयोगदर्शनात्, इयत्तायाश्च देशकालवस्तुकृतत्रैविध्येन तादृशपरिच्छेदत्रित-यराहित्यस्य परब्रह्मैकलिङ्गत्वात्; यद्यपि चडि कोप इति धातोर्निष्पत्तिस्तदापि 'कस्य बिभ्यति देवाश्च जातरोषस्य संयुगे' इत्यादिना। 'प्रसादो निष्फलो यस्य कोपोऽपि च निरर्थकः। न तं भर्तारमिच्छन्ति षण्ढं पतिमिव स्त्रियं' इत्यादिना च महाभयजनकत्वेनैव कोपस्य साफल्योक्तेस्तादृश एव कोपे चडिधातोर्मुख्यवृत्त्या प्रवृत्तेस्तद्वशामेव 'नमस्ते रुद्रमन्यव' इत्यादिना प्रथमं मन्यव एवं नमस्कारदर्शनात् 'भीषास्माद्वातः पवते भीषोदेति सूर्यः भीषास्मादग्निश्चेन्द्रश्च मृत्युर्धावति पञ्चमः' इत्यादिश्रुत्या वाय्वादिभयजनककोपस्यापि परब्रह्मलिङ्गत्वमक्षतमेव। अत एव महद्भयं वज्रमुद्यतमिति श्रुतौ वज्रपदेन ब्रह्मैव उच्यते, नायुधविशेषो भयजनकत्वलिङ्गादित्युक्तमुत्तरमीमांसायां कम्पनादित्यधिकरणे। तस्माच्छब्दात् पुंयोगलक्षणे ङीषि चण्डीति पदनिष्पत्तिः। तत्स्वरूपं चोक्तं रत्नत्रयपरीक्षायां दीक्षितैः। 'नित्यं निर्दोषगन्धं निरतिशयसुखं ब्रह्मचैतन्यमेकं धर्मो धमीर्ति भेदद्वितयमिति पृथग्भूय मायावशेन। धर्मस्तत्रानुभूतिः सकलविषयिणी सर्वकार्यानुकूला शक्तिश्चेच्छादिरूपा भवति

गुणगणश्चाश्रयस्त्वेक एव॥ कर्तृत्वं तत्र धर्मी कलयति जगतां पञ्चसृष्ट्यादिकृत्ये धर्मः पुंरूपमाद्या सकलजगदुपादानभावं बिभर्ति। स्त्रीरूपं प्राप्य दिव्या भवति च महिषी स्वाश्रयस्यादिकर्तुः प्रोक्ते धर्मप्रभेदादपि निगमविदां धर्मिवत् ब्रह्मकोटी' इति। एकमेव ब्रह्मानादिसिद्धया मायया धर्मी धर्मश्चेति द्विविधमभूत् सृष्ट्यारम्भे यत् प्राथमिकमीक्षणं 'तदैक्षत बहुस्यां प्रजायेय' इति 'सोऽकामयत' तत्तपोऽकुरुत' इत्यादित्रिविधश्रुतिसिद्धं ज्ञानेच्छाक्रियासमष्ट्यात्मकत्वं स एव ब्रह्मधर्मः स च धर्म्यभिन्न एव 'स्वाभाविकी ज्ञानबलक्रिया च' इति श्रुतेः तस्यैव धर्मत्वाच्छक्तिरिति संज्ञा। अत एव 'अथातो धर्मजिज्ञासा' इति कौलोपनिषत्प्रथमसूत्रे जैमिनितन्त्रस्थप्रथमसूत्र इव न धर्मशब्दश्चोदनालक्षणार्थजडवस्तुपरः अपितु ब्रह्मधर्मरूपचिच्छक्तिपर एव। तेन तत्र धर्मपदमपनीय ब्रह्मपदप्रक्षेपस्त्वविदुषामेवेति समर्थितं तद्भाष्येऽस्माभिः। अस्यैव धर्मस्यान्या अपि संज्ञाः कथयता नागानन्दसूत्रेण धर्मस्वरूपमेव विशिष्य विवृतम्, 'एष एव विमर्शश्चितिः चैतन्यमात्मा खरसोदिता परावाव स्वातन्त्र्यं परमात्मौन्मुख्यमैश्वर्यं सत्तत्त्वं सत्ता स्फुरता सारो मातृका मालिनी हृदयमूर्तिः स्वसंवित स्पन्द इत्यादिशब्दैरागमैरुद्घोष्यते' इति। तत्तत्प्रवृत्तिनिमित्तानि तद्भाष्ये एव विवृतानि। स एव धर्मो महाविष्णुभवानीभेदेन द्विविधो भूत्वा जगतः सृष्टिस्थितिलयतिरोधानानुग्रहात्मककृत्यपञ्चककर्ताऽभूत्। जपाकुसुमस्यैव रञ्जनकर्तृत्वंऽपि रागाश्रयत्वेन मात्रा स्फटिकस्यैव शुद्धस्यापि धर्मिणः सान्निध्यमात्रेण कर्तृत्वव्यवहारः। तद्वतो धर्मोऽपि न जडो न जीवः अपि तु 'चितिः स्वतन्त्रा विश्वसिद्धिहेतुः' इत्यादिशक्तिसूत्रोक्तस्वरूपं ब्रह्मैवेत्युपनिषत्सिद्धान्त इति। श्लोकद्वयस्य पिण्डितो निश्च्योतितोऽर्थः। अस्मदादीनां हि स्रष्टव्यपदार्थालोचनात्मिका ज्ञानेच्छाकृतिरूपा वृत्तिर्घटमहं जानामीत्यादि। भाविघटविषयकज्ञानाद्याकारभेदेन परस्परविलक्षण त्रिविधा स्वयं जडा घना, जडस्य घनस्यान्तः करणस्य परिणामो, घनानामेव जडानां विषयीकाररूपसम्बन्धेनापि घनेनैव विशिष्टा, स्वरूमपि परिच्छिन्ना, परिचारैरपि परिच्छिन्नैरेव युक्ता, परिच्छिन्नजडघनाहङ्कारसम्बन्धेनाध्याससहिता च। शुद्धब्रह्मणः प्राथमिकी वीक्षा तु सर्वांशे कोमलत्वात् वृत्तिरूपाऽप्यास्माकीनवृत्तिधर्मराहित्यादत्यन्तविलक्षणा सती ब्रह्मकोटावेव निविशते इति भावः॥ तदेतदुक्तं बृहद्वासिष्ठे उत्पत्तिप्रकरणे द्वादशे सर्गे

सृष्ट्यारम्भकालिकं ब्रह्मसत्तामात्रं प्रकम्य 'तदात्मनि स्वयं किञ्चिच्चैत्यतामधिगच्छति। अगृहीतात्मकं संविदमहंमर्शनपूर्वकम्-भाविनामार्थकलनैः किञ्चिदूहितरूपकम्। आकाशादणु शुद्धं च सर्वस्मिन् भाति बोधनम्। ततः सा परमा सत्ता सचेतश्चेतनोन्मुखी। चिन्नामयोग्या भवति किञ्चिभ्यतया तदा। घनसंवेदना पश्चाद्भावि जीवादिनामिका। सम्भवत्याप्तकलना यदोद्यति परं पदम्' इत्यादि। तट्टीकायामपि, सन्मात्रस्य ब्रह्मणः 'स ईक्षत लोकान्नुसृजा' इति श्रुतिसिद्धमीक्षणभावं दर्शयति तदति त्रिभिः 'अगृहीतात्मकम्' अहङ्काराध्यासरहितम् अत एव संविन्मात्रेणाहंताविमर्शः 'सर्वस्मिन्नपि' सृज्यविषयीभाविनामरूपानु-सन्धानांशेऽपि किञ्चिदेव संपृक्तमिव। अत एव 'आकाशादण्वेव' न तु घनं 'अत एव' शुद्धमेव घनमालिन्यभावाद्ब्रह्मैव चेत्यतां गच्छतीव सती' सचेतश्चेतना' ईक्षणावृत्त्यभिव्यक्तचैतन्यं तदुन्मुखी तत्प्रधाना सती किञ्चिल्लभ्यतया वाक्यविषयधर्मलाभेन तदा चिन्नामयोग्या भवतीत्यर्थः। पश्चात्तु सैव वृत्तिश्चिरावृत्त्या घनीभूता सम्यगेव आत्तकलना सूक्ष्मप्रपञ्चात्म-भावलक्षणपरिच्छेदग्राहिणी सती परं पदमपरिच्छिन्नभूमानन्दात्मभावं यदा विस्मरति तदा भाविहिर ण्यगर्भाख्यसमष्टिजीवादिनामिका भवतीत्याह घनेति। ईदृशेक्षणाद्यात्मकचण्डी चिदादिनामकसमष्टिवृत्तिरूपधर्मात्मक-शुद्धब्रह्माभिन्नानां ज्ञानेच्छाक्रियाणां तिसृणां व्यष्टीनां महासरस्वती महाकाली महालक्ष्मीरिति प्रवृत्तिनिमित्तवैलक्षण्येन नामरूपान्तराणि। तादृशानामरूप-विशिष्टदेवतात्रयसमष्टित्वं प्रवृत्तिनिमित्तीकृत्य धर्मे चण्डिकेति व्यवहारः। एवं व्यष्टीनां वामा ज्येष्ठाऽतिरौद्रीति, पश्यन्ती मध्यमा वैखरीति, ब्रह्मा विष्णू रुद्र इति रूपभेदेन। समष्टेरपि अमिबका शान्ता परेत्यादि संज्ञा अनन्तास्तन्त्रान्तरादवगन्तव्याः। त्रितयसमष्टित्वादेवैषा तुरीयेति शक्तिरहस्यादौ निर्दिश्यते। आचार्यभगवत्पादैरप्युक्तम्। 'गिरामाहुर्देवीं द्रुहिणगृहिगीमागमविदो हरेः पत्नीं पद्मां हरसहचरीमद्रितनयाम्। तुरीया कापि त्वं दुरधिगमनिःसीममहिमा महामाये! विश्वं भ्रमयसि परब्रह्ममहिषि' इति। अयमेव चार्थः प्राधानिकरस्ये 'लक्ष्यालक्ष्यस्वरूपा सा' इत्यत्राऽलक्ष्यप देन व्यक्तीकरिष्यते। ईदृशानामरूपोपाधिकस्य शक्तिरूपब्रह्मण उपासनाप्रकाशकेषु बहुषु मन्त्रेषु द्वावत्युत्तमौ। नवार्णः सप्तशती चेति। तत्राद्यस्य चतुर्विंशतिवर्णात्मत्वेऽपि व्यञ्जनानां स्वराङ्गत्वेन

स्वातन्त्र्येणाक्षरसंख्या व्यवहारनुपयोगित्वेन 'एष वै सप्तदशः प्रजापतिर्यज्ञेऽन्वायत्त' इत्यादाविव स्वरसंख्ययैव नवर्णता। अर्णशब्दोऽपि वर्णपरः सुवर्णे स्वर्णव्यवहारदर्शनात्। वर्णशब्द एव च्युतकालङ्कारेण वकारप्रतीकारदेशप्रयोगस्तन्त्रेष्वेवेति कश्चित्। तदुद्धारस्तु देव्यथर्वशीर्षोपनिषदि। तत्रहि—'सर्वे वै देवा देवीमुपतस्थुः कासि त्वं महादेवि' इति देवानां प्रश्ने सति साब्रवीत् 'अहं ब्रह्मस्वरूपिणी' इत्यादिना बहुप्रकारैः सगुणनिगुणस्वरूपभेदाभ्यां देवोत्तरिते सति 'ते देवा अब्रुवन्नित्युपक्रम्य नमो देव्यै महादेव्यै' इति श्लोकमन्त्रेण ऋग्भिश्च नमस्कारादिकं निर्वर्ण्य श्रीविद्यामुद्धृत्य तत्रत्यकूटत्रयस्यैव रूपानतरेण वाक्कामशक्तिबीजेषु श्रुत्यन्तरेववाला। घटकत्वेन प्रसिद्धेषु शक्तिबीजमात्रं प्रकारान्तेण 'वियदीकारसंयुक्तम्' इत्यादिना। हृल्लेखात्मकत्वेनोद्धृत्य। तादृशबीजत्रयघटितो नवार्णो मन्त्र उद्धृतः। तथा 'वाङ्माया ब्रह्मसूस्तस्मात् षष्ठं वक्रसमन्वितम्। सूर्यो वामश्रोत्रबिन्दुसंयुक्तष्टात्तृतीयकः। नारायणेन संमिश्रो वायुश्चाधरयुक्ततः। विच्चे नवार्णकोऽणुःस्यान्महदानन्ददायकः' इति। 'वाक्' वाग्भवबीम्। (ऐं)। 'माया शक्तिः' हृल्लेखैव (ह्रीं)। 'ब्रसूः' कामः (क्लीं)। 'तस्मात्' कामबीजात् तत्र प्रथमोपस्थितात् ककारात् 'षष्ठ' मक्षरं चकारः तं 'द्वकेण' मुखवृत्तेन आकारेण समन्वितं (चा)। 'सूर्यो' मः 'अवाम श्रोत्रं' पञ्चमस्वरः 'बिन्दु'रनुस्वारः (मुं)। 'टात्' टकारात् 'तृतीयको' वर्णो डकारः स च 'नारायणेना'ऽऽकारेण समिश्रः (डा) 'वायु'र्यकारः स 'चा' धरेणा'ऽधरोष्ठेन द्वादशस्वरेण युक्तः (यै)। **'विच्चे'** इति स्वरूपम् 'अणु'र्मन्त्रः महतामुपासकानामानन्ददायकः ब्रह्मसायुज्यप्रद इति तदर्थः। एतन्महिमातिशयो डामरादितन्त्रेषु द्रष्टव्यः। मन्त्रार्थश्च तत्रैव 'निर्धूतनिखिलध्वान्ते नित्यमुक्ते परात्परे। अखण्डब्रह्मविद्यायै चित्सदानन्दरूपिणि। अनुसंदध्महे नित्यं वयं त्वां हृदयाम्बुजे। इत्थं विशदयत्येषा या कल्याणी नवाक्षरी। अस्या महिमलेखोऽपि गदितुं केनाक्यते। बहूनां जन्मनामन्ते प्राप्यते भाग्यगौरवात्। एतमर्थं गुरोर्लब्ध्वा तस्मै दत्त्वा च दक्षिणाम्। आशिषं च परां लब्ध्वा मन्त्रसिद्धिमवाप्नुयात्' इत्यादि। अत्र प्रथमश्लोके सम्बुद्धित्रयं ततः चतुर्यिन्तं ततः पुनः संवुद्धित्रयमिति सप्तभिः पदैः क्रमेण मन्त्रे सप्तधा परिच्छेदः पदानां तत्तद्विभक्त्यन्तता तत्तदर्थाश्चेति कथितम्। तदुत्तरार्धेनाकाङ्क्षितपदानामध्याहार

उक्तः इतरत्स्पष्टम्। सच्चिदानन्दात्मकपरब्रह्मधर्मत्वादेव शक्तेरपि त्रिरूपत्वम्। तत्र चिद्रूपा महारसस्वती वाग्बीजेन सम्बोध्यते। ज्ञानेनैवाज्ञाननाशान्निर्धूतनिखिलध्वान्तपदेन तद्विवरणं युक्तमेव। नित्यत्वं त्रिकालाबाध्यत्वम् अत एव मुक्तत्वं कल्पितवियदादि-प्रपञ्चनिरासाधिष्ठानत्वम्। एतेन सद्रूपात्मकमहालक्ष्मीरूपस्य हृल्लेखया सम्बोधनमिति व्याख्यातम्। पर उत्कृष्टः सर्वानुभवसंवेद्य आनन्द एव तस्यैव पुरुषार्थत्वात् 'आत्मनः कामाय सर्वं प्रियं भवति' इति श्रुत्या तदितरेषामपि तदर्थत्वेनानन्दस्यैव सर्वशेषितया परत्वात् स च मानुषानन्दमारभ्योत्तरोत्तरं शतगुणाधिक्येन श्रुतौ बहुविधो वर्णितः तेषु परमातिशायी 'स एको ब्रह्मण आनन्द' इति परमावधित्वेनाम्नात एव परात्परः, 'स्वात्मानन्दलवीभूतब्रह्माद्यानन्दसन्ततिः' इति पुराणं च। तेन आनन्दप्रधानेन महाकलीस्वरूपस्य कामबीजेन सम्बोधनमुक्तम्। चामुण्डाशब्दो हि मोक्षवारणीभूतनिर्विकल्पकवृत्तिविशेषपरः। तादर्थ्ये चतुर्थी। चमुं सेनां वियदादिसमूहरूपां डाति डलयोरैक्याल्लाति आदत्ते स्वात्मसात्कारेण नाशयतीति व्युत्पत्तेः। पृषोदरादित्वात् सर्वं सुस्थमित्याहुः। 'मया तवात्रोपहृतौ चण्डमुण्डौ महापशु' इत्यत्र पशूपदद्विवचनयोः स्वारस्येन तूलमूलभेदेनाविद्याद्वयकथनेन 'यस्माच्चण्डं च मुण्डं च गृहीत्वा त्वमुपागता। चामुण्डेति ततो लोके ख्याता देवी भविष्यसि' इत्यत्रापि तूलमूलाविद्ययोरादानमेव गृहीत्वेति पदेनानूद्य निर्वचनकथनादण्डब्रूविद्येत्येव चामुण्डापदस्यार्थो वर्णित इति सूक्ष्मदृशां रहस्यम्। विच्चे इति तु वित् च इ इति पदत्रयात्मकं बीजक्रमेणोक्तानां चित्सदानन्दानां वाचकं संबुध्यन्तम्। अस्य स्त्री ई इत्यस्य ह्रस्वे सति 'इ' हे आनन्दब्रह्ममहिषि इत्यर्थः। वित्पदं ज्ञानपरं प्रसिद्धमेव। चकारोऽपि नपुंसकः सत्यपर इति योज्यम्। अनुसंदध्महे इत्यादि शेषः। इत्थं च हे महासरस्वत्यादिरूपे चिदादिरूपे चण्डिके त्वां ब्रह्मविद्याप्राप्त्यर्थंवयं सर्वदा ध्यायाम इति मन्त्रार्थः फलितः। तस्यायं संग्रहः 'महासरस्वति चिते महालक्ष्मि सदात्मके। महाकाल्यानन्दरूपे त्वत्तत्त्वज्ञानसिद्धये। अनुसंदध्महे चण्डि वयं त्वां हृदयाम्बुजे' इति। यद्यपि श्रीमित्येव बीजं महालक्ष्म्याः प्रसिद्ध न हृल्लेखा तथापि हकारशकारयोरूष्मत्वेन साजात्यान्नातीव भेदः। अत एव 'ह्रीश्च ते लक्ष्मीश्च पत्न्यौ' इति श्रुतौ। शाखान्तरे ह्रीपदस्थाने श्रीपदस्य पाठः। एवं स कामबीज

एव लकारस्य स्थाने 'रेफयोजनेन कालीबीजतारस्तयोश्चान्तस्थत्वेनैक्यान्नात्यनतं भेदः। तन्त्रान्तरेषु कालीसरस्वत्योर्वास्तविकाभेदमभिप्रेत्य बीजयोर्वैपरीत्याद्भेदव्यवहारोऽपि दृश्यत इति द्रष्टव्यम्। अयं चार्थः प्राचीनैर्वर्णितप्राय एव सम्यक्परिष्कृत्योक्तः। वस्तुतस्तु लक्षणविरोधस्य छान्दसत्वेन पृषोदरादिपाठकल्पनया च समाधानस्याविशेषादन्योऽपि प्रकारः सुवचः। चमु अदन इति धातोश्चामुरदमीयः पदार्थः। स च ब्रह्मातिरिक्तः सर्वोऽपि अत्ताचराचरग्रहणादित्यधिकरणे तथा निर्णयात्। तं डापयति उड्डापयति न विषयीकुरुते ब्रह्ममात्रविषयिणीति यावत्। अथवा चकार एकाक्षरनिघण्टुरीत्या चन्द्रवाचक आह्लादप्रकाशगुणयोगादिह ज्ञानपर आनन्दपरो वा सन् ब्रह्मैव वक्ति। तदासमन्तान्मुण्डयतीति चामुण्डा। मुण्डनं नामाधारापेक्षया न्यूनसत्ताकवस्तुनिरासः। शिरश्चर्मापेक्षयां न्यूनतादात्म्यवतामैव केशानां वपने प्रयोगात्। गौडपादीयभाष्ये तु शरीराहित्यलक्षणमुण्डताया मुण्डकोपनिषत्प्रोक्तशरीरविशेषवत्ताया अमुण्डातायाश्च सत्वच्चामुण्डात्वमित्यर्थ इत्युक्तम्। अथवा चानां बुद्धीनां सुखानां वा मुण्डमिव शीर्षमिव स्थिता, सर्वोत्तमा चरमवृत्तिरूपा ब्रह्मविद्येति यावत्। अथवा। चण्डिकारूपदेवतापर एव चामुण्डाशब्दः। अत एव मन्त्रान्ते वह्निजायायोजनेन होमे चामुण्डाया इदमित्येव त्यागो विधिशब्दस्य मन्त्रत्वमित्यधिकरणन्यायसिद्धो युज्यते। चतुर्थीवलाच्च नमः शब्दस्यैवाध्याहारः। बीजत्रयमप्यव्ययरूपं चतुर्थ्यन्तमेव व्यष्टिदेवतात्रयवाचकमभेदद्योतकम्। तद्विशेषणं विच्चे इत्यप्यखण्डमव्ययं मोचनार्थकम्। स्वरादेराकृतिगणत्वात्। मन्त्रस्य पदखण्डशो न्यासप्रकरणे अस्य युगलस्य विभजनं विनैव न्यासविधानात्। भगमालिनी नित्या मन्त्रादिषु बहुषु तस्य प्रयोगसत्वेन तन्त्रोक्तार्थरीत्या निर्वाहाभावाच्च। ततश्च हे अम्ब बन्धकारणीभूतामिमां रज्जुं ग्रन्थिविसर्जनादिना मोचयेति स्त्रीसम्बोध्यकमोक्षप्रार्थनारूपो विशिष्टस्तदर्थः। यदापि दक्षिणामूतिसंहितायां भगमालिनीति मन्त्रस्थदेवतागणनावसरे 'अमोघां चैव विच्चां च तथेशीं क्लिन्नदेवताम्' इति पाठात् विच्चानामिका काचिद्देवतैवेत्यालोच्यते तदपि परिकरालङ्कारेण साभिप्रायं चामुण्डाविशेषणम्। मोचयतीत्येव तदर्थः। तस्मिन्नेवार्थे कर्णाटभाषाविद्भिरान्ध्रभाषाविद्भिश्च शिष्टैः प्रयोगेण शक्तिग्रहसम्भवात्। 'पृणीयादिन्नाधमानायतव्यानिति' श्रुतौ तव्यपदस्य

सूपादिभक्ष्यपरतायाः। नुवन्तं याच्चयामुपेति श्रुतौ नौतेर्दुःखपरतायाः। तासां वायुः पृष्ठे व्यवर्ततेति श्रुतौ पृष्ठपदस्य योनिपरतायाः। पढमञ्ची हंसपदमिति प्राकृतपिङ्गलसूत्रे मच्चीत्यस्य सुन्दरपरताया अन्यत्र च कर्णाटद्रविडान्ध्रभाषाप्रसिद्धैव। शक्तिनिर्णयस्य बहुशोऽङ्गिकत्वात्, पिकनेमाधिकरणस्यैतदर्थमेव विशिष्य प्रवृत्तेर्भट्टिचन्द्रोदयेऽस्माभिर्वर्णितत्वाच्च। भाषाणां संस्कृतापभ्रंशत्वेनापेक्षितार्थे विरोधाभावे निर्णायकत्वसम्भवाच्च, तन्त्रोद्धृतमन्त्रेषु भाषामिश्रणस्यापि बहुशो दर्शनेन चरणायुधादिदैवत्यमन्त्रेषु पुंकोलत्यादिशब्दानां कुक्कुटादिष्विव प्रवृत्तेश्चेति द्रष्टव्यम्। 'काल्यै लक्ष्म्यै सरस्वत्यै चण्डिकायै नमोऽस्तु ते। अविद्यापाशहृदयग्रन्थिं विस्रंस्य मुञ्च माम्' इति तु मन्त्रार्थसंग्रहः। रहस्यतन्त्रे तु महावाक्यस्येव जीवब्रह्मणोरभेद एव मन्त्रस्यार्थ इत्युक्तं तन्निर्वाहे गुरुचरणावेव शरणमिति दिक्॥ अत्र प्राञ्चः। तिसृणामपि देवीनां तुरीयया सहाभेदाऽविशेषेऽपि महालक्ष्म्या एव प्राधानिकरहस्ये 'सर्वस्याद्या महालक्ष्मीः' इत्यादिना वुर्यास्थाने गणनादितरयोः देव्योरेतज्जन्यत्वस्य कथनात्। महालक्ष्मीजनस्य पार्थक्येनाकथनाच्चोपास्यदेवतायास्तुरीयत्वेपि तस्यां रजःप्राधान्येनेतरगुणयोर्न्यग्भावेनैव भावनमावश्यकमित्याहुः। तामेव च रीतिमाश्रित्य महालक्ष्मीबोधकहृल्लेखाया एव नवार्णे प्रधानबीजत्वादथर्वशीर्षे तावन्मात्रेण पुनः स्वातन्त्रेणोद्धारस्यापि प्राधान्यध्वननार्थत्वात्। सप्तशतीस्तोत्रेऽपि प्रथमश्लोके बिन्दुरहिताया अपि तस्या उद्धारेण समष्टिव्यष्टिभेदाच्चत्वारोऽपि मन्त्रा उद्धृतप्राया इति वदन्तष्टीकाकारास्तदुद्धारप्रकारं देवीचन्द्रकलास्तवे दीक्षितैः प्रदर्शितमेव लिखन्ति। यथा—'सावर्णिः सूर्यतनयो यो मनुः कथ्यतेऽष्टमः। निशामय तदुत्पत्तिं विस्तराद्गदतो मम'। अस्यार्थः। यः यकारादष्टमो हकारः सूर्यतनयोऽग्निः रेफः दिनान्ते सवितृतेजसोऽग्नौ निक्षेपेण पित्र्यस्य धनस्य पुत्रे निक्षेपदर्शनेन तत्सादृश्यादग्नौ सूर्यपुत्रत्वम्। वर्णैः सहिता सवर्णाः 'अजामेकां लोहितशुक्लकृष्णाम्' इति श्रुतिप्रसिद्धा मूलप्रकृतिः, तस्या वाचकत्वेन पुत्रत्वोपचारादिप्रत्यये सति सावर्णिरीकारः तेन निर्बिन्दुको ह्रीकारः सिद्धः, स मुनर्मन्त्रः कथ्यंते देवीमन्त्रयोरभेदात्। तदुत्पत्तिं तदवतारान् गदतो मम मुखान्निशामयेति वर्णयन्ति। आर्षवाक्यानां सर्वतोमुखत्वादस्तु कथञ्चिद् युक्तमेवैतत्। वयं तु ब्रूमः अम् गत्यादिष्विति

धातोर्निशामयतीति व्युत्पत्त्या निशाम् चन्द्रो विन्दुः, अयेत्येतावानेव धातुः इट्किट्कटी गतावित्यत्र प्रशिलष्टस्येकारस्य रूपं, सूर्यतनयशब्द एव वाऽवृत्त्याविन्दुपरोऽपिः जलमण्डले सूर्यकिरणान, प्रवेशेनैव चन्द्रात्मतया परिणामेन 'पतिर्जायां प्रविशती' ति न्यायेन चन्द्रस्य सूर्यपुत्रत्वात् 'नवो नवो भवति जायमानः' इत्यस्यामृचि योऽह्नां केतुरुषसामग्र उदेति स एव देवेभ्यो भागं विदधत् पुनः पुनर्जायामानश्चन्द्रमा भवतीति कथनाच्च। अपि च चतुर्थस्वरस्य वर्णे वाच्ये स्त्रीलिङ्गाभावेन नदीसंज्ञाभावात्पञ्चम्यां य इत्येवंरूपम् ईकारादित्यर्थः। दिग्योगपञ्चम्या ईकारात्परत इत्यर्थः। परित्यज्येति ल्यब्लोपे वा पञ्चमी। तेन तत्परतोऽष्टमो द्वादशस्वरः। बिन्दुः पूर्ववत् इति वाग्भवोद्धारः॥ अपि च। यः अष्टम इत्येतयोरन्यतरस्य द्विरावृत्त्येकारात्परोऽष्टम ईकारात्पूर्वः कार्यं इति वा। ईकारादष्टमः तस्या दपि विलोमाष्टम इति वा व्याख्येयम्। ततो मनुश्चतुर्दशस्वरः औकारः। तेनेयं त्र्यक्षरी त्रैपुरकंदाख्या विद्या। एतां प्रकृत्य तन्त्रराजे 'एषा त्रैपुरकंदा स्यात्'- इति वचनात्। तन्त्रान्तर त्वस्यसा एव चेतनीति नाम।·एतदुद्धारो योगिनीतन्त्रे 'शिवाष्टमंकेवलमादिबीजं भगस्य पूर्वाष्टमबीजमन्यत्। परं शिवान्तं मनुयक् त्रिवर्णा संकेतविद्या गुरुवकगम्या' इति। 'शिवा' ईकारः शिव उकार इति वा तस्या 'अष्टमं' तत्परतस्तमारभ्य वाष्टमं द्वादशस्वरात्मकं 'केवलं' बिन्दुरहितं 'भगस्य' ऐकारस्य एकारस्य वा 'पूर्वाष्टमं' ततः पूर्वेषु तमारभ्य वा विलोमाष्टमं चतर्थस्वरात्मकम्। शियोनुस्वारोऽन्ते यस्य तत्। ततो 'मनुयक्' चतुर्दशस्वरयुक्ता त्र्यक्षरीविद्या स्त्रीदेवत्या 'संकेतगम्या' गोपनीयेति तद्व्याख्यातारः। तेन 'ऐं ई औं' इति विद्यासिद्ध्यति। अपिच 'अकारः सर्ववर्णाग्र्यः प्रकाशः परमः शिवः। हकारोऽन्त्यकलारूपो विशर्माख्यः प्रकीर्तितः। अकारादि हकारान्त मातृकामण्डलं त्विदम्' इत्यादिव्यवहाराल्लकारस्य लकारेन्तर्भावेन क्षकारस्य संयुक्तत्वेन पार्थक्याभावादूनपञ्चाशद्वर्णं मातृकामण्डमिति पक्षे व्युत्क्रमेण गणनायां चतुर्थस्वरादष्टमः शकारः रेफेकारबिन्दवः पूर्ववदिति रमाबीजोद्धारः॥ अपिच यो मनुः यकाराच्चतुर्दश ईकारो बिंदुश्चेति कामकलोद्धारः। अष्टम इति कादिनवकादिपरिभाषयैकपञ्चाशदक्षरम्। स च क्षकारः रेफौकारबिन्दुभिर्योगेनारसिंहोद्धारः॥ गदतो ममेत्यत्र गकारः स्वरूपम्। दतो दकारं परित्यज्य 'मम' पञ्चकद्वयं दशमो लकारः

ओंकारबिन्दुयोगे वाराहीबीजोद्धारः॥ यो मनुरीकाराच्चतुर्दशः ककारः तस्य लकारेकारबिन्दुयोगे कामबीजोद्धारः। ग इति स्वरूपस्य बिन्दुयोगे गणपतिबीजोद्धारः सवर्णः सकारः। आत्मन एव पुत्रत्वविवक्षायां स्वार्थे पर्यवसन्न इञ् सूर्यतनयो यमो हकारः मनुरौकारः। तत्परतो विसर्गान्तस्याऽनचि चेति प्रश्लेषेण परायाः प्रासादस्य तयार्योगयोरप्युद्धारा द्रष्टव्याः॥ एवमन्यत्रापि–'मेधासि देवि विदिताखिलशास्त्रसारा' इत्यत्र पादभेदेन वाक्सर्वमङ्गलालक्ष्मीणामुद्धारः। शास्त्रशब्दो वेदपरः। शास्त्रयोनित्वादि (वे० सू० 2 ।3 अ० 1 पा० 1) व्याससूत्रादिषु व्यवहृतः। अखिलशब्देन त्रयी कथ्यते। तत्र व्यञ्जनानामाविवक्षितत्वादाद्यन्तयोरकारद्वयं मध्य इकारः सिद्धः। वेदत्रयाद्यक्षराण्यपि क्रमेण तथैव। तेषां मध्ये द्वयोः क्रमेण सन्धौ गुणे सत्येकारः अवशिष्टयोर्व्युत्क्रमेण सन्धौ वृद्ध्या ऐकारः। एवं साद्यस्क्रियपशुत्रयालम्भसाहित्यन्यायेन मध्यभागे मिलितैर्वेदत्रयाद्याक्षरैरेव वाग्भवबीजोत्पत्तेस्तन्त्रराजे स्पष्टं कथनात्। तदिदमखिलशास्त्रसारत्वम्। एतेन 'ऋक्सामयोर्यजुषि सन्धिवशादुदीर्णं बीजं सरस्वति सकृत्तव ये जपन्ति। ते सत्यवाक्यमुनिवद्विदितत्रयीका आथर्वणादिकमयाप्य सुखीभवन्ति' इति श्लोकोऽपि व्याख्यातः। सत्यवाक्यो नाम मुनिर्भयेनैकारमात्रोच्चारणेन वेदचतुष्टयमङ्गानि चाधिगतवानिति भगवतीपुराणस्थाया आख्यायिकाः पृथ्वीधराचार्यैर्निबन्धनात्। आथर्वणादिकतमत्यस्य शमिति। तत्प्रथमाक्षरमित्यर्थः। सुखीभवन्तीति निश्चितम्। मुक्ता भवन्तीति यावत्॥ 'दुर्गासि दुर्गभवसागरनौरसंगा' इति तद्द्वितीयचरणे भवः शिवः। सकारः सागरो जलरूपो वकारः नौ असङ्ग व्यञ्जनसङ्गहीना इति च। तेन स्वौ इति सर्वमङ्गलाख्या दुर्गा। तदुत्तरार्द्धे 'श्रीः कैटभारिहृदयैककृताधिवासा गौरि त्वमेव शशिमौलिकृतप्रतिष्ठा' इत्यत्र श्रीरिति कण्ठवरेणैवोद्धृत्य तद्देवताध्यानस्थं विशेषणद्वयं कैटभारीत्यादिना कथतिम्। 'भूयाद्भूयो द्विपद्माभयवरदकरा तप्तगाङ्गेयगौरी पद्माक्षी पद्मनाभोरसि कृतवसतिः पद्मगा श्रीः श्रियेनः।' इत्यादितद्धानश्लोकस्य पञ्चसारादौ कथनात्। उद्धृतस्य बीजत्रयस्य बिन्दुयोगं तन्त्रेणाह शशिमौलीति स्पष्टोऽर्थः॥ अपिच। 'त्वं स्वाहा त्वं स्वधा त्वं हि वषट्कारस्वरात्मिका' इत्यत्र 'का'ककारेण सह रः रेफः। स्वरात्मिका स्वरेषु चतुर्थवती आत्माऽतरात्मपरात्मज्ञानात्मना चतुष्टयस्यात्मौपनिषदि पीठन्यासादौ च

प्रसिद्धत्वात्॥ 'स्वधा त्वमक्षरे नित्ये' इत्यत्र तकाराविवक्षया वमिति सुधाबीजम्। 'त्रिधामात्रात्मिकास्थिता' इति प्रणवमुक्त्वा अर्धमात्रस्थितानित्येत्यनेन कालीबीजप्रणवयोरर्धमात्रात्मकानुस्वार-योगमुपदिश्य 'यानुच्चार्या विशेषतः' इत्यनेन तदन्ते नादोऽप्युद्धृतः॥ अपिच 'यस्याः प्रभावमतुलं भगवाननन्तो ब्रह्मा हरश्च नहि वक्तुमल बलं च। सा चण्डिका' इत्यत्र नवार्णमन्त्रगतानां चतुर्विंशतिवर्णानामुद्धारः। मन्त्रे हि आकाराद्याश्चत्वारः स्वरा एकारादिद्वयं च। एतेष्वाकार ईकार ऐकारश्च द्विरावृत्ता इति नव स्वराः। चत्वारो बिन्दवः। कचडतामादिपञ्चकं हकारश्चेति दश व्यञ्जनानि। तत्र चकारो द्विरावृत्तः। विच्चे इति प्रथमचकारस्य तकाररूपत्वात् संहृत्य चतुर्विंशतिः। तेषु वमतुलमित्यनेन व्यञ्जनचतुष्टयं पञ्चमस्वरो बिन्दुश्चेति षण्णां निर्देशः। अकारा उच्चारणार्थाः। भग एकारः वातीति वान् शत्रन्तः। तेन वायुर्यकारः। अनन्तः आकारः ब्रह्मा ककारः। ह र इति स्वरूपम्। चकारोऽपि स्वरूपम्। वक्तुं वाग्भवम् ऐकारः तस्य द्विरन्वयः। आचण्डिकैः 'आकारादिभिरिकारान्तैः पञ्चभिरीकाराभ्यां च' सहिता सा चण्डिका, चण्डिकापदद्वयस्य तुर्यस्वरवाचकस्य विरूपैकशेषः इपदात्। स्वार्थे कप्रत्येनेकार एक एव। लं चं इति बिन्दुद्वयस्य द्विर्द्विरन्वयः। इत्थं चतुर्विंशतिवर्णाः। अनन्तादिपदत्रस्य नवार्णमन्त्रद्रष्ट्दृऋषिपरत्वेनापि पुनरन्वयादक्षराणि ऋषयश्च यस्या देव्याः प्रभा किरणसमूहः। बलं तत्त्वं च वक्तुं नालं वाचामगोचरः। साखिलजगत्परिपालनाय आसुरभयनाशाय च मतिं करोतु इत्यन्वयः। एवं तृतीयचरित्रे त्रिपादगायत्रीमन्त्रा विभागानुषङ्गोद्धारास्त्रिस्त्रिरावर्त्यमाना वक्ष्यन्ते ते च कात्यायनीतन्त्ररीत्या द्वाविंशतिरेव। तन्त्रान्तरेषु धृतिपुष्ट्योरधिकयोराम्नानाच्चतुर्विंशतिः। ते प्रकृतमन्त्रवर्णानामेकैकस्योद्धारकाः। परन्तु बहुकोशलेखनादिक्लेश-सापेक्षत्वान्नेह तदायासः प्रदर्श्यते॥ एवमन्यत्राप्यम्बानुग्रहपात्रतातारतम्येन सर्वमिदं स्तोत्रं मन्त्रोद्धारगर्भितमेव दृश्यते। उक्तं च वेदागमे 'निर्विशेषपरा मन्त्राः सविशेषपराश्च ये। प्रत्यध्यायं निगूढास्ते तेनेयं सर्वतः परा' इति। ईदृशबह्वाशयेनैव 'चक्षुष्मन्तोऽनुपश्यन्ति नेतरेऽतद्विदो जनाः' इति रहस्योह्यिर्द्रष्टव्येति दिक्॥ अयं च मन्त्रः स्वतन्त्रोपास्यः सप्तशल्यङ्गं चेति विप्रकारोपास्तिमस्य केचिदाहुः वैपरीत्यात्। सप्तशत्यैव तु तद्विद्योपास्येति स्पष्टीकरिष्यतेऽनुपदमेव। उभयथापि नवार्णस्य संक्षेपेण साधनप्रकार इह

वक्तव्य एवेत्युच्यते॥ 'नवाक्षरस्य ऋषयो ब्रह्मविष्णुमहेश्वराः। छन्दांस्युक्तानि मुनिभिर्गायत्र्युष्णिगनुष्टुभः॥ देव्यः प्रोक्ता महापूर्वाः काली लक्ष्मीः सरस्वती। नन्दाशाकम्भरीभीमाः शक्तयोऽस्य मनोः स्मृताः॥ स्याद्रक्तदन्तिकादुर्गाभ्रामर्यो बीजसन्ततिः। अग्निर्वायुः सूर्यस्त्वं फलं वेदत्रयोद्भवम्॥ सर्वाभीष्टप्रसिद्ध्यर्थे विनियोग उदाहृतः। ऋषिच्छन्दोदैवतानि शिरो-मुख-हृदि न्यसेत्॥ शक्तिबीजानि स्तनयोस्तत्त्वानि हृदये पुनः ह्रीं चण्डिकायै व्यस्तेन सर्वेण च षडङ्गकौ'॥ एते पञ्चवर्णाः समस्तश्चैक इति षड्भिरङ्गुष्ठादिन्यासो हृदयादिन्यासश्च कार्य इत्यर्थः। 'खड्गिनी शूलिनीत्यादि पठित्वा श्लोकपञ्चकम्। आद्यं कृष्णतरं बीजं ध्यात्वा सर्वाङ्गके न्यसेत्'॥ 'आद्यं' वाग्भवं, श्लोकास्तु सप्तशतीस्तोत्रस्थाः। 'विश्वतीतमहामन्त्रात् प्रोच्य श्लोकचतुष्टयम्। ध्यात्वा सूर्यनिभं बीजं द्वितीयं सर्वतो न्यसेत्'। द्वितीयं' हृल्लेखा। क्वचित्तु चरणत्रयस्यान्यथा पाठः 'शूलेन पाहि नो देवि' इत्यादिश्लोकचतुष्टयं पठित्वा सूर्यसदृशमिति तेन तदेव विश्वातीतमहामन्त्रपदस्य व्याख्यारूपम्। सूर्यस्य द्वादशकलास्तापिन्यादयः। तासु ककारादीनां क्रमेण द्वादशानां भकारादीनां व्युत्क्रमेण द्वादशानां च वर्णानां युग्मशो योगस्तन्त्रेषु विहितः। तासु नवम्या विश्वानाम्न्यां कलायां झकारतकारयोर्योगसत्त्वेपि प्रकृते विश्वापदेन तकार एव विवक्षितः। तेन तकारशून्यं श्लोकमारभ्येत्यर्थः। कयापि विधया सप्तशत्यां तादृशस्य श्लोकमन्त्रान्तरस्याऽभावादेव नातिप्रसक्तिः। 'एकं जग्राह केशेषु' इति श्लोके द्वात्रिंशदक्षरात् परतो व्यञ्जनरूपो वा श्रूयत एव। 'इत्थं निशम्य देवानां वचांसि मधुसूदनः' इति श्लोके थकारयोगेन श्रूयते। 'हन्यमानं महासैन्यं विलोक्यामर्षमुद्वहन्। अभ्यधावान्निशुम्भोथ' इत्यत्राभ्याधावदिति पदच्छेददशायां तकारव्यक्तिरस्त्येव, 'चुक्षुभुः सकला लोकाः' इति श्लोकस्तु पूर्वोत्तरमन्त्रयोरुत्तरपूर्वार्धरूपत्वादखण्डो मन्त्र एव न भवतीति कयापि रीत्या तकाराभावः शूलेनेति श्लोकमन्त्र एव, 'ततो देव ददुस्तस्याः' इत्यर्धसावपक्षे तु चुक्षुभुरित्यस्य निरासः। साम्प्रदायिकव्याख्यानत एवेति गुप्तं रहस्यम्। 'सर्वस्वरूप इत्यादिश्लोकानां पञ्चकं पुनः। पठित्वा स्फटिकाभासं तृतीयं स्वतनौ न्यसेत्'। 'तृतीयं' कामबीजम्। अत्र प्रथमतृतीययोर्बीजयो-र्महासरस्वतीमहाकालीरूपयोः श्वेतकृष्णरूपत्वेतिवैपरीत्येन रूपनिर्देशो वास्तविकाभेदसत्त्वेन रहस्ये वक्ष्यमाणं सरस्वत्याः कृष्णाङ्गविष्णुजकनत्वं

काल्याः श्वेताङ्गशिवजनकत्वं चाभिप्रेत्येति बोध्यम्। 'ततः षडङ्गं कुर्वीत विभक्तैर्मूलमन्त्रकैः। एकैकेन चैकेन चतुर्भिर्युगलेन च। समस्तेन च मन्त्रेण कुर्यादङ्गानि षट् सुधीः'॥ अथ ध्यानम्। 'खड्गं चक्रगदेषुचापपरिघान् शूलं भुशुण्डीं शिरः शङ्खं संदधतीं करैस्त्रिनयनां सर्वाङ्गीभूषाभृताम्। नीलाश्मद्युतिमास्यपपादशकां सेवे महाकालिकां यामस्तौत्स्वपिते हरौ कमलजो हन्तुं मधुं कैटभम्॥1॥ अक्षस्रक्परशुं गदेषुकुलिशं पद्मं धनुःकुण्डिकां दण्डं शक्तिमसिं च चर्म जलजं घण्टां सुराभाजनम्। शूलं पाशसुदर्शने च दधतीं हस्तैः प्रवालप्रभां सेवे सैरिभमर्दिनीमिह महालक्ष्मीं सरोजस्थिताम्॥2॥ घण्टां शूलहलानि शङ्खमुसले चक्रं धनुः सायकान् हस्ताब्जैर्दधतीं घनान्तविलसच्छीतांशुतुल्यप्रभाम्। गौरीदेहसमुद्भवां त्रिजगतामाधारभूतां महापूर्वामत्र सरस्वतीमनुभजे शुम्भादिदैत्यार्दिनीम्॥3॥ इति ध्यात्वा मनसांऽतर्यागं कृत्वा बहिर्यागमपि यन्त्रे कुर्यात्। यन्त्रं यथा 'लिखेदष्टदलं पद्मं कुङ्कुमागरुचन्दनैः। पद्ममध्ये लिखेच्चक्रं षट्कोणं चण्डिकामयम्। षट्कोणचक्रमध्यस्थमाद्यं बीजत्रयं न्यसेत्। पूर्वादिकोणषट्के तु बीजान्यन्यानि विन्यसेत्'। बीजानीत्यनेन अन्येषामपि बिन्दुयोगेनैव लेख उक्तः। लेखस्तु प्रादक्षिण्येन दक्षिणाद्वामान्तमिति ज्ञेयम्। 'एवं कृत्वा जपेल्लक्षच्तुष्कं तद्दशांशतः। पायसान्नेन जहुयात्पूजिते हेमरेतसि'। इदमेकं पुरश्चरणम्। अथवा 'आश्विनस्य सिते पक्षे आरभ्याग्नितिथिं सुधीः। अष्टम्यन्तं जपेल्लक्षं दशांशं होममाचरेत्'। अग्नितिथिः प्रतिपत् 'प्रथमां पिबते वह्निर्द्वितीयां पिबते रविः' इत्याद्युक्तेः। उभयत्र मन्त्रान्ते स्वाहायोजनेन होमः। तर्पणं तु मन्त्रान्ते चण्डिका तृप्यत्विति योजनेन। अयमुभयविधोऽपि जपः सप्तशतीस्तोत्रेण संपुटीकृतो विधेयः। तदुक्तं डामरतन्त्रे 'मार्कण्डेयपुराणोक्तं नित्यं चण्डीस्तवं पठन्। पुटितं मूलमन्त्रस्य जपेनाप्नोति वाञ्छितम्' इति। पुटितमिति पाठे क्रियाविशेषणम्। 'पुटितं' स्वसंपुटकारता। तथा च स्त्वो यथा मूलमन्त्रजपस्य संपुटाकारो भवति तथा पठनान्मामूलजपस्य यद्वाञ्छितं फलं तत्सिध्यतीत्यर्थः। ततश्च स्तवीय ऋष्यादिन्यासपूर्वकं चरित्रत्रयं पठित्वा मध्ये स्वसङ्कल्पितसङ्ख्याऽनुसारेण सहस्रादिसङ्ख्याकनवार्णं जपित्वा पुनश्चण्डीस्तवं पूर्ववत् पठेत्। परत्त्वेतदन्ते पुनर्मूलमष्टोत्तरशतमात्रं जप्त्वा निवेदनादिकं कुर्यात्। अयं जपोऽङ्गभूतो न प्रधानसङ्ख्यायामुपयुज्यत इति विशेषः। तदप्युक्तं तत्रैव चरित्रत्रयस्य

ऋष्यादीनुक्त्वा। 'एवं संस्मृत्य ऋष्यादीन् ध्यात्वा पूर्वोक्तमार्गतः। सार्थस्मृतिं पठेच्चण्डीस्तवं स्पष्टपदाक्षरम्। समाप्तौ तु महालक्ष्मीं ध्यात्वा कृत्वा षडङ्गकम्। जपेदवृशतं मूलं देवतार्यं निवेदयेत्' इत्यादि। केचित्तु मूलमन्त्रस्य जपेन पुटितं चण्डीस्तवं पठन्निति प्रथमश्लोकं योजयन्तश्चरमश्लोके पुनर्विधानं संख्यामात्रपरमिति मन्यमानाः सप्तशतीस्तोत्रस्यैव मूलेन संपुटिताकारो विधीयत इत्यङ्गाङ्गिभाववैपरीत्यमिच्छन्ति। तदयुक्तम्। बहुषु तन्त्रेषु नवार्णं प्रकृत्य तत्प्रकरणे सप्तशतीपाठविधानेन नवार्णजपस्य प्राकरणिकत्वेनान्याङ्गत्वायोगात्। तत्र विद्यमानाया अपि स्तोत्रफलश्रुतेः प्रयाजफलश्रुतेर्वसन्तमेवर्तुनाम च रुन्ध इत्यस्या इवाविवक्षितार्थकत्वात्। मरीचिकल्पे-'रात्रिसूक्तं जपेदादौ मध्ये चण्डीस्तवं पठेत्। प्रान्ते तु जपनीयं वै देवीसूक्तमिति क्रमः। एवं संपुटितं स्तोत्रं पूर्वोक्तफलदायकम्' इत्यनेन वैदिकसूक्तद्वयेन संपुटितायाः सप्तशत्या विधानाच्च। परन्त्वन्वारम्भणीयेष्टिवन्नवार्णस्य स्तोत्रजपप्रारम्भमात्राङ्गत्वं जपाधिकारितावच्छेदकत्वं चेति बोध्यम्। रहस्यं तु कीलकाध्याये स्पष्टीभविष्यति। अत्रापेक्षितः। सामान्यविधिरन्ये विशेषा अपि कल्पवल्लीकारैरुक्ता इति तत एव सर्वमवगन्तव्यम्। इति नवार्णनिर्णयः॥ द्वितीयस्तु चरित्रत्रयात्मकः श्लोकसमूहरूपो मन्त्रः। स च वामनपुराणदेवीभागवतमार्कण्डेयपुराणादिषु लक्ष्मीतन्त्रादिषु च बहुविध उपलभ्यते। तथापि मार्कण्डेयपुराणस्य एव त्रिसप्तत्यध्यायोत्तरं षडशीतितमाध्यायान्तमभिव्याप्तः 'सावर्णिःसूर्यतनयः' इत्यारभ्य 'सावर्णिर्भविता मनुः' इत्यन्तस्त्रयोदशभिरध्यायैः परिच्छिन्नैः श्लोकसमूहात्मको मालामन्त्रत्वेन ग्राह्यः। पूर्वोक्तडामरतन्त्रवचनात्। वाराहीतन्त्र-कात्यायनीतन्त्र-मरीचितन्त्र-हरगौरीतन्त्र-लक्ष्मीतन्त्रादीनां बहूनामैक्यकण्ठ्याच्च तस्यैवात्युत्तमत्वसिद्धेः तस्य पुरुषार्थत्वेन क्रत्वर्थत्वादिना च पाठादिविधिर्मूल एव द्वादशेऽध्याये प्रदर्शयिष्यते। तन्त्रान्तरेषु च बहवो विधयः अस्य सप्तशतीति व्यवहारस्तु न श्लोकसंख्यया। तेषां षट्च्छतीतोऽपि न्यूनत्वात्। नापि कवचादित्रयरहस्यत्रययोर्मेलनेन। सङ्ख्याधिक्यापत्तेः। तस्माच्छकारसकारयोरभेदात् सप्तानां सतीनां देवीनां प्रतिपादनादेव तथा व्यवहारो नेयः। तुरीयैका महाकाल्यादित्रयं

तन्निर्मितमिथुनत्रये देवीत्रयं चेति सप्तानामेव प्राधानिकरहस्ये प्रनिपादनादिति केचित्। तच्चिंत्यम्। नन्दजारक्तदन्तीशताक्षीशाकम्भरी-दुर्गाभीमाभ्रामरीत्येतेषामपि सप्तानां रूपाणां मन्त्र एव प्रतिपादनेन विनिगमनाविरहात्संख्याधिक्यापत्तेः। तस्माज्जपे एकमन्त्रात्मकस्यापि मालामन्त्रस्य होमाङ्गेन सप्तशतधा विभजनाच्छतरुद्रियस्येवैकानेकमनाकत्वे विरोधाभावात्तथा व्यवहारोपपत्तिः। मन्त्रविभजनेऽपि यद्यामलवाराहीकात्यायनीतन्त्राणां वैमत्यं तत् तन्मन्त्रव्याख्यानवसरे परिहरिष्यते। यद्यपि कात्यायनीतन्त्रे पञ्चशतोत्तरमष्टसप्तति श्लोकाः यामले त्वेकोनाशीतिः वाराह्यां तु सार्धाष्टाशीतिः कथिताः। उपपद्यते च वेदे शाखाभेदेनेव पुराणेषु कल्पभेदेन मनुपराशरहारीतादीनां वृद्धतरुणभेदेन तत्तत्स्मृतिवैलक्षण्यवत्पाठवैलक्षण्येऽपि प्रामाण्यम्। ततश्च कवचनस्य सार्धाः पञ्चाशदर्गलायास्त्रयोविंशतिः कीलकस्य लघुगुरुभेदेन द्वैविध्यादाद्यस्य चतुर्दशाऽन्त्यस्य त्रयोविंशतिरित्येतेषां श्लोकानां वाराहीतन्त्रानुमंत-स्तोत्रश्लोकैः सह मेलनेनैकोना सप्तशती सम्पद्यते। रहस्यत्रयस्याङ्गत्वे प्रमाणाभावेन तन्मेलनस्याप्रसक्तेः एकन्यूनाधिकभावस्यान्तरत्वेन तदनादरेण व्यवहारस्य पञ्चाशत्पीठरूपिणीति ललितानाम व्याख्यानावसरेऽस्माभिः समर्थितत्वात्। कात्यायनीतन्त्रोक्तविभागेऽपि द्वयोरन्त्ययोरिवैकस्य श्लोकस्यावृत्तेरपि सुवचत्वाद्वा। तथापि 'जपेत्सप्तशतीं चण्डीं कृत्वा तुं कवचं पुरा' इत्यादिना कवचमेलनाभावेऽपि सप्तशतीत्वप्रतीतेः कीलकद्वयप्रतिपाद्यस्यार्थस्याङ्गत्वेऽपि तयोरङ्गत्वे रहस्यवदेव मानाभावाच्चोक्त एव प्रकारो निर्दोषः। 'कवचं बीजमादिष्टमर्गला-शक्तिरिष्यते। कीलकं कीलकं प्राहुः सप्तशत्या महामनोः' इति गौडपादधृतवचनादङ्गत्वेऽप्यदोष इति। यानि तु क्वचिद्देशे सार्धानि षट्शतानि क्वचित्तदधिकान्यपि श्लोकानां पठ्यन्ते तानि कात्यायनी भगवत्येव जानाति परन्तु तन्त्रत्रयेऽप्यदृष्टानीति दिक्। एतस्यैवोत्तमत्वं तु तन्त्रान्तरे 'यथाश्वमेधः क्रतुषु देवानां च यथा हरिः। स्तवानामपि सर्वेषां तथा सप्तशतीस्तवः'। तत्रापि कलावतिप्रशस्तः 'कलौ चण्डीविनायकौ' इति वचनात्। वाराहीतन्त्रे सर्वेषां स्तोत्राणां परशुरामशापमुक्त्वा तद्विरहितानि कतिचिद्गणितानि। 'भीष्मपर्वणि या गीता सा प्रशस्ता कलौ युगे। विष्णोर्नामसहस्राख्यं महाभारतमध्यगम्। चण्ड्याः सप्तशतीस्तोत्रं तथा नाम सहस्रकम्' इत्यादि।

भार्गवाख्येन रामेण शप्तान्यन्यानि कारणादित्यन्तेन। यद्यपि तन्त्रान्तरेऽस्यापि स्तोत्रस्य शिवशापः कीलनं चेति सिद्धिनिरोधकावुक्तौ तथापि तत्रैव शापोद्धारोत्कीलनयोः कर्मविशेषयोस्तदङ्गत्वेन सकृत्करणविधानादकरणे सिद्धिविरहोक्त्या तदावश्यकत्वपरौ तावर्थवादौ। तत्र शापोद्धारो यथा। त्रयोदशप्रथमौ द्वादशद्वितीयौ एकादशतृतीयौ दशमचतुर्थौ नवमपञ्चमावष्टमषष्टावध्यायौ पठित्वा सप्तममध्यायं द्विःपठेदित्याकारकः प्रयोगः। उत्कीलनं यथा। आदौ मध्यमचरित्रं पठित्वा ततः प्रथमचरित्रं ततस्तृतीयचरित्रं पठेदित्याकारकः। 'अन्त्या 13 द्या 1 के 12 द्वि 2 रुद्र 11 त्रि 3 दिग 10 ब्ध्यं 4 के9 ष्वि 5 भ 8 र्त्तवः 6। अश्वो 7 ऽश्व 7 इति सर्गाणां शापोद्धारे मनोः क्रमः। उत्कीलने चरित्राणां मध्याद्यान्त्यमिति क्रमः'। अङ्को नवकः। इषुः पञ्चमः। इभोऽष्टमः। 'ददाति प्रतिगृह्णाति नान्यथैषा प्रसिद्ध्यति' इति विहितंदानप्रतिग्रहनामकं महोत्कीलनं तु कीलकाध्यायव्याख्यावसरे विशदीकरिष्यते। एवं सम्प्रदायज्ञस्य निर्दोषमुत्तमं कलौ शीघ्रसिद्धिदमिदमिति सिद्धम्। एतद्वाचनक्रमो वाराहीतन्त्रे 'यावन्न पूर्यतेऽध्यायस्तावन्न विरमेत्पठन्। यदि प्रमादादध्याये विरामो भवति प्रिये। पुनरध्यायमारभ्य पठेत्सर्वं मुहुर्मुहुः अनुक्रमात्पठेदेव शिरःकम्पादिकं त्यजेत्। न मानसं पठेत्स्तोत्रं वाचिकं तु प्रशस्यते'॥ कण्ठतः पाठाभावे तु पुस्तकोपर्यपि वाचयेत्। तल्लेखनेऽपि विशेषः 'न स्वयं लिखितं स्तोत्रं नाब्राह्मणलिपि पठेत्' इति। यत्तु 'आधारे स्थापयित्वा तु पुस्तकं वाचयेत्ततः। हस्तसंस्थापनादेव भवेदर्धफलं ध्रुवम्' इति। तस्य व्यवस्थापि तत्रैव 'पुस्तकेऽवाचनं हस्ते सहस्रादधिकं यदि। ततो न्यूनस्य तु भवेद्वाचनं पुस्तकं विना'। सहस्रान्न्यूनमन्त्रस्य पाठसत्त्वे तु पुस्तकं विनैव वाचनम्। तदभावे आधारे पुस्तकस्थापनेनैव वाचनम्। सहस्राधिकस्य तु पाठसत्त्वेप्यसाधारस्थापितपुस्तकोपर्येव वाचनमिति वचनार्थः। प्रकृतस्तोत्रस्य सहस्रान्न्यूनत्वात् 'ततः कृताञ्जलिपुटः स्तुवीत चरितैरिमैः' इति वैकृतिकरहस्ये विधानाच्च पाठाभावे पुस्तकस्याधारस्यापनेनैव वाचनम्। कण्ठपाठीकृत्य पुस्तकं विनैव तु कृताञ्जलितया पठनमुत्तममिति द्रष्टव्यम्। अत्र सहस्रशब्देन द्वात्रिंशत्स्वरात्मिकस्यैकैकानुष्टुप्त्वकल्पनेन तादृशानुष्टुप्छन्दः सहस्रं ज्ञेयमिति स्पष्टम्। शक्तिसङ्गमतन्त्रराजे द्वात्रिंशतः स्वरैर्युक्त एको ग्रन्थो निगद्यते। स एव गदितः श्लोकस्तारानेत्रसमुद्भवः'

इत्यादिना तेन गद्यात्मकमालामन्त्रेष्वप्यस्य नियमस्य प्रसरो ज्ञेयः। स्तोत्रपूर्वोत्तरभागपाठाभावे नैष्फल्यादिवचनानि शक्तिसङ्गम एव द्रष्टव्यानि॥ 'ऋषिच्छन्दोदेवतादि पठेत् स्तोत्रे समाहितः। यत्र स्तोत्रे न दृश्येत् प्रणवन्यासमाचरेत्'। डामरे-'सप्तशत्याश्चरित्रे तु प्रथमे पद्मभूर्मुनिः। छन्दो गायत्रमुदितं महाकाली तु देवता॥ वाग्बीजं पावकस्तत्त्वं धर्मार्थे विनियोजनम्। मध्यमस्य चरित्रस्य मुनिर्विष्णुरुदाहृतः॥ उष्णिक्छन्दो महालक्ष्मीर्देवता बीजमद्रिजा। वायुस्तत्वं धनप्राप्त्यै विनियोग उदाहृतः। उत्तमस्य चरित्रस्य ऋषिः शङ्कर ईरितः॥ त्रिष्टुप् छन्दो देवतास्य महापूर्वा सरस्वती। कामो बीजं रविस्तत्त्वं कामार्थे विनियोजनम्॥ ह्रीं चण्डिकायै व्यस्तेन समस्तेन षडङ्गकौ।' वाक् अद्रिजा काम इति नवार्णप्रथमबीजत्रयध्यानादिके नवार्णवत्। अस्य पुरश्चरणस्वरूपं मरीचिकल्पे-'कृष्णाष्टमीं समारभ्य यावत्कृष्णचतुर्दशी। वृद्ध्यैकोत्तरया जाप्यं पूर्वसंपुटितं तु तत्। एवं देवि मया प्रोक्तः पौरश्चरणिकः क्रमः। तदन्ते हवनं कुर्यात्प्रतिश्लोकेन पायसम्। रात्रिसूक्तं प्रतिऋचं तथा देव्याश्च सूक्तकम्। हुत्वाऽन्ते प्रजपेत्स्तोत्रमादौ पूजादिकं मुने' इति। पूर्वाभ्यां पूर्वोक्ताभ्यां रात्रिसूक्तदेवीसूक्ताभ्यां संपुटितम्। प्रतिश्लोकेनेति मन्त्रविभागोपलक्षणम्। कात्यायन्यादितन्त्रोक्तसप्तशतीविभागग्रन्थस्य हवनादिविधिं प्रति वाक्यशेषत्वेन तेनैव वैधपदस्यार्थनिणर्णयावश्यम्भावात्। यन्न दुखेनेत्यादेः स्थलान्तरस्थस्याप्यग्निहोत्रादिविशेषतास्वीकारेण स्वर्गपदार्थनिर्णयस्य वैदिकसम्मतत्वात्। होमसंख्या तु स्तोत्रस्य त्रिरावृत्तिरूपेति वृद्धाः। रात्रिसूक्तदेवीसूक्ते ऋग्वेदे शाकल्यसंहितायां प्रसिद्धे। तथेत्यनेन जपोक्तक्रमः संपुटाकारो निर्दिश्यते। तच्छब्दस्य पूर्वपरामर्शित्वात्। तस्य श्लोकपूरणमात्रार्थत्वे तु द्वाभ्यामपि सूक्ताभ्यां त्रिरावृत्तसप्तशतीहोमोत्तरमेव पाठक्रमानुसारेण होमः। 'विश्वेश्वरीं जगद्धात्रीम्' इति स्तवो रात्रिसूक्तम्। 'नमो देव्यै महादेव्या' इति स्तवो देवीसूक्तमिति कश्चित्। तन्न। प्रतिश्लोकेन प्रतिऋचमिति प्रतिनियतनिर्देशविरोधात्। ऋक्सूक्तादिशब्दानां वैदिकमन्त्रेष्वेव रूढ्या प्रसिद्धेः। मत्स्यसूक्तमित्यादि-क्वाचित्कतान्त्रिकव्यवहारस्य केवलयौगिकत्वेनोपपत्तेः। तेन ऋक्पदस्य श्लोके लक्षणेत्युक्तिरपि साहसमात्रम्। समुद्रमनोध्यानादिविधौ बृहद्रथंतरपदयोः प्रतिनियतनिर्देशबलादेव लक्षणाव्यवस्थाया इव। प्रकृते

क्लृप्ताया एव शक्तेर्व्यवस्थादार्ढ्यस्य कैमुतिकन्यायेनैव सिद्धेः। यदि त्वेवमालोच्यते। 'विश्वेश्वर्यादिकं सूक्तं दृष्टं तद्ब्रह्मणा पुरा। स्तुतये योगिनिद्राया मम देव्याः पुरन्दर। महिषान्तकरीसूक्तं सर्वसिद्धिप्रदं तथा। देव्या ययादिकं दिव्यं दृष्टं देवैर्महर्षिभिः। देवि प्रपन्नार्तिहरे प्रसीदेत्यादिकं तथा। नारायणीस्तुतिर्नाम सूक्तं परमशोभनम्। अमुष्याः स्तुतये दृष्टं ब्रह्माद्यैः सकलैःसुरैः॥ नमो देव्यादिकं सूक्तं सर्वकालफलप्रदम्' इति विशकलितवेषेण। पाञ्चरात्रलक्ष्मीतन्त्रे व्यवहारदर्शनादेतेषां स्तोत्राणामपौरुषेयत्वसिद्धान्ताच्च सूक्तर्चव्यवहारो युज्यत एवेति। तदो कात्यायनीतन्त्रमते विश्वेश्वरीमिति श्लोकात्पूर्वं ब्रह्मोवाचेत्यस्य पाठाभावात्तदुत्तरमेव तत्पाठाच्च त्वं स्वाहेत्यास्यैव स्तोत्रारम्भः। तस्य च योगिनिद्रात्मकरात्रिदैवत्यत्वान्मरीचितन्त्रेरात्रिसूक्तपदेन निर्देश इति समाधेयम्। परत्वेतत्तन्त्रमनुसरता विश्वेश्वरीमिति श्लोकोऽङ्गहोमदशायां न होतव्यः। स्तोत्रान्तिमश्लोकस्य द्वेधाविभागोऽपि न कार्यः। देवीसूक्तेऽपि त्रेधाविभागोऽङ्गहोमे न विधेयः। प्रधानविशेषस्याङ्गविधावनन्वयेन प्रतिऋचमिति पदे लक्षणाकल्पने मानाभावादित्यवधेयम्। एवं सिद्धमन्त्रस्य क्रीडतन्त्रे। 'प्रत्येकावर्तनं देवि हयमेधेन संमितम्।त्रिरावृत्त्या लभेत्कामान्पञ्चावृत्त्या रिपून् जयेत्।' काम्ये तु प्रयोगे विशेषः। कात्यायनीतन्त्रे 'एकावृत्तादिपाठानां प्रत्यहं पठतां नृणाम्। संकल्पपूर्वं संपूज्य न्यस्याङ्गेषु मनून्सकृत्। पश्चाद्बलिप्रदानेन फलं प्राप्नोति मानवः।' बलिश्च ब्राह्मणादिभेदेन व्यवस्थयोक्तः कालिकापुराणे द्रष्टव्यः। तत्राशक्तानामपि तत्रैव कूष्माण्डभिक्षुदण्डं च मद्यमासवमेव च। एते बलिसमाः प्रोक्तास्तृप्तौ छागसमाः सदा'। छागसमाः पञ्चविंशतिवर्षावस्थायितृप्तिजनकाः। 'आविकानां रुधिरैः पञ्चविंशतिवार्षिकीम्। तृप्तिमाप्नोति परमां शार्दूलरुधिरैस्तथा' इति तत्रैवोक्तेः। वस्तुतस्तु न हिंस्यादिति निषेधस्य संकोचमन्तरेणैव छागसमानतृप्तिसम्भवे छागबलिर्ब्राह्मणैर्न कार्य एव। एवं मद्यासवे अपि न देये। 'वरं प्राणाः प्रगच्छन्तु ब्राह्मणो नार्पयेत् सुराम्' इति 'ब्राह्मणो मदिरां दत्त्वा ब्राह्मण्यादेव हीयते' इति च बृहत्सङ्गमतन्त्रवचनात्। अत एव तत्प्रतिनिधिरपि कालिकापुराणे स्मर्यते 'अवश्यं विहितं यत्र मद्यं तत्र द्विजं पुन। नारिकेलजलं कांस्ये ताम्रे वा विसृजेन्मधु' इति। कात्यायनी तन्त्र एव, 'उपसर्गोपशान्त्यर्थं त्रिरावृत्तं पठेन्नरः। ग्रहदोषोपशान्त्यर्थे पञ्चावृत्तं

वरानने। महाभये समुत्पन्ने सप्तावृत्तमुदीरयेत्' इत्यादिना फलभेदेन संख्याभेदाननेकानुक्त्वोपसंहृतम् 'अथवा बहुनोक्तेन किमनेन वरानने। चण्ड्याः शतावृत्तिपाठात् सर्वाः सिध्यन्ति सिद्धयः' इति। इतोऽप्यधिकाः सहस्रचण्ड्यादयोऽन्यत्र द्रष्टव्याः। हरगौरीतन्त्रे। 'श्रीकामः पुत्रकामो वा सृष्टिमार्गक्रमेण तु। जपेच्छक्रमादिमारभ्य शुम्भदैत्यवधावधि। आदिमारभ्य प्रजपेत्पश्चाच्छेषं समापयेत्। शान्त्यादिकामः सर्वत्र स्थितिमार्गक्रमेण तु जपेच्छक्रादिमारभ्य शुम्भदैत्यवधावधि। आदिमारभ्य प्रजपेत्पश्चाच्छेषं समापयेत्। शान्त्यादिकामः सर्वत्र स्थितिमार्गक्रमेण तु। सार्वर्णिः सूर्यतनयः सार्वणिर्भविता मनुः। संकटे चान्त्यमारभ्य पश्चादादिसमापयेत्। इत्यादिकस्य कामनाभेदेन पाठवैचित्रयस्य कतिपयश्लोकमात्रपाठेन तत्तत्प्रयोगवैचित्रयस्य च विस्तरो डामरादितन्त्रस्थो ग्रन्थान्तरेभ्य एवावगन्तव्यः। केरलास्तु एकैकस्मिन् दिवसे एकैकमेव चरित्रं पठेदिति दिनत्रयेनैकावृत्तिरित्येकः पक्षः। चन्द्रा 1 ऽक्षि 2 भू 1 वेद 4 करे 2 न्दु 1 दस्त्र 2 सङ्ख्याकानध्यायान् क्रमेण दिनभेदेन पठेदिति सप्तभिर्दिनैरेकावृत्तिरित्यन्यः पक्ष इत्याहुः। अत्र द्वितीयमेव पक्षं 'पाठोयं विप्रकारः' इति सप्ताक्षर्या संग्रह्णन्तो वहवस्तुदनुयायिनोऽनुतिष्ठन्ति च। 'कटपयवर्गभवैरिह पिण्डान्त्यैरक्षरैरङ्काः। नपि च शून्यं ज्ञेयं तथा खरे केवले कथितः' इति प्रसिद्धपरिभाषया पकार-यकार-ककारा एकस्मिन् ठप्ररेफा द्वयोः विशब्दश्चतुर्षु सङ्कोचित इति। तत्र मूलतन्त्राणि त एव जानन्तु सन्त्यपि तन्त्रवचनानि एकदिनेनैकावृत्त्यशक्तपराणि। अस्ति हि तादृशोऽप्यस्य प्रयोगः कात्यायनीतन्त्रे मन्त्रविभजनान्ते, 'होमे स्वाहान्तिमा एते पूजायां तु नमोऽन्तिमाः। 'तर्पणे तर्पयाम्यन्ता ऊहनीया बुधैर्मताः' इति वचनात्सप्तशतब्राह्मणभोजेन प्रतिव्यक्त्यैकैकमन्त्रेण काण्डानुसमयेन षोडशोपचाराणां पदार्थानुसमयेन च पञ्चोपचाराणां वा कर्तुमशक्त्यतया स्वेच्छयाध्यायभेदेन वानेकदिनसाध्यैकप्रयोगप्रसक्तौ उक्तवचनैर्विभजननियमो विधीयत इति। अत्र स्वयं पठितुमसमर्थस्य प्रभोर्ब्राह्मणद्वारापि प्रयोग इष्टः। तत्पक्षे दक्षिणानियमः तन्त्रेषु 'पञ्चस्वर्णाः शतावृत्तेः पक्षावृत्तेस्तु तत्त्रयम्। पञ्चावृत्तेः स्वर्णमेकंत्रिरावृत्तेस्तदर्धकम्। एकावृत्तौ पादमेकं देयाद्वा शक्तितो बुधः' इति सर्वं शिवम्। इति श्रीमद्भारत्युपाह्वयगम्भीररायदीक्षितसूरिसूनुना भास्कररायदीक्षितमहाग्निचिता रवितायां सप्तशतीटीका

गुप्तवतीसमाख्यायामुपोद्घोतप्रकरणं संपूर्णम्। **अथ पुरश्चरणप्रयोगः।** दुर्गाप्रदीपे। 'जपेद् बिल्वं समाश्रित्य मासमेकं तु यो नरः। हुत्वा बिल्वदलैर्मासं मधुरत्रययोगतः॥ हुत्वा दशांशतो वापि कमलैः क्षीरसंयुतैः। धनदेन समां लक्ष्मीं प्राप्नुयादुत्तमां ध्रुवम्॥' इति। अथ प्रयोगान्तराणि कात्यायनीतन्त्रोक्तानि। प्रातिश्लोकमाद्यन्तयोः मन्त्रं जपेन्मन्त्रसिद्धिः। सप्रणवमनुलोमव्याहृतित्रयमादौ अन्ते तु विलोमं तदित्येवं प्रतिश्लोकं कृत्वा शतावृत्तिपाठे अतिशीघ्रं सिद्धिः। प्रतिश्लोकमादौ जातवेदस इति ऋचं पठेत्सर्वकामसिद्धिः। अपमृत्युवारणायादावन्ते शतं त्रयम्बकमन्त्रं जपेत्। प्रतिश्लोकं तन्मन्त्रजप इति वा। प्रतिश्लोकं शरणागतेति श्लोकं पठेत्सर्वकार्यसिद्धिः। प्रतिश्लोकं करोतु सानः शुभेत्यर्धं पठेत् सर्वकामावाप्तिः। स्वाभीष्टवरप्राप्त्यै एवं देव्या वरमिति श्लोकं प्रतिश्लोकं पठेत्। सर्वापन्निवारणाय प्रतिश्लोकं दुर्गे स्मृतेति पठेत्। अस्य केवलस्यापि श्लोकस्य कार्यानुसारेण लक्षमयुतं सहंशतं वा जपः। सर्वाबाधेत्यस्य लक्षजपे श्लोकोक्तं फलम्। इत्थं यदा यदेति श्लोकस्य जपे महामारीशान्तिः। ततो वव्रे नृपो राज्यमिति मन्त्रस्य लक्षजपे पुनः स्वराज्यलाभः। हिनस्ति दैत्यतेजांसीत्यनेन सदीपबलिदाने घण्टावादने च बालग्रहशान्तिः। आद्यावृत्तिमनुलोमेन त्रयोदशाध्यायं पठित्वा ततो विपरीतक्रमेण द्वितीयां कृत्वा पुनरनुलोमेन तृतीयेत्वेमावृत्तित्रये उक्तेषु प्रकारेषु शीघ्रं कार्यसिद्धिः। सर्वापत्तिनिवारणाय दुर्गे स्मृतेत्यर्धम्। ततो यदन्ति यच्च दूरके इत्यृचं तदन्ते दारिद्र्यदुःखेत्यर्धमेवं कार्यानुसारेण लक्षमयुतं सहं शतं वा जपः। कांसोऽस्मीत्यृचं प्रतिश्लोकं पठेल्लक्ष्मीप्राप्तिः। मारणार्थमवेसुक्त्वा समुत्पत्येति श्लोकं पठेन्मारणोक्तावृत्तिभिः फलसिद्धिः। ज्ञानिनामपि चेतांसीति श्लोकस्य जपमात्रेण सद्यो मोहनमित्यनुभवसिद्धम्। प्रतिश्लोकं तच्छ्लोकपाठे त्ववश्यम्। रोगानशेषानिति श्लोकस्य प्रतिश्लोकं पाठे–सकलरोगनाशः, तन्मन्त्रजपेऽपि सः। इत्युक्ता सा भगवतीगम्भीरेति श्लोकस्य प्रतिश्लोकं पाठे पृथग्जपे वा विद्याप्राप्तिर्वाग्विकारनाशश्च। भगवत्या कृतं सर्वमित्यादि द्वादशोत्तरशताक्षरो मन्त्रः सर्वकामदः सर्वापन्निवारणश्च। देवी प्रपन्नार्ति हरे प्रसीदेति श्लोकस्य यथाकार्यं लक्षायुतसहस्रशतान्यतमजपे प्रतिश्लोकं तन्मन्त्रपाठे वा सर्वापन्निवृत्तिः सर्वकामसिद्धिश्च। एषु प्रयोगेषु प्रतिश्लोकं दीपाग्रे केवलमेव वा नमस्कारकरणेऽतिशीघ्रं सिद्धिः। प्रतिश्लोकं

कामबीजसंपुटितस्यैकचत्वारिंशद्दिनं त्रिरावृत्तौ सर्वकामसिद्धिः। एकविंशतिदिनपर्यन्तमुक्तरीत्या प्रत्यहं त्रयोदशावृत्तौ वशीकरणम्। मायाबीजपुटितस्य फट्पल्लवसहितस्य सप्तदिनपर्यन्तं त्रयोदशावृत्तौ उच्चाटनसिद्धिः। तादृशस्यैव दिनचतुष्टयमेकादशावृत्तौ सर्वोपद्रवनाशः। एकोनपञ्चाशद्दिनपर्यन्तं प्रतिश्लोकं लक्ष्मीबीजसंपुटितस्य पञ्चदशावृत्तौ लक्ष्मीप्राप्तिः। प्रतिश्लोकमैबीजसंपुटितस्य शतावृत्त्या विद्याप्राप्तिरिति प्रत्येकमन्त्रस्य प्रयोगाः। इति गुप्तवतीस्थसप्तशतीप्रयोगविधिः॥

॥ अथ देवीकवचम् ॥

मार्कण्डेय उवाच।

यद्गुह्यं परमं लोके सर्वरक्षाकरं नृणाम्।
यन्न कस्यचिदाख्यातं तन्मे ब्रूहि पितामह॥1॥

(गुप्तवती) श्रीगणेशाय नमः। ॐ सत्संप्रदायप्रथनाय तिष्ये शिष्यैश्चतुर्भिः सह योऽवतीर्णः। उक्तो बृहत्सङ्गमतन्त्रराजे श्रीशङ्कराचार्यगुरुं तमीडे॥1॥ ब्रह्मा मार्कण्डेय प्रति वक्ति। मार्कण्डेयस्तु क्रौष्टुकिं भागुरिं प्रति वक्तीति पक्षिरूपैर्द्रोणमुनिपुत्रैर्जैमिनिमुनिं प्रत्युच्यत इति संवादस्थितिः। तत्र कवचांशे ब्रह्माणं प्रति मार्कण्डेयस्य प्रश्नमाह। यद्गुह्यमिति। सर्वस्मिन्सर्वावयवावच्छेदेन रक्षाकरं कवचमित्यर्थ:लोके वर्मणः सर्वतनुत्रत्वदर्शनात्॥1॥

(प्रदीपः) ॐ नमो भगवत्यै। 'अङ्गहीनो यथा देही सर्वकर्मसु न क्षमः। अङ्गषट्कविहीना तु तथा सप्तशतीस्तुतिः॥ तस्मादेतत्पठित्वेव जपेत्सप्तशतीं पराम्। अन्यथा शापमाप्नोति हानिं चैव पदे पदे॥ रावणाद्याः स्तोत्रमेतदङ्गहीनं निषेविरे। हता रामेण ते यस्मान्नङ्गहीनं पठेत्ततः'॥ इति कात्यायनीतन्त्रे कवचादित्रयरहस्यत्रयारूपाङ्गषट्कयुतस्यैव सपतशतीस्तोत्रस्य पठनीयत्वं श्रूयते तत्प्रामाण्याच्च कवचादित्रयं रहस्यत्रयं च तन्त्रान्तरस्थमेवाङ्गं भवति। तत्र कवचांशे ब्रह्माणं प्रति प्रश्नं करोति मार्कण्डेयः। यद्गुह्यमिति। लोके यत्परमम् उत्कृष्टं गुह्यं रहस्यमस्ति तन्मे ब्रूहि। तत् किं ब्रह्मरूपं नेत्याह। सर्वरक्षाकरं येन सर्वेषामपि रक्षा भवति। नृणां पामरप्रभृतीनामपि तादृशमित्यर्थः। ब्रह्म तूत्तमाधिकारिणामेव रक्षकं न सर्वेषामित्यर्थः। ननु सन्त्यन्यानि कवचानि लोके इति चेत्सत्यं सन्ति तथापि यद्भवता कस्यचित् कस्यापि नाख्यातं निधिबुद्ध्या स्थापितमस्ति तदित्यर्थः। तेन च निःसंशयमेव रक्षणं झटिति स्यादिति भावः।

अन्यथा निधिबुद्ध्या तस्य रक्षणं निरर्थकं स्यादिति। ननु किमित्युष्कृञ्जं वस्तु मया देयमिति चेत्तत्राह। हे पितामह स्वसन्ततिरक्षणार्थं पितामहेनावश्यं देयमित्यर्थः ॥1 ॥

ब्रह्मोवाच।

अस्ति गुह्यतमं विप्र सर्वभूतोपकारकम्।
देव्यास्तु कवचं पुण्यं तच्छृणुष्व महामुने ॥2 ॥

(गुप्तवती) ॥2 ॥ **(प्रदीपः)** उत्तरमाह। ब्रह्मोवाच। अस्ति गुह्यतमं विप्रेति। हे विप्र त्वया यत्पृष्टं तादृशं देव्यास्तु देव्या एव कवचं पुण्यम् एकं निधिबुद्ध्या स्थापितमस्ति तन्महामुने शृणुष्व। सर्वभूतोपकारार्थं प्रवृत्तत्वान्महामुने इति सम्बोधनम् ॥2 ॥

प्रथमं शैलपुत्री च द्वितीयं ब्रह्मचारिणी।
तृतीयं चन्द्रघण्टेति कूष्माण्डेति चतुर्थकम् ॥3 ॥

(गुप्तवती) ॥3 ॥ **(प्रदीपः)** परंतु सा देवी नवमूर्त्यात्मिका ध्येयेत्यभिप्रायेण तासां मूर्तीनां नामान्याह। प्रथमं शैलपुत्रीति। नामज्ञाने जाते तद्वाच्याकारस्य प्रसिद्धत्वादेव ज्ञानं भविष्यतीति भावः। सर्वोत्तरैश्वर्यवत्यपि भगवती शैलेन भक्तेनातितपश्चर्यया प्रार्थिता सती कारुण्यवशादतिनीचमपि पुत्रीत्वं स्वीकृतवतीत्यहो भक्तवात्सल्यं कियद्वर्णनीयं भगवत्या इति कूर्मपुराणे प्रसिद्धम्। ब्रह्मचारिणीति। ब्रह्म सच्चिदानन्दरूपं तच्चारयितुं प्रापयितुं शीलमस्याः सा ब्रह्मचारिणी ब्रह्मरूपप्रदेत्यर्थः। चन्द्रघण्टेति चन्द्रो हस्तगतायां घण्टायां यस्याश्चन्द्रवन्निर्मला वा घण्टा यस्या इत्यर्थः। यद्वा आह्लादकारिणी देवी चन्द्रघण्टेति कीर्तितेति रहस्यागमोक्तेश्चन्द्रं घण्टयति प्रतिवादितया भाषते खस्याह्लादकारित्वाभिमानेनेति चन्द्रघण्टा। चन्द्रापेक्षयाप्यतिशयेन लावण्यवतीत्यर्थः। पटपुटेति दण्डकपठितस्य चुरादेर्घटिधातोर्भाषार्थस्य पचाद्यचि रूपम्। चन्द्रस्य घण्टा चन्द्रघपण्टा वा। कूष्माण्डेति कुत्सित ऊष्मा सन्तापस्तापत्रयरूपो यस्मिन्संसारे स संसारो अण्डे मांसपेश्यामुदररूपायां यस्याः त्रिविधतापयुक्तसंसारभक्षणकर्त्रीत्यर्थः। 'अण्डः पेशी च मुष्कं च' इति मेदिनी ॥3 ॥

पञ्चमं स्कन्दमातेति षष्ठं कात्यायनीति च।
सप्तमं कालरात्रीति महागौरीति चाष्टमम्॥4॥

(गुप्तवती) ॥4॥ **(प्रदीपः)** स्कन्दमातेति। सनत्कुमारस्य भगवतीवीर्यादुद्भूतस्य स्कन्द इति संज्ञा 'भगवान्सनत्कुमारस्तं स्कन्द इत्याचक्षते' इति छान्दोग्यश्रुतेः। तथा च ज्ञानिभिरपि यदुदरे जन्माभिलषणीय-मित्यतिशुद्धेत्यर्थः। कात्यायनीति देवकार्यार्थं कात्यायनाश्रमे आविर्भूता तेन कन्यात्वेन स्वीकृतेति कात्यायनीति नाम भगवत्याः। अस्या निरन्तरं कुमारीत्वेन पत्यनधीनतया स्वतन्त्रत्वम्। कालरात्रीति सर्वमारकस्य कालस्यापि रात्रिर्नाशिकेत्यर्थः प्रलये कालस्यापि नाशात्। 'कृदिकारादक्तिनः' इति ङीप्। महागौरीति। इयं च महामानिनी । नर्मोक्त्या शिवेन कालीत्युक्ते तपसा गौरवर्णस्य सम्पादितत्वात्। कालीपुरणे स्पष्टमेतत्॥4॥

नवमं सिद्धिदा प्रोक्ता नवदुर्गाः प्रकीर्तिताः।
उक्तान्येतानि नामानि ब्रह्मणैव महात्मना॥5॥

(गुप्तवती) ॥5॥ **(प्रदीपः)** सिद्धिदेति। मोक्षदेत्यर्थः। इतीति शेषः। सिद्धिदेति नवममित्यन्वयः। नवदुर्गा इति। योगिनः कायव्यूहवदेकस्या एव दुर्गाया एते नवभेदा ये शास्त्रे ध्येयत्वेन प्रोक्तास्ते मया कीर्तिता इत्यर्थः। अत एव देव्यास्तु कवचमित्येकवचनं संगच्छते। नाम्नां स्वकल्पितत्वशङ्का-व्युदासार्थमाह। उक्तान्येतानीति। माहत्मना सर्वज्ञेन ब्रह्मणैव वेदेनैवैतान्युक्ता-नीत्यर्थः॥5॥

अग्निना दह्यमानस्तु शत्रुमध्ये गतो रणे।
विषमे दुर्गमे चैव भयार्ताः शरणं गताः॥6॥

(गुप्तवती) अग्निनेति। यो नवनामानि पठेदिति शेषः। पठन्तमेकमपि बहवोऽन्ये ये शरणं गताः तेषां तस्य चानिष्टनिवृत्तिरिति श्लोकद्वयार्थः॥6॥

(प्रदीपः) इत्थं कवचपाठे ध्येयं देवतास्वरूपं प्रदर्श्य तत्फले अविश्वासो नैव कर्तव्य इति कैमुतिकन्यायेनाह। अग्निनेति। योऽग्निना दह्यमानो रणे शत्रुमध्ये च गतः सन् शरणं गत इति शेषः। अथ ये विषमे दुर्गमे चातिसङ्कटे भयार्ता भयपीडिताः सन्तः शरणं गताः॥6॥

न तेषां जायते किंचिदशुभं रणसंकटे।
नापदं तस्य पश्यामि शोकदुःखभयं न हि॥7॥

(गुप्तवती) ॥7॥ **(प्रदीपः)** तेषां तस्य च भक्तिरहितेन स्मरणमात्रेणापि तज्जन्यं भयादिकं न भवतीत्याह। न तेषामिति॥7॥

यैस्तु भक्त्या स्मृता नूनं तेषांवृद्धिः प्रजायते।
प्रेतसंस्था तु चामुण्डा वाराही महिषासना॥8॥
ऐन्द्री गजसमारूढा वैष्णवी गरुडासना।
माहेश्वरी वृषारूढा कौमारी शिखिवाहना॥9॥

(गुप्तवती) आर्तभक्तिफलमुक्त्वा जिज्ञासुभक्तेः फलमाह। यैस्त्विति। सिद्धिर्ज्ञानम्। आर्तानिष्टनिरासानुगुण एव सप्तमातृणां सार्वदिक उद्योग इत्याह। प्रेतसंस्थेत्यादिना॥8॥9॥

(प्रदीपः) यैस्तु भवत्या भवति तेषां पूर्वोक्तं फलम्। ऋद्धिर्धमार्थकाममोक्षाणां च भवतीत्यत्र किमु वक्तव्यमित्याह। यैस्त्विति। इदानीं देव्या अतिवात्सल्यं दर्शयति भक्त्युत्पादनार्थं प्रेतसंस्थेति। तत्र सप्तमातृणां वर्णनं श्लोकद्वयेन॥8॥9॥

ब्राह्मी हंससमारूढा सर्वाभरणभूषिता।
नानाभरणशोभाढ्या नानारत्नोपशोभिताः॥10॥

दृश्यन्ते रथमारूढा देव्यः क्रोधसमाकुलाः।
शङ्खं चक्रं गदां शक्तिं हलं च मुसलायुधम्॥11॥

(गुप्तवती) तेषां सिद्धिरिति पाठान्तरम्॥10॥11॥

(प्रदीपः) नानेति। वक्ष्यमाण देव्यः दृश्यन्त इति। सप्तमातृभिन्ना याश्च देव्यस्ता अपि भक्तरक्षणार्थं क्रोधसमाकुला रथमारूढा। जात्यैकवचनं रथानारूढा दृश्यन्ते अर्थाद्देवादिभिरिति तासामायुधान्याह। शङ्खमिति॥10॥11॥

खेटकं तोमरं चैव परशुं पाशमेव च।
कुन्तायुधं त्रिशूलं च शार्ङ्गायुधमनुत्तमम्॥12॥

(गुप्तवती) ॥1॥ **(प्रदीपः)** ॥12॥

दैत्यानां देहनाशाय भक्तानामभयाय च।
धारयन्त्यायुधानीत्थं देवानां च हिताय वै॥13॥

(गुप्तवती) ॥13॥ **(प्रदीपः)** दैत्यानामिति। ताः सप्तमातरश्च शंखं चक्रमित्यादिश्लोकोक्तानीत्थमायुधानि धारयन्ति। किमर्थं दैत्यानां देहनाशार्थं भक्ताभयार्थं देवहितार्थं चेत्यर्थः। अयं भावः। अप्रार्थिता अपि एता महत्यो देवता जगद्रक्षणे वत्सलतयैव प्रवृत्ता मातृवत् ताः कुतो न मन्दभाग्येन स्वरक्षणार्थं प्रार्थ्यन्त इति॥13॥

महाबले महोत्साहे महाभयविनाशिनि।
त्राहि मां देवि दुःप्रेक्ष्ये शत्रूणां भयवर्धिनी॥14॥

(गुप्तवती) इत आरभ्य भक्तः प्रार्थयते महाबले इत्यादिना॥14॥

(प्रदीपः) कवचपाठस्यादाविमं प्रार्थनामन्त्रं पठित्वा पश्चात्कवचं पठनीयम् इत्यभिप्रायेणाह। महाबलेति। महद्बलं मायाशक्तिरूपं यस्याः। महानुत्साहो जगद्रक्षणे यस्याः। महाभयं मृत्युरूपं तस्य ज्ञानदानेन नाशिनी। दुःप्रक्ष्ये दुर्दर्शनीये। 'न संदृशे तिष्ठति रूपमस्य' इति श्रुतेः। शत्रूणां कामक्रोधादिकानाम्॥14॥

प्राच्यां रक्षतु मामैन्द्री आग्नेय्यामग्निदेवता।
दक्षिणे रक्ष वाराही नैर्ऋत्यां खड्गधारिणी॥15॥

(गुप्तवती) प्राच्यां रक्षतु मामैन्द्रीत्यादौ यत्र प्रथमान्तं देवीनाम लोटः प्रथमपुरुषश्च। दक्षिणे रक्ष वाराहीत्यादौ यत्र संबुद्ध्यन्तं नाम मध्यमपुरुषश्च। तत्र निर्विवाद एवाऽन्वयक्रमः। तत्तदुत्तरचरणे यथायोग्यं तत्तत्क्रियापदयोरेवानुवृत्तिश्च। यत्र तूर्ध्वं ब्रह्माणि मे रक्षेदित्यत्र संबुद्धिः प्रथमपुरुषश्च तत्र भवती इत्यस्याध्याहारः। तुल्यन्यायेन प्रथमान्तमध्यमपुरुषयोः सत्वेऽध्याहृतस्य त्वमित्यस्य विशेषणत्वेन प्रथमान्तपदं योजनीयम्॥15॥

(प्रदीपः) प्राच्यामिति। प्राच्यां दिशि स्थिता ऐन्द्रीन्द्रशक्तिर्मां रक्षत्वित्यर्थः। प्राच्यां स्थितं मामिति वा। एवमुत्तरत्रापि शक्तिशक्तिमतोरभेदादग्निरूपा देवताग्निशक्तिरित्यर्थः। अत्र रक्षत्वित्यनुवृत्तिः। वाराही वराना हन्ति स वराहो

यमः आर्षः प्रयोगः। तस्य शक्तिर्वाराही। अणन्तान् ङीप्। यमशक्तिरित्यर्थः। दशदिक्पालप्रकरणात्। सप्तमात्रन्तर्गता वा वाराही। हे वाराहि दक्षिणे देशे स्थिता त्वं मां रक्षेत्यर्थः। स्थितं मामिति वा। खड्गधारिणी निर्ऋतिशक्तिरित्यर्थः। रक्षत्वित्यस्य मध्ये विच्छेदादध्याहारः ॥15॥

प्रतीच्यां वारुणी रक्षेद्वायव्यां मृगवाहिनी।
रक्षेदुदीच्यां कौमारी ईशान्यां शूलधारिणी ॥16॥

(गुप्तवती) ॥16॥ **(प्रदीपः)** मृगवाहिनी। वायुदेवताया मृगवाहनत्वाद्वायुशक्तिरित्यर्थः। रक्षेदित्यनुवृत्तिः। कौमारी। कुत्सितो मारो मदो यस्य स कुमारः कुबेरस्तस्येयं शक्तिः कौमारी दिक्पालप्रकरणात्। कौबेर्या रक्षणस्थानमग्रे वक्ष्यमाणमस्ति तथाप्येकस्या एव स्थानद्वयरक्षकत्वे बाधकाभावः। सप्तमात्रन्तर्गता वा कौमारी शूलधारिणी। ईशानशक्तिरित्यर्थः ॥16॥

ऊर्ध्वं ब्रह्माणि मे रक्षेदधस्ताद्वैष्णवी तथा।
एवं दशदिशो रक्षेच्चामुण्डा शववाहना ॥17॥

(गुप्तवती) ॥17॥ **(प्रदीपः)** ब्रह्माणीति। ब्रह्माणमानयति जीवयतीति कर्मण्यऽण्। हे ब्रह्माणि ऊर्ध्वं स्थिता भवती मे मां रक्षेदित्यर्थः। मे ऊर्ध्वं भागमिति वा। एवमिति दशदिक्पालदेवतावदेव। मे इति शेषः। मे मत्संबन्धिनीर्दशदिशश्चामुण्डा रक्षेदित्यर्थः। दशदिक्षु स्थिता चामुण्डा मां रक्षेदिति पर्यवसितोऽर्थः। अन्यथा केवलदिशां रक्षणे प्रयोजनभावः ॥37॥

जया मे चाग्रतः स्थातु विजया स्थातु पृष्ठतः।
अजिता वामपार्श्वे तु दक्षिणे चापराजिता ॥18॥

(गुप्तवती) स्थातु तिष्ठतु ॥18॥

(प्रदीपः) जया शक्तिः स्थातु तिष्ठतु आर्षः प्रयोगः। मत्संरक्षणार्थम् ॥18॥

शिखामुद्योतिनी रक्षेदुमा मूर्ध्नि व्यवस्थिता।
मालाधरी ललाटे च भ्रुवौ रक्षेद्यशस्विनी ॥19॥

(गुप्तवती) शिखामिति। उद्योतिनीनामिका देवी मम शिखायां स्थिता सती मच्छिखां रक्षेदिति रीत्या प्रत्यवयवं योजनीयम्। एवमुभयविधस्य मध्ये

यदेव यत्र नोच्यते तदन्यतरत्ताध्याहार्यम्। यथाऽत्रैव प्रथमचरणेऽवस्थापनस्य द्वितीयचरणे रक्षणस्याध्याहार:। एवं सर्वत्र ॥19॥

(प्रदीप:) शिखामिति। उद्योतिनीनामिका देवी मम शिखायां स्थिता सती मच्छिखां रक्षेदिति प्रत्यवयव सर्वत्र योजनीयम्। उमा मूर्ध्नि व्यवस्थिता सती मूर्धानं रक्षेदित्यर्थ:। एवं सर्वत्र यथायोग्यमध्याहार्यम् ॥19॥

त्रिनेत्रा च भ्रुवोर्मध्ये यमघण्टा च नासिके।
शङ्खिनी चक्षुषोर्मध्ये श्रोत्रयोर्द्वारवासिनी ॥20॥

कपोलौ कालिका रक्षेत्कर्णमूले तु शांकरी।
नासिकायां सुगन्धा च उत्तरोष्ठे च चर्चिका ॥21॥

अधरे चाऽमृतकला जिह्वायां तु सरस्वती।
दन्तान् रक्षतु कौमारी कण्ठमध्ये तु चण्डिका ॥22॥

घण्टिकां चित्रघण्टा च महामाया च तालुके।
कामाक्षी चिबुकं रक्षेद्वाचं मे सर्वमङ्गला ॥23॥

(गुप्तवती) ॥20॥21॥22॥23॥ **(प्रदीप:)** नासिके नासिकापुटे इत्यर्थ:। उत्तरत्र नासिकाशब्देन नासिकादण्ड इति ॥20॥21॥ 'अधरे' 'अधरोष्ठ इत्यर्थ: ॥22॥23॥

ग्रीवायां भद्रकाली च पृष्ठवंशे धनुर्धरी।
नीलग्रीवा बहि:कण्ठे नलिकां नलकूबरी ॥24॥

खड्गधारिण्युभौ स्कन्धौ बाहू मे वज्रधारिणी।
हस्तयोर्दण्डिनी रक्षेदम्बिका चाङ्गुलीषु च ॥25॥

(गुप्तवती) नलिकां कण्ठनालम् ॥24॥25॥ **(प्रदीप:)** कण्ठस्य बहिर्भागो बहि:कण्ठ:। नलिकां कण्ठनालम्॥24॥ स्कन्धमारभ्य कूर्परपर्यन्तो भागो बाहुस्तदारभ्याङ्गुलिपर्यन्तो हस्त: ॥25॥

नखाञ्छूलेश्वरी रक्षेत्कुक्षौ रक्षेन्नलेश्वरी।
स्तनौ रक्षेन्महादेवी मन: शोकविनाशिनी ॥26॥

हृदये ललिता देवी ह्युदरे शूलाधारिणी।
नाभौ च कामिनी रक्षेद् गुह्यं गुह्येश्वरी तथा॥27॥

भूतनाथा च मेढ्रं च गुदं महिषवाहिनी।
कट्यां भगवती रक्षेज्जानुनी विन्ध्यवासिनी॥28॥

जङ्घे महाबला प्रोक्ता जानुमध्ये विनायकी।
गुल्फयोर्नारसिंही च पादपृष्ठेऽमितौजसी॥29॥

पादाङ्गुलीः श्रीधरी च पादाधस्तलवासिनी।
नखान्दंष्ट्राःकराली च केशांश्चैवोर्ध्वकेशिनी॥30॥

रोपकूपाणि कौबेरी त्वचं वागीश्वरी तथा।
रक्तमज्जावसामांसान्यस्थिमेदांसि पार्वती॥31॥

(गुप्तवती) ॥26॥27॥28॥ जङ्घे इति। प्रोक्ता आगमादिषु प्रसिद्धेत्यादिदेव्या विशेषणं महाबलायाः॥28॥ पादाध इति भिन्नं पदम्। तलवासिनी पातालवासिनी ॥30॥31॥

(प्रदीपः) कुक्षाविति सप्तम्यन्तपाठः प्राचीनसंमतः॥26॥27॥ जानुनी विंध्यवासिनीति पाठः॥28॥ प्रोक्तागमादिशास्त्रेषु या महाबला सेत्यर्थः॥29॥ पादाध इति भिन्नं पदम्। तलवासिनी पातालतलवासिनीत्यर्थः। यद्यपि नखाञ्छूलेश्वरी रक्षेदित्यत्र नखरक्षणमुक्तं तथापि यथैकस्या अपि देवतायाः स्थानद्वयरक्षकत्वं न विरुध्यते तथैव देवताद्वयस्यैकस्थाननिरूपितरक्षकत्वे बाधकाभाव इत्यभिप्रायेण नखान्दंष्ट्राःकराली चेत्युक्तम्॥30॥31॥

आन्त्राणि कालरात्रिश्च पित्तं च मुकुटेश्वरी।
पद्मावती पद्मकोशे कफे चूडामणिस्तथा॥32॥

(गुप्तवती) पद्मं हृदयादिरूपमेव कोशो निवासस्थानं यस्य श्वासस्य तस्मिन्वाते स्थिता सती वातं रक्षत्विति यावत्॥32॥

(प्रदीपः) आन्त्राणीति 'अम्धातोस्त्रेऽनुनासिकस्य क्वीति दीर्घः'' 'पद्मकोशे' पद्मं हृदयादिरूपमेव कोशो वासस्थानं यस्य श्वासस्य तस्मिन्वाते स्थिता सती तं

रक्षत्विति यावदिति केचित्। अग्रे प्राणाना रक्षणकथनात्। 'पद्मकोशप्रतीकाशं हृदयं चाप्यधोमुखम्' इति श्रुत्युक्तं हृदयमेन पद्मकोशशब्देन ग्राह्यमित्यपरे। चूडामणिनाम्नी देवता रक्तासुरवधे प्रसिद्धा ॥32 ॥

ज्वालामुखी नखज्वालामभेद्या सर्वसंधिषु।
शुक्रं ब्रह्माणि मे रक्षेच्छायां छत्रेश्वरी तथा ॥33 ॥

अहंकारं मनो बुद्धिं रक्ष मे धर्मचारिणि।
प्राणापानौ तथा व्यानसमानोदानमेव च ॥34 ॥

यशः कीर्तिं च लक्ष्मीं च सदा रक्षतु चक्रिणी।
गोत्रमिन्द्राणि मे रक्षेत्पशून्मे रक्ष चण्डिके ॥35 ॥

(गुप्तवती) ॥33 ॥ अहंकारमिति। अत्र मनःशब्दश्चित्तपरः। अन्तःकरणस्य मनसा सह चतुर्विधत्वात्तेन मनःशोक विनाशिनीत्यनेन न गतार्थता। अथवा मनसः शोकं विनाशयतीति व्युत्पत्त्या। स्तनौ रक्षेन्महादेवीत्यस्य तदेव विशेषणत्वेन योज्यम्। व्यानसमानोदानमिति समाहारे द्वितीयान्तम् ॥34 ॥35 ॥

(प्रदीपः) नखज्वालां नखनिष्ठं तेजः। अभेद्यानाम्नी देवता सर्वसंधिषु स्थिता सती सर्वसंधीन्रक्षेदित्यर्थः। हे ब्रह्माणि भवती मे शुकं रक्षेदित्यर्थः ॥33 ॥ हे धर्मचारिणि। अत्र त्वमित्यध्याहारः। रक्षेति मध्यमपुरुषात् ॥34 ॥ हे इन्द्राणि भवतीत्यध्याहारः ॥35 ॥

पुत्रान् रक्षेन्महालक्ष्मीभार्यां रक्षतु भैरवी।
मार्गं क्षेमकरी रक्षेद्विजया सर्वतः स्थिता ॥36 ॥

रक्षाहीनं तु यत्स्थानं वर्जित कवचेन तु।
तत्सर्वं रक्ष मे देवी जयन्ती पापनाशिनी ॥37 ॥

पदमेकं न गच्छेत्तु यदीच्छेच्छुभमात्मनः।
कवचेनावृतो नित्यं यत्र यत्र हि गच्छति ॥38 ॥

तत्र तत्रार्थलाभश्च विजयः सार्वकामिकः।
यं यं चिन्तयते कामं तं तं प्राप्नोति निश्चितम् ॥39 ॥

परमैश्वर्यमतुलं प्राप्स्यते भूतले पुमान्।
निर्भयो जायते मर्त्यः संग्रामेष्वपराजितः ॥40॥

त्रैलोक्ये तु भवेत्पूज्यः कवचेनावृतः पुमान्।
इदं तु देव्याः कवचं देवानामपि दुर्लभम् ॥41॥

(गुप्तवती) ॥36॥37॥ कवचधारणस्य फलमाह। पदमेकमित्यादिना अधृतकवच इति शेषः ॥38॥39॥40॥41॥

(प्रदीपः) ॥36॥ रक्षाहीनमिति। यत्स्थानं रक्षया हीनं भवति कुत इति चेत्कवचेन तु वर्जितं कवचे तस्य स्थानस्योहो न कृतोऽतः तत्सर्वं रक्ष मे देवी यतस्त्वं जयन्ती सर्वोत्कृष्टा पापनाशिनी भवसि ॥37॥ अथ पितामहः फलस्तुतिं वक्तुमधिकारिणं प्रथममुपदिशति। पदमेकमिति। यदि शुभमात्मन इच्छेत्तर्हि स पुरुषः कवचेन रहितमेकं पदमपि न गच्छेदिति। क्षणमात्रमपि देवीस्मरणं विना न क्षपणीयमिति तात्पर्यम्। तदुक्तं पुराणेषु। 'स्वपंस्तिष्ठन्व्रजन्मार्गे प्रलपन्भोजने रतः। कीर्तयेत्सततं देवीं स वै मुच्येत बन्धनात्' इति। इत्युपदिश्य फलं कथयति कवचनेनेति ॥38॥39॥40॥41॥

यः पठेत्प्रयतो नित्यं त्रिसंध्यं श्रद्धयान्वितः।
दैवी कला भवेत्तस्य त्रैलोक्ये चापराजितः ॥42॥

जीवेद्वर्षशतं साग्रमपमृत्युविवर्जितः।
नश्यन्ति व्याधयः सर्वे लूताविस्फोटकादयः ॥43॥

स्थावरं जंगमं चापि कृत्रिमं चापि यद्विषम्।
अभिचाराणि सर्वाणि मन्त्रयन्त्राणि भूतले ॥44॥

भूचराः खेचराश्चैव जलजाश्चौपदेशिकाः।
सहजाः कुलजा माला डाकिनी शाकिनी तथा ॥45॥

अन्तरिक्षचरा घोरा डाकिन्यश्च महाबलाः।
ग्रहभूतपिशाचाश्च यक्षगन्धर्वराक्षसाः ॥46॥

ब्रह्मराक्षसवेतालाः कूष्माण्डा भैरवादयः।
नश्यन्ति दर्शनात्तस्य कवचे हृदि संस्थिते ॥47 ॥

मानोन्नतिर्भवेद्राज्ञस्तेजोवृद्धिकरं परम्।
यशसा वर्धते सोऽपि कीर्तिमण्डितभूतले ॥48 ॥

(गुप्तवती) ॥42 ॥43 ॥ स्थावरं वत्सनाभादि। जंगमं सर्पादि। कृत्रिमं परस्परयोगजन्यम्। यथा तुल्यपरिमाणयोर्मधुपसर्पिषोर्योगादिजम् ॥44 ॥ कुलजादयो दुष्टदेवता जातिभेदाः ॥45 ॥46 ॥47 ॥48 ॥

(प्रदीपः) दैवीकला चित्कला ॥42 ॥43 ॥ अभिचाराणि परकृतानि ॥44 ॥ कुलजादयो दुष्टदेवता जातिभेदाः। औपदेशिकाः उपदेशेन तन्मात्रेण ये सिद्ध्यन्ति ते क्षुद्रदेवताभेदाः। राज्ञः सकाशादित्यर्थः ॥45 ॥46 ॥47 ॥48 ॥

जपेत्सप्तशतीं चण्डीं कृत्वा तु कवचं पुरा।
यावद्भूमण्डलं धत्ते सशैलवनकाननम् ॥49 ॥

तावत्तिष्ठति मेदिन्यां संततिः पुत्रपौत्रिकी।
देहान्ते परमं स्थानं यत्सुरैरपि दुर्लभम् ॥50 ॥

प्राप्नोति पुरुषो नित्यं महामायाप्रसादतः ॥51 ॥

॥ इति श्रीदेवीकवचं समाप्तम् ॥

(गुप्तवती) जपेदिति। अत्र कवचं पुरा कृत्वा सप्तशतीं जपेदिति विधौ कृत्वेति सप्तशत्यङ्ग त्वस्यानुवादः। कवचसमाख्यया वचनान्तरैश्च कवचस्य चण्डीपाठाङ्ग त्वसिद्धेः। पूर्वं फलान्तरकथनं त्ववेष्टिन्यायेन बहिः-प्रयोगान्तरस्वीकारान्न दुष्यति। यावद्भूमण्डलमित्यादिस्तु पूर्णताफल-श्रुतिवदर्थवादः। पुरेति पूर्वकालमात्रविधिः। ततश्चाव्यवधानांशस्यात्राकथनात् सूक्तपुटितत्वस्य तु रात्रिसूक्तं पठेदादावित्यनेन विवरणात्। आदिमध्यान्तपदैः क्रमपदेन च विवृतस्य श्रौतक्रमत्वेन तद्बाधायोगाद्रात्रिसूक्तात्पूर्वमेव नवार्णस्य निवेशः। एवमर्गलास्ततेरपि 'इदं स्तोत्रं पठित्वा तु महास्तोत्रं पठेन्नरः' इत्यनेनाङ्गाङ्गिभावमात्रबोधनादद्य भुक्त्वा श्वो व्रजतीति क्त्वाप्रत्ययस्य व्यवधानेऽपि प्रयोगादुक्तश्रौतक्रमाविरोधेन व्यवधानेऽपि तदुपपत्तेः।

कवचार्गलयोस्तु पाठादेव क्रमबोधनाद्दशहोतृव्याहृति हिंकारसामिधेनीनां दशहोतारं वदेत्पुरस्तात्सामिधेनीनां सामिधेनीरनुवक्ष्यन्व्याहृतीः पुरस्तान्निदधाति हिंकृत्य सामिधेनीन्वाहेत्युक्तानामिव संकर्षणोक्तक्रमन्यायेन कवचार्गलानवार्णरात्रिसूक्त-चण्डीस्तवानां क्रम उन्नेयः। स्तवजपसंख्यानन्तरमपि देवीसूक्तनवार्णरहस्यानां क्रम इति ज्ञेयम् ॥49 ॥50 ॥51 ॥ इति श्रीगुप्तवत्यां देवीकवचव्याख्या समाप्ता ॥

(प्रदीपः) अधुना सप्तशत्यङ्गत्वं कवचस्य विधत्ते। जपेदिति पुरा। प्रथमतः। धत्त इति अनन्तनागो यावद्भूमण्डलं धत्ते धारयति तावदित्यर्थः ॥49 ॥ परमं स्थानं मोक्षरूपं ज्ञानद्वारा प्राप्नोति। नित्यं नियमेन। महामाया सर्वकारणमायाशबलब्रह्मरूपा तस्याः प्रसादतः। 'यमेवैष वृणुते तेन लभ्यस्तस्यैष आत्मा विवृणुते तनुं स्वाम्' इति श्रुतेः। 'य एतां मायाशक्तिं वेद स मृत्युं जयति स पाप्मानं तरति सोऽमृतत्वं च गच्छति' इति श्रुतेः। 'अहमेव स्वयमिदं वदामि जुष्टं देवेभिरुतमानुषेभिः' इति श्रुतेश्च। 'पार्वती परमा विद्या ब्रह्मविद्याप्रदायिनी। विशेषेणैव जंतूनां नात्र संदेहकारणम्' इति सूतसंहितोक्तेश्च ॥50 ॥51 ॥ कवचेऽस्मिन्सार्धपञ्चाशत्संख्याश्लोकसंग्रहः॥ इति प्रदीपव्याख्याने कवच-व्याख्या समाप्ता ॥

Devī – Kavacam

Mārkaṇḍeya Uvāca

★ Sage Mārkaṇḍeya said (to Brahmā) – 'Please tell me, Oh grand-fạther! what is good for all, very secret and is never disclosed to anybody.

Brahmā Uvāca

★ Brahmā said (to sage Mārkaṇḍeya) – "Oh twice born, (Brāhmin) the armour hymn of the Goddess is very secret and beneficial for all beings. Please listen to it.

★ The first Devī Śailaputrī, second Brahmacāriṇī, third Candraghaṇṭā, fourth Kuṣmāṇḍā, fifth Skandamātā, sixth Kātyāyanī, seventh Kālarātrī, eighth Mahāgourī and nineth Siddhidātrī – these nine (goddesses) are said to be Navadurgā and these names are given by Brahmā, the great Lord of the universe.

★ Burnt by fire, surrouned by enemies in the battlefield and terrified by great danger if people take shelter with the Goddess they will be free from danger in the battlefield and no sorrow or evil will come to them.

★ Those who always meditate on Thee with devotion become prosperous. Oh Goddess! there is no doubt that that Thou dost protectthem who meditate on Theee.

★ Goddess Cāmuṇḍā seated on the dead body, Vārāhī on the buffalo, Aindri on the elephant, Vaiṣṇavī on Garuda, Māheśvarī on the bull, Kaumārī on the peacock, lotus handed Lakṣmī, the dear consort of Hari on the lotus, fair complexioned Īśvarī on the bull, the beautiful Brāhmī with all kinds of ornaments on the swan and Nārasiṅghī, the most powerful and Śivadhutī of great prowess—these eleven Mātṛkās (powers of the Mother) are all endowed with the celestial necklace, the best jewels, various kinds of gems and ornaments and also with all the powers (śakti).

★ Greatly agitated with anger and mounted on the (respective) chariots the Goddesses look beautiful with saphires dark blue emeralds and rubies. For the destruction of the demons and protection and gift of boons to the devotees and also for the welfare of the gods they bear (in their hands) conch, disc, hammer, missile, plough, mace, club, javelin, axe, chain, lance, trident, bow, and various other divine weapons. Oh Goddess of the Supreme Prowess!, oh dreadful one, salutation unto Thee.

★ Oh Goddess!, of great strength and zeal, Oh destroyer of the terrible fear (of the devotees), Thou art known with insurmountable difficulties and Thou art the cause of the intense fear of the enemy. Please protect me.

★ May Goddess Aindrī protect me on the east, Fire on the south-east corner, Vārāhī on the south, and Khaḍgadhāriṇī on the south western direction.

★ May Goddess Vāruṇī protect me on the west, the deity of wind on the north-west corner, Kauverī on the north and Śuladhāriṇī on the north east corner.

★ May Goddess Brahmāṇī protect me on the high, Vaiṣṇavī below, and Cāmuṇḍā seated on the dead body on all ten directions.

★ May Goddess Jayā protect me on the front, Vijayā on the back Ajitā on the left hand side and Aparājitā on the right hand side.

★ May Goddess Dyotinī protect my tuft of hair, Umā be seated on my head, Mālādharī protect the forehead and Jaśasvinī the pair of eye brows.

★ May Goddess Citranetra protect the pair of eyes, Yamaghaṇṭā the two sides and the three-eyed Caṇḍikā the space between the pair of eyes brows.

★ May Goddess Śaṅkhinī protect my two eye balls. Dvāravāsinī the two ears. Kālikā the forehead and Śaṅkarī the bottom of the ears.

★ May Goddess Sugandhā stay on my nose, Carcikā on the upper lip, Amṛtakālā on the lower lip and Sarasvatī on the tongue.

★ May Goddess Kaumārī protect my teeth, Caṇḍikā the throat, Citraghaṇṭā the tonsil and Māhāmāyā the palate of the head.

★ May Goddess Kāmākṣī protect my chest, Sarvamaṅgalā the tongue, Bhadrakālī the neck and Dhanurdharī the back bone.

★ May Goddess Nīlagrīvā protect the front part of my neck. Nalakūvarī the internal part, Khaḍginī the two shoulders and Vajradhāriṇī the arms.

★ May Goddess Daṇḍinī protect my both hands, Ambikā the fingers, Śūlesvarī the nails and Nareśvarī the sheath of the arms.

★ May Goddess Mahādevī protect my breast, Devī Śokavināśinī the mind, Lalitā the heart and Śūladhāriṇī the belly.

- ★ May Goddess Kāminī protect my navel, Guhyeśvarī the organ of the evacuation of bowels, Durgandha the organ of generation and Guhyavāsinī the anus.
- ★ May Supreme Bhagavatī protect my waist, Meghavāhanā the two thighs, Mahābalā the ankles and Mādhavanāyikā the two knees.
- ★ May Goddess Nārasiṅghī protect my two heels, Kauśikī the back of the feet, Śrīdharī the toes, Pātālavāsinī the sole of the feet.
- ★ May Goddess Daṁstrākarālī protect the nails, Ūrdhakeśinī the hairs, Kaumārī the proes of the skin and Yogeśvarī the skin.
- ★ May Goddess Pārvatī protect my blood, marrow, fat, flesh, bone and corupulence, Kālarātri the entrails and Mukuṭeśvarī the biles.
- ★ May Goddess Padmāvatī protect my lotus sheath (lungs), Cūḍāmaṇi the phlegm, Jvālāmukhī the nail glow and Ābhedya the joints.
- ★ May Brahmāṇī protect my semen, Chatreśvarī the shadow, Dharmacāriṇī the ego, mind and intellect.
- ★ May Vajrahastrā, the good and beautiful protect my five vital forces namely *prāṇa, apāna, vyāna, udāna* and *samāna*.
- ★ May Yoginī protect my taste, form, smell sound and touch and Nārāyaṇī my attributes namely *Sattva, Rajas* and *Tamas*.
- ★ May Goddess Vārāhī always protect my life, Pārvatī my virtue, Vaiṣṇavī my fame and glory and Lakṣmī my wealth.

- ★ May Goddess Indrāṇī protect my lineage, Caṇḍikā the cattle, Mahālakṣmī my sons and Bhairavī my wife.
- ★ May Goddess Dhaneśvarī protect my wealth, Kaumārī the daughter, Supatha the journey (of life) and Kṣemaṅkarī my road.
- ★ May Goddess Mahālakṣmī protect me at the royal gate and Vijaya everywhere. Oh Jayantī! the destroyer of sins, please protect me in all places, unguarded and unarmoured by the hymns. These secred armour hymns which are conducive to all protection, should always be chanted.
- ★ Oh best of the Brāhmin sages (Mārkaṇḍeya), this secret has been disclosed to you with devotion. Do not proceed a single step if you desire your own good.
- ★ Wherever one goes being covered by these armour hymns he attains in all those places wealth and glory. Whatever he desires, he gets it and achieves vast wealth in this world.
- ★ Covered with such armour hymns he becomes frealess and victorious in battles and is honoured in the three worlds.
- ★ These armour hymns of the Goddess are very difficult to be attained even by the Gods. Whoever chants them with devotion during three times, attains divine wealth, victory in three worlds, becomes free from unnatural death and lives full one hundred years.
- ★ Disease, poison of the inanimate, animate and artificial objects cannot do any harm to him.
- ★ The hymns regarding the employment of magical spells for male-volent purposes, mystical diagrams used as amulet, living beings, birds, beings minor

gods, own brothers, evil spirits, offering of several things made by enemies for fulfilment of a desire, female goblins, female demons or fairies, terrible beings supposed to move in intermediate regions between heaven and earth, female goblins who make terrible roar, particular class of evil demons supposed to seize upon children and produce convulsions, ghosts, fiends, demigods, celestial musicians, Rākṣasas (evil spirits), Brahma Rākṣasas, ghosts occupying dead body, false conception and frightful Bhairavas *etc.*, become ineffective at the sight of the man guarded with such armour hymns. And such a person is honoured atthe ing's presence and his heroism shines at other places too.

★ After chanting the armour hymns, Saptaśatī should be properly read. By this success arising from the study of Caṇḍī, is attained without difficulty.

★ The sons and grandsons of the readers of Caṇḍī will live as long as this world with mountains, forests and gardens will exist.

★ By the grace of Devī Mahāmāyā (the Goddess) the reader of Caṇḍī will attain the eternal abode attainable with much difficulty even by gods.

★ Who attains such Supreme Abode (Śiva loka) becomes free from the cycle of birth and death and becomes one with Lord Śiva.

॥अथार्गलास्तुतिः॥

मार्कण्डेय उवाच।

जयन्ती मङ्गला काली भद्रकाली कपालिनी।
दुर्गा क्षमा शिवा धात्री स्वाहा स्वधा नमोऽस्तु ते॥1॥

(गुप्तवती) जयन्तीति। मङ्गलेति मत्त्वर्थीयोऽच्॥1॥

(प्रदीपः) अथार्गलाव्याख्यानम्। तत्र प्रथमतो देवताया उद्देश्याया गुणान्ध्यानोपयोगिन आह। जयन्तीति। जयन्ती सर्वोत्कृष्टेत्यर्थः। गुणत्रयसाम्यावस्थोपाधिकब्रह्मरूपिण्या भगवत्याः सर्वकारणत्वात्। मङ्गला मङ्गं जननमरणादिरूपं सर्पणं भक्तानां लाति गृह्णाति नाशयति सा मोक्षप्रदा मङ्गलेत्युच्यते। 'न तस्य प्राणा उत्क्रामन्ति' इति श्रुतेः काली कलयति भक्षयति सर्वमेतत्प्रलयकाले इति काली। 'ब्रह्म च क्षत्रं चोभे भवत ओदनः मृत्युर्यस्योपसेचनम्' इति श्रुतेः भद्रकाली भद्रं मङ्गलं सुखं कलयति स्वीकरोति भक्तेभ्यो दातुमिति भद्रकाली। 'भद्रकाली सुखप्रदा' इति रहस्यागमेऽर्थकथनात्। कपालिनी। 'कपालोऽस्त्री शिरोऽस्थि स्याद्घटादेः शकलेषु च'। इति मेदिनीकोशात्। ब्रह्मादीन्निहत्य तेषां कपालं गृहीत्वा प्रलयकाले अटतीति। प्रपञ्चरूपाम्बुजं हस्ते यस्या इति वा। कपालिनी मत्वर्थीय इनिः। 'प्रपञ्चाम्बुजहस्ता च। कपालिन्युच्यते परा' इति रहस्यागमात्। दुर्गा दुःखेनाष्टाङ्गयोगसर्वकर्मोपासनारूपेण क्लेशेन गम्यते प्राप्यते सा दुर्गा। 'तां दुर्गां दुर्गमां देवीम्' इति देव्यथर्वशिरसः। क्षमा भक्तनामन्येषां वा सर्वानपराधान्क्षमते सहते जननीत्वात्सातिशयकारुण्यवती क्षमेत्युच्यते। शिवा। चिद्रूपिणीत्यर्थः। 'चिन्मात्राश्रयमायायाः शक्त्याकारे द्विजोत्तमा। अनुप्रविष्टा या संविन्निर्विकल्पा स्वयंप्रभा॥ सदाकारा सदानन्दा संसारोच्छेदकारिणी। सा शिवा परमा देवी शिवाऽभिन्ना शिवंकरी॥' इति सूतसंहितोक्तैः। धात्री सर्वप्रपञ्चधारणकर्त्री। 'अहं रुद्रेभिर्वसुभिश्चराम्यमादित्यैरुत विश्वेदेवैः। अहं

मित्रावरुणोभा बिभर्म्यहमिन्द्राग्नी अहमश्विनोभा' इत्यादिश्रुतेः। स्वाहा देवपोषिणी। स्वधा पितृपोषिणी। एतादृशपूर्वोक्तमहागुणवती या त्वमसि ततस्ते तुभ्यं नमो नमस्कार एवास्तु केवलम्। न तु तादृश्याः परिचर्यायां सामर्थ्यमस्तीति भावः ॥1 ॥

मधुकैटभविद्राविविधातृवरदे नमः।
रूपं देहि जयं देहि यशो देहि द्विषो जहि ॥2 ॥

महिषासुरनिर्नाशविधात्री वरदे नमः।
रूपं देहि जयं देहि यशो देहि द्विषो जहि ॥3 ॥

वन्दिताङ्घ्रियुगे देवि देवि सौभाग्यदायिनि।
रूपं देहि जयं देहि यशो देहि द्विषो जहि ॥4 ॥

(गुप्तवती) मध्विति। विद्राविणी च सा विधातृवरदा चेति विग्रहः। रूपं स्वीयानां मोहनं द्विषां भीषणं लावण्यं वा ॥2 ॥ महिषेति। निर्नाशविधात्रीत्येकं पदम् ॥3 ॥4 ॥

(प्रदीपः) मधुकैटभयोर्विद्राविणी नाशिनी च सा विधातुर्वरदा चेत्यर्थः। मधुकैटभनाशार्थं ब्रह्मणा स्तुता सती तस्मै वरं ददाविति कथा देवीभागवते प्रथमस्कन्धे प्रसिद्धा। रूपं रूप्यते ज्ञायते इति रूपं परमात्मवस्तु। 'रूपं भवेद्बिन्दुरमन्दकान्तिः' इत्यागमात्तद्देहि मह्यं मत्कृतनमस्कारेणैव प्रसन्ना सती तथा जयं जयत्यनेन परमात्मनः स्वरूपमिति जयो वेदस्मृततिराशिस्ततो जयमुदीरयेदित्यत्र प्रसिद्धस्तं देहि। यशो देहि। 'सहनौ यशः' इति श्रुतिप्रसिद्धं तत्त्वज्ञानसंपादनजन्यं यशस्तद्देहि। द्विषो जहि कामक्रोधादीन्शत्रूञ्जहि नाशय ॥2 ॥ महिषासुरेति। महिषासुरस्य निर्नाशस्तस्य विधात्री कर्त्रीत्यर्थः। वरदे इति पृथक्पदम् ॥3 ॥ वन्दितेति। ब्रह्मविष्ण्वादिभिर्वन्दितमङ्घ्रियुगं यस्यास्तेषामेतदपेक्षया न्यूनोपाधिकत्वात्। भक्त्यतिशयेन देवीत्यस्य पुनरुक्तिः ॥4 ॥

रक्तबीजवधे देवि चण्डमुण्डविनाशिनि।
रूपं देहि जयं देहि यशो देहि द्विषो जहि ॥5 ॥

अचिन्त्यरूपचरिते सर्वशत्रुविनाशिनि।
रूपं देहि जयं देहि यशो देहि द्विषो जहि॥6॥

नतेभ्यः सर्वदा भक्त्या चण्डिकेत्तप्रणताय मे।
रूपं देहि जयं देहि यशो देहि द्विषो जहि॥7॥

स्तुवद्भ्यो भक्तिपूर्वं त्वां चण्डिके व्याधिनाशिनि।
रूपं देहि जयं देहि यशो देहि द्विषो जहि॥8॥

(गुप्तवती) रक्तबीजस्य वधो यस्याः सकाशात्सेति विग्रहः॥5॥6॥7॥8॥

(प्रदीपः) रक्तबीजेति। रक्तबीजस्य वधः कर्तव्यतयास्ति यस्याः सा। अर्शआद्यजन्तम्। रक्तबीजवधकर्त्रीत्यर्थः। रक्तबीजस्य वधो यस्याः सकाशादिति वा। अत्र शुम्भासुरेति श्लोकपाठोपपाठः प्राचीनैरव्याख्यानात्प्राचीन-पुस्तकेष्वपाठाच्च॥5॥ अचिन्त्येति। 'यतो वाचो निवर्तन्ते' इति श्रुतेः। 'यो अस्याध्यक्षः परमे व्योमन्। सो अङ्ग वेद यदि वा न वेद' इति श्रुतेः॥6॥ नतेभ्य इति। सदा सर्वदा भक्त्या नतेभ्यः प्रणतेभ्यो मे प्रणताय च रूपं देहीत्यन्वयः॥7॥ एवं स्तुवद्भ्य इत्यत्रापि॥8॥

चण्डिके सततं ये त्वामर्चयन्तीह भक्तितः।
रूपं देहि जयं देहि यशो देहि द्विषो जहि॥9॥

देहि सौभाग्यमारोग्यं देहि देवि परं सुखम्।
रूपं देहि जयं देहि यशो देहि द्विषो जहि॥10॥

विधेहि द्विषतां नाशं विधेहि बलमुच्चकैः।
रूपं देहि जयं देहि यशो देहि द्विषो जहि॥11॥

विधेहि देवि कल्याणं विधेहि विपुलां श्रियम्।
रूपं देहि जयं देहि यशो देहि द्विषो जहि॥12॥

विद्यावन्तं यशस्वन्तं लक्ष्मीवन्तं जनं कुरु।
रूपं देहि जयं देहि यशो देहि द्विषो जहि॥13॥

प्रचण्डदैत्यदर्पघ्ने चण्डिके प्रणताय मे।
रूपं देहि जयं देहि यशो देहि द्विषो जहि॥14॥

चतुर्भुजे चतुर्वक्त्रसंस्तुते परमेश्वरि।
रूपं देहि जयं देहि यशो देहि द्विषो जहि॥15॥

(गुप्तवती) ये त्वामर्चयनित तेभ्य इति शेषः ॥9॥10॥11॥12॥ जनं भक्तजनं माम् ॥13॥14॥15॥

(प्रदीपः) चण्डिके सततमित्यत्रापि तथैव ये त्वामर्चयन्ति तेभ्य इति शेषः ॥9॥ देहि सौभाग्यमित्यर्थान्मह्यम् ॥10॥ विधेहीति। उच्चैकरतिशयेनोच्चं बलं मम विधेहि ॥11॥12॥ विद्यावन्तमिति। ब्रह्मविद्यावन्तं जपं स्वभक्तजन कुरुं अथ च रूपं देहीत्यर्थः ॥13॥14॥15॥

कृष्णेन संस्तुते देवि शश्वद्भक्त्या तथाऽम्बिके।
रूपं देहि जयं देहि यशो देहि द्विषो जहि॥16॥

हिमाचलसुतानाथपूजिते परमेश्वरि।
रूपं देहि जयं देहि यशो देहि द्विषो जहि॥17॥

सुरासुरशिरोरत्ननिघृष्टचरणेऽम्बिके।
रूपं देहि जयं देहि यशो देहि द्विषो जहि॥18॥

इन्द्राणीपतिसद्भावपूजिते परमेश्वरि।
रूपं देहि जयं देहि यशो देहि द्विषो जहि॥19॥

(गुप्तवती) ॥16॥17॥18॥ इन्द्राण्या पतिसद्भावस्य पतिसत्ताया ज्ञानार्थं पूजिते। इन्द्रेण कालविशेषे क्वचित्सरसि कमलबिसांतश्चिरे स्थितं तदा देव्याराधनेन पौलोम्या तत्स्थलं लब्धमिति पुराणेषु प्रसिद्धेः। इन्द्राणीपतिना सद्भावेन पूजिते इति वा ॥19॥

(प्रदीपः) कृष्णेन संस्तुते इति। इयं च कथा देवीभागवते प्रसिद्धा ॥16॥ हिमाचलसुतानाथः शिवस्तेन पूजिते ॥17॥ सुरासुरेति। अनेन च देवीस्वॅरूपदर्शनेन निर्वैरताऽद्वैतभावो भवतीति ध्वनितम्। सुरासुरयोः सामानाधिकरण्यकथनात् ॥18॥ इन्द्राणीति इन्द्राणीपतिना सद्भावेन पूजिते ॥19॥

देवि प्रचण्डदोर्दण्डदैत्यदर्पविनाशिनि।
रूपं देहि जयं देहि यशो देहि द्विषो जहि॥20॥

देवि भक्तजनोद्दामदत्तानन्दोदयेऽम्बिके।
रूपं देहि जयं देहि यशो देहि द्विषो जहि॥21॥

पत्नीं मनोरमां देहि मनोवृत्तानुसारिणीम्।
तारिणीं दुर्गसंसारसागरस्य कुलोद्भवाम्॥22॥

(गुप्तवती) ॥20॥ भक्तजनेषु ये उद्दामास्तेभ्यो दत्त आनन्दोदयो मोक्षो यया॥21॥ तारिणी मार्कण्डयेपुराणप्रसिद्धया मदालसया वासिष्ठरामायणप्रसिद्धया चूडालया च तुल्याम्। आद्यया पुत्रस्तारितोऽन्यया पतिरेव तारित इति तत्राख्यानात्॥22॥

(प्रदीपः) ॥20॥ भक्तजनेषु य उद्दामास्तेभ्यो दत्त आनन्दोदयो मोक्षो यया॥21॥ तारिणीमिति। मार्कण्डेयपुराणप्रसिद्धया मदालसया वासिष्ठरामायणप्रसिद्धया चूडालया च तुल्या आद्यया पुत्रस्तारितो द्वितीयया पतिरेव तारित इति तत्राख्यानात्॥22॥

इदं स्तोत्रं पठित्वा तु महास्तोत्रं पठेन्नरः।
स तु सप्तशतीसंख्यावरमाप्नोति संपदः॥23॥

॥ इति देव्या अर्गलास्तुतिः समाप्ता॥

(गुप्तवती) महास्तोत्रम् एतत्प्रधानभूतं सप्तशतीस्तोत्रम्। सप्तशतीसंख्यावरं तज्जन्यपुण्यस्य यत्संख्या वरमानन्त्यरूपं तदेवं संपदामप्याप्नोतीत्यर्थः॥23॥ इति गुप्तवत्यामर्गलारस्तोत्रव्याख्या संपूर्णा॥

(प्रदीपः) महास्तोत्रं सप्तशत्याख्याम्। अनेन चार्गलास्तुतेरपि सप्तशत्यङ्गत्वं बोधितम्। य एवमर्गलास्तुतिं पठित्वा सप्तशतीस्तोत्रं जपति स तु स एव सप्तशत्याः संख्या जपसंख्या तया यज्जायमानं वरं फलं तत्प्राप्नोति नान्यः। संपदः संपदश्च प्राप्नोति। तस्मादवश्यमर्गलास्तोत्रं पठनीयमितिभावः। सिद्धिप्रतिबन्धकं पापमर्गलासदृशत्वादर्गला तन्नाशकस्तोत्रस्यापि लक्षणयार्गलेति संज्ञा॥23॥ त्रयोविंशतिसंख्यानां श्लोकानामत्र संग्रहः। इति प्रदीपव्याख्याने अर्गलाविवरणम्॥

Atha Argalā Stutiḥ

Mārkaṇḍeya Uvāca

- ★ Sage Mārkaṇḍeya destroyer said (to his disciples) : Oh Cāmuṇḍā, glory into Thee. Oh destroyer of devils, oh all pervading Goddess, glory unto Thee. Thou art Jayantī, Maṅgalā, Kālī, Bhadrakālī, Kapālinī, Durgā, Śiva, Kṣamā, Dhātrī, Svāhā, and Svadhā. Salutation unto Thee.
- ★ Oh Devī, the destroyer of Madhu and Kaiṭava demon, oh giver of boon to Brahmā, salutation unto Thee, Grant me beauty, glory and fame and destroy my enemy.
- ★ Oh Goddess, the destroyer of the demon Mahiṣa, oh giver of happiness to devotees, salutation unto Thee. Grant me beauty, glory and fame and destroy my foes.
- ★ Oh Goddess, killer of Dhūmralocana, oh Goddess, oh bestower of virtue, wealth and desire, salutation unto Thee. Kindly Grant me beauty, glory and fame and destroy my enemy.
- ★ Oh Goddess killer of Raktabīja, oh destroyer of Caṇḍa and Muṇḍa, grant me beauty, glory and fame and destroy my foes.
- ★ Oh mighty Goddess, Thou art worshipped at (every) cycle (by gods) and Thou art the bestower of all fortunes. Grant me beauty, glory and fame and destroy my foes.

★ Oh mighty Goddess, Thy form and deeds are unthinkable. Thou art the destroyer of all enemies. Grant me beauty, glory and fame and destroy my enemy.

★ Oh Aparṇā, Thou dost wipe out the sins of the devotees who have taken shelter in Thee. Kindly Grant me beauty, glory and fame and destroy my enemy.

★ Oh Goddess Caṇḍikā, Thou destroyest the disease of those who pray to Thee with great devotion. Grant me beauty, glory and fame and destroy my foes.

★ Oh Goddess Caṇḍikā, Thou dost always win victory in the battle and destroy sin. Grant me beauty, glory and fame and destroy my foes.

★ Oh Supreme Goddess, do good to me and give me abundant wealth. Grant me beauty, glory and fame and destroy my foes.

★ Oh Goddess! Detroy my enemy and give me the best strength. Kindly Grant me beauty, glory and fame.

★ The jewels of the head-dress of the gods and the demons touch Thy lotus feet. Oh Goddess! Grant me beauty, glory and fame and destroy my foes.

★ Oh Goddess! Make me learned (with the knowledge of the Supreme Self) famous and wealthy. Kindly Grant me beauty, glory and fame and destroy my foes.

★ Oh Goddess, Thou does curve the pride of the very powerful demons. Grant me beauty, glory and fame and destroy my foes.

★ Oh Goddess Caṇḍikā, Thou dost remove the pride of the very terrible demons. I bow down to Thy feet. Kindly Grant me beauty, glory and fame and destroy my foes.

- ★ Oh Supreme Goddess, Thou hast four hands and Thou art worshipped by the four faced Brahmā. Grant me beauty, glory and fame and destroy my foes.
- ★ Oh Devī Ambikā, Thou art always worshipped with devotion by Kṛṣṇ. Grant me beauty, glory and fame and destroy my foes.
- ★ Oh Supreme Goddess, Thou art worshipped by the son-in-law (Śiva) of the Himālayas. Kindly Grant me beauty, glory and fame and destroy my foes.
- ★ Oh Supreme Goddess, Thou art worshipped with devotion by the wife of Indra for the welfare of her husband. Kindly Grant me beauty, glory and fame and destroy my foes.
- ★ Oh Supreme Goddess, Thou bestowest infinite bliss upon the devotee. Oh Devī Ambikā, grant me beauty, glory and fame and destroy my foes.
- ★ Oh Goddess! Give me such wife who is favourable to the state of my mind. Kindly Grant me beauty, glory and fame and destroy my foes.
- ★ Oh daughter (a) of the Himālayas, Thou art the rapt (b) of the ocean of the world. Kindly Grant me beauty, glory and fame and destroy my foes.
- ★ After chanting these verses, one should chant Saptaśatī. Chanting of Saptaśatī in this manner brings rare boon.

॥अथ देवीकीलकम्॥

ऋषिरुवाच।

विशुद्धज्ञानदेहाय त्रिवेदीदिव्यचक्षुषे।
श्रेयःप्राप्तिनिमित्ताय नमः सोमार्धधारिणे॥1॥

(गुप्तवती) विशुद्धेति। अयं च श्लोकस्तर्कचरणमीमांसावार्तिके प्रथमः। अत्रापि बहुभिः पठ्यते। शिवस्य सोमयागस्य चेह श्लेषः। विशुद्धं निर्विषयकमध्ययनसिद्धं च। ज्ञानं चैतन्यं वेदार्थस्य च। त्रिवेदी वेदत्रयमैष्टिकपाशुकसौमिकवेदिकात्रयं च। श्रयो मोक्षः स्वर्गश्च। सोमार्धः चन्द्रोऽभिषुतसोमरसश्च॥1॥

(प्रदीपः) अथ कीलविवरणम्। तत्र मार्कण्डेयऋषिः शिष्यानुपदिदेश। स संवादस्तन्त्रेषु कथित इति तन्त्रस्थमेवैतत्। ऋषिरुवाच। मार्कण्डेयऋषिः स्वशिष्यान्प्रतीत्यर्थात्। कीलकं वक्तुं मङ्गलाभचरति मार्कण्डेयः। विशुद्धेति। निर्मलज्ञानरूपायेत्यर्थः। त्रिवेदी वेदत्रयरूपं दिव्यं चक्षुर्यस्य तस्मै श्रेयःप्राप्तेः कल्याणप्राप्तेर्निमित्ताय कारणाय सोमार्धधारिणे नमः अस्त्वित्यर्थः। अत्र केचिदयं श्लोकस्तर्कचरणमीमांसावार्तिके प्रथमोऽत्रापि बहुभिः पठ्यते परंत्वनार्ष इत्याहुः। वयं तु ब्रूमोऽत्रत्य एव स श्लोको मङ्गलार्थं वार्तिककारैर्गृहीत इति कुतो न स्यात्। न हि कुत्रचित्स्थितः श्लोको मङ्गलार्थमन्यत्र न गृहीतव्य इति राजाज्ञास्ति। तस्मात्सर्वपुस्तकेषूपलम्भादार्ष एव श्लोक इति॥1॥

सर्वमेतद्विजानीयान्मन्त्राणामभिकीलकम्।
सोऽपि क्षेममवाप्नोति सततं जाप्यतत्परः॥2॥

(गुप्तवती) सर्वमेतत् कर्मकाण्डो ब्रह्मकाण्डस्तन्त्राणि वैद्यकादीनि कलाश्च कीलकं दानप्रतिग्रहाख्यकर्मविशेषादिरूपं च विना। जाप्ये चण्डीस्तवमात्रजपे

तत्परः।क्षेमं नानाविधप्रत्यवायानां रोगाणां च परिहारम् ऐहिकामुष्मिकफलसमूहं च। एतदेव विवृणोति। सिध्यन्तीति। एतेन चण्डीस्तवेन। नित्यमित्यादि भिन्नं वाक्यम्। परब्रह्मापि स्तोत्रमात्रेणैव सिध्यतीत्यर्थः॥2॥

(प्रदीपः) किमुवाच। सर्वमेतदिति। मन्त्राणां अभिकीलकं वक्ष्यमाणरीत्या सर्वमन्त्रसिद्धिप्रतिबन्धकशापरूपकीलकनाशकत्वाल्लक्षणया सप्तशतीस्तोत्रमभिकीलकं तत् सर्वं विजानीयात् उपासीतेत्यर्थः। नन्वन्यमन्त्रोपासनाभिः किं क्षेमं न भवति यतोऽत्रैवाग्रहः क्रियत इति चेद्भवत्येवेत्याह। सोऽपीति। तत्सप्तशतीस्तोत्रं विना सततं जाप्यतत्परः नानामन्त्राणा जपरूपे कर्मणि निरन्तरं निष्ठा यस्य स तत्परो यस्तु पुरुषः सोऽपि क्षेमं सर्वं क्षेमं कल्याणं प्राप्नोतीत्यर्थः॥2॥

सिद्ध्यन्त्युच्चाटनादीनि वस्तूनि सकलान्यपि।
एतेन स्तुवतां देवी स्तोत्रमात्रेण सिद्ध्यति॥3॥

(गुप्तवती) ॥3॥ **(प्रदीपः)** सिध्यन्त्युच्चाटनादीनीति। एवं जपतत्परस्य पुरुषस्योच्चाटनादीन्यपि कर्माणि सिध्यन्ति तथा सकलानि वस्तून्यलभ्यानि सिध्यन्तीति। एवं सप्तशतीपाठरहितानामपि पुरुषाणां केवलमन्त्रजपेन सिद्धिमुक्त्वामन्त्रजपरहितानामपि पुरुषाणां केवलसप्तशतीपाठेनापि सर्वां सिद्धिमुपदिशति। एतेनेति। एतेन प्रकृतेन स्तोत्रमात्रेण सप्तशत्याख्यस्तोत्रपाठमात्रेण स्तुवतां स्तोतॄणां देवी भगवती सच्चिदानन्दरूपिणी सिद्ध्यति प्रसीदति॥3॥

न मन्त्रो नौषधं तत्र न किंचिदपि विद्यते।
विना जाप्येन सिद्ध्येत सर्वमुच्चाटनादिकम्॥4॥

(गुप्तवती) तस्माल्लघूपायात्मकचण्डीस्तवातिरिक्तानां प्रयाससाध्यानां सर्वविद्यानां वैयर्थ्यं प्रसक्तमित्याह। न मन्त्र इति। विद्यते लोकैस्तासामनादरेणोच्छिन्नत्वादिति भावः। विनेति मन्त्राद्यन्वयि॥4॥

(प्रदीपः) तस्य पुरुषस्य नान्यमन्त्राद्युपयोग इत्याह। न मन्त्रो नौषधमिति। तत्र तस्य पुरुषस्य कार्यसिद्धौ न मन्त्र उपयुक्तो भवति तथा नौषधं तथा न किञ्चिदन्यदपि योगसिद्ध्यादिरूपं साधनं विद्यते उपयोगाय। किं तु जाप्येन

विना तत्तन्मन्त्रजपरूपकर्माभावेऽपि सर्वमुच्चाटनादिकमाभिचारिकं कर्म तथा समग्राण्यप्यभिलषणीयानि कार्याणि सिध्यन्ति केवलस्तोत्रमात्रेणेति। एतावत्पर्यन्तं सप्तशत्युपासनया केवलया सर्वं कल्याणं भवति। तथा सप्तशत्यन्यमन्त्रोपासनयापि सर्वं कल्याणं भवतीति पक्षद्वयमुपपादितम् ॥4 ॥

समग्राण्यपि सेत्स्यन्ति लोकशङ्कामिमां हरः।
कृत्वा निमन्त्रयामास सर्वमेवमिदं शुभम् ॥5 ॥

(गुप्तवती) विद्यमानविद्याजातवैयर्थ्यशङ्कां निमन्त्रयामास विचारयामास। विचारमभिनीय दर्शयति। सर्वमिति। एवं कीलकनिर्माणे कृते सति सर्वमिदं विद्याजातं शुभं सार्थकं स्यादिति चण्डीस्तवमात्रपाठेन कृतार्थाः सन्तो लोकाः सर्वाणि धर्मार्थकाममोक्षशास्त्राण्यत्यजन्। अतःकीलननिर्माणेन स्तवमात्रजन्यानां सिद्धीनां प्रतिबन्धः शिवेनेतरविद्यासार्थक्यार्थं कृत इति श्लोकचतुष्काशयः ॥5 ॥

(प्रदीपः) इत्थं पक्षद्वयमपीदमस्तीति या पक्षद्वयविषयिणी लोकानां शङ्का तां प्रथमतो हरः कृत्वा तच्छङ्कानिरासार्थं निमन्त्रयामास निमन्त्रितवानर्थाल्लोकान्। तानागतानाह। किमिति एवंवक्ष्यमाणप्रकारेणेदं सप्तशत्याख्यमेव शुभमिति अत्र तानाहेति शेषः ॥5 ॥

स्तोत्रं वै चण्डिकायास्तु तच्च गुह्यं चकार सः।
समाप्तिर्न च पुण्यस्य तां यथावन्नियन्त्रणाम् ॥6 ॥

(गुप्तवती) स्तोत्रमिति। चण्डिकायाः स्तोत्रं गुह्यमप्रचरदवस्थे चकार। क्वचित्प्रचारमात्रेण यत्नात्तल्लाभेऽपि तस्य पुण्यस्य तज्जन्यफलातिशयस्य या नसमाप्तिरनन्तता तामपि नियन्त्रणां नियन्त्रितां निगूढोपायां चकार ॥6 ॥

(प्रदीपः) अनन्तरं च चण्डिकायास्तु चण्डिकाया एव स्तोत्रं सप्तशत्याख्यं तच्च गुह्यमतिरहस्यं चकार। पूर्वोक्तमन्त्रजपरूपपक्षापेक्षया द्वितीयं पक्षमेव सारभूतं चकारेत्यर्थः। इति मार्कण्डेय तन्त्रोक्तं पूर्ववृत्तं कथितं पुनः शिष्यान् सप्तशतीमाहात्म्यं कथयंश्छिवभिप्रायं कथयति। यस्मादेतत्स्तोत्रपाठजन्यफलस्य न समाप्तिः कदापि भवति। तत्तन्मन्त्रजपजन्यपुण्यस्य तु समाप्तिरस्ति। तस्मात्तां पूर्वोक्तां शिवेन कृतां नियन्त्रणां प्रथमपक्षस्य सङ्कोचरूपां यथावद् यथार्थमेव जानीध्वमिति शेषः ॥6 ॥

सोऽपि क्षेममवाप्नोति सर्वमेव न संशयः।
कृष्णायां वा चतुर्दश्यामष्टम्यां वा समाहितः ॥7॥

(गुप्तवती) न ह्येतावता सर्वथा स्तोत्रात् सिद्धिहानिर्मन्तव्या। गुरुमुखात्तादृशोत्कीलनोपायज्ञानशीलस्य तथानुष्ठितवतो यथा पूर्वमितरविद्यानैरपेक्ष्येणैव सिद्धिसम्भवादित्याह। सोऽपीति। तमुपायमेव प्रदर्शयति। कृष्णायामिति। यस्मिन्मासि नूतनार्जनं तस्मिन्मास इति शेषः ॥7॥

(प्रदीपः) सोऽपि क्षेममिति। सोऽपि तत्तन्मन्त्रजपकर्तापि एतत्स्तोत्रजपसहितश्चेदेव सर्वं क्षेममवाप्नोति तस्मात्तं प्रथमपक्षं विहाय सप्तशतीपाठे एव सर्वैरादरः कर्तव्य इत्यर्थः। एतेनान्ये मन्त्रा अपि सप्तशतीपाठं कृत्वैव जपनीयाः अन्यथा तत्तन्मन्त्रफलाप्राप्तिर्न स्यादिति बोधितम्। यत एतत्सर्वमन्त्रसिद्धिप्रतिबन्धकनाशकं भवति तस्मादेव मन्त्राणामभि-कीलकमेतदिति पूर्वमुक्तमिति बोध्यम्। अभिकीलकं सिद्धिप्रतिष्टम्भकरं दोषरूपम्। तन्नाशकत्वादस्यापि लक्षणयाभिकीलकत्वम्। नन्वत्रापि नवार्णमन्त्रजपापेक्षास्त्येवेति चेत्सा शीघ्रफलार्थमिति ब्रूमो न तु तद्विना फलमेतस्य नास्तीति एतद्विना तु तत्तन्मन्त्राणां फलमेव न भवतीति विशेषः ॥7॥

ददाति प्रतिगृह्णाति नान्यथैषा प्रसीदति।
इत्थंरूपेण कीलेन महादेवेन कीलितम् ॥8॥

(गुप्तवती) ददातीति। धातुद्वयेन मिलित्वा दानप्रतिग्रहनामकस्यैव कर्मणो विधिः। तत्स्वरूपं च गुरुकीलके व्यक्तीभविष्यति ॥8॥

(प्रदीपः) परन्तु हे शिष्यास्तत्स्तोत्रं सर्वेषामप्यचिन्त्यफलप्रदं जातमिति सर्वेऽपि सर्वेश्वरा भविष्यन्तीति ज्ञात्वा महादेवेन कीलितमस्तीत्याह। कृष्णायामिति। कृष्णचतुर्दश्याम् अष्टम्यां वा कृष्णायां समाहित एकाग्रः सन् य उपासको निजं सर्वं धनं न्यायेनार्जितं देव्यै ददाति समर्पयति। हे देवि इत आरभ्येदं सर्वं धनं मदीयं तुभ्यं मया दत्तमस्ति इति समर्पयति पश्चात् संसारयात्रानिर्वाहार्थं गृहाणेदं द्रव्यं मत्प्रसादभूतमिति देव्या अनुज्ञां मनसा गृहीत्वा तद्द्रव्यं प्रसादबुद्ध्या प्रतिगृह्णाति। गृहीत्वा च धर्मशास्त्रोक्तमार्गेण तस्य व्ययं कुर्वन्निरन्तरं देव्यधीनो भवति तस्यैषा सप्तशती प्रसन्ना भवति नान्यथा। इत्थंरूपेण कीलेन सिद्धिप्रतिष्टम्भकरणे महादेवेन

कीलितमस्ति। अयंच कीलकस्यार्थो रहस्यागमे गुरुकीलकपटले प्रदर्शितः अग्रे स्पष्टीकरिष्यामः ॥8 ॥

यो निष्कीलां विधायैनां नित्यं जपति संस्फुटम्।
स सिद्धः सगणः सोऽपि गन्धर्वो जायतेऽवने ॥9 ॥

न चैवाप्यटतस्तस्य भयं क्वापीह जायते।
नाऽपमृत्युवशं याति मृतो मोक्षमवाप्नुयात् ॥10 ॥

ज्ञात्वा प्रारभ्य कुर्वीत ह्यकुर्वाणो विनश्यति।
ततो ज्ञात्वैव सम्पन्नमिदं प्रारभ्यते बुधैः ॥11 ॥

सौभाग्यादि च यत्किंचिद्दृश्यते ललनाजने।
तत्सर्वं तत्प्रसादेन तेन जाप्यमिदं शुभम् ॥12 ॥

(गुप्तवती) ॥9 ॥10 ॥ ज्ञानारम्भात्यागरूपं कर्माह। ज्ञात्वेति कुर्वीत न त्यजेत। अकुर्वाणः त्यजन्विनश्यति सिद्धिहीनो भवति ॥11 ॥12 ॥

(प्रदीपः) तर्हि किं कर्तव्यमित्याह। यो निष्कीलामिति यस्मादेवं तस्माद्यो हि पुरुष एनां सप्तशतीं पूर्वोक्तदानप्रतिग्रहकरणेन निष्कीलां विधाय स्फुटं यथा स्यात्तथा संजपति स एव सिद्धो भवति। स एव देव्या गणो भवति। सोऽपि स एवाऽवने सर्वजगद्रक्षणे गन्धर्वो बृहदारण्यके 'तस्यासीत् दुहिता गन्धर्वगृहीतो' इति श्रुत्युक्तदेवताविशेषो गन्धर्वो जायते। स हि समर्थः सर्वजगद्रक्षणे इति ॥9 ॥ दृष्टफलान्याह। न चैवाप्यटत इति। स्पष्टार्थमेवैतत् ॥10 ॥ एतादृशकीलमज्ञात्वा पाठकतुर्दोषमाह। ज्ञात्वेति। पूर्वोक्तं कीलके ज्ञात्वा तत्परिहारं प्रारभ्य पाठं कुर्वीत। तत्परिहारमकुर्वाणो विनश्यति। यस्मादेवं तस्मात्कीलकं ज्ञात्वैव सम्पन्नं निर्दुष्टमिदं स्तोत्रं बुधैः प्रारभ्यते। अत्र विनाशकथनं कीलकज्ञानस्यावश्यकत्वार्थमेव। यथाकथंचित्पाठस्यापि वचनान्तरैरनुज्ञानात्। तेन जाप्यमिति तेन हेतुनेत्यर्थः ॥11 ॥12 ॥

शनैस्तु जप्यमानेऽस्मिन्स्तोत्रे सम्पत्तिरुच्चकैः।
भवत्येव समग्रापि ततः प्रारभ्यमेव तत् ॥13 ॥

ऐश्वर्यं यत्प्रसादेन सौभाग्यारोग्यसम्पदः।
शत्रुहानिः परो मोक्षः स्तूयते सा न किं जनैः ॥14॥

॥ इति लक्ष्मीकीलकस्तोत्रं संपूर्णम् ॥

(गुप्तवती) शनैरिति। अत्वरयेत्यर्थः। न तूपांशुस्वरेण मनसा वा वाचिकस्पष्टजपस्यैवावश्यकत्वोक्तेः॥13॥14॥ इति श्रीगुप्तवत्यां लक्ष्मीकीलकव्याख्या समाप्ता॥

(प्रदीपः) शनैस्त्विति। शनैः स्वकर्णगोचर यथा स्यात्तथा पाठे यत्किंचित्सम्पत्तिरेव भवति। उच्चकैरुच्चैः पाठे तु समग्रापि भवत्येव। तत उच्चकैरेवैतत्प्रारभ्यमित्यर्थः॥13॥ इत्थे मुनिः कीलकविधि समाप्य जनानाक्रोशति। ऐश्वर्यमिति। परो मोक्षः कैवल्यमोक्षः। अहो मन्दभाग्या एते दृष्टिगोचरं चिन्तामणिं कामदुघां भगवतीं विहाय स्वकल्याणार्थं वराटिकामन्यदेवतोपासनारूपां किमर्थं गृह्णन्तीति॥14॥ 'श्लोकाश्चतुर्दशैवात्र कीलके सम्प्रतिष्ठिताः'। इति प्रदीपव्याख्यायां लक्ष्मीकीलकटीका समाप्ता॥

Atha Devī kīlakam

Ṛṣi Uvāca

- ★ Sage Mārkaṇḍeya said (to his disciples) – Salutation to Lord Śiva who wears the cresent moon on his forehead, whose body is pure knowledge whose divine eye consists of the three Vedas and who is the cause of liberation.
- ★ One should know this entire hymn as a wedge preventing danger coming in the way of the fulfilment of this holy chant. Whoever always chants this whole heartedly derives benefit from it.
- ★ Whoever chants these group of holy verses with true devotion attains success in acts like driving away evil spirits.
- ★ He requires neither (chanting of) other verses nor medicine. Even without uttering other verses he can attain success simply by chanting this.
- ★ 'Will every thing be fulfilled by this'? Anticipating such a doubt of the common man Lord Śiva invited them and told 'All this is conducive to the highest good'.
- ★ Then he kept these hymns of Caṇḍikā secret. Like one who regularly practises meditation as enjoined by scriptures the devotee attains the Goddess as a result of the good action of chanting of the Saptaśatī verbes.
- ★ By this the devotee attains complete success. There is no doubt about it. The Goddess gets pleased with that

devotee who offers and accepts (or who chants or eighth or the fourteenth of the dark fortnight of the moon. No other means pleases Her. By this *Kīlaka* the chant of the Caṇḍī is placed under these conditions by Lord Śiva.

★ Whoever chants this Caṇḍī everday after fulfilling conditions of the *Kīlaka* certainly becomes either an attendant of the Goddess or a *Siddha* or a *Gandharva* in the next birth.

★ He bcomes neither inefficient in any work nor is afraid of anything. He never meets unnatural death but attains liberation after death.

★ After reading the Kīlaka with proper understadning of its meaning one should chant verses of Caṇḍī failing which he is deprived of its benefits. Knowing the whole of its the wise commence chanting the sacred verses of Caṇḍī.

★ Whatever fortune and the like is found in women folk all is the the result of chanting. So, these beneficial verses must be chanted.

★ Chanting of this in a low voice has result whereas loud chanting brings complete result. Hence, it should be chanted.

★ If by the grace of Goddess Caṇḍikā, wealth, good health, destruction of enemies and liberation can be attained why should not people chant Caṇḍī verbes in Her praise?

★ Whoever always mediates upon Devī Caṇḍikā in the heart attains all the sweet desires and the Goddess dwells in his heart.

★ First Caṇḍī should be made wedgeless by these Kīlaka verses by Mahādeva and then it should be chanted with devotion.

रहस्यतन्त्रस्थो गुरुकीलकपटलः

शिव उवाच।

पुरा सनत्कुमाराय दत्तमेतन्मयानघ।
संवर्ताय ददौ तच्च स चान्यस्मै ददौ च तत्॥1॥

सर्वत्र चण्डीस्तोत्रस्य प्राचुर्येण महीतले।
ब्रह्मकाण्डः कर्मकाण्डस्तन्त्रकाण्डश्च सर्वथा॥2॥

अभूत्प्रतिहतोऽनेन शीघ्रसिद्धिप्रदायिना।
तदा तेषां च सार्थक्यं कर्तुकामेन भूतले॥3॥

दानप्रतिग्रहाख्येन मन्त्रोऽयं कीलितो मया।
दानप्रतिग्रहाख्यं यत्तत्कीलकमुदाहृतम्॥4॥

तदारभ्य च मन्त्रोऽयं कीलकेनास कीलितः।
न सर्वेषां भवेत्सिद्ध्यै ये कीलकपराङ्मुखाः॥5॥

ये नराः कीलकेनेमं जपन्ति परया मुदा।
तेषां देवी प्रसन्ना स्यात्ततः सर्वाः समृद्धयः॥6॥

त्वत्प्रसूतस्त्वदाज्ञप्तस्त्वद्दासरस्त्वत्परायणः।
त्वन्नामचिन्तनपरस्त्वदर्थेऽहं नियोजितः॥7॥

मयार्जितमिदं सर्वं तव स्वं परमेश्वरि।
राष्ट्रं बलं कोशगृहं सैन्यमन्यच्च साधनम्॥8॥

त्वदधीनं करिष्यामि यत्रार्थे त्वं नियोक्ष्यसि।
तत्र देवि सदा वर्ते तवाज्ञामेव पालयन्॥9॥

इति संचिन्त्य मनसा स्वार्जितानि धनानि च।
कृष्णायां वा चतुर्दश्यामष्टम्यां वा समाहितः॥10॥

समर्पयेन्महादेव्यै स्वार्जितं सकलं धनम्।
राष्ट्रं बलं कोशगृहं नवं यद्यदुपार्जितम्॥11॥

अस्मिन्मासि मया देवि तुभ्यमेतत्समर्पितम्।
इति ध्यात्वा ततो देव्याः प्रसादात्प्रतिगृह्य च॥12॥

विभज्य पञ्चधा सर्वं त्र्यंशान्स्वार्थं प्रकल्पयेत्।
देवपित्रतिथीनां च क्रियार्थं त्वेकमादिशेत्॥13॥

एकांशं गुरवे दद्यात्तेन देवील प्रसीदति।
तस्य राज्यं बलं सैन्यं कोशः साधु विवर्धते॥14॥

नानारत्नाकरः श्रीमान्यथा पर्वणि वारिधिः।
ज्ञात्वा नवाक्षरं मन्त्रं जीवब्रह्मसमाश्रयम्॥15॥

तत्त्वमस्यादिवाक्याना सारं संसारभेषजम्।
सप्तशत्याख्यमन्त्रस्य यावज्जीवमहं जपम्॥16॥

कुर्वंस्ततो न प्रमादं प्राप्नुयामिति निश्चयम्।
कृत्वा प्रारभ्य कुर्वीत ह्यकुर्वाणो विनश्यति॥17॥

नाहं ब्रह्म निराकुर्यां मामा ब्रह्म निराकरोत्।
अनिराकरणं मेऽस्तु अनिराकरणं मम॥18॥

इति वेदान्तमूर्धन्ये छान्दोग्येऽस्य प्रपञ्चनात्।
प्रारभ्य तत्परित्यागो न तस्य श्रेयसे मतः॥19॥

नाब्रह्मवित्कुले तस्य जायते च कदाचन।
न दारिद्र्यं कुले तस्य यावत्स्थास्यति मेदिनी ॥20॥

प्रतिसंवत्सरं कुर्याच्छारदं वार्षिकं तथा।
तेन सर्वमवाप्नोति सुरासुरसुदुर्लभम् ॥21॥

अन्यच्च यद्यत्कल्याणं जायते तत्क्षणे क्षणे।
सत्यं सत्यमिदं सत्यं गोपनीयं प्रयत्नतः ॥22॥

पुत्राय ब्रह्मनिष्ठाय पित्रा देयं महात्मना।
अन्यथा देवता तस्मै शापं दद्यान्न संशयः ॥23॥

अत्रायं भावः। पित्रर्जितं विना स्वेनैव मन्त्रप्राप्त्युत्तरं यद्यन्नूतनमर्जितं तदर्जनं माससम्बन्धिकृष्णचतुर्दश्यष्टम्यन्तरदिवसे देवीनिकटे स्थित्वा देशकालौ संकीर्त्य दानप्रतिग्रहाख्येन कर्मणा देवीं प्रीणयिष्य इति सङ्कल्प्य त्वत्प्रसूत इत्यादिश्लोकत्रयमर्थानुसन्धानपूर्वकं पठित्वा राष्ट्रं बलं कोशगृहमिति श्लोकमन्त्रेण देवीचरणयोर्दत्तमिवानुसन्धाय प्रसन्नया देव्याज्ञप्त इव पुनः प्रतिग्रहं विभाव्य तन्मध्ये पञ्चमं भागं गुरवे तत्पुत्राादिभ्यो वा दत्त्वावशिष्टं चतुर्थांशं स्वेन क्रियमाणपञ्चयज्ञादिधर्मव्ययार्थं निष्कास्येतरत्स्वार्थं यथेच्छं विनियोजयेत्। अत्रामान्तश्चान्द्रमासो ग्राह्यः। अमायामर्जितस्य तूत्तरमासे दानम्। मन्त्रे पूर्वे मासीत्यूहो यथान्यायं मन्त्रेण दानादावप्यूह्यः। इति दानप्रतिग्रह एकः। सर्वमन्त्रसाधरण्येन मन्त्रस्वीकाराादि यावदायुषो भागत्रये प्रथमाद्येकैकभागेष्वेवोत्पन्नभक्त्यतिशया उपासकास्त्रिविधा अधममध्यमोत्तमत्वेन तन्त्रेषु गणिताः तद्विदां स्पष्टाः। प्रकृते तदपवादमाह। ज्ञात्वेति। नवार्णमन्त्रं स्वीकृत्य महावाक्यसंवादिनं तदर्थं च गुरोर्बुद्ध्वाधिकृतः सन्नद्यावधि यावज्जीवं सप्तशतीस्तवपाठं प्रमादेन सकृदपि न त्यक्ष इति दृढं सङ्कल्प्य तथैवानुतिष्ठेत्। अयं ज्ञानारम्भात्यागो द्वितीयः। तत्र छान्दोग्यवाक्यं प्रमाणयति। नाहमित्यादिना। आश्विनशुद्धप्रतिपदि चैत्रशुद्धप्रतिपदि च संकल्प्य नवम्यन्तं तत्कल्पोक्तविधिना पूजामहोत्सवो यथाशक्ति वा कर्तव्य इति च द्वयम्। एवं चत्वारि कार्याण्यप्रमादेन कुर्वतश्चण्डिकोपासकस्यैव सर्वाः सिद्धयः अन्यत्रेषदप्यन्यथात्वे हानिरेवेति 7॥ इति श्रीगुप्तवत्यां रहस्यतन्त्रस्थकीलकविवरणपटलः॥

सप्तशतीमन्त्रविभागः

अथायं सप्तशतीमन्त्रः श्लोकसंख्याभेदेन त्रिविधोऽपि व्यवस्थयैव त्रिभिस्तन्त्रैरवलम्बितोऽपि न भिद्यते। शाखान्तराधिकरणन्यायेन कर्मण इव सर्ववेदान्तप्रत्ययन्यायेन विद्याया इवास्य मन्त्रस्याप्यैक्यात्। ईषद्वैलक्षण्यस्याप्रयोजकत्वात्। मनुचन्द्रादिश्रीविद्याभेदानां तन्त्रभेदेन विलक्षणतयोद्धृतानामर्थैक्यस्य मन्त्रविदां संमततायाः सेतुबन्धेऽस्माभिर्वर्णनाच्च। अनुष्ठाने परमैच्छिको विकल्पः प्रामाण्याविशेषात्। तथापि यामलादितन्त्रावलम्बितपाठयोर्मध्ये सप्तशतसंख्यापूर्त्यर्थमेकत्र द्वात्रिंशद्वारं नवार्णः शरणीक्रियते। अन्यत्र श्वेताननेत्यादिनामषोडशकं द्विःशरणीक्रियत इति तयोः सकारादिर्नुकारान्तः सप्तशतभेदो मनुरिति गौण्या सृष्टिन्यायेन व्यपदेशो दुर्वारः। कात्यायनीतन्त्रोक्तपाठावलम्बे तु मुख्य एव। एतदन्तर्गतमन्त्रमेलनादित्यादिविशेषमध्वस्य बहुभिः शिष्टैरयमेव पक्ष आदृतः। सकारादिरिति तु मार्कण्डेयपदादिमकारोपलक्षणम्। प्रधानमन्त्राभिप्रायेण वा। उवाचपदाङ्कितमन्त्राणां तृतीयपटले पाञ्चमिकविभागसंख्यापिण्डकथनावसरेऽङ्गमन्त्राश्च ते नवेति व्यवहारदर्शनात्। मकारादिरित्येव वा तत्र मुख्यः पाठः। परन्तु तन्त्रोदितन्मत्रविभागाशयं न्यायगर्भितमजानानैः कैश्चित्क्वचित्क्वचिदन्यथापि विभागो वर्णित इति तदपनोदय तन्त्रार्थनिष्कर्षेण मन्त्रविभागं संग्रहपर्वूकं व्याख्यास्यामः। तत्र कात्यायनीतन्त्रेऽस्मिन्विषये विंशतितमाद्याश्चत्वारः पटलाः षष्टिश्लोकास्तेष्वाद्ये प्रथमाध्यायस्थमन्त्रविभजनपरे पटले त्रयोदशश्लोकाः। ईश्वर उवाच। "मार्कण्डेय उवाचाद्यो मन्त्रः श्लोकात्मकास्ततः। व्योमादिवर्णमारभ्य द्वितीयस्वरसंयुतम्। नृपमित्यन्तिमा मन्त्रा भवन्त्यष्टादश प्रिये।" व्योम हकारः तस्यादिवर्णः सकारः तं द्वितीयेन आकारस्वरेण संयुतं सावर्णिपदस्थमारभ्य प्रश्रयावनतो नृपमित्यन्तिमो येषां ते मन्त्रा अष्टादश भवन्ति। प्रिये इति शिवकृतं देवीसम्बोधनम्। यद्यपि ते सार्धा एव सप्तदश श्लोका भवन्ति न पूर्णा अष्टादश तथापि तेष्वेकोर्थश्लोकात्मको मन्त्रोऽस्तीति ध्वनेन मन्त्रसंख्या अविरोधः। 'मध्येऽर्धश्लोकमन्त्रास्तु चतुर्विंशतिरीरिता' इति पटलान्ते निर्देशाच्च। इह श्लोकात्मका अष्टादशेत्युक्तिस्तु सप्तदशसृष्टीरुपदधातीतिवद्भूम्ना नेया। श्लोकशब्दस्तु चरणचतुष्टयघटित एव पद्ये रूढत्वात्। द्विचरणादेर्गाथाव्यवहारस्य मुख्यत्वेऽपि श्लोकव्यवहारस्य तावतैव परस्परान्वितैकार्थप्रतिपादकत्वनिबन्धनस्य तादृशस्थले सतोऽपि गौणत्वात्।

अत एव ब्रह्मोत्तरखण्डे प्रयोगः। 'बहुनात्र किमुक्तेन श्लोकार्धेन वदाम्यहम्। ब्रह्महत्याशतं वापि शिवपूजा विनाशयेत्' इतिं देवीभागवतेऽपि। 'वटपत्रशयानाय विष्णवे बालरूपिणे। श्लोकार्धेन तदा प्रोक्तं भगवत्याखिलार्थदम्' इति उपक्रम्य। 'सर्वं खल्विदमेवाहं नान्यदस्ति सनातनम्' इति संक्षिप्तभागवतस्योक्तिः। अत एव तत्पुराणादिमपद्ये त्रिचरणात्मके 'सर्वचैतन्यरूपां तामाद्यां विद्यां च धीमहि। बुद्धिं या नः प्रचोदयात्' इत्याकारकेऽपि गाथात्मकः श्लोक इति व्यवहारोऽपि गौण एव। अतएव मात्स्यादावस्य श्लोकस्य 'गायत्रया च समारम्भस्तद्वै भागवतं विदुः। यत्राधिकृत्य गायत्रीं वर्ण्यते धर्मविस्तरः' इत्यादिरेव व्यवहारो न श्लोकत्वेन। श्लोकत्वापायेऽपि चतुर्विंशत्यक्षरात्मतया गायत्रीत्वानपायात्। तस्माच्चतुरूनाधिकचरणासु गाथासु श्लोकत्वाभावादष्टादशश्लोका इति प्रकृतव्यवहारः सृष्टिन्यायेनैव निर्वाह्यः। इदं तु विचार्यम्। तेषु कतमी मन्त्रोर्धश्लोकात्मक इति। तत्र कश्चिदाह सावर्ण्याद्याः सप्तदशश्लोकमन्त्राः तदन्ते विद्यमानः 'प्रत्युवाच स तं वैश्यः प्रश्रयावनतो नृपम्' इत्यर्धश्लोकात्मको मन्त्र इति। स प्रष्टव्यः सर्वादौ विद्यमानः 'सावर्णिः सूर्यतनयो यो मनुः कम्यतेऽष्टमः' इत्यर्धश्लोक एव कुतो न मन्त्र इति। पारिशेष्यन्यायादन्त्य एवेति चेत् प्रथमोपस्थितन्यायसूचीकटाहन्यायाभ्यामाद्य एवास्तुं ननु यो मनुरिति यच्छब्दस्य तदुत्पत्तिमिति तच्छब्दसापेक्षत्वेन तदुभयघटिश्लोक एकं वाक्यम्। मन्त्रत्वस्यस परिपूर्णवाक्यत्वव्याप्यतया सावर्णिरित्यर्धस्य साकाङ्क्षत्वेन निराकाङ्क्षत्वरूपपूर्णत्वाभावान्न मन्त्रत्वम्। अत एव यजुःषु निरवासनेष्वनियतावसानेषु चैकैकमन्त्रत्वनिर्णयः 'अर्थैकत्वादेकं वाक्यं साकाङ्क्षं चेद्विभागे स्यात्' इति जैमिन्युक्तलक्षणानुसारेणेष्टः। एकमुख्यविशेष्यकबोधजनकत्वे सति विभागे साकाङ्क्षत्वमिति तदर्थः। ततश्च यो मनुः तदुत्पत्तिमित्यनयोर्विभजने परस्पराकाङ्क्षानपायादुभयघटितमेकं वाक्यमेवैको मन्त्र आस्थेय इति चेत् तर्हि 'यैर्निरस्तो भवाल्ँलुब्धैः पुत्रादारादिभिर्धनैः। तेषु किं भवतः स्नेहमनुबध्नाति मानसम्' इति श्लोकस्यार्धमन्त्रद्वयात्मतानापत्तिः। किंच त्वन्मते 'मम वेरिवशं यातः' इति मन्त्रोत्तरार्धस्य 'ये ममानुगता नित्यं प्रसादधनभोजनैः' इत्यस्य 'अनुवृत्तिं ध्रुवं तेऽद्य कुर्वन्त्यन्यमहीभृताम्' इत्युत्तरमन्त्रपूर्वार्धेन साकाङ्क्षतया तयोरर्धयोरेकमन्त्रत्वापत्तिः। अथ कारकाणां स्वाभाविकपरस्पराकाङ्क्षया यत्रैकक्रियान्वयेन परिपूर्णता तदवान्तरमेकं

वाक्यम्। तादृशवाक्ययोरपि पुनराकाङ्क्षान्तरेणोत्थापितेनैकवाक्यतान्तरं यत्र कल्प्यते तन्महावाक्यम्। एवं महावाक्यादीन्युन्नेयानि। एकमन्त्रत्वं तूभयसाधरणैकवाक्यत्वमात्रव्याप्तम्। 'भगो वां विभजतु पूषा वां विभजतु' इत्यादीनामवान्तरवाक्यानां भिन्नमन्त्रत्वस्य 'ममाग्ने वर्चो विहवेष्वस्तु वयन्त्वेन्धानास्तनुवं पुषेम। मह्यं नमन्तां प्रतिशश्चतस्रस्त्वयाध्यक्षेण पृतना जयेम' इत्यवान्तरवाक्यचतुष्टयात्मकैः प्रत्येकं परिपूर्णैश्चतुर्भिः पादैरकमन्त्रत्वस्य च दर्शनात्। प्रकृते यत्तच्छब्दयोः परिपूर्णस्यापि वाक्यस्य वाक्यान्तरैकवाक्यतानियागकाकाङ्क्षान्तरोद्दीपकत्वेन तदाकाङ्क्षापरिपूर्त्य-भावेऽपि नावान्तरवाक्यत्वहानिः। यत्तच्छब्दमात्रनिरासे नैराकाङ्क्ष्यानुभावात्। अत एव 'तस्मिन्सीदामृते प्रतितिष्ठ व्रीहीणां मेध सुमनस्यमानः' इति तच्छब्दघटितस्याप्यर्धस्य स्योनं ते सदनं करोमीति पूर्ववाक्येनैकवाक्यताया अनावश्यकत्वान्मन्त्रभेदः स्वीकृतो मीमांसकैः। अत एव च 'महामायानुभावेन यथा मन्वन्तराधिपः' इति द्वितीयश्लोकस्य यथेति यच्छब्दघटितस्य तथेत्यध्यारेण निशामयेति पूर्वश्लोकेनैवैकवाक्यत्वेऽपि तस्याप्रयोजकत्वात् श्लोकाधिकस्य मन्त्रस्य कल्पने तन्त्रविरोधाच्च तावत एव भिन्नमन्त्रतास्वीकारः। तेन न्यायेन यैर्निरस्त इत्यर्धयोरपि भिन्नमन्त्रत्वं युज्यते। अत एव यैः संमिति तत् श्लोकादिमान्तिमाक्षररूपप्रतीकद्वयग्रहणेन द्वौ मन्त्राविति कण्ठरवेण तन्त्रोक्तिरुपपद्यत इति चेत् तर्हि सावर्णिरित्यत्रापि यच्छब्दापनये नैराकाङ्क्षानुभवेनोक्तापतिरनिवार्या। न च विनिगमनाविरहः न्यायद्वयस्य नियामकत्वोक्तेः। न चायमस्ति नियमः पूर्णानां निवेशोत्तरमेवार्धस्य निवेश इति। षष्टिश्चार्धर्चश्चेति सार्धषष्टिसौरर्चगणनै यत्राचक्रुरित्यर्धर्चस्य 'ऋचामशीतिः पादश्च' इति यावदृग्वेदमन्त्र-पारायणलक्षणे भद्रं न इति पादस्य च मध्य एव निवेशस्येष्टत्वात्। अथैवं सति त्वत्पक्षे निशामथेत्यारभ्य सप्तदशश्लोकानां सप्तदशमन्त्रत्वमनिर्वार्य पुनरर्धान्तरस्य मन्त्रत्वकल्पनं तन्त्रोक्तसंख्याविरोधापत्तेः। ततश्च निशामयेत्यर्धयोः स बभूवेत्यर्धयोश्च यथाकथंचिदेकवाक्यताकल्पनेन श्लोकमन्त्रत्वसम्भवेऽपि 'सुरथोनाम राजाऽभूत्'इति श्लोकात्तरार्धस्थास्य 'तस्य पालयतः' इति षष्ठ्यन्तस्य यस्य तत्रानन्वितस्य तदुत्तरश्लोकस्थशत्रुपदेनैवान्विततयाऽवान्तरवाक्यत्वस्यैव भङ्गेन कथमेकत्र मन्त्रत्वम्। एवं बभूवुरित्यादिश्लोकत्रयस्य कथञ्चित् सम्भवेऽपि कोशो बलं चेति श्लोकस्थस्य मृगयाव्याजेनेत्यस्य तदुत्तरश्लोकस्थेन

जगामेत्यनेनैवान्वययोग्यत्वात् तत्रापि मन्त्रत्वभङ्गः। तस्मात् तदनुरोधाय ममाग्रे वर्च इत्यत्रैव प्रथमश्लोक एव महावाक्यात्मकैकमन्त्रत्वस्वीकारो युक्त इति चेत् अये किमेतावत्येव दूरे तव दृष्टिर्धावति। त्वत्पक्षे ततोऽपि परतरेषु मद्भृत्यैस्तैरसद्वृत्तै'इत्यादिषु बहुषु श्लोकेषु कथं मन्त्रत्वाभङ्गः। अथ तस्यानन्यगतिकत्वेन तत्तदुचितपदान्तराध्याहारानुषङ्गादिना वाक्यपरिपूर्तिराश्रयणीया। इषेत्वेत्यादौ छिनद्मीत्यस्याध्याहारेणावान्तर-वाक्यत्वस्वीकारदर्शनात्। अतएव द्वादशेऽध्याये 'पशुपुष्पार्घधूपैश्च'-इतिश्लोकद्वयस्यारण्ये प्रान्तरेवापीति श्लोकचतुष्टयस्याप्येकान्वयित्वेना-वान्तरवाक्यात्मकमन्त्रद्वयात्मकत्वे युक्तेऽपि प्रतिश्लोकं भिन्नमन्त्रता त्वया स्वीक्रियमाणाऽनयैव रीत्या निर्वाह्या गत्यन्तराभावादिति चेत्सत्यम्। किं सुरथो नाम कोशो बलं चेति श्लोकयोरध्याहारादिकल्पना मद्भृत्यैस्तैरित्यादिश्लोकेषु वेति विनिगमनाविरहः। अश्व सप्तदशश्लोक्या आदावन्ते वार्धश्लोकाङ्गीकार इति पक्षद्वयेऽपि क्वचिन्मन्त्रभङ्ग-स्यापततोऽध्याहारादिना निरासस्यावश्यकत्वेन युक्तितौल्याद्विकल्प इति चेत् भ्रान्तोऽसि। अनध्यवसायप्रयुक्तविकल्पोक्तेर्न्यायानभिज्ञतापिशुनत्वात्। ननु तस्य तैरवद्युद्धमित्यादीनां बहूनामर्थानां स्वस्वघटकपदैरेव निराकाङ्क्षाणा-मवान्तरवाक्यत्वात्तेष्वन्त्यतमस्य मन्त्रकल्पनेऽपि विनिगमनाविराहो दुर्वार इति चेत् कस्यायं भारः। तेषु तादृशमेवार्धमन्वेष्टव्यं यत्र मन्त्रत्वपर्याप्तिस्वीकारे सति न कस्यापि मन्त्रत्वं भज्येत् प्रत्युत चरमार्धस्य। तथात्वे तु द्वयोरेवाध्याहारकल्पनादिस्वीकार इत्यस्त्येव नियामकम्। अणुरपि विशेषोऽध्यवसायकर इति न्यायात्। न हि प्रतीकविशेषमुपादायाऽर्धमन्त्रस्तन्त्रे निर्दिष्टः येन किं हि वचनं न कुर्यादिति न्यायेन बहुष्वेव कुसृष्टिरङ्गीकार्या नाल्पयोरिति स्यात्। तद्भावे त्वेतदेव नियामकमापाद्यत इति। अथ कोऽयं मन्त्रोर्धश्लोकमन्त्र इति सुहृद् भूत्वा पृच्छामीति चेत् हंहो। 'सोऽचिन्तयत्तदा तत्र ममत्वाकृष्टमानसः' इत्यवेहि। अतएव पटलान्ते मध्ये चतुर्विंशतिरित्युक्तौ मध्यपदस्वारस्यमुपपद्यते। अस्यैव मन्त्रत्वपर्याप्त्यधिकरणताङ्गीकारे एतन् पूर्वापरश्लोकानां सर्वेषां पूर्णता भवति। अथ तन्त्रे प्रतीकग्रहणेन निर्देशाभावे पारिशेष्यक्रमप्राप्तमपि परित्यज्य स्वेच्छया कस्याप्यर्धमन्त्रत्वस्वीकारे कथमाश्वास इति चेत्। न। ईदृशसङ्कटस्थले न्यायानामेव निर्णायकत्वात् तेषां च जैमिनिप्रभृतिभिः परिशोधनेन विवेचितत्वात्। ईदृशीमास्तिकतां स्वस्मिन् प्रकटयता त्वयापि

त्रयोदशाध्याये सप्तानामेवार्धानां तन्त्रे कथनेऽपि समुदितसंख्याविरोधादिन्यायमनुसन्धायैव नवानामर्धानामङ्गीकारात्, तत्रैवैकादशानामर्धानामन्यैरप्यङ्गीकाराच्च। वस्तुतस्तत्र यथा तन्त्रं सप्तैवार्धश्लोका इति वक्ष्यतेऽस्माभिः। तस्मान्न्यायैः निर्णीतार्थेनाश्वासे सति लोके निर्णयकथैवीच्छिद्येतेति बहुव्याकुली स्यात्। ननु सर्वमिदं मन्त्रलक्षणे एकवाक्यत्वनिवेशसत्त्व एवोपपद्यते तत्रैव च मानं न पश्यामः। तच्चोदकेषु मन्त्राख्येति सूत्रे मन्त्रप्रसिद्धिविषयत्वस्यैव मन्त्रलक्षणस्य जैमिनिना कथनात्। नापि मन्त्रत्ववाक्यत्वयोर्व्याप्यव्यापकभावः। ब्राह्मणादिवाक्येषु मन्त्रत्वाभावात्। हुंफडादिपदमन्त्रेषु वाक्यत्वाभावाच्चेति चेत्सत्यम्। मन्त्रत्ववाक्यत्वयोरुत्सर्गतः सिद्धस्य सामानाधिकरण्यस्य साकाङ्क्षपदमात्रे मन्त्रत्वपर्याप्त्यधिकरणतावेदकप्रमाणमन्तरेण बाधकायोगात्। तादृशापवादकप्रमाणाभावसहकृतमन्त्रत्वस्य वाक्यत्वव्याप्यतानपायात्। अन्यथा मन्त्रान्तर्गतपदेषु लक्षणाङ्गीकारो न स्यात्। मन्त्रैरेव मन्त्रार्थः स्मर्तव्य इति नियमस्य पदवाच्यार्थस्मरणमात्रेण जपमन्त्रादाविव सर्वत्रोपपत्तेः। सति तु तात्पर्यविषयी भूतवाक्यार्थपरत्वे तदन्यथानुपपत्तिप्रसूतिलक्षणाव- सरात्। नन्वग्नये जुष्टं निर्वपामीत्यंशस्येव मार्कण्डेय उवाच स्वाहेति मन्त्रे स्वाहापदस्यानुष्ठेयार्थप्रकाशत्वेन 'सवितुः प्रसवे' इत्याद्यंशस्येव मार्कण्डेयादिपदानामदृष्टार्थत्वेन तेषां परस्परान्वितैकार्थपरत्वाभावेऽपि न मन्त्रत्वस्य न वा तु दृष्टार्थत्वस्य भङ्ग इति चेत्। न। सवित्रादिपदार्थप्रकाशनस्यादृष्टात्वेऽपि सवितुरित्यादेनिर्वपतिना सहैकवाक्यतयैव कर्माङ्गताया वाक्यप्रमाणाद्वगतत्वेन तदंशे दृष्टार्थताऽनपायात्। अन्यथाग्निरिदं हविरजुषतेत्यादाविदं हविरित्याद्यंशस्यापि देवतायाः हविः स्वीकाराभावेनादृष्टमात्रार्थं तत्प्रकाशकत्वेनानेकदेवत्वविकृतौ मारुतसप्तकपालादौ वचनोहानापत्तेः। तस्मान्मार्कण्डयो यस्या माहात्म्यमुवाच तस्यैव हविरिदं दत्तमितिरीत्याभासमानवाक्यार्थानुगुण्येनैव तत्तदुचितसम्बन्धबोधकपदाध्याहारेण प्रकृतकर्मान्वयस्य सर्वत्र निर्वाहो युक्तो न पुनर्भासमानैकवाक्यत्वस्यापवादकबलवत्प्रमाणमन्तरेण स्वेच्छयैव भङ्गेन मन्त्रत्वकल्पनं सुधियामुचितमित्यलं विस्तरेण॥ 'वैश्यवाक्यं ततः श्लोका व्योमाद्यात् पञ्चमन्त्रकाः। नृपस्योक्तिर्मान्तवर्णाद्द्वादशस्वरसंयुतात्। सकारो बिन्दुयुक्तोऽन्ते मन्त्रौ द्वावीदृशौ मतौ॥' व्योम हकारः तदाद्यात् सकारमारभ्य। ते च श्लोकाश्चत्वार एव पञ्चीकार्याः। अर्धश्लोकात्मकौ द्वौ मन्त्रौ श्लोकास्त्रय

इत्यर्थः। यद्यपि वैश्योक्तिमेलनेनेयं संख्येति सुवचं तथापि पूर्वं मार्कण्डयोक्तिमन्तरेणैव संख्याकथनप्रायपाठात् पटलान्तेऽर्धश्लोकसंख्या-वचनस्य तात्पर्यग्राहकत्वाच्चैवमेव व्याख्येयम्। तौ च किं नु तेषामिति चतुर्थश्लोकस्य पूर्वोत्तरार्धरूपावेव न तु चतुःश्लोक्या आद्यन्तार्धरूपौ परेणोक्तौ 'पुत्रदारैर्निरस्तश्च' इतिचकारस्वारस्येन पूर्वार्धस्थोत्पन्नापदेनैवान्वयमानात् उत्तरार्धेनान्वये 'दारैः पुत्रैः' इत्यनेन पौनरुक्त्यापत्तेश्च। नृपस्योक्तिः राजोवाचेति मन्त्रः मान्तो यकारो द्वादशेनैकारस्वरेण संयुतस्तस्मात्तमारभ्य स इति सबिन्दुकमक्षरं यावत्। द्वौ मन्त्रौ अर्धश्लोकात्मकाविति यावत्॥ 'ततो वैश्य उवाचेति स्वरैकादश आदितः। वह्निबीजं बिन्दुयुक्तमन्ते स्यान्मनुपञ्चकम्॥' स्वरेष्वेकादश एकारः 'सन्धिरेकादशो भद्रा पद्मनाभः कुलाचलः' इति नन्दनकोशाच्च, वह्निबीजं रेफः। अत्रापि चतुर्षु श्लोकेष्वन्त्यौ द्वावर्धश्लोकमन्त्रौ नाद्यान्त्यौ यैः सत्यज्येत्थस्य पूर्वेण सहान्वयायोगात् उत्तरार्धस्थतच्छब्दस्य हार्दं चेति कर्मणश्चानेनैवान्वेतुं योग्यत्वाच्च। एवमुत्तरश्लोकेप्येतद्यत्पदयोर्द्रष्टव्यम्॥ 'मार्कण्डेय उवाचकैः ततो मन्त्रत्रयं भवेत्। तादिवर्णं च भुवनस्वरयुग्वारुणान्तिमम्'॥ भुवनानि चतुर्दश। वारुणे वकारः। अत्राद्यावेव द्वावर्धश्लोकौ। उत्तरश्लोके कृत्वेत्यस्य समानकर्तृकोत्तरकालिकक्रियान्तराकाङ्क्षत्वेन तस्योपविष्टाविति पदेनोत्तरार्ध एव समर्पणात् तेनान्त्यार्धस्य मन्त्रान्तरत्वं नादर्तव्यम्॥ 'राजोवाचेति षण्मन्त्रा भादितान्ताः शुभानने। अथोवाच ऋषिर्ज्ञानमस्तीत्यारभ्य पार्वति। सर्वेश्वरेश्वरीत्यन्ता मन्त्रा द्वादश कीर्तिताः'॥ भगवंस्त्वामिति पञ्चश्लोक्यमाद्यन्तयोरर्धयोः प्रत्येकं परिपूर्णत्वेप्ययं च निकृत इत्यादीनामुत्तरोत्तरार्धेनैव साकाङ्क्षत्वात्तदभङ्गायाद्यश्लोक एव द्वावर्धात्मकौ मन्त्रौ तयोर्यत्तच्छब्दकृतसाकाङ्क्षताया अवान्तरवाक्यत्वाविरोधित्वात्। ज्ञानमस्तीत्येकादशश्लोक्यां तु चरमश्लोकार्धमेव मन्त्रद्वयं न तु प्रथमश्लोकार्थम्। ज्ञानेऽपि सतीत्यादेरुत्तरार्धस्थकणमोक्षादिनैवान्वयात् अन्यत्रापि तथैव स्वारस्याच्च। उपान्त्यश्लोकस्य मन्त्रद्वयात्मत्वसम्भवे-ऽप्युवाचसामीप्येनैवार्धश्लोकद्वयास्यान्यत्र दृष्टस्यार्थिकत्वाप्यत्र सम्भव-तस्त्यागे मानाभावाच्च, सवनीयपश्वालम्भस्थलनिष्ठस्य दैक्षानुबन्ध्य-सामीप्यस्य प्रकृतावार्थिकस्यापि साद्यस्के तदादरेण निर्णायकत्वदर्शनात्॥ 'राजोवाचाथ भगवन्नादावन्ते विदांवर। मन्त्रत्रयमिदं ख्यातं पश्चादृष्टिरुवाच ह। नित्यैव सा जगच्चादौ प्रभुरन्तेष्टमन्त्रकः'॥ भगवन्निति श्लोकद्वये

चरमावेवार्धश्लोकौ मन्त्रौ नत्वाद्यार्धं भवानित्यस्य ब्रवीतीत्यनेनैवान्वयात्। नित्यैव सेति सप्तश्लोक्यां तु प्रथमश्लोकपूर्वोत्तरार्धयोरेव पार्थक्यं न चरमश्लोकोत्तरार्धस्य योगनिद्रामित्यस्याभजदिति परेणैवान्वयात्। स नाभिकमल इत्यस्य त्वर्धत्रयात्मकैकमन्त्रासम्भवादेव दृष्ट्वेत्यस्य स्थित इत्यनेनैवान्वयः यत्नान्तरशून्यः सन्निति यावत्। अत्र 'स्तौमि निद्रां भगवतीं विष्णोरतुलतेजसः' इत्यर्धपाठः क्वचिदृश्यते। स तु तन्त्रान्तरस्यानुगुण एव 'विश्वेश्वर्यादिकं सूक्तं दृष्टं तद्ब्रह्मणा पुरा' इति वचनात् ज्ञापकात् विश्वेश्वरीतः प्रागेव ब्रह्मोवाचेत्यस्य पाठाच्च। तथाप्येतत् तन्त्रानुसारिणा स नादर्तव्यः। अपितु 'निद्रां भगवतीं विष्णोरतुलां तेजसः प्रभुः' इत्येवेति प्रभुरन्त इत्यनेन ध्वनितम्। प्रभुपदेन तेजसः प्रभुरित्यस्यैव परामर्शो न भगवान् प्रभुरिरूत्यस्य। तदन्ते ब्रह्मवाक्याभावात् तावदष्टसंख्याया असम्भवाच्च॥ 'अथ ब्रह्मोवाच ततस्त्वं स्वाहा त्वं स्वधादिमाः। महासुरान्तिमामन्त्रा मताः पञ्चदश प्रिये'॥ त्वं स्वाहेत्यादिचतुर्दशश्लोक्यामन्त्यावेवार्धश्लोकौ मन्त्रौ नाद्यौ। तेन सह स्तुतिरूपेषु श्लोकेषु सर्वेषामर्धानां प्रत्येकं पूर्णत्वसम्भवेऽपि यच्च किञ्चित् क्कचिदित्यादिश्लोकेषु स्वस्वोत्तरार्धैरेवान्वयस्वारस्यात् अव्यवस्थितस्य शास्त्रार्थत्वायोगाच्च उवाचात्मकमन्त्रयोर्मध्यवर्तिनोऽर्ध- वर्तिनोऽर्ध-श्लोकात्मकमन्त्रद्वयस्यास्मिन्नध्याये क्वापि व्यवधानादर्शनाच्च तादृशस्थले आद्यन्तयोरेव व्यवहिताऽव्यवहितसाधारण्येन मन्त्रत्वमिति- नियमस्य काण्वेनावलम्बितस्य निर्मूलत्वाच्च प्रथमश्लोकोत्तरार्धेऽपि पूर्वार्धावृत्तस्य त्वकारस्यानुवृत्तिदर्शनमात्रेण पूर्वार्धान्वयित्वस्वीकारात्। तेन प्रथमश्लोक एव वान्यत्रैव वा यच्चेत्यादिश्लोकाविरोधे- नैवार्धद्वयकल्पनाचोद्यानां नावकाशः। अणोरपि विशेषस्याध्यवसाये निमित्तत्वात्।यैर्निरस्त इत्यस्य भवेतामद्येत्यस्य चोवाचद्वयामध्यवर्तित्वेन तत्रादिमान्तिमयोरर्धयोरेव मन्त्रत्वस्य क्लृप्ततयैकत्र निर्णीतशास्त्रार्थो 'सति बाधकेऽन्यत्रापीति' न्याय एव मूलमिति चेन्न। तन्त्रान्त्योपान्त्ययोराद्योपाद्ययोरव्यवधानेन मन्त्रद्वयत्वक्लृप्तेरपि सुवचत्वे- नान्यत्र व्यवधानापादकस्यादि-मान्तिमोभयत्वस्य क्लृप्ततावच्छेदकता- नङ्गीकारात्॥ 'ऋषिरेव स्तुतेत्याद्याः सप्त स्युः केशवान्तिमाः। ततो भगवदुक्तिः स्याद्भवेतामित्युभौ मनू। अथर्षिर्वञ्चिताभ्यामित्येतन्मन्त्रद्वयं शिवे। ऋष्युक्तिश्च तथेत्युक्तेत्यादिमन्त्रद्वयं भवेत्'॥ एवं स्तुतेति श्लोकषट्के चरमश्लोक एवार्धात्मकमन्त्रो तत्र

तावपीति प्रथमार्धे जातावित्यस्याध्याहारेण पूर्णत्वसम्भवात्। एवं स्तुते त्यस्यार्धस्य मन्त्रत्वे उत्तरार्धस्थितस्य निहन्तुमित्यस्य पूर्वेणैव अन्वययोग्यत्वात् तदुत्तरान्वयायोग्यत्वाच्च मन्त्रत्वाभङ्गापत्तिः।एवं निर्गम्येत्यादेरपिज्ञेयम्। वञ्चिताभ्यामिति श्लोकोत्तरं 'प्रीतौस्वस्तव युद्धेन श्लाघ्यस्त्वं मृत्युरावयोः' इत्यर्धमधिकं क्वचिद् दृश्यते तदधिकमेव। वक्ष्यमाणया: अध्यायश्लोकानामर्धश्लोकमन्त्राणां च समुदितसंख्याया विरोधापत्तेर्ज्ञापकात् अत आवां जहीत्यर्धश्लोक एव मन्त्रः सार्धास्त्रयः सार्धाश्चत्वार इत्यादौ त्रिचतुराणां पूर्णानां परत एवार्धनिवेशस्य लोकसिद्धत्वात्, अपवादकाभावे उत्सर्गसिद्धस्य त्यागायोगात्, विलोक्येत्यर्धस्य पूर्वार्धोक्तकर्मणैव साकाङ्क्षत्वाच्च। काण्वस्तु उवाचद्वयमध्यवर्तिष्वेकस्यैवार्धलोकस्य सत्वेऽन्त्य एव ग्राह्य इति नियमं लोकतः सिद्धं स्वेन पूर्वमवलम्बितमपीह विस्मृत्य वञ्चिताभ्यामित्यर्धस्यैव मन्त्रत्वमुक्तवान्। अत एव काण्वानां बुद्धिरापातग्राहिणीति निजप्रथां नाकृथा वितथामन्ववर्तथाः कथमन्यथा अत्यल्पमिदमुच्यते। निर्मूलस्य नियमस्यावलम्बनेन सताप्युत्सर्गस्य विनापवादं स्वेच्छयैव त्यागेन च मन्त्रविभाजकन्यायगन्धस्याप्यनाघ्राणेन च स्वेच्छयैव विभागविषयेऽपशब्दप्रचुराः कारिका निर्मितवति त्वयि विश्वासेनाद्य यावदनुतिष्ठतामस्तिकानामहो धर्मपिप्लवः कियान्वर्णनीय इत्यहो गुरुदेवताभक्तिवैधुर्यमात्मनोऽनुमापयसीति दिक्॥ 'सर्वे श्लोका इहाध्याये त्वष्टयुक् सप्ततिर्मताः। मध्येऽर्धश्लोकमन्त्रास्तु चतुर्विंशतिरीरिताः। उवाचान्तास्तत्र बोध्या मन्त्रा भुवनसंख्यकाः। संहत्याहतयो ज्ञेयाश्चतुर्भिरधिकं शतम्'॥ अष्टसप्ततावर्धश्लोकद्वयात्मकद्वादशश्लोक्यपनये षट्षष्टिरेव श्लोकमन्त्राः ब्रह्मा भगवानेकैको वैश्यामार्कण्डेयौ द्वौ द्वौ राजत्रयमृषिपञ्चकं चेति चतुर्दशसंख्या उवाचान्तमन्त्रा इत्यर्थः। इति गुप्तवत्यां कात्यायनीतन्त्रे विंशस्य पटलस्य व्याख्या समाप्ता॥

मन्त्रविभागकारिकाः।

अथैतत्संग्रहश्लोका एकोनविंशतिः। 'ऋणमिष्टमदत्त्वैव त्वन्नाम जपतो मम। शिवे कथमपर्णेति रूढिर्भारायते न ते॥1॥ श्रीचण्डीस्तवमन्त्राणां विभागः सप्तभिः शतैः। कात्यायन्यादितन्त्रेषु त्रिषु त्रेधा प्रकीर्तितः॥2॥

गुप्तवत्यां प्रकारास्ते न्यायैः संशोध्य दर्शिताः। तत्त्रयं भास्करेणेह शतश्लोक्या निबध्यते ॥3॥ मार्कण्डेय उवाचेति मन्त्रः प्राथमिको मतः। सावर्ण्याद्याः मुनिवराश्रमान्ताः श्लोकका दश ॥4॥ सोऽचिन्तयत्तदा तत्रेत्यर्धश्लोकात्मको मनुः। मत्पूर्वैरित्युपक्रम्य सप्तश्लोका नृपान्तिमाः ॥5॥ अथ वैश्यः समाध्याद्याः संस्थितान्तास्ततस्त्रयः। किं नु तेषां कथं ते किमित्यर्धश्लोककौ मनू ॥6॥ राजोवाच ततो यैस्तेष्वित्यर्धश्लोकमन्त्रकौ। वैश्योक्तिरेवमित्याद्या बन्धुष्वन्तास्ततस्त्रयः ॥7॥ तेषां कृते करोमीति द्वावर्धश्लोकमन्त्रकौ। मार्कण्डेयस्ततस्तौ समाधिः श्लोकार्धमन्त्रकौ ॥8॥ कृत्वा तु ताविति श्लोको राजोक्तिर्भगवन्निति। दुःखायेत्ति च मन्त्रौ द्वावर्धश्लोकात्मकौ मतौ ॥9॥ ममत्वाद्या मूढतान्वाश्चत्वारोऽथ ऋषेर्वचः। ज्ञानमस्तीत्युपक्रम्य मुक्तये तास्ततो दश ॥10॥ सा विद्येति च संसारेत्यप्यर्धश्लोककौ मनू। राजोक्तिर्भगवन् केति श्लोको यत्तदिति द्वयम् ॥11॥ अर्धश्लोकात्मकमृषिर्नित्यैवेति तथापि तत् ॥ द्वावर्धश्लोकमन्त्रौ स्तो देवानां कार्यमादितः ॥12॥ तेजसः प्रभुरित्यन्ताः श्लोकाः षट् ब्रह्मणोऽथ वाक्। त्वं स्वाहा त्वं स्वधेत्याद्याः श्लोकमन्त्रास्त्रयोदश ॥13॥ प्रबोधं चेति बोधश्चेत्यर्धश्लोकात्मकौ मनू। ऋषिरेवं स्तुतेत्यादिविभ्वन्तं श्लोकपञ्चकम् ॥14॥ तावपीत्युक्तवन्ता-वित्यर्धश्लोकमनुद्वयम्। भगवांश्च भवेतां किमन्येनेत्यर्धयुग्मकम् ॥15॥ ऋषिवाक्यं वञ्चिताभ्यामित्येकः श्लोकमन्त्रकः। आवां जहीत्यर्धमृषिस्तथेति श्लोकयोर्युगम् ॥16॥ इत्यष्टसप्ततिश्लोकैरध्यायः प्रथमात्मनः। प्रथमस्य चरित्रस्य सर्वे मन्त्राश्चतुःशतम् ॥17॥ तेषूवाचाङ्किता मन्त्रा द्व्येकद्व्येकत्रिपञ्चभिः। मृकण्डुपुत्र-भगवद्-वैश्य-ब्रह्म-नृपर्षिभिः ॥18॥ चतुर्दश स्युः श्लोकार्धाश्चतुर्विंशतिरीरिताः। अवशिष्टास्तु षट्षष्टिः श्लोकमन्त्रा इति स्थितः' ॥19॥

अथ मन्त्राणां तत्रतत्रापेक्षितांशमात्रव्याख्या सापि कात्यायनीतन्त्रसम्मतानामेव श्लोकानां प्रदर्श्यते। ये तु तत्रतत्राधिका अपि श्लोकाः क्वचित् क्वचिदुपलब्धा इहास्माभिः कतिपये प्रदर्शयिष्यन्ते ते प्रकृततन्त्रानुसारिभिर्नोपादेयाः। इति गुप्तवत्यां पूर्वपीठिकादिनिर्णयः॥

नागोजीभट्टीस्थः प्रयोगविधिः

श्रीगणेशाय नमः। मार्कण्डेय क्रोष्टुकिं भागुरिं प्रति उक्तं स्तोत्रं जैमिनिं प्रति पक्षिरूपैमुनिपुत्रैरुक्तं मार्कण्डेयपुराणे तद्यथामति व्याचक्ष्महे। तत्रादौ व्याख्यास्यमानस्तोत्रे स्तूयमानदेवतास्वरूपं प्राधानिकरहस्याख्ये ग्रन्थविशेषे उक्तं विविच्य दर्श्यते। तत्रादौ राज्ञः प्रश्नः। 'भगवन्नवतारा मे चण्डिकायास्त्वयोदिताः। एतेषां प्रकृतिं ब्रह्मन्प्रधानं वक्तुमर्हसि' इति। अत्रैतेषामिति निर्धारणे षष्टी। प्रकृतिं मूलकारणम्। तत्रोत्तरं तत्र लक्ष्यस्वरूपमाह। 'मातुलिङ्गं गदां खेटं पानपात्रं च बिभ्रती। नागं लिङ्गं च योनिं च बिभ्रती नृपमूर्धनि। तपत्त्काञ्चनवर्णाभा तप्तकाञ्चनभूषणा' इति। अलक्ष्यस्वरूपमाह। 'शून्यं तदखिलं स्वेन पूरयामास तेजसा' इति। 'लिङ्गं योनिं च बिभ्रति' इत्यनेनास्याः पुंरूपत्वं स्त्रीरूपत्वं च ध्वनितम्। एतदेव रूपं शैवाः सदाशिव इत्याहुः। वैष्णवाः वासुदेव इति। शाक्ताः महालक्ष्मीरिति। इयं महालक्ष्मीः कूटस्था प्रथममध्यमोत्तरचरित-त्रयदेवतासमष्टिरूपा सकलदेवीमाहात्म्ये देवतेति बोध्यम्। एषा शैवी वैष्णवी। च। 'सदासिवाङ्कमारूढा शक्तिरिच्छाह्वया शिवा। महालक्ष्मीरिति ख्याता देवी सर्वगुणान्विता' इति शिवपुराणात्। लक्ष्मीतन्त्रे विष्णुशक्तिरूपया लक्ष्म्या शक्रं प्रति काल्यादीनां स्वावतारभेदत्वोक्तेश्च। एतच्च सार्वात्म्ये पर्यवस्यति। मायाविशिष्टं शुद्धं ब्रह्मेदं प्रधानतत्त्वस्थम्। ततो गुणत्रयविभागेनाह। शून्यं तदखिलं लोकं विलोक्य परमेश्वरी। बभार रूपमपरं तमसा केवलने हि'। अत्र तमसः प्राधान्यमाश्रित्य केवलेनेत्युक्तिः। तद्रूपमाह। 'सा भिन्नाञ्जनसंकाशा दंष्ट्राङ्कितवरानना। विशाललोचना नारी बभूव तनुमध्यमा। खड्गपात्रशिरः खेटैरलंकृतचतुर्भुजा। कबन्धहारमुरसा बिभ्राणा हि शिरःस्रजम्'। अस्याः रूपेण तामसत्वमुक्त्वा तदेव मोहजनकत्वोपपत्तये ज्ञानकल्पाल्पत्वप्रदर्शनेनैव द्रढयति। 'सा प्रोवाच महालक्ष्मीं तामसी प्रमदोत्तमा। नाम कर्म च मे मातर्देहि तुभ्यं नमोनमः' अत एव महालक्ष्मीरपरं रूपं बभारेत्यनेनाविरोधः। अनेन हि मूलशक्तेरस्याश्च भेदो ध्वन्यते। ततो महालक्ष्मीराह। 'महामाया महाकाली महामारी क्षुधा तृषा। निद्रा तृष्णा चैकवीरा कालरात्रिर्दुरत्यया। इमानि तव नामानि प्रतिपाद्यानि कर्मभिः' इति। इमां रुद्र इत्यन्ये व्यवहरन्ति। ततः 'तामित्युक्त्वा

महालक्ष्मीः स्वरूपमपरं नृप। सत्त्वा ख्येनातिशुद्धेन गुणेनेन्दुप्रभं दधौ। अक्षमालाङ्कुशधरा वीणापुस्तकधारिणी। सा बभूव वरा नारी नामान्यस्यैव सा ददौ'। अस्याः सत्त्वप्रधानत्वं दर्शयितुं ज्ञानकलातिरोभावाभावो नामादिप्रश्नाभावेन दर्शितः। 'महामाया महावाणी भारती वाक् सरस्वती। आर्या ब्राह्मी कामधेनुर्वेदगर्भा च धीश्वरी' इति इमां विष्णुरित्यन्ये। श्वेतरूपधरत्वेनापि विष्णोः स्मरणात्। अत्र तमःसत्त्वयोः प्रविभागोक्त्या महालक्ष्मीरेव स्वयं रजःप्राधान्येन स्थितेत्युक्तं भवति। इमां ब्रह्मेत्यन्ये। अलक्ष्यरूपं च सर्वमूलं चतुर्थं वेदितव्यम्। आसां च मूलशक्त्या अभेद उक्त एव। परस्परमपि तदभिन्नाभिन्नस्य तदभिन्नत्वमिति न्यायेन बोध्यम्। स्वस्वरूपांशेनावृतज्ञानत्वादासां तदभेदज्ञानमपि। एतास्तिस्रोपि कन्या एव। तत्समानकक्षपुरुषान्तरानुक्तेः। सर्वासां पुंस्त्री उभयरूपता च। 'अथोवाच महालक्ष्मीर्महाकालीं सरस्वतीम्। युवां जनयतां देव्यौ मिथुने स्वानुरूपतः' इमाः। आज्ञादानं संमतिरूपं बोद्धव्यम्। 'इत्युक्त्वा ते महालक्ष्मीः ससर्ज मिथुनं स्वयम्। हिरण्यगर्भौ रुचिरौ स्त्रीपुंसौ कमलासनौ। ब्रह्मन्विधे विरिञ्चेति धातरित्याह ते नरम्। श्रीः पद्मे कमले लक्ष्मीत्याह माता च तां स्त्रियम्।' अत्र मातृत्वं ततः प्रादुर्भाव मात्रेण। 'महाकाली भारती च मिथुने सृजतः सह। नीलकण्ठं रक्तबाहुं श्वेताङ्गं चन्द्रशेखरम्। जनयामास नामानि तयोरपि वदामि ते। विष्णुः कृष्णो हृषीकेशो वासुदेवो जनार्दनः। उमा गौरी सती चण्डी सुन्दरी सुभगा शुभा। एवं युवतयः सद्यः पुरुषत्वं प्रपेदिरे'। पुरुषत्वमपीत्यर्थः। एताश्च न सर्ववेद्याः। तत्क्रिया च न सर्ववेद्येत्याह। 'चक्षुष्मन्तो हि पश्यन्ति पश्यन्ति ज्ञानचक्षुषः' इति। तत्र 'ब्रह्मणे प्रददौ पत्नीं महालक्ष्मीर्नृप त्रयीम्। रुद्राय गौरीं वरदां वासुदेवाय च श्रियम्। तत्र स्वस्वपत्न्या सहितास्ते क्रमेण ब्रह्मा सृष्ट्यधिकारं विष्णुः पालनाधिकारं रुद्रः संहाराधिकारं कृतवानित्यग्रे उक्तम्। इयं त्रयी महाकालीजन्यत्वात् कर्मतः तमोमयी। सितां स्त्रियमित्युक्ते रूपतः सत्त्वमयी। एवं च तमःसत्त्वयोस्तस्यां साम्यम्। ब्रह्मा च महालक्ष्मीजन्यत्वात् हिरण्यगर्भ इत्युक्तेः स्वरूपतः कर्मतश्च रजोमय इति। तत्र रजोद्वैगुण्यम्। विष्णु सरस्वतीजन्यत्वात्सात्त्विकः। कर्मतः कृष्णं च पुरुषमित्युक्तेः रूपतस्तमोमय इति। तत्र सत्त्वतमसोः समता। लक्ष्मीस्तु ब्रह्मवद्द्विगुणरजोगुणा। रुद्रो महाकालीजन्यत्वात्कर्मतस्तमोमयः श्वेताङ्गमित्युक्ते रूपतः सत्त्वमय इति।

तत्र सत्त्वमतमसोः साम्यम्।' गौरी तु सरस्वतीजन्यत्वात् गौरीमित्युक्तेश्च कर्मतो रूपतश्च सत्त्वमयीति सत्त्वद्वैगुण्यम्। अतएव तत्तद्गुणानुरूपस्त्रष्टृत्वादिकर्म तेषाम्। एवं च ब्रह्मविष्ण्वोः स्त्रीपुंमिथुनं मिलित्वा गुणत्रयमपि। शिवमिथुने तु सत्त्वं त्रिगुणम् एकगुणं तमः रजसः सर्वथाभाव इति तत्त्वम्। एते प्रथमा ब्रह्मादयः। तदग्रे एव ब्रह्मणो विष्णुरिति विष्णुधारा। रुद्राद्रुदस्तस्मात्पुना रुद्र इति रुद्रधारा। काल्याः सरस्वती सरस्वत्याश्च कालीति कालीधारा। सरस्वत्याः काली कालीतः सरस्वतीति सरस्वतीधारा। लक्ष्म्या लक्ष्मीः ततो लक्ष्मीरिति लक्ष्मीधारा। सर्वत्रापि गौरीकेशवौ लक्ष्मीब्रह्माणौ सरस्वतीशंकरौ चेति सहजौ। सर्वत्र ब्रह्मणः सरस्वती विष्णोर्लक्ष्मीः शिवस्य गौरी पत्नीत्यौत्सर्गिकी रीतिः। सर्वेषां रूपकर्माणि मूलवदेव। कदाचित्कल्पभेदेन स्थानभेदेन वा लक्ष्मीतःकालीसरस्वत्यौ सरस्वत्याः सकाशादितरे काल्याः सकांशादितरे। विष्णोर्ब्रह्मरुद्रौ ब्रह्मणो रुद्रविष्णू रुद्रात् ब्रह्मविष्णू इत्यपि स्वेच्छादिवशात्। इति नानाप्रकारपुराणादिस्थसृष्टिक्रमे कत्रि विरोध इति। एते सर्वेपि सर्वज्ञत्वादिसकलशक्तिमन्तः। तत्तदधिकारनैयत्यात्तु किंचिज्ज्ञत्वादि-व्यवहारोपि स्वस्वोर्ध्वब्रह्मादिनियमता च। एवं ये जीवाः। उपासनादिकर्मणा तत्तल्लोके सारूप्यं प्राप्तास्ते तत्तल्लोकीयब्रह्मवासुदेवादिभिः समानाकारत्वात् ब्रह्मादिसंज्ञाभाजो जीवा एव। एषामपि कर्मानुरूपं तत्तदधिकारभाक्त्वम्। एषां सर्वेषां मूलाभेदेन तदभेदस्य सत्वे स्वात्मांशे आवरणहीनतया तैर्ज्ञानम्। नच सार्वात्म्येन स्तुतिर्न विरुद्धा। एवं वा अण्डादिकादिब्रह्मादीनं स्वप्रादुर्भूतब्रह्माभेदज्ञापनायैव प्राधानिकरहस्ये मुख्यलक्ष्म्यादिजन्य-ब्रह्मादीनामेव अण्डस्त्रष्टृत्व-तद्भेदकत्व-तत्पालकत्व- तत्संहारकत्वादीन्यग्रे उक्तानीति बोध्यम्। 'स्वरया सह संभूय विरिञ्चोऽण्डमजीजनत्। विभेद भगवान् रुद्रस्तद्गौर्या सह वीर्यवान्' इत्यादिना। एवं च पृथिवीतत्त्वाधिष्ठातृभूतहरेर्योगनिद्रासंपादिकायास्तादृश्या अपि महाकाल्या मूलशक्त्यभेदादेव 'तया विसृज्यते सर्वं' 'सा विद्या परमामुक्तेः' इत्यादिना क्रियमाणा सार्वात्म्येन स्तुतिर्न विरुद्धा। एवं जडात्मिकायाः प्रकृतेश्चेतनरूपायाश्चिच्छक्तेश्चाधिष्ठात्र्यधिकष्ठेययोरभेदं मत्वा 'योगनिद्रा जगत्पतेः। सैषा प्रसन्ना वरदा' इत्यादिना तत्र जडचेतनयोः सामानाधिकरण्यम्। अत्र मूलभूतजडशक्तेर्महामायाकुण्डलिनीत्या-

दिशब्दैर्व्यवह्रियमाणा या अधिष्ठात्री चिच्छक्तिरपि तदभेदान्महामायादिसंज्ञाभाक्। एवं तमोमयी कालीसंज्ञाशक्तिरपि निद्रा मोहादिभिः पुरुषज्ञानावरकत्वान्महामाया इत्युच्यते। मूलशक्त्यभेदाच्च। सा चेयं शक्तिः मनोधिष्ठिता एव उपास्या। तत्र शक्तस्य शक्तिं प्रत्याश्रयत्वेपि कार्योत्पत्तौ शक्तेरेव प्राधान्यम्। अतः शक्तिरुपास्येति व्यवहारस्य नानुपपत्तिः। एवं मुक्तिदातृत्वं सर्वाश्रयत्वादिव्यवहारोपि समंजसः। उपास्यत्वं च महाकाल्यादिद्वारा मूलशक्तेरेवेति सर्वं समंजसम्। अन्यच्च तत्रतत्र वक्ष्यामः। अस्याः शापोद्धारोत्कीलने कात्यायनीतन्त्रोक्ते त्रयोदशाध्यायं पठित्वा प्रथमं पठेत्। ततो द्वादशद्वितीयौ तत एकादशतृतीयाविति क्रमेण पठेत्। सप्तमं द्विरिति शापोद्धारः। प्रथमं मध्यमचरित्रं पठित्वा ततः प्रथमतृतीयौ पठेदित्युत्कीलनम् इति केरलाः॥

अथ प्रसंगात्स्तोत्रविधिः। तत्र वाराहीतन्त्रे। 'आधारे स्थापयित्वा तु पुस्तकं वाचयेत्ततः। हस्तसंस्थापनाद्देवि भवेदर्धफलं यतः। यावन्न पूर्यतेऽध्यायस्तावन्न विरमेत्पठेत्। यदि प्रमादादध्याये विरामो भवति प्रिये। पुनरध्यायमारभ्य पठेत्सर्वं मुहुर्मुहुः। अनुक्रमात्पठेद्देवि शिरःकम्पादिकं त्यजेत्'। तथान्यत्र। 'प्रणवं पूर्वमुच्चार्य स्तोत्रं वा संहितां पठेत्। अन्त्ये च प्रणवं दद्यादित्युवाचादिपूरुषः। नमोन्तं च पठेत्स्तोत्रं वाचकं तु प्रशस्यते' यत्तु कीलके 'शनैस्तु जाप्यमानेस्मिन्स्तोत्रे संपत्तिरुच्चकैः' इति तदत्युच्चैः पाठनिषेधकं त्वरानिषेधकं च। 'पुस्तके वाचनं शस्तं सहस्रादधिकं यदि। ततो न्यूनस्य तु भवेद्वाचनं पुस्तकं विना'। विनापीत्यर्थः। 'ऋषिं छन्दोङ्गं विन्यस्य पठेत्स्तोत्रं समाहितः। स्तोत्रे न दृश्यते यत्र प्रणवं न्यासमाचरेत्। भीष्मपर्वणि या गीता सा प्रशस्ता कलौ युगे। विष्णोः सहस्रनामाख्यं स्तोत्रं पापप्रणाशनम्। गजेन्द्रमोक्षणं चैव तथा कारुण्यकस्तवः। नारसिंह तथा स्तोत्रं स्तोत्रं श्रीरामसंज्ञकम्। देव्याः सप्तशतीस्तोत्रं तथा नामसहस्रकम्। श्लोकाष्टकं नैलकण्ठं शैवं नामसहस्रकम्। त्रिपुरायाः प्रासादाख्यं सूर्यस्य स्तवराजकम्। पैत्रोरुचिस्तवो यश्च इन्द्राक्षीस्तोत्रमेव च। वैष्णवं च महालक्ष्म्याः स्तोत्रमिन्द्रेण भाषितम्। भार्गवाख्येन रामेण शप्तान्यन्यानि कारणात्। शुद्धेनाचलचित्तेन पठितव्यं प्रयत्नतः। स्वयं लिखितं स्तोत्रं नाब्राह्मणलिपि पठेत्। न च स्वयं कृतं स्तोत्रं तथान्येतं च यत्कृतम्। यतः। कलौ प्रशंसन्ति ऋषिभिर्भाषितं तु यत्। क्वचित्तु 'अष्टम्यां वा

चतुर्दश्यां कृष्णायां तु समाहितः। ददाति प्रतिगृह्णाति नान्यथैषा प्रसीदति' इति कीलकग्रन्थे। सप्तशतीग्रन्थे शिवशापतदुद्धारावुक्तौ। यथा वैकृतिकरहस्ये। ततः कृताञ्जलिर्भूत्वा स्तुवीत चरितैरिमैः। एकेन वा मध्यमेन नैकेनेतरयोरिह। चरितार्धं तु न जपेज्जपंश्छिद्रमवाप्नुयात्' इति। 'अर्गलां कीललं चादौ जपित्वा कवचं पठेत्। जपेत्सप्तशतीं पश्चात्क्रम एष ऋचोदितः'। इति (केरल) स्तोत्रपठनविधिः॥

॥श्रीर्जयति। सामविधिब्राह्मणेऽथ यः कामयते पुनर्न प्रत्याजायेयमित्यपुनर्भवमधिकृत्य तदनुसंधेयोस्याः मन्त्र उक्तः। 'रात्रिं प्रपद्ये पुनर्भू मयोभूं कन्यां शिखण्डिनीं पाशहस्तां युवतीं कुमारिणीमादित्यः श्री चक्षुषेवान्तः प्राणाय सोमो गन्धायापः स्नेहाय मनोनुज्ञाय पृथिव्यै शरीरमिति'। अस्य रात्रौ जपमात्रात्सिद्धिः। अस्य फलं मरणकालज्ञानं परमफलं तु मोक्ष इति तत्रैवोक्तम्। अयं च देवीविषयो मन्त्रः। कन्यां कुमारिणीमित्यत्र प्रत्यभिज्ञानात्। रात्रिं तद्रूपाम्। 'अस्यास्तनुस्तमोद्वारा निशादिवसनाशिनी' इति देवीमुपक्रम्य हरिवंशोक्तेः। पुनर्भूः असुरवधार्थं नानावतारग्रहणात्। अतएव मयोभूः प्राणिनां सुखदात्री। कन्या अजातपुंस्पर्शरतिरधृष्या चातिसुन्दरीति शिवोक्तेः। शिखण्डिनी मयूरपिच्छभूषणा मयूरकलापध्वजा च 'भूषणैस्तु मयूराणामङ्गदाद्यैश्च भास्वरा। ध्वजेन शिखिबर्हाणामुच्छ्रितेन समावृता' इति हरिवंशोक्तेः। पाशहस्ता असुरबन्धनार्थम्। तथा युवतिः नित्यं बाल्यवार्धकावस्थारहिता। कंसमोहनावतारे क्षणं शैशवाभिनयेपि तदानीमेव यौवनाविष्करणोक्तेः। एवंभूताया रात्र्याभिमानिदेवतायाः प्रभावादादित्यश्चक्षुषे चक्षू रक्षितुं भवतु यत्नवान् भवत्विति क्रमेणार्थः। मनस्तदधिष्ठात्री देवता अनुज्ञाय अनुज्ञामानं रक्षितुं भवतु। पृथिव्यै शरीरमित्यस्य विभक्तिविपरिणामेन पृथिवीशरीरायेत्यर्थः॥

अथास्य सप्तशतीत्वव्यवहारप्रयोजकसप्तशतहोममन्त्रविभागो दर्शितः कात्यायनीतन्त्रे। 'मार्कण्डेयऋषिः प्रोक्तो प्रथमश्लोकतः प्रिये। व्योमादिवर्णसंभूतो द्वितीयः स्वरसंयुतः'। व्योम दकारस्तस्यादिः सकारः द्वितीयः स्वर आकार इत्यर्थः। 'नृपान्तं प्रवेदन्मन्त्राः सर्वे चाष्टादश प्रिये। वैश्योवाच ततः श्लोका व्योमाद्याः पञ्च मन्त्रकाः'। व्योमाद्य आद्यो येषामिति मृगनयनावत्समासः। 'नृपस्योक्तिर्मान्त्रवर्णो द्वादशस्वरसंयुतः'। मान्तवर्णो

यः सच द्वादशस्वरेण एकारेण युक्त आदिभूत इत्यर्थः। 'सकारो बिन्दुसंयुक्तश्चान्ते स्तो मनुरीदृशौ' 26 मनुर्मनू इत्यर्थः। वैश्योवाच पुनर्देवि स्वरैकादश आदितः'। स्वरैकादशः एकारः। 'वह्निबीजं बिन्दुयुक्तमन्ते स्यान्मनुपंचकम्'। वह्निबीजं रमिति 20 'मार्कण्डेयऋषिप्रोक्तं भादितान्ताः शुभानने। अथोवाच ऋषिं ज्ञानमस्तीत्यादि सुरेश्वरि। सर्वेश्वरेश्वरी चान्ते मन्त्रा वै द्वादश स्फुटाः। राजोवाचेति भगवानादिरन्ते विदांवर। मन्त्रत्रयमिदं ख्यात ततो ऋषिरुवाचह। नित्यैव सा यदा चादौ प्रभुरन्तेऽष्टमन्त्रकः। ब्रह्मोवाच ततश्चोक्त्वा त्वं स्वाहादिमहासुरैः। अन्ते पञ्चदशैते स्युर्मन्त्राश्च परमेश्वरि'। एवं स्तुत्यादिऋष्युक्तिर्वान्त मन्त्राश्च सप्त वै। ततो भगवदुक्तिस्तु भवेदादिमनुद्वयम्। वञ्चितेति च ऋष्युक्तिर्मन्त्रौ द्वौ परमेश्वरि। ऋष्युक्तिश्च तथेत्यादिमन्त्रद्वयमुदाहृतम्। सर्वे श्लोकास्त्विहाध्यायेऽष्टयुक्सप्तति च क्रमात्। मध्ये चतुर्विंशतिका अर्धमन्त्राः प्रकीर्तिताः। सर्वाश्चाहुतयो ज्ञेयाश्चतुरुत्तरकं शतम्। उवाचान्तास्त्वत्र बोध्या मन्त्रा भुवनसंख्याः 14॥ इति प्रथमचरितनिर्णयो नाम विंशतिमं पटलम् 20॥1॥

ईश्वर उवाच। द्वितीये ऋष्युवाचेति नवषष्ट्याहुतिः क्रमात् ॥2॥ ततस्तृतीयेऽध्याये तु ऋषिरुवाच देशिके। पञ्चत्रिंशच्च वै मन्त्राः श्लोका ज्ञेया वरानने। देव्युवाचेति मन्त्रान्ते मन्त्रश्लोको मतः प्रिये। ऋषेरुक्तिः पुनः श्लोकाः पञ्च मन्त्राः सनातनाः। एवमाहुतयस्तत्र चत्वारिंशच्चतुर्युता॥3॥ चतुर्थे क्रमतो देवि ऋष्युक्तिः षट्च विंशतिः। पुनस्तथैव ऋष्युक्तिः श्लोकौ द्वौ मंत्ररूपिणौ। एवं स्तुतेति मन्त्रोयमतिगुह्यं सुपाचनम्। देव्युवाचेति व्रियतां मन्त्रोयं षोडशाक्षरः। देवा ऊचुस्ततश्चोक्त्वा भगवत्या कृतं वदेत्। मन्त्रोयं शतवर्णाद्यो द्वादशोत्तरयुक् पुनः। ततो ऋषिरुवाचेति इतिप्रसादितेतिवै। चतुःसंख्यास्तु ते श्लोका मन्त्रास्तावंत एव हि। श्लोकाश्चतुर्थेऽध्याये तु षट्त्रिंशत्परमेश्वरि। अर्धमन्त्रद्वयेनैव चत्वारिंद्द्वियुक्पुनः। एवं मध्यचरित्रस्य पंचाशच्च शतोत्तरम्। तथा पंचायुतं मन्त्रा महालक्ष्म्या विभेदतः। इति मध्यमचरित्रमन्त्रनिर्णय एकविंशतितमं पटलम् 29॥4॥

ऋषिरुवाचेति पुरा विष्णुमायां प्रतुष्टुवः। षण्मन्त्राः श्लोकरूपास्ते देवा ऊचस्ततः परम्। नमोदेव्यादितः श्लोकास्त्रिंशदद्विनम्रमूर्तिभिः।

विष्णुमायादितो भ्रान्तिरूपांते त्रीणि षष्टियुक्। अवतारे पृथङ्मन्त्रास्तेषां त्रिषष्टिराहुतिः। चितिरूपेणमन्त्रेण आहुतित्रयमुच्चरेत्। एवं मन्त्रा अशीतिस्ते ऋषिरुवाच इत्यथ। एवं स्तवादियुक्तानां त्वया कस्मान्न गृह्यते। मन्त्राः सप्तदशैते तु ऋष्युक्तिश्च निशम्येति वै। इत्यादित्रितयैर्मन्त्रैः शुद्धभेदाः प्रकीर्त्तिताः। अथ दूत उवाचेति देविदैत्येश्वरः परम्। इत्यादिनवमन्त्राश्च पुना ऋषिरुवाचह। इत्युक्तेत्यादिमन्त्रेहेणेहैकेन च सरस्वति। देव्युवाचेतिश्लोकास्तु चत्वारो मन्त्रभेदतः। दुतोवाक्येतिपुनरप्यलिप्तासि इत्यथ। मन्त्राश्चत्वारि विज्ञेया देव्युवाच ततः परम्। एवमेतद्बली शुंभो स च युक्तं करोतु यत्। इति मन्त्रद्वयं श्लोकावङ्गमन्त्राश्च ते नव। एकोनत्रिंशच्च शतादधिका मन्त्ररूपकाः। इति पञ्चमोध्यायः॥5॥ ऋषिरुवाचेत्याकर्ण्य श्लोकाश्चत्वार ईरिताः। पुना ऋषिरुवाचेति तेनाज्ञप्तस्ततः परम्। मन्त्रत्रयमिदं प्रोक्तं देव्युवाचेति वै तदा। दैत्येश्वरेण प्रहितो एकमन्त्रः प्रकीर्तितः। ततश्च ऋषिरुवाच इत्युक्तः सोभ्यधावत। इत्यादि द्वादशश्लोकभेदास्ता देवताहुतयः क्रमात् इति षष्ठोऽध्यायः॥6॥ ऋष्युक्तिराज्ञ इत्यादित्रयोविंशतिमातरः। ऋषिरुवाच तावानीतौ मातृभेदद्वयं क्रमात्। सप्तविंशत्यत्र देवि भवन्त्याहुतयः क्रमात्। अत्राध्यायद्वये देवी धूम्राक्षी तु प्रकीर्तिता। इति सप्तमोऽध्यायः॥7॥ ऋषिश्चण्डे च निहत इत्यध्यायावसानकम्। त्रिषष्ट्याहुतयः प्रोक्ता एका अर्धाहुतिः क्रमात्। रक्ताक्षीदेवता अष्टौ महाशक्तयाः प्रकीर्तिताः। इत्यष्टमोध्यायः॥8॥ राजाविचित्रमित्यादिश्लोकद्वयमुदाहृतम्। ऋषियश्चकार कोपं हि इत्यादिश्लोकरूपतः। एकचत्वारिंशदिति आहुतिर्नवमे शुभे। इति नवमोध्यायः॥9॥ ऋषिर्निशुम्भं निहतमित्यादिद्वयमंत्रकम्। ततो देवीतिमन्त्रौ द्वौ एकैवाहंमनूत्तमौ। पुनर्देव्येकमन्त्रेण व्यक्तमन्त्रा उदीरिताः। ऋषिस्ततः प्रववृते सार्धद्वाविशंतित्रयम्। द्वात्रिंशन्मनवस्तत्र एको ह्यर्धमनुर्मतः। दशमे सिंहमासीना शूलपाशविधारिणी। मुख्या चतुर्भुजा बाणचापहस्ता शुभेक्षणा। इति द्वाविंशतितमं पटलम्॥22॥ इति दशमोऽध्यायः॥10॥

अथैकादशोध्यायः। 'ऋषिः सुमेधा विख्यातः प्रोक्तो देव्या हते शुभे। चतुस्त्रिंशत्तथा श्लोका मन्त्रास्तत्संख्यकाश्च ते। ततो देव्येकमन्त्रेण वरदाहं सुरेश्वरि। देवा ऊचुस्तथा सर्वबाधाप्रशमनं तथा। श्लोकेनैकेन देवेशि देव्युवाच ततः परम्। वैवस्वतेन्तरे प्राप्तेत्यादिश्लोकाश्चतुर्दश। सार्धा

सर्वाहुतिर्देवि पञ्चाशत्पञ्चसंयुता। वैष्णवी देवता ह्यत्र महागरुडवाहिनी। इत्येकादशोध्यायः ॥11॥ देव्युवाचेति च तत एभिः स्तवैश्च मां तथा। दूरेत्यर्धेन सहिता अष्टाविंशतिरूपकाः। ततश्च ऋषिरुवाच इत्युक्त्वा श्लोकमादितः। अर्धयुङ्नवभिः श्लोकैर्मन्त्रास्तत्संख्यका मताः। एवं तु द्वादशेध्याये एकचत्वारिंशदाहुतयः इति द्वादशोऽध्यायः॥12॥ ततस्त्रयोदशेध्याये ऋषिरुवाच इत्यथ। एतत्ते कथितं भूपेत्यादि सार्धत्रयं मनुः। मनुचतुष्टयमित्यर्थः। मार्कण्डये उवाचेति इति तस्य वचोदितः। श्लोकषट्कं ततो देवी उवाच परमेश्वरी। यत्प्रार्थ्यते त्वया भूपश्लोकेनैकेन तोषकृत्। मार्कण्डेय उवाचेति ततो वक्ष्ये मनुत्रयम्। देव्युवाच पुनश्चैव स्वल्पश्लोकत्रयेण वै। अर्धानामेव मन्त्रत्वाद्भवत्य षडाहुतिः षट्संख्याहुतिरित्यर्थः। ततो मार्कण्डेय इति इति दत्त्वा तयोरिति। द्वौ मन्त्रौ पुनरुच्चार्य सावर्णिर्भविता मनुः। एकोनत्रिंशत्संख्याकाहुतिरत्र विधीयते। एवं त्रयोदशेऽध्याये होमतर्पणकर्मणि। शतानि सप्तसंख्यानि तव प्रोक्तानि शैजले। सकारादिनकारान्तो मनुः परमदुर्लभः। स संप्रदायविधिना ज्ञातव्यो मम वल्लभे। अन्यथा विकलो मन्त्रः सत्यं सत्यं मयोदितम्' तत्र मन्त्रे स्वाहान्ता एते मन्त्रा नमोन्ताः तर्पणे तर्पयाम्यन्ताः, इति त्रयोविंशतितमं पटलम् ॥23॥

केचित्तु मन्त्रं पठित्वा ततस्तदध्यायदेवतायै नम इति पूजनमित्याहुः। एवं होमाशक्तौ जयन्तीमन्त्रेणैव होम उक्तोऽन्यत्र पूजा चेति दिक्। कात्यायनीतन्त्रोक्तमन्त्रविभाग एवाभियुक्तैः स्पष्टीकृत्यदर्शितस्तथा हि। "अष्टसप्तयुत्तराणां श्लोकानां शतपञ्चकम्। प्रोक्तं सप्तशतीस्तोत्रं तत्सप्तशतसंख्यया॥1॥ विभज्य जुहुयान्मन्त्रमिति कात्यायनीमतम्। मार्कण्डेय उवाचैकः सावर्णाद्यास्ततः परम्॥2॥ श्लोकमन्त्राः सप्तदश अर्धश्लोकात्मकस्ततः। एकोनविंशदेवं स्युर्वैश्योक्तिविंशतिस्तथा॥3॥ पुनरर्धं पुनः श्लोकत्रयमर्धं पुनर्भवेत्। पञ्चविंशतिरेवं स्याद्राजा षड्विंशतिस्ततः॥4॥ अर्धश्लोकात्मको मन्त्रौ मन्त्रसंख्या प्रकीर्तिता॥5॥ पुनरर्धं पुनः श्लोकत्रयमर्धं पुनर्भवेत्। मार्कण्डेय पुनश्चार्धश्लोकः श्लोकात्मकः पुनः॥6॥ अर्धश्लोकात्मकौ मन्त्रो राजार्धश्लोकमन्त्रकः। मन्त्राश्चत्वारिंशदेवं श्लोकमन्त्रचतुष्टयम्॥7॥ पुनरर्धमृषिश्चार्धश्लोकमन्त्राः पुनर्दश। पुनरर्धः पुना राजा एकोना षष्टिरुच्यते॥8॥ पुनरर्धं पुनः श्लोकः

पुनरर्धं पुनर्ऋषिः। पुनरर्धं पुनः श्लोकाः षण्मन्त्राः पुनरर्धकम् ॥9॥ निद्रां भगवतीं विष्णोरतुलां तेजसः प्रभुः। इत्येवं पाठो मन्त्राणामेकसप्ततिरुच्यते ॥10॥ ब्रह्मार्धश्लोकमन्त्रोथ श्लोकमन्त्रास्त्रयोदश। अर्धश्लोक ऋषिश्चार्धश्लोकः श्लोकास्तु पञ्च वै ॥11 पुनरर्धं तु मन्त्राणां सपञ्चनवतिः स्मृता। भगवानर्धमन्त्रेर्धे ऋषिश्लोकार्धकं पुनः ॥12॥ श्लोकः पुनर्ऋषिश्लोकद्वयमन्त्रद्वयं भवेत्। श्लोकानामष्टसप्तत्या चतुर्भिरधिकं शतम् ॥13॥ अध्यायादावेव ऋषिरुवाचेति सकृन्मनुः। अष्टषष्टिमिताः श्लोकास्तावन्तो मनवः स्मृताः ॥14॥ एकोनसप्ततिः सर्वेऽध्याये मन्त्रा द्वितीयके। आदावृषिरुवाचैकः पञ्चविंशत्ततः परम् ॥15॥ निहन्यमानाद्याः श्लोका मुखरागाकुलाक्षरम्। इत्यन्ता देव्युवाचैको गर्जगर्जेति चापरः ॥16॥ श्लोका ऋषिरुवाचेति पुनश्च श्लोकपञ्चकम्। चतुश्चत्वारिंशदेवं सर्वे मन्त्रास्तृतीयके ॥17॥ भगवत्या कृतं सर्वमित्यर्धश्लोकमन्त्रकः। यदयं निहतश्लोकद्वये देवी ततः परम् ॥18॥ ऋषिश्लोकास्तु चत्वारो मनवः परिकीर्तिताः। षट्त्रिंशच्छ्लोककेऽध्याये चत्वारिंशद्द्वयाधिकम् ॥19॥ षट्सप्ततिश्लोकयुक्तेऽध्याये मन्त्रास्तु पञ्चमे। एकोनत्रिंशदधिकं शतं कात्यायनीमतम् ॥20॥ एको ऋषिरुवाचेति पुरा शुंभादयश्च षट्। श्लोकमन्त्रास्ततो देवा ऊचुश्चैवाष्टमो मनुः ॥21॥ नमो देव्यादिकाः श्लोकाः पञ्चमन्त्राः प्रकीर्तिताः। त्रयोदशैवं मन्त्रास्तु या देवीत्यादयोपि च ॥22॥ एकविंशतिकाः श्लोका भ्रान्त्यन्तास्तेषुमन्त्रकाः। प्रतिश्लोकं त्रयो मन्त्रा ज्ञेयाः सर्वे त्रिषष्टिकाः ॥23॥ पुनः श्लोकात्मको मन्त्रस्त्रिमन्त्रः श्लोककः पुनः। त्रयोविंशच्छ्लोककेषु मन्त्रा वै सप्तषष्टिकाः ॥24॥ या देवी सर्वभूतेषु विष्णुमायेति शब्दिता। नमस्तस्यै इति प्रोक्तो विंशत्यक्षरको मनुः ॥25॥ नमस्तस्यै इति प्रोक्तो द्वितीयश्चतुरक्षरः। अष्टाक्षरस्तृतीयोपि नमस्तस्यै नमोनमः ॥26॥ एवं द्वात्रिंशतिश्लोकैर्ज्ञेयं मन्त्रत्रयं बुधैः। पूर्वैस्त्रयोदशैर्मन्त्रैः सहाशीतिरुदाहृता ॥27॥ स्तुता सुरेति च श्लोकद्वयं चैव पुनर्ऋषिः। पुनः सप्तदशश्लोका ऋषिः श्लोकत्रयं ततः ॥28॥ दूतश्चैव नवश्लोका ऋषिरेकोम्बिका ततः। एक इत्यस्यैकश्लोक इत्यर्थः। चतुःश्लोकी पुनर्दूतश्चतुःश्लोकी पुनः शिवा ॥29॥ श्लोकद्वयं मिलित्वा तु चत्वारिंशन्नवाधिकम्। अशीत्यापि च संयोगे एकोनत्रिंशताधिकम् ॥30॥ शतमेवं तु विज्ञेयमाहुतीनां च पञ्चमे। विंशतिः श्लोकसंयुक्ते षष्ठेऽध्याये

प्रकीर्तिताः ॥31॥ सर्वे श्लोका मन्त्ररूपा देव्यैकाथ ऋषित्रयम्। चतुर्विंशतिमन्त्राणामित्येवं परिकीर्तिताः ॥32॥ पञ्चविंशतिश्लोकयुक्तेऽध्याये मन्त्रास्तु सप्तमे। सर्वे मन्त्राः श्लोकरूपा ऋष्युवाच द्वयं ततः ॥33॥ सप्तविंशतिरेवं तु मन्त्रसंख्या प्रकीर्तिता। सार्धैकषष्टिश्लोकाढ्येष्टमेध्याये प्रकीर्तिता ॥34॥ एकषष्टिश्लोकमन्त्रा अन्तेर्धश्लोकमन्त्रकः। आदावेको ऋषिश्चैव त्रिषष्टिर्मन्त्रसन्ततिः ॥35॥ एकोनचत्वारिंशद्भिः श्लोकैर्युक्ते समीरिताः। अध्याये नवमे मन्त्रास्तावन्तोथ मनुद्वयम् ॥36॥ राजा ऋषिश्चेति चैकचत्वारिंशन्मनुस्त्वयम्। सार्धसप्तान्वितैर्विंशश्लोकैस्तु दशमेन्विते ॥ ॥37॥ सप्तविंशतिमन्त्रास्तु श्लोकरूपास्ततोन्तिमः। अर्धश्लोकात्मको मन्त्रो ऋष्युवाचद्वयं तथा ॥38॥ देव्युवाचद्वयं चैव द्वात्रिंशन्मन्त्रसंग्रहः। श्लोकानां सार्धपञ्चाशज्ज्ञेयमेकादशे स्फुटम् ॥39॥ पञ्चाशच्छ्लोकमन्त्रास्तु अन्तेर्थश्लोकमन्त्रकः। शाकम्भरीति विख्यातिं तदा यास्याम्यहं भुवि ॥40॥ एषोर्धमन्त्र इत्याहुः केचिदत्र विचक्षणाः। देवीद्वयमृषिश्चैको देवा एकमितीरितम् ॥41॥ पञ्चाधिकास्तु पञ्चाशन्मन्त्रा ज्ञेयाः परिस्फुटम्। अष्टत्रिंशश्लोकयुक्तेप्यध्याये द्वादशात्मके ॥42॥ चत्वारिशच्च एकश्च मन्त्रास्तत्राहुतिद्वयम्। अर्धश्लोकात्मकश्लोकाः सप्तत्रिंशन्मिता ऋषिः ॥43॥ देव्युवाचेति चैकैकमेव संख्या स्फुटोदिता। त्रयोदशे सार्धसप्तदशश्लोकाः प्रकीर्तिताः ॥44॥ ऋषिरुवाचेत्यारभ्य भोगस्वर्गापवर्गदा। इत्यन्ता। पञ्चमन्त्रास्ते मार्कण्डेयस्ततः परम् ॥45॥ इति तस्य वचः श्रुत्वेत्यर्धमन्त्रस्तथा स्मृतः। श्लोकमन्त्रास्ततो ज्ञेयाः पञ्चैवाप्यर्धपद्यकम् ॥46॥ देव्युवाचेति मन्त्रोयं ततः श्लोकस्तु मन्त्रकः। मार्कण्डेयस्ततो मन्त्रः श्लोको मन्त्रद्वयं ततः ॥47॥ ततो देवी षडर्धानि सप्त मन्त्राः प्रकीर्तिताः। मार्कण्डेयस्ततो मन्त्रद्वयं मन्त्रत्रयं स्मृतम् ॥48॥ आवृत्त्या त्वधिको मन्त्रः सावर्णिर्भविता मनुः। एकोनत्रिंशत्संख्याका मन्त्रा अत्र स्मृता बुधैः ॥49॥" केचित्तु। 'एकादशार्धाहुतयो द्वादश श्लोकमन्त्रकाः। उवाचवचनैः षड्भिर्मन्त्रास्ते उक्तसंख्यकाः' इत्याहुः ॥50॥ तत्र कात्यायनीतन्त्रविरोधः स्पष्ट एवेति दिक् ॥

अथ वाराहीतन्त्रे। 'चण्डीपाठफलं देवि शृणुष्व गदतो मम। एकावृत्त्यादिपाठानां प्रत्यहं पठतां नृणाम् ॥1॥ संकल्प्य पूज्यां संपूज्य न्यस्याङ्गेषु मनून्सकृत्। पश्चाद्बलिप्रदानेन फलमाप्नोतिमानवः' ॥2॥ न्यासप्रकारश्च

नवार्णविधाने उक्तः। 'उपसर्गोपशान्त्यर्थं त्रिरावृत्तं पठेन्नरः। ग्रहदोषोपशान्त्यर्थं पञ्चावृत्तं वरानने॥3॥ महाभये समुत्पन्ने सप्तावृत्तमुदीरयेत्। नवावृत्त्या भवेच्छान्तिर्वाजपेयफलं लभेत्॥4॥' मुच्येत्प्राणार्तिजाद्भयादिति। 'राजवश्याय भूत्यै च रुद्रावृत्तमुदीरयेत्। अर्कावृत्त्या कामसिद्धिर्वैरिनाशश्च जायते॥5॥ मन्वावृत्त्या रिपुर्वश्यस्तथा स्त्री वश्यतामित्यात्। सौख्यं पञ्चदशावृत्त्या श्रियमाप्नोति मानवः॥6॥ कलावृत्त्या पुत्रपौत्रधनधान्यागमं विदुः। राजभीतिविनाशाय वरस्योच्चाटनाय च॥7॥ कुर्यात्सप्तदशावृत्तं तथाष्टादशकं प्रिये। महारणविमोक्षाय विंशावृत्तं पठेन्नरः॥8॥ पञ्चविंशावर्तनाच्च भवेद्बन्धविमोक्षणम्। संकटे समनुप्राप्ते दुश्चिकित्सभये सदा॥9॥ जातिध्वंसे कुलोच्छेदे आयुषो नाश आगते। वैरिवृद्धौ व्याधिवृद्धौ धननाशे तथा क्षये॥10॥ तथैव त्रिविधोत्पाते तथा चैवातिपातके। कुर्याद्यत्नाच्छतं वृत्तं ततः संपद्यते शुभम्॥11॥ विपदस्तस्य नश्यन्ति ततो याति परां गतिम्। श्रियो वृद्धिः शतावृत्त्या राजवृद्धिस्तथा परा॥12॥ मनसा चिन्तितं देवि सिध्येदष्टोत्तराच्छतात्। शताश्वमेधयज्ञानां फलमाप्नोति सुव्रते॥13॥ सहस्रावर्तनाल्लक्ष्मीरावृणोति स्वयं स्थिरा। प्राप्तो मनोरथान्कामान्नरो मोक्षमवाप्नुयात्॥14॥ यथाश्वमेधः क्रतुषु देवानां च यथा हरिः। स्तवानामपि सर्वेषां तथा सप्तशतीस्तवः॥15॥' उत्पत्तिचरितस्तोत्ररूपत्रितयात्मकत्वात्। 'अथवा बहुनोक्तेन किमन्येन वरानेन। चण्ड्याः शतावृत्तपाठात्सर्वाः सिध्यन्ति सिद्धयः॥16॥' एतास्वेव कामनासु तत्तत्संख्याकस्तोत्रपाठे विशेष उक्तो मरीचिकल्पे। 'रात्रिसूक्तं जपेदादौ मध्ये सप्तशतीस्तवम्॥17॥ प्रान्ते तु जपनीयं वै देवीसूक्तमिति क्रमः। एवं संपुटितं स्तोत्रं पूर्वोक्तफलदायकम्॥18॥' अत्र रात्रिसूक्तं देवीसूक्तं च वैदिके इति केचित्। रात्रिसूक्तं प्रथमाध्यायस्थं विश्वेश्वरीसूक्तम्। देवीसूक्तं नमो देव्या इत्यादि पञ्चमाध्यायस्थमित्यपरे। अन्योपि प्रकारस्तन्त्रोक्तः। 'कृष्णाष्टमी समारभ्य यावत्कृष्णचतुर्दशी। वृद्ध्यैकोत्तरया जाप्यं पूर्वसंपुटितं तु तत्। एवं देवि मया प्रोक्तः पौरश्चरणिकः क्रमः। तदन्ते हवनं कुर्यात्प्रतिश्लोकेन पायसा'। प्रतिश्लोकेनेति कात्यायनीतन्त्रोक्तमन्त्रोपलक्षणम्। 'रात्रिसूक्तं प्रतिऋचं तथा देव्याश्च सूक्तकम्' इति। पक्षान्तरे। ऋचमित्युक्तमन्त्रोपलक्षणम्। 'हुत्वान्ते प्रजपेत्स्तोत्रमादौ पूजादिकं मुने' इति।

अपरश्च। 'अथातः संप्रवक्ष्यामि नवरात्रविधानकम्। जपेदेकोत्तरां वृद्धिं दिनानि नव संख्यया। नवाक्षरीविधानेन संपूज्याथ विचक्षणः। सहस्रं

प्रजपेन्मन्त्रं प्रत्येकं च यथाविधि। मध्ये चैकोत्तरां वृद्धिं जपेद्देव्याः स्तवं मनुम्। हुत्वा दशांशतो होमं तत्र सिद्धिं समाप्नुयात्'। अपरश्च 'जेपेद्बिल्वं समाश्रित्य मासमेकं तु यो नरः। हुत्वा बिल्वदलैर्मांसं मधुरत्रययोगतः। हुत्वा दशांशतो वापि कमलैः क्षीरसंयुतैः। धनदेन समां लक्ष्मीं प्राप्नुयादुत्तमां ध्रुवम्। हरगौरतन्त्रे 'श्रीकामः पुष्टिकामो वा सृष्टिमार्गक्रमेण तु। जपेच्छक्रमादिमारभ्य शुम्भदैत्यवधावधि। आदिमारभ्य प्रजपेत्पश्चाच्छेषं समाचरेत्। शान्त्यादिकामः सर्वत्र स्थितिमार्गक्रमेण तु। सावर्णिः सूर्यतनयः सावर्णिर्भविता मनुः। संकटे चान्त्यमारभ्य पश्चादादिं समापयेत्'। ब्राह्मणद्वारा करणे तु विशेष उक्तस्त्रैव। 'पञ्च स्वर्णाः शतावृत्ते लक्षावृत्ते तु तत्त्रयम्। पञ्चावृत्ते स्वर्णमेकं त्रिरावृत्ते तदर्धकम्। एकावृत्ते पादमेकं दद्याद्वा शक्तितो बुधः' इति॥

अथ ऋष्यादि॥ प्रथमचरित्रस्य ब्रह्मा ऋषिः। गायत्रीच्छन्दः। महाकाली देवता। नन्दा शक्तिः। रक्तदन्तिका बीजम्। अग्निस्तत्त्वम्। महाकालीप्रीत्यर्थं जपे विनियोगः। मध्यमचरित्रस्य विष्णुर्ऋषिः। उष्णिक्छन्दः। महालक्ष्मीर्देवता। शाकम्भरी शक्तिः। दुर्गा बीजम्। वायुस्तत्त्वम्। महालक्ष्मीप्रीत्यर्थे जपे विनियोगः। अन्त्यचरित्रस्य शंकर ऋषिः। अनुष्टुप् छन्दः। महासरस्वती देवता। भीमा शक्तिः। भ्रामरी बीजम्। रविस्तत्त्वम्। सरस्वतीप्रीत्यर्थे जपे विनियोगः। शतावृत्तादौ कामनाभेदेन होमभेद उक्तः वाराहीतन्त्रे। 'हुनेत्प्रदीपिते वह्नौ तिलधान्यादितण्डुलान्। धर्मार्थकामसंवृद्धौ मोक्षार्थी पायसं हुनेत्। मारणे मोहने चैव तथोच्चाटनकर्मणि। हुनेन्मांस त्रिमध्वाक्तं मोहने मधुपायसम्। स्तम्भने मातुलफलं वश्ये तु सितसर्षपान्। धर्मार्थकाममोक्षार्थं पूर्वाशाभिमुखो हुनेत्। मोहने मारणे चैव हुनेद्वै दक्षिणामुखः। उच्चाटने उत्तरास्य इत्याह भगवान्भवः'। क्रोडतन्त्रे। 'प्रत्येकावर्तनं देवि हयमेधेन संमितम्। त्रिरावृत्त्या लभेत्कामान्पञ्चावृत्त्या रिपूञ्जयेत्' इति सर्वेष्टसिद्धिः। कात्यायनाय विद्महे कन्यकुमारिधीमहि। तन्नो दुर्गिः प्रचोदयात्। इत्येतद्गायत्री यजुर्वेदे॥

अथ गायत्रीप्रयोगान्तरं कात्यायनीतन्त्रे। पूर्वाह्णे षोडशाङ्गुलमितं चतुरोन्नतं स्थण्डिलं कृत्वा तत्र शुद्ध गोघृतेनैकस्मिनन्पात्रे रुद्रवर्तिषु त्रयोदश दीपान्प्रज्वाल्य तेषु प्रथमदीपे प्रथमाध्यायदेवतामावाह्य आसनपाद्यादिगन्धदानान्तां पूजां कृत्वा पुष्पसमर्पणसमये वक्ष्यमाणैर्नवभिः

श्लोकैः प्रतिश्लोकं पुष्पाणि समर्पयेत्। ततः प्रथमाध्यायसमाप्तौ वक्ष्यमाणश्लोकैः पुष्पाणि समर्प्य धूपदीपौ दत्त्वा पायसनैवेद्यं दत्त्वा ताम्बूलं दक्षिणां च दत्त्वा नीराज्य एकं ब्राह्मणं कुमारीं सुवासिनीं च भोजयेत्। संकल्पयेद्वा। एवं तत्तदध्यायदेवतावाहनादिब्राह्मणभोजनान्तं प्रत्यध्यायं कुर्यात्। अन्ते प्रभूतनैवेद्यादिभिर्महापूजा। अनुग्रहे पूर्वाह्णे समाप्तिः निग्रहे पराह्णे। श्लोकास्तु 'विश्वेश्वरीं जगद्धात्रीं० स्तुतासुरैः पूर्वमभीष्टसंश्रयात्' करोतु सा नः शुभहेतु० 2 या सांप्रतं चोद्धतदैत्यतापितैः०' 3 या च स्मृता तत्क्षणमेव हन्ति नः करो तु सा नः शुभहेतुरी० 4 सर्ववाधाप्रशमनं० 5 अत्र वैरिनाशनमित्यत्र रोगनाशनमित्याद्यूहः। एवं दैत्यतापितैरित्यपि सर्वमङ्गलमाङ्गल्ये० 6 सृष्टिस्थितिविनाशानां० 7 शरणागतदीनार्त० 8 सर्वस्वरूपे सर्वेशे० 9 एतेनुग्रहे नवश्लोकाः। वक्ष्ये तु विशेषः ॐ ह्रीं रक्तचामुण्डे तूर्णं अमुकं मे वशमानय स्वाहा। अनेन प्रत्यध्यायमाद्यन्तयोः पूजा सर्वान्ते अयुतमन्त्रश्च दशसाहस्रम्। होमयेत्कटुतैलेन रक्तचन्दनराजिकाः। सहस्राहुतिमात्रेण राजानं वशमानयेत्। मधुना चाशोकपुष्पं रात्रौ हुत्वा तु पूर्ववत्। चक्रवर्ती भवेद्वश्यश्चण्डीमन्त्रप्रभावतः। अन्ते शतं ब्राह्मणाः कुमार्यश्च भोजनीयाः। धर्मार्थं बिल्वपत्रैः पूजा वश्यार्थं करवीरैर्जपामकुसुमैर्वा पुत्रार्थं तुलसीदलैः पुष्ट्यर्थं पङ्कजैः महाप्रयोगे तु षोडशमाषैः स्वर्णमूर्तिं कृत्वा कलशस्थापनं कृत्वा तदग्रे घटेर्गलयन्त्रे वा दीपं स्थापयेत्। यन्त्रमन्त्यं सर्वसाधारणं स्थापनं महति कार्ये ऊनपञ्चाशद्दिनानि मध्ये चतुर्विंशतिः तदर्धमल्पे ब्राह्मणास्त्रयो महत्कार्ये प्रयोगकर्तारः अल्पे एकः। निग्रहे तु सर्वबाधाप्रशमनमित्यस्याग्रे एवमुक्त्वा समुत्पत्त्येति पठेत्॥

अत्र प्रयोगे क्वचित्तर्पणमप्युक्तम्। त्रयोदशपात्राणि दुग्धेनापूर्याद्यन्तयोः पुष्पाञ्जलिं दत्त्वा प्रतिश्लोकं प्रथमाध्यायदेवतां तर्पयामीति प्रयोगेण तर्पयेत्। ततस्त्रयोदशस्वग्निषु क्रमात्तत्तदध्यायदेवता आवाह्य संपूज्य प्रतिश्लोकमोंप्रथमाध्यायदेवतायै नमः स्वाहेति मन्त्रेण पायसेन जुहुयात्। प्रत्यहं यावत्प्रयोगसमाप्ति त्रयोदश ब्राह्मणाः सुवासिन्यः कुमार्यः एकोनुपनीतोऽष्टवर्ष एक उपनीतश्च भोजनीयाः। परार्थे प्रयोगे तु सत्याः संतु यजमानस्यः कामा इति प्रतिश्लोकं प्रत्यध्यायं वा पठेत्। इदं सर्वत्र परार्थे प्रयोगे तु बोध्यम्। अत्र त्रयोदशपात्रेषु त्रयोदशदीपा इत्युत्तमः पक्षः।

एकपात्रे त्रयोदश दीपा इति मध्यमः। एकस्मिन्नेव पात्रे त्रयोदश दीपा इति देवता चेत्यधमः पक्षः। यथोक्तविधदीपेषु अक्षतपुञ्जेषु जलपात्रेषु अग्निषु कुमारीषु वा कार्यः इत्युपवेशः॥

अथ प्रयोगान्तराणि कात्यायनीतन्त्रोक्तानि॥ प्रतिश्लोकमाद्यन्तयोः मन्त्रं जपेन्मन्त्रसिद्धिः। सप्रणवमनुलोमव्याहृतित्रयमादौ अन्ते तु विलोमं तदित्येवं प्रतिश्लोकं कृत्वा शतावृत्तपाठे तु शीघ्रसिद्धिः। प्रतिश्लोकमादौ जातवेदस इति ऋचं पठेत्। अपमृत्युनिवारणायादावन्ते शतं त्रयम्बकमन्त्रं जपेत् प्रतिश्लोकं तन्मन्त्रजप इति वा। प्रतिश्लोकं शरणागतदीनार्तश्लोकं पठेत्सर्वकार्यसिद्धिः। प्रतिश्लोकं करोतु सा नः शुभेत्यर्धं पठेत् सर्वकामाप्तिः। स्वाभीष्टवरप्राप्त्यै एवं देव्या वरं लब्ध्वेतिश्लोकं प्रतिश्लोकं पठेत्। सर्वापन्निवारणार्थं प्रतिश्लोकं दुर्गेति पठेत्। अस्य केवलस्यापि श्लोकस्य कार्यानुसारेण लक्षमयुतं सहस्रं शतं वा जपः। सर्वाबाधेत्यस्य लक्षजपे श्लोकोक्तं फलम्। इत्थं यदा यदेति श्लोकस्य जपे महामारीशान्तिः। ततो वव्रे नृपो राज्यमिति मन्त्रस्य लक्षजपे पुनः राज्यलाभः। हिनस्ति दैत्यतेजांसीत्यनेन सदीपबलिदाने घण्टाबन्धने च बालग्रहशान्तिः। आद्यावृत्तिमनुलोमेन त्रयोदशाध्यायं पठित्वा ततो विपरीतक्रमेण द्वितीयां कृत्वा पुनरनुलोमेनेत्येव दशाध्यायं पठित्वा ततो विपरीतमावृत्तित्रये उक्तेषु प्रकारेषु शीघ्रं कार्यसिद्धिः। सर्वापत्तिनिवारणाय दुर्गेस्मृतेत्यन्तेर्धं ततो यदन्ति यच्च दूरके इत्यृचं तदन्ते दारिद्र्यदुःखेत्यर्धमेवं कार्यानुसारेण लक्षमयुतं सहस्रं शतं वा जपः। वांसोस्मीत्यृचं प्रतिश्लोकं पठेल्लक्ष्मीप्राप्तिः। मारणार्थमेवमुक्त्वा समुत्पत्येतिश्लोकं पठेत् मारणोक्तावृत्तिभिः फलसिद्धिः। ज्ञानिनामपि चेतांसीति श्लोकस्तस्य जपमात्रेण सद्योमोहिनमित्यनुभवसिद्धम्। प्रतिश्लोकं तच्छ्लोकपाठे त्ववश्यम्। रोगानशेषानिति श्लोकस्य प्रतिश्लोकं पाठे पृथक् जपे वापि विद्याप्राप्तिः। भगवत्या कृतं सर्वमित्यादिद्वादशोत्तरशताक्षरो मन्त्रः सर्वकामदः सर्वापन्निवारणश्च। देवि प्रपन्नार्तिहर इति श्लोकस्य यथाकार्यं लक्षायुतसहस्रशतान्यतमे प्रतिश्लोकं पाठे सर्वापन्निवृत्ति सर्वकामाप्तिश्च। एषु प्रयोगेषु प्रतिश्लोकं दीपाग्रे केवलमेव वा नमस्कारकरणे शीघ्रं सिद्धिः। प्रतिश्लोकं कामबीजसंपुटितस्यैकचत्वारिंशद्दिनेषु त्रिरावृत्तौ सर्वकार्यसिद्धिः। एकविंशतिपर्यन्तमुक्तरीत्या प्रत्यहं त्रयोदशावृत्तौ वशीकरणम्। मायाबीजपुटितस्य फट्बीजस्य पल्लवसहितस्य सप्तदिनपर्यन्तं त्रयोदशावृत्तौ उच्चाटने सिद्धिः। तादृशस्यैव दिनचतुष्टयमेकादशावृत्तौ सर्वोपद्रवनाशः। एकोनपञ्चाशद्दिनपर्यन्तं

प्रतिश्लोकं श्रीबीजसंपुटितस्य पञ्चदशावृत्तौ लक्ष्मीप्राप्तिः। प्रतिश्लोकमैंबीजसंपुटितस्य शतावृत्त्या विद्याप्राप्तिः। ॐ ह्रीं नम इत्येतत्संपुटितप्रथमचरित्रस्य प्रतिश्लोकं पाठ आदावन्ते कमेण श्लोकान्ते विपरीतक्रमेणेत्यर्थः। एवमग्रेपि ह्रीं नम इत्येतत्संपुटितो मध्यमचरित्रस्य श्लोकं प्रति वा पाठः। ॐ क्लीं नम इत्येतत्संपुटितोन्त्यचरित्रस्य पाठे शीघ्रं कार्यसिद्धिः। तत्र प्रथमचरिते सौः बीजेन षडङ्गन्यासः। त्रिगुणा तामसीत्यादिषड्भिः रहस्योक्तं ध्यानम्। तत्र प्रथमचरितस्य मार्कण्डेय ऋषिः। अनुष्टुप् छन्दः। महाकाली देवता। नन्दा शक्तिः। सौः बीजम्। अग्निस्तत्त्वम्। इष्टसि०। मध्यमचरित्रस्य सुमेधा ऋषिः। अनुष्टुप् छन्दः। महालक्ष्मीर्देवता। शाकम्भरी शक्तिः। ह्रीं बीजम्। वायुस्तत्त्वम्। इष्टसिद्धर्थे०। ह्रीं बीजेन षडङ्गं सर्वदेवशरीरे इत्यादिसप्तभिः रहस्योक्तं ध्यानम्। उत्तमचरित्रस्य शिव ऋषिः। अनुष्टुब्गत्यौ छन्दसी। महासरस्वती देवता। भीमा शक्तिः। क्लीं बीजम्। सूर्यस्तात्त्वम्। काम्यसि०। क्लीमिति षडङ्गं गौरीदेहात्समुद्भूता इत्यादिरहस्योक्तं ध्यानम्। ऐमिति बीजमाद्यचरितस्येत्यन्यत्र। ह्रीमिति आद्ये श्रीमिति मध्यमे क्लीमित्यन्ते। एतान्येव क्रमेण तत्तद्देवतापूजने इत्यन्त्र॥

अत्र सर्वकामनाभेदेन ध्यानभेद उक्तः वश्ये रक्ततरम्' ध्यानं पौष्टिके कर्बुरं उच्चाटने धूम्रं मारणे कृष्णं संतानेच्छायां नीलोत्पलदलश्यामं रत्नाकरं ध्यानं सर्वकामदं युद्धकल्पान्ताग्निसमतया ध्यानं जलभयेऽपि ऋष्युक्तं ध्यानं विषादिभये पीयूषवृष्टिपूतपूर्णचन्द्रसदृशं०। एकदिने संपूर्णपाठाशक्तौ पाठोयं विप्रकारकः। एवं क्रमेण सप्तभिर्दिनैरेकावृत्तिः। एकैकं चरित्रमेकस्मिन्दिने इति त्रिभिर्वा केरलाः। एतेषां मूलानि कात्यानीतन्त्रे द्रष्टव्यानि।

तन्त्रान्तरे। अस्य सप्तशतीमालामन्त्रस्य। नारायण ऋषिः। गायत्री छन्दः। शुम्भमर्दिनीरूपा दक्षिणामूर्तिर्देवता। क्लीं बीजम्। सोहं शक्तिः। दुर्गाप्रीत्यर्थे जपेवि०। ॐयन्मोहो ज्ञानिनोरपि अङ्गुष्ठाभयां० हृदये। निद्रां भगवतीं विष्णोस्तर्जनीभ्यां स्वाहा। ॐजयेति देवाश्च मुदा मध्यमाभ्यां वषट्। ॐआजघान भुजे सव्ये अनामिकाभ्यां हुम्। ॐहते तस्मिन्महावीर्ये कनिष्ठिकाभ्यां वौषट्। ॐनीता दिवं रिपुगणा भयमप्यपास्तं करतलकरपृष्ठाभ्यां फडित्युक्तम्। संपूर्णसप्तशतीस्तोत्रस्य समार्कण्डेयो ब्रह्मविष्णुशिवात्मा सुमेधा ऋषिः। अनुष्टुब्जगत्यौ छन्दसी।

चण्डिकामहाकालीमहालक्ष्मीमहासरस्वतीरूपा देवताः। नन्दाशाकम्भरीभीमाः शक्तयः। रक्ताक्षीदुर्गाभ्रामर्यो बीजानि। अग्निवाय्वर्कास्तत्त्वानि। इष्टार्थे विनियोगः। इति ब्रह्मोत्तरखण्डनाम्नि क्वचिल्लिखितम्। अस्य स्तोत्रस्य श्लोकादिडामरतन्त्रेप्युक्तम्। अधुना देवि वक्ष्यामि मालामन्त्रं नवार्णजम्। यस्य स्मरणमात्रेण भुक्त मुक्तिं लभेन्नर॥1॥ ब्रह्मणा त्वेकवारेण श्लोकाः प्रोक्ताश्चतुर्दश। समाधिनाम्ना प्रोक्तास्तु श्लोकाश्चाष्टौ द्विवारतः॥2॥ तथा वार्धेन सहिता भगवानेकमेकधा। त्रिधा प्रोक्ताश्च विवुधैः सार्धं षट्त्रिंशदेव हि। सार्धं न्यूना। षट्त्रिंशदित्यर्थः। देव्या द्वादशधा सार्धैकोनषष्टिः प्रकीर्तिताः ऋषिणा सप्तविंशत्या चत्वारि च शतानि वै। सार्धाष्टोत्तरकाण्यत्र दूतेनोक्ता द्विधा प्रिये। श्लोकास्त्रयोदशैवात्र प्रोक्ताः। प्राणप्रिये मम। एवं सप्तशतीसंख्या श्लोका अष्टौ च सप्ततिः। शतानि पञ्च देवेशि तेषां सप्तशताहुतिः। विष्णुमायादितो भ्रान्तिरूपान्ते आहुतित्रयम्। चितिरूपेण देयं तु आहुतीनां त्रयं प्रिये इति। एवं होमाशक्तौ जयन्तीमन्त्रेणैव होम उक्तोन्यत्र पूजा इति दिक्॥

अथैतत्स्तोत्रस्य पाठे डामरकल्पोक्तो नवार्णसंपुटीकरणप्रयोगविधिः। तत्रादौ तदुद्धारः। ऐंबीजमादीन्दुसमानदीप्तिं ह्रींसूर्यतेजोद्युतिमद्द्वितीयम्। क्लींमूर्तवैश्वानरतुल्यरूपं तृतीयमानन्त्यसुखाय चिन्त्यम्॥1॥ चांशुद्धजाम्बूनदकान्ति तुर्यं मुंपञ्चमं रक्ततरं प्रकल्प्यम्। डाषष्ठमुप्रार्तिहरं सलीलं यैसप्तमं कृष्णतरं रिपुघ्नम्॥2॥ विपाण्डुरं त्वष्टममासि सिद्धं च्चेधूम्रवर्णं नवमं विशालम्। ऐंह्रींक्लींचामुण्डायैविच्चे इति नवाक्षरो मन्त्रः। नाभिमात्रे जले सहस्त्रजपात्कविताशक्तिः। अयुतजपात् राजबन्धनसंकटादिभ्यो मोक्षः। अस्मिन्नवाक्षरे मन्त्रे महालक्ष्मीर्व्यवस्थिता। तस्मात्सुसिद्धिः सर्वेषां सर्वदिक्षु प्रदीपकः। अतोत्र सिद्धादिविचारो नास्तीति ज्ञापितम्। नवाक्षरस्य ऋषयो ब्रह्मविष्णुमहेश्वराः। छन्दांस्युक्तानि मुनिभिर्गायत्र्युष्णिगनुष्टुभः। देव्यः प्रोक्ता महापूर्वाः काली लक्ष्मीः सरस्वती। नन्दाशाकम्भरीभीमाः शक्तयश्च मुनिस्मृताः। स्याद्रक्तदन्तिका दुर्गाभ्रामर्यो बीजसंचयः। अग्निवायुभगस्तत्त्वं फलं वेदत्रयोद्भवम्। भगः सूर्यः। सर्वाभीष्टसिद्ध्यर्थं च विनियोग उदाहृतः। ऋषिच्छन्दोदैवतानि शिरोमुखहृदि न्यसेत्। शक्तिबीजानि स्तनयोस्तत्त्वानि हृदये पुनः। मन्त्राणां पल्लवो वासो मन्त्राणां प्रणवः शिरः। शिरः पल्लवसंयुक्तो मन्त्रः कामदुघो भवेत् नमोन्तः

शान्तिके पुष्टौ प्रणिपाते च कीर्तितः। वत्साकर्षणहोमेषु स्वाहान्तः सिद्धिदायकः। यन्त्रभञ्जनकार्येषु सुघोरभयनाशने। वषडन्तः प्रकल्प्यस्तु ग्रहबाधाविनाशकः। उच्चाटने तु संप्राप्ते मन्त्रः फट्पल्लवान्वितः। एते पल्लववासससत्तत्कर्मणि चण्डीपाठेपि श्लोकान्तादौ योज्याः। तथा 'न्यासहीनो भवेन्मूको मृतः स्याच्छिरसा विना। अपल्लवस्तु नग्नः स्यात्सुप्तः स्यादासनं विना। गुरुं विना वृथा मन्त्रः श्रव्यजापस्तु शून्यकः। निर्वम्यो दुष्टदत्तः स्यादन्यबीजस्तु कीलितः'। दुष्टदत्तः दुष्टाय दत्त इत्यर्थः। 'देवच्छन्दर्षिहीनो यः स तु प्रोक्तो भुजंगमः'। मूकादयो मन्त्रा वर्ज्याः। 'वैदिक मन्त्रे न पल्लवादिविचारः। ह्रीं चण्डिकायै इत्यनेनास्य मन्त्रस्य च षडङ्गन्यासो न वा बीजात्मकसमस्तमन्त्रेण च षडङ्गम्। हृदयाय नमः शिरसे स्वाहा शिखायै वषट् कवचाय हुम् नेत्रत्रयाय वौषट् अस्त्राय फडिति क्रमः। अस्त्रं सर्वदिक्षु बोध्यम्। नवबीजमन्त्रास्ते चण्डिकातृप्यतामितिमन्त्रेण तर्पणम्। एवं होमादिष्वप्यूहम्। लिखेदष्टदलं पद्मं कुङ्कुमागरुचन्दनैः। पद्ममध्ये लिखेच्चक्रं षट्कोण चण्डिकामयम्। षट्कोणचक्रमध्यस्थमाद्यं बीजत्रयं न्यसेत्। तत्र मध्यबीजे महालक्ष्मीः तद्दक्षिणे महाकाली वामे सरस्वती पूर्वादिषट्कोणेषु बीजान्यान्यानि विन्यसेत्। इदं पूजायन्त्रं पद्मासनाद्यन्यतमं आसनम्। तथा सप्तशतीश्लोकैर्न्यासः। खड्गिनी शूलिनीत्यादि पठित्वा श्लोकपञ्चकम्। आद्यं कृष्णतरं बीजं ध्यात्वा सर्वाङ्गके न्यसेत्। आद्यमैमिति। 'शूलेन पाहि नोदेवीत्यादिश्लोकचतुष्टयम्। पठित्वा सूर्यसदृशं द्वितीयं सर्वतो न्यसेत्। द्वितीयं ह्रीमिति। 'सर्वस्वरूप इत्यादिश्लोकानां पञ्चकं पुनः। पठित्वा स्फटिकाभासं तृतीयं स्वतनौ न्यसेत्'। तृतीयं क्लीमिति। उक्तैरेव श्लोकैरावृत्तिद्वयेन षडङ्गन्यासोपि क्वचिदुक्तः। 'ततः षडङ्गं कुर्वीत विभक्तैर्मूलवर्णकैः। एकेनैकेन वर्णेन चतुर्भिर्युगुलेन च। समस्तेन च मन्त्रेण कुर्यादङ्गानि षट् सुधीः'। ततः क्वचित्। 'एवं न्यासविधिं कृत्वा सृष्टिमुद्रां विलोकयेत्। अर्घ्यपात्रं प्रतिष्ठाप्य पूरयेच्छुभवारिणा। गन्धपुष्पाक्षतांस्तत्र विन्यस्य नृपनन्दन। ध्यात्वा मनसि सर्वार्थान्हस्तौ दत्त्वाभिमन्त्रयेत्। रक्षार्थं तस्य कर्तव्या चक्रमुद्रास्त्रसंयुता। अर्घोदकेन संस्कारं पूजाद्रव्यस्य पूर्ववत्'॥

अथ महाकाल्यादिदेवतात्रयध्यानम्। 'खड्गं चक्रगदेषुचापपरिघान् शूलं भुशण्डीं शिरः पाशान् संदधतीं करैस्त्रिनयनां सर्वाङ्गभूषाभृताम्।

नीलाश्मद्युतिमास्यपाददशकां सेवे महाकालिकां यामस्तौच्छयिते हरौ कमलजो हन्तुं मधुं कैटभम् ॥1 ॥ अक्षस्त्रक्परशू गदेषुकुलिशं पद्मं धनुः कुण्डिकां दण्डं शक्तिमसिं च चर्म जलजं घण्टां सुराभाजनम्। शूलं पाशसुदर्शने च दधतीं हस्तैः प्रवालप्रभां सेवे सैरिभमर्दिनीमिह महालक्ष्मीं सरोजस्थिताम्। ॥2 ॥ घण्टाशूलहलानि शङ्खमुसले चक्रं धनुः सायकं हस्ताब्जैर्दधतीं घनान्तविलसच्छीतांशुतुल्यप्रभाम्। गौरीदेहसमुद्भवां त्रिजगतामाधारभूतां महापूर्वामत्र सरस्वतीमनुभजेच्छुम्भादिदैत्यार्दिनीम् ॥3 ॥ ततः उक्तयन्त्रे पञ्चोपचारैः पूज्याः। 'एवं कृत्वा जपेल्लक्षचतुष्कं तद्दशांशतः। पायसान्नेन जुहुयात्पूजिते हेमरेतसि। एतदेवास्य पुरश्चरणम्। मार्कण्डेयपुराणोक्तं नित्यं चण्डीस्तवं पठेत्। पुटितं मूलमन्त्रस्य जपेदाप्नोति वाञ्छितम्। शतमादौ शतं चान्ते जपेन्मन्त्रं नवार्णकम्। चण्डीसप्तशतीमध्ये संपुटोयमुदाहृतः। सकामैः संपुटो जाप्यो निष्कामैः संपुटं क्वचित्। सप्तशत्याश्चरित्रे तु प्रथमे पद्मभूर्मुनिः। छन्दो गायत्रमुदितं महाकाली तु देवता। वाग्बीजं पावकस्तत्त्वं धमार्थे विनियोजनम्। मध्यमे तु चरित्रेऽत्र मुनिर्विष्णुरुदाहृतः। उष्णिक् छन्दो महालक्ष्मीर्देवता बीजमद्रिजा। वायुस्तत्त्वं धनप्राप्त्यै विनियोग उदाहृतः। उत्तरस्य चरित्रस्य ऋषिः शङ्कर ईरितः। त्रिष्टुप्छन्दो देवतास्य महापूर्वा सरस्वती। कामो बीजं रविस्तत्त्वं कामाप्त्यै विनियोजनम्'। क्वचित्तु संपूर्णस्तोत्रस्य मार्कण्डेय ऋषिः। ब्रह्मविष्णुरुद्रा ऋषयः। महाकाल्यादयस्तिस्रो देवताः। गायत्र्युष्णिगनुष्टुप्छन्दांसि। ऐंह्रींक्लींबीजानि। चामुण्डा शक्तिः। अग्निवायुसूर्यास्तत्त्वानि। सर्वेष्टसिद्ध्यर्थं जपे विनियोग इत्युक्तम्। 'एवं संस्मृत्य ऋष्यादीन् ध्यात्वा शर्वोक्तमार्गतः। सार्थं स्मृत्वा पठेच्चण्डीस्तवं स्पष्टपदाक्षरम्। समाप्तौ तु महालक्ष्मीं देवीं ध्यात्वा षडङ्गकम्। जपेदष्टशतं मूलं देवतायै निवेदयेत्'। आदावन्ते अष्टशतं जपः। 'आश्विनस्य सिते पक्षे आरभ्याग्नितिथिं सुधीः। अष्टम्यन्तं जपेल्लक्षं दशांशं होममाचरेदिति ॥

अथ शतचण्डीविधिः। 'शंकरस्य भवान्या वा प्रासादनिकटे शुभम्। मण्डपं द्वारवेद्याढ्यं कुर्यात्सध्वजतोरणम्। तत्र कुण्डं प्रकुर्वीत प्रतीच्यां मध्यतोपि वा। स्नात्वा नित्यक्रियां कृत्वा वृणुयाद्दश वाडवान्। जितेन्द्रियान्सदाचारान् सुशीलान्सत्यवादिनः'। वाडवा ब्राह्मणः। 'पञ्चभिः सप्तभिर्वापि नवैकादशभिस्तथा। अदीर्घदिवसैः क्षिप्रं विदध्याच्चण्डिकामखम्।

अयुग्मब्राह्मणैः कार्यं शतावृत्तं सुसिद्धये। त्रिपञ्चसप्तनवभिर्दिनैः पक्षेण वा पुनः। देवीमाहात्म्यपाठं तु युग्मैर्विप्रैः कृतं तु यत्। निष्फलं च भवेत्सर्वभूतिनाशमवाप्नुयात्'। इति वचनत्रयं क्रोडतन्त्रनाम्ना पठ्यते तत्तु निर्मूलम्। अष्टमीनवमीचतुर्दशीपूर्णिमासु तथा शतावृत्तिसमाप्तिर्भवति तथा आरम्भः कर्तव्य इति सांप्रदायिकाः। 'व्युत्पन्नांश्चिण्डिकापाठरतांल्लज्जादयावतः। मधुपर्कविधानेन स्वर्णवस्त्रादिदानतः। जपार्थमासन मालां दद्यात्तेभ्योऽपि भोजनम्। ते हविष्यान्नमश्नन्तो मन्त्रार्थगतमानसाः। भूमौ शयानाः प्रत्येकं जपेयुश्चण्डिकास्तवम्। मार्कण्डेयपुराणोक्तं दशकृत्वः सचेतसः। नवार्णं चण्डिकामन्त्रं जपेयुश्चायुतं पृथक्'। सपुटीकरणजपादिति शेषः। प्रत्येकं ब्राह्मणैः अयुतजपः कार्यः। 'जपमानः पूजयेच्च कन्यानां दशकं शुभम्। द्विवर्षाद्या दशाब्दान्ताः कुमारीः परिपूजयेत्। एकाब्दायाः प्रीत्यभावो रुद्राब्दा तु विवर्जिता'। तासां क्रमेण नामानि कुमारी 1 त्रिमूर्तिः 2 कल्याणी 3 रोहिणी 4 कालिका 5 चण्डिका 6 शाम्भवी 7 दुर्गा 8 सुभद्रा 9 एतैरेव नामन्त्रैस्तासां पूजा। तत्र हीनाधिकाङ्गी व्रणयुक्ता अन्धका काणा कुरूपा केकरा रोमयुग्देहा दासीजा रोगिण्यः इत्येवमाद्या वर्ज्याः। 'विप्रां सर्वेष्टसंसिद्ध्यै यशसे क्षत्रियोद्भवाम्। वैश्यजां धनलाभाय पुत्राप्त्यै शूद्रजां यजेत्' इति। गन्धपुष्पधूपदीपभक्ष्य-भोज्यैर्यथाशक्ति वस्त्राभरणैश्च पूजिता। 'वेद्यां विरचिते रम्ये सर्वतोभद्रमण्डले। घटं संस्थाप्य विधिवत्तत्रावाह्यार्चयेच्छिवाम्। तदग्रे कन्यकाश्चापि पूजयेद्ब्राह्मणानि। उपचारैस्तु विविधैर्वाणावरणैरपि। ततः। 'ॐकारः प्रथमं पीठ पूर्णपीठमतः परम्। तृतीयं कामपीठं च पूजयेत्संप्रदायतः। आग्नेय्यादि-चतुर्दिक्षु पूज्यं देवीचतुष्टयम्। जया च विजया चैवजयन्ती चापराजिता'। पूर्वोक्तयन्त्रे पूर्वकोणे सरस्वत्या ब्रह्मा श्रीसहितो विष्णुर्नैऋत्ये उमया शिवो वायव्ये षट्कोणचक्रमध्यस्थमध्यबीजे महालक्ष्मीः महाकाली महासरस्वती तद्दक्षिणवामयोः उदक्सिंहो दक्षिणे महिषः षट्कोणेषु नन्दजारक्तदन्तिका शाकम्भरीदुर्गाभीमाभ्रामर्यः सविन्दुनामाद्यवर्णाद्यास्ताराद्याश्चासां नाममन्त्रः पूजादौ। तारः। प्रणवः। अष्टपत्रेषु ब्रह्माणीमाहेश्वरीवैष्णवीवाराहीनारसिंहीऐन्द्रीचामुण्डा उक्तरीत्या नाममन्त्रैः पूज्याः। ततो विष्णुमायादिचित्यन्तास्त्रयोविंशतिदेवताः। प्रागादिक्रमेण केसरेषु पूज्याः ततो विष्णुमायाद्याः। क्वचित्तु एवम् विष्णुमाया 1 चेतना 2 बुद्धिः 3 निद्रा 4 क्षुधा 5 छाया 6 शक्तिः 7 तृष्णा 8 क्षान्तिः 9 जातिः 10 लज्जा 11 शान्तिः 12 श्रद्धा 13 कान्तिः 14 लक्ष्मीः 15 धृतिः 16 वृत्तिः 17

स्मृतिः 18 दया 19 तुष्टिः 20 पुष्टिः 21 माता 22 भ्रांतिः 23 तद्रूपास्त्रयोविंशोक्ताः। 'तालमूले च संपूज्यमाधारादिचतुष्टयम्। आधारः कर्मशेषौ च चतुर्थी पृथिवी नृप'। गृहकोणेषु। गणेशः क्षेत्रपालो बटुको योगन्यः इन्द्राद्याश्चेति। 'एवं चतुर्दिनं कृत्वा पञ्चमे होममांचरेत्'। तत्र प्रथमेऽह्नि एकावृत्तिः द्वितीये द्वे तृतीये तिस्रः चतुर्थे चतुरः। प्रतिब्राह्मणं होमद्रव्याणि। 'पायसान्नैस्त्रिमध्वक्तैर्द्राक्षारम्भाफलादिभिः। मातुलिङ्गैरिक्षुखण्डैर्नारिकेलैः पुरः स्थितैः। जातीफलैराम्रफलैरन्यैर्मधुरवस्तुभिः' इति। 'सप्तशत्या दशावृत्त्या प्रतिमन्त्रं हुतं चरेत्। अयुतं च नवार्णेन स्थापितेऽग्नौ विधानतः। कृत्वावरणं देवानं होमं तन्नाममन्त्रतः। कृत्वा पूर्णाहुतिं सम्यक् देवताग्नी विसृज्य च। अभिषिञ्चेच्च यष्टारं विप्रौघः कलशोदकैः। निष्कं सुवर्णमथवा प्रत्येकं दक्षिणां दिशेत्। भोजयेच्च शतं विप्रान् भक्ष्यभोज्यैः पृथग्विधैः। तेभ्योपि दक्षिणां दत्त्वा गृह्णीयांदाशिषस्ततः। एवं कृते जगद्वश्यं सर्वे नश्यन्त्युपद्रवा इति। कुर्यादेवं विशुद्धात्मा चण्डीसाहस्रके विधिम्। विद्यावतः सदाचारान्ब्राह्मणान्वृणुयाच्छतम्। प्रत्येकं चण्डिकापाठान्विदध्युस्ते दिशामतात्। अयुतं प्रजपेयुस्ते प्रत्येकं नववर्णकम्। पूर्वोक्ताः कन्यकाः पूज्याः पूर्वमन्त्रैः शतं शुभाः। वेदाहमेवं संपाद्य होमं कुर्युः प्रयत्नतः। सप्तशत्याः शतावृत्त्या प्रतिमन्त्रं विधानतः। लक्षसंख्यं नवार्णेन पूर्वोक्तैर्द्रव्यसंचयैः। होतृभ्यो दक्षिणां दत्त्वा पूर्वोक्तान्भोजयेद्द्विजान्। सहस्रसंमितान्साधून्देव्याराधनतत्परान्। एवं सहस्रसंख्याके कृते चण्डीविधौ नृणाम्। सिद्ध्यत्यभीप्सितं सर्वं दुःखौघश्च विनश्यति। मारीदुर्भिक्षरोगाद्या नश्यन्ति व्यसनो च्चयाः'। एतद्दशगुणो विधिरयुतं प्रजपेयुस्ते इति। 'यस्याः प्रभावमतुलं श्लोकमुक्त्वा कृताञ्जलिः। दद्याद्गोमिथुनान्यष्टावाचार्यय सुभक्तिमान्। चतुर्विंशतिसंख्याकैर्हेमगद्याणकैः सह। एकैकं दशविप्रेभ्यो दद्याद्गोमिथुनं समम्। निष्कत्रयसमायुक्तं वस्त्रालंकारभूषितम्' इति। 'यद्यत्कार्यं समुद्दिश्य क्रियते शतचण्डिका। तत्तत्तस्य महालक्ष्मीः सत्यमाशु प्रयच्छति'। क्वचिद्रुद्रयामले इत्युक्त्वा द्रव्यान्तराण्यपि होमे उक्तानि। 'तत्र प्रधानहोमः स्यात्त्रिमधूद्भूत उत्तमः। प्रधानद्रव्यमुद्दिष्टं पायसान्नं तिलास्तथा। यवैर्वा श्रीफलैर्दिव्यैर्नानाविधफलैस्तथा। किंशुकैः सर्षपत्वग्भिर्दर्भैर्दूर्वाङ्कुरैस्तथा। करवीरै रक्तपुष्पै रक्तोत्पलसितैरपि रक्तनन्दनखण्डैश्च गुग्गुलैश्च मनोहरैः' इति। अथ ब्रह्माण्डपुराणनाम्ना प्रत्यध्यायं श्लोकसंख्या क्वचिदुक्ता। 'तत्राद्यचरिताध्याये श्लोकैकाशीतिरुत्तमा। अथ मध्यचरित्रे तु अष्टस्वेकसुसंख्यकाः। मध्यमायाश्चतुःसप्तचतुर्वेदखवेदकाः।

अथोत्तमचरित्रे तु षडिग्निश्लोकभागिता' इति। 'अग्नीषोमाध्यायवती गीता सप्तशती स्मृता'। तथा कवचार्गलाकीलकानामपि श्लोकसंख्या उक्ताः। 'श्रीवज्रकवचस्यापि त्रिपञ्चाशच्छ्लोकशालिता। अर्गलाकीलके श्लोका द्व्यष्टाविंशतिसंख्यकाः। अथो रहस्यत्रस्य त्रयोध्यायामनुध्रुवाः' इति च। तत्र कवचस्य चामुण्डा देवता। ब्रह्मा ऋषिः। अनुष्टुप् छन्दः। अङ्गन्यस्ता देव्यः सायुधामातरो बीजम्। दिग्वन्धदेवतास्तत्त्वम्। अर्गलायाः विष्णुरनुष्टुप्छन्दः। नवार्णो मन्त्रः शक्तिः। मन्त्रोदिता देव्यो बीजम्। सप्तशतीमन्त्रस्तत्त्वम्। कवचस्य शिव ऋषिः इतरदर्गलावत्। तथा प्रथमचरित्रस्य ब्रह्मा ऋषिः। अनुष्टुप् छन्दः। महाकाली देवता। नन्दजा शक्तिः। रक्तदन्तिका बीजम्। अग्निस्तत्त्वम्। पौष्टिके विनियोगः। मध्यमचरित्रस्य विष्णुर्ऋषिः। महालक्ष्मीर्देवता। शाकम्भरी शक्तिः। दुर्गा बीजम्। उष्णिक् छन्दः। वायुस्तत्त्वम्। ईप्सितप्राप्त्यर्थे जपे विनियोगः। उत्तरचरित्रस्य शिव ऋषिः। महासरस्वती देवता। छन्दावनुष्टुब्जगत्यौ। भीमा शक्तिः। भ्रामरी बीजम्। सूर्यस्तत्त्वम्। उच्चाटनादौ विशेषतो विनियोग इति। तत्तु कात्यायनीतन्त्रोक्तमन्त्रविभागेन विरोधात् निर्मूलमिति ध्येयम्। इति श्रीमदुपाध्यायोपनामकशिवभट्टसुतसतीगर्भजनागोजीभट्टकृते मार्कण्डेयपुराणान्तर्गतसप्तशत्याख्यचण्डीस्तोत्रस्य व्याख्याने चण्डीस्तोत्रप्रयोगविधिः समाप्तः॥

॥ इत्येवमादयः प्रयोगविधयः समाप्ताः॥

प्रथमोऽध्यायः

Chapter I

ॐ नमश्चण्डिकायै।

मार्कण्डेय उवाच।

(1 गुप्तवती) अथादौ चण्डीशब्दस्य विवरणम्। तत्र चण्डी नाम परब्रह्मणः पट्टमहिषीदेवता। चण्डभानुश्चण्डवाद इत्यादिवियत्तानवच्छिन्नाऽसाधारणगुणशालिपरत्वेन चण्डपदस्य प्रयोगदर्शनात्। इयत्तायाश्च देशकालवस्तुकृतत्रैविध्येन तादृशपरिच्छेदत्रितयराहित्यस्य परब्रह्मैकलिङ्गत्वात्। यद्यपि चडि कोप इति धातोर्निष्पत्तिस्तदापि 'कस्य बिभ्यति देवाश्च जातरोषस्य संयुगे' इत्यादिना। 'प्रसादो निष्फलो यस्य कोपोऽपि च निरर्थकः। न तं भर्तारमिच्छन्ति षण्ढं पतिमिव स्त्रियः' इत्यादिना च महाभयजनकत्वेनैव कोपस्य साफल्योक्तेस्तादृश एव कोपे चण्डिधातोर्मुख्यवृत्त्याप्रवृत्तेस्तद्वशादेव 'नमस्ते रुद्रमन्यवे' इत्यादिना प्रथमं मन्यव एव नमस्कारदर्शनात् 'भीषास्माद्वातः पवते भीषोदेति सूर्यः। भीषास्मादग्निश्चेन्द्रश्च मृत्युर्धावति पञ्चमः' इत्यादिश्रुत्या वाय्वादिभयजनककोपस्यापि परब्रह्मलिङ्गत्वमक्षतमेव। अतएव 'महद्भयं वज्रमुद्यतम्' इति श्रुतौ वज्रपदेन ब्रह्मैव उच्यते नायुधविशेषो भयजनकत्वलिङ्गादित्युक्तमुत्तरमीमांसायां कम्पनादित्यधिकरणे। तस्माच्छब्दान् पुंयोगलक्षणे ङीषि चण्डीति पदनिष्पत्तिः। तत्स्वरूपं चोक्तं रत्नत्रयपरीक्षायां दीक्षितैः। 'नित्यं निर्दोषगन्धं निरतिशयसुखं ब्रह्मचैतन्यमेकं धर्मो धर्माति भेदद्वितयमिति पृथग्भूय मायावशेन। धर्मस्तत्रानुभूतिः सकलविषयिणी सर्वकार्यानुकूला शक्तिश्चेच्छादिरूपा भवति गुणगणस्याश्रयस्त्वेक एव॥ कर्तृत्वं तत्र धर्मी कलयति जगतां पञ्चसृष्ट्यादिकृत्ये धर्मः पुंरूपमाप्त्वा सकलजगदुपादानभावं बिभति। स्त्रीरूपं प्राप्य दिव्या भवति च महिषी स्वाश्रयस्यादिकर्तुः प्रोक्ते

धर्मप्रभेदावपि निगमविदां धर्मिवद् ब्रह्मकोटी' इति। एकमेव ब्रह्मानादिसिद्धया मायया धर्मी धर्मश्चेति द्विविधमभूत्। सृष्ट्यारम्भे यत् प्राथमिकमीक्षणं 'तदैक्षत बहुस्यां प्रजायेय' इति। 'सोऽकामयत' 'तत्तपोऽकुरुत' इत्यादित्रिविधश्रुतिसिद्धं ज्ञानेच्छाक्रियासमष्ट्यात्मकत्वं स एव ब्रह्मधर्मः स च धर्माभिन्न एव। 'स्वाभाविकी ज्ञानबलक्रिया च' इति श्रुतेः। तस्यैव धर्मत्वाच्छक्तिरिति संज्ञा। अत एव 'अथातो धर्मजिज्ञासा' इति कौलोपनिषत्प्रथमसूत्रे जैमिनितन्त्रस्थप्रथमसूत्र इव न धर्मशब्दश्चोदनालक्षणार्थजडवस्तुपरः। अपितु ब्रह्मधर्मरूपचिच्छक्तिपर एव। तेन तत्र धर्मपदमपनीय ब्रह्मपदप्रक्षेपस्त्वविदुषामेवेति समर्थितं तद्भाष्येस्माभिः। अस्यैव धर्मस्यान्या अपि संज्ञाः कथयता नागानन्दसूत्रेण धर्मस्वरूपमेव विशिष्य विवृतम्। 'एष एव विमर्शश्चितिश्चैतन्यमात्मा-स्वरसोदिता परा वाक् स्वातन्त्र्यं परमात्मौन्मुख्यमैश्वर्यं सत्तत्त्वं सत्ता स्फुरता सारो मातृका मालिनी हृदयमूर्तिः स्वसंवित् स्पन्द इत्यादिशब्दैराग-मैरुद्घोष्यते' इति तत्तत्प्रवृत्तिनिमित्तानि तद्भाष्ये एव विवृतानि। स एव धर्मो महाविष्णुभवानीभेदेन . द्विविधो भूत्वा जगतः सृष्टिस्थितिलयतिरोधानानुग्रहात्मककृत्यपञ्चककर्ताऽभूत्। जपाकुसुमस्यैव रञ्जनकर्तृत्वेऽपि रागाश्रयत्वेन मात्रा स्फटिकस्यैव शुद्धस्यापि धर्मिणः सान्निध्यमात्रेण कर्तृत्वव्यवहारः। तद्गतो धर्मोऽपि न जडो न जीवः अपि तु 'चितिः स्वतन्त्रा विश्वसिद्धिहेतुः' इत्यादिशक्तिसूत्रोक्तस्वरूपं ब्रह्मैवेत्युपनिषत्सिद्धान्त इति श्लोकद्वयस्य पिण्डितो निश्च्योतितोऽर्थः। अस्मदादीनां हि स्रष्टव्यपदार्थालोचनात्मिका ज्ञानेच्छाकृतिरूपा वृत्तिर्घटमहं जानामीत्यादिः। भाविघटविषयकज्ञानाद्याकारभेदेन परस्परविलक्षणा त्रिविधा स्वयंजडाघना। जडस्य घनस्यान्तःकरणस्य परिणामः। घनानामेव जडानां विषयीकाररूपसम्बन्धेनापि घनेनैव विशिष्टा। स्वयमपि परिच्छिन्ना परिचारैरपि परिच्छिन्नैरेव युक्ता। परिच्छिन्नजडघनाहङ्कारसम्बन्धेना-ध्याससहिता च। शुद्धब्रह्मणः प्राथमिकी वीक्षा तु सर्वांशे कोमलत्वात्। वृत्तिरूपाऽप्यास्मकीनवृत्तिधर्मराहित्यादत्यन्तविलक्षणा सती ब्रह्मकोटावेव निविशते इति भावः॥ तदेतदुक्तं बृहद्वासिष्ठे उत्पत्तिप्रकरणे द्वादशे सर्गे सृष्ट्यारम्भकालिकं ब्रह्मसत्तामात्रं प्रक्रम्य। 'तदात्मनि स्वयं किञ्चिच्चेत्यतामधिगच्छति। अगृहीतात्मकं संविदहमर्शनपूर्वकम्।

भाविनामार्थकलनैः किञ्चिदूहितरूपकम्'। आकाशादणु शुद्धं च सर्वस्मिन् भाति बोधनम्। ततः सा परमा सत्ता चिन्नामयोग्या भवति किञ्चिल्लभ्यतया तदा। घनसंवेदना पश्चाद्भावि जीवादिनामिका। सम्भवत्याप्तकलना यदोद्यति परं पदम्' इत्यादि। तट्टीकायामपि। सन्मात्रस्य ब्रह्मणः 'स ईक्षत लोकान्नुसृजा' इति श्रुतिसिद्धमीक्षणभावं दर्शयति। तदिति त्रिभिः। अगृहीतात्मकम्, अहङ्काराध्यासरहितम् अतएव संविन्मात्रेणाहंताविमर्शः सर्वस्मिन्नपि सृज्यविषयी भाविनामरूपानुसन्धानांशेऽपि किञ्चिदेव संपृक्तमिव। अत एव आकाशादण्वेव च नतु घनम्, अतएव शुद्धमेव घनमालिन्याभावाद्ब्रह्मैव चेत्यतां गच्छतीव सती सचेतश्चेतना ईक्षणावृत्त्यभिव्यक्तचैतन्यं तदुन्मुखी तत्प्रधाना सती किञ्चिल्लभ्यतया वाक्प्रवृत्तिविषयधर्मलाभेन तदा चिन्नामयोग्या भवतीत्यर्थः। पश्चात्तु सैव वृत्तिश्चिरावृत्त्या घनीभूता सम्यगेव आत्तकलना सूक्ष्मप्रपञ्चात्मभावलक्षण-परिच्छेदग्राहिणी सती परं पदमपरिच्छिन्नभूमानन्दात्मभावं यदा विस्मरति तदा भाविहिरण्यगर्भाख्यसमष्टिजीवादिनामिका भवतीत्याह। घनेति। ईदृशेक्षणात्मकचण्डी चिदादिनामकसमष्टिवृत्तिरूपधर्मात्मकशुद्ध-ब्रह्माभिन्नानां ज्ञानेच्छाक्रियाणां तिसृणां व्यष्टीनां महारसस्वती महाकाली महालक्ष्मीरिति प्रवृत्तिनिमित्तवैलक्षण्येन नामरूपान्तराणि। तादृशनामरूपविशिष्टदेवतात्रयसमष्टित्वं प्रवृत्तिनिमित्तीकृत्य धर्मे चण्डिकेति व्यवहारः। एवं व्यष्टीनां वामा ज्येष्ठाऽतिरौद्रीति। पश्यन्ती मध्यमा वैखरीति। ब्रह्मा विष्णू रुद्र इति रूपभेदेन। समष्टेरपि अम्बिका शान्ता परेत्यादि संज्ञा अनन्तास्तन्त्रान्तरादवगन्तव्याः। त्रितयसमष्टित्वादेवैषा तुरीयेति शक्तिरहस्यादौ निर्दिश्यते। आचार्यभगवत्पादैरप्युक्तम्। 'गिरामाहुर्देवीं द्रुहिणगृहिणीमागमविदो हरेः पत्नीं पद्मां हरसहचरीमद्रितनयाम्। तुरीया कापि त्वं दुरधिगमनिःसीममहिमा महामाये विश्वं भ्रमयसि परब्रह्ममहिषी' इति। मार्कण्डेय इति। भागुरिं प्रतीति शेष इति केचित्। क्वचित्पुस्तकेषु तु। 'तपस्यन्तं महात्मानं मार्कण्डेय महामुनिम्। व्यासशिष्यो महातेजा जैमिनिः पर्यपृच्छत। मार्कण्डेय महाप्राज्ञ सर्वशास्त्रविशारद। श्रोतुमिच्छाम्यशेषेण देवीमाहात्म्यमुक्तमम्' इत्याद्या पूर्वपीठिका दृश्यते॥

(2 चतुर्धरी)॥ श्रीगणेशाय नमः॥ 'एकमूर्तिरपि भिलरूपिणी या

जगज्जननपानलक्षये। काच्युतेश्वरतया विवर्तते ब्रह्मशक्तिमहमातनोस्मि ताम्॥1॥ श्रीचतुर्भुजधरामृतान्धसा चण्डिकासुचरितं विविच्यते। धीरसाथ इह तुष्यतां यतःकीरगीरपि सतां विनोदिनी'॥2॥ प्राक्किल भगवद्बादरायणान्तेवासी जैमिनिर्महाभारतविषयेषु चित्पदार्थेषु सन्दिहानो मार्कण्डेयमहर्षिमुपगम्य प्राचक्षत। अथ नायमस्माकं कथाक्षण इति सर्वार्थाऽभिज्ञान्विन्ध्याचलनिवासिनश्चतुरः पक्षिणः पृच्छ इति मुनिनोपदिष्टोऽसावपि तथैवाकार्षीत्। पुनश्च जैमिनिप्रश्नानुरोधात्सर्गादि-पुराणाङ्गव्याख्यानावसरे तुरीयपुराणाङ्गव्याचिख्यासया मार्कण्डेयभागुरि-संवादात्मकमितिहासमनुवर्तयतोऽष्टमं मन्वन्तरमुपक्रममाणा धर्मपक्षिण ऊचुः मार्कण्डेय उवाचेति। मृकण्डोरपत्यं पुमान्मार्कण्डेयः। (मृगवत्कण्डनेवात्मयोगात् मृकण्डः। कण्डिके? मृगय्वादयः। चिन्त्यः प्रत्ययः। मृगान्कण्डयति वा मृकण्डुः मृगस्येवास्य कण्डुरिति वा मृकण्डुः। तस्यापत्यं मार्कण्डेयः)। मङ्गलार्थश्चायं चिरंजीविनो ग्रन्थादावुपन्यासः॥1॥

(3 शान्तनवी) श्री गणेशाय नमः॥ 'ब्रह्मा यस्यै हरिर्यस्यै रुद्रो यस्यै व्यधान्नमः। नमस्तस्यै नमस्तस्यै नमस्तस्यै नमो नमः॥1॥ अव्युत्पन्नमुखान्धकूपपतिता गावो मुनेः खिन्दते ताः प्रोद्धर्तुमहो यतध्वमभितः स्वस्वार्थवत्सोत्सुकाः। सूत्रैः पाणिनिसंभृतैरतितरामाकृष्यमाणाः पुनः स्तावः कामदुधा भवन्त्यपि तमस्तोमद्विषः सत्त्विषः॥2॥ ऐंह्रींश्रीं पदभावितं जगददः स्रष्टुं स्वयं रक्षितुं संहर्तुं समये क्षमामयमयीं ब्राह्मीं श्रियं चण्डिकाम्। आराध्यादिमशक्तिमार्तिदविर्नीं श्रीतोमरः शन्तनुर्मार्कण्डेयपुराणसिद्धमहिमा व्याख्याति विख्यातये॥3॥ मार्कण्डेयपुराणोक्तं देवीमाहात्म्यमद्भुतम्। अल्पाक्षरमनल्पार्थमपपाठपराङ्मुखम्॥4॥ शुभंयुः शंतनुः शंयुः सत्कीर्तिस्तोमरान्वयः। व्याकरोति पराकृत्य कुव्याख्यानपरंपराम्'॥5॥ ॐनमश्चण्डिकायै। अवत्यस्मादुपासकम्। अवति ब्रह्मचेति विगृह्य अव रक्षणादौ। 'अवतेष्टिलोपश्च' इति मन्प्रत्ययः। तस्य प्रत्ययस्यैव टिलोपः न प्रकृतेः। अन्यथा हि मडित्येव विदध्यात्। ज्वरत्वरेत्यादिना वकारस्योपधायाश्च ऊठौ द्वयोरूठोः सवर्णदीर्घत्वं 'सार्वधातुकार्धधातुकयोः' इति गुणः। 'कृन्मेजन्तः' इत्यव्ययमोम्। 'ॐमित्यनुमतौ प्रोक्तं प्रथमे चाप्युपक्रमे। ॐमित्येकाक्षरं ब्रह्म सर्वमन्त्राधिदैवतम्। गुर्वादिभजने दाने नमः स्यात्क्वाप्यनदारे। चतुर्थी स्यान्नमोयोगान्नमःस्वस्त्यादिसूत्रतः'। चण्डिकायै। चण्डते कुप्यते चण्डा चण्डी

च। चण्डैव चण्डिका कोपना। 'बह्वादिभ्यश्च' इति वा ङीप्। 'केणः' इति ह्रस्वः। कुत्सिता शत्रुभिर्निन्दितेति संज्ञायां कन्। अथवा ह्रस्वा दीर्घविलक्षणाकारा सूक्ष्मरूपतया दुरधिगमत्वात्। संज्ञायां कन्। अथवा चण्ड उग्रः तस्य स्त्री चण्डी। पूर्ववत्संज्ञायां कन्। अथवा चण्डते चण्डिका। संज्ञायां ण्वुल्। 'युवोरनाकौ' 'प्रत्ययस्थात्कात्पूर्वस्यात् इदाप्यमुपः' इति इत्वम्। मार्कण्डेय उवाच। कडि मदे। मृगवत् कण्डते योगान्माद्यति मृकण्डुः। 'मृकण्ड्वादयश्च' इत्युः। मृगान् कण्डयति मर्दयति वा मृकण्डुः। मृगस्येवास्य कण्डुरिति वा। पृषोदरादित्वात्साधुः। 'वर्णागमो वर्णविपर्ययश्च द्वौ चापरौ वर्णविकारनाशौ। धातोस्तदर्थातिशयेन योगस्तदुच्यते पञ्चविधं निरुक्तम्' मृकण्डोरपत्यं पुमान् मार्कण्डेयः। शुभ्रादिभ्यश्चेत्यपत्ये ढक् प्रत्ययः। कितिचेत्यादिवृद्धिः। 'ढे लोपो कद्वाः' इत्युकारलोपः। ढस्य एयादेशः। उवाच ऊचिवान्। स्वशिष्यायाष्टममनूत्पत्तिहेतुमुक्तवानिति यावत्। इह खलु ब्रह्मतल्पे चतुर्दश मनवः क्रमशः क्रमन्ते। तद्यथा। 'स्वायंभुवो मनुः पूर्वं ततः स्वारोचिषो मनुः। औत्तमस्तामसश्चैव रैवतश्चाक्षुषस्तथा। षडेते मनवोऽतीता अथ वैवस्वतो मनुः। सावर्णाः पञ्चरौच्यश्च भौत्यश्चागामिनस्त्वमी'। तत्र सवर्णायाः संबन्धिनः सुताः पञ्चापि सावर्णाः सावर्णयो मनवः कथ्यते। ततश्च स्वायंभुवाद्याः षट् सप्तमो वैवस्वतः अष्टमः सावर्णिः नवमो दशमः एकादशो द्वादशश्च सावर्णय एव। त्रयोदशो मनुरौच्यः। चतुर्दशस्तु मनुर्भौत्यः। इति चतुर्दश मनवः। तत्राष्टमस्य मनोः सावर्णेरुत्पत्तिं स्वशिष्याय वेदयितुं प्रस्तौति मार्कण्डेया भगवान्॥

(4 नागोजीभट्टी) ॥1॥

(5 जगच्चन्द्रचन्द्रिका) ॥श्रीगणेशाय नमः॥ श्रीहेरस्य नमस्कृत्य गुरून्नीलं सरस्वतीम्। प्रकाश्यते सप्तशती मन्त्रहोमविभाजनम्॥1॥ कूर्माचलाब्धिराजेन्द्रज्ञानचन्द्रनृपात्मजः। श्रीकुमारो जगच्चन्द्रस्तत्सेव्यस्ति भगीरथः॥2॥ पुरोहितकुलोत्पन्नो हर्षदेवसुतो बुधः। तेनेवं क्रियते टीका श्रीजगच्चन्द्रचन्द्रिका॥3॥ गोविन्दकारिकाणामावसथ्याग्निसुसेविना। यत्नाच्च क्रियते ग्रन्थश्चिरायुर्भवतात्प्रभुः॥4॥ अनिर्वाच्यजगज्जन्मल-स्थेमभ्रमाश्रयम्। सत्त्वाद्युपहितात्मानमाश्रये तमुमाश्रयम्॥5॥ अनिर्वाच्यं वक्तुमशक्यमीदृशं यज्जगद् भूर्भुवः स्वराख्यं तस्य ये जन्मलयस्थेमानः सृष्टिनाशस्थितयस्तेषां भ्रमो भ्रान्तिस्तदाश्रयं तदाधारम्। यद्वा अनिर्वाच्या ये जन्मलयस्थेमानस्तेषां भ्रमस्तदाश्रयम्। यद्वा अनिर्वाच्यो यो

जगज्जन्मलयस्थेमभ्रमस्तदाश्रयम्। प्रियस्थिरेत्यादिना इमानिचि स्थादेशः। सत्त्वादिभिः सत्त्वरजस्तोभिरुपहित उपमाधिविशिष्ट आत्मा यस्य तम्। यद्वा सत्त्वाद्युपहितश्चासौ आत्मा चेति। सगुणं निर्गुणं चेति भावः। उपपूर्वाद्दधातेर्हिरिति हिरादेशः। उमाया गौर्या आश्रय आधारभूतस्तम्। तस्यार्धाङ्गे स्थितत्वात्। ईदृशं तं शिवम् आश्रये त्वत्स्वरूपेणोपतिष्ठामि। श्रिञ् सेवायाम्॥ 'विघ्ननिर्विघ्नकर्तारं दुरितघ्नस्मृतिस्तवम्। वन्दे विघ्नहरं देवं प्रसन्नं करुणार्णवम्' इति॥6॥ विघ्नानामायत्तानां निर्विघ्नस्य विघ्नाभावस्य कर्तारं विहितारं विधातारं वा। 'अधीनो निघ्न आयत्तः' इत्यमरः दुरितघ्नौ पापघ्नौ स्मृतिस्तवौ स्मरणस्तवौ यस्य स तम्। पापनामनि 'अंहोदुरितदुष्कृतम्' इत्यमरः। 'अमनुष्यकर्तृके च' इति ठक्। प्रसन्नं संतुष्टम्। विघ्नं हरतीति विघ्नहरस्तम्। 'विघ्नोऽन्तरायः प्रत्यूहः' इत्यमरः। करुणायाः दयाया अर्णवः समुद्रस्तम् ईदृशम्। दीव्यतीति देवस्तम्। गणेशमित्यर्थः। पचाद्यच्। वन्दे नमस्करोमि। वदि अभिवादनस्तुत्योः लट्। 'चतुर्दशजनान्तःस्था या चतुर्दशरूपिणी। चतुर्दशोहिता मायाद्धाचतुर्दशनाच्छभा॥7॥' चतस्रो दशा बाल्यकौमारयौवनवृद्धत्वाख्या अवस्था येषां ते चतुर्दशास्ते च ते जनाः प्रजाश्च तेषामन्तः अन्तःकरणे तिष्ठतीति चतुर्दशजनान्तःस्था। चतस्रो दशा येषां ते चतुर्दशा जना इत्यर्थः। चतुर्दशभुवनानि वा। षोडशत्वपक्षे चतुर्दशतत्त्वानि वा। तद्रूपमस्या अस्तीति चतुर्दशरूपिणी तत्स्वरूपयुक्ता। 'अत इनिठनौ' इति इनिः। यद्वा तद्रूपमती तच्छीला ताच्छीलिको णिनिः। रूपयतीति रूपिणी। तेषां रूपिणी वा। गृह्यादित्वादिनिः। नान्तत्वान्ङीप्। चतस्रश्च ता दशा अवस्थाश्च ताभिरूहिता परित्यक्ता। सदैवैकरूपेण स्थितेत्यर्थः। अद्धा तत्त्वतः। 'तत्त्वे त्वद्धांजसा द्वयम्', इत्यमरः। चत्वारो दशना दन्ता यस्य स चतुर्दशनः तत्र अच्छा निर्मला भा कान्तिर्यस्याः सा चतुर्दशनाच्छभा। यद्वा चतुर्दशनश्च अच्छः स्फटिकश्च चतुर्दशनाच्छौ तद्वद् भा यस्या सा। 'अच्छः स्फटिकभल्लुकः' इति वैजयन्ती। यद्वा चतुर्दशनवत् अच्छा भा यस्याः सा ईदृशी या माया अस्तीति शेषः। 'सुपि स्थः' इति कः। 'दशावस्थानेकविधा' इत्यमरः॥ ग्रन्थादौ ग्रन्थमध्ये ग्रन्थान्तेङ्गलाचरणं कर्तव्यमिति भाष्यात् ग्रन्थकर्त्रा ग्रन्थादौ वस्तुनिर्देशात्मकं नमस्काररूपात्मकं च मङ्गलं कृतम् 'आशीर्नमस्क्रियावस्तुनिर्देशो वापि तन्मुखम्' इति स्मरणात्।

सत्त्वाद्युपहितात्मानमाश्रये तमुमाश्रयमिति। चतुर्दशोहिता मायाद्वा चतुर्दशनाच्छभेत्यत्र च वस्तुनिर्देशः। कमिति। वन्दे विघ्नहरं देवमित्यत्र नमस्काररूपात्मकं चेति। ननु देवस्मरणादिना मङ्गलं भवत्येवेति लेखनं किमर्थमिति चेत् शिष्यशिक्षार्थमिति। यथा गुरुभिर्ग्रन्थादौ लेखनं कृतं तथास्माभिरपि कर्तव्यमित्येतदर्थम्। उमाश्रयं आश्रये इति उभाभ्यां सायुज्यं सूच्यते। यथा वामाङ्गे उमास्ति तथा दक्षिणाङ्गेऽहं स्यामिति भावः। 'अष्टसप्तत्युत्तराणां श्लोकानां शतपञ्चकम्। प्रोक्तं सप्तशतीस्तोत्रे तत्सप्तशतिसंख्यया। विभज्य जुहुयान्मन्त्रैरिति कात्यायनीमतम्' इति कात्यायनीतन्त्रस्य मततमित्यर्थः। तत्सप्तशतिसंख्यायेत्यत्र ह्रस्वेकारपाठश्चिन्त्यः। लोकप्रमादाद्वा कल्पनीयः। वयं तु सप्तगुणिता शतसंख्याऽनयेत्यर्थ इति ब्रूमः। ननु सप्तशतानां समाहारः सप्तशती इति न संभवति। श्लोकगणनया अष्टसप्तत्युत्तरशततमे पञ्चकमेव स्यात्। यद्वा सप्तसत्यो ब्राह्मी माहेश्वरी कौमारी वैष्णवी वाराही माहेन्द्री चामुण्डा विद्यन्त्येस्यामिति सप्तसतीत्युक्तेयमित्यादिप्रसङ्गात्। 'तालव्या अपि दन्त्याश्च शम्बशूकरपांसवः' इतिवत्तालव्या अपि दन्त्याः स्युरित्यपि वक्तुमशक्यत्वाच्च। कुत्रापि पतिव्रतावाचकस्य सतीशब्दस्य कोशेषु तालव्यादेरदृष्टत्वात्। तद्व्याख्यातृभिरपि दन्त्याः स्युरित्यपि वक्तुमशक्यत्वाच्च। कवचार्गलाकीलकादिविशिष्टस्य सप्तशतीमन्त्रस्य सप्तशताहुतयो भवन्तीत्यपि केचिदिति चेन्न। तेनापि न्यूनाधिकसंख्यासंभवात् दोषश्रवणाच्च। उक्तं च। 'यो मूर्खः कवचं हुत्वा प्रतिवाचं नरेश्वरः। स्वदेहपतनं तस्य नरकं च प्रपद्यते। अन्धकश्च महादैत्यो दुर्गाहोमपरायणः। कवचाहुतिप्रभावेण महेशेन निपातितः' इति। अतः सप्तशतीमन्त्रहोमः कथं कर्तव्य इत्याशङ्क्याह। मार्कण्डेय उवाचेत्येक इति। मार्कण्डेय उवाच इत्येको मन्त्रः। 'बलिदाने नमोन्तश्च होमे वह्निप्रिया तथा' इत्यागमात्। मार्कण्डेय उवाच स्वाहा इत्येको मन्त्रः॥

(6 दंशोद्धारः) ॥ श्रीगणेशाय नमः॥ मदोन्माद्यदुद्दामदिग्दन्तिगण्डो-न्मदोन्माद्यदिन्दीवरालीविराजन्। अनायासमायासमायासपत्नः स पायादपायादुमायास्तनूजः॥1॥ विद्वत्कुलशिरोरत्नं नत्वा तातं समासतः। दंशोद्धारं सप्तशत्यास्तनोमि विदुषां मुदे॥2॥ इह खलु तत्रभवान् कृष्णद्वैपायनशिष्यो जैमिनिर्व्यासमुखादखिलं धर्मजातं श्रुत्वाप्यवशिष्टान्

कांश्चित्प्रश्नान्प्रष्टुकामो भगवन्तंमार्कण्डेयं पृष्टवानपि मार्कण्डेयेन श्रीभगवद्ध्यानप्रवणचित्ततयाऽवसराभावाद्विन्ध्याचलनिवासिचतु:पक्षिद्वारा बोधित:। तैश्च पक्षिभिर्मार्कण्डेयभागुरिसंवादमुपक्रम्य मन्वन्तरकथाप्रसङ्गेन सप्त मन्वन्तराणि निर्वर्ण्याष्टममन्वन्तरचरितं प्रोच्यते मार्कण्डेय उवाचेत्यादिना। मृकण्डोरपत्यं मार्कण्डेय:। शुभ्रादित्वाड्ढक्। ढेलोप इत्युकारलोप:॥

सावर्णिः सूर्यतनयो यो मनुः कथ्यतेऽष्टमः।
निशामय तदुत्पत्तिं विस्तराद्गदतो मम॥1॥

(1 गुप्तवती) सावर्णिरिति। अष्टमः स्वायंभुवस्वारोचिषोत्तमतामसरैवताचाक्षुवैवस्वतादिनाम्नां चतुर्दशानां मध्ये। विस्तरात् ग्रन्थबाहुल्येन॥1॥

(2 चतुर्धरी) सवर्णा छाया तस्या अपत्यं सावर्णि:। बाह्वादित्वादिञ्। यद्वा अग्रजस्य वैवस्वतमनोः समानो वर्णो यस्य इति सावर्णि:। स्वार्थे तद्धिताभिधानात्। तथा च विष्णुपुराणे। 'छायासंज्ञासुतो योसौ द्वितीयः कथितो मनु:। पूर्वजस्य सवर्णोसौ सावर्णिस्तेन कथ्यते'। सूर्यतनयः सूर्यतनय इति दक्षसावर्ण्यादीनां निरासार्थम्। यः सावर्णिरष्टमो मनुः सुरथः कथ्यते तदुत्पत्तिं निशामय जानीहीत्यर्थ:। निशामयेति 'शम लक्ष आलोचेने' इत्यस्य चोरादिकस्य रूपम्। 'शमोऽदर्शने' इति दर्शनेतरविषय एव सानुबन्धसंज्ञाविधानाद्ध्रस्वाभाव:। तदुत्पत्तिमितिवाच्यवाचकभेदाभिप्रायेण। विस्तरात्प्रपञ्चतः गदतः कथयतः ममेत्यपवादविषये क्वचि (दस्या) दुत्सर्गस्यापि समावेशसात्पञ्चम्यर्थे षष्ठी अव्ययं वा पञ्चम्यन्तम्। यद्वा मम विस्तरान्मम शब्दप्रपञ्चात्। 'विस्तारो विग्रहो व्यासः स च शब्दस्य विस्तर:' इत्यभिधानात्। मम मुखाद्वा। अन्ये तु मम गदतः मम वचनादित्याहु:। गद्यतेऽनेनेति गदो मुखम्। गदनं गदो वच:। घञर्थे क:। तदन्तात् तस्॥1॥

(3 शान्तनवी) वृणोति व्रियते वर्ण्यते च वर्णनं च वर्ण:। 'वर्णो द्विजादौ शुक्लादौ स्तुतौ वर्णं तु चाक्षरे' वर्णेन स्तुत्या सहवर्तमाना सवर्णा। अथवा आत्मभर्त्रा सवित्रा समानो वर्णो यस्याः सा सवर्णा। सवर्णायाः अपत्यं पुमान् सावर्णि:। 'स्त्रीभ्यो ढक्' इति ढकं बाधित्वा 'बाह्वादिभ्यश्च' इति इञ् प्रत्यय:। सावर्णाः पञ्चेतितु प्रयोग:। संबन्धविवक्षया दाशरथो

राम इति वददन्तो ज्ञेयः। सूर्यस्य तनयः सूर्यतनयः। स कतमो मनुरित्यपेक्षायामाह। यो मनुः कथ्यतेऽष्टम इति। 'यच्छब्देनोच्यते योर्थस्तच्छब्दस्तस्य वाचकः'। यः पुराणज्ञैर्वैवस्वतमनोः सप्तमादनन्तरं सूर्यतनयः सावर्णिर्नाम मनुः कथ्यते सोऽष्टमो मनुर्भविष्यतीत्यर्थः'। अष्टमत्वं विधेयम्। सावर्णिरष्टमो मनुरित्येवोक्ते सवर्णायाः। प्रागुक्तसामान्यव्युत्पत्त्या तादृशः अन्यजोपि कश्चिन्मनुः स्यात्। अत उक्तं सूर्यतनय इति। सूर्यतनयोऽष्टमो मनुरित्येवोक्ते छायासुतोऽपि सूर्यतनयः शनैश्चरो मनुः स्यात्। अत उभयमुक्तं सावर्णिः सूर्यतनय इति। तस्य सवर्णेरष्टममनोरुत्पत्तिं विस्तरात् शब्दप्रपञ्चाद्वदतो मम मुखं वा संमुखं निशामय। हे शिष्य दत्तावधानः सन् पश्येत्यर्थः। निशामय शृण्विति तु कुव्याख्यानम्। तथाहि शमु उपशमे दिवादिः। शमलक्ष आलोचने चुरादिः। आभ्यां यथायोगं णिचि 'अत उपधायाः' इति वृद्धौ। शमोऽदर्शने शमोणौ दर्शनादन्यत्रार्थे मित्संज्ञो भवति। अमन्तत्वादेव मित्वसिद्धौ नित्यमार्थोऽयं योगः। मितां ह्रस्वः। शमयति व्याधिं निवर्तयति निशामयति श्लोकान् शृणोति। दर्शने तु मित्वाभावात् ह्रस्वत्वाभावादत उपधाया वृद्धिरेव। निशामयेति रूपं पश्यति निशामयति। चक्षुषा रूपं पश्यतीत्यर्थः। 'निःशर्करमिदं तीर्थं भारद्वाज निशामय'। चक्षुषा पश्येत्यर्थः। तथाच दुर्घटः। निशामय तदुत्पत्तिमित्यत्र निशामनं चक्षुःसाधनं ज्ञानमिति व्याख्यात्॥1॥

(4 नागोजीभट्टी) सावर्णिरिति। सवर्णायाश्छायाया अपत्यं सावर्णिः। बाह्वादित्वादिञ्। विस्तराद्वदतो ममेति अपादानशेषत्वविवक्षायां षष्ठी। निशामय जानीहि। चुरादे रूपम्। तस्य 'नान्येमितोऽहेतो' इति मित्वनिषेधः। सूर्यस्य तनय इति दक्षसावर्ण्यादिनिरासार्थम्। यद्वा यः यकारादष्टमो मनुर्हकारस्तस्य विशेषणं सूर्यतनय इति। सचाग्निस्तेजस्वित्वेन तन्त्रेदिष्ठत्वात्तेन तद्बीजं रेफो लभ्यते। तद्वत्त्वं च हकारस्य लक्षणयोच्यते। तस्यैव विशेषणान्तरात्सावर्णिरिति। सवर्णा लोहितशुक्लकृष्णवर्णसहिता प्रकृतिः तस्या अपत्यवत्सबंन्धि तद्वाचक इकारः। तद्वत्त्वं लक्षणया अन्तिमो बिन्दुस्तु श्लोके स्वरूपत एव निवेशिते इति। ईर्ह्रीइतिबीजं लब्धम्। तदुत्पत्तिं तन्मत्रं प्रतिपाद्यदेवताया उत्पत्तिं निशामयेति संबन्धः। यद्यपि एतदुएकप्रश्ने 'अस्मिन् कल्पे सप्त येऽन्ये भविष्यन्ति महामुने।। मनवस्तान् समावक्ष्व तेषु देवादयश्च ये' इत्येवोक्तं तथापि सावर्णिकाख्यानकथनोत्तरं मार्कण्डेयपुराणे 'सावर्णिकमिदं सम्यक् प्रोक्तं मन्वन्तरं

तव। तथैव देवीमाहात्म्यं पृष्टमेतत्तवोदितम्' इत्युपसंहारेण तद्विषये क्रोष्टुकिं प्रश्नस्यानयनात् उपक्रमप्रश्ननिबन्धरूपलक्षणमिति बोध्यतम् ॥1 ॥

(5 जगच्चन्द्रचन्द्रिका) एवं प्रतिमन्त्रं स्वाहापदं देयमिति निष्पन्नम्। सावर्ण्याद्यास्ततः परंश्लोकमन्त्राः सप्तदश इति। ततः परं मार्कण्डेय उवाचेतिमन्त्रात्परं सावर्णिरित्ययं श्लोक आद्यो येषां ते सावर्ण्याद्याः। सावर्णिः सूर्यतनय इति प्रथमश्लोकः। मन्त्रस्तु द्वितीयो जात इत्यर्थः। श्लोकरूपमन्त्राः सप्तभिरधिका दश सप्तदशं। तत्संख्याका वर्तन्त इति शेषः। तथाहि सावर्णिरिति ॥ 2 ॥1 ॥

(6 दंशोद्धारः) सवर्णा छाया तस्या अपत्यं सावर्णिः। बाह्वादेराकृतिगणत्वादिञ्। निशामय जानीहि इत्यर्थः। शमोऽदर्शने। मित्त्वविधानादालोचनार्थस्य चौरादिकस्य रूपम्। मम गदतः गदनं गदः। घञऽर्थे कविधानमिति कः। तस्माज्जानीहीत्यन्वयः। यद्वा गदतो मम। पञ्चम्यर्थे षष्ठी। ममेत्यर्थे विभक्तिप्रतिरूपकमव्ययं वा। ममत्वमिति त्वप्रत्ययप्रकृतिवत्। यद्वा गदतो मम विस्तरात् शब्दप्रपञ्चात्। 'विस्तारो विग्रहो व्यासः सतु शब्दस्य विस्तरः' इत्यभिधानात् ॥1 ॥

महामायानुभावेन यथा मन्वन्तराधिपः।
स बभूव महाभागः सावर्णिस्तनयो रवेः ॥2 ॥

(1 गुप्तवती) ॥2 ॥

(2 चतुर्धरी) महामायेति। विसदृशप्रतीतिसाधनं माया। तस्याश्च महत्त्वं सर्वविषयत्वमिति महामायेश्वरशक्तिः। सैव हि प्राणिनो मोहयति। तस्या अनुभावेनेदमस्य भूयादित्यनुकूलेच्छया यथा येन प्रकारेण मन्वन्तरं किंचिदधिकैकसप्ततिचतुर्युगात्मकः कालः। तस्याधिपो राजा बभूवेति भाविनि भूतवदुपचारः। तथा तं प्रकारं निशामयेत्यनुषङ्गः। यत्तदो(साहचर्यनियमात्)-र्नित्यसंबन्धात्। महानसाधारणो भागो भगसमुदायो यस्य स च। 'ऐश्वर्यस्य समग्रस्य धर्मस्य यशसः श्रियः। ज्ञानवैराग्ययोश्चैव षण्णां भग इतीरणा' इति विष्णुपुराणोक्तेः। रवेस्तनयः सावर्णिरिति संभ्रमेण पुनरुक्तिः ॥2 ॥

(3 शान्तनवी) स प्रसिद्धः सावर्णिः रवेस्तनयः महाभागः महामायानुभावेन यथा मन्वन्तराधिपो बभूव तथा विस्तरतो

गदिष्यामीत्यन्वयः। मात्यस्यां विश्वं माया। माकाभ्यामयच्। अथवा मान पूजायां चुरादिः। मानयितुमर्हा माया। पृषोदरादित्वान्नलोपः। अथवा मा लक्ष्मीः माइति अयः शुभावहो विधिर्यस्याः सा माया महती चासौ माया च महामाया तस्याः परमशक्तेः अनुभावः प्रभावः तेन। अथवा महती चाद्या माया यस्याः सा महाया तस्यामनुभावः मतिनिश्चयः अबाध्याध्यवसायः महामायानुभावः तेन। अथवा अः विष्णुः तस्य माया अमाया महती चासावमाया च महामाया तस्याः अनुभावः महामायानुभावः तेन। 'अनुभावः प्रभावे च सतां च मतिनिश्चये'। अथवा अय गतौ अययति अर्पयतीति णिजन्तात्पचाद्यचि स्त्रियां टापि अया आसमन्तादभिव्याप्ता मा लक्ष्मीः आमा आमाया अयाः आमाया। महैरुत्सवैरभिव्याप्तां मां लक्ष्मीं उपासकाय अययति अर्पयति वा शक्तिर्भवति सा महामाया तस्या अनु पश्चात् अबाध्याध्यवसायादनन्तरं भाव परमात्मतयानुसाधनं अनुभावः 'तं भावं भावयेद्योगी' इति स्मरणात्। 'भावः सत्ता स्वभावाभिप्रायचेष्टात्मजन्मसु'॥ तेन। 'पश्चात्सादृश्ययोरनु'। मन्वन्तराधिपः। इह प्रकरणतः सप्तममनुजीवितकालात्परभूतो नवममनूदयात्पूर्वो यः कालः स मन्वन्तरशब्देन विवक्षितः ततश्चान्तरशब्दो मध्ये वर्तते। मन्वोः सप्तमनवमयोरन्तरे मध्यकाले ब्रह्मणाधिकृतः रक्षकः प्रजानां पतिरधिपो मन्वन्तराधिपः। 'अन्तरमवकाशावधिपरिधानान्तर्धिभेदतादर्थ्ये। छिद्रात्मीयविनाबहिरवसरमध्येन्तरात्मनि च'। महाभागः। भज सेवायां भावे घञ् 'चजोः कुघिण्यतोः' महान्भागो भक्तिर्यस्य स महाभागः। अथवा भासृदीप्तौ कर्तरि क्विप्। भासते भाः। भासं धर्मं वा गच्छति प्राप्नोतीति भागः 'गमेर्डोऽन्यत्रापि दृश्यते' इति कर्तरि डः। महांश्चासौ भागश्चेति महाभागः। अथवा भासं परदेवतां गायतीति भागो मन्त्रः। 'आतोऽनुपसर्गे कः'। महान्भागो मन्त्रो यस्य स महाभागः। अथवा भगस्त्यैश्वर्यादेरिदं भागं भवितव्यतालक्षणं हेतु वस्तु। महत् भाग्यं यस्य स महाभागः। 'ऐश्वर्यस्य समग्रस्य धर्मस्य यशसः श्रियः। वैराग्यस्याथ मोक्षस्य षण्णां भग इतीरणा' 'भग श्रीकाममाहात्म्यवीर्यरत्नार्ककीर्तिषु'। तनोति कुलं तनयः। रूयते स्तूयते रविः तस्य॥2॥

(4 नागोजीभट्टी) महामायेति। विसदृशप्रतीतिसाधनं माया। तस्या महत्त्वं च सर्वविषयत्वमिति महामाया ईश्वरशक्तिः तस्या अनुभावः इदमित्थं

भवत्वितीच्छा। मन्वन्तरं किंचिदधिकैकसप्ततियुगात्मकः कालः। तथेत्यनेन तथा तं प्रकार निशामयेत्यनुषङ्गो दर्शितः। भागं भागसमूहः। 'ऐश्वर्यस्य समग्रस्य धर्मस्य यशसः श्रियः। ज्ञानवैराग्ययोश्चैव षण्णां भग इतीरणा' इति विष्णुपुराणात्। बभूवेति भूतवदुपचारः। तद्भवनस्यावश्यकत्वद्योतनाय सावर्णिस्तनयो रवेरिति संभ्रमे पुनरुक्तिः ॥2 ॥

(5 जगच्चन्द्रचन्द्रिका) महामायेति 3 ॥2 ॥

(6 दंशोद्धारः) महामायेति। बभूवेतिभूतनिर्देशस्तूपचारात्। यद्वा कल्पान्तराभिप्रायेणैतत्। एवमग्रेप्यूह्यम् ॥2 ॥

स्वारोचिषेऽन्तरे पूर्वं चैत्रवंशसमुद्भवः।
सुरथो नाम राजाऽभूत्समस्ते क्षितिमण्डले ॥3 ॥

(1 गुप्तवती) ॥3 ॥

(2 चतुर्धरी) अत्रेतिहासमवतारयति। स्वारोचिषेन्तर इति। स्वरोचिषोऽपत्यं स्वारोचिष इति स्वारोचिषो नाम द्वितीयो मनुः तदधिकारोपलक्षिते स्वारोचिषे अन्तरे समये। द्वितीयमन्वन्तरे इतियावत्। 'मन्वन्तरं मनोः कालः' इति विष्णुपुराणदर्शनात्। पूर्वं कथाकालापेक्षया चैत्रो नाम स्वारोचिषस्य मनोः सूनुः तस्य वंशे संततौ समुद्भवो जन्म यस्य। नामेति प्रसिद्धौ। सुरथसंज्ञयो प्रसिद्ध इत्यर्थः ॥3 ॥

(3 शान्तनवी) अष्टमो मनुः कथ्यत इति प्राग्यः प्रस्तुतस्तस्य सावर्णेः प्राग्जनननिदानतामहिमचरित्राणि वर्णयति मार्कण्डेयोऽनेन श्लोकेन। पूर्वं प्रथमं स्वायम्भुवमन्वन्तरमपेक्ष्य द्वितीयमन्वन्तरलक्षणे स्वारोचिषेऽन्तरे स्वारोचिषमन्वन्तर काले पुराकल्पे चैत्रवंशसमुद्भवः सुरथो नामा प्रसिद्धः। समस्ते क्षितिमण्डले राजाभूत्ः अजनिष्टः। अवर्तत अवितेत्यर्थः। स्वस्येव आत्मन इव ब्रह्मण इव रोचिः प्रभा यस्य सः स्वरोचिर्मनुः। अथवा अः विष्णुः सुष्ठु अस्येव विष्णोरिव रोचिश्छविर्यस्य सः स्वरोचिः मनुः। स्वरोचिष इदं स्वारोचिषं तस्मिन्स्वारोचिषे। आगमशासनस्या-नित्यत्वादैजभावः। 'रोचिः शोचिरुभे क्लीबे प्रकाशोद्द्योत आतपः'। अन्तमवसानं राति गृह्णात्यन्तरं तस्मिन्कालविशेषे पूर्वकालं अपेक्षणक्रियापेक्षा द्वितीया। चिती संज्ञाने सर्वधातुभ्यष्ट्रन्। चेतति जानाति

धर्माधर्मप्रवृत्त्यप्रवृत्तीकर्तुमिति चित्रः कश्चिद्राजा तस्यापत्यं पुमान् चैत्रः। शिवादिभ्योऽण्। तस्य वंशः संतानः। तस्मात्समुद्भवतीति चैत्रवंशसमुद्भवः। अथवा चिञ् चयने। अमिचिमिदिशसिभ्यः क्त्रः। चीयते चित्रमद्भुतं कर्म तस्यायं चैत्रः तस्य राज्ञो वंशः तस्मात्समुद्भवः विद्यया जन्मना वा प्राणिनामेकलक्षणः संतानो वंश इत्युच्यते। रमन्तेस्मिन् रथः। शोभनो रथो यस्य सः सुरथः। 'नामाप्रकाश्यसंभाव्यक्रोधोपगमकुत्सने'। राजते इति राजा। अभूत्। भू सत्तायां लुङ्। क्षितेर्भूमेर्मण्डलं चक्रवालं तस्मिन् ॥3 ॥

(4 नागोजीभट्टी) स्वारोचिषे इति। स्वारोचिषाधिकारोपलक्षिते द्वितीयमन्वन्तरे पूर्वमिति कथाकालापेक्षया। चैत्रस्तस्यैव मनोः सुतः। नामेति प्रसिद्धौ ॥3 ॥

(5 जगच्चन्द्रचन्द्रिका) स्वारोचिष इति 4 ॥3 ॥

(6 दंशोद्धारः) स्वरोचिष इति। स्वारोचिषे द्वितीयमन्वन्तरे। चैत्रः स्वारोचिषस्य सुतः ॥3 ॥

तस्य पालयतः सम्यक् प्रजाः पुत्रानिवौरसान्।
बभूवुः शत्रवो भूपाः कोलाविध्वंसिनस्तथा ॥4 ॥

(1 गुप्तवती) कोलाविध्वंसिन इति। कोलेति क्षत्रियाणां कुलविशेष इति केचित्। कोलेति सुरथस्यैव राजधान्यन्तरमित्यन्ये ॥4 ॥

(2 चतुर्धरी) तस्येति। सम्यक् नीतिशास्त्रानुसारेण प्रजा लोकान् औरसान् धर्मपत्नीप्रभवान्पुत्रानिव पालयतस्तस्य शत्रवस्तथा तादृशा अत्युद्रिक्ता बभूवुः। के ते इत्यपेक्षायामाह। कोलाविध्वंसिन इति। कोलेति अन्येषामेव काचिद्राजधानी तां विध्वंसितुमध्यासितुं शीलं येषाम्। विशब्देन धातोरन्यार्थकरणात्। तेन कोलाविध्वंसिनः कोलानिवासिनो भूपास्तस्य शत्रवो विपक्ष बभूवुरित्यर्थः। तथा तादृशा उद्रिक्ता इति यावत्। तदेति वा पाठः। अथवा कोलेति सुरथस्यैव राजधान्यन्तरं तां ध्वंसितुमुपमर्दितुं शीलं येषां ते तस्य शत्रवो भूपास्तथा बभूवुः। यथा कोलाविध्वंसिन् इत्यन्वयः। अथवा तदा तत्काले तस्य शत्रवः कोलाविध्वंसिनो बभूवु कोलां तिध्वंसितवन्त इत्यन्वयार्थः केचिदाहुः। यद्वा कोलाः सूकरास्तान्नविध्वंसन्ति न खादन्ति ते कोलाविध्वंसिनो यवनाः। व्रताभीक्ष्ण्ययोश्चेति णिनिः

कोलानाम शस्त्रविशेषः तया विध्वंसितुं शीलं येषां ते। 'कोला शस्त्रप्रभेदे स्यात्' इत्यमरः ॥4॥

(3 शान्तनवी) तदा तस्मिन्स्वारोचिषमन्वन्तरे काले औरसानुरसोत्पादितान्। उरसा निर्मितान्। 'उदसो यच्च' पुत्रानिव सम्यक् अनवद्यं यथा स्यात्तथा प्रजा लोकान्पालयतः दुःखेभ्यो रक्षतस्तस्य सुरथस्य राज्ञः कोलाविध्वंसिनो भूपाः शत्रवः शातयितारो बभूवुरित्यन्वयः। को ब्रह्मा। अः विष्णुः। उः महेश्वरः। तान् ब्रह्मविष्णुमहेश्वरान् लाः लान्ति अर्चयितुं गृह्णन्ति इति कोला ब्राह्मणादयः तान् आसमन्ताद्विध्वंसयन्तीति कोलाविध्वंसिनः रक्षोयोनयः। अथवा कोलाः सूकराः तान्नविध्वंसयन्ति इति कोलाविध्वंसिनो यवनाः। अथवा कोलान्सूकरान्विध्यन्ति ताडयन्तीति कोलाविधः। नहिवृतिवृषिव्यधि' इति दीर्घः। कोलाविधः क्षत्रियादयः तान् ध्वंसयन्ति इति कोलाविध्वंसिनो यवनाः। ननु च कोलान्सूकरान् अवन्ति रक्षन्तीति कोलाविनो यवनाः तान् ध्वंसयति इति कोलाविध्वंसी तस्य कोलाविध्वंसिनः। सुरथस्यापि विशेषणमेतत्स्यात्। अस्तु यदीत्थं व्युत्पाद्येत। उत्तरश्लोके तु कोलाविध्वंसिभिरित्येतद्यवजविशेषतणतया व्युत्पादयिष्यामः। उरसा निर्मितः। 'उरसो यच्च' 'औरसो धर्मपत्नीजः' इति स्मृतिः। पुत् अव्ययं नरकवाचि। पितरं पुन् नरकात्त्रायते पुत्रः। अथवा पूञ् पवने पुनाति पुत्रः। पुवो ह्रस्वश्चेति कन्। 'पुत्रः स्यादात्मसंभवः। पुन्नाम्नो नरकाद्यस्मात्पितरं त्रायते सतः। ततः पुत्र इति प्रोक्तः स्वयमेव स्वयंभुवा' इति स्मृतिः ॥4॥

(4 नागोजीभट्टी) तस्येति। सम्यक् नीतिशास्त्रानुसारेण। कोला सुरथस्यैव राजधान्यन्तरम्। तथा अतिशयेन कोलाविध्वंसिन इत्यर्थः ॥4॥

(5 जगच्चन्द्रचन्द्रिका) तस्य पालयत इति 5 ॥4॥

(6 दंशोद्धारः) तस्येति। कोलान्सूकरान्नविध्वंसन्ति ते कोलाविध्वंसिनो यवनाः। यद्वा कोलान्विध्यन्ति ते कोलाविधः 'नहिवृतिवृषि-' इति दीर्घः। क्षत्रियादयस्तान् ध्वंसयन्तीत्यर्थः। को ब्रह्मा अः विष्णुः उर्महेशः तान् लान्ति पूजार्थं गृह्णन्ति ते कोलाः ब्राह्मणास्तानासमन्तात् विध्वंसयन्तीति वा। यद्वा कोला शस्त्रविशेषस्तेन विध्वंसिनः। यद्वा कोला सुरथराजधानी तद्विध्वंसिनः। यद्वा कोला येषामेव राजधानी तस्यां विध्वंसिनो निवासिनः। उपसर्गेण धात्वर्थस्यान्यथात्वकरणात् ॥4॥

तस्य तैरभवद्युद्धमतिप्रबलदण्डिनः।
न्यूनैरपि स तैर्युद्धे कोलाविध्वंसिभिर्जितः ॥5॥

(1 गुप्तवती) ॥5॥

(2 चतुर्धरी) तस्य तैरित्यादि। युद्धं संप्रहारः। दण्डो हस्तश्वादिसमूहः अत्यतिशयेन प्रबलोः दण्डो विद्यते यस्य स तस्य। अथवा धर्मशास्त्रानुसारी दण्डः प्रजासु विद्यते यस्य तस्य सुरथस्य राज्ञस्तैः कोलाविध्वंसिभिः सह युद्धं संप्रहारोऽभवत्। अथवा अत्युचितदण्डकारिणः न्यूनैरल्पसाधनैरपि तैः सुरथो जितः भंगेनयोजितः। जयभङ्गयोर्देवाधीनत्वात् ॥5॥

(3 शान्तनवी) तस्य अतितरां प्रकृष्टं वलं हस्त्यश्वरथपादातसन्नद्धं सैन्यं येषां शत्रूणां ते अतिप्रबलाः तान् दण्डयति इत्यतिप्रबलदण्डी तस्य सुरथस्य तैः कोलाविध्वंसिभिर्यवनैर्भूपैः सह युद्धमभवत्। तस्मिन्युद्धे सुरथो राजा न्यूनैरल्पबलैरपि तैः कोलाविध्वंसिभिर्यवनभूपैर्जितोऽभिभूत इत्यन्वयः। इह जित इति नायं जि जये इत्यस्य प्रयोगः। कस्य तर्हि जि अभिभवे इत्यस्य। तदुक्तम्। 'जयिर्जयाभिभवयोराद्येऽर्थेऽसावकर्मकः। उत्कर्षप्राप्तिराद्योर्थो द्वितीयेऽर्थे सकर्मकः' इति। कोला नाम नगरीं तां राजधानीं विध्वंसयन्तीति कोलाविध्वंसिनो यवनाः भूपास्तैः। अथवा कोलेति शस्त्रभेदः तया विध्वंसयन्तः कोलाविध्वंसिनः। सुरथो नाम राजाभूत् समस्ते क्षितिमण्डले इति सुरथस्य यत्सार्वभौमत्वमुक्तं प्राक् तदिदानीं न दैववशाच्छत्रुभिरल्पैरथाक्रान्तः सागरान्तखिलावनिवलयत्वात्तस्येति भावः ॥5॥

(4 नागोजीभट्टी) तस्य तैरिति। अतिप्रबलदण्डकर्तुः। छान्दसत्वात्कर्मधारयादिभिः। इदं पराजयनिमित्तम्। न्यूनैरल्पसाधनैः ॥5॥

(5 जगच्चन्द्रचन्द्रिका) तस्य तैरभवदिति 6 ॥5॥

(6 दंशोद्धारः) तस्य तैरिति। अतिप्रबलो दण्डोऽपराधिषु चतुर्थोपायो यस्य। हस्तो वा दण्डः। कर्मधारयान्मत्वर्थीयस्य निषिद्धत्वेऽपि मतुबर्थिक इति भाष्येण लाघवादस्य सूचितत्वात्। किसलयच्छेदपाथेयवन्त इतिवत्कर्मधारयादपि मत्वार्थीय इति इनिः। अतितरां प्रकृष्ट बलं येषां शत्रूणां तान् दण्डयतीति वा। जितः अभिभूतः। जि अभिभवे न तु जिजये। तस्याकर्मकत्वात्। अति पिपर्ति इत्यतिप्रः। मूलविभुजादित्वात्कः। अतिविरूढः बलदण्डः सैन्यसन्निवेशो यस्येति वा ॥5॥

ततः स्वपुरमायातो निजदेशाधिपोऽभवत्।
आक्रान्तः स महाभागस्तैस्तदा प्रबलारिभिः ॥6 ॥

(1 गुप्तवती) ॥6 ॥

(2 चतुर्धरी) ततः स्वपुरमित्यादि। ततोऽनन्तरं स्वपुरमात्मराजधानीं वा निजदेशाधिपो मूलराष्ट्राध्यक्षः आक्रान्तोऽभिभूतः आच्छिन्नदेशो वा ततस्तैराक्रान्तः स्वपुरमायातो निजदेशाधिपोऽभवदित्यन्वयः। तदा प्रबलैस्तत्कालप्राप्तबलैः। अरिभिरित्यर्थः ॥6 ॥

(3 शान्तनवी) तत एवाह। तदा तद्युद्धविधिसमये ततः अभिभवाज्जितस्तैः प्रबलारिभिराक्रान्तः व्यापतः अधिक्षिप्तः स महाभागः सुरथः स्वपुरम् आयातः सन् निजदेशाधिपोभवत्। स्वकीयपुरजनपदमात्राधिप एवासीत् नतु सार्वभौम इत्यन्वयः। स यद्यपि शत्रुभिराक्रान्तस्तथापि तदाक्रान्तिजनितोद्वेगोपगतन-वासितमुनिवरोपदिष्टमहामायैकसमाराधनलब्धवरावाप्तव्यसाम्राज्यसंप्राप्तव्याष्ममनुत्वपदलक्षणभवितत्यतावाप्तिपात्रतया महाभाग इतिविशेषणमर्थवदेव। तदुक्तम्। 'संभवे व्यभिचारे च स्याद्विशेषणमर्थवत्' इति। दिश्यते देशः स्थानमात्रम्। ननु च नीवृज्जनपदो देशस्तु विषयः स्थानमात्रं तत्कथं देशग्रहणेनेह जनपदो लभ्यते तदभ्यधादमरः। 'नीवृज्जनपदो देशविषयौ तूपवर्तनम्' इति। 'त्वंताथादि न पूर्वभाक्' इति च यत्पर्यभाषिष्ट। नैव दोषः। नीवृदादीन्पञ्चैकार्थाना-हुरपरेत्वित्याश्रयणात्। आत्मात्मीयज्ञातिधनवाची स्वशब्दः ॥6 ॥

(4 नागोजीभट्टी) तत इति। ततः भङ्गानन्तरम्। तैः प्रबलैः अरिभिः शत्रुभिराक्रान्त आक्रमितः महाभागः स्वपुरम् आयातः। निजदेशाधिप एवाभवत् न सार्वभौमं इत्यर्थः। भावे तज्जन्मभवजन्मान्तरीणमहाराज्यमिति बुद्धौ स्वीकृत्य महाभाग इत्युक्तम् ॥6 ॥

(5 जगच्चन्द्रचन्द्रिका) ततः स्वपुरमिति 7 ॥6 ॥

(6 दंशोद्धारः) तत इति। तदा युद्धसमये तत अभिभवावाप्तितः मुनिवरोपदिष्टदेव्याराधनाल्लब्धमन्वन्तरत्वमात्र भावितया महाभाग इति ॥6 ॥

अमात्यैर्बलिभिर्दुष्टैर्दुर्बलस्य दुरात्मभिः।
कोशो बलं चापहृतं तत्रापि स्वपुरे सतः ॥7 ॥

(1 गुप्तवती) ॥7॥

(2 चतुर्धरी) अमात्यैरिति। ततस्तस्य। सार्वविभक्तिकस्तस्। तत्र स्वपुरे अप्यमात्यैः कोशोऽपहृतो बलं चापहृतमित्यन्वयः। बलिभिः संजातबलैः दुष्टैर्जातप्रकोपैः दुर्बलस्य शत्रुक्षयितबलस्य दुरात्मभिः लोभाद्युपहतान्तःकरणैःकोशोऽर्थसंचयः बलं सैन्यम् ॥7॥

(3 शान्तनवी) तत्रापि तन्मात्रे सपत्नाहृतभूचक्रे गर्हितेस्वपुरे सतो निवसतो दुर्बलस्य शत्रुभिर्गृहीतभूचक्रस्य प्रभुमन्त्रोत्साहशक्तिशून्यस्य सुरथस्य कोशो बलं च बलिभिर्बलवद्भिर्दुष्टैरुल्लङ्घितमर्यादैर्दुरात्मभिर्दुराशयैः राज्यं ग्रहीतुं कृतनिश्चयैरमात्यैर्मन्त्रिभिः आपहृतम्। आत्मसात्कृतमित्यन्वयः। अमा सह समीपे वा भवा अमात्याः 'स्थौल्यसाार्थ्यसैन्येषु बलं ना काकसीरिणोः।' कोशः स्वर्णादिलोहाष्टकसंग्रहः। 'सुवर्णं रजतं ताम्रं रितिः कांस्यं तथा त्रपु। सीसं कालयासं चैव ह्यष्ट लोहानि चक्षते'। आपहृतः कोशः अपहृतं च बलमिति विगृह्य 'नपुंसकमनपुंसकेनैकवच्चास्यान्यतरस्याम्' इति नपुंसकशेषः। एकवद्भावश्च। अपिशब्दो गर्हायाम्। दुरीषदर्थकुत्सनवैवर्ण्यासंभवलाभेषु। दुष्टैरिति। दुष वैकृत्ये। क्तः कर्तरि। वैकृत्यं रूपभङ्गः ॥7॥

(4 नागोजीभट्टी) अमात्यैरिति। ततः तस्य। सार्वविभक्तिकस्तसिः। तत्र स्वपुरेऽतिकोशोऽर्थसंचयः बलं सैन्यं चापहृतम्। आत्मसात्कृतम्। दुष्टत्वं राजविषयद्वेषवत्त्वं दुरात्मत्वं राज्यलोभाक्रान्तत्वं दुर्बलत्वं क्षीणबलत्वं रिपुकृताभिभवात् ॥7॥

(5 जगच्चन्द्रचन्द्रिका) अमात्यैरिति 8 ॥7॥

(6 दंशोद्धारः) अमात्यैरिति। दुष्टैः कामक्रोधादिदोषयुक्तैर्दुरात्मभिः-स्वाभिद्रोहेण निन्दितान्तःकरणैरित्यपौनरुक्त्यम्। अपहृतमिति। 'नपुंसकमन-पुंसकेन' इति नपुंसकशेषः। ततस्तस्य। सार्वविभक्तिकस्तसिः। सत इति वा पाठः। पञ्चम्यन्तं वा ॥7॥

ततो मृगयाव्याजेन हृतस्वाम्यः स भूपतिः।
एकाकी हयमारुह्य जगाम गहनं वनम् ॥8॥

(1 गुप्तवती) ॥8 ॥

(2 चतुर्धरी) ततो मृगयेत्यादि। मृगयाव्याजेन मृगवधच्छलेन हृतं स्वाम्यमाधिपत्यं च यस्य सः। एकाक्यद्वितीयः। गहनं दुर्गमं वनम् ॥8 ॥

(3 शान्तनवी) ततः अमात्यैरपहृतकोशलबलत्वात् हृतस्वाम्यः अपहृतस्वामित्वः स सुरथो भूपतिः एकाकी असहायः केवलं मृगयाव्याजेन हयमारुह्य गहनं निरन्तरव्याप्तलतादिपिहितोदरं काननं जगाम गतवानित्यन्वयः। मृग्यन्तेऽन्वेष्यन्ते प्राणिनो मृगादयोऽस्यां मृगया पापर्द्धिः तस्या व्याजः। तेन आखेटकवृत्तिमिषेण मुनिवनोपगमनमेवात्र मुख्यं कार्यं नतु मृगयाचरणम्। मुख्यकार्यस्वरूपाच्छादनं व्याजः। स्वामिन ईश्वरस्य भावः स्वाम्यम्। हृतं स्वाम्यं यस्मात् स हृतस्वाम्यः। एक एव एकाकी। 'एकादाकिनिच्चासहाये'। 'एकाकी त्वेक एककः'। 'कलिलं गहनं समे' ॥8 ॥

(4 नागोजीभट्टी) तत इति। हृतस्वाम्यः हृताधिपत्यः। एकाकी असहायः ॥8 ॥

(5 जगच्चन्द्रचन्द्रिका) ततो मृगयेति 9 ॥8 ॥

(6 दंशोद्धारः) तत इति। ततोऽन्तरमित्यर्थः एकाकी असहायः। यद्वा न कमकं दुःखं एकं च तदकं चैकाकं तदस्यास्तीत्येककाकी। 'एके मुख्यान्यकेवलाः'। कर्मधारायन्मत्वर्थीयस्तु प्राग्वत्। सुखार्थस्य कशब्दस्य नाक इत्यादावमान्तस्यापि दर्शनान्मान्तस्यैव सुखार्थकत्वं नाशङ्कनीयम् ॥8 ॥

स तत्राश्रममद्राक्षीद् द्विजवर्यस्य मेधसः।
प्रशान्तश्वापदाकीर्णं मुनिशिष्योपशोभितम् ॥9 ॥

(1 गुप्तवती) मेधस इति सुमेधोनामकमुनिविशेषस्य। लक्ष्मीतन्त्रे तु 'जन्मानि चरितैः सार्धं स्तोत्रैर्वै वेदवादिना। कथितानि पुरा शक्र वसिष्ठेन महात्मना। स्वरोचिषेन्तरे राज्ञे सुरथाय महात्मने। समाधये च वैश्याय प्रणतायावसीदते' इत्युक्तम्। अनयोरेकमन्यस्य विशेषणं वा द्वयोरपि नामत्वे कल्पभेदेन वा समाधानम् ॥9 ॥

(2 चतुर्धरी) स तत्रेति। आश्रमं मुनिवासोचितं स्थानं द्विजवर्यस्य

ब्राह्मणश्रेष्ठस्य मेधसो मेधोभिधानस्य। प्रशान्तैः परहिंसाविरहितैः श्वादैर्हिंस्रपशुभिः आकीर्णमभिव्याप्तम्। मुनेर्मेधसः शिष्या मुनिशिष्याः मुनयो मननशीलाश्च ते शिष्याश्चेति वा मुनयश्च शिष्याश्चेति वा तैरुपशोभितमलंकृतम् ॥9 ॥

(3 शान्तनवी) द्विजेति संबुद्ध्यन्तम्। वर्य इति तु राजविशेषणम्। मार्कण्डेयः स्वशिष्यं संबोधयति। हे द्विज इतः सुरथचरित्रकथाश्रवणप्रवणो भवेति। स वर्यः वर्योऽर्हः सुरथः तत्र तस्मिन्वने सुमेधसो नाम मुनेः शिष्योपशोभितं प्रशान्तश्वापदाकीर्णम् आश्रममद्राक्षीद्ददर्शेत्यन्वयः। मुनेरिति सुमेधेसो विशेषणं विधेयत्वेन। आश्रम्यन्ति तपस्यन्त्यत्रेत्याश्रमः। द्वाभ्यां मातृमौञ्जीभ्यां जायते द्विजः। हे द्विज। सुष्ठु शोभना मेधा यस्य स सुमेधाः। 'नित्यमसिच्प्रजामेधयोः' इत्यसिच्प्रत्ययः। तस्य मुनेः तपःसामर्थ्यात्प्रशान्ताः संत्यक्तहिंस्रता ये श्वापदा व्याघ्रादयस्तैराकीर्णं व्याप्तम्। शुन इव पदानि येषां ते श्वापदाः। 'शुनो दन्तदंष्ट्राकर्णककुंदवराहलाङ्गूलपदपुच्छेषु' इति दीर्घत्वम्। वरं पुना राज्यावाप्त्यष्टाममनुत्वावाप्तिलक्षणमर्हतीति वर्यः सुरथः। 'दण्डादिभ्यो यः' । अथवा 'छन्दसि च' इति यत्। छन्दोवत्पुराणानि भवन्ति। 'तपोभिरिष्यते यस्तु देवेभ्यः स वरो मतः'। 'देवाद्वृते वरः श्रेष्ठे त्रिषु क्लीबं मनाक्प्रिये'। शिष्यैर्वेदानधीयद्भिरुपशोभितं शोभान्वितं संजातशोभम् ॥9 ॥

(4 नागोजीभट्टी) स तत्रेति। मेधा इति ऋषिनाम। वस्तुतो वसिष्ठस्य नामान्तरमिदम्। 'अमुष्याः सावताराया महालक्ष्म्या अमानुषम्। जन्मानि चरितैः सार्धं स्तोत्रैर्वा वेदवादिनाम्। कथितानि पुरा शक्र वसिष्ठेन महात्मना। स्वारोचिषेऽन्तरे राज्ञे सुरथाय महात्मने। समाधये च वैश्याय प्रणताय च सीदते' इति लक्ष्मीतन्त्रोक्तेः। 'श्रीशस्तु रूपमास्थाय पुरा विप्रस्य मेधसः। स्वमायां ज्ञापयामास सुरथाय समाधये'इत्यन्यत्र। प्रशान्तत्वं परहिंसाविरहत्वम्। मुनिभिस्तच्छिष्यैश्च शोभितमित्यर्थः ॥9 ॥

(5 जगच्चन्द्रचन्द्रिका) स तत्राश्रममिति 10 ॥9 ॥

(6 दंशोद्धारः) स तत्रेति। मेधसः मेधोऽभिधानस्य। प्रशान्तैः- परस्परत्यक्तवैरैः परहिंसारहितैर्वा श्वापदैर्व्याघ्रादिभिराकीर्णम्। मुनेर्मेधसः शिष्यैर्मुनिभिर्मननशीलैर्वाशिष्यैरुपशोभितम् ॥9 ॥

तस्थौ कंचित्स कालं च मुनिना तेन सत्कृतः।
इतश्चेतश्च विचरंस्तस्मिन्मुनिवराश्रमे॥10॥

(1 गुप्तवती) ॥10॥

(2 चतुर्धरी) कंचित्कालमित्यत्यन्तरसंयोगे द्वितीया। स चेत्यन्वयः। तेन मुनिना मेधसा सत्कृतः। पूजितःसन्नितश्चेतश्चानियतदिग्देशम्। मुनिवरेति भागुरेः संबोधनं मेधसो विशेषणं वा॥10॥

(3 शान्तनवी) तेन सुमेधसा मुनिना सत्कृतः आदृतः पूजितः स सुरथस्तस्मिन्मुनिवराश्रमे इतश्चेतश्च विचरन् परिभ्रमन् कंचित्कालं तस्थौ स्थिवांश्चेत्यन्वयः। कालमिति कालाध्वनोरत्यन्तसंयोगे द्वितीया। मुनिषु वरः श्रेष्ठः सुमेधा मुनिस्तस्याश्रमे। अथवा स सुरथस्तस्मिन्मुनिवराश्रमे तेन मुनिना इतः प्राप्तः अभ्यागतः सत्कृतश्च सन् कंचित्कालं चेतश्च स्वान्तं च विचरन् तपःक्षमं स्यान्न वेति विचिन्त्यन् तस्थावित्यपरोऽन्वयः॥10॥

(4 नागोजीभट्टी) तस्थाविति। कंचित्कालमिति कालाध्वनोरिति द्वितीया। इतश्चेतः अनियतदिग्देशम्। मुनिवरेति भागुरिसंबोधनम् आश्रमविशेषणं वा ॥10॥

(5 जगच्चन्द्रचन्द्रिका) तस्थौ कंचिदिति 11 ॥10॥

(6 दंशोद्धारः) तस्थाविति। चकारो भिन्नक्रमः। स चेत्यन्वयः। इतः प्राप्तः तेन मुनिना इतः अभिगम असन्नित्यन्वयः। मुनिवरसस्याश्रमे। मुनिवरेति संबोधनं वा ॥10॥

सोऽचिन्तयत्तदा तत्र ममत्वाकृष्टचेतनः[1]।
मत्पूर्वैः पालितं पूर्वं मया हीनं पुरं हि तत्॥11॥

(1 गुप्तवती) ॥11॥

(2 चतुर्धरी) सोऽचिन्तयदित्यादि। ममेति षष्ठ्यन्तप्रतिरूपकमव्ययम्। तस्य भावो ममत्वं ममेदमित्यभिमानःतेनाकृष्टा वशीकृता चेतना बुद्धिर्यस्य मत्पूर्वैर्मदीयप्राचीनपुरुषैः। पूर्वं प्राक्काले। पूर्वद्द्वितीया ॥11॥

---

1. ममत्वाकृष्टमानसः, इत्यपि पाठः।

(3 शान्तनवी) तदा मुनिसंदर्शनकाले तत्राश्रमे ममत्वाकृष्टमानसः सुरथः स्वचेतसाऽचिन्तयत् कुटुम्बं स्मृतवानित्यन्वयः। ममेति विभक्तिप्रतिरूपकमव्ययम्। ममेति भावो ममत्वं ममता। ममेदमिति मदीयताबुद्धिः तया आकृष्टं वशीकृतं मानसं स्वान्तं चेतो यस्य स तथोक्तः। किमचिन्तयदित्यपेक्षायामाह। पूर्वं मत्पूर्वैर्मत्पित्रादिभिः धर्मतः पालितं मत्कुलागतं पुरं संप्रति विधिवशेन मया हीनं त्यक्तं तत् हि निश्चयेन ॥11॥

(4 नागोजीभट्टी) सोऽचिन्तयदिति। ममेति षष्ठ्यन्तप्रतिरूपकमव्ययम्। तस्य भावो ममत्वं ममेदमित्यभिमानः ते नाकृष्टा निवृत्तिमार्गादपकृष्टा चेतना बुद्धिर्यस्य सः। मत्पूर्वैः पूर्वजैरित्यर्थः। हिः पादपूरणे। उत्तरश्लोकेनान्वयः। मानस इति पाठेपि आकृष्टं मानसं यस्य ॥11॥

(5 जगच्चन्द्रचन्द्रिका) सोऽचिन्तयदिति 12 ॥11॥

(6 दंशोद्धारः) सोऽचिन्तयदिति। ममेति षष्ठ्यन्तप्रतिरूपकाद्भावे त्वप्रत्ययः ॥11॥

मद्भृत्यैस्तैरसद्वृत्तैर्धर्मतः पाल्यते न वा।

न जाने स प्रधानो मे शूरहस्ती सदामदः ॥12॥

(1 गुप्तवती) ॥12॥

(2 चतुर्धरी) मद्भृत्यैरिति। असद्वृत्तैरिति हेतुगर्भं विशेषणम्। अतएव धर्मतः पाल्यते नवेति विकल्पः। धर्मतः उचितनीत्या। प्रसिद्धः प्रधानो मुख्यः। उक्तलिङ्गं त्यजन्त्यपीति न्यायात्पुंस्त्वम्। तथा च रामायणे लङ्काकाण्डे 'ये प्रधानाः प्लवङ्गमाः' इति। यद्वा प्रधानानि महामात्रस्तैः सहितः। यद्वा सप्रधानो महामात्रसहितः ॥12॥

(3 शान्तनवी) मद्भृत्यैरिति। असद्वृत्तैरसच्चरितैस्तैर्मद्भृत्यैर्मदमात्यप्रभृतिभिः पुंभिर्धर्मतः धर्मामाश्रित्य दुःखेभ्यः पाल्यते किं नवेति सोऽचिन्तयत्सुरथ इत्यन्वयः। 'स्वान्ववायागतं वस्तु धर्माद्यर्थोपसाधनम्। स्वान्ववायोद्भवैः सम्यक् पालनीयं हि धर्मतः' इति यमगीतातो युक्तैषा राज्ञः स्वपुरानुस्मृतिः। मत्पूर्वैः मम वा पूर्वा मत्पूर्वास्तैः। पूर्वकालं भरणीयाः भृत्याः। भृञो संज्ञायां क्यप्। 'हिहेतावववधारणे। वृत्तं पद्ये चरित्रे त्रिष्वतीते दृढनिस्तले। धर्माः पुण्ययमन्यायस्वभावाचारसोमपाः। उपमायां विकल्पे वा'। स प्रधानः शूरः सदामदः मम वैरिवशं यातः गतः मद्वैरिगृहीतः मे

हस्ती सांप्रतं कान् भोगान् लप्स्यते। किंनु भविष्यतीति तन्न जाने इति सोचिन्तयदित्यन्वयः। सुखेन अकृच्छ्रेण प्रकर्षेण धीयते धार्यते पोष्यते च स प्रधानः। 'आतो युक्' इति ईषदुःसुषु कृच्छ्राकृच्छ्रार्थेषूपपदेषु दधातेर्युक् 'युवोरनाकौ'। स प्रधान इत्यपपाठः। स इति छेदेपि प्रधान इति न स्यात्। प्रदधाति प्रधानमिति नपुंसकत्वात्। यदभ्यधुः। परमात्मविप्रकृति-महामात्रमुख्येषु प्रधानमजहल्लिङ्गमद्वयोरिति। प्रधानेनामात्येन सह वर्तते सप्रधान इति चेत्तन्न। मम वैरिवशं यात इत्यनेन पौनरुक्त्यप्रसङ्गात्। प्रसह्याक्रान्तराज्यत्वादमात्या एव हि वैरिण इत्यलं विस्तरेण। सदा सर्वदा मदो यस्येति सदामदः। यद्वा। स इति छेदः। सपदात् सः प्रसिद्धो मे हस्तीति संबन्धनीयम्। दामानि द्यति खण्डयति इति दामदः। 'आतोऽनुपसर्गे कः' 'न पुंसि दाम संदानम्'॥12॥

(4 नागोजीभट्टी) मद्भृत्यौरिति। तथा पालने हेतुरसद्वृत्तैरिति। प्रधानैर्महामात्रैः सहितः सप्रधानः शूरहस्तीति कर्मधारयः। किमवस्थ इति न जाने इत्यन्वयः॥12॥

(5 जगच्चन्द्रचन्द्रिका) मद्भृत्यैरिति ॥13॥12॥

(6 दंशोद्धारः) मद्भृत्यौरिति। सप्रसिद्धः प्रधानो मुख्यः पुंस्त्वमार्षम्। यद्वा प्रधानेन महामात्रेण सहितः सप्रधान इत्येकं पदम्। स प्रधान इति पाठे सुप्रधानाख्यः स प्रसिद्धः। दामबन्धनं द्यति खण्डयति इति दामदः मदोन्मत्त इत्यर्थः। 'आतोनुपसर्गे कः'। दाम्ना सह सदामा स्तंभस्तं द्यतीति समस्तं वा॥12॥

मम वैरिवशं यातः कान्भोगानुपलप्स्यते।
ये ममानुगता नित्यं प्रसादधनभोजनैः॥13॥

(1 गुप्तवती) ॥13॥

(2 चतुर्धरी) ममेति। वैरिवशं विपक्षपारतन्त्र्यं यातः प्राप्तः। कान् क्रियतः कीदृशान्वा (भोगान्) उपलप्स्यते उपलभ्यत इति न जाने। साध्याहारोऽन्वयः। अनुगताः सेवकाः। प्रसादस्तुष्टिदानम्। धनं वर्षदेयं दानम्। भोजनं प्रतिदिनं देयम्। यद्वा प्रसादोऽनुग्रहः धनं प्रीतिदानं भोजनं चेतनं च तैर्हेतुभूतैरिति काकाक्षिवदुभयत्र संबध्यते ॥13॥

(3 शान्तनवी) भुज्यन्त इति भोगाः। 'पालनेऽभ्यवहारे च निर्वेशे च पणे स्त्रियाम्। भोगः सुखे भुजंगानां शरीरफणयोरपि'। जाने इति। ज्ञाजनोर्जा शिति। अनुपसर्गाज्ज्ञ इत्यात्मनेपदम्। ये नित्यं संततमनवरतं शश्वत्प्रसादधनभोजनैः प्रसादैरुचितदानैर्धनैर्वेतनरूपैर्भोजनैः मम अनुगता अनुजीविनः ॥13॥

(4 नागोजीभट्टी) ममेति। वशं पारतन्त्र्यम्। कान् कियन्तः कीदृशान्वा न जाने इत्यस्यानुषङ्गः। अनुगताः सेवकाः। सेवकत्वे हेतुः प्रसादेत्यादि। प्रसादस्तुष्टिदानम्। धनं मासिकादिवेतनम्। भोजनं प्रतिदिनं दीयमानं तैः ॥13॥

(5 जगच्चन्द्रचन्द्रिका) मम वैरिवशमिति 14 ॥13॥

(6 दंशोद्धारः) ममेति। प्रसादोऽनुग्रहः। धनं प्रीतिदानम्। भोजनं भृतिः। यद्वा प्रसादः प्रीतिदेयम्। धनं भृतिः। भोजनं प्रत्यहं देयं तैः। ममानुगताः त एवान्येषामनुवृत्तिं कुर्वन्तीति काकाक्षिवदुभयत्रापि संबन्धः ॥13॥

अनुवृत्तिं ध्रुवं तेऽद्य कुर्वन्त्यन्यमहीभृताम्।
असम्यग्व्ययशीलैस्तैः कुर्वद्भिः सततं व्ययम्॥14॥

(1 गुप्तवती) कुर्वन्त्यन्यमहीभृतामित्यनन्तरं क्वचिदेकः श्लोकोऽधिकः पठ्यते 'मम भार्या वरारोहा पुत्रश्चातीव शोभनः। सद्मानि स्वर्गसदृशान्यप्सरःप्रतिमाः स्त्रियः।' इति ॥14॥

(2 चतुर्धरी) अनुवृत्तिमिति। अनुवृत्तिं सेवाम्। ध्रुवमिति वितर्के। असम्यगिति। आयात्तुरीयांशो व्ययः सम्यग्व्ययः। ततोऽन्यथा असम्यग्व्ययः। तच्छीलैस्तत्कारीभिः। अथवा असम्यग्व्यशीलैस्तैः। दुर्व्यसनविषमव्ययशालिभिः ॥14॥

(3 शान्तनवी) अद्य इदानीं मद्विहीना अनाथाः सन्तः अन्यमहीभृतां मदितमहीभृताम् राज्ञाम् अनुवृत्तिं सेवां ध्रुवं निश्चितं कुर्वन्ति निश्चितमनुवृत्तिं विदधति इति सोऽचिन्तयदित्यन्वयः। 'ध्रुवो भभेदे क्लीबं तु निश्चिते शाश्वते त्रिषु'। अतिदुःखेन मत्पूर्वैर्मया च संचित उपार्जितः स सुवर्णादिद्रव्याणां कोशः राशिः। असम्यग्व्ययशीलैः। असम्यग् विफलः व्ययः द्रव्योत्सर्गः शीलं स्वभावो येषां ते तथोक्तास्तैः। सततं व्ययं वित्तोत्सर्गं कुर्वद्भिः तैरमात्यप्रभृतिभिः करणैः क्षयं नाशं गमिष्यति प्राप्स्यति इति

सोऽचिन्त्यदित्यन्वयः। आहुश्च 'आगामे च व्ययाभावे व्यये चानागमे क्रमात्। कोशस्य वृद्धिनाशौ स्तः तत्साम्ये पूर्वरूपता' इति। सततं संततम् 'लुंपेदवश्यमः कृत्वे तुं काममनसोरपि। समो वा हिततततयोर्मांसस्य पचि युङ्घञोः'। अत्यर्थं दुखं यस्मिंस्तत् अतिदुःखं तेन कर्मणा। 'शीलं स्वभावे सद्वृत्ते'। व्यये वित्तसमुत्सर्गे। चुरादावदन्तः। व्ययनं व्ययः। यदभ्यधुः। 'वित्तत्यागे व्ययतिर्व्ययने गतौ' इति ॥14॥

(4 नागोजीभट्टी) अनुवृत्तावपि एते एव हेतवः। ध्रुवमिति वितर्के। हा मां धिगित्यध्याहारः। असम्यगिति तुरीयांशाधिको व्ययः असम्यग्व्ययः। सततमिति समस्तम् ॥14॥

(5 जगच्चन्द्रचन्द्रिका) अनुवृत्तिमिति 15 ॥14॥

(6 दंशोद्धारः) असम्यगिति पृथक् पदम्। एतदसम्यमित्यर्थः। यद्वा आयात् तृतीयांशव्ययः सम्यग्व्ययः। तद्रहिनोऽसम्यग्व्ययः विटवेश्यादिषु वा तच्छीलैः ॥14॥

संचितः सोऽतिदुःखेन क्षयं कोशो गमिष्यति।
एतच्चान्यच्च सततं चिन्तयामास पार्थिवः ॥15॥

तत्र विप्राश्रमाभ्याशे वैश्यमेकं ददर्श सः
स पृष्टस्तेन कस्त्वं भो हेतुश्चागमनेऽत्र कः ॥16॥

(1 गुप्तवती) ॥15॥

(2 चतुर्धरी) दुःखेनेति। दुर्गतं स्वमिन्द्रियं यस्मिन्निति दुःखम्। दुःखवशात् अदाक्षिण्यात् षात्यदान्तादिति णत्वप्रतिषेधः। सुखदुःखतत्क्रियायाम् इति धातुपाठात्केचित् दुःखेनेत्याहुः। संचित इति ॥15॥

(3 शान्तनवी) सः पार्थिवः सुरथः। एतच्च पूर्वोक्तम् अतोन्यच्च सततं विस्तारितमन्तःपुरगतं पुरान्तरगतं देशान्तरगते च स्वकीयं वस्तु सर्वं चिन्तयामासेत्यन्वयः। सततमित्यत्र स इति छेदः। ततं विस्तारितमित्यर्थः। एकपदत्वे तु सततं संततमिति हि व्याख्यानं स्यात्। ततश्च सुरथश्चिन्तासंततिकाक्रान्तस्वान्ततया वक्ष्यमाणप्राप्तव्याष्टममनुत्वपदाव्याप्त्यै चिन्तानुकूलतया समाधानविधानविधुरः प्रसज्येत। 'वीध्रं तु विमलार्थकम्' विधुरं

तु प्रविश्लेषे' 'विधुरो दुःखिते हीनाङ्गे च प्रकीर्तितः'। ननु च सोऽचिन्तयदिति क्रियापदे कृते पुनश्चिन्तयामासेति वाचोयुक्तिर्न युक्तिमतीति चेत् तन्न। उक्तं चानुक्तं च ममताकृष्टमानसतया पुनःपुनश्चिन्तितमेवाचिन्तितमिवाचिन्तयद्राजेतियुक्तिमत्येव तद्वाचोयुक्तिरिति। पृथिव्या ईश्वरः पृथिव्यां विदितः ज्ञातश्च पार्थिवः। 'तस्येश्वरः' 'तत्र विदितः' इतिचेत्यञ् ॥15॥

(4 नागोजीभट्टी) दुःखेनेति निर्विसर्गं पठन्ति। विसर्गलः। कोशो मूलधनम्। अन्यदनुक्तमपि ॥15॥

(5 जगच्चन्द्रचन्द्रिका) संचित इति 16 ॥15॥

(6 दंशोद्धारः) संचित इति। एतच्च अन्यच्च राज्यभ्रष्टस्य मम पुनः कथं राज्यप्राप्तिरिति ततं विस्तीर्णं पुरान्तरगतं च चिन्तयामास। सततमित्येकपदत्वे तु नैरन्तर्यार्थत्वेन निरन्तरचिन्तासंतागाक्रान्तत्वेन भाव्युदयोपयोगित्वतदधिकारित्वस्य वक्ष्यमाणस्याऽसङ्गत्यापत्तेः इहापि विप्रस्याश्रमः विप्रेति संबोधनं वा ॥15॥

(1 गुप्तवती) ॥16॥

(2 चतुर्धरी) विप्रेति भागुरेः संबोधनं मेधसो विशेषणं वा। अभ्याशे निकटे स राजा एकम् अद्वितीयं वैश्यं ददर्श। वैश्यः तेन राज्ञा। भो इत्यामन्त्रणे। अत्र आश्रमे ॥16॥

(3 शान्तनवी) स सुरथः तत्र तपोवने तथातथा तत्र स्वकीयं वस्तु विचिन्तयन् सन् विप्राश्रमाभ्याशे विप्रस्य सुमेधसो मुनेः आश्रमस्याभ्याशे निकटे देशे एकं कंचित् वैश्यं तृतीयं द्वितीयं द्विजं च ददर्श दृष्ट्वानित्यन्वयः। तृतीयम् आत्ममुन्यपेक्षया। द्वितीयमात्मापेक्षयेत्यर्थः। विशोऽपत्यं जातिर्वैश्यः। गर्गादित्वाद्यञ्। ददर्शहेति कचित्पाठः। स इति तु प्रकरणतो लभ्यते। 'तुहिचस्महवै पादपूरणे'। अशू व्याप्तौ। तालव्यान्तः। कर्मणि घञ् अभ्यश्यते व्याप्यते अभ्याशः। एकं केवलमेकाकिनम्। तेन सुरथेन स वैश्यः पृष्टः। किं पृष्ट इत्याह। भो अहो त्वं कः कोऽसि जातितः। किंच। अत्र मुन्याश्रमे तवागमने को हेतुः किं कारणमित्यन्वयः। अव्ययमेष भोशब्द इति भाष्यम्। अथवैतद्भवच्छब्दस्य संबुद्धौ रूपम्। 'रुत्वोत्वयत्वलोपेषु......। सामान्योल्लेखतो ज्ञातमपि वस्तु विशेषतः। जिज्ञासमानो जिज्ञास्यं पृच्छन्नेवान्यदीप्सितम्।' राजा वैश्यं पुनः पृच्छति ॥16॥

(4 नागोजीभट्टी) तत्रेति। विप्रेति भागुरिसंबोधनं मेधार्थकतयाऽश्रमविशेषणं वा। अभ्याशे निकटे । स वैश्यः। भो इत्यामन्त्रणे। अत्र आश्रमे ॥16॥

(5 जगच्चन्द्रचन्द्रिका) तत विप्राश्रमेति 17 ॥16॥

(6 दंशोद्धारः) स पृष्ट इति ॥16॥

सशोक इव कस्मात्त्वं दुर्मना इव लक्ष्यसे।
इत्याकर्ण्य वचस्तस्य भूपतेः प्रणयोदितम्॥17॥

(1 गुप्तवती) ॥17॥

(2 चतुर्धरी) इष्टवियोगानुचिन्तनं शोकः। दुःखनिबन्धनश्चित्तावसादो दौर्मनस्यम्। सशोक इव उपहतशरीरत्वात्। दुर्मना इव क्रियास्वस्थिरत्वात्। इतीदृशमाकर्ण्य श्रुत्वा। प्रणयोदितं विश्रम्भेणोदीरितम्॥17॥

(3 शान्तनवी) भोः अहो त्वं कस्माद्धेतोः सशोक इव लक्ष्यसे संदृश्यसे सखेद इव प्रतीयसे। कस्माच्च हेतोः त्वं दुर्मना इव लक्ष्यसे विमनस्क इव क्ष्यसे वीक्ष्यसे इत्यन्वयः। 'मन्युशोकौ तु शुक् स्त्रियाम्'। 'मन्युदैन्ये क्रतौ क्रुधि'। शोकेन सहवर्तमानः सशोकः। 'दुर्मना विमना अन्तर्मनाः स्यात्' इति कोशः। दुष्टं मनो यस्य स दुर्मनाः। इवेति साम्ये। शारदाभ्रमिव पेलवमायुरिति वत्। इतीत्थं प्रणयोदितं प्रणयेन प्रेम्णा उदितं कथतं तस्य भूपतेः सुरथस्य वचः आकर्ण्य श्रुत्वा॥17॥

(4 नागोजीभट्टी) सशोक इति। इष्टवियोगानुचिन्तनं शोकः। दुःखनिबन्धनश्चित्तावसादो दुर्मनादौर्मनस्यम्। सशोक इव उपहतशरीरत्वात्। दुर्मना इव क्रियास्वस्थैर्यात्। इत्याकर्ण्येति। श्लोकः स्पष्टार्थः। प्रणयो विश्रम्भः॥17॥

(5 जगच्चन्द्रचन्द्रिका) सशोक इति 18॥17॥ मिलित्वा मन्त्रास्तु अष्टादश जाता इत्यर्थः॥17॥

(6 दंशोद्धारः) शोकः स्वजनवियोगचिन्तनम्। दुःखकृतचित्तावसादो दौर्मनस्यम्॥17॥

प्रत्युवाच स तं वैश्यः प्रश्रयावनतो नृपम्।

वैश्य उवाच।

समाधिर्नाम वैश्योऽहमुत्पन्नो धनिनां कुले ॥ 18 ॥

(1 गुप्तवती) ॥18 ॥

(2 चतुर्धरी) प्रत्युवाच प्रतिवचनं दत्तवान्। प्रश्रयावनतो विनयान्नम्रः ॥18 ॥

(3 शान्तनवी) स वैश्यः तं नृपं सुरथमुद्दिश्य प्रश्रयावनतः प्रश्रयेण विनयेनावनतो नम्रः सन् प्रत्यसुवाचेत्यन्वयः सुरथकृतप्रश्नानां प्रत्युत्तरं वक्तुं वाक्यमग्रहीदिति भावः। 'विश्रम्भयाञ्चाप्रेमाणः प्रणयेन समार्थकाः'। धनिनां कुले उत्पन्नेऽहं समाधिर्नाम विख्यातः जात्या वैश्योऽस्मीत्यन्वयः। अनेन कस्त्वं भो इति प्रश्नस्योत्तरमुक्तम्। 'इभ्य आढ्यो धनी' 'कुलं गृहेऽपि वंशेऽपि' ॥18 ॥

(4 नागोजीभट्टी) प्रश्रयो विनयः। मार्कण्डेयेन सुरथं प्रति ऋष्युक्तावनुदितायां भागुरेः किं वैश्य उवाचेति जिज्ञासामालक्ष्य मार्कण्डेय आह। वैश्य उवाच। समाधिरिति ॥18 ॥

(5 जगच्चन्द्रचन्द्रिका) अर्धश्लोकात्मकतः एकोनविंशतिरेवं स्युरिति। ततो अष्टादशमन्त्रानन्तरम् अर्धश्लोकरूपो मन्त्रः। श्लोकपादद्वयात्मक इत्यर्थः। एवं प्रकारेण एकोनविंश एकेन ऊनो विंशो मिलित्वा नवाधिका दश मन्त्रा जाता इत्यर्थः। तथाहि प्रत्युवाच स तं वैश्यः प्रश्रयावनतो नृपं स्वाहा 19। वैश्योक्तिर्विंशतिस्तथेति। तथा तेनैव गणनाप्रकारेण वैशेक्तिवैश्य उवाचेति कथनं विंशतिर्विंशतिसंख्याको मन्त्रः। वैश्य उवाच स्वाहा 20। पुनरर्ध इति। पुनः अर्धो अर्धात्मको मन्त्रः। श्लोकपादद्वयात्मको मन्त्र इत्यर्थः। तद्यथा। समाधिर्नाम वैश्योऽहमुत्पन्नो धनिनां कुले स्वाहा 21 ॥18 ॥

(6 दंशोद्धारः) ॥18 ॥

पुत्रदारैर्निरस्तश्च धनलोभादसाधुभिः।

विहीनः स्वजनैर्दारैः पुत्रैरादाय[1] मे धनम् ॥ 19 ॥

---

1. 'आदायि' इति शान्तनवीस्थः पाठः।

(1 गुप्तवती) ॥19 ॥

(2 चतुर्धरी) पुत्रदारैरिति। पुत्रैश्च दारैश्च। चकारात्स्वजनैश्च निरस्तोऽधिक्षिप्तः। भर्त्सित इति यावत्। असाधुभिरिति हेतुगर्भं विशेषणम्। विहीनश्चेति। न केवलमधिक्षिप्तः। किंतु धनमादाय निरस्तो निःसारितः। एवमहं धनैर्दारैः पुत्रैराप्तबन्धुभिश्च विहीनो वनमभ्यागत इत्यन्वयः। केचित्तु धनैरिति पुत्रदारैरित्यस्य विशेषणम्। ते हि मम धनानि तैरेवधनमादायाहं विहीन इत्याहुः। आप्ताः सुहृदः। बान्धवो ज्ञातयः। पादानुवृत्तिर्नामालंकारोऽयम् ॥19 ॥

(3 शान्तनवी) धनेषु लोभात् गार्ध्यात् असाधुभिः असज्जनैः पुत्रैश्च पुत्राणां दारैश्च निरस्तश्च निराकृतोस्मीत्यन्वयः। एतेन सशोक इव कस्मात्त्वम् इति प्रश्नस्योत्तरमुक्तम्। स्वजनैर्बान्धवैश्च विहीनः रहितोऽस्मि। इत्यपि सशोकोऽस्मीत्यन्वयः। दारैः पुत्रैः आदायि मे धनं मदीयैर्दारैः पुत्रैश्च मे धनम् आदायि गृहीतमित्यन्वयः। अनेन दुर्मना इव लक्ष्यसे कस्मादिति प्रश्नस्योत्तरमुक्तम् ॥19 ॥

(4 नागोजीभट्टी) असाधुभिः पुत्रदारैर्धनलोभान्निरस्तः अधिक्षिप्तः। भर्त्सित इति यावत्। चादन्यैरपीत्यर्थः। विहीनश्चेति। दारैः पुत्रैर्मे धनमादाय गृहीत्वा धनैर्विहीनश्च। अंशस्याप्यदानात्तद्रहितः कृतोहम् ॥19 ॥

(5 जगच्चन्द्रचन्द्रिका) पुनः श्लोकत्रयमिति। पुनः श्लोकत्रयं श्लोकत्रयात्मकाः प्रत्येकं त्रयो मन्त्राः, इति। तथाहि पुत्रदारैरिति 22 ॥19 ॥

(6 दंशोद्धारः) विहीन इति मे धनमादाय निरस्त इत्यन्वयः। अतएव धनादिभिर्विहीनः। आदायीति वा पाठः आदायि गृहीतमित्यर्थः ॥19 ॥

वनमभ्यागतो दुःखी निरस्तश्चाप्तबन्धुभिः।
सोऽहं न वेद्मि पुत्राणां कुशलाकुशलात्मिकाम् ॥20 ॥

(1 गुप्तवती) ॥20 ॥

(2 चतुर्धरी) स तथाविधोऽहं कुशलाकुशलात्मिकां शुभामशुभां वा प्रवृत्तिं वार्ताम् ॥20 ॥

(3 शान्तनवी) मदीयैराप्तैर्बन्धुभिः पुत्रमित्रकलत्रादिभिरपहृतधनो

निरस्तश्चाहं दु:खी उद्विग्मना: सन् वनमभ्यागतोऽस्मीत्यन्वयः। अनेन हेतुश्चागमनेऽत्र क इति प्रश्नस्योत्तरमुक्तम्। तथाविधः सोहं अत्र वने संस्थितः सन् पुत्राणां च दाराणां स्वजनानां च कुशलाकुशलात्मिकां कुशलरूपां अकुशलरूपां च द्विविधरूपाम् ॥20 ॥

(4 नागोजीभट्टी) धनहीनत्वादेवाप्तैः सुहृद्भिः बन्धुभिश्च निरस्तस्त्यक्तोऽहं वनमभ्यागत इत्यन्वयः। सोऽहमिति ॥20 ॥

(5 जगच्चन्द्रचन्द्रिका) वनमभ्यागत इति 23 ॥20 ॥

(6 दंशोद्धारः) ॥20 ॥

प्रवृत्तिं स्वजनानां च दाराणां चात्र संस्थितः।
किं नु तेषां गृहे क्षेममक्षेमं किं नु सांप्रतम् ॥21 ॥

(1 गुप्तवती) प्रवृत्तिं वृत्तान्तम् ॥21 ॥

(2 चतुर्धरी) तामेव विविच्य दर्शयति। किंन्विति। किमिति संदेहे। न्विति विकल्पे। तेषां पुत्रदारस्वजनानां गृहे कलत्रापत्यादौ क्षेमं कल्याणं अक्षेममकल्याणं सांप्रतमिदानीं कथं किंविधम्। वृत्तं शीलम्। सुता इत्युपलक्षणम्। दाराः खजनाश्चेत्यपि बोद्धव्यम् ॥21 ॥

(3 शान्तनवी) प्रवृत्तिं वार्तां न वेद्मि न जानामीत्यन्वयः। संगतोऽत्रत्यैः स्थितः संस्थितः। 'संस्थाधारे स्थितौ मृतौ' इति वा। दारशब्दः पुंस्येव भूम्न्येव कलत्रवाची। कुशलं चाकुशलं चात्मा स्वभावो यस्याः सा तथोक्ता। 'शेषाद्विभाषा' इति कप् समासान्तः इत्वं च। किं नु इति छेदः। 'किंपृच्छायां जुगुप्सन्' 'न पृच्छायां विकल्पने च'। तत्र किमित्यनव्ययं च। संप्रत्येव सांप्रतम्। 'प्रज्ञादिभ्यश्च' इत्यण्। इह क्षेमत्वाश्रयो विकल्पः नुशब्देन सूच्यते। सांप्रतमिदानीं तेषां पुत्रादीन गृहे किमपि क्षेमं नु वर्तते। अथवा सांप्रतमिदानीं तेषां पुत्रादीनां गृहे किं क्षेममक्षेममपि नु वर्तते इति तदुभयं न वेद्मीत्यन्वयः। क्षेमं वाऽक्षेमं वा न वेद्मीत्यर्थः। 'कुशलं क्षेममस्त्रियाम्।' क्षिणोति हिनस्ति क्लेशान् क्षेमम् ॥21 ॥

(4 नागोजीभट्टी) प्रवृत्तिर्वार्ता। ता एव विवृणोति। किं न्विति। किं नु इति द्वयं विकल्पे। तेषां पुत्रदारस्वजनानां गृहे दारापत्यादौ ॥21 ॥

(5 जगच्चन्द्रचन्द्रिका) प्रवृत्तिमिति 24 ॥21 ॥

(6 दंशोद्धारः) ॥21 ॥

कथं ते किं नु सद्वृत्ताः दुर्वृत्ताः किं नु मे सुताः ।

राजोवाच ।

यैर्निरस्तो भवाँल्लुब्धैः पुत्रदारादिभिर्धनैः ।
तेषु किं भवतः स्नेहमनुबध्नाति मानसम् ॥22 ॥

(1 गुप्तवती) ॥22 ॥

(2 चतुर्धरी) यैर्निरस्त इति। धनैर्हेतुभूतैः। किमिति प्रश्ने। भवतः मानसं मनः स्नेहमनुबध्नाति आसंजयति ॥22 ॥

(3 शान्तनवी) ते सुताः साप्रतं किं सद्वृत्ताः नु। अथवा ते सुताः सांप्रतं किं दुर्वृत्ताः नु इति तदुभयं कथं मे ज्ञेयं स्यादित्यन्वयः। ते सुताः सांप्रतं सद्वृत्ता वा दुर्वृता वा कथं मया ज्ञेया इति भावः। सत् साधु वृतं चरितं येषां ते सद्वृत्ताः। अथवा सतामिव वृत्तं चरितं येषां ते सद्वृत्ताः। दुष्टमसाधु वृत्तं चरितं येषां ते दुर्वृत्ताः अथवा दुष्टानामसज्जनानामिव वृत्तं चरितं येषां ते दुर्वृत्ताः। 'इति दुर्दैवतो वैश्याद्द्रुह्यत्पुत्रादिबन्धुतः। दुःखत कथितं वाक्यमाकर्ण्योचे पुनर्नृपः'। हे समाधे हे वैश्य भवान् धनैः कारणैः लुब्धैर्गृध्नुभिः। यैः पुत्रदारादिभिर्दुर्वृत्तैर्बन्धुभिर्निरस्तोऽभूत् तेषु भवतः मानसं कर्तृ। स्नेह किमनुबध्नाति किमर्थं करोतीत्यन्वयः। तादृशेषु स्नेहनिबन्धनं जुगुप्सितं गर्हितं त्यजनीयं भवतेति भावः। यदाहुः 'भावतः स्निह्यति स्नेहे द्रुहे च द्रुह्यते पुनः। सौजन्यं सुजने कुर्याद्दौर्जन्यमपि दुर्जने' इति। भवाँल्लुब्धैरित्यत्र 'तोर्लि' इति नकारस्य परसवर्णोऽनुनासिको लकारः ॥22 ॥

(4 नागोजीभट्टी) कथं ते किंविधास्ते। वृत्ते व्यवहारः। सुता इत्युपलक्षणम्। राजोवाच। यैरिति। धनैरिति भर्त्सनरूपे निरासे हेतुः। किमिति प्रश्ने ॥22 ॥

(5 जगच्चन्द्रचन्द्रिका) अर्धं पुनर्भवेदिति। पुनर्भूयोऽपि अर्धोऽर्धश्लोकात्मको मन्त्रो भवेत्। एवंप्रकारेण पञ्चविंशति संख्या स्यादित्यर्थः। तथाहि। 'कथं ते किं नु सद्वृत्ता दुर्वृत्ताः किं नु मे सुताः स्वाहा 25'। 'राजा षड्विंशतिस्ततः' इति। ततः पञ्चविंशतिमन्त्रान्तरं राजा राजोवाचेति मन्त्रः। षडधिका विंशतिः पञ्चविंशतिः अधिकैक इत्यर्थः।

तथाहि 'राजोवाच स्वाहा 26।' अर्धश्लोकात्मकं मन्त्रद्वयमिति श्लोकस्य यैर्निरस्त इत्यादेः पूर्वार्धापरार्धमन्त्रद्वय द्वौ मन्त्रौ भवतः। तथाहि "यैर्निरस्तो भवाँल्लुब्धैः पुत्रदारादिभिर्धनैः स्वाहा 27।' 'तेषु किं भवतः स्नेहमनुबध्नाति मानसं स्वाहा 28॥" 22॥

(6 दंशोद्धारः) ॥22॥

वैश्य उवाच।

एवमेतद्यथा प्राह भवानस्मद्गतं[1] वचः।
किं करोमि न बध्नाति मम निष्ठुरतां मनः॥23॥

(1 गुप्तवती) ॥23॥

(2 चतुर्धरी) एवमिति अस्मद्गतमस्मद्विषयम्। मम मनो निष्ठुरतां पारुष्यं न बध्नाति न भजत इत्यन्वयः॥23॥

(3 शान्तनवी) वैश्य उवाच। यन्मद्गतमित्यपि क्वचित्पाठः सभ्यः। ममेत्येकवचनपाठौचित्यादस्मद्गतमिति पाठे राजाग्रे वैश्यस्य प्रश्रयावनतस्य सतः प्रागल्भ्यानौचित्यप्रसङ्गाच्च। हे नृप भवान् यन्मद्गतं वचः यथा प्राह प्रब्रवीति एतद्वचः एवमिदमित्थमेव। अथाप्यहं किं करोमि मम मनः। कर्तृ। निष्ठुरतां परुषतां न बध्नाति नाचरति नाश्रयति इत्यन्वयः। 'इवेत्थमर्थयोरेवम्' अस्मान् गतम् अस्मद्गतम्। अस्मत्पृथक्। मद्गतं मां गतं मद्गतं मत्पृथक्। अथवा अस्माभिर्गतं ज्ञातम्। अस्मद्गतम्। मया गतं ज्ञातम् अस्मद्गतम्। गत्यर्था धातवो ज्ञानार्था अपि भवन्ति॥23॥

(4 नागोजीभट्टी) वैश्य उवाच। एवमिति। अस्मद्गतमस्मदीय-विषयकम्॥23॥

(5 जगच्चन्द्रचन्द्रिका) वैश्यः पुनर्भवेदिति। पुनः वैश्य उवाच इति मन्त्रो भवेत् तथाहि। 'वैश्य उवाच स्वाहा 29।' 'एकोनत्रिंशदेव तु मन्त्रसंख्या प्रकीर्तिता' इति। तु पुनः एवं गणनप्रकारेण एकेन ऊना त्रिंशत् एकोनत्रिंशत्। अष्टाविंशात्मकाधिकैक इत्यर्थः। संख्यायते गण्यतेऽनया संख्या मन्त्राणां संख्या मन्त्रसंख्या। प्रकीर्तिता कथिता। पुनरर्धमिति। पुनरर्धश्लोकात्मको मन्त्रो भवेत्। तद्यथा। 'एवमेतद्यथा प्राह भवानस्मद्गतं वचः स्वाहा 30।' पुनः श्लोकत्रयमिति।

---

1. 'भवान्यन्मद्गत वचः' इतिशान्तवीसंमतः पाठः।

पुनः श्लोकात्मकाः प्रत्येकं मन्त्राः। तथाहि। किं करोमीति 31 ॥23॥

(6 दंशोद्धारः) एवमिति। यस्माद्गतमित्यपि पाठः। मद्गतं मया गतं ज्ञातं वा। अस्मद्गतमितिपाठे तु प्रागल्भ्येन प्रश्रयभावः स्यादिति कश्चित्। वस्तुतस्तु 'अस्मदो द्वयोश्च' इति एकत्वेपि बहुत्वं युक्तमेव ॥23॥

यैः संत्यज्य पितृस्नेहं धनुलुब्धैर्निराकृतः।
पतिस्वजनहार्दं च हार्दि तेष्वेव मे मनः ॥24॥

(1 गुप्तवती) ॥24॥

(2 चतुर्धरी) यैरिति। यैः पुत्रैर्दारैः स्वजनैश्च पितृस्नेहं पतिहार्दं स्वजनहार्दं च संत्यज्येत्यन्वयः। निराकृतस्त्यक्तोऽस्मि। तेषु तथाविधेष्वपि मे मम मनो हार्दि सस्नेहम्। धनलुब्धैर्निराकृतोपि सस्नेह एवेत्येवकारोऽतिभिन्नक्रमे हार्दीत्यस्यानन्तरं द्रष्टव्यः ॥24॥

(3 शान्तनवी) हे राजन् पितृस्नेहं संत्यज्य धनलुब्धैर्यैर्मत्पुत्रैर्निराकृतोऽस्मि तेष्वेव पुनर्मे मनः हार्दि वर्तते। किंच। पतिस्वजनहार्दं भर्तृलक्षणं बन्धुस्नेहं संत्यज्य धनलुब्धैर्यैर्मद्दारैर्निराकृतोऽस्मि तेष्वेव पुनर्मे मनः हार्दि वर्तते। किं करोमीत्यन्वयः। हृदयस्य स्वान्तस्य कर्म हार्दम्। प्रेमस्नेह इति यावत्। युवादित्वादण्। 'हृदयस्य हृल्लेखदण्लासेषु' इति हृद्भावः। हार्दमस्त्यस्य तत् हार्दि मनः हृदयनिविष्टस्नेहोपेतम्। स्नेहनिबद्धमिति यावत्। पतिरेव भर्तैव स्वजनो बन्धुः तस्मिन् हार्दं स्नेहः पतिस्वजनहार्दं तत्। 'लुब्धोऽभिलाषुकस्तृष्णक्' ॥24॥

(4 नागोजीभट्टी) यैरिति। यैः पुत्रदारैः स्वजनैश्च पतिहार्दं स्वजनहार्दं च। हार्दं स्नेहः। तेष्वपि तथाविधेष्वपि मे मनः हार्द्येवेत्यन्वयः ॥24॥

(5 जगच्चन्द्रचन्द्रिका) पतिस्वजनेति 32 ॥24॥

(6 दंशोद्धारः) यैः संत्यज्येति। यैः पुत्रदारस्वजनैश्च पितृस्नेहं पतिहार्दं भर्तृस्नेहं स्वजनस्नेहं च संत्यज्येत्यन्वयः। तेषु मे मनो हार्दि स्नेहयुक्तमेव। एवकारो भिन्नक्रमः। प्रीतिमिति क्वचित्पाठः ॥24॥

किमेतन्नाभिजानामि जानन्नपि महामते।
यत्प्रेमप्रवणं चित्तं विगुणेष्वपि बन्धुषु ॥25॥

(1 गुप्तवती) ॥25॥

(2 चतुर्धरी) किमेतदिति। जानन् ज्ञानवानपि विगुणेष्वपि विरुद्धगुणेष्वपि यत् चित्तं स्नेहानुबन्धि एतत् किमिति नाभिजानामीत्यन्वयः ॥25 ॥

(3 शान्तनवी) हे महामते राजन् विगुणेष्वपि बन्धुषु प्रेमप्रवणं मे चित्तमिति जानन्नपि यन्नाभिजानामि किमेतदित्यन्वयः। अथवा हे महामते राजन्। यद्यस्मात्कारणात् बन्धुषु विगुणेषु असत्स्वपि मे चितं प्रेमप्रवणम् इति जानन्नपि एतद्वारयितुं नाभिजानामि करोमि किमित्यन्वयः। अथवा हे महामते राजन् बन्धुषु विगुणेषु सत्स्वपि यत् चित्तं प्रेमप्रवणे स्यात्। तत्किनाम कुत्सितं गर्हितम् इति जानन्नपि नाभिजानामीत्यन्वयः। महती मतिर्यस्य स महामतिः। हे महामते प्रेम्णा प्रवणं प्रह्वं नम्रम् अनुकूलम्। 'प्रवणं क्रमनिम्नोर्व्यां प्रह्वे ना तु चतुष्पथे' अगुणेषु अस्नेहेषु। विगुणेषु विस्नेहेषु ॥25 ॥

(4 नागोजीभट्टी) किमेतदिति। तेषां दोषं जानन्नपि यत् विगुणेष्वपि बन्धुषु प्रेमप्रवणं चित्तं करोमि तत्किमिति कस्माद्धेतोरेतन्न जानामि इत्यन्वयः ॥25 ॥

(5 जगच्चन्द्रचन्द्रिका) यत्प्रेमप्रवणमिति 33 ॥25 ॥

(6 दंशोद्धारः) किमेतदिति। जानन्नपि न जानामि। किमेतदिति प्रश्नः। यद्वा जानन्नपि विगुणष्वपि बन्धुषु यत्प्रेमप्रवणं चित्तं करोमि तत्किमिति कस्माद्धेतोर्न जानामि इत्यन्वयः ॥25 ॥

तेषां कृते मे निःश्वासो दौर्मनस्यं च जायते।
करोमि किं यन्न मनस्तेष्वप्रीतिषु निष्ठुरम् ॥26 ॥

(1 गुप्तवती) ॥26 ॥

(2 चतुर्धरी) तेषामिति। कृते हेतोः निःश्वासः दौर्मनस्यं च जायत इति यथावचनमन्वयः। अप्रीतिषु प्रीतिशून्येषु यन्मनो न निष्ठुरम्। अप्रीतिसुनिष्ठुरमिति पाठे अप्रीत्या सुनिष्ठुरम् अतिनिष्ठुरं न जायत इत्यनुषज्यते। तत्किं करोमीत्यन्वयः ॥26 ॥

(3 शान्तनवी) करणं कृतिः कृतम्। नपुंसके भावे क्तः। अथवा करणं

1. 'अप्रीतिसुनिष्ठुरं' इति चतुर्धरीगृहीतः पाठः।

कृतिः कृत् तस्यै। संपदादित्वाद्भावे स्त्रियां क्विप्। निर्गच्छति श्वासो यस्मात्स निःश्वासः शोकः। दुःस्थं मनो यस्य स दुर्मनाः तद्भावो दौर्मनस्यं प्रतिपक्षिणी नास्ति प्रीतिर्येषांते अप्रीतयः। निष्ठुरं कठोरम्। तेषां पुत्रादीनां कृते क्षेमलाभयोः संसिद्धिविषये संसिद्धिप्रयुक्त्यैव मे निःश्वासः शोकादैन्यं दौर्मनस्यं दुस्थितमनस्कत्वं च जायते। यद्यस्मात्कारणात् मयि अप्रीतिष्वपि तेषु पुत्रादिषु मे मनः निष्ठुरं क्रूरं न जायते। अतः करोमि किमित्यन्वयः। तदित्थं संप्रति सांसारिकचिन्तातः कान्दिशीकोऽस्मीति भावः। 'कान्दिशीको भयद्रुतः' कां दिशं व्रजामि इति व्याकुलोऽस्मीति भावः॥26॥

(4 नागोजीभट्टी) तेषामिति। तन्निमित्तं यन्मे निःश्वासादिकं जायते अप्रीतिषु प्रीतिरहितेषु अपि तेषु यन्मे मनो निष्ठुरं न तत्किं करोमीत्यन्वयः॥26॥

(5 जगच्चन्द्रचन्द्रिका) अर्धं पुनर्भवेदिति। अर्धं अर्धश्लोकात्मको मन्त्रो भवेत्। तथाहि-'करोमि किं यन्न मनस्तेष्वप्रीतिषु निष्ठुरं स्वाहा 34'॥26॥

(6 दंशोद्धारः) ॥26॥

मार्कण्डेय उवाच।

ततस्तौ सहितौ विप्र तं मुनिं समुपस्थितौ।
समाधिर्नाम वैश्योऽसौ स च पार्थिवसत्तमः॥27॥

(1 गुप्तवती) ॥27॥

(2 चतुर्धरी) तत इत्यादि। हे विप्र तं मेधसं समुपस्थितौ उपसन्नौ। पार्थिवेषु राजसु सतमः साधुतमः॥27॥

(3 शान्तनवी) हे विप्र हे शिष्य समाधिर्नाम असौ वैश्य पार्थिवसत्तमः स सुरथश्च तौ द्वौ सहितौ मिलितौ हितसंयुक्तौ वा संतौ तं प्रसिद्धं सुमेधसं नाम मुनिं समुपस्थितौ सम्यक् उपजग्मतुरित्यन्वयः। तिष्ठतिरुपपूर्वो गत्यर्थोपि। पार्थिवेषु सन् अतिशयेन पार्थिवसत्तमः॥27॥

(4 नागोजीभट्टी) मार्कण्डेय उवाच। तत इति। सहितौ मित्रत्वेन संगतौ समुपस्थितौ समुपसन्नौ॥27॥

(5 जगच्चन्द्रचन्द्रिका) मार्कण्डेय इति। तथाहि-'मार्कण्डेय उवाच

स्वाहा 35' इत्येको मन्त्रः। पुनश्चार्द्धश्लोक इति पुनरर्धश्लोकात्मको मन्त्रश्च भवेत्। तथाहि–'ततस्तौ सहितौ विप्र तं मुनिं समुपस्थितौ स्वाहा 36'। श्लोकात्मकः पुनरिति। पुनः श्लोकात्मकः श्लोकरूपो मन्त्रो भवेत्। तद्यथा। समाधिर्नामेति 37 ॥27 ॥

(6 दंशोद्धारः) ॥27 ॥

कृत्वा तु तौ यथान्यायं यथार्हं तेन संविदम्।
उपविष्टौ कथाः काश्चिच्चक्रतुर्वैश्यपार्थिवौ ॥28 ॥

(1 गुप्तवती) ॥28 ॥

(2 चतुर्धरी) कृत्वेति। यथान्यायं यथागमं यथार्हं यथाचारं तेन मुनिना सह संविदं संभाषां 'संवित्स्त्रियां प्रतिज्ञायामाकारे ज्ञानसंकरे। संभाषायां क्रियाकाले संकेते नाम्नि भाषणे' इत्यभिधानात् ॥28 ॥

(3 शान्तनवी) अल्पाच्तरत्वाद्वैश्यस्य पूर्वनिपातः। अभ्यर्हितस्तु पार्थिवः क्षत्रियत्वात्। यथान्यायं तु शश्वद्वर्णोक्तविधिमनतिक्रम्यैव यथार्हम् अर्हं पूज्यं वृद्धम् अनतिक्रम्यैव यथाश्रमं तस्मै सुमेधसे मुनये संविदं संभाषणाद्याचारं कृत्वा तेनापि पूजितौ तदनुमत्या उपविष्टौ संतौ तौ वेश्यपार्थिवौ काश्चित्स्वार्थपराः उचिताः कथाः उक्तीः चक्रतुः विदधतुरित्यन्वयः। 'तु स्याद्भेदेऽवधारणे'। 'स्त्री संविज्ज्ञानसंभाषाक्रियाकाराजिनामसु'। 'प्रतिज्ञातोषणाचारेष्वपि संवित्प्रयुज्यते' ॥28 ॥

(4 नागोजीभट्टी) कृत्वेति। यथान्यायं यथाशास्त्रं यथार्हं यथायोग्यं संविदं संभाषाम् उपविष्टौ अन्तर्भावितण्यर्थत्वेन। उपवेशितावित्यर्थः। तेनेति कर्तरि तृतीया। काश्चित्स्वपरविषयाः ॥28 ॥

(5 जगच्चन्द्रचन्द्रिका) अर्धश्लोकात्मको मन्त्र इति। अर्धश्लोकरूपो मन्त्रः। तद्यथा 'उपविष्टौ कथाः काश्चिच्चक्रतुर्वैश्यपार्थिवौ स्वाहा 38' ॥28 ॥

(6 दंशोद्धारः) कृत्वेति। यथान्यायं यथाशास्त्रं यथार्हं यथामहत्सु योग्यं संविदं भाषणम्। काश्चित्स्वपरविषयाः ॥28 ॥

राजोवाच।

भगवंस्त्वामहं प्रष्टुमिच्छाम्येकं वदस्व तत्।
दुःखाय यन्मे मनसः स्वचित्तायत्ततां विना ॥29॥

(1 गुप्तवती) दुःखायेति। स्वचित्तजयाभावसहकारिकं मनसि दुःखापादकं वस्तु किमित्यर्थः ॥29॥

(2 चतुर्धरी) भगवन्निति। एकं वस्तु यन्मनसः स्वचित्ते हृदि आयत्ततां निरोधं विना मे मम मनसो दुःखाय दुःखकारणं तद्वदस्वेत्यर्थः। वदस्वेति 'सर्वे विधयः छन्दसि विकल्पन्ते'। इत्यात्मनेपदम्। पुराणमपि ऋषिप्रणीतत्वाच्छान्दसमेव। यद्वा यन्मे वदस्वेति। अत्रार्थे आत्मनेपदम्। मनोजयो हि न किमपि नरं दुःखाकरोति संकल्पविकल्पात्मकं चित्तम्। 'अधीनो निघ्न आयत्तः' इत्यमरः ॥29॥

(3 शान्तनवी) हे भगवन् हे सर्वैश्वर्यसंपन्न हे मुने त्वाम् अहम् एकं रहस्यं प्रष्टुमिच्छामि तद् वदस्व रहसि उपदिश। 'भासनोपसंभाषा०' सूत्रेणोपमन्त्रणे रहस्युपच्छन्दने आत्मनेपदम्। यद्यस्मात्कारणात्स्वचित्तायत्ततां विनावस्थानं मे मनसः दुःखाय भवतीत्यन्वयः। यदहम् एकं रहस्यं त्वां प्रष्टुमिच्छामि तन्मयावश्यमाकर्णनीयम्। अन्यथा तदाकर्णनाभावे स्वचित्तायत्तत्वं न स्यात्। तदभावस्तु मे मनसः दुखाय स्यात् संशयापन्नत्वात्। तस्मात्तद्रहस्यं मया श्रोतव्यमेवेति भावः। 'ऐश्वर्यमस्य समग्रस्य धर्मस्य यशसः श्रियः। वैराग्यस्याथ मोक्षस्य षण्णां भग इतीरणा' ॥29॥

(4 नागोजीभट्टी) राजोवाच। भगवन्निति। वदस्वेति यत्नार्थे आत्मनेपदम्। यत्नेन वदेत्यर्थः। एकं रहस्यं वदस्व। तदाह। मे मनसः संकल्पात्मकस्यान्तःकरणस्य स्वचित्ते निश्चयात्मके स्वस्वरूपे आयत्ततां निरोधं विना दुःखाय यदित्यन्वयः। संकल्पविकल्पात्मकमेवमन्तःकरणं न निश्चयात्मकमतो न मे तन्निर्णयेऽधिकार इति भावः ॥29॥

(5 जगच्चन्द्रचन्द्रिका) राजेति। 'राजोवाच स्वाहेत्ययं मन्त्रः 39'। अर्धश्लोकमन्त्रक इति अर्धश्लोकरूपो मन्त्रः। तद्यथा। 'भगवंस्त्वामहं प्रष्टुमिच्छाम्येकं वदस्व तत् स्वाहा 40'। मन्त्राश्चत्वारिंशदेवमिति। एवं प्रकारेण

चत्वारिंशत् विंशतिद्वयं मन्त्राः स्युः। श्लोकमन्त्रचतुष्टयमिति श्लोकरूपा ये मन्त्रास्तेषां चतुष्टयम्। श्लोकरूपाः प्रत्येकं चत्वारो मन्त्रा इत्यर्थः। तद्यथा दुःखायेति 41 ॥29 ॥

(6 दंशोद्धारः) भगवन्निति। वदस्वेति यत्ने। 'भासनोपसंभाषा' इत्यात्मनेपदम्। यत्नेन वदेत्यर्थः ॥29 ॥

ममत्वं गतराज्यस्य राज्याङ्गेष्वखिलेष्वपि।
जानतोऽपि यथाज्ञस्य किमेतन्मुनिसत्तम ॥30 ॥

(1 गुप्तवती) राज्याङ्गेषु स्वाम्यमात्यसुहृत्कोशराष्ट्रदुर्गबलेषु सप्तसु ॥30 ॥

(2 चतुर्धरी) ममत्वमिति। राज्यस्येति। सुपां सुप् इति सप्तम्यर्थे षष्ठी। मम राज्यादौ यन्ममत्वमेतत्किं निबन्धनमित्यर्थः। अन्यदाह। राज्यस्य राज्यक्रियाया इति राज्याङ्गेषु स्वाम्यादिषु। 'स्वाम्यामात्यसुहृत्कोशराष्ट्रदुर्गबलानि च। राज्याङ्गानि प्रकृतयः पौराणां श्रेणयोऽपि च' इति नामलिङ्गानुशासनात्। अखिलेषु समस्तेषु ॥30 ॥

(3 शान्तनवी) मुनिष्वतिशयेन सत् विपश्चित् मुनिसत्तमः। हे मुनिसत्तम। जानतोऽपि उत्पन्नज्ञानस्यापि गतराज्यस्य शत्रुहस्तगतसाम्राज्यस्य मे अखिलेष्वपि राज्याङ्गेषु यथाज्ञस्य जडस्येव ममत्वम् ममता वर्तते किमेतत् इत्यन्वयः। विनष्टराज्यस्य पुंसः राज्याङ्गेषु किं ममत्वेन कृतं स्यादिति भावः। 'स्वाम्यमात्यसुहृत्कोशराष्ट्रदुर्गबलानि च' इति सप्त राज्याङ्गानि। 'ववायथातथैवैवम्' ॥30 ॥

(4 नागोजीभट्टी) दुःखहेतुत्वमाह। ममत्वमिति। राज्यस्येति सप्तम्यर्थस्य शेषत्वविवक्षयां षष्ठी। राज्ये इत्यर्थः। तेष्वमदीयत्वं जानतोऽपि मम यथा अज्ञस्य अज्ञस्येव राज्यादिषु ममत्वं एतत्किम्। किंनिबन्धनमित्यर्थः। 'स्वाम्यामात्यसुहृत्कोशराष्ट्रदुर्गबलानि च। राज्याङ्गानि प्रकृतयः पौराणां श्रेणयोऽपि च' एषु स्वाम्यं प्रधानम् ॥30 ॥

(5 जगच्चन्द्रचन्द्रिका) जानतोऽपि 42 ॥30 ॥

(6 दंशोद्धारः) ॥30 ॥

अयं च निकृतः[1] पुत्रैर्दारैर्भृत्यैस्तथोज्झितः।
स्वजनेन च संत्यक्तस्तेषु हार्दी तथाप्यति ॥31॥

(1 गुप्तवती) निकृतः वञ्चितः। अतिहार्दी अतिशयस्नेहवान् ॥31॥

(2 चतुर्धरी) अयमिति। अयं वैश्यः निकृतो दुःखीकृतः उज्झितस्त्यक्तः। तथेति समुच्चये। अति अतिशयेन हार्दी स्नेहवान् ॥31॥

(3 शान्तनवी) अयं वैश्यश्च यद्यपि पुत्रैः निकृतः विप्रकृतः खिलीकृतः। तथा दारैः कलत्रैः भृत्यैरमात्यैश्च उज्झितः उत्सृष्टः। स्वजनैभ्रात्रादिभिर्बन्धुभिरपि संत्यक्तः तथापि तेषु पुत्रादिषु ममत्वेन अतिहार्दी अतिस्नेहोपेतो वर्तत इत्यन्वयः। विस्नेहेषु पुत्रादिषु ममत्वेनातिस्नेहवानिति भावः। 'निकृतः स्याद्विप्रकृतः' निःक्रियते खिलीक्रियतेस्म निकृतः। अथवा 'निकृतस्त्वमृजुः शठ' निकृणोति हिनस्ति निकृतः हिंसकोऽयमनृजुः शठ इत्युज्झित इत्यर्थः। 'कुसृतिर्निकृतिः शाठ्यम्' निष्कृत इत्यप्रस्तुतार्थकत्वादपपाठः। तथाहि निष्कृतिः प्रायश्चित्तिः। यदाहुः 'कामतो ब्राह्मणवधे जीवतो नास्ति निष्कृतिः' इति। प्रायश्चित्तिर्नास्तीत्यर्थः। 'प्रायश्चित्तिस्तु निष्कृतिः'। अथवा निरर्थकः अतो निःकृतः। अथवा निष्क्रान्तः कृतात् करणात् राज्याद्वा निःकृतः ॥31॥

(4 नागोजीभट्टी) नाहमेव तथा अयमपीत्याह। अयं च निकृतः इति। निकृतः तिरस्कृतः। उज्झितः त्यक्तः। नीत्युपसर्गपूर्वात्कृञः क्तः। तथेति समुच्चये ॥31॥

(5 जगच्चन्द्रचन्द्रिका) स्वजनेन चेति। दृष्टदोषेऽपीति 43 ॥31॥

(6 दंशोद्धारः) अयं चेति। अतिशयेन हार्दी स्नेहवान् ॥31॥

एवमेषं तथाहं च द्वावप्यत्यन्तदुःखितौ।
दृष्टदोषेऽपि विषये ममत्वाकृष्टमानसौ ॥32॥

(1 गुप्तवती) ॥32॥

---

1. 'निष्कृतः' 'निःकृतः' इति पाठौ शान्तनवीटीकायां संगृहीतौ विवृतौ च।

(2 चतुर्धरी) एवमिति। विषये (वस्तुनि) पुत्रदारादौ ॥32 ॥

(3 शान्तनवी) एषः वैश्यः एवं यथा उक्तः तथा अहं च दृष्टदोषेपि ज्ञातदोषेपि विषये ममत्वाकृष्टमानसौ आवां द्वावपि अत्यन्तदु:खितौ अत्यन्ते संजातदु:खौ वतामहे इत्यन्वयः। 'इवेत्थमर्थयोरेवम्'। षिञ् बन्धने विषिणोति बध्नाति विषयः। शब्दस्पर्शरूपरसगन्धलक्षणः ग्रामसमूहादिलक्षणश्च विषयः। दृष्टदोषत्वमधुवत्वम् अन्ततो दुःखहेतुत्वं च। ममेतिभावो समत्वं तेनाकृष्टं मानसं ययोस्तौ तथोक्तौ ॥32 ॥

(4 नागोजीभट्टी) एवमिति। विषये राज्यपुत्रादौ ममत्वेनाकृष्टं विषयाधीनं कृतं मानसमन्तःकरणे ययोस्तौ ॥32 ॥

(5 जगच्चन्द्रचन्द्रिका) 44 ॥32 ॥

(6 दंशोद्धारः) एवमिति। दृष्टदोषे अर्जने अर्जितस्य रक्षणे दैवान्नाशेऽपि दृष्टः दोषो दुःखजनकत्वमस्मिन् ॥32 ॥

तत्किमेतन्महाभाग[1] यन्मोहो ज्ञानिनोरपि।
ममास्य च भवत्येषा विवेकान्धस्य मूढता ॥33 ॥

(1 गुप्तवती) विवेकान्धस्य विवेकचक्षुषा हीनस्य वा। ज्ञानाज्ञानयोः समानाधिकरण्यं कथमिति प्रश्नार्थः ॥33 ॥

(2 चतुर्धरी) तत्केनेति। ममास्य च ज्ञानिनोरप्यावयोः यन्मोहोऽन्यथा प्रतिभानं भवति तत् एतत्केन कारणेनेत्यर्थः। नह्यस्मद्विधानां मोहो भवितुमर्हति इत्याह। एष इति। वस्तुतत्त्वपरिच्छेदो विवेकः। तत्रान्धस्य तद्विहीनस्येत्यर्थः। अथवा अविवेकेन अन्धस्य। अविवेकिन इति यावत्। एवंभूतस्यैवैतावतीदृशी मूढता भवति। नतु विवेकिनः तत्कथमावयोर्मोह इति भावः ॥33 ॥

(3 शान्तनवी) हे महाभाग हे सुमेधोमुने ज्ञानिनोरप्यावयोर्नृपवैश्ययोर्मोहो भवतीति यत् तदेतत् किमित्यन्वयः। भगस्यैश्वर्यादेरिदं भागं महत् भागंयस्य स महाभागः। कयोर्ज्ञानिनोः को नु मोह इत्यत आह। हे मुने मूढस्य विवेकान्धस्य इदं सुखाय इदं दुःखायेति हिताहितपार्थक्ये विषये अन्धस्य

---

1. 'तत्केनैतत्' इति चतुर्धरीटीकास्थः पाठः।

मम च अस्य च सुरथसमाधिसंज्ञयोर्नृपवैश्ययो: एषा मूढता विवेकविहीनता मोहापन्नता भवतीति किमेतदित्यन्वय:। 'अचक्षुषि तमस्यन्धं जले तिमिरकृत्यपि'॥33॥

(4 नागोजीभट्टी) तत्किमिति। ज्ञानिनोर्विषये दोषवत्त्वज्ञानवतोरपि। ममास्य चेति सर्वान्वयि। उभयनिष्ठमोहस्यायुक्तत्वमाह। यत् यत: एषा एतज्जातीया मूढता अविवेकान्धस्य अविवेकवत: भवति नतु दोषज्ञानरूपविवेकवत इति आवयो: सा युक्तेति भाव:॥33॥

(5 जगच्चन्द्रचन्द्रिका) पुनरर्धमिति। पुन: अर्धम् अर्धश्लोकात्मको मन्त्र:। तथाहि 'ममास्य च भवत्येषां विवेकान्धस्य मूढता स्वाहा 45'॥33॥

(6 दंशोद्धार:) तत्किमिति। भगस्यैश्वर्यादेरिदं भागं महद्भागमस्य तत्संबुद्धि:। विवेकेऽप्यन्धस्य ममास्य च। यद्वा विवेकान्धस्य जनस्य या मूढता सा ज्ञानिनोरप्यावयो: कथमिति प्रश्न:॥33॥

ऋषिरुवाच।

ज्ञानमस्ति समस्तस्य जनतोर्विषयगोचरे।

विषयश्च[1] महाभाग याति[2] चैवं पृथक्पृथक्॥34॥

(1 गुप्तवती) तत्र ज्ञानमात्रमूढत्वाभावव्याप्यं ज्ञानविशेषो वा नाद्य इत्याह। ज्ञानमस्तीति। विषयगोचर इति पदद्वयस्य सप्तम्याश्चैक एवार्थ: तथापि शब्दस्पर्शादिरूपो विशेषस्तत्सामान्ये तन्निष्ठो विषयतासंबन्धश्चेति त्रयपरत्वान्न पौनरुक्त्यम्। ज्ञानं शब्दादिविषयसबन्धी भवत्येवेत्यर्थ:। विषयश्च याति ज्ञानेन संबन्धी भवत्येव॥34॥

(2 चतुर्धरी) अत्रोत्तरमभिधित्सु: ज्ञानित्वाभिमानमेव तावत्तमुन्मूलयिष्यन्नृषिरुवाच। ज्ञानमिति। ननु ज्ञानमात्रस्य मोहवैयधिकरण्यं भवतोऽभिप्रेतं ज्ञान विशेषस्य वा। आद्ये सर्वस्यैव निर्मोदहत्वप्रसङ्ग इत्याह। ज्ञानमिति। समस्तस्य जन्तो: प्राणिमात्रस्यैव विषयगोचरे विषये

---

1. 'विषयाश्च' इति पाठ:।
2. 'जातिश्चैवं' इति चतुर्धरीटीकास्थ: पाठ:।

घटपटादिविषये ज्ञानमन्तःकरणवृत्तिरस्ति। नच मोहाभाव इति वैषयिकज्ञानस्य न मोहवैयधिकरण्यमित्यर्थः। विपक्षे बाधकमाह। विषयश्च पृथग्भिन्नस्वभावः। एवं वक्ष्यमाणक्रमेण यथा गोब्राह्मणादिषु भेदेन याति पृथक् पृथक् भवति। एवं रूपरसादिर्विषयश्च पृथक् पृथक् अभ्युपतिष्ठते। न भिन्नविषयज्ञानस्य मोहवैयधिकरण्यमुपपद्यते। 'अत्र को मोहः कः शोक एकत्वमनुपश्यतः' इत्यभेदज्ञानस्यैव तथाभावश्रवणात्। जातिश्चैवमिति पाठे यथा रूपरसादिविषयश्च पृथक्पृथगेवं मनुष्यत्वादिजातिरित्यर्थः। गोत्वब्राह्मणत्वादिभेदेन जातिश्च पृथग्भवति। तत्र यद्यपि जातिरेका नित्या तथापि व्यक्तिभेदाद्भिद्यते ॥34॥

(3 शान्तनवी) हे राजन् समस्तस्य सर्वस्य जन्तोश्चेतनस्य प्राणिनः विषयगोचरे ज्ञानं बुद्धिमात्रमस्ति इत्यन्वयः। नहि मोक्षे धीर्ज्ञानं विवक्षितं किंतु विषयगोचरे विषये शब्दादौ गोचरे इन्द्रियार्थस्य। तत्तदिन्द्रियजं ज्ञानं विद्यत एव तावन्मात्रमिति भावः। विषिणोति बध्नातीति विषयः शब्दादिः। गावः इन्द्रियाणि चरन्त्यस्मिन् गोचरः। 'गोचरसंचर' इति साधुत्वम्। यद्यपि 'रूपं शब्दो गन्धरसस्पर्शाश्च विषया अमी। गोचरा इन्द्रियार्थाश्च' इत्यभिधानात् य एव विषयः स एव गोचर इति पौनरुक्तयं प्रतीयते तथापि इह दुःखितं सुरथं प्रति विषिणोति बध्नातीति विषयो दुःखहेतुरिन्द्रियं वशीकरोति गोचर इति प्रदर्शनपरत्वादपौनरुक्त्यं द्रष्टव्यम्। भगस्यैश्वर्यादेरिदं भागं महद्भागं यस्यासौ महाभागः हे महाभाग राजन् एवं वक्ष्यमाणप्रकारेण विषयाश्च विषयवृत्तयश्च पृथक् विभिन्नाः यान्ति पार्थक्येन इन्द्रियगोचरतां व्रजन्ति। अथवा प्रसरन्ति संसरन्तीत्यन्वयः। 'विषयाश्च महाभाग जातिश्चैवं पृथक्पृथक्' इति पाठे जातिः समान्यं रूपत्वगन्धत्वाद्यप्यनेकविधम् ॥34॥

(4 नागोजीभट्टी) अत्रोत्तरमाह। ऋषिरुवाच। ज्ञानमिति। ननु ज्ञानमात्रस्य मोहवैयधिकरण्यं तवाभिमतं ज्ञानविशेषस्य वा। नाद्यः। सर्वस्यैव निर्मोहत्वप्रसङ्गादित्याह। ज्ञानमिति। अन्त्यस्तु तथापीत्यनेन खण्डयिष्यते। विषिणोति बध्नातीति विषयो बन्धकः। तद्रूपे गोचरे विषये ज्ञानं सर्वस्य जन्तोरस्ति। नच मोहाभाव इत्याह। विषयश्चेति एवं वक्ष्यमाणप्रकारेण पृथक्पृथक् भिन्नप्रकारेण ज्ञानविषयत्वं यातीत्यर्थः ॥34॥

(5 जगच्चन्द्रचन्द्रिका) ऋषिश्चेति। च पुनः 'ऋषिरुवाचस्वाहेत्ययं मन्त्रः। 46। अर्धमिति। अर्धश्लोकात्मको मन्त्रः। तथाहि ज्ञानमस्ति समस्तस्य

जन्तोर्विषयगोचरे स्वाहा 47। श्लोकात्मका मन्त्राः पुनर्दशेति। पुनः श्लोकरूपा मन्त्राः दश पङ्क्तिसंख्याकाः। तथाहि विषयश्चेति 48 ॥34॥

(6 दंशोद्धारः) ज्ञानमात्रसत्त्वे कथं मोहो मम इति राज्ञः प्रश्नमुच्चारयन् ज्ञानमात्रस्य मोहवैयधिकरण्यं नास्ति तथासति प्राणिमात्रस्य विषयज्ञानसत्त्वेन निर्मोहत्वप्रसङ्गादित्याशयेन ऋषिरुवाच। ज्ञानमिति। नेह मोक्षे धीर्ज्ञानं किंतु विषयगोचरे। विषिणेति बध्नातीति विषयः तस्मिन् गोचरे इन्द्रियार्थे इत्यर्थः। अतो 'गोचरा इन्द्रियार्थाश्च' इत्यमरादिन्द्रियार्थवाचिगोचरशब्देन न पौनरुक्त्यम्। आहारनिद्राभयमैथुनादिविषयज्ञानं प्राणिमात्रस्यास्ति। न तावता मोहनिवृत्तिः। तदपि ज्ञानं नैकविधं विषयभेदादित्याह। विषयश्चेति। विषयश्च रूपरसादिरेवं वक्ष्यमाणप्रकारेण याति उपतिष्ठते। चोप्यर्थे। यात्यपि गच्छति चेत्यर्थः। जातिश्चेति पाठे विषयवन्मुष्यत्वादिजातिरपि पृथक्पृथगित्यर्थः ॥34॥

दिवान्धाः प्राणिनः केचिद्रात्रावन्धास्तथापरे।
केचिद्दिवा तथा रात्रौ प्राणिनस्तुल्यदृष्टयः ॥35॥

(1 गुप्तवती)दिवान्धा इति। उलूकचटकबिडालादयः क्रमात्। वेदान्तिनस्तु 'या निशा सर्वभूतानां तस्यां जागर्ति संयमी' इत्यादिगीतार्थपरत्वेन योजयन्ति ॥35॥

(2 चतुर्धरी) भिन्नत्वमेव प्रकटयति। दिवेति। केचित्प्राणिनः उलूकादयो दिवा दिनविषये अन्धाः ऐन्द्रियकज्ञानहीनाः। अर्थाच्च रात्रावन्धाः अपरे वायसादयो रात्रावन्धाः केचित्। किंच उलूकादयः स्थावरादयश्च दिवा रात्रौ तुल्यदृष्टयोऽन्धा एव। तथा केचिद्राक्षसादयो दिवा रात्रौ तुल्यदृष्टयोऽनन्धा एवेत्यर्थः। एतेन ज्ञानमात्रस्य मोहवैयधिकरण्ये रात्र्यादौ उलूकादीनां मोहो न स्यात्। किंचुलुकादीनां सर्वथैव स्यादेवेति। स्वर्गाऽपवर्गपक्षव्याहतिरिति भावः ॥35॥

(3 शान्तनवी) सत्यपि चक्षुर्गोलके केचिच्चेतनाः प्राणिनाः दिवान्धाः उलूकादयः। तथा अपरे केचित्प्राणिनः काकादयः रात्रावन्धाः दृष्टिहीनाः इत्यन्वयः। केचिद्रवाश्वप्रभृतयः प्राणिनः यथा दिवा तथा रात्रौ च तुल्या दृष्टिर्येषां ते तुल्यदृष्टयो भवन्तीत्यन्वयः। पूर्वं राज्ञा सुरथेन यत्पृष्टं यन्मोहो ज्ञानिनोरपि तत्किमेतदिति तत्रोत्तरमर्धाङ्गीकारेण ॥35॥

(4 नागोजीभट्टी) तदेवाह। दिवान्धा इति। केषांचिदुलूकादीना दिवा ज्ञानाभावः। केषांचित्काकादीनां रात्रौ। केषांचित्किंचुलुकादीनां (उलूकादीनां) सर्वदा तथातथा तुल्यदृष्टयः। अन्धा अनन्धा इत्यर्थः। एवं च ज्ञानमात्रस्य मोहवैयधिकरण्यं दिनादौ उलूकादीनां मोहो न स्यादिति भावः। किंच राक्षसादीनां दिवा रात्रौ च विषयज्ञानवतां न कदाचिदपि मोहः स्यात्। किंचुलुका (उलूका)दीनां सर्वदैव मोहप्रसङ्ग इति। तेषामपि किंचिद्विषये मोहदर्शनात्। एवं च न ज्ञानमात्रस्य मोहवैयधिकरण्यम्। नापि ज्ञानाभावस्य मोहसामानाधिकरण्यमित्युक्तं भवति। अत्र तथेति रात्रिसमुच्चये ॥35 ॥

(5 जगच्चन्द्रचन्द्रिका) केचिद्दिवेति 49 ॥35 ॥

(6 दंशोद्धारः) उक्तं स्फुटयति। दिवान्धा इति। केचित्प्राणिन उलूकादयः। दिवान्धाः। अर्थाद्रात्रावनन्धाः। केचिच्च काकादयो रात्रावन्धाः। दिवा पवश्यन्तीत्यर्थः। केचि छुच्छुन्दर्यादयो रात्रौ दिवा चान्धा इत्याहुस्तत्र 'छुच्छुन्दरी गन्धमुखी दीर्घतुण्डी दिवान्धिका' इत्यमरेण दिवान्धत्वोक्तेस्तथैवचोपलभ्यमानत्वाच्च। केचिद्वानरमार्जारादयो दिवा रात्रौ च तुल्यदृष्टयोऽनन्धा एव। दिवारात्राविति पद देहलीदीपन्यायेनोभयत्र संबध्यते। अयं भावः। ज्ञानमात्रस्य मोहवैयधिकरण्यं दुरुपपाद्यम्। तथा सत्युलूकादीनां रात्रौ ज्ञानसत्त्वेन काकादीनां च दिवा ज्ञानसत्त्वेन निर्मोहत्वापत्तेः। अतो न ज्ञानमात्रेण मोहनिवृत्तिः ॥35 ॥

ज्ञानिनो मनुजाः सत्यं किं नु[1] ते नहि केवलम्।
यतो हि ज्ञानिनः सर्वे पशुपक्षिमृगादयः ॥36 ॥

(1 गुप्तवती) मनुष्यज्ञानं मूढत्वाभावव्याप्यमिति चेत्तत्राह ज्ञानिन इति। ते केवलं ज्ञानिनो नहि। अज्ञानसमानाधिकरणज्ञानवन्त एवेत्यर्थः। ज्ञानस्याव्याप्यवृत्तित्वेन स्वभावसामानाधिकरण्याभावस्यैवासिद्धेरिति तार्किकाः। वस्तुतस्तु 'द्विमुक्तस्तु केवली' इति शिवसूत्रे योगिविशेषनिष्ठज्ञानविशेषस्य केवलमिति संज्ञया व्यवहारात्तस्य जानातिक्रियाविशेषणत्वात्तस्यैव च मूढत्वाभावव्याप्यत्वात्तादृशज्ञानिनो भवादृशाः सर्वेऽपि न भवन्तीत्यर्थः। पशवो गवादयः। मृगा हरिणादयः ॥36 ॥

---

1. किं तु ते, इति पाठः।

(2 चतुर्धरी) अथ नास्माभिः सर्वसत्त्वानां ज्ञानित्वमभिप्रेतं किंतु मनुष्याणामेवेत्याह। ज्ञानिन इति। ननु भवन्मते मनुष्यमात्रस्य ज्ञानित्वं मनुष्यविशेषस्य वा। तत्राद्यं खण्डयितुमुपक्रमते। ज्ञानिन इति। ते मतं सत्यं केवलं च। मनुजा ज्ञानिन एव नहि किंत्वज्ञानिनोऽपीत्यर्थः। एवंचाज्ञानसंवलितज्ञानेनापि ज्ञानित्ववैपरीत्यमेव न स्यात्। सर्वसत्त्वानां चाज्ञानित्वं तदवस्थमित्याह। यत इति। हिशब्दोऽवधारणे भिन्नक्रमः। यतः पश्वादयोपि ज्ञानिन एवेत्यन्वयः। तेष्वप्यज्ञानसंवलितस्य ज्ञानस्य संभवात्। पशवो ग्राम्या गवाद्याः। मृगा आरण्याः हरिणादयः। अथवा ते मनुजाः केवलं ज्ञानिनो नहि किं त्वन्ये ज्ञानिनः सन्तीत्याह। यत इति। पश्वादीनामपि विषयज्ञानसंभवात्। गौरविरजोऽश्वोऽश्वत्तरो गर्दभो मनुष्यश्चेति सप्त ग्राम्याः पशवः। महिषवानरराक्षससरीसृपरुरुपृषतमृगाश्चेति सप्तारण्याः पशवः ॥36 ॥

(3 शान्तनवी) मनुजाः ज्ञानिनः सन्ति सत्यम्। किंनु ते एव केवलं ज्ञानिनः नहिंयतो मनुजेभ्योऽन्येपि सर्वे पशुपक्षिमृगादयः ज्ञानिनः सन्त्येव हीत्यन्वयः। सर्वेऽपि मनुजादयः यथाविषयं यथोचितज्ञाना एवेति भावः। मनुजा मानवाः सति साधु सत्यम्। 'नु स्याद् भेदेऽवधारणे'' हि हेताववधारणे'' अभावे नह्यनोनापि'। केवलं नियतमपरं क्रियाविशेषणम्। इदानीं ज्ञानित्वाविशेषात्प्राणिनां प्रतिनियतज्ञाननिबन्धनव्यवहारसिद्धिः कथं स्यादित्याशङ्क्य तानुपपादयितुमाह ॥36 ॥

(4 नागोजीभट्टी) ननु मनुष्या एव ज्ञानित्वेनाभिमता इति चेत्तत्राह। ज्ञानिन इति। मनुजा ज्ञानिन इति ते मते सत्यम्। पृच्छति। ते केवलं ज्ञानिनः ज्ञानिन एव किंनु स्वयमेव वितर्क्योत्तरयति। नहि। किंत्वज्ञानसंवलितज्ञानिन इत्यर्थः। एवम् अज्ञानेन ज्ञानित्वाभिमानस्त्वयुक्तः। यतः सर्वे पश्वादयोपि एवं सति ज्ञानिन एव स्युः। हिरिवार्थे भिन्नक्रमश्च। पशुत्वेनैव सिद्धे मृगग्रहणं तद्विशेषप्रतिपत्त्यर्थमित्यर्थः ॥36 ॥

(5 जगच्चन्द्रचन्द्रिका) यतो हि ज्ञानिन इति 50 ॥36 ॥

(6 दंशोद्धारः) ननु प्राणिमात्रस्य ज्ञानित्वं नास्माकमभिप्रेतं किंतु मनुष्याणामेवेति चेत्तत्र किं मनुष्या ज्ञानवन्त एवेति निर्धार्यते उत मनुष्या एव ज्ञानिन इति विकल्प्य पक्षद्वयं दूषयति। ज्ञानिन इति। सत्यं मनुजा ज्ञानिनः किंतु केवलं ज्ञानिनो नहि। अज्ञानमिश्रत्वात्। एवंच मनुष्या ज्ञानिन एवेति निरस्तम्। एतेन पश्वादीनां ज्ञानित्वमेवेत्यपि न नियन्तुं शक्यत इति सूचितम्।

किंच यत इति। पश्वादयोपि ज्ञानिन इति। मनुष्या एव ज्ञानिन इत्यपि निरस्तम्। पशवो ग्राम्याः। मृगा आरण्याः। यद्वा मनुजा एव केवलं ज्ञानिनो नहि किं तु पश्वादयोपीत्यर्थः। तेषामपि विषयज्ञानस्य सत्त्वात्। यद्वा मनुजाः ज्ञानिनः शास्त्रोयज्ञानवन्तः सत्यम्। परंतु केवलं विज्ञानरहितेन तेन किम्। विज्ञानमनुभवः तदुक्तं मोक्षधर्मे 'विज्ञानरहितं ज्ञाने नहि बन्धविमोचकम्। नहि दीपस्य वार्ताभिस्तमो नश्यति तत्क्षणात्' ॥36 ॥

ज्ञानं च तन्मनुष्याणां यत्तेषां मृगपक्षिणाम्।
मनुष्याणां च यत्तेषां तुल्यमन्यत्तथोभयोः ॥37 ॥

(1 गुप्तवती) उभयोर्मनुष्यतिरश्चोरन्यदपि आहारनिद्राभयमैथुनादिकमपि तुल्यमेव ॥37 ॥

(2 चतुर्धरी) ननु ज्ञानविशेषस्तु मनुष्यमात्रे वसतीत्याह। ज्ञानं चेति। यदीदृशं मृगपक्षिणां ज्ञानं तत्तादृशमेव तेषां तादृशां तद्विधानां मनुष्याणामपि। मनुष्याणां पशुमनुष्ययोस्तुल्यं साधारणम्। तत् तदेव तेषां मृगपक्षिणामपीत्यन्वयः। अन्यदाहारादिकमप्युभयोः पश्वादिमनुष्ययोस्तुल्यं साधारणमित्यर्थः। 'आहारनिद्राभयमैथुनं च सामान्यमेतत्पशुभिर्नराणाम्। ज्ञानं नराणामधिकं विशेषो ज्ञानेन हीनाः पशुभिः समानाः' ॥37 ॥

(3 शान्तनवी) तेषां मृगपक्षिणां यत् ज्ञानं स्वभावजं स्वस्वजातिनियतं तत् मनुष्याणां मानुषत्वजातिनियतानां न। तेषां मनुष्याणां च यत् ज्ञानं स्वभावजं शास्त्रजमव्याहतज्ञानं च तत् मृगपक्षिणां न। तुल्यमन्यत्तथोभयोः। तथा तेन प्रकारेण प्रतिनियतं तत्तत्स्वजातिप्रयुक्तोपयुक्तविषयज्ञानादन्यत् यज्ज्ञानं शरीरमात्रोपयोगि तत् उभयोर्मृगादिमनुष्ययोराहारनिद्राविषयं तुल्यं समानमित्यन्वयः। उभयेषामपि तेषां मृगादिमनुष्याणां व्यवस्थिततत्तज्जातिविषयनिबन्धनव्यवहारपार्थक्यसंसिद्धेरसांकर्यमिति भावः। प्रागुक्तं राज्ञा यन्मोहो ज्ञानिनोरपि तत्किमेतदिति तत्र किमाश्चर्यमित्याह सदृष्टान्तम् ॥37 ॥

(4 नागोजीभट्टी) तमेवार्थं मनुष्याणां पश्वादिभिस्तुल्यत्वप्रतिपादनेन द्रढयति। ज्ञानं चेति। यत् यादृशम्। तत् तादृशं मनुष्याणां च यत्तेषां मृगादीनामित्यर्थः। अन्यदाहरभयमैथुननिद्रारूपमिति उभयोस्तुल्यं साधारणमित्यर्थः ॥37 ॥

(5 जगच्चन्द्रचन्द्रिका) मनुष्याणामिति 51 ॥37 ॥

(6 दंशोद्धारः) ननु सर्वेषां ज्ञानवत्त्वेपि मनुष्याणां विशेषोऽस्तीत्यत आह। ज्ञानं चेति। यन्मृगपक्षिणां वैषयिकज्ञानं तदेव मनुष्याणाम्। चकारोऽवधारणार्थः। यद्यादृशं मनुष्याणां तेषां मृगपक्षिणामपि तत्तादृशमेव। तथान्यदाहारादिकम् उभयोः पशुमनुष्ययोस्तुल्यं साधारणम्। नतदिति पाठे यन्मृगपक्षिणां ज्ञानं स्वभावजं स्वस्वजातिनियतं तन्मनुष्याणां न। यन्मनुष्याणां शास्त्रीयं तन्मृगपक्षिणं न। शेषं यथोक्तमेव ॥37 ॥

ज्ञानेऽपि सति पश्यैतान्पतङ्गांश्छावचञ्चुषु।
कणमोक्षादृतान्मोहात्पीड्यमानानपि क्षुधा ॥38 ॥

(1 गुप्तवती) ॥38 ॥

(2 चतुर्धरी) मनुष्यमात्रस्य पश्वादिसाधारण्येऽर्थक्रियासाम्यमस्तीत्याह। ज्ञानेपीति। एतान् ब्रह्माण्डोदरचरान् पतङ्गान् पक्षिणः शावचञ्चुषु अपत्यत्रोटिषु कणमोक्षादृतान् आहा ांशे निक्षेपयत्नान्। मोहान्ममत्वलक्षणाद्धेतोः क्षुधा बुभुक्षया पीड्यमानानपि पश्य। वैषयिकज्ञानमोक्षयोः सामानाधिकरण्यं साक्षात्कुर्वित्यर्थः। 'खगे विहंगविहगविहंगमविहायसः। शकुन्तपक्षिशुकनिशकुन्तशकुनद्विजाः। पत्रिपत्रिपतगपतपत्त्ररथाण्डजाः' इत्यमरः। 'पोतः पाकोऽर्भको डिम्भः पृथुकः शावकः शिशुः' इत्यमरः। 'चञ्चुस्त्रोटिरुभे स्त्रियौ' इत्यमरः ॥38 ॥

(3 शान्तनवी) हे राजन् ज्ञाने सत्यमपि मोहात् ममत्वात् शावचञ्चुषु शिशुत्रोटिषु कणमोक्षादृतान् आदृतकणमोक्षान् क्षुधा बुभुक्षया पीड्यमानानपि एतान् पतङ्गान् विहङ्गान् पश्येत्यन्वयः। ज्ञाने सत्यपीति। एते शावचञ्चुषु निक्षेप्तव्यकणास्ते यद्यस्माभिरेव भक्षयेरन् तर्हि नूनं वयं क्षुधा न पीड्यामहे इति स्वार्थं जानन्तोपि (स्वयं क्षुधा पीड्यमाना अपि) मोहात् ममत्वात् वात्सल्याद्वा शावचञ्चुष्वेव कणान् निक्षिपन्ति पक्षिण इति भावः। 'पतेरङ्गच् पक्षिणि' 'चञ्चुस्त्रोटिरुभेस्त्रियौ'। आदृताः कणमोक्षाः यैस्ते कणमोक्षादृताः। वाहिताग्न्यादिषु परनिपातः। कणमोक्षाहितानित्यपि क्वचित्पाठः ॥38 ॥

(4 नागोजीभट्टी) अर्थक्रियासाम्यमपि तयोरस्तीत्याह। ज्ञानेपीति। तद्भोजनेन नास्माकं तृप्तिरिति ज्ञाने सत्यपि। यतङ्गा इति निरनुस्वारम् ॥38 ॥

(5 जगच्चन्द्रचन्द्रिका) कणमोक्षेति 52 ॥38 ॥

(6 दंशोद्धारः) तदेव स्पष्टयति। ज्ञाने सत्यपि क्षुधा पीड्यमानानप्येतान्पतङ्गान्पक्षिणः मोहाद्धेतोः शावचञ्चुषु कणमोक्षे भक्ष्यनिक्षेपे आदृतान्पश्यः। पतङ्गज्ञानस्य मोक्षसामानाधिकरण्यं दर्शितम् ॥38 ॥

मानुषा मनुजव्याघ्र साभिलाषाः सुतान्प्रति।
लोभात्प्रत्युपकाराय नन्वेतात्किं[1] न पश्यसि ॥39 ॥

(1 गुप्तवती) ॥39 ॥

(2 चतुर्धरी) मनुष्याणामपि इयमेव रीतिरित्याह। मानुषा इति। भो मनुजव्याघ्र मनुजश्रेष्ठ। व्याघ्रशब्दः श्रेष्ठवचनः। एते मनुष्याः सुतान्प्रति साभिलाषाः साकाङ्क्षा इति किं न पश्यसीति साध्याऽहारोऽन्वयः। प्रत्युपकाराय पोषणाद्युपकारार्थं लोभस्तस्मान्ननु। एतेन ज्ञानविशेष एव मोहविरोधी। स च मनुष्यविशेषनिष्ठ एवेति भवतोर्मोह उत्पद्यत एवेति भावः ॥39 ॥

(3 शान्तनवी) हे मनुजव्याघ्र राजन् मानुषाः लोभात्प्रत्युपकाराय प्रत्युपकृतिलोभाद्धेतोः सुतान् प्रति सुतेषु विषयेषु कालान्तरे प्रत्युपकारमेतेऽस्मदर्थं करिष्यन्तीति साभिलाषाः सकामाः भवन्ति इति पादत्रयान्वयः। तत्र निदर्शनमाह। नन्वेतान् किं न पश्यसि। ननु भो राजन् त्वम् एतात् लोके प्रसिद्धान् पक्षिमृगादीन् ममत्वात्सुतान् प्रति साभिलाषान् सादरान किं न पश्यसि इति चतुर्थपादान्वयः। अहो राजन् एते पशुपक्षिमृगादयोपि किल प्रत्युपकारनिरपेक्षा अपि केवलं ममत्वादेव सुतान् प्रति साभिलाषाः सादरा दृश्यन्ते किमुत मानुषा ममत्वाकृष्टमानसाः प्रत्युपकारगृध्रवः सुतान् प्रति साभिलाषाः स्युः। अतितरामेवेति भावः मनुजोऽयं व्याघ्र इव शूरः श्रेष्ठः मनुजव्याघ्रः। 'उपमितं व्याघ्रादिभिः सामान्याप्रयोगे' इति समासः। 'स्युरुत्तरपदे व्याघ्रपुङ्गवर्षभकुञ्जराः। सिंहशार्दूलानागाद्याः पुंसि श्रेष्ठार्थगोचराः'। 'प्रश्नावधारणानुज्ञानुनयामन्त्रणे ननु' सुतान्प्रति इति प्रतियोगे द्वितीया सप्तम्यर्थे। अत्रापि

1. 'नन्वेते किं न' इति पाठः।

उपकृतपुत्रकर्तव्यप्रत्युपकारलोभात् पितरो मनुष्याः पुत्रवात्सल्यं कुर्युर्ममत्वाच्च विशेषत इत्यलं विस्तरेण ॥39॥

(4 नागोजीभट्टी) स्वशरीरापेक्षया बहिरङ्गेष्वपि अतिप्रीतिरिति तेषु मोहज्ञानयोः सामानाधिकरण्यमुपपाद्य मनुष्येष्वप्याह। मानुषा इति। व्याघ्रशब्दः श्रेष्ठवाची। मानुषाः लोभात्प्रत्युपकारलोभात् सुतान्प्रति साभिलाषाः एते सुताश्च तु निश्चयेन प्रत्युपकाराय न भवन्ति। इदं किं न पश्यसीत्यर्थः। एवं पूर्वपूर्वव्यवहारं पश्यन्तोपि अग्रे अग्रे पुनः सुताभिलाषा इति मोहज्ञानयोः सामानाधिकरण्यं तेष्वपीति भावः ॥39॥

(5 जगच्चन्द्रचन्द्रिका) लोभात्प्रत्युपकारायेति 53 ॥39॥

(6 दंशोद्धारः) एवं मनुष्याणामपीत्याह। मानुषा इति। लोभात्सुतान्प्रति सुतविषये कालान्तरे प्रत्युपकारम् एते करिष्यन्तीति प्रत्युपकाराय साभिलाषाः। निरभिलाषा अपि पश्वादयः केवलं ममत्वादेव साभिलाषा दृश्यन्ते किमुत मानुषाः प्रत्युपकारा गृध्रव इति भावः। एतेन मोहविरोधि ज्ञानं वैषयिकज्ञानात्पृथक् तदभावाद्भवतोर्मोह इति ध्वनितम् ॥39॥

तथापि ममतावर्ते मोहगर्ते निपातिताः।
महामायाप्रभावेण संसारस्थितिकारिणः[1] ॥40॥

(1 गुप्तवती) न द्वितीयः। सर्वेषां तदभावादित्याह। तथापीति ॥40॥

(2 चतुर्धरी) न चैवमपि सर्वेषां ज्ञानविशेषाय प्रवृत्तिः सुलभेत्याह। तथापीति। तथा वैषयिकज्ञानमोहयोः सामानाधिकरण्यस्य साक्षात्कारे सति मोहगर्ते मोहस्याकरे। विषयज्ञाने इति यावत्। अस्वीये स्वीयज्ञानं ममता सैव आवर्तोऽम्भःसंभ्रम इव यस्मिन्। ममता हि विषयज्ञानं पुनःपुनरावर्तयति। महामायाप्रभावेण कर्त्रा निपातिताः निक्षिप्ताः। मानुषा इत्यनुषज्यते। तेषां विशेषणं संसारस्थितिकारिण इति। अपूर्वदेहेन्द्रियवासनासंबन्धः संसारस्तस्या स्थितये कर्तुं कर्माण्याचरितुं शीलं येषां प्रवृत्तिमार्गाणामित्यर्थः। संसारस्थितिकारिणो विष्णोर्महामायाप्रभावेणेति वा। 'स्यादावर्तोऽम्भसां भ्रमः' इत्यमरः ॥40॥

---

1. संसारस्थितिकारिणा, इति पाठः।

(3 शान्तनवी) यद्यपि अमी मानुषा यथा प्रत्युपकारार्थं पुत्रान् पालयन्ति तद्वत् मोक्षार्थमपि यतन्त एव। तथापि संसारस्थितिकारिणा महामायाप्रभावेण ममतावर्ते मोहगर्ते निपातिताः इत्यन्वयः। ममता आवर्त इव ममतावर्तः। मोहः गर्त इव मोहगर्तः। तत्रतत्र च महत्याः मायायाः प्रभावः सामर्थ्यं सर्वाकलनशक्तिविजृम्भणं तेन। अथवा महामायां प्रति पूरयति महामायाप्रः स चासौ भावश्चेति तेन। 'भावः सतास्वभावाभिप्रायचेष्टात्मजन्मसु'। संसारस्य स्थितिप्रवाहनित्यतयावस्थानम्। न कदाचिदनीदृशं जगदिति भावाभावावपि जगद्रूपौ (बन्धमोक्षावपि जगद्रूपौ) संसाररूपावेव। संसारस्थितिं करोतीति तच्छीलः संसारस्थितिकारी तेन ॥40॥

(4 नागोजीभट्टी) नन्वेवंविधव्यवहारदर्शिनां संसाराद्विरक्तिः कुतो नेत्यत आह। तथापीति। एवंविधलोकव्यवहारसाक्षात्कारे यद्यप्यस्ति तथापीत्यर्थः। महामायाप्रभावेण कर्त्रा। ममता ममेदमिति बुद्धिरेव भ्रामकत्वादावर्त इवावर्तः। संसारे पुनःपुनरावर्तकः यत्र तादृशे मोहगर्ते निपातिताः मानुषाः संसारस्थितिं तामेव कुर्वन्ति नतु ततो विरज्यन्त इत्यर्थः। 'स्यादावर्तोऽम्भसां भ्रमः' ॥40॥

(5 जगच्चन्द्रचन्द्रिका) महामायेति 54 ॥40॥

(6 दंशोद्धारः) नन्वेवंसति सर्वेषां मोहनिवर्तकं ज्ञानं कुतो न भवतीत्याशङ्क्याह। तथापीति। यद्यपि स्नेहादिदुःखं जानन्ति तथापि माहामायाप्रभावेण कर्त्रा मोहगर्ते निपातिताः सन्तः संसारस्थितेः कारिणः करणशीलाः। तथाच महामायावृत्तानां तज्ज्ञानं दुरुदयमिति भावः। यद्वा संसारस्थितिकारिणः ईश्वरस्य महामायाप्रभावेणेति संबन्धः। तथा चेदृशी ईश्वरेच्छैव हेतुः। अन्यथा सर्वेषां पारमार्थिकज्ञानोदये सर्वेपि मुक्ताः स्युः। तथाच संसारस्थितिरेव भज्येतेति भावः ॥40॥

तन्नाय विस्मयः कार्यो योगनिद्रा जगत्पतेः।
महामाया हरेश्चैतत्तया[1] संमोह्यते जगत् ॥41॥

(1 गुप्तवती) ॥41॥

(2 चतुर्धरी) उपसंहरति। तदिति तत्तस्मादत्र भवन्मोहे

---

1. 'हरेश्चैषा तया' इति पाठः शान्तनव्यादिसंमतः।

विस्मयोऽसंभावना न कार्यो न करणीय इत्यर्थः। यस्मात्तया महामायया एतत् जगन्मोह्यते। ननु कासौ महामायेत्याह। योगेति। महामाया नाम हरेरीश्वरस्य योगनिद्रा परमानन्दमयी शक्तिः। जगत्पतेरिति भगवतो मोह्यकोटिबहिर्भावसूचकं विशेषणम् ॥41 ॥

(3 शान्तनवी) चशब्दो हेतौ। यतः महामायेति या अनादिः प्रसिद्धास्ति भगवती एषा जगत्पतेहरेर्विष्णोर्योगनिद्रेति कथ्यते। तया जगत् संमोह्यते मोहाय संप्रयुज्यते मोहपरायणं क्रियते। तत्तस्माज्ज्ञाने सत्यपि पुत्रादिषु ममत्वं कथं जायते इति अत्र विस्मयो न कार्य इत्यन्वयः। विस्मयो मोहः। योगो निद्रेव योगनिद्रा निष्प्रपञ्चात्मावगमो योगस्तद्धानलक्षणो विषयेभ्यश्चित्तवृत्तिनिरोधो विवक्षितः। न तु साक्षान्निद्रा अस्वप्नत्वाद्देवानाम्। 'योगः संहननोपायध्यानसंगतियुक्तिषु' 'अपूर्ववस्तुलाभेऽपि भेषजेपि चरेपि च'। 'मम माया दुरत्यया' इति भगवद्वनात् ॥41 ॥

(4 नागोजीभट्टी) ननु मायाया आश्चर्येयं शक्तिरत आह। तदिति। योगनिद्रा तमः प्रधाना शक्तिः। एतज्जगत्तया संमोह्यत इत्यन्वयः। जगत्पतित्वेन तस्य मोह्यकोटिबहिर्भावः सूचितः ॥41 ॥

(5 जगच्चन्द्रचन्द्रिका) महामाया हरेरिति 55 ॥41 ॥

(6 दंशोद्धारः) उपसंहरति। तन्नात्रेति। कासौ माहामायेत्यत आह। योगनिद्रेति। परमानन्दशक्तिरित्यर्थः ॥41 ॥

ज्ञानिनामपि चेतांसि देवी भगवती हि सा।
बलादाकृष्य मोहाय महामाया प्रयच्छति ॥42 ॥

(1 गुप्तवती) ज्ञानिनामपि केवलिनामपि। अन्येषां किमुतेति तात्पर्यम् ॥2 ॥

(2 चतुर्धरी) ने केवलं प्रवृत्तिमार्गाणामासौ मोहिका भवति किंतु ज्ञानिनामपीत्याह। ज्ञानिनामपीति। ज्ञानिनां ज्ञानविशेषवतामपि चेतांसि अन्तःकरणानि सा प्रसिद्धा महामाया भगवती अचिन्त्यमहिमा देवी द्योतनशीला हि यस्मात् बलात्स्वशक्तितः आकृष्य विवेकाद्व्यावर्त्य मोहाय प्रयच्छति मोहानुगामीनि मोहानुकूलानि करोति। भवद्विधानां का कथेति भावः ॥42 ॥

(3 शान्तनवी) महामायायाः प्राधान्यमाह। हि यस्मात् अनादिः प्रसिद्धा

वैष्णवी महामाया भगवती ऐश्वर्यादियुता अतः सा देवी स्वेच्छया दीव्यन्ती सती ज्ञानिनामपि उपनिषदुत्थज्ञानिनामपि पुंसां चेतांसि बलात्सामर्थ्यादाकृष्य मोहाय संसारिकत्वाय ममत्वाय प्रयच्छति ददाति। चित्तानि ममत्वाधीनानि करोति इत्यन्वयः। 'स्थौल्यसामर्थ्यसैन्यषु बलं ना काकसीरिणोः'। 'दाणो यच्छः शिति' ॥42 ॥

(4 नागोजीभट्टी) भवादृशानां संसारिणां का वार्ता। अपक्वकषायाणां योगिनामपि सा मोहिकेत्याह। ज्ञानिनामपीति। आकृष्येत्यस्य विवेकादित्यादि। मोहाय प्रयच्छति मोहवन्ति करोतीत्यर्थः। एवं च स्वकर्तव्यसृष्टिवृद्धये एवंप्रभावा सेत्यर्थः ॥42 ॥

(5 जगच्चन्द्रचन्द्रिका) बलादाकृष्येति 56 ॥42 ॥

(6 दंशोद्धारः) न केवलं विषयिण एव मोहयति किंतु ज्ञानिनोऽपीति कैमुतिकन्यायेनाह। ज्ञानिनामपीति ॥42 ॥

तया विसृज्यते विश्वं त्रैलोक्यं सचराचरम्।
सैषा प्रसन्ना वरदा नृणां भवति मुक्तये ॥43 ॥

(1 गुप्तवती) ॥43 ॥

(2 चतुर्धरी) तयेति। तया मूलप्रकृतिरूपया विश्वं जगच्चराचरमिति पर्यायैरशेषावान्तरं कार्यजातमभिप्रैति। मोहाय प्रयच्छतीत्युक्तम्। ततश्च प्रायेणा(श्रेयो)नुपपत्तिप्रसङ्ग इत्याह। सैषेति। सा बन्धकारणमपि एषा भगवती प्रसन्ना उपासनेन प्रीता सती नृणां मुक्तये कार्यव्यूह(द्वयवि)ध्वंसाय वरदा भवतीत्यन्वयः ॥43 ॥

(3 शान्तनवी) तया देव्या चराचरं विश्वं विसृज्यते विशेषेण सृज्यते उत्पाद्यते। अथ च तया देव्या तदेव चराचरं जगत् अविसृज्यते न त्यज्यते किंतु रक्ष्यते। अथ च सैषा या देवी नृणां पुंसां वरदा भवति। 'अप्रसन्नाऽवरदा भवति। अथ च सैषा देवी नृणां भक्तानां प्रसन्ना सती मुक्तये च भवतीत्यन्वयः। तया विसृज्यते तया अविसृज्यते इत्यकारप्रश्लेषोविवक्षातो ज्ञेयः। अ इत्येतत् पृथगव्ययम्। 'अमानोना प्रतिषेधवचने' इति स्मरणात्। अभ्यधुश्च। 'अभावे नह्यनोनापि' इति। चरतीति चराचरं जंगमरूपं विश्वमित्यर्थः। 'चरिष्णु जङ्गमचरं त्रसभिंगं चराचरम्'। 'चरिचलिपतिवदीनां वा द्वित्वमच्याक्वाभ्यासस्य०'

चरादीनां पचाद्यचि द्विर्भावोऽभ्यासस्य अगागमश्च। अग्निवधानसामर्थ्याच्च हलादि:शेषो न अन्यथा आकारादेश एव वक्तव्यः स्यात्। न चेह चरा चाचरा चेति विगृह्यैकवद्भावेन विश्वविशेषणम्। चराचरमित्येतदितिशङ्कनीयम्। विश्वग्रहणादेतज्जगद्ग्रहणादेव वा तत्सिद्धेः पौनरुक्त्यप्रसङ्गात्। नहि स्थावरजंगमात्मकादन्यद्विश्वस्य शब्दवाच्यं वास्ति तस्मात् चराचरमिह जंगममेव विवक्षितम्। विश्वजगच्छब्दयोरिह भिन्नवाक्यस्थया विवक्षित्वादपौनरुक्तयम्। समं सर्वं 'विश्वमशेषं कृत्स्नं समस्तनिखिलाखिलानि निःशेषम्' 'विष्टपं भुवनं जगत्'। गच्छतीति जगद्विश्वम् 'जगत्स्याद्विष्टपे क्लीबं वायौ ना जङ्गमे त्रिषु' इति रुद्रकोशः ॥43॥

(4 नागोजीभट्टी) विश्वं समस्तम्। नन्वेवं मुक्तिर्दुर्लभैव स्यात्तदाह। सैषेति। मोहकारणमपि सा उपासनादिभिः स्वार्पितनित्यकर्मादिभिश्च प्रसन्न मोक्षाय वरदा भवति ॥43॥

(5 जगच्चन्द्रचन्द्रिका) सैषा प्रसन्नेति 57 ॥43॥

(6 दंशोद्धारः) तामेव विशिनष्टि द्वाभ्याम्। विसृज्यते उत्पाद्यते। यद्वा अकारप्रश्लेषेण अविसृज्यते न त्यज्यते। 'अमानोना प्रतिषेधे' ॥43॥

सा विद्याऽपरमा मुक्तेर्हेतुभूता सनातनी।
संसारबन्धहेतुश्च सैव सर्वेश्वरेश्वरी ॥44॥

(1 गुप्तवती) ॥44॥

(2 चतुर्धरी) एकस्यापि (आकृष्य) बन्धमोक्षोभयकारणत्वं समर्थयति। सेति। विद्या ब्रह्मज्ञानलक्षणा। परमपुरुषार्थसाधनत्वात्। संसार एव बन्धस्तस्य हेतुः। चशब्दादविषरूपावसायनित्याशुचिदुःखानात्मसु (किमित्य) शुचिसुखात्मख्यातिः। सर्वेषां ब्रह्मादितृणान्तानामीश्वरी प्रवृत्तिनिवृत्तिव्यापारा। ईश्वर्यव्याहतेच्छा। सर्वेश्वराणां ब्रह्मादीनां ईश्वरीति वा। सर्वेश्वरेति राज्ञः संबोधनं वा ॥44॥

(3 शान्तनवी) इह महामाया अविद्यारूपा बन्धहेतुः। विद्यारूपा तु मुक्तिहेतुरिति प्रतिपाद्यते। तत्र अविद्यापक्षे तावत् सा प्रसिद्धा देवी अविद्या विद्येतरा। यद्वा वेत्ति वित् ब्रह्मज्ञानसंपन्नः ततोऽन्यः अवित् सांसारिकः तं

याति अविद्या। कीदृशी अविद्या। अपरमा परा उत्कृष्टा मा मोक्षलक्ष्मीः ततोऽन्या अपरमा। अथवा न विद्यते परा उत्कृष्टा मा मोक्षलक्ष्मीर्यस्याः सा अपरमा। अथवा अः विष्णुः तस्येव अपरना उत्कृष्टा मा मोक्षलक्ष्मीर्यतो भवति सा अपरमा। अथवा अः विष्णुः परमः परोऽन्योधिकरणभूतो यस्याः सा अपरमा। पुनः कीदृशी अविद्या। अमुक्तेर्हेतुभूता न विद्यते मुक्तिर्यस्मात्रिवर्गात्सोऽमुक्तिः त्रिवर्गो धर्मकामार्थलक्षणः क्षयस्थानवृद्धि-लक्षणो वा त्रिवर्गः तस्य हेतुभूता। पुनः कीदृशी अविद्या असनातनी। न सना सदाभवा असनातनी। अनादिरपि ह्यविद्या विद्याविनिवर्तनीयत्वादनित्या अध्रुवा। पुनः कीदृशी अविद्या सर्वेश्वरी सर्वे ईश्वराः ईशनशीलाः स्वामिनः स्वस्वामिभावसंबन्धसंबन्धिनो भवन्ति। यतः सा सर्वेश्वरी अखिलप्रपञ्चरूपा सैवेश्वरी ऐश्वर्यसंपन्ना अतएव सा संसारबन्धहेतुः संसार इति बन्धः तस्य हेतुः कारणम्। अथवा सर्वेषां लोकानाम् ईश्वराः ब्रह्मविष्णुमहेश्वराः तेषां ब्रह्मादीनाम् ईश्वरी ब्राह्मी वैष्णवी माहेश्वरीति व्यपदेशतस्तत्र तद्वशीकृत्यौचित्या। स्वामिनीति यावत्। पुनः कीदृशी अविद्या सा अः विष्णुः तेन सह वर्तमाना। विष्णुमायेत्यर्थः। चकारेण विद्यारूपापि महामायेति पक्षः समुच्चीयते। तथाहि। सा वैष्णवी माया सैव विद्या अतीतप्रपञ्चब्रह्मगोचरा उपनिषदुत्थज्ञानरूपा। अथ वेत्ति वित् आत्मज्ञानं याति विद्या। पुनः कीदृशी विद्या। परमा परात्मात्मतत्त्वगोचरत्वादुत्कृष्टा। पुनः कीदृशी विद्या। सनातनीं 'सत्यं ज्ञानमनन्तं ब्रह्म' इति श्रुतेर्ब्रह्मरूपत्वान्नित्या। ब्रह्मतत्वगोचरत्वोपचारौचित्यापि। शाश्वती 'शाश्वतस्तु ध्रुवो नित्यसदातनसनातनाः'। 'सायं चिरम्' इत्यादिना ट्युःतुट् टित्त्वात्ङीप्। पुनः कीदृशी विद्या। सर्वा संपूर्णा विश्वरूपा। पुनः कीदृशी विद्या। ईश्वरस्य ईश्वरी ईश्वरेश्वरी। ईश्वरस्यापि हि स्वरूपदिदृक्षुत्वौचित्त्यावाप्तव्यत्वादवश्याश्रयणीयत्वात्तस्याः। 'स्थेशभास-पिसकसो वरच्' इति वरचि। ईष्टे इति ईश्वर इति रूपम्। अश्नुते अशू व्याप्तौ। व्याप्नोति इति विगृह्य ईश्वरीति भवति। अश्नोतेराशुकर्मणि वरट् चेच्चोपधाया इत्यौणादिको वरट्। पुनः कीदृशी विद्या। संसारबन्धहेतुः। पुंसां मुक्तेः कारणभूतेत्यर्थः। संसारबन्धरूपस्य हेता गंता संसारबन्धहेता तस्य संसारबन्धहेतुः पुंसः मुक्तेर्मोक्षस्य हेतुभूता। 'ज्ञानादेव तु कैवल्यम्' इति सिद्धान्तश्च। विद्यैव मुक्तिनिदानमिति तात्पर्यम्। हेतुरिति। हि गतौ। तृचि षष्ठ्यैकवचनान्तमेतत्। षष्ठीसमासः। 'कर्तरि च' इति तु

षष्ठीसमासप्रतिषेधः प्रायिको 'जनिकर्तुः प्रकृतिः' इति पाणिनिप्रयोगाल्लिङ्ग-दवसीयते। हेतुशब्दस्तु उकारन्तः कारणवाची। अविद्या अहंमति विद्या तु मोक्षफलं ज्ञानम्। सुरथः सुमेधसं मुनिं महामायामहिमानं प्रष्टुं वाक्यम् ऊचे ॥44 ॥

(4 नागोजीभट्टी) नन्वेकस्यैव वस्तुनः बन्धमोक्षोभयहेतुतानुपपन्नेत्यत आह। सा विद्येति। सर्वेश्वरस्येश्वरी ईश्वरत्वसंपादिका। अतो न काचिदसंभावना तस्यामित्यर्थः। किंच विद्याविद्योभयस्पत्वादपि नैतदसंगतिरित्याह। परमा उत्तमपुरुषार्थसाधनीभूता विद्या ब्रह्मज्ञानरूपा सैव सनातनी अनाद्यनन्ता च संसारबन्धहेतुरविद्या च सैवेत्यर्थः। एवं च चिज्जडप्रकृत्युीयात्कमत्वादुभयहेतुता उपपन्नेति भावः ॥44 ॥

(5 जगच्चन्द्रचन्द्रिका) पुनरर्ध इति। पुनः श्लोकरूपो मन्त्रः। तथाहि संसारबन्धहेतुश्च सैव सर्वेश्वरेश्वरी स्वाहा 58 ॥44 ॥

(6 दंशोद्धारः) सेति। एवंच विद्याऽविद्याविभेदेन सैव मोक्षमोहकर्त्रीति भावः ॥44 ॥

राजोवाच।

भगवन्का हि सा देवी महामायेति यां भवान्।
ब्रवीति कथमुत्पन्ना सा[1] कर्मास्याश्च किं द्विज ॥45 ॥

(1 गुप्तवती) भगवन्निति। का कथं किमिति स्वरूपोद्भवप्रभावाणां प्रश्नः ॥45 ॥

(2 चतुर्धरी) पूर्वं हरेर्योगनिद्रा महामायेति संक्षंपेणोक्ता तां पुनर्विस्तरा(ज्जिगमिषया) ज्जिज्ञासिषू राजोवाच। भगवन्निति। भगं सम्यज्ज्ञान विद्यतेयस्मिन्। ब्रवीतीति पूर्वेणान्वयः। कर्म चास्याः किमित्यन्वयः ॥45 ॥

(3 शान्तनवी) हे भगवन् हे द्विज सुमेधः मुने भवान् यां महामायेति ब्रवीति आह। का हि सा देवी। सा च कथं केन प्रकारेण उत्पन्ना उद्भूत। अस्या देव्याः कर्म च किम्। पराक्रमश्च कः इत्युवाच राजेत्यन्वयः। 'इतिहेतुप्रकरणप्रकर्षादिसमाप्तिषु'। पुनः पृच्छति राजा ॥45 ॥

---

1. सा कर्म चास्याश्च, इति पाठः।

(4 नागोजीभट्टी) विशेषजिज्ञासया पुनः पृच्छति। राजोवाच। भगवन्निति। का किंजातीया। कथं केन प्रकारेण। अस्याः कर्म च किम्॥45॥

(5 जगच्चन्द्रचन्द्रिका) पुना राजेति। पुनः राजोवाच स्वाहेति मन्त्रः 59 एकोना षष्टिरुच्यत इति एकेन ऊना षष्टिः विंशतित्रयमुच्यते। पुनरर्धमिति पुनरर्धम् अर्धश्लोकात्मको मन्त्रः तथाहि भगवान् का हि सा देवी महामायेति यां भवान् स्वाहा 60। पुनः श्लोक इति पुनः श्लोकः श्लोकात्मको मन्त्रः। तथाहि ब्रवीतीति 61॥41॥

(6 दंशोद्धारः) तस्या विशेषजिज्ञासया पृच्छति। भगवन्नियादि-द्वाभ्याम्॥45॥

यत्प्रभावा[1] च सा देवी यत्स्वरूपा यदुद्भवा।
तत्सर्वं श्रोतुमिच्छामि त्वत्तो ब्रह्मविदां वर॥46॥

(1 गुप्तवती) तदेव पुनः पृच्छति। यत्प्रभावेति। किंप्रभावेत्यादिरर्थः॥46॥

(2 चतुर्धरी) यत्स्वभावेति। यत्स्वभावा यल्लक्षणा यत्स्वरूपा यदाकारा यदुद्भवा यत्कारणिका। ब्रह्मविदां वेदज्ञानां (ब्रह्मज्ञानिनाम्)॥॥46॥

(3 शान्तनवी) हे ब्रह्मविदांवर श्रेष्ठ त्वत्तः सकाशात् तत् सर्वं श्रोतुमिच्छामि। तदिति किम्। सा देवी यत्प्रभावा यत्सामर्थ्या यत्स्वरूपा यदाकृतिः यदुद्भवा यदुत्पत्तिका च। तस्याः देव्याः सामर्थ्यं कीदृशं किंस्वरूपं कीदृशं च प्रादुर्भवनमिति प्रश्नतात्पर्यम्। यतः त्वत्तः। 'आख्यातोपयोगे' इत्यपादानता। यः प्रभावो यस्याः सा। यत् स्वरूपं यस्याः सा। यः उद्भवो यस्याः सा तथोक्ता। ब्रह्म विदन्ति ब्रह्मविदः तेषां मध्ये वरः। 'वेदस्तत्त्वं तपो ब्रह्म ब्रह्मा विप्रः प्रजापतिः। ब्रह्म वेदो ब्रह्म तपो ब्रह्म ज्ञानं च शाश्वतम्।' ब्रह्मन् इति संबुद्ध्यन्तः पाठः क्वचित्॥46॥

(4 नागोजीभट्टी) यत्स्वभावेत्यादिना। स्वभावस्वरूपोत्पत्ति-कारणप्रश्नत्रयम्। ब्रह्मविदांवर इत्यनेन ऋषिप्रोक्तसर्वप्रकरणस्य श्रुतिशिरोनुयायित्वं स्फुटितम्॥46॥

---

1. 'यत्स्वभावा' इति चतुर्धरी-नागोजीभट्टीसंमतः पाठः।

(5 जगच्चन्द्रचन्द्रिका) पुनरर्धमिति। पुनः अर्धम् अर्धश्लाकात्मको मन्त्रः। तथाहि तत्सर्वं श्रोतुमिच्छामि त्वत्तो ब्रह्मविदां वर स्वाहा 62 ॥46 ॥

(6 दंशोद्धारः) ॥46 ॥

ऋषिरुवाच।

नित्यैव सा जगन्मूर्तिस्तया सर्वमिदं ततम्।
तथापि तत्समुत्पत्तिर्बहुधा श्रूयतां मम ॥47 ॥

(1 गुप्तवती) नित्यैव सेत्यादिना रूपं देवानामित्यादिनोत्पत्तेरौपचारिकत्वं चोक्त्वा प्रभावं वक्तुमारभते ॥47 ॥

(2 चतुर्धरी) अत्रोत्तरमृषिरुवाचेति तत्राद्यन्तौ पक्षौ समाधत्ते। नित्येति। नित्या प्राक्प्रध्वंसाभावशून्या। द्वितीयेप्याह। सेति। यत्किंचित्सृष्ट्यादिकर्मजातमाप्यते (प्रतीयते) तत्सर्वमस्या एवेत्यर्थः। सर्वनाम्नः प्रसिद्धाभिधायित्वात्। तुरीयेप्याह। जगदिति। जगदेव मूर्तिः (व्यक्ताकारा) व्यक्तिराकारो यस्याः। सर्वत्रैव सदर्थविहीनप्रत्ययार्थावगमात्। तृतीयेऽप्याह। तथेति। इदं सर्वं तया ततं व्याप्तमिति। चित्स्वभावासावित्यर्थः। उत्पत्त्याद्यभ्युपगमेनाह। तथापीति। ममेत्यव्ययम्। मत्त इत्यर्थः ॥47 ॥

(3 शान्तनवी) अथ सुमेधा ऋषिरुवाच। हे राजन् जगन्मूर्तिः। सा देवी नित्यैव। तया देव्या इदं लोकमयं सर्वं ततं कृतम्। सातु केनापि न तता न कृता। तथापि लोकोपकारार्थं तत्समुत्पत्तिः तत्प्रादुर्भावो बहुधा अनेकैः प्रकारैर्मम वाचो युक्तितः त्वया श्रूयतामित्यन्वयः। जगत् जगति वा मूर्तिः कायो यस्याः सा तथोक्ता। तस्याः समीचीना उत्पत्तिः तत्समुत्पत्तिः। 'मूर्तिः काठिन्यकाययोः' ॥47 ॥

(4 नागोजीभट्टी) उत्तरयति। ऋषिरुवाच। नित्यैवेति। जेगन्मूर्तिरित्यनेन जगदतिरिक्तमुख्यशरीराभावो ध्वनितः। जगदाश्रयभूता शक्तिरित्यर्थः। केनेति जातिप्रश्नोत्तरं स्वरूपप्रश्नोत्तरं च। तया सर्वमिदं ततमित्यनेन स्वभावोत्तरम्। सृष्टिस्वभावा सेत्यर्थः। ततं विस्तारितमित्यर्थः। व्याप्तमिति च इत्यर्थकस्य चित्स्वभावा चेत्यर्थः। सृष्टीत्युपलक्षणम्। नित्येत्यनेन मुख्योत्पत्तेर-भावात्कारणस्य सुतरामभावेन गौण्यौ कारणोत्पत्तीति दर्शितम्। ते उत्पत्तितत्करणप्रश्नोत्तरं तत्समुत्पत्तिः गौरी सा। ममेत्यापादानस्य शेषत्वविवक्षायां षष्ठी। मत्त इत्यर्थः ॥47 ॥

(5 जगच्चन्द्रचन्द्रिका) पुनः ऋषिरिति। पुनः ऋषिरुवाच स्वाहेति मन्त्रः 63। पुनरर्धमिति। पुनः अर्धं श्लोकार्धं पादद्वयात्मक इत्यर्थः। तथाहि नित्यैव सा जगन्मूर्तिस्तया सर्वमिदं ततं स्वाहा।64। पुनः श्लोकाः षट्मन्त्रा इति पुनः श्लोकाः श्लोकरूपाः षट् मन्त्राः षट्संख्याका मन्त्रा इत्यर्थः। तथाहि तथापीति 65 ॥47 ॥

(6 दंशोद्धारः) अत्रोत्तरमृषिरुवाच। नित्यैवेति। का यत्स्वरूपेत्यनयोरुत्तरं जगन्मूर्तिरिति। किमस्याः कर्मं यत्स्वभावेत्यस्योत्तरं तया सर्वमिदं। कथमुत्पन्ना। यदुद्भवेत्यस्योत्तरं नित्यैवेति। तथापीत्यादिचेत्यूह्यम्। ममेत्यव्ययं प्राग्वत् ॥47 ॥

देवानां कार्यसिद्ध्यर्थमाविर्भवति सा यदा।
उत्पन्नेति तदा लोके सा नित्याप्यभिधीयते ॥48 ॥

(1 गुप्तवती) ॥48 ॥

(2 चतुर्धरी) ननु नित्यायाः समुत्पत्तिरिति विप्रतिषिद्धमेतदित्यत आह। देवानामिति। आविर्भवति प्रकटीभवति ॥48 ॥

(3 शान्तनवी) सा देवी देवानां कार्यसिद्ध्यर्थं यदा आविर्भवति प्रकाशते तदा सा देवी नित्यापि सती लोके उत्पन्ना लब्धजन्मेति अभिधीयते कथ्यते। जनतयेत्यन्वयः। आत्मवचनादात्मरूपात्वाद्भावरूपत्वादकृतकत्वाच्च' नित्यत्वं तस्या इति भावः। 'प्रकाशे प्रादुराविः स्यात्'। आविर्भवति प्रकाशते इत्यर्थः। नियतं भवा नित्या। नेध्रुवेत्यप्। 'गतानुगतिको लोको न लोकः पारमार्थिकः। सतीमप्यसतीमाह सीतां रक्षःक्षयाश्रयात्' 'सहजो यः समुल्लासः क्षीराब्धेः सोपि मंस्यते। चन्द्र इत्यत्र किं कुर्मो गतानुगतिकं जगत्' ॥48 ॥

(4 नागोजीभट्टी) देवानां कार्यसिद्ध्यर्थमिति। सर्वकर्मप्रश्नोत्तरम्। अनेनैव देवप्रार्थनया आविर्भावस्य ध्वननात् कथमुत्पन्नेत्युत्तरमपि ॥48 ॥

(5 जगच्चन्द्रचन्द्रिका) उत्पन्नेतीति 66 ॥48 ॥

(6 दंशोद्धारः) ननु नित्यत्वोत्पत्त्योः परस्परं विरोध इत्याशंक्यौपाधिकी उत्पत्तिरिति दर्शयितुमवतारप्रयोजकमितिहासं प्रस्तौति। देवानामित्यादि-यावदध्यायसमाप्ति ॥48 ॥

योगनिद्रां यदा विष्णुर्जगत्येकार्णवीकृते।
आस्तीर्य शेषमभजत्कल्पान्ते भगवान्प्रभुः ॥49॥

(1 गुप्तवती) योगनिद्रामित्यादिना। विष्णोरप्येषा मोहिकेति प्रदर्शनायानेनैवपदेन विशेष्यनिर्देशः। तेन परिकराङ्कुरोऽलंकार इति काव्यविदः। शेषं सर्पविशेषं कल्पान्ते सर्वनाशसमये आस्तीर्य तावन्मात्रस्यैवावशिष्टत्वध्वननाय शेषपदेन निर्देशः ॥49॥

(2 चतुर्धरी) अत्रापीतिहासमवतारयति। योगेति। योगनिद्रां स्वेच्छोपात्तां निद्रां विष्णुरीश्वरः शेषमनन्ताहिमास्तीर्य तल्पीकृत्य अभजत् अध्यास्ते। कल्पान्ते ब्रह्मदिवसाऽवसाने भगवान्समग्रगुणावरोधः तथाच। विष्णुपुराणे। 'उत्पत्तिं प्रलयं चैव भूतानामगतिं गतिम्। वेत्ति विद्यामविद्यां च स वाच्यो भगवानिति'। प्रभुरप्रतिहतेच्छः ॥49॥

(3 शान्तनवी) कल्पान्ते प्रलये ब्रह्मादीनां निशावसाने जगति भुवने एकार्णवीकृते एकार्णवत्वेन कृते सति एकोदकपूरत्वेनावस्थापिते सति भगवान् ऐश्वर्यादिसंयुतः प्रभुः स्वामी विष्णुः व्यापको नारायणः शेषम् अनन्तं फणीश्वरम् आस्तीर्यं प्रसार्य पल्यंकीकृत्य यदा योगनिद्राम् अभजत् योगनिद्रामिवासेवत। तदा तस्मिन्काले योगनिद्रोपलक्षिते काले विष्णुकर्णमलोद्भूतौ घोरौ भयंकरो मधुकैटभाविति विख्यातौ नाम्ना कथितौ द्वौ असुरौ सुरविद्विषौ ब्रह्माणं विष्णोर्नाभिकमलस्थं वेधसं हन्तुं हिंसितुम् उद्यतो उन्मुखावभूतामिति श्लोकयुग्मान्वयः। योगनिद्रैव ध्यानाङ्गनिद्रा ताम्। वेवेष्टि व्याप्नोति विश्वं विष्णुः। जंगम्यते जगत् तस्मिन्। यस्मिन्नणन्ति अम्भांसि सन्ति बहूनि सोऽर्णवः। 'अर्णसो लोपश्च' इति वः। एकः केवलोऽर्णवः समुद्रः पूर्णो यस्मिंस्तत् एकार्णवम्। जगत् प्रलयतः प्राक् सप्तार्णवत्वेन जगद्व्यवस्थापितम्। प्रलये तु एकार्णवस्य जगतो भावः ऐकार्णव्यम्। ब्राह्मणादित्वात् ष्यञ् वृद्धिः। स्त्रियाम् एकार्णव्यमेव ऐकार्णवी। 'षिद्गौरादिभ्यश्च' इति ङीप्। तया एकार्णव्या एकार्णवत्वेन कृतं व्यवस्थापितं जगत् तस्मिन्। अथवा विधिना अभूततद्भावविवक्षायां सप्तार्णवमनेकार्णवं जगदेकार्णवं कृतं निर्मितं रचितम् एकार्णवीकृतं तस्मिन् जगत्येकार्णवीकृते। अथवा नित्यया भगवत्या जगंत्येकार्णवेकृते सतीति मुक्तसंशयः पाठः। 'संवर्तः प्रलयः कल्पः क्षयः कल्पान्त इत्यपि' 'कल्पः

शास्त्रे निधौ न्याये संवर्ते ब्रह्मणो दिने'। कल्पस्यान्तोऽवधिः कल्पान्तः तस्मिन्। मन्यतेऽहमेव शूरः इति मधुः। 'मधुः पुंस्यसुरे चैत्रे मधुके सुरभावपि। क्लीबं तु मधु मद्ये स्यात्क्षौद्रे पुष्परसेऽचि च' कीटस्येव भा प्रभा यस्य तत् कीटभं कर्णजं मलं तत्र भवः कैटभः। बृंहत वर्धते ब्रह्मा तं विष्णोः कर्णौ तयोर्मलं ततः उद्भूतो ॥49 ॥

(4 नागोजीभट्टी) कथं देवप्रार्थनया तत्कार्यसिद्ध्यर्थमवतार इति जिज्ञासायां तां निवर्तयितुं मोहकारणस्यैव च राज्ञः पृष्टत्वेनादौ मोहिकायास्तमोगुणप्रधानाया अवतारं वक्तुमितिहासमाह। योगनिद्रामिति। कल्पान्ते ब्रह्मदिनान्ते योगनिद्रां तामसीं शक्तिं भगवान्। 'उत्पत्तिं प्रलयं चैव भूतानामागतिं गतिम्। वेत्ति विद्यामविद्यां च स वाच्यो भगवानिति' इत्युक्तलक्षणः। तेन भूतानां प्रलयकालं ज्ञात्वा सेयं पालनव्यवहारतिरोधानमन्तरा तदसंभवं मत्वा स्वपालनव्यवहारतिरोधायिकां तामसीं शक्तिम् अभजत्। पटेनेव तयात्मानमावृतवानित्यर्थः। प्रभुरित्यनेन स्वेच्छया तदङ्गीकारः। नतु तया बलादस्यावरणमिति ध्वनितम्। अत एव योगनिद्रेत्युक्तम्। इतरजननिद्रावत् मोहपारवश्यापादनीभवति लीलया सखीवल्लोचनपिधानमात्रं करोति। तदुक्तं हरिवंशे 'संखी सर्वसहस्यैषा माया विष्णोः शरीरजा। सैषा नारायणमुखे स्थिता कमललोचना' इति। तेन अतः स्वस्वरूपज्ञानावरकत्वं प्रदर्शितम् ॥49 ॥

(5 जगच्चन्द्रचन्द्रिका) आस्तीर्येति 67 ॥49 ॥

(6 दंशोद्धारः) योगनिद्रामिति। एकः केवलोऽर्णवः पूर्णो यस्मिन्नित्येकार्णवं प्रलयात्प्राक् सप्तार्णवत्वेन व्यवहितं तस्य भावः ऐकार्णवी। ब्राह्मणादित्वात्ष्यञ्। षित्वान्ङीष्। 'हलस्तद्धितस्य' इति यलोपः। तथाकृते व्यवस्थापिते। एकार्णवे कृते इति पाठः सुगमः ॥49 ॥

तदा द्वावसुरौ घोरौ विख्यातौ मधुकैटभौ।
विष्णुकर्णमलोद्भूतौ हन्तुं ब्रह्माणमुद्यतौ ॥50 ॥

(1 गुप्तवती) ॥50 ॥

(2 चतुर्धरी) ब्रह्माणं विरञ्चिम् ॥50 ॥

(3 शान्तनवी) पूर्वश्लोके एवास्य श्लोकस्य व्याख्यास्ति ॥50 ॥

(4 नागोजीभट्टी) तदेति। मलोद्भूतावित्यनेनानयोरतितामसत्वं सूचितम्। इतरत्स्पष्टम् ॥50॥

(5 जगच्चन्द्रचन्द्रिका) विष्णुकर्णेति 68 ॥50॥

(6 दंशोद्धारः) तदेति। मन्यतेऽहमेव शूरः इति मधुः। कीटस्येन्द्रगोपस्येव भा प्रभा यस्य तत्कीटभं कर्णमलं तत्र भवः कैटभः ॥50॥

स नाभिकमले विष्णोः स्थितो ब्रह्मा प्रजापतिः।
दृष्ट्वा तावुसरौ चोग्रौ प्रसुप्तं च जनार्दनम् ॥51॥

(1 गुप्तवती) इयं च योगनिद्रा प्रथमचरित्रदेवता महाकाल्येव। तमोगुणप्रधानत्वात्। पूर्वम् एवंस्तुतेत्यनेन तामसीपरत्वेन स्तुतेरुपसंहाराच्च ॥51॥

(2 चतुर्धरी) प्रजानां पतिर्नियन्ता ॥51॥

(3 शान्तनवी) विष्णोर्नाभिकमले स्थितः स प्रजापतिः ब्रह्मा तावुसरौ च उग्रो दृष्ट्वा जनार्दनं च प्रसुप्तं योगनिद्रापत्रं दृष्ट्वा एकाग्रहृदयस्थितः सन्। हरेर्विष्णोः प्रबोधनार्थाय हरिनेत्रकृतालयां तां योगनिद्रां महामायां तुष्टाव स्तुतवान्। इति श्लोकयुग्मान्वयः। नाभिरेव कमले तत्र वा नाभिः कमलमिव तत्र वा नाभौ कमलं तत्र स्थितः उपविष्टः ब्रह्मा। विप्रोपि कश्चित्स्यात् अत उक्तं प्रजापतिरिति। प्रजापतिर्मनुरपि स्यात् अत उक्तं ब्रह्मेति। अर्द हिंसायां चुरादिः। जनान् अर्दयति हिनस्ति जनार्दनः। अर्द गतौ याचने च। भ्वादिः। जनान् अर्दति गच्छति। टुञ् स्तुतौ। स्तुवनक्रियाफल स्वरक्षालक्षणम्। ब्रह्मण एवेत्यात्मनेपदे सति तुष्टावेति पाठः। अथवा स्तवनक्रियाफलं पारंपर्याद्देवरक्षणे लक्षणमेवेतियुक्तं परस्मैपदं तुष्टावेति। यदुक्तं देवानां कार्यसिद्ध्यर्थमाविर्भवति सा यदेति। हरेः प्रबोधनार्थायेति तु यद्यपि अव्यवहितं स्तवनक्रियाफलं साक्षात्प्रयोजनमथापि प्रयोजनं दैत्यवधविधिद्वारकं पारम्पर्यावधृतं देवसंरक्षणमेव स्तवनक्रियाफलम्। एवम् अद्वितीयमग्रं प्रमुखं हृदयं स्वान्तं यस्य स एकाग्रहृदयः अनन्यमनस्कः स्थितः निष्कम्पः। अथवा एकम् अद्वितीयमग्रं प्रधानं हृत् चित्तं यस्य स एकाग्रहृत्। अये शुभावहे विधौ दैत्यवधलक्षणे विषये स्थितः दत्तावधानः अयस्थितः। हरेर्नेत्रे एव कृत आलयो यया सा तथोक्ता। अथवा हरिणा नेत्राभ्यां कृत आलयो गृहं यस्याः सा तथोक्ता। अथवा हरेर्नेत्रेण चक्षुषा

प्रमाणेन कृतः आलयः असंश्लेषः अनाशः अमोक्षो वा यस्याः सा तथोक्ता। अथवा हरेः परमात्मनो नेता प्रापयिता वेदान्तः हरिनेता तेन अकृतः आलयः गृहं प्रति नियतं स्थान यस्याः सा तथोक्ता ताम्। प्रबोधनमेवार्थः प्रयोजनं तस्मै प्रबोधनार्थाय। ब्रह्मा तावत्तां स्तोतुं स्वयमेव प्रतिजानीते प्रतिज्ञां करोति ॥51 ॥

(4 नागोजीभट्टी) तत्र ब्रह्मा क्वेत्यत आह। स नाभिकमले इति। प्रजपतिर्नियन्तेति ब्रह्मणो विशेषणम्। प्रसुप्तं त्यक्तपालनव्यवहारम् ॥51 ॥

(5 जगच्चन्द्रचन्द्रिका) दृष्ट्वा ताविति 69 ॥51 ॥

(6 दंशोद्धारः) स नाभीति। ब्रह्मा कश्चन विप्रः स्यादतः प्रजापतिरिति। दक्षप्रजापत्यादिव्यावृत्तये ब्रह्मेति बोध्यम् ॥51 ॥

तुष्टाव योगनिद्रां तामेकाग्रहृदयस्थितः।

विबोधनार्थाय हरेर्हरिनेत्रकृतालयाम् ॥52 ॥

(1 गुप्तवती) ॥52 ॥

(2 चतुर्धरी) तुष्टावेति। एकाग्रहृदयोऽनन्यनिष्ठान्तःकरणः स्थितः स्थिरः। हरिनेत्रकृतालयामिति नेत्रयोरेव निद्राया अभिव्यक्तेः वस्तुतस्तु सर्वाङ्गा स्थितैव सा ॥52 ॥

(3 शान्तनवी) पूर्वश्लोके एव व्याख्यातास्य श्लोकस्य टीका ॥52 ॥

(4 नागोजीभट्टी) तुष्टावेति। स एकाग्रमनवच्छिन्नं हृदयं यस्य स तादृशः स्थितः सन्नित्यर्थः। हृदयस्थित इत्यतः शर्परे खरि वा विसर्गलोपः। विबोधनार्थाय पालनव्यवहारप्रवृत्त्यर्थम्। नेत्रेत्युपलक्षणम्। सर्वाङ्गस्थितत्वात्तस्याः। लोके नेत्रयोरेव भूयो निद्राभिव्यक्तिमत्त्वात् नेत्रेत्युक्तिः ॥52 ॥

(5 जगच्चन्द्रचन्द्रिका) विबोधनार्थायेति 70 ॥52 ॥

(6 दंशोद्धारः) तुष्टावेति। एकाग्रेण हृदयेन स्थितः। यद्वा एकाग्रहृत्। अये दैत्यवधे जगत्पालनरूपे शुभविधौ स्थितो दत्तावधानः। हरिणा नेत्राभ्यां कृत आलयो यस्याः ॥52 ॥

विश्वेश्वरीं जगद्धात्रीं स्थितिसंहारकारिणीम्।
निद्रां भगवतीं विष्णोरतुलां तेजसः प्रभुः ॥53॥

(1 गुप्तवती) ॥53॥

(2 चतुर्धरी) कथं तां तुष्टावेत्याह। ब्रह्मोवाच। विश्वेश्वरीमिति। जगद्धात्रीं जननीम्। स्थितिर्जन्म संहारो नाशश्च तत्कारिणीं स्तौमि वाचा पूजयामि। विरतेन्द्रियप्रदेशे मनोलयो निद्रा। विष्णोर्निद्रां स्तौमीत्यन्वयः। अतुलमसाधारणं तेजोयस्य। क्वचित्तु स्तौमीत्यादिपद्यार्धस्थाने निद्रां भगवतीं विष्णोरतुलां तेजसः प्रभुरिति पठित्वा ब्रह्मोवाचेति पठन्ति। ततश्च तुष्टावेतयनेनैवान्वयः। अतुलाम् अनन्यसमां (सा अतुला तां कस्य तेजसः इति वा त्वन्येन समाम्)। तेजसो ज्योतिरूपस्य विष्णोः प्रभुरिति ब्रह्मणो विशेषणम्। तेजसः प्रभुः ब्रह्मेति वा। तेजसः अतुलां पूरणार्थे करणे षष्ठी। वा न विद्यते तुलां यस्याः सा अतुला कस्य तेजसः इति वा॥53॥

(3 शान्तनवी) ब्रह्मा तावत्तां स्तोतुं स्वयमेव प्रतिजानीते प्रतिज्ञां करोति। विश्वेश्वरीमिति। अतुलम् असदृशं तेजो यस्य सः अतुलतेजाः तस्य अतुलतेजसः विष्णोर्ध्यानरूपां निद्रां स्तौमि नौमि। 'तेजः प्रभावे दीप्तौ च बले शुक्रेऽपि कीर्तितम्'। तेजः असहनत्वेऽपि। यदाहुः। 'अधिक्षेपावमानादेः प्रयुक्तस्य परेण यत्। प्राणात्ययेऽप्यसहनं तत्तेजः समुदाहृतम्।' कीदृशीं योगनिद्राम्। विश्वेश्वरीं विश्वस्य ईश्वरीं व्यापिकां जनयित्रीम्। अश्नोतेराशुकर्मणि वरट् चोपधायाः। पुनः छेदे तु कीदृशीम्। जगद्धात्रीं जगतो धारयित्रीं पोषयित्रीं च। पुनः कीदृशीम्। स्थितिसंहारकारिणीं स्थितिसर्गसंहारमध्यमावस्थां कुर्वाणाम्। संहारं च सर्गस्थित्युत्तरावस्थां कुर्वाणाम्। 'सुप्यजातौ णिनिस्ताच्छील्ये'। पुनः कीदृशीम्। भगवतीं षडैश्वर्यसंगताम्। जगदिति छेदे तु धात्रीमिति ताच्छील्ये तृन्योगे नलोकाव्ययसूत्रेण षष्ठीनिषेधात् कर्मणि द्वितीयान्तं जगदिति। एतेन विष्णुयोगनिद्रैव जगत्सर्गस्थितिसंहारकारिणी ब्राह्मी वैष्णवी माहेश्वरीमयी शक्तिरिति स्तुतितात्पर्यं सूचितम्॥53॥

(4 नागोजीभट्टी) योगनिद्रायाः मूलशक्त्यभेदं मत्वा विशेषयति। विश्वेश्वरीमिति। तत्त्वमेव विविच्याह। जगद्धात्रीमित्यादि। धात्रीं जननीम्। अनेन जगदुत्पत्तिस्थितिलयकर्तृत्वं ब्रह्मलिङ्गं दर्शितम्। अतुलामित्यन्तानि

विष्णुनिद्राविशेषणानि। तेजसः प्रभुरिति ब्रह्मविशेषणम्। तत्स्तुत्यत्वेनात्युत्कर्षोऽस्या ध्वनितः। विष्णुमोहकतया इतरमोहकत्वमनाश्चर्यमित्यपि ध्वनितम्। आयातोऽर्थः वस्तुतो विष्णोरिति। राहोः शिर इति वत् षष्ठी। विष्णुरूपां निद्रामित्यर्थः। ब्रह्मापि सर्वेश्वरः सर्वशक्तिमान् लोकानुग्रहाय स्वयं मोहित इव दुःखनिवृत्तये इव भगवतीं स्तौति। ऋषेः सर्वज्ञत्वादि चैषां सर्वात्मत्वं सर्वशक्तीनामुपक्रमे दर्शितमेवेति न कश्चिद्विरोधः॥53॥

(5 जगच्चन्द्रचन्द्रिका) पुनरर्धकमिति। पुनः अर्धकम् अर्धश्लोकात्मको मन्त्रः। तद्यथाः निद्रां भगवतीं विष्णोरतुलां तेजसः प्रभुः स्वाहा 71। इत्येव पाठो मन्त्राणामेकसप्ततिरुच्यते 71॥53॥

(6 दंशोद्धारः) विश्वेश्वरीमिति। प्रभुर्ब्रह्मा। तेजसो विष्णोरतुलामनुपमां निद्रां तुष्टावेति पूर्वेणान्वयः। तेजसः प्रभुर्ब्रह्मेतिवा। तेजसां प्रभुरिति पाठे तेजसां दीप्तिमतीम्। क्वचित् 'स्तौमि निद्रां भगवतीं विष्णोरतुलतेजसः' इति पाठः। तत्रानुपमतेजसो विष्णोर्निद्रां स्तौमीत्यर्थः। अत्र च विश्वेश्वरीमित्यारभ्यैव स्तुतिः। अतएव तदुत्तरं ब्रह्मोवाचेति न पठ्यते किंतु पाठोऽयमसांप्रदायिकः। कात्यायनीतन्त्रोक्तवत्प्रमाणमन्त्रविभागविरोधात्॥53॥

ब्रह्मोवाच।

त्वं स्वाहा त्वं स्वधा त्वं हि वषट्कारस्वरात्मिका।
सुधा त्वमक्षरे नित्ये त्रिधामात्रात्मिका स्थिता॥54॥

(1 गुप्तवती) 'एकैव शक्तिः परमेश्वरस्य भिन्ना चतुर्धा विनियोगकाले। भोगे भवानी पुरुषेषु विष्णुः कोपेषु काली समरेषु दुर्गा' इतिवचनादिभिः विष्णुकालिकयोरेकमूर्तित्वान्मधुकैटभहननमपि तेन वेषेण कालिकयैव कार्यमित्याशयेन तामेव स्तौति। त्वं स्वाहेत्यादिना। स्वाहा देवगणानां तृप्तिकरी। स्वधा पितृगणानाम्। स्वानाजिहीते स्वान् धत्त इति व्युत्पत्तिरपि संभवति नत्वव्ययमात्र इति। तेन नमः स्वाहायै स्वधायै इति प्रयोगोप्युपपन्न इति वैयाकरणाः। वषट्कारः वषडिति शब्दः वौषडित्यादेराश्रावयेत्यादिसप्तदशाक्षर्यां वोपलक्षणम्। तेन सर्वयज्ञात्मिकेत्यर्थः। सप्तदशप्रजापतिर्यज्ञेऽन्वायत्त' इति श्रुतेः। स्वरात्मिका स्वर्गात्मिका। सकलकर्मफलोपलक्षणमेतत्। अकारादिस्व(र)रूपेति तु बहवः। सुधा मोक्षो ज्ञानफलमपि त्वमेवेत्यर्थः।

अक्षरे प्रणवे नित्ये इति संबुद्धिः। अक्षरे परब्रह्मणीत्यौपनिषदः। 'अक्षरं ब्रह्म परम्' इति गीतासु। 'अक्षरमम्बरान्तधृतेः' इत्यधिकरणे च तथा दर्शनादिति भावः। त्रिधा अकारोकारमकारात्मना मात्रार्धमात्रे तदीयाऽव्यञ्जनकालौ ॥54 ॥

(2 चतुर्धरी) त्वमिति स्वाहा देवहविर्दानमन्त्रः। स्वधा पितृहविर्दानमन्त्रः। वषट् क्रियतेऽत्रेति वषट्कारो यज्ञः तदात्मिकाः तत्स्वरूपाः स्वराः 'उदात्तानुदात्तश्च स्वरितश्च स्वरास्त्रस्यः' इति शिक्षोक्तास्तदात्मिका। सुधा देवतीर्थम्। हे अक्षरे उपचयापचय-विपरिणामहीने। नित्ये जन्मविनाशहीने। एतेन सन्मात्रत्वमभिप्रैति। केचित्तु अक्षरे क्षररहिते दशाविषये। किंच नित्ये अकृत्रिमसत्त्वमात्रस्थिते। त्रिधामात्रात्मिकास्थितेति योजयति। त्रिधा त्रिप्रकारा या मात्रा ह्रस्वदीर्घप्लुताः अकारोकारमकारलक्षणा इति। जाग्रत्स्वप्नसुषुप्त्यभिमानी विश्वतैजसप्राज्ञाभिधेया तदात्मिका तत्स्वरूपा तत्स्वभावा च त्वम् ॥54 ॥

(3 शान्तनवी) अशेः सरत् सत्वकत्वषत्वानि। 'अक्षरं वर्णनिर्माणं वर्णमप्यक्षरं विदुः। अक्षरं नक्षरं विद्यादक्षरं श्रुतितोययोः'। अश्नाति त्रीँल्लोकान्भुंक्ते भूतात्मकत्वादक्षरा। अश्नुते व्याप्नोति विश्वात्मकत्वाच्च अक्षरा। यद्वा क्षरति संचलति क्षरम् न क्षरम् अक्षरं ध्रुवम् अक्षरा ध्रुवा। अतएव हे अक्षरे हे ध्रुवे हे नित्ये हे शाश्वति हे देवि। त्वं स्वाहा देवतोद्देशेन द्रव्यत्यागजनितदेवतातृप्तिरूपत्वेन आस्थिता अङ्गकृता। प्रतिज्ञातासि शास्त्रेण। अव्ययं स्वाहेति। यदभ्यधुः 'स्वाहा देवहविर्दाने श्रौषड्वौषट्वषट्स्वधा' इति'। यद्वा त्वं स्वाहेति देवहविर्दानमन्त्ररूपासि। यद्वा त्वंस्वाहेत्येवमत्सि। स्वाहात्वं देवस्वरूपेत्यर्थः। यद्वा त्वं स्वाहासि हुतभुक्प्रियासि। सुष्ठु आहूयते स्वाहा। सास्त्यस्याः इति वा स्वाहा। 'स्वाहाग्नाय्यनलप्रिया'। यद्वा आकारः स्यात्पितामहः। त्वं सुष्ठु अं पितामहं ब्रह्माणं जिहीषे गच्छसि स्वाहासि त्र्य्यसि ब्राह्मयसि। 'आतोऽनुपसर्गे कः'। हे देवि त्वं स्वधा पित्रुद्देशेन दीयमानद्रव्यजनिततृप्तिरसि। यद्वा त्वं स्वधेत्येवमत्सि स्वधात् स्वधेति मन्त्रतो भुञ्जाना। पितृरूपासीत्यर्थः। यद्वा 'अकारो वासुदेवः स्यात्' सुष्ठु अं वासुदेवं दधासि पोषयसि स्वधासि लक्ष्मीरसि। हे देवि हि यतः त्वं वषट्कारोसि अतः वषडिन्द्रायेति वषट्कारभागिन्द्र इति त्वम् इन्द्राण्यसीत्यर्थः। यद्वा हे देवि त्वं हि त्वमेव

वषट्कारोसि। वृषट्कारो यजमानः ऋत्विक्वचासि। 'हि हेतावववधारणे'। हे देवि त्वं स्वरात्मिका स्वः स्वर्ग आत्मा यस्याः सा स्वर्गरूपासि। यद्वा त्वं परलोकात्मासि। 'स्वर्गे परे च लोके स्वः'। यद्वा त्वं स्वरात्मिकासि उदात्तत्वादिरूपासि। अथच निषादर्षभादिस्वरात्मिकाप्यसि। अथवा वषट्कारस्वरात्मिका इत्येकं पदम्। वषट्कारयति स्वः फलरूपं वषट्कारं तपः प्रयोजनम् आत्मा यस्याः सा वषट्कारप्रवर्तकस्वर्गरूपफलात्मासि। हे देवि त्वं सुधासि अमृतरूपासि। यद्वा हे देवि त्वं सुधामत्सि सुधात् असि। हे देवि त्वं त्रीन् लोकान् वेदान् त्रीन् देवान् ब्रह्मविष्णुमहेश्वरान् वा दधासि इति त्रिधासि। यद्वा त्रिधामासि त्रीणि धामानि गृहाणि भुवलनलक्षणानि देहानि ब्रह्मादिरूपाणि तेजांसि चन्द्रार्काग्निरूपाणि प्रभावरूपाणि च त्रिशक्तिलक्षाणि यस्याः सा त्रिधामा। हे देवि त्वं त्रात्मिका। त्रैङ् पालने त्रायते त्राः विष्णुः क्विप्। त्राः आत्मा स्वभावो यस्याः सा विष्णुरूपासि। यद्वा संपदादित्वाद्भावे क्विप्। त्राणं त्राः पालनम् आत्मा स्वरूपं यस्याः सा पालरूपासि। यद्वा। हे देवि त्वं त्रिधा त्रिभिः प्रकारैः एकमात्रद्विमात्रात्रिमात्र-रूपस्वरा(परपर्याया) परंपरया अवर्णात्मकह्रस्वदीर्घप्लुतभिन्नमात्रा आत्मा यस्याः सा त्रिधामात्रात्मिका स्वरवर्णरूपासि स्थितासि अस्थितासि च। यद्वा त्रिधा त्रिभिः प्रकारैर्ब्राह्मीवैष्णवीमाहेश्वरीरूपाः मातरः आत्मा स्वरूपं यस्याः सा त्रिशक्त्याकृतिस्त्रिधामात्रात्मिकेयं विष्णुयोगनिद्रास्थितेति त्रिधामात्रात्मिका। ॐकाररूपेति च। मात्रा अकारः उकारः मकारश्चेति तदात्मिका तत्स्वरूपेति कश्चिदोम्पदगतवर्णानभाङ्क्षीत् तच्च पापात् पापीयः। ईदशीमोम्पदव्युत्पत्तिमत्सूत्रामन्धस्यानलग्नस्य विनिपातः पदेपदे इत्यन्धपरंपरापारंपर्यपर्यागतामन्धुकुक्कुटीगतिमिव पदेपदे स्खलन्तीं प्रति कियदेव तुष्यामः किम्। यद्वा तुष्यामः। कियद्वा तुष्यामः। तथाहि। वर्णेषु ये वर्णैकदेशा वर्णान्तरसमानाकृतयस्तेषु तत्कार्यं न भवति। तच्छायानुकारिणो हि ते न पुनस्त एवेति पृथक्प्रयत्ननिर्वर्त्यं हि वर्णमिच्छन्त्याचार्याः। दर्शिता चास्माभिः ओम्पदव्युत्पत्तिरोनमश्चण्डिकायै इत्यत्रावतेष्टिलोपश्चेति सूत्रत इत्यलं विस्तरेण ॥54॥

(4 नागोजीभट्टी) कथं तुष्टावेत्यत आह। ब्रह्मोवाच। त्वमिति। स्वाहा देवदानमन्त्रोऽग्निपत्नी च। स्वधा पितृदानमन्त्रः पितृपत्नी च। वषट् क्रियते यत्र स वषट्कारो यज्ञः यज्ञदेवाह्वानमन्त्रश्च। स्वराः षोडश आदयस्तदात्मिका

च। सुधा देवान्नम्। अक्षरे उपचयापचयपरिणामहीने आभ्यां सत्तामात्ररूपत्वम्। त्रिधामात्रात्मिका ह्रस्वदीर्घप्लुतरूपा। अर्धमात्रा व्यञ्जनरूपा। अविशेषकत्वाद्ध्वन्यलिङ्गितया अनुच्चार्यत्वं तदा लिङ्गिता नु तथेति बोध्यम्। त्रिधेत्यतो विशेषत इत्यन्तेन प्रणवरूपता चोक्ता। मात्रात्रयमकारोकार-मकारात्मकम्। तदूर्ध्वमर्धमात्रा। तत्र मात्रात्रयम्। जाग्रत्स्वप्नसुषुप्त्यभिमानि-विश्वतैजसप्राज्ञाभिधेयम्। अर्धमात्रा तु वेदान्तवाक्यार्थभूतनित्यमुक्ततुरीयाभिधेया। तदुक्तम्। 'व्यक्ता तु प्रथमा मात्रा द्वितीयाऽव्यक्तसंज्ञिता। मात्रा तृतीया चिच्छक्तिरर्धमात्रा परं पदम्' इति। त्वमेवेति। सा त्वमेवेति पूर्वान्वयित्वम्। सावित्री तत्सवितुरिति ऋक्। तदधिष्ठात्री तद्वाच्या चेत्यर्थः। हे देवि त्वं परा उत्कृष्टा जननी सर्वजनकत्वात्। सर्ववाग्जननी पराच॥54॥

(5 जगच्चन्द्रचन्द्रिका) ब्रह्मेति। ब्रह्मो वाचस्वाहेत्येको मन्त्रः 72। अर्ध इति अर्धश्लोकात्मको मन्त्रः तथाहि त्वं स्वाहा त्वं स्वधा त्वं हि वषट्कारस्वरात्मिकास्वाहा 73। अथ श्लोकमन्त्रास्त्रयोदश इति। अथ त्रिसप्ततिमन्त्रोत्तरम्। श्लोकमन्त्राः श्लोकरूपा मन्त्राः त्रयः अधिका दश त्रयोदश तत्संख्याका वर्तन्ते इति शेषः। तद्यथा सुधात्वमिति 74॥54॥

(6 दंशोद्धारः) त्वं स्वाहेति। अक्षरे उपचयाऽपचयहीने नित्ये जन्मनाशरहिते। स्वाहा देवतोद्देशेन द्रव्यत्यागजनितदेवतातृप्तिरूपा देवहविर्दानमन्त्ररूपा वा। स्वधा पित्रुद्देशेन दीयमानद्रव्यजनितपितृतृप्तिरूपा मन्त्रारूपा वा। वषट्कारेति वषट्कारो यजमानस्तद्रूपा मन्त्ररूपा वा। स्वरात्मिका स्वर्गरूपा उदात्तादिरूपा निषादादिरूपा वा। सुधा अमृतरूपा। यद्वा सुधामत्सि सुधा। त्रीन् लोकान्ब्रह्मादीन्वा दधासीति त्रिधामात्रात्मिका अकारादिरूपा। यद्वा त्रीणि धामानि तेजांसि सूर्यचन्द्राग्निरूपाणि भुवनानि वा आसमन्तात् त्रायसे इति त्रिधामात्रा स आत्मा यस्याः सा पालनरूपासि। यद्वा त्रिधामात्रा ह्रस्वदीर्घप्लुताः अकारोकारमकारा वा तदात्मिकेत्यर्थः॥54॥

अर्धमात्रास्थिता नित्या यानुच्चार्या विशेषतः।
त्वमेव सा[1] त्वं सावित्री त्वं देवि[2] जननी परा॥55॥

---

1. त्वमेव संध्या सावित्री, इति पाठः।
2. 'देवजननी' इति चतुर्धरीव्याख्यातः पाठः।

(1 गुप्तवती) अनुच्चार्या अर्धचन्द्ररोधिन्यादिध्वन्यष्टकरूपा। तत्स्वरूपं च योगिनीहृदयव्याख्यायां विवेचितमस्माभिः। सावित्री सवितृदेवत्या गायत्री ॥55॥

(2 चतुर्धरी) या चार्धमात्रास्थिता। नित्या अपरिणामनिर्विशेषतो मात्रात्रयवैलक्षण्येनानुच्चार्या वेदान्तवाक्यार्थलक्षणमुक्त्यभिमानिनी तुरीयाभिधा या सा त्वमेव। एतेन प्रणवरूपा त्वमेवेति विवक्षितम्। तथाचाह भगवान् दत्तात्रेयः। 'अकारश्च तथोकारो मकारश्चाक्षरत्रयम्। एता एव त्रयो मात्राः सत्त्वराजसतामसाः। निर्गुणा योगिगम्या च अर्धमात्राा च संस्थिता। गान्धारीति च सा ज्ञेया गान्धारस्वरसंश्रया। पिपीलिकागतिस्पर्शा प्रमुक्ता मूर्ध्नि लक्षिता' इति। तथा 'मात्राश्चार्धस्ततः(स्तथा) श्रोत्रं विज्ञेयाः परमार्थतः। व्यक्ता तु प्रथमा मात्रा द्वितीयाऽव्यक्तसंज्ञिता। मात्रा तृतीया चिच्छक्तिरर्धमात्रापरं पदम्' इति। 'ह्रस्वा तु प्रथमा मात्रा द्वितीया दीर्घसंज्ञिता। तृतीया तु प्लुतार्धाख्या वचसः सा न गोचरा' इति। सावित्री गायत्री ऋक्। देवि द्योतनशीले परा उत्कृष्टा जननी त्वम्। इतरा हि जननी क्वचित्कदाचित्किंचिदेव जनयति। त्वं तु न तथेयत्यर्थः। देवजननीति पाठे देवानां माता अदितिस्त्वमिति ॥5॥

(3 शान्तनवी) पूर्वं त्रिधामात्रात्मिका इति विशेषणेन अकारादिस्वरूपमातृकात्मतोक्ता। अर्धमात्रात्वमित्यनेन तु ककारादिव्यञ्जनरूपमातृकात्मतोच्यते। हे देवि त्वम् अर्धमात्रा अर्ध मात्रायाः अर्धमात्रा सा व्यञ्जनवर्णस्वरूपमातृका त्वमेव। 'अर्ध नपुंसकम्' इति समासः। तदुक्तम् 'एकमात्रो भवेद्ध्रस्वो द्विमात्रो दीर्घ उच्यते। त्रिमात्रस्तु प्लुतो ज्ञेयो व्यञ्जनं चार्धमात्रकम्' इति। अथवा पूर्वं त्रिधामात्रात्मिकेत्यनेन ॐमात्मकत्वं विवक्षितम्। तत्र ओ३म् इति द्विमात्रे दीर्घत्वात्। मकारस्त्वर्धमात्रः व्यञ्जनत्वात्। एवं त्रिधामात्रात्मकता। अथवा ॐअभ्यादानमिति सूत्रतो वेदादिप्रारम्भे 'ॐ अग्निमीळे पुरोहितम्' इत्यादौ ओ३म्शब्दे ॐ ३ इति प्लुतः एवं त्रिधामात्रात्मकता। अथवा प्रणवष्टेरिति सूत्रेण यज्ञकर्मणि 'अपां रेतांसि जिन्वतो ३ म्' इत्येवं पादस्य वा अर्धस्य वा अन्त्यस्याक्षरस्य ओ३म्शब्दस्त्रिमात्र आदिश्यते। एवंविधा त्रिधामात्रात्मकता। तत्र ओ३म्शब्दे मकाररूपायाः अर्धमात्रास्थिता। नित्या ध्रुवा मोक्षं सूचयन्ती विशेषतः। अनुच्चार्या परमात्मरूपत्वात्। 'यतो वाचो

निवर्तंते अप्राप्य मनसा सह' इति श्रुतेर्विशेषतः लक्षणीया सा अर्धमात्रा त्वमेव। अर्धमात्रया सूचिता या मुक्तिः सा त्वमेवेति भावः। अर्धमात्रायामर्थरूपतया स्थितेत्यपि व्याख्यानम्। अथच अं विष्णुं याति अया रमा सा त्वमेव। अथच वदेः क्विप्। वदतीति उत् वाचकः शब्दः। न विद्यते उत् वाचकः शब्दो यस्याः सा नुत् 'यतो वाचो निवर्तन्ते अप्राप्य मनसा सह' इति श्रुतेः चरितुं गन्तुं प्राप्तुमर्हाचार्या। अनुच्च सा चार्या च अनुच्चार्या परब्रह्मता सा त्वमेव। हे देवि त्वमेव संध्यासि संध्यायन्त्यस्यां संधीयते अहोरात्रौ वाऽस्यां संध्या पितृप्रसूः पितृणां मातासीतियावत्। अथवा हे देवि त्वमेव सावित्री सवितुरियं सावित्री ऋगसि। अथवा सा प्रसिद्धा सावित्री। वैष्णवीशक्तिरसीतियावत्। यद्वा सविता देवता यस्याः सा तदादिव्याहृतिरहिता ऋक् सैव व्याहृतिसहिता गायत्रीत्युच्यते। हे देवि त्वमेव वेदजननी गायत्र्यसीतियावत्। नित्यस्यापि सतो वेदस्य गायत्र्युपदेशपुरःसरत्वादध्ययनसमये गायत्र्युपदेशानुदयाद्वेदा-ध्ययनविध्यनुदयः इति गायत्र्युपदेष्टैव सती वेदाध्ययनं जनयति इत्यध्येयाध्ययनैक्योपचारौचित्यतो वेदं जनयति वेदजननी वेदस्य वा जननी वदेमाता गायत्रीत्युक्तम्। हे देवि त्वं परासि श्रेष्ठासि। यद्वा पृ पालनपूरणयोः। पिपर्ति परा वेदाश्च जनाश्च वेदजनाः। वेदजनानयन्ति सौख्यं प्रापयन्तीति वेदजन्यो ब्राह्माद्यास्तेषां परा पालयित्री च त्वमेवासि। देवजननीति पाठे देवानां जननी त्वमेव परा उत्तमा। यद्वा वेदजननीं गायत्रीं पान्ति वेदजननीपाः ऋषयः ब्रह्मादयो वा तान् रक्षितुं रासि गृह्णासि वेदजननी परा त्वमेवासि ॥55 ॥

(4 नागोजीभट्टी) अस्य व्याख्या पूर्वश्लोके द्रष्टव्या ॥55 ॥

(5 जगच्चन्द्रचन्द्रिका) त्वमेव संध्येति 75 ॥55 ॥

(6 दंशोद्धारः) अर्धमात्रेति। अर्धमात्रा व्यञ्जनरूपा। विशेषतोऽच्संबन्धं विनाऽनुच्चार्या स्फुटमनुच्चार्या। यद्वा अर्धमात्रा प्रणवस्था विशेषतो मात्रात्रयात्पृथक्त्वनेनानुच्चार्या। यथोक्तम् 'अकारश्च तथोकारो मकारश्चाक्षरत्रयम्। एता मात्राः पुनस्तिस्रः सत्त्वराजसतामसाः। निर्गुणा योगिगम्यान्या चार्धमात्रा च संस्थिता। गान्धारी चैव सा ज्ञेया गान्धारस्वरसंश्रया' इति। सावित्री सविता देवता यस्याः व्याहृतिरहिता गायत्री

वेदजननी सव्याहृतिका गायत्री। नित्यस्यापि वेदस्य गायत्र्युपदेशं विना अध्ययनानधिकाराद्वेदाध्ययनजनकत्वाद्वेदजननी वेदमातृत्वव्यवहारात्। यद्वा वेदाश्च जनाश्च तान्नयं सौख्यं प्रापयन्ति ता वेदजनन्यो ब्राह्मायाद्यास्तेषां परा पालयित्री। पॄ पालने। पिपर्तीति परा। पचाद्यच्। देवजननीति पाठेऽदितिरूपा ॥55 ॥

त्वयैतद्धार्यते[1] विश्वं त्वयैतत्सृज्यते जगत्।

त्वयैतत्पाल्यते देवि त्वमत्स्यन्ते च सर्वदा ॥56 ॥

(1 गुप्तवती) ॥56 ॥

(2 चतुर्धरी) अन्ते प्रलयसमये अत्सि। भक्षसि। आत्मसात्करोषीत्यर्थः। अतस्त्वं सर्वथा सर्वसंहर्त्री ॥56 ॥

(3 शान्तनवी) इह हि पाठक्रमादर्थक्रमो बलीयानिति सृष्ट्याद्युपक्रम्योच्यते। हे देवि त्वया ब्राह्मा शक्त्या एतत् जगत्सृज्यते उत्पाद्यते। हे देवि त्वया वैष्णव्या शक्त्या एतत् जगत् पाल्यते दुःखाद्रक्ष्यते। हे देवि त्वं रौद्री शक्तिः सती एतत् जगदन्ते अवसाने अत्सि खादसि संहरसि। तदित्थं सर्वदा पुनः पुनः क्रमशः सर्गस्थितिसंहारलक्षणं त्रिविधावस्थापन्नम् एतत् विश्वं वस्तुतस्त्वयैकयापि ब्राह्मीवैष्णवीरौद्रीतिव्यपदेशभेदभिन्नया शक्त्या धार्यते। आत्मशक्त्यामधिकरणरूपायां विश्वमाधेयी(त्येवं) क्रियते त्वयैवेति तात्पर्यम्। सर्वं ददासीत्यन्वयः ॥56 ॥

(4 नागोजीभट्टी) सर्वं जगत् त्वयैव धार्यते। सर्वधारणशक्तिमती त्वमेव। अग्रे एतत्पदानि सर्वपरामर्शकानि। अत्सि आत्मसात्करोषि। तैश्च ब्रह्मलिङ्गं दर्शितम् ॥56 ॥

(5 जगच्चन्द्रचन्द्रिका) त्व यैतत्पाल्यत इति ॥76 ॥56 ॥

(6 दंशोद्धारः) ॥56 ॥

---

1. 'धार्यते सर्वम्' इत्यपि पाठः।

**विसृष्टौ सृष्टिरूपा त्वं स्थितिरूपा च पालने।
तथा संहृतिरूपान्ते जगतोऽस्य जगन्मये ॥57॥**

(1 गुप्तवती) ॥57॥

(2 चतुर्धरी) विसृष्टौ सृष्टिकाले। पालने स्थितिकाले। जगन्मये जगद्रूपिणि। बाहुलकत्वादाम्प्रत्ययः। यद्वा जगन्ति मयन्ते जायन्ते अस्याम्। मय गतौ। अथवा जगति मयो निलयो यस्याः। डुमीञ् प्रक्षेपणे इत्यस्य रूपम्॥57॥

(3 शान्तनवी) इह जगन्मये इति पाठः। मय गतौ। मयते जानाति मया। पचाद्यचि स्त्रियां टाप्। जगतो मया जगन्मया। तत्संबुद्धौ हे जगन्मये हे भुवनज्ञे हे सर्वज्ञे। सर्वे गत्यर्थाः धातवः प्रयोगात् ज्ञानार्थाः। जगन्मयि इति पाठेऽपि संबुद्ध्यन्तमेव। देव्यानया स्रष्टव्यत्वेन पालनीयत्वेन संहर्तृत्वेन च देवीकर्तृकजगत्कर्मकतत्तत्सर्गादिक्रियाविषयभूताज्जगतो हेतोरागता जगत्सर्गादिव्यापारमुद्दिश्यागता प्रादुर्भूता देवी जगन्मयीत्युच्यते। 'तत आगतः' इत्यधिकृत्य 'मयड्वा' इति सूत्रेण हेतुभ्यो मनुष्येभ्यश्च मयट्प्रत्ययः। तत आगत इत्यर्थे जगतो हेतोरागता देवी जगन्मयी। टित्वात् ङीप् ह्रस्वः। अथवा 'तत्प्रकृतवचने मयट्' प्रकृतं प्रस्तुतम् उच्यतेऽस्मिन्निति प्रकृतवचनम्। तदिति प्रथमासामर्थ्यात् प्रकृतवचनेऽभिधेयः मयट्। जगत् प्रकृतं प्रस्तुतं कर्तव्यत्वेनोच्यते अस्यां जगन्मयी देवी। अथवा 'समूहवच्च' इति मयट् कर्तव्यानि बहूनि जगन्ति उच्यन्ते अस्यां जगन्मयी तत्संबुद्धौ ह्रस्वः। हे देवि हे जगन्मयि भुवनज्ञे। अथवा हे जगन्मयि जगन्निर्मातुमागते जगन्निर्माणकारणादागते त्वम् अस्य जगतः विसष्टौ विशेषतः सृष्टौ उत्पादने विषये सृष्टिरूपासि। पालने विषये स्थितिरूपासि। तथा अन्तेऽवसाने संहारे विषये संहृतिरूपा चासि इत्यन्वयः। सृष्टिस्रष्ट्र्योः पालनपालयित्र्योः संहृतिसंहर्त्र्योश्चाभेदेनातिशयोक्तिः। देव्याः सर्वात्मकत्वेन वा स्वरूपकथनं ज्ञेयम्। अथच हे देवि जगन्मयिस ब्रह्माणि वर्तते इति व्यपदेशमात्रम्। सृष्ट्यादिकं तु त्वमेव तत् त्वमेव च करोषि नाहमिति नम्रोक्तिरप्यवसेया॥57॥

(4 नागोजीभट्टी) त्वयैतत्पाल्यते सृष्ट्यादिक्रियारूपापि त्वमेवेत्याह। विसृष्टाविति। सप्तम्यन्तानि तत्काललाक्षणिकानि। तथेति। जगद्रूपे इत्यर्थकम्। जगन्मये इत्यत्र छान्दसत्वात् ङीबभावः॥57॥

(5 जगच्चन्द्रचन्द्रिका) तथा संहृतीति 77 ॥57 ॥

(6 दंशोद्धारः) विसृष्टाविति। जगन्मये जगद्रूपे। मयटष्टित्वात्ङीपि प्राप्ते आर्षत्वादाप्। यद्वा डुमीञ् प्रक्षेपे। अस्मादेरचि। मयः प्रक्षेपः। जगतो मयोऽस्यामित्यर्थः। मय गतावित्यस्माद्वा पचाद्यचि बोध्यम्। गत्यर्थानां ज्ञानार्थत्वात् हे भुवनज्ञे ॥57 ॥

महाविद्या महामाया महामेधा महास्मृतिः।
महामोहा च भवती महादेवी महासु[1]री ॥58 ॥

(1 गुप्तवती) ॥58 ॥

(2 चतुर्धरी) महाविद्या महावाक्यलक्षणाविद्या। महती सर्वविषया माया अन्यत्रान्याकारावभासिनी शक्तिर्महामाया। मूलाविद्येति यावत्। महामेधा सकलात्मावधारणक्षमा धीशक्तिरित्यर्थः। स्मृतिः धर्मशास्त्रं ततो महती महास्मृतिः। वेदविद्येतियावत्। महामोहा महान् रागस्तदा (श्रय) स्पदत्वात् महामोहा संसारशक्तिः। महादेवी इन्द्रादिलोकपालकर्मस्वरूपा। महासुरी हिरण्याक्षादिस्वरूपा ॥58 ॥

(3 शान्तनवी) हे देवि त्वं महती विद्या परब्रह्मगोचरज्ञानरूपासि। हे देवि त्वं महती अविद्या अनिर्वचनीयाविद्या प्रपञ्चपरिज्ञानरूपासि। हे देवि त्वं महती माया अनात्मन्यात्मेतिबुद्धिरात्मन्यप्यनात्मेति बुद्धिर्माया। हे देवि त्वं महामेधा महती धारणावती धीर्बुद्धिः महती अमेधा अधारणावती धीः। हे देवि त्वं महास्मृतिर्ध्यानरूपा महती अस्मृतिः अध्यानरूपा। हे देवि त्वं महामोहा महाममता महाअममता च। हे देवि त्वं भगवती ऐश्वर्यादियुतासि तथा अभगवती अनैश्वर्ययुतासि च। हे देवि त्वं महादेवी महादेवस्य स्त्री। हे देवि त्वं महेश्वरी महतीश्वरी व्यापनस्वभावा। अश्नोतेराशुकर्मणि वरट्चेच्चोपधायाः। अथ च महती विद्या यस्यां सा मुक्तिः। महती माया अविद्या यस्यां सा अमुक्तिः। इत्थं महामेधा स्मृतिः महास्मृतिरिष्टदेवतोपासना। महामोहा तृष्णा अस्मृतिर्मूर्च्छा निद्रा च ॥58 ॥

(4 नागोजीभट्टी) महाविद्या महावाक्यलक्षणा। महामाया सच्चिदानन्दे

---

1. महेश्वरी, इति पाठः।

आत्मनि संसारित्वरूपानर्थावभासहेतुमूलविद्या। महामेधा भगवतः सर्वज्ञत्वशक्तिः। महास्मृतिः विधेः सृष्ट्यनुकूलातीतकल्पगतसकल-वस्तुस्मृतिरूपा देवरूपा च। महामोहेति संसारस्य मूलकारणरागरूपमोहस्वरूपा। महादेवी सकलदेवशक्तिरूपा। महासुरी हिरण्याक्षादिशक्तिरूपा ॥58 ॥

(5 जगच्चन्द्रचन्द्रिका) महामोहेति ॥78 ॥58 ॥

(6 दंशोद्धारः) महाविद्येति। महाविद्या 'तत्त्वमसि' इति महावाक्यजन्या विद्या महती ब्रह्मादिमोहिका मायाऽविद्याशक्तिः। महती मेधा बुद्धिश्च। महती वेदादिविषया स्मृतिश्च। महामोहयस्य संसारस्य जनकत्वान्महामोहा महती पालनरूपा देवशक्तिश्च। महती देवपराजयकारिर्णी आसुरीशक्तिश्च। यद्वा महती सुरशक्तिः। तदा महादेवीत्यस्य महादेवस्य स्त्रीत्यर्थः। महेश्वरीति वा पाठः ॥58 ॥

प्रकृतिस्त्वं हि सर्वस्य गुणत्रयविभाविनी।
कालरात्रिर्महारात्रिर्मोहरात्रिश्च दारुणा ॥59 ॥

(1 गुप्तवती) कालरात्रिरिति दैनंदिनप्रलयब्रह्मप्रलयमहाप्रलयरूपेति रात्र्यन्तपदत्रयार्थ इत्याहुः। वस्तुतस्तु शक्तिसंगमतन्त्रराजे तिथिविशेषेण रात्रीणां तदभिमानिदेवतानां तन्मन्त्राणां चेमानि नामान्युक्तानि। तद्देवतात्रयसमष्टिरूपयोगनिद्राप्रतिपादकत्वेन रात्रिसूक्तं बह्वृचेषु प्रसिद्धम्। सामविधिब्राह्मणे 'अथ यः कामयेत पुनर्न प्रत्याजायेयम्' इत्यधिकृत्य 'रात्री प्रपद्ये' इत्यादिरूपो मन्त्रोऽप्यनुसंधेयत्वेनाम्नातः। स च देवीचन्द्रकलास्तवे चरमश्लोके दीक्षितैर्ज्ञानमोक्षोभयफलकत्वेन व्याख्यातः। हरिवंशेऽप्यस्या विस्तरः। एतद्देवताकत्वादेव रात्रिसूक्तमिति तन्त्रेष्वस्य स्तोत्रस्य व्यवहारः ॥59 ॥

(2 चतुर्धरी) प्रकृतिरिति। प्रकृतिर्मूलकारणम्। गुणत्रयं सत्त्वरजस्तमोपलक्षणं विभावयितुमनुवर्तयितुं शीले यस्याः। कालो मरणं तदुपलक्षिता रात्रिः। कल्पान्तरात्रिरित्यर्थः। महतः ईश्वरस्य रात्रिर्महारात्रिः। महतः ब्रह्मणो मरणोपलक्षिता रात्रिरिति यावत्। मोहः अकर्तव्ये कर्तव्यमिति ग्रहः स एव रात्रिरिव रात्रिः बुद्धिमोहकत्वात् मोहरात्रिः निद्रास्वरूपा वा। दारुणा दुष्परिहारा ॥59 ॥

(3 शान्तनवी) हे देवि त्वं च त्वमेव सर्वस्य प्रकृतिरिति प्रक्रियते सर्वमनया

प्रकृतिः सत्त्वरजस्तमःसाम्यावस्था अव्यक्ताख्या प्रधानम्। अथ च त्वमेव गुणान् सत्त्वरजस्तमांसि विभावयसि पृथक् कृत्य जगद्रूपेणावस्थापयसि गुणत्रयविभाविती। सत्त्वं ज्ञानसुखहेतुः। रजो रागात्मकदुःखहेतुः। तमः आवरकमोहहेतुः। गुणाः प्रकृतिधर्माः। हे देवि त्वमेव कालरात्रिः जगत्संहारकारिणी यामभङ्गिनी (यमभगिनी) । यत्र प्रलीयते जगत् सा कालरात्रिः। हे देवि त्वमेव महारात्रिः यत्र चतुर्मुखो मुक्तिमगात्। हे देवि त्वमेव दारुणा मोहरात्रिश्चासि। ममतागर्तपातिनी महामायाख्या संसृतिः। 'द्रष्ट्राकरालकालाग्निरुद्ररूपातिदारुणा। मोहरात्रिर्मोहतनुर्जगत्सूत्रे जगत्करी' ॥59 ॥

(4 नागोजीभट्टी) सत्त्वरजस्तमोगुणत्रयैर्विभाव्यते या सर्वस्य जडवर्गस्य प्रकृतिः मूलं प्रधानतत्त्वाख्यं सा त्वमेव। एतेन परमाण्वादीनां मूलकारणत्वनिरासः। कालरात्रिरिति ब्रह्मलयोपलक्षिता। महारात्रिः प्रलयरात्रिः। मोहरात्रिः ममतावर्तमोहगर्तपातिनी। महामाख्या संसृतिकर्त्री। उक्तं च 'दंष्ट्राकरालकालाग्निरुद्रकल्पातिदारुणा। मोहरात्रिर्मोहतनुर्जगत्सूते (त्रे) जगत्करी' इति। दारुणत्वं चास्याः ब्रह्मज्ञानातिरिक्तानिवर्त्यत्वेन मोहरात्रिर्निशा च। 'अस्यास्तनुस्तमोद्वारा निशादिवसनाशिनी' इति हरिवंशोक्तेः ॥59 ॥

(5 जगच्चन्द्रचन्द्रिका) कालरात्रिरिति ॥79 ॥59 ॥

(6 दंशोद्धारः) प्रकृतिरिति। कालरात्रिः कल्पान्तरात्रिः। महारात्रिर्महाप्रलयः। मोहरात्रिर्मोहरूपममतागर्तपातिनी मोहरात्रिः। दारुणा दुश्परिहरत्वात् ॥59 ॥

त्वं श्रीस्त्वमीश्वरी त्वं ह्रीस्त्वं बुद्धिर्बोधलक्षणा।
लज्जा पुष्टिस्तथा तुष्टिस्त्वं शान्तिः क्षान्तिरेव च ॥60 ॥

(1 गुप्तवती) बुद्धिः कारणभूता। बोधो व्यवसायात्मको लक्षणं फलं यस्याः सा ॥60 ॥

(2 चतुर्धरी) त्वमिति। श्रीः संपत् लक्ष्मीः। ह्रीरिति अकरणीयवैमुख्यं कश्चिदाह। ह्रीरिति मन्त्राक्षरम्। अस्यैव साधन (?) अमः अप्रत्ययस्याकारलोपेऽनुनासिके सति ह्रीमिति मन्त्राक्षरं भवति। बुद्धिः अन्तःकरणं बोधलक्षणाध्यवसायव्यापारा। लज्जा कृते करणीये परम्

अज्ञानशंकया दुःखम्। पुष्टिरुपचयः। तुष्टिरधिगतादन्यत्रान्यधीशान्तिः विषयज्ञानम्। क्षान्तिरपकारिणी अनपकारिता ॥60॥

(3 शान्तनवी) हे देवि त्वं श्रीः संपत्तिरूपासि हरिप्रियाप्यसि। हे देवि त्वम् ईश्वरी ईश्वरस्य पत्न्यसि। 'अश्नोतेराशुकर्मणि वरट् चेच्चोपधायाः' इति। जगद्व्यापिनी चासि। हे देवि त्वं ह्रीः असि 'ह्रींकारो वै प्राण' इति श्रुतेः। प्राणभूतासि। ह्रीमिति मकरान्तमव्ययं प्राणवाचि। ह्रीं इत्यनुनासिकस्वरान्तपाठे तु देवीप्रणवासि इति रहस्यम्। ह्रीस्त्वमिति तु पाठे लज्जाशब्देन पौनरुक्त्यं स्यात्। हे देवि त्वं बुद्धिरसि चिन्मात्रब्रह्मरूपासि। हे देवि त्वं बोधलक्षणासि बोधयितृव्यापारदर्शनासि। अथवा बोधरूपासि विविधप्रपञ्चविषयविविधाव-गमरूपासि। हे देवि त्वं लज्जासि व्रीडासि। हे देवि त्वं पुष्टिरसि अवयवोपचितिरसि। हे देवि त्वं तथा (तेन प्रकारेण) तुष्टिरसि प्रीतिरसि। हे देवि त्वं शान्तिरूपासि विषयव्यावृत्तिरसि। हे देवि त्वमेव क्षान्तिस्तितिक्षा चासि ॥60॥

(4 नागोजीभट्टी) श्रीः संपत् लक्ष्मीः बीजं च। ईश्वरी ऐश्वर्यशक्तिः कामराजबीजं च। ह्रीः भुवनेशी बीजं च। उभयत्राप्यनुनासिकलोपश्छान्दसः। बोधो निर्णयात्मकज्ञानलक्षणं स्वरूपं यस्यास्तादृशी बुद्धिरन्तःकरणं त्वमेवेत्यर्थः। लज्जेति। अन्तःकरणवृत्तिविशेषः। पुष्टिरुपचयः। तुष्टिरधिगतार्थादन्यत्र तुच्छत्वबुद्धिः। शान्तिः विषयेभ्य इन्द्रियोपरमः। क्षान्तिः सत्यां शक्तौ परापराधसहिष्णुता। एवकारस्त्वमित्यनन्तरं योज्यः ॥60॥

(5 जगच्चन्द्रचन्द्रिका) लज्जा पुष्टिरिति 80 ॥60॥

(6 दंशोद्धारः) त्वं श्रीरिति। ह्रीं स्वत एवाकार्यतो वैमुख्यं लज्जा लोकशङ्कया। ह्रीमिति पाठे प्राणरूपा। 'ह्रीकारो वै प्राणः' इति श्रुतेः यद्वा ह्रीबीजरूपा ॥60॥

खड्गिनी शूलिनी घोरा गदिनी चक्रिणी तथा।
शङ्खिनी चापिनी बाणभुशुण्डीपरिघायुधा[1] ॥61॥

---

1. 'बाणा भुशुण्डी' इत्यपि पाठः।

(1 गुप्तवती) दशभुजत्वेनेमां स्तौति। खड्गिनीति ॥61॥

(2 चतुर्धरी) चापिनी धनुष्मती। बाणः शरः। भुशुण्डी गोफणकः यष्टी वा। परिघा लोहलगुडाः। त एव आयुधानि यस्याः सा तथा ॥61॥

(3 शान्तनवी) हे देवि हे चण्डिके त्वं यथा उक्तलक्षणप्रकारेण खड्गिनी शूलिनी गदिनी चक्रिणी शङ्खिनी चापिनी बाणा बाणवती परिघायुधा च सती अत एव घोरा अत्युग्रदर्शना भुशुण्डीति भाष्यसे इत्यन्वयः। 'अत इनिठनौ'। गदिनीत्यत्र तु 'व्रीह्यादिभ्यश्च' इति इनिः। सर्वत्र 'ऋन्नेभ्यो ङीप्'। बाणा बाणवती। अर्शआदिभ्योच् मत्वर्थीयः। परिघः परिघातनः लोहबद्धो लगुडः आयुधं यस्याः सा तथोक्ता। खड्गशूलगदाचक्रशङ्खचापबाणपरि-घैरष्टभिरायुधैरष्टभुजा। घोरात्युग्राकृतिश्चण्डिका देवी भुशुण्डीति वक्ष्यमाणलक्षणासती प्रसीदत्विति भावः। मुडि खण्डने। शत्रून् मुण्डयति विखण्डयति इति कर्मण्यणि स्त्रियां ङीपि च शत्रुमुण्डी। भुजैः शत्रुमुण्डी भुजशत्रुमुण्डी। चण्डिका। अत्र हि भुजशत्रुमुण्डीशब्दैः 'पृषोदरादीनि यथोपदिष्टम्' इति शिष्टोपदिष्टत्वात् ज इत्यस्य अत्रुम् इत्यस्य च लोपे कृते भुशुण्डीति व्युत्पाद्यते। 'भुजाभिरष्टभिः शत्रूनष्टावष्टाभिरायुधैः। मुण्डयत्युग्रचण्डीभिर्भुशुण्डी चण्डिका स्मृता'। यच्चाहुः। 'उड्डीयोड्डीय च प्राप्य नदन्ती दशकर्तिका। क्रमते वा नताङ्गी या सा भुशुण्डी निगद्यते'। एतेन बाणभुशुण्डीपरिघायुधेत्येकं पदमिति व्याख्यापव्याख्यावगन्तव्या। बाण इत्यनाकरः पाठ इत्युक्तिरपि व्युदस्ता। भुशुण्डीगोफणिकेत्युक्तिरप्ययुक्ति-मूलोपेक्षणीया प्रेक्षावद्भिः। परिघोलोहार्गलमिति तु शब्दतो लिङ्गतोऽर्थतश्च भ्रष्टव्याख्यानम्। यदाह-क्षीरस्वामी। परितो हन्ति परिघः। 'परौ घः' इति हेर्घत्वम्। लोहबद्धो लगुड इति ॥61॥

(4 नागोजीभट्टी) घोरा एकहस्तस्थशिरसा भयंकरी। शङ्खिनीति। बाणभुशुण्डपरिघश्चायुधानि यस्याः सा। अनेनास्याः काल्याः दशभुजात्वं सूचितम्। तदुक्तं वैकृतिकरहस्ये। 'योगनिद्रा हरेरुक्ता महाकाली तमोगुणा। मधुकैटभनाशार्थं यां तुष्टावाम्बुजासनः। दशवक्त्रा दशभुजा दशपादाञ्जनप्रभा। विशालया राजमाना त्रिंशल्लोचनमालया। स्फुरद्दशनदंष्ट्रा सा भीमरूपापि भूमिप। रूपसौभाग्यकान्तीनां सा प्रतिष्ठा महाश्रियाम्। खड्गबाणगदाशूलशङ्खचक्र-भुशुण्डितभृत्। परिघं कार्मुकं शीर्षं निश्चोतद्रुधिरं दधौ। एषा सा वैष्णवी माया महाकाली दुरत्यया। आराधिता वशीकुर्यात्पूजाकर्तुश्चराचरम्' इति।

'उड्डीयोड्डीय च प्राप्य नदन्ती दशकर्तिका। क्रमते या नताङ्गी वा सा भुशुण्डी निद्यते'। परिघो लोहबद्धो लगुडः ॥61 ॥

(5 जगच्चन्द्रचन्द्रिका) शङ्खिनीति 81 ॥61 ॥

(6 दंशोद्धारः) शङ्खिनीति बाणा इति पाठे बाणाः सन्त्यस्या इत्यर्श आद्यच् ॥61 ॥

सौम्या सौम्यतराशेषसौम्येभ्यस्त्वतिसुन्दरी।
परापराणां परमा त्वमेव परमेश्वरी ॥62 ॥

(1 गुप्तवती) परा ब्रह्मादयः। अपराः शक्रादयः ॥62 ॥

(2 चतुर्धरी) सौम्या सौम्यवदना ह्लादहेतुत्वात्। अशेषसौम्येभ्यः सकलाह्लादहेतुभ्योऽतिसुन्दरी। सौम्यतरा निर्वाण(रूप)कारिणीत्वात्। पराणामेवानेकब्रह्मायुषां ब्रह्मादीनां परा प्रकृष्टतरा। परमेश्वरी शक्रादीनामपि ईश्वरी ॥62 ॥

(3 शान्तनवी) हे देवि त्वमेव जगति सौम्यासि अक्रूरा प्रशान्तासि सोमदैवतिकाप्यसि। अथवा शोभना मा लक्ष्मीर्यस्यासौ सुमः विष्णु सुमस्य भावः सौम्यं शोभनलक्ष्मीकत्वं तत् यस्या अस्ति असौ सौम्या। अर्शआद्यच्। शोभनलक्ष्मीकत्वयुतासि। अथवा उमासहितः सोमः उमापतिः तस्य भावः सौम्यं तद्यस्याः सा सौम्या उमापतित्वयुतासि। हे देवि त्वमेव सौम्यतरासि। सूते सुधां सोमश्चन्द्रः सोमस्येयं सुधा सौमीं सौमीं सुधामर्हति सौम्या देवावलिस्त्वं च। दण्डादित्वात् यः। तयोर्द्वयोस्त्वमतिशयेन सौम्यासौम्यतरा। 'द्विवचनविभज्योपपदे तरबीयसुनौ' इति द्विवचने उपपदे तरप्। 'तसिलादिष्वाकृत्वसुचः' इति पुंवद्भावः। हे देवि त्वम् अशेषसौम्येभ्यः अखिलसुंदरेभ्यः पदार्थेभ्यः तु पार्थक्येन अतिसुन्दरी असि। सुष्ठु नन्दयतीति सुन्दरी मनोज्ञा मनोरमा। 'सोमदैवतके सौम्यः सौम्यं स्यात्सुंदरेऽपि च। सौम्योक्रूरे बुधे सौम्यः सौम्यः शान्ते प्रयोगतः'। हे देवि त्वमेव परा श्रेष्ठा। हे देवि त्वं पराणां श्रेष्ठानां परमा अत्युत्कृष्टा परमोत्तमा। व्यवस्थया तु श्रेष्ठत्वस्य विवक्षितत्वात्। अन्यथा परेषामिति स्यात्। अथवा परं ब्रह्म अनन्ति कथयन्ति पराणः क्विप्। तेषां मध्ये त्वं परमासि। यद्वा परे चापरे च परापराः। द्वन्द्वे चेति सर्वनामत्वाभावात् सुडागमाभावः। तेषां त्वं परमा।

अथ हे देवि त्वमेव परमा उत्कृष्टा लक्ष्मीः। अथवा परमः ईश्वरः तस्य स्त्री त्वमेव परमेश्वरी। 'ईश्वरी स्वामिनी दुर्गा लोकानां व्यापिका च सा' ॥62॥

(4 नागोजीभट्टी) सौम्या अक्रूरा भक्तेषु। असौम्यतरा दैत्येषु। अशेषसौम्येभ्यः सकलसुन्दरेभ्यस्तु अतिसुन्दरीत्यर्थः। परेति। इदमुपलक्षणम्। पश्यन्तीमध्यमावैखरीणां परा बीजरूपा च पराणाम् उत्कृष्टानां परमा प्रधानं त्वमेव। यतस्त्वं परमेश्वरी ॥62॥

(5 जगच्चन्द्रचन्द्रिका) परावराणामिति 82 ॥62॥

(6 दंशोद्धारः) सौम्येति। आह्लादहेतुत्वात्। सौम्यतरा भक्तानामतिमनोहरा स्वर्गादिदेहत्वात् सकलाह्लादकेभ्योप्यऽतिसुन्दरी। पराणां ब्रह्मादीनां मध्ये परमा उत्कृष्टा। पराणामित्यत्र परशब्दस्योत्कृष्टार्थत्वेन नियमेनाऽवधेरनपेक्षणाद्व्यवस्थाभावादसर्वनामत्वान्न सुट्। परा माया मोहनैश्वर्यं यस्याः ॥62॥

यच्च किंचित्क्वचिद्वस्तु सदसद्वाखिलात्मिके।
तस्य सर्वस्य या शक्तिः सा त्वं किं स्तूयसे तदा[1] ॥63॥

(1 गुप्तवती) ॥63॥

(2 चतुर्धरी) सत् वर्तमाना। असदतीतानागतशक्तिः। स्वभावः सामर्थ्यं वा। यद्वा सन्नित्यमाकाशपरमाण्वादि। असदनित्यं पृथिव्यादि यत्किंचिद्वस्तु नामग्राह्यं तस्य सतोऽसतश्च या शक्तिः सा त्वं तदा किं स्तूयसे। भेदसाव्यत्वात्स्तुतेरित्यर्थः ॥63॥

(3 शान्तनवी) हे अखिलात्मिके देवि क्वचित् जगति सत् असत् वा यच्च किंचित् वस्तु पदार्थरूपं प्रतीयते तस्य सर्वस्य सदसदात्मकस्य या शक्तिः सामर्थ्यं सा त्वमेवासि। अतः परं मया किं स्तूयसे इत्यन्वयः। पदं च पदार्थश्च ताभ्यां क्रियमाणा स्तुतिश्च स्तोता च स्तुत्यं च तत्तदुचितशक्तिश्च त्वमेवेति त्वत्तोन्यत्वाभावाद्भेदनिबन्धना स्तुतिः कथं प्रवर्तनीयेति भावः। इयमेव च परमावधिस्तुतिरतोपि का नाम स्तुतिरित्यपरो भावः। अग्न्यादितत्तदौचित्यत-त्तदर्थक्रियाकरी शक्तिरप्रतिबद्धात्मधर्मः सामर्थ्यशब्दिता ॥63॥

---

1. स्तूयसे मया इत्यपि पाठः।

(4 नागोजीभट्टी) सत् ब्रह्मवर्गः। असत् जडवर्गः। तस्य सर्वस्य या शक्तिः सा यदा त्वं तदा कथं स्तूयसे इत्यर्थः। पदपदार्थस्तोत्रस्तुत्यतच्छक्तिस्तुतीनां त्वत्तोऽन्यत्वाभाववद्भेदनिबन्धनात्स्तुतिः कथं स्यादिति भावः ॥63 ॥

(5 जगच्चन्द्रचन्द्रिका) तस्य सर्वस्येति 83 ॥63 ॥

(6 दंशोद्धारः) ॥63 ॥

यया त्वया जगत्स्रष्टा जगत्पातात्ति[1] यो जगत्।
सोपि निद्रावशं नीतः कस्त्वां स्तोतुमिहेश्वरः ॥64 ॥

(1 गुप्तवती) ॥64 ॥

(2 चतुर्धरी) जगत्स्रष्टा ब्रह्माकारेण। जगत्पाता विष्णुरूपेण। जगदत्ति भक्षयति रुद्रात्मना। स तादृशोऽपीश्वरो यया त्वया निद्रावशं नीतः तादृशीं त्वां स्तोतुं क ईश्वरः समर्थः किं तर्हि न कोपीत्यर्थः ॥64 ॥

(3 शान्तनवी) हे देवि त्वां स्तोतुम् इह क ईश्वरः कः समर्थोऽस्ति न कोपि। तथाहि यया जगत्स्रष्टा उत्पादयिता। तृन्नन्तोयम्। यद्वा भविष्यदनद्यतने लुडन्तोयम्। यः जगत्पाति रक्षति। भविष्यत्सामीप्ये लट्। यद्वा जगत्पाता इति पाठः। भविष्यदनद्यतने लुङन्तोयम्। यः अवसाने जगत् अत्ति संहरति सोपि विष्णुरपि यया योगनिद्रया त्वया देव्या निद्रावशं नीतः निद्राधीनतां गमितः। 'वशा वन्ध्या गवी वश्या सुता स्त्री करणी वशा। इच्छायन्त्रणयोः पुंसि प्रभुत्वे च वशः स्मृतः' ॥64 ॥

(4 नागोजीभट्टी) स्तुत्यत्वाभावमेवाह। पुनः यया ब्रह्माविष्णुरुद्रात्मना जगत्सृष्टिस्थितिलयकर्तापि निद्रावशं नीतः। प्रापित इत्यर्थः। पाता पालकः। अत्ति स्वस्मिन् लयं प्रापयति। तमोगुणप्रधानमायासंबन्धादेव भगवतः सर्वोपसंहारेण स्वस्वरूपेऽवस्थानमिति भावः ॥64 ॥

(5 जगच्चन्द्रचन्द्रिका) सोपि निद्रेति 84 ॥64 ॥

(6 दंशोद्धारः) ॥64 ॥

---

1. 'जगत्पात्यत्ति' इत्यपि पाठः।

विष्णुः शरीरग्रहणमहमीशान एव च।

कारितास्ते यतोऽतस्त्वां कः स्तोतुं शक्तिमान्भवेत्॥65॥

(1 गुप्तवती) ॥65॥

(2 चतुर्धरी) विष्णुः पालकः। अहं ब्रह्मा। ईशानो रुद्रः। एते वयं ते त्वया यतः शरीरग्रहणं कारिताः इत्यन्वयः॥65॥

(3 शान्तनवी) हे देवि यतस्त्वया महामायया अहं ब्रह्मा विष्णुश्च ईशानश्च ते त्रयोपि शरीरग्रहणं कारिताः। शरीरग्राहिणः कारिताः ममतावृताः कृताः अतस्त्वां कः पुमान् स्तोतुं शक्तिमान्भवेत्। न कोपि। यः कोपि शरीरी स त्वां स्तोतुमसमर्थ एव। तदन्यस्तु मुक्तस्त्वद्रूप एव सन् कथं त्वामेव स्तोष्यति त्वं च शरीरिणी स्तुतिश्च स्तुत्यस्तोतृभेदनिबन्धना। अतस्त्वद्विषया स्तुतिः कथं घटेत। साकल्येनेति स्तुत्युपसंहार एव वरमिति भावः॥65॥

(4 नागोजीभट्टी) अहं ब्रह्मा शरीरग्रहणं कारिताः। केवलमायिकत्वाच्छरीराणामिति भावः॥65॥

(5 जगच्चन्द्रचन्द्रिका) कारितास्ते इति 85॥65॥

(6 दंशोद्धारः) विष्णुरहमीशानाश्च ते त्वया शरीरग्रहणं कारिता इत्यन्वयः॥65॥

सा त्वमित्थं प्रभावैः स्वैरुदारैर्देवि संस्तुता।

मोहयैतौ दुराधर्षावसुरौ मधुकैटभौ॥66॥

(1 गुप्तवती) ॥66॥

(2 चतुर्धरी) सा अनन्तरोक्तस्वभावा इत्थमेवंविधैः प्रभावैर्माहात्म्यैः। उदारैरसाधारणैः॥66॥

(3 शान्तनवी) हे देवि इत्थं वर्णितैः उदारैः दक्षिणैः वा सरलैः वरैः स्वैः स्वात्मीयैः प्रभावैः सामर्थ्यविशेषैः संस्तुता जगन्मोहयन्ती सा त्वम् एतौ इमौ। यद्वा आ इतौ एतौ आगतौ दुराधर्शौ दुःखेन अभिभवनीयौ मधुकैटभौ नाम असुरौ सुरद्विषौ मोहय अविवेकं प्रापयेत्यन्वयः। 'दक्षिणे सरलोदारौ'॥66॥

(4 नागोजीभट्टी) साऽनन्तरोक्तस्वभावा त्वमित्थमेवंविधैरुदारैरसाधारणैः स्वैः प्रभावैर्माहात्म्यैः संस्तुता एतौ मोहय इत्यर्थः। मोहश्च भगवन्तं प्रति वरदातृरूपः॥66॥

(5 जगच्चन्द्रचन्द्रिका) मोहयैताविति ॥86 ॥66 ॥

(6 दंशोद्धार:) ॥66 ॥

प्रबोधं च जगत्स्वामी नीयतामुच्युतो लघु।
बोधश्च क्रियतामस्य हन्तुमेतौ महासुरौ ॥67 ॥

(1 गुप्तवती) लघु क्षिप्रम्। बोधश्चेति। भावश्चेति क्वचित्पाठ: ॥67 ॥

(2 चतुर्धरी) एतौ हन्तुम्। बोधोऽध्यवसायश्चास्य क्रियतामित्यर्थ: ॥67 ॥

(3 शान्तनवी) हे देवि त्वया जगत्स्वामी अच्युत: दैत्यारिर्विष्णु: लघु शीघ्रं प्रबोधं च उन्निद्रभावं नीयताम्। त्वयासौ मुच्यताम्। किंच एतौ महासुरौ हन्तुम् अस्य अच्युतस्य विष्णो: प्रबोधश्च क्रियताम्। उत्साहानुकूलबुद्ध्युन्मेषश्च क्रियतां रच्यताम् इत्यन्वय:। प्रबोधमिति प्रधाने कर्मणि द्वितीया। अप्रधाने कर्मणि तु नीयतामिति तिङाभिहितत्वात्प्रथमा ॥67 ॥

(4 नागोजीभट्टी) प्रबोधं जागरणं पालनोद्यमरूपम्। हन्तुं बोध: प्रवृत्ति:। प्रवृत्तिस्वभावत्वात्तवेति भाव:। ब्रह्मण: स्रष्टत्वेन विषवृक्षोपीति न्यायेन न हनने प्रवृत्ति:। विष्णूपरि यद्यपि पालनप्राधान्यं तथापि सती पालनस्य दुष्टहननं विना तदसंभवात्।पालनानुगुणेनैव कदाचिद्धन्तृत्वमपि तस्य नानुपपन्नम्। एवं च भगवत्कृतेऽपि मधुकैटभवधे माणवककर्तृकाध्ययने आचार्येण कार्यमाणे कारितैरिव तत्सामर्थ्याचरणे भगवतस्तद्वधविषयकप्रवृत्तिसंपादकत्वेन प्रेरकतया तद्धन्तृत्वं देव्या अपीति बोध्यम् ॥67 ॥

(5 जगच्चन्द्रचन्द्रिका) पुनरर्धात्मकमिति। पुन: अर्धश्लोकात्मको मन्त्र:। तद्यथा–'बोधश्च क्रियतामस्य हन्तुमेतौ महासुरौ स्वाहा' 87 ॥67 ॥

(6 दंशोद्धार:) प्रबोधमिति। जागरणम्। लघु शीघ्रम्। प्रबोध: प्रेरणा ॥67 ॥

ऋषिरुवाच।

एवं स्तुता तदा देवी तामसी तत्र वेधसा।
विष्णो: प्रबोधनार्थाय निहन्तुं मधुकैटभौ ॥68 ॥

(1 गुप्तवती) एवं स्तुतेति। अत्रेदं रहस्यम्। चरित्रत्रयदेवता

महाकालीमहालक्ष्मीमहासरस्वत्यः क्रमेण बहिस्तभोरजस्सत्त्वरूपा एवान्तः-सत्त्वरजस्तमोरूपा अपीति सात्त्विकादिपदेनैवासां क्रमेण व्यपदेशः दैत्यसंहारकर्तृत्वमपि। सा सात्त्विकादिरूपिण्येव। अत एव चण्डिकाया महिषासुरहननकाले मधुपानेनारक्तता चण्डशुम्भादिहनने महिषीवर्णता च **वक्ष्यते** ॥68 ॥

(2 चतुर्धरी) तामसी निद्राकारेण परिणता अविद्याशक्तिः। तदुक्तम्–'आस्तीर्य तामसी शक्तिरविद्या पश्यतोहरा। ययाच्छादितलोकोऽयं पश्यन्नपि न पश्यति'। वेधसा ब्रह्मणा ॥68 ॥

(3 शान्तनवी) तदा तस्मिन् प्रलयकाले तत्र विष्णुनाभिकमले वेधसा एवं स्तुता तामसी तमोगुणसंगता निद्रात्मिका देवी मधुकैटभौ निहन्तुं विष्णोः प्रबोधनार्थाय तस्यैव नेत्रास्यनासिकाबाहुहृदयेभ्यः तथा च उरसः वक्षसश्च निर्गम्य व्यक्तजन्मनः प्रकटजननस्य ब्रह्मणः अव्यक्तजन्मनश्च दर्शने विषये तस्थौ प्रकटीबभूवेति श्लोकयुग्मान्वयः। अव्यक्तात्प्रधानात् जन्म यस्य सः अव्यक्तादात्मनः जन्म यस्य वा। यतोसावात्मभूः नेत्रे च आस्यं च नासिका च बाहवश्च हृदयं चेति द्वन्द्वः। प्राण्यङ्गत्वात् प्राप्तस्यैकवद्भावस्य 'न दधिपयआदीनि' इति निषेधे बहुवचनम्। यद्वा अयन्ते अयाः प्राणाः नेत्रास्यनासिकाबाहुहृत्तेन सहिताः अयाः प्राणाः उच्छ्वासनिश्वासलक्षणाः तेभ्यः कोशेभ्यः उरसश्च निर्गत्य निद्रा ब्रह्मदर्शनपथमगमदिति भावः ॥68 ॥

(4 नागोजीभट्टी) ऋषिरुवाच। एवं स्तुतेति। तामसी आवरकत्वेन तमः प्रधाना इयं शक्तिः। मधुकैटभौ एतौ निहन्तुं चेत्यर्थः ॥68 ॥

(5 जगच्चन्द्रचन्द्रिका) ऋषिश्चेति। ऋषिरुवाच स्वाहेति अष्टाशीतिको मन्त्रः 88 अर्धक इति अर्धश्लोकात्मको मन्त्रः। तद्यथा। 'एवं स्तुता तदा देवी तामसी तत्र वेधसा स्वाहा 89' । श्लोकास्तु पञ्च वा इति तु पुनः वै निश्चयेन पञ्च पञ्चसंख्याकाः श्लोकाः श्लोकरूपा मन्त्राः। तद्यथा विष्णोः प्रबोधेति ॥90 ॥68 ॥

(6 दंशोद्धारः) एवमिति। तामसी निद्रारूपा ॥68 ॥

नेत्रास्यनासिकाबाहुहृदयेभ्यस्तथोरसः।
निर्गम्य दर्शने तस्थौ ब्रह्मणोऽव्यक्तजन्मनः ॥69॥

(1 गुप्तवती) तया रीत्या तामस्यपि योगनिद्रा स्वान्तः स्थितसत्त्वमात्रस्य स्वस्या एव रूपान्तरस्यावशेषाय बहिर्व्याप्तं तमोरूपं निःसारितवतीत्याह। नेत्रास्येति। एतेन देव्या एव तन्त्रेषु मधुकैटभहन्तृत्वव्यवहार उपपद्यते। पुरुषाभ्यां सह बाहुयुद्धयोगेन पौरुषरूपेणैव तौ हतवतीति स्थितिः ॥69॥

(2 चतुर्धरी) नेत्रास्यादिभ्यो विष्णोरित्यनुषज्यते। प्राण्यङ्गत्वेऽपि क्वचिन्न समाहारः समासोऽभिधानात्। क्वचिन्नित्यः क्वचिदेव कल्पित इति न्यायात्। हृदयम् अन्तःकरणम्। उरो वक्षः। हृदयं मन इति वा अन्य आह। हृदयं वक्षः। उरःप्रधानाङ्गं गुह्यमिति। ब्रह्मणो दर्शने चक्षुर्विषये। अव्यक्तादीश्वरात् जन्म यस्य ॥69॥

(3 शान्तनवी) पूर्वश्लोक एव व्याख्यातास्य श्लोकस्य टीका ॥69॥

(4 नागोजीभट्टी) नेत्रास्येति। विष्णोरित्यादि। उरो वक्षः। प्राण्यङ्गत्वेपि नैकवच्छान्दसत्वात् ॥69॥

(5 जगच्चन्द्रचन्द्रिका) निर्गत्येति 91 ॥69॥

(6 दंशोद्धारः) नेत्रास्येति। पूर्वोक्तस्य विष्णोरिहाप्यनुषङ्गः। विष्णोर्नेत्रादिभ्यो निर्गम्य। प्राण्यङ्गत्वादेकवद्भावे प्राप्ते बहुवचनमार्षम्। लक्षणहेतुरितिसूत्रे मुखनासिकाभ्यामिति भाष्यप्रयोगात् प्राण्यङ्गकैकवद्भाव-स्यानित्यत्वाद्वा। तथाच प्रयुज्यते 'ग्रीवाकुक्षिललाटेषु नित्यं स्वेदः प्रशस्यते'। 'राजहंसास्तु ते चञ्चुचरणैः' इति। कश्चित्तु नासिकास्तनयोरिति ज्ञापकमाह तन्न। अस्य निर्देशस्य स्वरूपपरत्वात् रक्षितस्तु दधिपयआदेराकृतिगणत्वमाह। हृदयं मनः उरो वक्षः ॥69॥

उत्तस्थौ च जगन्नाथस्तया मुक्तो जनार्दनः।
एकार्णवेऽहिशयनात्ततः स ददृशे च तौ ॥70॥

(1 गुप्तवती) प्रकृतकर्मानुगुणं विशेष्यमाह। जनार्दन इति ॥70॥

(2 चतुर्धरी) अहिशयनात्सर्पशय्यातः उत्तस्थावित्यन्वयः। स ददृशे

च तौ इति चकारात् तौ च तं ददर्शाते इत्यन्वयः। कर्मव्यतिहारे आत्मनेपदम् ॥70 ॥

(3 शान्तनवी) तया निद्रया देव्या मुक्तः परित्यक्तः जगन्नाथः जनार्दनः विष्णुश्च एकार्णवे जगत्येकजलपूरे अहिशयनात् शेषनागशयनात्सकाशात् उत्तस्थौ उत्थितवान्। ततः शयनादुत्थाय उत्थानादनन्तरं वा स जनार्दनः तौ मधुकैटभौ ददृशे। तावपि तं ददृशाते। परस्मैपदं बाधित्वा 'कर्तरि कर्मव्यतिहारे' आत्मनेपदम्। विष्णुकर्तृकं दैत्यकर्मकं तावद्दर्शनं व्यतिबभूवे। अथच तावद्दैत्यकर्तृकं विष्णुकर्मकं दर्शनं व्यतिबभूवे। अन्यथा ददर्श इति स्यात् ॥70 ॥

(4 नागोजीभट्टी) उत्तस्थौ चेति। तया मुक्तस्त्यक्त इत्यर्थः। अहिशयनात् शेषशयनात् सः तौ ददृशे। अर्थातावपि तं ददृशाते इति कर्तव्यतिहारे आत्मनेपदम् ॥70 ॥

(5 जगच्चन्द्रचन्द्रिका) एकार्णव इति ॥92 ॥70 ॥

(6 दंशोद्धारः) उत्तस्थाविति। अहिशयनत्सर्पशयनात्। ददृशे। कर्मव्यतिहारे तङ्। तौ च भगवन्तं ददृशाते इत्यर्थः ॥70 ॥

मधुकैटभौ दुरात्मानावतिवीर्यपराक्रमौ।
क्रोधरक्तेक्षणौ[1] हन्तुं ब्रह्माणं जनितोद्यमौ ॥71 ॥

(1 गुप्तवती) मधुकैटभाविति। अत्रैकाक्षराधिक्यं तुवृत्तचन्द्रोदयादावस्माभिर्बहुधा समाहितम् ॥71 ॥

(2 चतुर्धरी) मधुकैटभौ दुरात्मानाविति नवाक्षरेणास्यानुष्टुभः पादात्। वीर्यमुत्साहः। पराक्रमः शक्त्यतिशयः। ब्रह्माणम् अत्तुं ग्रसितुं जनितोद्यमौ आरब्धप्रयत्नौ ॥71 ॥

(3 शान्तनवी) कीदृशो ददृशे जनार्दनः। मधुश्च कैटभश्च तौ। मन्यतेऽहमेव वीर इति मधुः। कीटस्येव भा यस्य तत् कीटभं कर्णमलं तत्र भवः कैटभः। इह हि पृषोदरादित्वात् भ इत्युत्तरपदलोपो द्रष्टव्यः। भीमसेनो

---

1. 'रक्तेक्षणावत्तुम्' इति चतुर्धरीस्थः पाठः।

भीम इतिवत्। क्वचिद्वृत्तबन्ध (भङ्ग) मनुसृत्य ततश्च मधुकैटभौ दुरात्मानाविति पाठः। 'युजोर्जेन सरिद्भर्तुः पथ्यावक्त्रं प्रकीर्तितम्' इति द्वितीयचरणे अतिवीर्यपराक्रमावित्यत्र चतुरक्षरादूर्ध्वं जगणस्य सत्त्वान्न वृत्तभङ्गः। तेन मधुकैटभावित्यत्र भौ इति न पठनीयमित्यर्थः। पथ्यावक्त्रतथा नभौ। (पथ्यावक्रवृत्तबन्धो न गृहीतो भवति 'वर्णादादेर्नसोनश्च सागराद्ये समे गणः। समे त्वब्ध्यर्गणो जः स्यात् पथ्यावज्रं तवानसौ') अन्यथा मधुकैटभौ दुरात्मानाविति नवाक्षरपादत्वेन 'अपि माषं मषं कुर्याच्छन्दोभङ्गं न चाचरेत्' इति छन्दःशास्त्रसमयभङ्गप्रसङ्गः स्यात्। अथवाहुः। 'छन्दोवत् पुराणानि भवन्ति'। अन्यदेवेदं छान्दसं छन्दः। यदभ्यधुस्तद्विदः। 'न्यूनाधिकाक्षरत्वेन यत्र पादः क्वचिद्भवेत्। तद्वैदिकं निवृच्छन्दो मृत्युंजयमनुर्यथा' इति। दुरात्मानौ दुष्टबुद्धी। अतिवीर्यपराक्रमौ अत्युत्कृष्टबलौ अत्युत्कृष्टप्रभावौ अत्युत्कृष्टाङ्गौ वा। 'वीर्यं बलं प्रभावश्च शक्त्युद्योगौ पराक्रमौ'। क्रोधरक्तेक्षणौ क्रोधेन रक्ते ईक्षणे ययोस्तौ प्रत्येकं तथोक्तौ ब्रह्माणं हन्तुं जनितोद्यमौ। दुर्विधिना जनितः उत्पादितः उद्यमः उत्थितः यमः कालो ययोस्तौ। यद्वा जननं जनिः। संजाता जनिर्ययासौ जनितः। तारकादित्वादितच्। जनितोद्यमौ आसन्नकालाविति यावत् ॥71॥

(4 नागोजीभट्टी) तौ विशेषयति। मधुकैटभाविति। आद्यपादे नवाक्षरत्वं छान्दसत्वात्। वीर्यमुत्साहः। पराक्रमः शक्त्यतिशयः। अत्तुं ग्रसितुम्। अनेन प्रवृद्धस्य तमसोऽभिभावकत्वं सूचितम् ॥71॥

(5 जगच्चन्द्रचन्द्रिका) क्रोधरक्त इति 93 ॥71॥

(6 दंशोद्धारः) ॥71॥

समुत्थाय ततस्ताभ्यां युयुधे भगवान्हरिः।
पञ्चवर्षसहस्राणि बाहुप्रहरणो विभुः ॥72॥

(1 गुप्तवती) बाहुप्रहरणो विभुरित्यस्योत्तरं द्वौ श्लोकौ क्वचित्पठ्येते। 'नच तौ युद्धवैमुख्यं शमं वाप्युपजग्मतुः। ततो विद्यामुखालोकसमुद्भूतमहोत्सवः॥ हरिरूचे वरो मत्तो युवाभ्यां व्रियतामिति। निशम्यैतद्विभोर्वाक्यमवलोक्य परस्परम्' इति ॥72॥

(2 चतुर्धरी) पञ्चवर्षसहस्राणि। अत्यन्तसंयोगे द्वितीया। बाहू प्रहरणानि यस्य विष्णोः। विभुः प्रभुः ॥72॥

(3 शान्तनवी) ततः शयनात्समुत्थाय सः भगवान् ऐश्वर्यादिमान् विभुः व्यापकः हरिः विष्णुः ताभ्यामसुराभ्यां सह युगपत् बाहुप्रहरणः सन् पञ्चवर्षसहस्राणि युयुधे। युध संप्रहारे। आत्मनेपदी दिवादिः। बाहव एव प्रहरणानि आयुधानि यस्यासौ बाहुयुद्धं चकारेत्यर्थः। वर्षाणां सहस्राणि पञ्चेति संख्यायाः शब्दप्राधान्येष्यन्वर्थं प्राधान्यमिति कालस्यात्यन्तसंयोगे द्वितीया। पञ्चसहस्राणि वर्षाणि अभिव्याप्य नियुद्धं व्यधादिति भावः॥72॥

(4 नागोजीभट्टी) अस्याः टीका पूर्वश्लोकेन सह व्याख्याता॥72॥

(5 जगच्चन्द्रचन्द्रिका) पञ्चवर्षेति॥94॥72॥

(6 दंशोद्धारः)॥72॥

तावप्यतिबलोन्मत्तौ महामायाविमोहितौ।
उक्तवन्तौ वरोऽस्मत्तो व्रियतामिति केशवम्॥73॥

(1 गुप्तवती)॥73॥

(2 चतुर्धरी) वरः इष्टोऽर्थः व्रियतां गृह्यताम्। इतीत्यवधारणे॥73॥

(3 शान्तनवी) अतिबलोन्मत्तौ महामायाविमोहितौ सतौ तावप्यसुरौ अस्मत्तः वरः वाञ्छितोऽर्थः त्वया व्रियतां प्रार्थ्यतामिति केशवमुक्तवन्तौ ऊचतुः। अत्यधिकबलेन सामर्थ्येन उन्मत्तौ अधिकमदौ महामायाविमोहितौ प्रयुक्तौ प्रापिताविवेकौ। अस्मतः आवाभ्याम्। प्रशस्तकेशः केशवः विष्णुः॥73॥

(4 नागोजीभट्टी) तावपीति। वर इष्टोर्थः। व्रियतां गृह्यताम्॥73॥

(5 जगच्चन्द्रचन्द्रिका) पुनरर्धं तु मन्त्राणां सपञ्चनवतिः स्मृता इति। पुनः अर्धम् अर्धश्लोकात्मको मन्त्रः। मन्त्राणां सप्तशतीमन्त्राणां तु पञ्चभिः सहिता नवतिः स्मृता चिन्तिता। तद्यथा 'उक्तवन्तौ वरोऽस्मत्तो व्रियतामिति केशवं स्वाहा 95'॥73॥

(6 दंशोद्धारः) ताविति। अस्मत्तः। आद्यादित्वात्तसिः। ननु पञ्चम्यास्तसिल् अह्वयादिभ्य इति पर्युदासात् महामायाविमोहितावित्यनेन अस्मद्वधमेवायं वरयिष्यतीति विवेकाभावः सूचितः॥73॥

श्रीभगवानुवाच।

भवेतामद्य मे तुष्टौ मम वध्यावुभावपि।
किमन्येन वरेणात्र[1] एतावद्धि वृतं म[2]या ॥74॥

(1 गुप्तवती) ॥74॥

(2 चतुर्धरी) ॥74॥

(3 शान्तनवी) असुरौ प्रति विष्णुरवोचत्। अद्येदानीं चेद्भवन्तौ मे तुष्टौ स्तः तर्हि उभावपि असुरौ मम वध्यौ मया हन्तुमर्हौ। इह 'हनो वा वध च' इति यत्। ण्यति तु घात्यौ भवेतां स्याताम्। अत्र च प्रतिपक्षे विषये किमन्येन वधादपरेण वरेण कृतं स्यात्। वधादितरवरे प्रार्थिते शत्रुशेषप्रसङ्गः स्यात्। तदन्यत्तु वस्तु भगवतो मम प्रार्थितसिद्धमेवेत्याशयादाह। भवतो मया एतावद्धि एतावदेव भवत्कर्मकमत्कर्तृकं वधलक्षणं वस्तु वृत्तं प्रार्थितं नान्यत्। वाक्ये संधिकार्यमतन्त्रम्। 'एका एकशिरोरुहा त्रिचरणा एकेक्षणा द्विस्तनी' इतिवत्। अथवा वरेणात एतावद्धीति पाठः। अतः एताभ्यां भवद्भ्याम् एतावदेव वधरूपं वस्तु मया वृतं नान्यदिति ॥74॥

(4 नागोजीभट्टी) श्रीभगवानुवाच। भवेतामिति। अत्र यदि तदेति पूरणीयम्। यदि तुष्टौ तदा तर्हि वध्यौ भवेतामित्यन्वयः। वृतमिति। नपुंसके भावे क्तः। ममेति कर्तुः शेषत्वविवक्षायां षष्ठी ॥74॥

(5 जगच्चन्द्रचन्द्रिका) भगवानुवाचेति एको मन्त्र 96। अर्धमन्त्रे द्वे इति द्वे अर्धमन्त्रे भवेतामिति श्लोकस्य अर्धश्लोकात्मकौ द्वौ मन्त्रौ स्यातामित्यर्थः। तद्यथा 'भवेतामद्य मे तुष्टौ मम वध्यावुभावपि स्वाहा 97'। 'किमन्येन वरेणात्र एतावद्धि वृतं मया स्वाहा 98'। 'वेदभेदे गुप्तवादे मन्त्रः' इत्यमरात्। नपुंसकप्रयोगश्चिन्त्यः ॥74॥

(6 दंशोद्धारः) भवेतामिति। अत एतावदिति संहिताया अविवक्षणान्न संधिः। अत एतावदिति पाठः सुगमः ॥74॥

---

1. 'वरेणातः' इत्यपि शान्तनवीव्याख्यातः पाठः।
2. वृतं मम, इत्यपि पाठः।

ऋषिरुवाच।

वञ्चिताभ्यामिति तदा सर्वमापोमयं जगत्।
विलोक्य ताभ्यां गदितो भगवान्कमलेक्षणः ॥75॥

(1 गुप्तवती) आपोमयं जलमयम्। आपोशनमित्यादौ प्रसिद्धः आपःशब्दोपि जलवाचकोऽस्ति। छान्दसमेवेति तु वैयाकरणाः ॥75॥

(2 चतुर्धरी) इत्युक्त (विद्यया) रीत्या वञ्चिताभ्यां छलिताभ्याम् आपोमयं जलमयम्। अपोभिर्मार्जनं कृत्वेत्यादावापःशब्दस्य सद्भावात्। तथा विलोक्य दृष्ट्वा आपोमयम्। अम्मयम्। अथवा आपो जलानि जगत् अमयन् व्याप्नुवन् इति विलोक्येत्यन्वयः। यद्वा सर्वं जगत् आप इति विलोक्य तथा अमयम् अहिंसनं यथा भवति तथा भगवान् गदितः। यद्वा सर्वं जगदमयं विष्णुमयं विष्णुमात्रैकशेषम् आपो जलानि विलोक्येत्यन्वयः ॥75॥

(3 शान्तनवी) तदा असुरवधप्रार्थनाकाले विष्णुना महामायानुकूलेन वञ्चिताभ्यां विप्रलब्धाभ्यां ताभ्यां मधुकैटभाभ्यां सर्वं जगदापोमयं विलोक्य भगवान्कमलेक्षणः पुण्डरीकाक्षः विष्णुरिति गदितः। इति वक्ष्यमाणप्रकारेण उक्तः। 'विप्रलब्धस्तु वञ्चितुः' इति। आप्लृ व्याप्तौ। आपः कर्माख्यायामिति आपस्शब्दः सान्तोप्यस्ति। आपोभिर्मार्जनं कुर्वितिवत्। अपांसि कर्मसाधनानि प्रकृतानि उच्यन्ते अस्मिन् जगति तत् आपोमयम्। तत्प्रकृतवचने मयट्। अथवा 'आपः स्त्री भूम्नि'। मय गतौ। अनुदात्तेत्त्वानुबन्धनमात्मनेपदम्। चक्षिङो ङित्त्वात्। क्वचित् अनित्यमिति लङि परस्मैपदम्। आपः कर्त्र्यः। जगत्कर्म। आपोमयं जगदित्यत्र नकारस्य श्रुत्वेन ञकारः। सर्वमापोमयं जगत्। सर्वं जगत्कर्म। आपः कर्त्र्यः। अमयन् अगच्छन् व्याप्तवत्य इति विलोक्य ताभ्यां हरिरुक्त इति योजना ॥75॥

(4 नागोजीभट्टी) ऋषिरुवाच। वञ्चिताभ्यामिति। तदा तस्मिन् समये इति एवं वरप्रार्थनया वञ्चिताभ्यां भगवतीकृतमोहवशात् सर्वं जगत् आपोमयं विलोक्य ताभ्यां भगवान् गदित इत्यर्थः। आपोमयमित्यत्र आप्शब्द-समानादाम्प्रकृतिकादसुन्नन्तादापःशब्दान्मयट्।'आपोमयमिदं सर्वमापो मूर्तिः शरीरिणाम्' इतिवत् ॥75॥

(5 जगच्चन्द्रचन्द्रिका) ऋषिरिति। 'ऋषिरुवाच स्वाह'इत्येको मन्त्र 99। श्लोकार्धं पुनरिति पुनर्भूयोऽपि श्लोकार्धकम् अर्धश्लोकरूपो मन्त्रः। तद्यथा। 'वञ्चिताभ्यामिति तदा सर्वमापोमयं जगत्स्वाहा' 100। श्लोक इति श्लोकरूपो मन्त्रः। तद्यथा विलोक्य ताभ्यां गदितो भगवान् कमलेक्षणः॥75॥

(6 दंशोद्धारः) वञ्चिताभ्यामिति। आपोभिर्मार्जनं कुर्यादित्यादौ दृष्ट आपस्शब्दः सकारान्तोपि ब्रुवते। कतमेपि नपुंसकमाप इति कोशाच्च साधितश्च 'आपः कर्माख्यायाम्' इत्युणादिसूत्रेणासुन्नन्तः तस्मात्प्राचुर्ये मयट्। यद्वा अमयं विष्णुमयम्। जगदापो विलोक्येत्यर्थः। यद्वा मय हिंसायाम्। अस्मात्पचाद्यचि अमयमहिंस्रं यथा भवति तथा गदित इति क्रियाविशेषणम्। यद्वा अमयन्निति छेदः। मय गतौ। सर्वं जगत् आपः अमयन् अगच्छन् व्याप्तवत्य इति विलोक्येत्यर्थः। चक्षिङो ङित्त्वेनानुदात्तेत्त्वप्रयुक्तात्मनेपदस्यानित्यत्वाल्लङि परस्मैपदम्॥75॥

(प्रीतौ[1] स्वस्तव युद्धेन श्लाघ्यस्त्वं मृत्युरावयोः)।
आवां जहि न यत्रोर्वी सलिलेन परिप्लुता॥76॥

(1 गुप्तवती) ॥76॥

(2 चतुर्धरी) श्लाघ्योऽनुरूपः। उर्वी पृथिवी यत्र सलिलेन परिप्लुता न तत्र आवां जहि घातयेत्यन्वयः॥76॥

(3 शान्तनवी) किं गदितः कमलेक्षणो भगवान् ताभ्याम्। हे विष्णो तव युद्धेन आवाम् असुरौ प्रीतौ स्वः भवावः। हे विष्णो त्वम् आवयोर्मधुकैटभयोः श्लाघ्यः स्तुत्यः मृत्युरन्तकः कालोऽसि। किंतु यत्रोर्वी भूमिः सलिलेन परिप्लुता नाभूत् तत्र आवां मधुकैटभौ जहि हन्या इति ताभ्यां विष्णुरुक्तः। आवयोर्वधरूपं वरं वाञ्छता मायिना तेन विष्णुना आवाम् असुरौ वञ्चितावभूतां ततो येन नौ वधौ न स्यात् स कोन्यस्त्वद्वधोपायः। अयमस्ति संप्रति सर्वं जगदापोमयं

---

1. एतत्पद्यार्धं केवलं चतुर्धरीशान्तनवीभ्यामेव विवृतं न सर्वत्र।

जलमयम् एव वर्तते। ततश्च। यत्रोर्वी जलमयी न दृश्येत तत्रावयोरसुरयोस्त्वकर्तृको (स्मत्कर्मको) वधोऽस्त्विवति। एवंचोक्तो हि सर्वापि पृथिवी जलमय्येवेति क्व नौ हनिष्यत्यसावित्यावाभ्याम् असुराभ्यां मायाविभ्यां भगवानपि वञ्चितो भविष्यत्यशुभस्य कालयापनास्त्विवति भावः। आपोमय इत्यत्र आपस् इति सान्तम्। आपोभिर्मार्जनं कुर्यादिति प्रयोगश्च। मृजमृङ्भ्यां जपुक्त्युकौ। 'मृत्युः स्त्रीपुंसयो रते'। जहि इति हन्तेर्विध्यादौ लोटि 'सेर्ह्यपिच्च' होहन्तेर्जः। आभीयतयाजस्यासिद्धत्वाद्धेर्लगभावः। वधिः प्रकृत्यन्तरमस्तीति केवलोप्यस्ति वधशब्दः शिष्टप्रयोगतः ॥76॥

(4 नागोजीभट्टी) किं गदितं तत्राह। आवामिति। न यत्रोर्वी यत्र वा न सलिलेन परिप्लुता तत्रावां जहीत्यर्थः ॥76॥

(5 जगच्चन्द्रचन्द्रिका) 'आवां जहि न यत्रोर्वी सलिलेन परिप्लुता स्वाहा' 101 ॥76॥

(6 दंशोद्धारः) प्रीताविति। त्वन्मृत्युरिति पाठे त्वत् त्वत्तः मृत्युरित्यर्थः ॥76॥

ऋषिरुवाच।

तथेत्युक्त्वा भगवता शङ्खचक्रगदाभृता।
कृत्वा चक्रेण वै छिन्ने जघने शिरसी तयोः ॥77॥

(1 गुप्तवती) जघने तत्र जलाभावादिति भावः। एतदुत्तरं क्वचिदधिकं पठ्यते। 'हत्वा तु भगवान्विष्णुस्तावुभौ मधुकैटभौ। तयोस्तु मेदसा राजन् महीमेतामकल्पयत्। मेदिनीति तदारभ्य संज्ञामाप वसुंधरा। ततो वीतभयो ब्रह्मा ससर्ज विवधाः प्रजाः' इत्यादि 'संसाराब्धौ न मज्जति' इत्यन्तं तत्पश्चादेवमेषा समुत्पन्नेति श्लोकः। पुराणान्तरे त्वेतदुत्तरं कथाशेषः स्मर्यते। विष्णुना स्वकृतवचनजन्यपातकनिरासाथ स्वीयं वचनमङ्गीकृतवतोर्दैत्ययोरुद्धाराय च वनवासेन तपः कृत्वा वरदानाम्न्या नद्यास्तीरे मधुकेश्वरकैटभेश्वरनामकं लिङ्गद्वयं प्रतिष्ठितम्। तद्वानवासिकानामकं क्षेत्रं प्रथितमभवदित्यादि। अस्या देव्या इति। इमे व्यधिकरणे षष्ठ्यौ। अस्यास्तामस्या देव्या लक्ष्म्याश्चण्डिका तस्य इत्यर्थः ॥77॥

(2 चतुर्धरी) तथेत्युक्त्वा तयोर्वचनमङ्गीकृत्य जघने सक्थिद्वयमूले कृत्वा स्थापयित्वा तयोः शिरसि चक्रेण छिन्ने इत्यन्वयः। अत्र स्थलपक्षे ऊर्वोः समाहारः

ऊर्वी। अतः जघने अपि ऊर्वी। अथवा देवत्वस्य पार्थिवत्वात् जघनमपि तथोच्यते ॥77 ॥

(3 शान्तनवी) सुमेधा ऋषिः सुरथं प्रति वाक्यमूचिवान्। हे मधुकैटभौ यद्यथा युवाभ्यामगादि तत्तथा न ततोन्यथा इत्युक्त्वा शङ्खचक्रगदाभृता भगवता विष्णुना स्वकीये जघने उपस्थादूर्ध्वप्रदेशे तयोरसुरयोः शिरसी कृत्वा निधाय अवस्थाप्य। वै प्रसिद्धौ। चक्रेण छिन्ने कृते अच्छेदिषातामित्यन्वयः। प्रलयकालजलपूरो भगवतो जघनदघ्नो जघनादधः नाभूदिति भगवतो जघनं जलप्लुतं न च उर्वी च भवतिं पृथिव्यारब्धत्वात्। इत्थं विष्णु-चक्रोच्छिन्नशिरस्कत्वात्तयोरसुरयोः श्लोघ्यमृत्युता च। शङ्खश्च चक्रं च गदा च। सेनाङ्गत्वादेकवत्। तच्छङ्खचक्रगदम् आबिभर्ति शङ्खचक्रगदाभृत् तेन। यद्वा शङ्ख चक्रं च शङ्खचक्रं तेन सहिता गदा शङ्खचक्रगदा तां बिभर्ति शङ्खचक्रगदाभृत् तेन। स्त्रीकट्याः पुरोभागो हन्यते इति जघने इत्युपलक्षणम् ॥77 ॥

(4 नागोजीभट्टी) ऋषिरुवाच। तथेति पूर्वं वर्तमानकथाभिप्रायेण। ऋषिरुवाचेत्युक्तिः। अत्र भूय उपहाराभिप्रायेण। वस्तुतः सप्तशतीत्व-व्यवहारप्रयोजकसप्तशतमन्त्रसंख्यापूरणीयतया उक्तिः। यथा चैतत्तथा कात्यायनीसंमतिपूर्वकं सर्वान्ते उपपादयिष्यामः। तत्र न यत्रोर्वीत्येवं संपादयन् तयोः शिरसि जघने उपस्थादूर्ध्वं नाभेरधोभागे कृत्वा चक्रेण छिन्नवान् ॥77 ॥

(5 जगच्चन्द्रचन्द्रिका) पुना ऋषिरिति। पुनः 'ऋषिरुवाचेत्ययं मन्त्रः 102'। श्लोकद्वयं मन्त्रद्वयं भवेदिति द्वौ श्लोकौ द्वौ मन्त्रौ भवेताम्। तद्यथा तथेत्युक्त्वेति 103 ॥77 ॥

(6 दंशोद्धारः) ॥77 ॥

एवमेषा समुत्पन्ना ब्रह्मणा संस्तुता स्वयम्।
प्रभावमस्या देव्यास्तु भूयः शृणु वदामि ते ॥78 ॥

इति श्रीमार्कण्डेयपुराणे सावर्णिके मन्वन्तरे देवीमाहात्म्ये
मधुकैटभवधो नाम प्रथमोऽध्यायः ॥1 ॥

(1 गुप्तवती) अथात्रोवाचाङ्किता मन्त्रा विचार्यन्ते। ते चापेक्षानपेक्षाभ्यां

सदसद्भावाभ्यां च चतुर्विधाः। तत्र सावर्णिरित्यादिः कस्योक्तिरित्याकाङ्क्षायाः सत्वादाद्यो मार्कण्डेय उवाचेति मन्त्रोऽपेक्षिताऽस्तिच। स च वैश्यमेकं ददर्श स इत्यन्तमनुवृत्तः। तदुत्तरश्लोकस्य राजोक्तित्वेपि राजोवाचेत्यस्य नापेक्षा। स पृष्ठस्तेनेत्यनेनैव तदर्थस्य निबन्धनात्। एवं राजोक्तिकृतव्यवधानात्तदुत्तरश्लोकारम्भे पुनरपि मार्कण्डेय उवाचेत्यस्यापेक्षायां सत्यामपीत्याकर्ण्येति श्लोकस्थेनेतिशब्देन राजोक्तेः क्रोडीकारेण पूर्वप्रक्रान्ताया अनुवृत्त्याः सन्निहितायाश्च मार्कण्डेयोक्तेर्मध्य-पातसंभवेन न तस्य पुनरुल्लेखः। इत्याकर्ण्येति श्लोक एव वैश्यः प्रत्युवाचेत्यस्य निबद्धतया तदुत्तरग्रन्थारम्भे वैश्य उवाचेति मन्त्रो नापेक्षित एव। तथाप्यस्ति। अत एवानन्यगत्या तत्सार्थक्याय तेनैव सोर्थः स्मर्तव्यो न विद्यमानेनाप्युपायान्तरेणेति नियमः कल्पनीयः पूर्वं श्लोकमन्त्रार्थ-दशायामेव बुद्धस्यार्थस्य पुनर्बोधस्यादृष्टार्थता वा 'चतुर्भिरभ्रिमादत्ते' इति विहितमन्त्रेषु द्वितीयादिमन्त्रार्थबोधस्येव वाच्यम्। तन्त्रान्तरपक्षे त्विह वैश्य उवाचेति मन्त्रो नास्त्येवेति वक्ष्यमाणत्वान्न तत्पक्षे नियमादृष्टादिकुसृष्टिः। ततो राजोवाचेत्याद्युवाचषट्कं च स्थानमपेक्षितमेवास्ति। ततो ब्रह्मोवाचेति नातीवापेक्षितम्। तदुत्तरमृष्यादित्रयमपेक्षितमेवास्तिं। तत आवां जहीत्यर्धारम्भे मधुकैटभावूचतुरित्यपेक्षितमपि कैश्चित्पठ्यमानमपि ताभ्यां गदित इत्यनेन गतार्थत्वान्नास्ति। तदुत्तरमृषिरुवाचेति तु नातीवापेक्षितम्। ऋषिवाक्यस्यातीव सन्निहितत्वेनेति गदित इत्यन्वितेनेतिशब्देन तत्क्रोडीकार संभवात्। अतएव यामलपाठेऽयं मन्त्रो नास्तीति दिक् ॥78॥ ॥ इति श्रीभास्कररायोन्नीतायां गुप्तवत्यां सप्तशती मन्त्रव्याख्याने प्रथमोऽध्यायः ॥1॥

(2 चतुर्धरी) उपसंहरति एवमिति। प्रभावं प्रकृष्टं भवनम्। स्वेच्छाकृतं जन्मेति यावत्। भूयः पुनः ते तुभ्यम् ॥78॥॥ इति श्रीचतुर्धरीटीकायां मधुकैटभवधः प्रथमोऽध्यायः ॥1॥

(3 शान्तनवी) एवंप्रकारेण ब्रह्मणात्मभुवा स्वयमात्मना संस्तुता एषा देवी समुत्पन्ना देवकार्यार्थं प्रादुरभूत्। हे राजन्। सुरथ त्वं भूयः पुनः भूयिष्ठं यथा भवति तथा च अस्याः देव्याः प्रभावे प्रादुर्भावं सामर्थ्यं च शृणु आकर्णय।

भूयस्ते वदामि। अहं सुमेधानाम ऋषिः॥78॥॥ इति शान्तनवीटीकायां मधुकैटभवधः प्रथमोऽध्यायः॥1॥

(4 नागोजीभट्टी) एतेन भगवद्देहस्य शुद्धमायिकत्वेनापाञ्चभौतिकतया जघने मारणेपि सलिलप्लुतत्वाभावविनिशष्टोर्व्यां प्रार्थितस्य वधस्याधृतिरि परास्तम्। उपसंहरति। एवमेषेति। समुत्पन्ना प्रादुर्भूता। अस्या देव्या इति अधिकरणे षष्ठी। अस्याः तामस्याः मूलभूता या त्रिगुणा महालक्ष्मीः तस्या इत्यर्थः। अत एव तुशब्दसंगतिः। भूयः प्रभावं पुनः प्रादुर्भावम्। भूय इत्युक्तिस्तु तामस्यास्तस्या अंशाभेदात् पूर्वोक्तप्रभावोपि तस्या एव इति ध्वनयितुम्। यद्वा प्राधानिकरहस्योक्त आद्यचतुर्भुजप्रादुर्भावापेक्षया मध्यमचरित्रवक्ष्यमाणाष्टादशभुजाप्रादुर्भावस्य पुनस्त्वमादाय यदुक्तिः। तदुक्तं लक्ष्तीतन्त्रे। 'योगनिद्रा हरेरुक्ता या सा देवी दुरत्यया। महाकाल्यास्तनुं विद्धि तां मां देवीं सनातनीम्। मधुकैटभनाशार्थमहितौ च तदा तया। जघ्नाते वरलाभेन देवदेवेन विष्णुना। एषा सा वैष्णवी माया महाकाली दुरत्यया। स्तुत्या वशीकृता कुर्याद् दिशः स्तोतुश्चराचरम्' इति। स्तुता विश्वेश्वर्यादिसूक्तरूपया। तदुक्तम्। 'विश्वेश्वर्यादिकं सूक्तं दृष्टं तद्ब्रह्मणा तदा। स्तुतये योगनिद्रायाः समं देव्याः पुरंदरः। अस्या देव्याः समुत्पत्तिश्चरितं स्तोत्रमित्यपि। हिताय सर्वभूतानां धार्यते ब्रह्मवादिभिः' इति विश्वेश्वर्यादिसूक्तमेव रात्रिसूक्तमिति व्यवह्रियते। कालरात्रिर्महारात्रिरिति तत्र रात्रिपदाभ्यासादिति बोध्यम्। विश्वेश्वरीपदेनोपक्रमात् विश्वेश्वरीसूक्तमपि 78। समाप्तौ सावर्णेः कः प्रकाशो यत्र तादृशे मन्वन्तरे तद्वर्णने इत्यर्थः॥॥ इति शिवभट्टसुतसतीगर्भजनागोजीभट्टकृतसप्तशतीव्याख्याने प्रथमोऽध्यायः॥1॥

(5 जगच्चन्द्रचन्द्रिका) एवमेषेति 104। 'श्लोकानामष्टसप्तत्याश्चतुर्भिरधिकं शतम्। उवाचवचनैः सार्धं विभागे प्रथमे मतः' इति। श्लोकानां सप्तशतीश्लोकमन्त्राणां अष्टसप्तत्याः अष्टाधिकायाः सप्ततेः। द्विन्यूनाया अशीतोरित्यर्थः। उवाचवचनैः उवाच इति वाक्यकथनैः सार्धं साकं चतुर्भिरधिकं शतं प्रथमेऽध्याये विभागे विभाजने मतः। समत इत्यर्थः। 'मार्कण्डद्वयं वैश्यद्वयं राजत्रयं ततः। ऋषिपञ्चकमुद्दिष्टं भगवानेक एव तु। ब्रह्मैकं तु चतुर्विंशतरर्धमन्त्राः प्रकीर्तिताः' इति। 'मार्कण्डेयद्वयमिति

मार्कण्डेय उवाचेति द्वौ मन्त्रौ। वैश्यद्वमिति वैश्य उवाचेति द्वौ मन्त्रौ। राजत्रयं तत इति राजोवाचेति त्रयो मन्त्राः। ऋषिपञ्चकमुद्दिष्टमिति ऋषिरुवाचेति पञ्च मन्त्रा उद्दिष्टाः। भगवानेक एव त्विति तु पुनः भगवानुवाचेति एको मन्त्रः। ब्रह्मैकमिति ब्रह्मोवाचेति एको मन्त्रः। ऊनचतुर्विंशत्यर्धमन्त्राः प्रकीर्तिता इति तु पुनः चतुर्विंशेतिसंख्याका अर्धमन्त्रा अर्धश्लोकरूपा मन्त्राः। पादद्वयात्मका मन्त्रा इत्यर्थः। प्रकीर्तिताः। 'उवाचपदमध्ये तु श्लोकद्वादशकेषु च' इति उवाचपदं मन्ये येषां ते उवाचपदमध्यास्तेषु एतादृशेषु श्लोकानां पद्यानां द्वादशकानि तेषु। तथाहि इत्याकर्ण्य वचनस्तस्य इति श्लोकस्य अर्धद्वयमध्यवर्ती वैश्य उवाचेत्ये मन्त्र इत्यर्थः। श्लोकस्यार्धद्वयात्मकौ द्वौ मन्त्रौ भिन्नावित्यर्थः। एवं राजोवाचेत्याकस्य अर्धद्वयमध्यवर्ती वैश्य उवाचेत्येको मन्त्र इत्यर्थः। श्लोकस्यार्धद्वयमध्यवर्ती राजोवाचेत्यको मन्त्रः। श्लोकस्यार्धद्वया द्वौ मन्त्रौ भिन्नावित्यर्थः। तेषु किं भवत इति श्लोकस्य अर्धद्वयमध्यवर्ती वैश्य उवाचेति एको मन्त्रः। श्लोकस्यार्धद्वयात्मकौ मन्त्रावित्यर्थः। करोमि किं यदिति मन्त्रस्यार्धद्वयमध्यवर्ती मार्कण्डेय उवाचेत्ययं मन्त्रः। श्लोकस्यार्धद्वयात्मकौ मन्त्रौ बोध्यौ। उपविष्टौ कथा इतिश्लोकस्यार्धद्वयमध्यवर्ती राजोवाचेत्ययं मन्त्रः। श्लोकस्यार्धद्वयात्मकौ द्वौ मन्त्रौ भवतः। ममास्य चेति श्लोकस्यार्धद्वयमध्यवर्ती ऋषिरुवाचेत्ययं मन्त्रः। श्लोकस्यार्धद्वयात्मकौ मन्त्रौ बोध्यौ। संसारबन्धेति श्लोकस्यार्धद्वयमध्यवर्ती राजोवाचेत्ययं मन्त्रः श्लोकस्यार्धद्वयात्मकौ द्वौ मन्त्रौ ज्ञातव्यौ। तत्सर्वं श्रोतुमिच्छामीति श्लोकस्यार्धद्वयमध्यवर्ती ऋषिरुवाचेत्ययं मन्त्रः। एतस्यैव श्लोकस्यार्धद्वयात्मकौ द्वौ मन्त्रौ स्तः। विबोधानार्थायेति श्लोकस्यार्धद्वयमध्यवर्ती ब्रह्मोवाचेत्ययं मन्त्रः। एतच्छ्लोकस्यार्धद्वयात्मकौ मन्त्रौ भवतः। बोधश्च क्रियतामिति श्लोकस्यार्धद्वयमध्यवर्ती ऋषिरुवाचेत्ययं मन्त्रः। एतस्यैव श्लोकस्यार्धद्वयात्मकौ द्वौ मन्त्रौ स्तः। उक्तवन्तावितिति श्लोकस्यार्धद्वयमध्यवर्ती भगवानुवाचेत्ययं मन्त्रः। एतस्यैव श्लोकस्यार्धद्वयात्मकौ मन्त्रौ भवतः। किमन्येनेति श्लोकस्यार्धद्वयमध्यवर्ती ऋषिरुवाचेत्ययं मन्त्रः। एतस्यैव श्लोकस्यार्धद्वयात्मकौ द्वौ मन्त्रौ स्तः। अध्यायादौ मार्कण्डेय

उवाचेत्येको मन्त्रः। विलोक्य ताभ्यामिति श्लोकस्यान्ते ऋषिरुवाचेत्यपरो मन्त्रः ॥78 ॥ ॥ इति श्रीकूर्माचलेन्द्रराजर्षिवर्यश्रीज्ञानचन्द्रात्मजश्रीकुमार-जगच्चन्द्राश्रितसोमयाजिपुरोहितबलभद्रपण्डितगोत्रापत्यहर्षदेवात्मजावसथ्यमभगीरथ-विरचितानां कराचगोविन्दकृतसप्तशतीमन्त्राहोमविभागकारिणां प्रथमाध्यायस्य जगच्चन्द्रचन्द्रिकाख्यटीकायां प्रथमोऽध्यायः ॥1 ॥

(6 दंशोद्धारः) सावर्णिरिव सावर्णिकः। बाह्वादेराकृतिगणत्वादिञ्। तस्येदं सावर्णिकम्। यद्वा सावर्णिकमिति अभिधत्ते। यद्वा सावर्णौ भवं सावर्णिकम्। अध्यात्मादित्वाट्ठञ्। ॥78 ॥ ॥ इति श्रीमहुल्लोपनामढुण्ढिराजभट्टसूरिसूनुराजा-रामविरचिते सप्तशतीदंशोद्धारे प्रथमोऽध्यायः ॥1 ॥

Chapter - I

Translation

Commencement of the Devī-Māhātmya
The slaughter of Madhu and Kaiṭabha
in the account of the Sāvarṇika Manvantara.
King Suratha being and driven from his kingdom took refuge in the forest with a muni—He met a vaiśya who had been driven from his home by his relatives, and both asked the muni about the selfish feelings which still possessed them. —He ascribes those feelings to the goddess Mahāmāyā or Great Illusion and relates how Brahmā lauded the goddess at the end of a former kalpa in order to seek deliverance from the demons Madhu and Kaiṭabha, and how Viṣṇu awaking slew the demons.

Om! Reverence to Caṇḍikā.

Sage Mārkaṇḍeya spoke :

★ Sūrya's sons Sāvarṇi is he who is called the eighth Manu.

★ Hear about this birth, as I tell it at full length, how by reason of the authority of the Great Illusion that illustrious son of the Sun, Sāvarṇi, became the king of the eighth manvantara.

★ In times ago in the Svārocisha period, a king named Suratha, sprung of the race of Caitra, reigned over the whole earth. And while he gurded his subjects duly as if they were his own children, there arose hostile kings, who did not destroy the Kolas. He the bearer of a very powerful sceptre had war with them, and was defeated in war by them, inferior though they were, those non-destroyers of the Kolas. Then coming to his own city he reigned as king over his own country. Tht illustrious king was attacked then by those powerful enemies. His powerful and corrupt ministers, who were evil-disposed to a weak person, thereupon robbed him of treasury and army even there in his own city. Hence, the king deprived of his sovereignty departed alone on horse-back to a dense forest under the preference of hunting. There he saw the hearmitage of the noble *dvija Medhas,* inhabited by wild animals which were peaceful, graced by the muni's disciples; and he dwelt there some time, honoured by the *muni*. And roaming hither and thither in that fine hermitage of the *muni*, he fell into thought there then, his mind being distraught by selfishness, egotistical – "Lost indeed is the city which I guarded formerly. Whether it is guarded righteously or not by those my servants of wicked conduct, I know not. My chief war-elephant, always ardent, has passed into the power of my foes; what pleasures will he obtain? They who were my constant followers now assuredly pay court to other kings with fvour, riches and food. The treasure which I amassed with great difficulty will go to waste through those men, addicted to unbecoming expenditure, who are squandering it continually." These and other *matters* the king thought of continually.

★ Near the *brāhmaṇa's* hermitage there he saw a solitary vaiśya, and asked him, "Ho! who art thou? and what is the reason of thy coming here? Why appearest thou as if full of sorrow, as if afflicted in mind?" Hearing this speech of the king, which was uttered in friendly mood, the *vaiśya*, bowing respectfully, replied to the king, "I am a *vaiśya, Samādhi* by name, born in a family of wealthy folk, and have been cast out by my sons and wife, who are wicked through greed for wealth. And bereft of riches, wife and sons, taking my wealth I have come to the forest, unhappy and cast out by my trusted kinsmen. In this state I know not what is the behaviour of my sons as regards prosperity or adversity, nor of my family nor of my wife. Here, I dwell. Is welfare theirs at home now or ill-luck? How are they? Are my sons living good or evil lives?"

The king spoke :

★ Why dost thou, Sir, fix thy mental affection on those covetous folk, thy sons, wife and others, who have cast thee out from thy wealth?

The Vaiśya spoke :

★ This very thought has occurred to me, just as thou hast uttered it Sir. What can I do? My mind does not entertain implacability; and my mind, which bears affection as of a master of his family, is affectionate to those very persons, who have abandoned affection for a father and driven me out in their greed for riches. I do not comprehend, although I know, O high-minded Sir, how it is that the mind is prone to love even towards worthless kinsmen. On their account my sighs flow and distress of mind arises. What can I do since my mind is not relentless to those unloving relatives?

Mārkaṇḍeya spoke :

★ Thereupon they both, the Vaiśya named Samādhi and

the noble king approached the *muni,* O *brāhmaṇa*, and having both observed the etiquette worthy of him. as was proper, they sat down and held various discourse. the Vaiśya and the king.

The king spoke :

★ Adorable Sir! I desire to ask thee one thing; tell me that; since it tends to afflict my mind without producing submissiveness of my intellect. I have a selfish feeling for my kingdom, even with regard to all the requisites of regal administration, although I know what it is, yet like one who is ignorant; how is this, Oh best of *munis*? and this man has been set at nought and cast off by his children, wife and servants; and when forsaken by his family he is nevertheless exceedingly full of affection towards them. Thus, he and I also are both excessively unhappy; our minds are drawn by selfish thoughts to this matter, even though we perceive the faults in it. How happens this then, illustrious Sir, that we are duluded although aware of it, and that this state of delusion besets me and him, who are each blind in respect of discrimination?

The ṛṣi spoke :

★ Every animal has this knowledge in object cognizable by the senses and an object of snese reaches it thus in diverse ways, illustrious Sir! Some living beings are blind by day, and others are blind at night; some living beings can see equally well by day and at night. Mankind know what is true, but not they alone indeed, because cattle, birds, wild animals and other creatures all certainly know it; and men have the same knowledge which those wild animals and birds have, and equally both wild animals and birds have such knowledge look at these birds, which, though distressed by hunger themselves, are yet because of that same delusion assiduous in dropping grains into the beaks of their young ones. Human beings are full of longings towards their children, O hero; do they not pass from greed for self unto mutual benefaction; dost thou not perceive this? Neverthelesss they are hurled into the whirlpool of selfishness which is the pit of delusion; through the power of the Great Illusion they make wordly existence permanent. Marvel not then at this. This is the contemplation sleep of the lord of the world, and the great Illusion that comes from Hari; by it the world is completely deluded. veily she, the adorable goddess, Great Illusion, forcibly drawing the minds even of those who know, presents them to delusion. By her is created this whole universel both moveable and immoveable; she it is who when propitious bestows boons on men with a view to their final emancicpation, She is Knowledge Supreme; she is the eternal cause of final emancipation, and the cause of the bondage of wordly existence; She indeed is the queen over all lords.

The king spoke :

★ Adorable Sir! Who then is that goddess whom thou stylest Mahā-māyā? How was she born, and what is her sphere of action, O *brāhmaṇa*? And what is her disposition, and what is her nature, and whence did she originate, the goddess – all that I wish to hear from thee, O thou most learned in sacred knowledge!

The ṛsi spoke :

★ She exists eternally, embodied as the world. By her

this universe was stretched forth. Neverthless her origin is in many ways; hear it from me. When she reveals hereself in order to accomplish the purposes of the gods, it is then said in the world that she is born; she is also named the Eternal One. While the adorable lord Viṣṇu, stretching Śeṣa out, wooed the sleep of conteplation at theend of the *kalpa*, when the universe was converted into absolute ocean, then two terrible Asuras named Madhu and Kaiṭabha, springing from the root of Viṣṇu's ear, sought to slay Brahmā. Brahmā the Prajā-pati stood on the lotus that grew from Viṣṇu's navel; and seeing those two fierce Asuras and sleeping Janārdana, and standing with heart solely thereon intent, in order to awaken Hari, extolled that Sleep of contemplation which had made its dwelling in Hari's eyes—the lord of splendour extolled Viṣṇu's Sleep, which is Queen of the universe, the supporter of the world, the cause of permanence and dissolution, full of reverence, incomparable.

Brahmā spoke :

★ Thou art Svāhā, thou art Svadhā; thou indeed art Vaṣaṭkāra, thou hast sound for thy soul; thou art the nectar of the gods, the two eternal letters, thou existest having the three-fold *mātrās* for thy soul; thou existest half a mātrā in duration yet eternal; thou indeed canst not be uttered specifically; thou art the Sāvitrī, thou art the divine mother sublime. By thee indeed everything is maintained, by thee this world is created, by thee it is protected, O goddess! and thou dost always consume it at the end. At its emanation thou didst take the form of creation, and in protecting it thou hast the form of permanence, and at the end of this world thous wilt have the form of contraction, O thou who containet the world! Thou art the great Knowledge, the Great Illusion, the great Vigour, the Great Memory, and the Great Delusion, the Lady, the Great Goddess, the Great Demon. And thou art the original source of the universe, the exciting cause of the three qualities; thou art the Night of the world's destruction, the Great Night, and the Night of delusion, terrible! Thou art Good Fortune, thou art Queen, thou art Modesty; thou art Intelligence characterized by perception; thou art Shame, Nourishment, and Contentment, Tranquilitiy and Patience also. Thou art terrible, armed with sword, with spear, with club, and with discus, with couch with bow, and having as weapons arrows, slings and an iron mace. Thou art gentle, yea more than gentle, exceddingly beautiful to those who are wholly gentle; thou art indeed beyond the highest and the lowest, Queen supreme! And whatever or wherever a thing is, whether good or bad, thou art the energy which all that possess, O thou who art the soul of everything. Can I extol thee more than this? By thee, who art such, he indeed, who created the world, who protects the world, who consumes the world, is brought under the dominion of sleep. Who is able here to extol thee? Since Viṣṇu, I and Śiva have been made by thee to assume bodies, who then may be powerful enough to extol thee? Being such, do thou, O goddess, landed thus, bewitch these two unassailable Asuras, Madhu and Kaiṭabha, with thy exalted powers, and let the imperishable master of the world be lightly brought back to consciousness, and let him rouse up his intelligence to slay these two great Asuras!

The ṛṣi spoke :

★ Then the goddess of darkness, extolled thus by the Creator there in order to awaken Viṣṇu to slay Madhu and Kaiṭabha, issued forth from his eyes, mouth, nose, arms and heart and breast, and stood in the sight of Brahmā whose birth is inscrutable; and Janārdana, master of the world, being quitted by her, rose up from his conch in the universal ocean; and he saw those two them, Madhu and Kaiṭabha, evil of soul, excelling in heroism and prowess, red-eyed through anger, fully prepared to devour Brahmā. Thereupon the adorable lord Hari rose up and fought with those two, striking them with his arms, for five thousands of years. And they, exceedingly frenzied with their power, deluded by the Great Illusion, exclaimed to Keśava, "Choose a boon from us!"

The god spoke :

★ Be ye both now content with me; ye must both be slain by me! What need is there of any other boon here? Thus much indeed is my choice.

The ṛṣi spoke :

★ Gazing then at the entire world which was nothing but water, those two, who had been thus tricked, spoke to the adorable lotus-eyed god, – "Slay us where the earth is not overwhelmed with water."

The ṛṣi spoke :

★ "Be it so" said the adorable wielder ofthe conch, discus and club, and cutting them with his discus clove them both asuuder, heads and buttocks.

Thus was she born when praised by Brahmā himself. Now listen again, I tell thee of this goddess' majesty.

द्वितीयोऽध्यायः

Chapter I

ऋषिरुवाच।

देवासुरमभूद्युद्धं पूर्णमब्दशतं पुरा।
महिषेऽसुराणामधिपे देवानां च पुरंदरे॥1॥

(1 गुप्तवती) अथ तन्त्रे नवभिः श्लोकैर्द्वितीयायाद्यध्यायत्रयमन्त्रविभजनपरो द्वितीयः पटलः। "ईश्वर उवाच। द्वितीये ऋषिवागष्टषष्टिः श्लोका इति क्रमः। ततस्तृतीयेऽध्याये तु ऋषिः प्रोवाच देशिके। पञ्चत्रिंशत्ततः श्लोकमन्त्रा ज्ञेया वरानने। देव्युवाच ततः श्लोकमन्त्र एको महेश्वरि। ऋषिरुक्तिः पुनः श्लोकमन्त्राः पञ्च सनातनाः। एवमाहुतयस्तत्र चत्वारि शच्चतुर्युताः।" द्वितीयेऽध्याये ऋषिरुवाचेत्येको मन्त्रः। देवासुरमित्यादयोऽष्टषष्टिः श्लोकमन्त्राः। इत्येकोनसप्ततिः। तृतीयं तु ऋषिवाक्यद्वयं देव्युवाचेत्येकः एकचत्वारिंशच्छ्लोकमन्त्रा इति चतुश्चत्वारिंशत्। देशिके इति देव्या एव गुरुत्वेन संबोधनम्। 'चतुर्थे त्वृषिवाङ्मन्त्रः श्लोकाः षड्विंशतिस्ततः। पुनस्तथैव ऋष्युक्तिः श्लोकौ द्वौ मन्त्ररूपिणौ। एवं स्तुतेति मन्त्रोऽया मतिगुह्योऽति पावनः। देव्युक्तिर्व्रियतां मन्त्रः कथितः षोडशाक्षरः। देवा ऊचिरित प्रोच्य भगवत्या कृतं वदेत्। मन्त्रोऽयं शतवर्णाढ्यो द्वादशोत्तरयुक् पुनः। अथो ऋषिरुवाचेति मन्त्रश्चेति प्रसादिता। इति श्लोकास्तु चत्वारो मन्त्रास्तावन्त एव ते'। श्लोकौ द्वावित्युक्तयोर्मध्ये प्रथमस्य प्रशंसामात्रमेव स्तुतेति। व्रियतामित्यर्धश्लोकमन्त्रोत्तरम्। 'ददाम्यहमतिप्रीत्या स्तवैरेभिः सुपूजिता। कर्तव्यमपरं यच्च दुष्करं तन्निवेद्यताम्' इति श्लोकः क्वचित्पठ्यते स प्रकृततन्त्रानुसारिभिः नादर्तव्य इति ध्वनयन्नाह। देवा ऊचुरिति। भगवत्या कृतं सर्वम्

इत्यारभ्याम्बिके इत्यन्तोऽध्यष्टश्लोकात्मक एव मन्त्रो द्वादशाधिकशताक्षर इत्युक्त्या मन्त्रोयमित्येकवचनेन च प्रतीयते। प्रार्थनारूपार्थैक्याल्लक्षणतोऽपि युज्यते। परंतु पटलान्ते वक्ष्यमाणाभ्यामेतद्ध्यायस्थमन्त्रेयत्तातद्विवेचनाभ्यां सह विरोधापात्त्यैकत्वमविवक्षितम्। तावन्त एव ते इत्यत्र तच्छब्देनेषद्व्यवधानेनोक्तानध्यष्टश्लोकाननूद्य तावन्त एवेत्यनेन चतुर्मन्त्रात्मकता विधीयते। अन्यथा तस्य वैयर्थ्यापत्तेः। अतश्चैकोर्धश्लोकमन्त्रस्त्रयः श्लोकमन्त्रा इति सिद्ध्यति। स च यद्यपि काण्वोक्तरीत्या प्रथमार्धमात्रस्यापि निराकाङ्क्षत्वात्स एवेति सुवचम्। तथाप्युत्तरश्लोकमन्त्रद्वयेन नैराकांक्ष्यसामञ्जस्यम्। अतश्चरमस्यैवार्धस्य पूर्वोक्तेनौत्सर्गिकन्यायेन मन्त्रत्वमास्थेयम्। यश्च मर्त्य इति मन्त्रस्य तु सार्धश्लोकत्वे सत्येवैकवाक्यत्वस्य संभवादेवागत्याध्याहारादिभिः पूर्णता स्वीकार्या। अथवा वित्तर्धिविभवैरित्येतन्नैकं पदं किंतु वित्तऋद्धीति पदद्वयं भिन्नम्। वित्ता तत्संबन्धिज्ञानविषयीभूता सती संपदां विभवैर्ऋद्धिं समर्धयेत्यथः। ऋध्नोत्यादेर्विकरणव्यत्ययश्छान्दसः। एतेन धनवित्तपदयोः पौनरुक्त्यमपि समाहितं भवति। वस्तुतस्तु मन्त्रचतुष्टयस्यैक-संख्यावशीकारेणैकस्य कथनादेव ज्ञापकान्मन्त्रार्थोऽत्र परस्परकाङ्क्षानिष्पत्तये एक एवानुसंधेयः। आहुतिमात्रं तु भिद्यत इत्यन्यत्रोत्सर्गसिद्धस्यै कार्थबोधकत्वैकाहुतिकरणत्वपयर्साप्त्यधिकरणतयोः सामानाधिकरण्य-स्यापवाद इति न कोपि दोषः। 'श्लोकाश्चतुर्थेऽध्याये तु षट्त्रिंशत्परमेश्वरि। अथ (र्ध) मन्त्रद्वयेनैव चत्वारिंशद्द्वियुक् पुनः'। देवानां देव्याश्चेकैकोक्तिः ऋषिवाक्यत्रयं द्वावर्धश्लोकौ पञ्चत्रिंशच्छ्लोकमन्त्रा इति द्विचत्वारिंशन्मन्त्रा इत्यर्थः। 'एव मध्यचरित्रस्य पञ्चाशच्च शतोत्तरम्। तथा पञ्चयुत मन्त्रा महालक्ष्म्या विभेदतः'। महालक्ष्म्या इति द्वितीयचरित्रदेवतोक्तिः। एवमुत्तरत्र सरस्वत्यादिदेवतानामध्यायभेदेन तत्रतत्र कथनात्पूर्वाध्याये महाकाल्येव परिशेषाद्देवता। द्वादशत्रयोदशाध्याययोरिह तन्त्रे देवताया अकथनाच्चामुण्डैव सामान्यप्राप्तादेवता चण्डिका वा तृतीयचरित्रत्वाविशेषात्। महासरस्वत्येव वा। देवतेति ध्येयम्। इति श्रीगुप्वत्यां कात्यायनीतन्त्रस्थैकविंशपटलस्य व्याख्या॥ ॥ अथैतत्संग्रहश्लोकाः सप्तः। 'ऋषिवागष्टषष्टिःस्युः श्लोका देवासुरादयः। एवं द्वितीयकेऽमध्याये मन्त्रा एकोनसप्ततिः। ऋषिर्निहन्यमानाद्याः पञ्चत्रिंशत्तु मन्त्रकाः। देव्योक्तिर्गर्जगर्जेतिश्लोक एव

ऋषेर्वचः। पञ्च श्लोका इति चतुश्चत्वारिंशत्तृतीयके। ऋषिः शक्रादयः श्लोकाः षड्विंशतिरथर्षिवाक्। श्लोकद्वयमथो देवी श्लोकार्धं व्रियतामिति। देवा ऊचुस्त्रयः श्लोका भगवत्या कृतादिकाः। वृद्धयेऽस्मत्प्रसन्ना त्वमित्यर्धश्लोकको मनुः। ऋषेर्वचश्चतुःश्लोकीत्यध्याये तु चतुर्थके। मन्त्रा द्विचत्वारिंशत्स्युरध्यायत्रितयात्मनः। मध्यमस्य चरित्रस्य पञ्चपञ्चाशदुत्तराः। शतं मन्त्रास्तेषु देव्या वचसी द्वे ऋषेस्तु षट्। देवानामेकमर्धे द्वे अन्ये श्लोका इति स्थितिः ॥25॥' मध्यमचरित्रस्य विष्णुर्ऋषिः। महालक्ष्मीर्देवता। उष्णिक् छन्दः। शाकम्भरी शक्तिः। दुर्गा बीजम्। वायुस्तत्त्वम्। महालक्ष्मीप्रीत्यर्थं जपे विनियोगः। अथ मन्त्रव्याख्या। विप्रचित्तेर्दैत्यस्य पुत्री माहिषमतीनाम्नी सिन्धुद्वीपाख्यमृषिं तपस्यन्तं महिषीवेषेणाभीषयत्। ततस्तेन महिष्येव भवेति शप्ता सती तस्यैवर्षेः शुक्रं दैत्यकन्यादर्शनेन स्कन्नं पीत्वा महिषासुराख्यं दैत्यं प्रासूतेति कथा वराहपुराणे देवीभागवते च विस्तरेण वर्णिता तत एवावगन्तव्या॥ देवासुरं तदुभयसमाहाररूपम् ॥1॥

(2 चतुर्धरी) भूयः शृण्विति अभिहितं तत्रेतिहासमवतारयन् ऋषिरुवाचेति। देवासुरमिति। देवाश्चासुराश्च प्रहर्तारो यस्मिंस्तद्देवासुरम्। देवासुराणामिदमिति वा परपदवृद्धिः। अब्दशतमिति। अत्यन्तसंयोगे द्वितीया। महिषे रम्भासुरात्मजे। असुराणां देवद्विषाम् अधिपे राजनि इति काकाक्षिवदन्वयः पुरंदरे पुरंदरनाम्नि। वैवस्वतमन्वन्तर इति यावत् ॥1॥

(3 शान्तनवी) पुरा कल्पे (युगे) महिषासुरे असुराणामधिपे सति देवानां च पुरंदरे इन्द्रे अधिपे सति देवासुरं युद्धं पूर्णम् अन्यूनम् अब्दशतं वर्षशतम् अभुदित्यन्वयः। असुराणां विजिगीषूणामिदम् आसुरं देवानाम् आसुरं देवासुरम्। अथवा देवैः सह आसुरं देवासुरं युद्धम्। यद्वा देवाश्च असुराश्च देवासुरम्। 'एषां च विरोधः शाश्वतिकः' इत्येकवद्भावः। तस्मिन् अस्ति देवासुरं युद्धम्। अर्शआदित्वादच्। यद्वा देवासुरस्येदं देवासुरं युद्धम्। संज्ञापूर्वको विधिरनित्य इति ह्यादिवृद्ध्यभावः। अन्यथा दैवासुरमित्येव स्यात्। पुराण्यरीणां दारयति पुरंदरः। 'वाचंयमपुरंदरौ च' इति खच्प्रत्ययः। महिषेऽसुराणामधिपे इति निचृच्छन्दो मधुकैटभौ दुरात्मानावितिवत् ॥1॥

(4 नागोजीभट्टी) भूयः शृण्वित्युक्तं तत्रैतिहासमाह। ऋषिरुवाच। देवासुरमिति। असुराणामधिपे महिषे च सति पुनर्देवानामधिपे पुरन्दरे इन्द्रे

सति। देवा असुराश्च प्रहर्तारो यत्र तादृशं युद्धमब्दशतामसीदित्यर्थः। देवासुरमित्यत्रार्शआदित्वादच्। रम्भासुरतपस्यया प्रसन्नस्य शिवस्यांशोऽयम्। तत्सुतो महिषः। स च तपसा देवीनिकटे मम सायुज्यं भवत्विति वरं प्रार्थितवानिति कालीपुराणे स्पष्टम् ॥1॥

(5 जगच्चन्द्रचन्द्रिका) अथ द्वितीयाध्यायस्य सप्तशतीमन्त्रहोमविभाग उच्यते। अध्यायादावेव ऋषिरुवाचेति सकृन्मनुरिति अध्यायस्य द्वितीयाध्यायस्य आदौ पूर्वमेव 'ऋषिरुवाच स्वाहेत्येक इति सकृन्मनुरेको मन्त्रः 1। "अष्टषष्टिमिताः श्लोकास्तन्मिता मनवो" मताः' इति। अष्टभिः अधिका षष्टिरष्टषष्टिर्विंशतित्रयम् अष्टाधिकमित्यर्थः। तन्मितास्तत्परिमिताः तावन्त एव प्रत्येकं श्लोकाः देवासुरमभूद्युद्धमित्यादिकाः मनवो मन्त्राः मताः स्मृताः 'एकोनसप्ततिः सर्वेऽध्याये मन्त्रा द्वितीयके' इति। एकेन ऊना सप्ततिः विंशतित्रयं नवाधिकमित्यर्थः। सर्वे मन्त्रा मनवः। द्वयोः पूरणो द्वितीयस्तस्मिन् स्वार्थे कः। अध्यायाः प्रकीर्तिताः उक्ताः। तथाहि 'ऋषिरुवाचस्वाह 1'। देवासुरमिति 2 ॥1॥

(6 दंशोद्धारः) पूर्वाध्यायान्ते भूयः शृण्विति प्रतिज्ञातं तत्प्रतिपादनायेतिहासं प्रस्तौति देवासुरमित्यादिना। देवाश्चायसुराश्च योद्धारोऽस्मिन्निति देवासुरम्। अर्शआद्यच् मत्वर्थे। यद्वा देवासुराणामिदं देवासुरम् 'तस्येदम्' इत्यणि वृद्ध्यभावः। असुराणामिदम् आसुरं देवैः सहासुरं देवासुरमिति वा। पुरंदरनामधेये ॥1॥

तत्रासुरैर्महावीर्यैर्देवसैन्यं पराजितम्।
जित्वा च सकलान्देवानिन्द्रोऽभून्महिषासुरः ॥2॥

(1 गुप्तवती) ॥2॥

(2 चतुर्धरी) तत्र युद्धे। इन्द्रः सुरराट् ॥2॥

(3 शान्तनवी) तत्र युद्धे महावीर्यैः असुरैः देवसैन्यम् पराजिम् अभिभूतम् अभ्यभावि। ततश्च महिषासुरः सकलान्देवान् जित्वा अभिभूय इन्द्रोऽभूदित्यन्वयः। 'वीर्यं बलं प्रभावश्च वीरकर्म च कीर्तितम्'। सिनोति बध्नाति सह अनेन स्वामिना वर्तते वा सेनां सेनैव सेनैव सैन्यम्। चातुर्वर्ण्यादित्वात्स्वार्थे ष्यञ् ॥2॥

(4 नागोजीभट्टी) तत्रेति। इन्द्रः सुरराट् ॥2 ॥

(5 जगच्चन्द्रचन्द्रिका) तत्रासुरैरिति 3 ॥2 ॥

(6 दंशोद्धारः) ॥2 ॥

ततः पराजिता देवाः पद्मयोनिं प्रजापतिम्।
पुरस्कृत्य गतास्तत्र यत्रेशगरुडध्वजौ ॥3 ॥

(1 गुप्तवती) ॥3 ॥

(2 चतुर्धरी) पद्मयोनिं ब्रह्माणम्। प्रजापतिमिति तस्य विशेषणम्। ईशो रुद्रः ॥3 ॥

(3 शान्तनवी) ततः महिषासुरात्पराजिताः प्राप्तपराभवाः देवाः पद्मयोनिं पद्मजं प्रजापतिं ब्रह्माणं पुरस्कृत्य पुरोधाय तत्र गताः। क्व। यत्र ईशः शर्वः यत्र च गरुडध्वजः विष्णुरास्ते इत्यन्वयः। 'योनिः स्यात्कारणे भये'। 'पुरोऽव्ययं गत्याख्यम्' 'पराजेरसोढः' इत्यपादानाख्या ॥3 ॥

(4 नागोजीभट्टी) तत इति। पद्मयोनिं ब्रह्माणम्। प्रजापतिमिति तस्य विशेषणम्। ब्रह्मणः प्रजास्रष्टृत्वेन सिद्धसंबन्धत्वात् आदौ देवानां तत्र गमनम्। ततः पालसंहारयोः शिवविष्णवोरेवाधिकारात्सब्रह्माणं तयोः समीपे गमनम् ॥3 ॥

(5 जगच्चन्द्रचन्द्रिका) ततः पराजिता इति 4 ॥3 ॥

(6 दंशोद्धारः) ॥3 ॥

यथावृत्तं तस्योस्तद्वन्महिषासुरचेष्टितम्।
त्रिदशाः कथयामासुर्देवाभिभवविस्तरम् ॥4 ॥

(1 गुप्तवती) ॥4 ॥

(2 चतुर्धरी) यथावृत्तं यथाभूतं तद्वत् तथैव महिषासुरस्य चेष्टिते चरितम्। त्रिदशाः देवाः तयोः रुद्रकृष्णयोर्विषये समीपे वा कथयामासुरित्यन्वयः। देवानामभिभवस्य विस्तरः प्रपञ्चो यत्र चेष्टिते ॥4 ॥

(3 शान्तनवी) त्रिदशाः देवास्तयोरीशकेशवयोः अग्रे यथा येन प्रकारेण वृत्तं निष्पन्नं महिषासुरचेष्टितम् औद्धत्यं तद्वत्तथैव प्रकारेण वृत्तं देवाभिभवविस्तरं देवानाम् अभिभवस्य विस्तरं शब्दप्रपञ्चनं कथयामासुः। अथवा

त्रिदशास्तयोरीशकेशवयोरग्रे यथावृत्तं चरित्रमनतिक्रम्य महिषासुरचेष्टितं कथयामासुः। तद्वत् महिषासुरचेष्टितं यथावृत्तं वृत्तमनतिक्रम्य देवाभिभवविस्तरं देवानाम् अभिभवो यस्मिन्स विस्तरो यस्मिन्कर्मणि तद्यथा भवति तथा कथयामासुः। महिषासुरचेष्टितं च देवाभिभवं च विस्तरसहितं कथयामासुरिति भावः ॥4 ॥

(4 नागोजीभट्टी) यथावृत्तमिति। देवानामभिभवस्य विस्तरः प्रपञ्चो यत्रेति चेष्टितविशेषणम् ॥4 ॥

(5 जगच्चन्द्रचन्द्रिका) यथावृत्तमिति 5 ॥4 ॥

(6 दंशोद्धारः) ॥4 ॥

सूर्येन्द्राग्न्यनिलेन्दूनां यमस्य वरुणस्य च।
अन्यषां चाधिकारान्स स्वयमेवाधितिष्ठति ॥5 ॥

(1 गुप्तवती) ॥5 ॥

(2 चतुर्धरी) स महिषासुरोऽधितिष्ठत्यनुतिष्ठति। 'अधिशीङ्स्थासां कर्म' इति कर्मसंज्ञा ॥5 ॥

(3 शान्तनवी) चकारेणानुक्तदिक्पत्यनुग्रहा गृह्यन्ते। ततोऽन्येषां ब्रह्मर्षीणां च अमीषां सूर्यादीनाम् अधिकारान्स महिषासुरः स्वयमेवाधितिष्ठति। सूर्यस्य इन्द्रस्य अग्नेः अनिलस्य इन्दोर्यभस्य वरुणस्य अतोऽन्येषां च देवानाम् ऋषीणां चाधिकारेषु स्वयमेव महिषासुरस्तिष्ठति। 'अधिशीङ्स्थासां कर्म' इत्यधिकरणं कर्माख्यम् 'उपपदविभक्तेः कारकविभक्तिर्बलीयसी' अन्यथाभिधाने ॥5 ॥

(4 नागोजीभट्टी) सूर्यन्द्रेति। स स्वयमित्यत्र 'एतत्तदोः' इति सुलोपः। स्वयमिति द्विसकारपाठस्तु 'अनचि च' इति द्वित्वेन बोध्यः ॥5 ॥

(5 जगच्चन्द्रचन्द्रिका) सूर्येन्द्राग्न्यनिलेति 6 ॥5 ॥

(6 दंशोद्धारः) ॥5 ॥

स्वर्गान्निराकृताः सर्वे तेन देवगणा भुवि।
विचरन्ति तथा मर्त्या महिषेण दुरात्मना ॥6 ॥

(1 गुप्तवती) ॥6 ॥

(2 चतुर्धरी) निराकृताः निःसारिताः भुवि चरन्ति इत्यन्वयः। मर्त्या मनुष्या इव ॥6 ॥

(3 शान्तनवी) दुरात्मना तेन महिषासुरेण सर्वे देवगणाः स्वर्गान्निराकृताः सन्तः भुवि विचरन्ति प्रचरन्ति मर्त्या यथा मरणधर्माणो मनुष्या इव प्रत्याख्याताः निरस्ताः निराकृताः ॥6 ॥

(4 नागोजीभट्टी) स्वर्गादिति। निराकृताः निःसारिताः ॥6 ॥

(5 जगच्चन्द्रचन्द्रिका) स्वर्गान्निराकृता इति 7 ॥6 ॥

(6 दंशोद्धारः) ॥6 ॥

एतद्वः कथितं सर्वममरारिविचेष्टितम्।
शरणं च प्रपन्नाः स्मो वधस्तस्य विचिन्त्यताम् ॥7 ॥

(1 गुप्तवती) एतद्व इति बहुवचनं हरिहरौ सशक्तिकौ लक्ष्यीकृत्य ॥7 ॥

(2 चतुर्धरी) वः इति गुरुत्वादेकशो बहुवचनम्। प्रपन्ना आगताः स्मो भवामः ॥7 ॥

(3 शान्तनवी) अत्र वः इति ब्रह्मविष्णुमहेश्वरापेक्षं बहुवचनम्। अस्माभिर्देवैरिन्द्रादिभिः एतत् अमरारिविचेष्टितं देवरिपोः महिषासुरस्य विचेष्टितम् 'औद्धत्यं देवाभिभवनं च सर्वं निरवशेषं च युष्माकमग्रे कथितम्। वयमिन्द्रादयः सर्वे वः युष्मान् त्रीन् शरणं रक्षितॄन् दुःखेभ्यः पालयितॄन् प्रपन्नाः प्राप्ताः स्मः। तस्य महिषासुरस्य वधः हननं विचिन्त्यताम्। येन स हन्येत स उपायो युष्माभिश्चिन्तनीयः। शॄ हिंसायाम्। शृणाति शत्रून्। 'शरणं गृहरक्षित्रोः' वेदाः प्रमाणमितिवच्छरणमिहैकवचनान्तं विवक्षितम्। अस्तेर्लडुत्तमपुरुषबहुवचनान्तं स्म इति। वध हिंसायाम्। वधनं वधः। भावे घञ्। 'जनिवध्योश्च' इति वृद्ध्यभावः। अतएव च वधितुमर्हौ वध्यौ। 'ऋहलोर्ण्यत्' इति ण्यत्। तथा च 'मम वध्यावुभावपि' इति प्राक्तने प्रयोगे इदं च साधनमवगन्तव्यम्। 'हनो वा वध च' इति तु अदन्तत्वं तत्र दर्शितम्। ममेति। तत्र 'कृत्यानां कर्तरि वा' इति षष्ठी। यद्वा तत्र वधमर्हतो वध्यौ। 'दण्डादिभ्यो यत्' इति यत् ॥7 ॥

(4 नागोजीभट्टी) एतद्व इति। वः इति द्वयोर्बहुवचनं गौरवात्। च परं शरणं प्रपन्नाः आगताः स्मो भवामः ॥7 ॥

(5 जगच्चन्द्रचन्द्रिका) एतद्व: कथितमिति 8 ॥7 ॥

(6 दंशोद्धार:) एतद्व इति। व इति बहुवचनं द्वयोरपि कार्यसाधकत्वेन बहुत्वापेक्षया ॥7 ॥

इत्थं निशम्य देवानां वचांसि मधुसूदनः।
चकार कोपं शम्भुश्च भ्रुकुटीकुटिलाननौ ॥8 ॥

(1 गुप्तवती) भ्रुकुटी भ्रुवोः कुटिः कौटिल्यं तेन कुटिले आनने ययोस्तौ ॥8 ॥

(2 चतुर्धरी) भ्रुकुटीललाटचञ्चलतया कुटिले आनने ययोः ॥8 ॥

(3 शान्तनवी) इत्थं देवानां वचांसि निशम्य आकर्ण्य मधुसूदनः कैटभजित् विष्णुश्च शम्भुः मृत्युंजयश्च कोपं चकार। तौ कीदृशाकृती। भ्रुकुटीकुटिलाननौ भ्रुकुटीकुटिलाननौ भृकुटीकुटिलाननौ इति पाठत्रयम्। भ्रुकुटीं भ्रुकुटी भृकुटी स्त्रियाम्। कुटकौटल्ये। 'इक्कट्यादिभ्यः'। यद्वा सर्वधातुभ्य इन्। कुटादित्वात् ङित्त्वात् गुणाभावः। कृदिकारादक्तिनो वा ङीप्। 'इको ह्रस्वो ङ्यो गालवस्य' इत्यौत्तरपदिकं ह्रस्वत्वम्। अकारो वा। भ्रुकुंसादीनामिति पक्षे अत्वमौत्तरपदिकम्। ततश्च भ्रुवौ क्रोधात् भुग्ने कुटी इव भ्रुकुट्यौ ताभ्यां भ्रुकुटीभ्यां कुटिले भुग्ने आनने ययोस्तौ भ्रुकुटीकुटिलाननौ हरिहरौ। निशम्येति शमेर्णौ 'अत उपधायाः' इति वृद्धौ 'शमोऽदर्शने' इति सूत्रेण चक्षुःसाधनज्ञानादन्यत्र श्रवणे भित्त्वात् 'मितां ह्रस्वः'। चक्षुःसाधनज्ञाने तु निशामय पश्येत्यर्थे ह्रस्वत्वाभावः। चकारात् ब्रह्मापि भ्रुकुटीकुटिलाननौ कोपं चकारेत्यनुसंधेयः ॥8 ॥

(4 नागोजीभट्टी) इत्थमिति। भ्रुवोः कुटिः कौटिल्यं तेन कुटिले भुग्ने आनने ययोस्तौ। भ्रूशब्दस्य पृषोदरादित्वात् ह्रस्वः। कुटेरिक्प्रत्ययान्तात् 'कृदिकारात्' इति ङीप्। ब्रह्मणः कोपेपि रजआधिक्येन शिवस्य तमोगुणप्राधान्येन कोपेषि तमोगुणस्याधिक्येन विष्णुकोपस्य पालकमूलत्वेन सत्त्वाधिक्यवत्तया त्रिगुणा एषा इति ध्वन्यते। अत एवोक्तं वैकृतिकरहस्ये। 'सर्वदेवशरीरेभ्यो याविर्भूतामितप्रभा। त्रिगुणा सा महालक्ष्मीः साक्षान्महिषमर्दिनी'। तत्रापि रजःसत्त्वयोराधिक्यम्। देवानां रजःसत्त्वमयत्वात् ॥8 ॥

(5 जगच्चन्द्रचन्द्रिका) इत्थं निशम्य देवानामिति 9 ॥8 ॥

(6 दंशोद्धारः) ॥8 ॥

ततोऽतिकोपपूर्णस्य चक्रिणो वदनात्ततः ।
निश्चक्राम महत्तेजो ब्रह्मणः शंकरस्य च ॥9 ॥

(1 गुप्तवती) 'मदीयाः शक्तिलेशा ये तत्तद्देवशरीरगाः' इति लक्ष्मीतन्त्रादिवचनाद्देवेष्वायुधेषु च विद्यमानः शक्तिभागः सर्वोप्येकीभूयाष्टादश-भुजात्मकनारीशक्तिरूपेण परिणतोऽभूदित्याह। ततोऽतिकोपेत्यादिना ॥9 ॥

(2 चतुर्धरी) चक्रिणो विष्णोः। ततः तत्र। सार्वविभक्तिकस्तसिः। ब्रह्मणः शंकरस्य वदनात् यदित्यनुषज्यते ॥9 ॥

(3 शान्तनवी) ततोऽनन्तरम् अतिकोपपूर्णस्य चक्रिणः विष्णोः ब्रह्मणः शंकरस्य च ततः विस्तृतः तस्माच्च वदनात् सकाशात् महत्तेजः निश्चक्राम निरगात्। 'तेजः प्रभावे दीप्तौ च बले शुक्रे प्रकीर्तितम्' ॥9 ॥

(4 नागोजीभट्टी) तत इति। द्वितीयं तत इति प्रसिद्धादित्यर्थकं वदनादित्यस्य विशेषणम् ॥9 ॥

(5 जगच्चन्द्रचन्द्रिका) ततोऽतिकोपेति 10 ॥9 ॥

(6 दंशोद्धारः) तत इति। कोपपूर्णस्य चक्रिणः ततः प्रसिद्धाद्वदनात्। तत्र तेषामित्यर्थं वा। सार्वविभक्तिकस्तसिः ॥9 ॥

अन्येषां चैव देवानां शक्रादीनां शरीरतः ।
निर्गतं सुमहत्तजेस्तच्चैक्यं समगच्छत ॥ 10 ॥

(1 गुप्तवती) ॥10 ॥

(2 चतुर्धरी) तत्तेजः ऐक्यम् एकभावं समगच्छतु अभवदित्यन्वयः। समगच्छतेति छान्दसत्वादात्मनेपदम्। 'समोगम्यृच्छि' इत्यादेरकर्मकविषयत्वात्। अथवा ऐक्यम् एकम्। स्वार्थे यण्। समगच्छताऽभवत् ॥10 ॥

(3 शान्तनवी) तेभ्यस्त्रिभ्यः अन्येषां शक्रादीनां च देवानां सुमहत्तेजः कर्तृ। शरीरत एव निर्गतं निरगमत्। तच्च तेजः कर्तृ ऐक्यम् एकम् अपृथक्

समगच्छत समपद्यत एकमभवत्। ऐक्यमिति। चातुर्वर्ण्यादित्वात् स्वार्थे ष्यञ्। 'अकर्मकाच्च' इत्यनुवृत्तौ 'समो गम्यृच्छि' इत्यादिसूत्रेण गमेरात्मनेपदं तङ्। तच्चैक्यं समपद्यतेत्यपि क्वचित्पाठः। सकर्मकत्वे तु परस्मैपदम्। तच्चैक्यम्। एकतां समगच्छत ॥10॥

(4 नागोजीभट्टी) अन्येषां चेति। कुपितानामिति शेषः। यत्तेजः निर्गतं तच्च ब्रह्मादीनां तेजश्च ऐक्यम् एकत्वं समगच्छत। छान्दसस्तङ् ॥10॥

(5 जगच्चन्द्रचन्द्रिका) अन्येषामिति 11 ॥10॥

(6 दंशोद्धारः) अन्येषामिति। एकमेव ऐक्यम्। चातुर्वर्ण्यादिराकृतिगणत्वात्स्वार्थे ष्यञ्। एकमभवदित्यर्थः। 'अकर्मकात्' इति वर्तमाने 'समो गम्यृच्छिभ्याम्' इत्यात्मनेपदविधानात्सकर्मके तङ्संभवात्। समपद्यतेति क्वचित्पाठः ॥10॥

अतीव तेजसः कूटं ज्वलन्तमिव पर्वतम्।
ददृशुस्ते सुरास्तत्र ज्वालाव्याप्तदिगन्तरम् ॥11॥

(1 गुप्तवती) ॥11॥

(2 चतुर्धरी) अतीव अत्युच्छ्रितं कूटं पुञ्जम्। तत्र पुराणान्तरप्रसिद्धे कात्यायनाश्रमे ॥11॥

(3 शान्तनवी) ते इन्द्रादयः सुराः तत्र देवसदसि। यद्वा तत्र देवतेजसि देदीप्यमाने जृम्भमाणे जयति सति अतीव अत्यर्थं सुतराम् अतितरां सुष्ठु ज्वालाव्याप्तदिगन्तरं ज्वालाभिरर्चिर्भिः व्यापतं विद्योतितं दिशां दशानामन्तरं मध्यमन्तरालं येन तं तथोक्तम्। ज्वलन्तं दीप्यमानं पर्वतमिव हेमाद्रिमिव तेजसः कूटं ददृशुः दृष्टवन्तः। 'मायानिश्चलयन्त्रेषु कैतवानृतराशिषु। अयोघने शैलशृङ्गे सीराङ्गे कूटमस्त्रियाम्' 'बलवत्सुष्ठु किमुत स्वस्त्यतीव च निर्भरे' ॥11॥

(4 नागोजीभट्टी) अतीवेति। तत्रेत्यस्य काले इति देशे इति वा विशेषः ॥11॥

(5 जगच्चन्द्रचन्द्रिका) अतीव तेजस इति 12 ॥11॥

(6 दंशोद्धारः) ॥11॥

अतुलं तत्र तत्तेजः सर्वदेवशरीरजम्।
एकस्थं तदभून्नारी व्याप्तलोकत्रयं त्विषा ॥12॥

(1 गुप्तवती) ॥12॥

(2 चतुर्धरी) एकस्थमेकाकारेण स्थितम्। तदित्यव्ययमानन्तर्ये नारीऽभून्नार्याकारेण परिणमत्। त्विषा दीप्त्या भासा व्याप्तं लोकत्रयं येन ॥12॥

(3 शान्तनवी) तत्र देवानां सदसि तत्प्रागुत्पन्नं ब्रह्माविष्णुरुद्रमुखजं तेजः तत्पश्चादुत्पन्नम्। इन्द्रादिसर्वदेवशरीरजं च तेजः उभयत्विषा अतुलम् अनुपमम्। त्विषा दीप्त्या व्याप्तलोकत्रयम् एकस्थम् एकस्मिन्नेव समवायिनि तिष्ठत् एकत्वेन अपृथक् भावेनावतिष्ठेत् वर्तमानं सत् नारी अभूत्। तत्तेजः स्त्रीरूपमभूदिति भावः। 'नन्नृरयोर्वृद्धिश्च' इति शार्ङ्गरवादिपाठान्नृत्वजातिविवक्षायां ङीषि वृद्धिः ॥22॥

(4 नागोजीभट्टी) अतुलमिति। तत् ततः। तत्र पुराणान्तरप्रसिद्धे कात्यायनाश्रमे तत्तेजः एकस्थं सन्नारी अभूत्। त्विषा दीप्त्या ॥12॥

(5 जगच्चन्द्रचन्द्रिका) अतुलं तत्रेति 13 ॥12॥

(6 दंशोद्धारः) अतुलमिति। तत् ततः आनन्तर्येऽव्ययम् ॥12॥

यदभूच्छाम्भवं तेजस्तेनाजायत तन्मुखम्।
याम्येन चाभवन्केशा बाहवो विष्णुतेजसा ॥13॥

(1 गुप्तवती) ॥13॥

(2 चतुर्धरी) शाम्भवं शैवं तत्तेजस्तेनाजायत। तदित्यव्ययम्। तस्या इत्यर्थः। तस्या मुखं तन्मुखं वा। याम्येन यमसंबन्धितेजसा ॥13॥

(3 शान्तनवी) यत् शम्भोरिदं शाम्भवं तेजः तेन तस्याः नार्याः मुखम् अजायत अजनिष्ट। याम्येन यमदेवताकेन तेजसा तस्याः नार्याः केशा अभवन्। विष्णुतेजसा तस्या नार्याः बाहवश्चाभवन्। 'दित्यदित्यादित्यपत्युत्तरपदाण्ण्यः' इत्यत्र यमाच्चेति वक्तव्यमित्याहुः ॥13॥

(4 नागोजीभट्टी) तेजोविभागेनाङ्गविभागमाह। यदिति। शम्भोः

श्वेताङ्गतया तत्तेज आयातं मुखं श्वेतमित्यर्थः। विष्णोर्नीलवर्णतया वाहवोऽष्टादश नीलाः ॥13॥

(5 जगच्चन्द्रचन्द्रिका) यदभूच्छाम्भवमिति 14 ॥13॥

(6 दंशोद्धारः) यदभूदिति। याम्येन केशा अभवन्नित्यत्र तस्या इत्यध्याहारः। तन्मुखमित्यसमस्तं वा। तदित्यव्ययं तस्या इत्यर्थे ॥13॥

सौम्येन स्तनयोर्युग्मं मध्यमैन्द्रेण चाभवत्।
वारुणेन च जङ्घोरू नितम्बातेजसा भुवः ॥14॥

(1 गुप्तवती) सौम्येनेति। सौम्यशब्दादण्। सोमशब्दाच्छन्दसो वा ट्यण्। जङ्घोरू इति भिन्ने पदे। नितम्बः कटिपश्चाद्भागः ॥14॥

(2 चतुर्धरी) सौम्येन चान्द्रमसेन तेजसा। जङ्घोर्विति प्राण्यङ्गत्वादेकवद्भावः। दीर्घपाठस्तु एकवद्भावस्य वैदिकः। तथा समर्थनीयः। अन्य आह। जङ्घासहितौ ऊरू जङ्घोरू इति। वारुणेनैव जङ्घा अभवत्। ऊरू नितम्बस्तेजसा भुव इति वा। नितम्बः कटिपश्चाद्भागः ॥14॥

(3 शान्तनवी) सौम्येन सोमदेवताकेन तेजसा तस्या नार्याः स्तनयोः युग्ममभवत्। ऐन्द्रेण तेजसा मध्यम् अभवत्। वरुणसंबन्धिना वारुणेन तेजसा जङ्घोरू जङ्घाभ्यां सहितौ उरू जङ्घोरू अभवताम्। जङ्घे च ऊरू च वारुणेन तेजसा प्रत्येकमभूतामित्यर्थः। अन्यथा जानुबाहुवत् प्राण्यङ्गत्वादेकवद्भा-वान्नपुंसकत्वाद्ध्रस्वत्वं स्यात्। भुवस्तेजसा नितम्बः कटिप्रदेशः अभवत्। जङ्घोरू इति नदधिपयआदित्वान्नैकवचनमितिपक्षे जङ्घा च ऊरुश्चेति जात्यैकवचनं विग्रहे ॥14॥

(4 नागोजीभट्टी) सौम्येनेति। सोमसंबन्धिनेत्यर्थः। छान्दसत्वादिदमर्थेऽपि यण्। अत एव श्वेतस्तनी। ऐन्द्रेण मध्यं रक्तम्। जङ्घे ऊरू इत्यत्र पूर्वनिपातैकवद्भावविधेरनित्यत्वान्न दोषः। भिन्ने पदे वा। जङ्घे ऊरू च वारुणेनेत्यन्वयः। भुवः पृथ्व्याः नितम्बः कटिपश्चाद्भागः ॥14॥

(5 जगच्चन्द्रचन्द्रिका) सौम्येनेति ॥15॥ ॥14॥

(6 दंशोद्धारः) सौम्येनेति। वारुणेन जङ्घा ऊरू, नितम्बश्च भुवस्तेजसेति सम्बन्धः। चकारो भिन्नक्रमः नितम्ब इत्यस्याग्रे बोध्यः। केचित् जङ्घोर्विति।

प्राण्याङ्गत्वादेकवद्भावे अर्शआदित्वाद्दीर्घ इत्याहुः। तन्न। द्वन्द्वे जङ्घोरुशब्दस्य पूर्वनिपातप्रसंगात् 'लक्षणहेत्वोः' इत्यादिनिर्देशात्पूर्वनिपातानियमाद्वा कथंचिद्योज्यम्। जङ्घासहिते ऊरू इति वा बोध्यम्। जङ्घोरु इति ह्रस्वपाठः सुगमः ॥14॥

ब्रह्मणस्तेजसा पादौ तदङ्गुल्योऽर्कतेजसा।
वसूनां च कराङ्गुल्यः कौबेरेण च नासिका ॥15॥

(1 गुप्तवती) ॥15॥

(2 चतुर्धरी) तदङ्गुल्यः पादाङ्गुल्यः। वसूनां तेजसा इत्यनुषज्यते ॥15॥

(3 शान्तनवी) ब्रह्मणतेजसा तस्या नार्याः पादावभवताम्। तदङ्गुल्यः पादयोरङ्गुल्यः अर्कतेजसा अभवन्। अष्टानां वसूनां च तेजसा कराङ्गुल्यः अभवन्। कौबेरेण कुबेरसंबन्धिना तेजसा नासिका अभवत् ॥15॥

(4 नागोजीभट्टी) ब्रह्मण इति। अतएव पादौ रक्तौ। एतदुक्तं वैकृतिकरहस्ये। 'श्वेतानना नीलभुजा सुश्वेतस्तनमण्डला। रक्तमध्या रक्तपादा नीलजङ्घोरुरुन्मदा। सुचित्रजघना चित्रमाल्याम्बरविभूषणा। चित्रानुलेपना कान्तिरूपसौभाग्यशालिनी' इति। एवं च रूपेणापि त्रिगुणत्वं सूचितम्। स्वस्य चित्रत्वात् चित्रमाल्यादिधारणम्। वसूनामित्यस्य तेजसेति शेषः। एवमन्यत्रापि ॥15॥

(5 जगच्चन्द्रचन्द्रिका) ब्रह्मणस्तेजसेति 16 ॥15॥

(6 दंशोद्धारः) ब्रह्मण इति। तदङ्गुल्यः पादाङ्गुल्यः न तु तस्या अङ्गुल्यः। सर्वनाम्नामुत्सर्गतः प्रधानपरामर्शित्वात् कराङ्गुल्यः इत्यस्य वैयर्थ्यापत्तेश्च ॥15॥

तस्यास्तु दन्ताः संभूताः प्राजापत्येन तेजसा।
नयनत्रितयं जज्ञे तथा पावकतेजसा ॥16॥

(1 गुप्तवती) प्राजापत्येन दक्षप्रजापतिसंबन्धिना ॥16॥

(2 चतुर्धरी) प्राजापत्येन दक्षप्रजापतिसंबन्धिना तेजसेति वामनपुराणदर्शनात्। जज्ञे जातम् ॥16॥

(3 शान्तनवी) तस्या नार्याः दन्तास्तु प्राजापत्येन दक्षप्रजापतिसंबन्धिना तेजसा संभूताः समभवन्। प्राग्दीव्यतीयेषु अर्थेषु दित्यदित्यादित्यपत्युत्तरपदाण्ण्यः'। तथा नयनत्रितयं पावकतेजसा वह्नितेजसा जज्ञे अजनिष्ट। जनेः कर्तरि परोक्षे लिट्यात्मनेपदम्॥16॥

(4 नागोजीभट्टी) तस्या इति। प्रजापत्येन दक्षादितेजसा। तेन ब्रह्मणस्तेजसा पादावित्यनेन न विरोधः। पावकोऽग्निः॥16॥

(5 जगच्चन्द्रचन्द्रिका) तस्यास्तु दन्ता इति 17॥16॥

(6 दंशोद्धारः) तस्या इति। प्रजापत्येन दक्षादिसंबन्धिना॥16॥

भ्रुवौ च संध्ययोस्तेजः श्रवणावनिलस्य च।
अन्येषां चैव देवानां संभवस्तेजसां शिवा॥17॥

(1 गुप्तवती) संध्ययोः सायंप्रातस्त्रैवर्णिकवन्दीनयदेवतयोः। तेजः कर्तृ। युगलभ्रुवौ जज्ञे। भ्रूयुग्मात्मनाः परिणतम्। तेजसां संभवः एकशरीरात्मना परिणाम एव शिवा॥17॥

(2 चतुर्धरी) संध्ययोः पूर्वपरस्योस्तेजसः भ्रुवावभूताम्। करणकर्तृत्वम्। साध्वसिश्छिनत्ति इतिवत्। श्रवणौ कर्णौ संभवतीति संभवः कार्यम्। अन्येषां वायुनासत्यविश्वकर्मप्रभृतीनां देवानां तेजसां शिवासंभवः इत्यन्वयः। अनादिष्टलिङ्गत्वात्पुंस्त्वम्॥17॥

(3 शान्तनवी) तस्या नार्याः ये भ्रुवौ तत्संध्ययोस्तेजः। यद्वा यत्संध्ययोस्तेजः तत्तस्या नार्या भ्रुवौ इति ह्युभयथा योज्यम्। तथा अनिलस्य वायोः यत्तेजः तौ तस्या नार्याः श्रवणौ शब्दग्रहौ। यद्वा यौ तस्या नार्याः श्रवणौ शब्दः ग्रहौ तत् अनिलस्य वायोः तेज इत्युभयथापि योज्यम्। तदित्थम्। उक्तानां च ततोऽन्येषां च देवानां च संबन्धिनां तेजसां यः संभवः समुदायः सा शिवा सर्वमङ्गला देवी। यद्वा या शिवा स देवानां तेजसां संभवः इत्युभयथापि योज्यम्। निर्दिश्यमानप्रतिनिर्दिश्यमानयोरेकत्वमापादयन्ति। सर्वनामानि पर्यायेण तल्लिङ्गसंख्याभाञ्जि भवन्ति। श्रूयते शब्द आभ्यामिति करणे ल्युटि श्रवणौ शब्दग्रहौ इति पुँल्लिङ्गता। 'कर्णशब्दग्रहौ श्रोत्रं श्रुतिः स्त्री श्रवणे श्रवः' इत्यभिधानतस्तु नपुंसकत्वेन। श्रवणे अनिलस्य चेति पाठोपि सभ्यः॥17॥

(4 नागोजीभट्टी) भ्रुवौ चेति। संध्ययोस्तेजः भ्रुवावभूतामित्यन्वयः। करणस्यैव कर्तृत्वविवक्षा। 'पुंनपुंसकयोः कर्णः श्रवणः श्रवणं श्रुतौ' इति हेममाली। अन्येषां च देवानां संबन्धितेजसां शिवा चण्डीसंभवः। एकीभावः कार्य वेत्यर्थः। एव प्रसिद्धौ ॥17॥

(5 जगच्चन्द्रचन्द्रिका) भ्रुवौ च संध्ययोरिति 18 ॥17॥

(6 दंशोद्धारः) ॥17॥

ततः समस्तदेवानां तेजोराशिसमुद्भवाम्।
तां विलोक्य मुदं प्रापुरमरा महिषार्दिताः ॥18॥

(1 गुप्तवती) ॥18॥

(2 चतुर्धरी) मुदं चित्तोल्लासम् ॥18॥

(3 शान्तनवी) ततः शिवायाः देव्या आविर्भावानन्तरं समस्तदेवानां तेजोराशिसमुद्भवां तेजःपुंजात्समुद्भवन्तीं तां सर्वमङ्गलां देवीं विलोक्य अमराः प्राक् महिषार्दिता अपि महिषासुरेण हिंसिता अपि मुदं प्रीतिं प्रापुः प्राप्तवन्तः। अर्द हिंसायां चुरादिः। क्तः कर्मणि॥

(ततो[1] देवा ददुस्तस्यै स्वानि स्वान्यायुधानि च।
ऊचुर्जयजयेत्युच्चैर्जयन्तीं ते जयैषिणः॥)

ततो देवीदर्शनतः प्रमोदावाप्त्यनन्तरं ते देवा जयैषिणः सन्तः तां देवीं जयन्ती जयजय इत्युच्चैरुयुः। अथ ते देवाः सर्वेऽपि तस्यै देव्यै स्वानि स्वान्यायुधानि च ददुः ॥18॥

(4 नागोजीभट्टी) तत इति। तेजोराशिसमुद्भवामिति सापेक्षत्वेपि गमकत्वात्समासः। मुदं हषम्। ब्रह्मादिषु विद्यमानस्वतेजसैव भगवती आविर्भूतेति तात्पर्यम्। एवमायुधदानमपि बोध्यम् ॥18॥

(5 जगच्चन्द्रचन्द्रिका) ततः समस्तेति 19 ॥18॥

---

1. इदं पद्यं पाठकर्तृभिर्न गृह्यते। सर्वैर्व्याख्यातृभिर्न व्याख्यातं च। केवलं शान्तनव्यामेवास्य संग्रहः।

(6 दंशोद्धारः) तत इति। तेजोराशिसमुद्भवाम् इत्यस्यावयवोत्पत्तिमात्रे तात्पर्यं न तु देव्या ब्रह्मादीनां देव्यधीनत्वेन पूर्वोक्तेन सह विरोधात्। अनित्यत्वापत्तेश्च ॥18 ॥

शूलं शूलाद्विनिष्कृष्य ददौ तस्यै पिनाकधृक्।
चक्रं च दत्तवान्कृष्णः स[1]मुत्पाट्य स्वचक्रतः ॥19 ॥

(1 गुप्तवती) शूलं शूलादित्यतः प्राक्। 'ततो देवा ददुस्तस्यै स्वानि स्वान्यायुधानि च' इत्यर्धमधिकं क्वचित्पठ्यते। इदमर्धमेव स्वीकृत्य कबन्धा युयुधुर्देव्या इत्यर्धमुत्तरश्लोकेन पुनरुक्तं कैश्चिदपठ्यमानं परित्यज्याध्यायपाठे तु शेषश्च सर्वनागेश इत्यादिश्लोकेषु मन्त्रत्वसामञ्जस्य संपद्यत इति द्रष्टव्यम्। चक्रं चेति चकाराद्गदामपि। वैकृतिकरहस्ये गदयैव सहाष्टादशायुधसंख्या-पूर्तिस्मरणात् ॥19 ॥

(2 चतुर्धरी) विनिष्कृष्य। उत्पाट्येति यावत्। पिनाकधृक् महादेवः। कृष्णः स्वचक्रतः सुदर्शनात् समुत्पाद्य जनयित्वा। समुत्पाट्येति वा पाठः। एवमुत्तरत्रापि ॥19 ॥

(3 शान्तनवी) देवायुधानि मन्त्रध्यानवशंवददेवताकृतीन्यत्यद्भुतशक्तीनीति शूलात् शूलायुधदैवतात् विनिष्कृष्य आकृष्य पिनाकधृक् पिनाकी शिवः तस्यै देव्यै शूलमायुधम् स्वसदृक्षमायुधं ददौ दत्तवान्। आयुधाधिदेवतासामर्थ्यादायुधं स्वसदृक्षमायुधं सूते यत्तत्तस्यै दत्तवानिति भावः। 'अस्त्री शूलं रुगायुधम्।' कृष्णः विष्णुः स्वचक्रतः सुदर्शनात् चक्रं समुत्पाठ्य आकृष्य तस्यै देव्यै दत्तवान्। यथा देवतेजोभिः तेजोमयी देवी समभवत् तथा तदायुधान्यपि देवायुधसमुद्भवान्येव दैवतेच्छयेति नात्राश्चर्यमिति भावः ॥19 ॥

(4 नागोजीभट्टी) शूलमिति। विनिष्कृष्य आकृष्येत्यर्थः। कृषेर्ण्यन्तस्य रूपम्। एवमग्रेपि। अत्र चक्रं चेति चाददात् ॥19 ॥

(5 जगच्चन्द्रचन्द्रिका) शूलं शूलादिति 20 ॥19 ॥

---

1. समुत्पाद्य इति पाठः।

(6 दंशोद्धारः) ॥19॥

शङ्खं च वरुणः शक्तिं ददौ तस्यै हुताशनः।
मारुतो दत्तवांश्चापं बाणपूर्णे[1] तथेषुधी ॥20॥

(1 गुप्तवती) इषुधी तूणीरौ ॥20॥

(2 चतुर्धरी) वरुणश्च शङ्खं दत्तवानित्यनुषज्यते। चापं धनुः बाणपूर्णे अक्षयबाणे इषुधी तूणौ। 'तूणोपासङ्गतूणीरनिषङ्गा इषुधिर्द्वयोः' इत्यमरः। इषुधी तूणौ ॥20॥

(3 शान्तनवी) वरुणश्च शङ्खं तस्यै देव्यै ददौ। हुताशनश्च अग्निः तस्यै देव्यै शक्तिमामुधविशेषं ददौ। अत्रापि शङ्खतः शक्तिश्च शङ्खं शक्तिं चाकृष्य दत्तवन्तौ ताविति भावः। मरुदेव मारुतः मारुतो वायुस्तस्यै देव्यै चापं दत्तवान्। तथा मारुत एव बाणपूर्णे शरसंभृते इषुधी तस्यै देव्यै दत्तवान्। अक्षयबाणपूर्णे तूणौ दत्तवान्। 'तूणोपासङ्गतूणीरनिषङ्गा इषुधिर्द्वयोः'। इषवः धीयन्तेऽत्र। इषुधी इति द्विवचनसव्यापसव्याभ्यां चापाकर्षणसूचनार्थम् ॥20॥

(4 नागोजीभट्टी) शङ्खं चेति। वरुणाच्छङ्खस्य। अग्नेः शक्तेः। वायोश्चापबाणयोर्लाभ इत्यर्थः। शङ्खं चेति चकारो वक्ष्यमाणपाशसमुच्चय इत्यर्थे वा ॥20॥

(5 जगच्चन्द्रचन्द्रिका) शङ्खं च वरुण इति 21 ॥20॥

(6 दंशोद्धारः) शङ्खमिति। इषवो बाणा धीयन्तेऽनयोस्ताविषुधी तूणौ। द्विवचनं तु सव्यापसव्याभ्यां चापाकर्षणसूचनाय ॥20॥

वज्रमिन्द्रः स[2]मुत्पाट्य कुलिशादमराधिपः।
ददौ तस्यै सहस्राक्षो घण्टामैरावताद्गजात् ॥21॥

(1 गुप्तवती) ॥21॥

(2 चतुर्धरी) कालदण्डात् समुत्पाट्येत्यनुषज्यते ॥21॥

(3 शान्तनवी) अमराधिपः सहस्राक्षः इन्द्रः शचीपतिः कुलिशात् वज्रात् सकाशात् वज्रं पविं समुत्पाट्य आकृष्य तस्यै देव्यै ददौ। किंच स एव इन्द्रः

---

1. 'बाणपूर्णौ' इत्यपि पाठः।
2. समुपाद्य, इत्यपि पाठः।

शचीपतिः ऐरावतात् स्वर्गगजात् सकाशात् घण्टां च महतीम् आकृष्य तस्यै देव्यै ददौ। 'वज्रोऽस्त्री हीरके पवौ' 'संभवे व्यभिचारे च स्याद्विशेषणमर्थवत्'। ईदि परमैश्वर्ये। इन्दति इन्द्रः। सोऽन्योपि स्यात् अत उक्तम् अमराधिप इति। सोऽन्योपि देवः स्यात् अत उक्तं सहस्राक्ष इति। सहस्रमक्षीणि यस्य स तथोक्तः। सोऽहिः शेषोपि सहस्राननत्वात् सहस्रमेवाक्षीणी यस्येत्यवधृतविग्रहत्वस्य विवक्षिततत्वाददोषः। रूढिर्योगमपहरतीति तु न्यायोऽत्र नाश्रितः। तत्र ह्याश्रितेऽयं व्यावृत्त्या कीर्तनेन शेषो नास्तीति यद्यपि स्यात् तथापि पदाश्रयणजनितः पौनरुक्त्यदोषः प्रसज्येतेत्यलं विस्तरेण। 'बहुव्रीहौ सक्थ्यक्ष्णोः स्वाङ्गात्षच्' समासान्तः॥21॥

(4 नागोजीभट्टी) वज्रमिति। देयभेदादेकस्यैव दातुः क्वचित्पुनरुपादानेपि न दोषः॥21॥

(5 जगच्चन्द्रचन्द्रिका) वज्रमिन्द्र इति 22॥21॥

(6 दंशोद्धारः) वज्रमिति। कुलिशात् वज्रात्॥21॥

कालदण्डाद्यमो दण्डं पाशं चाम्बुपतिर्ददौ।
प्रजापतिश्चाक्षमालां ददौ ब्रह्मा कमण्डलुम्॥22॥

(1 गुप्तवती) ॥22॥

(2 चतुर्धरी) अम्बुपतिर्वरुणः। ब्रह्मा अक्षमालां कमण्डलुं च ददावित्यन्वयः। प्रजापतिरिति ब्रह्मणो विशेषणं ब्रह्मा अक्षमालां कमण्डलुं चेति वामनपुराणदर्शनात्॥22॥

(3 शान्तनवी) यमः अन्तकः कालदण्डात् आकृष्य दण्डं कालदण्डम् आयुधं तस्यै देव्यै ददौ। अम्बुपतिश्च वरुणः पाशादाकृश्य पाशं ददौ। तस्यै देव्यै पाशाख्यं शस्त्रं ददौ। 'अश्वाख्यशालिशीघ्रार्थे ? पाशो बन्धनशस्त्रयोः'। प्रजापतिर्ब्रह्मा तस्यै देव्यै अक्षमालां जपमालां ददौ। कमण्डलुं च ददौ। 'अस्त्री कमण्डलुः कुण्डी'। ब्रह्मा विप्रोऽपि कश्चित्स्यात् अत उक्तं प्रजापतिरिति। स मनुरपि स्यात् अत उक्तं ब्रह्मेति। 'वेदस्तत्त्वं तपो ब्रह्म ब्रह्मा विप्रः प्रजापतिः'॥22॥

(4 नागोजीभट्टी) कालेति। उत्पाट्येति शेषः। पतिर्ब्रह्मा। अक्षमालां कमण्डलुं च ददावित्यन्वयः। ब्रह्माक्षमालां कमण्डलुमिति वामनपुराणात् ॥22 ॥

(5 जगच्चन्द्रचन्द्रिका) कालदण्डादिति 23 ॥22 ॥

(6 दंशोद्धारः) प्रजेति। प्रजापतिरिति ब्रह्मणो विशेषणम्। दक्षो वा प्रजापतिः ॥22 ॥

समस्तरोमकूपेषु निजरश्मीन्दिवाकरः।
कालश्च दत्तवान् खड्गं त[1]स्याश्चर्म च निर्मलम् ॥23 ॥

(1 गुप्तवती) ॥23 ॥

(2 चतुर्धरी) कालश्चेति। कालो निमिषाद्यभिमानिनी देवता तस्या इति संक्षेपकत्वात् संप्रदानत्वम्। यद्वा संबन्धविवक्षायां षष्ठी। अन्य आह। खड्गं दत्तवान्। तस्य खड्गस्य चर्म च दत्तवान्। चर्म किंभूतम्। निर्मलं प्रदीप्तम्। अमु दीप्तौ इत्यस्य धातौः क्विपि रूपम्। अथवा चतुर्थ्येकवचनम्। 'बहुलं छन्दसि' इति सूत्रेण छन्दसि चतुर्थ्यर्थे षष्ठी बहुलं स्यात्। तस्यै इत्यर्थे तस्या इत्यर्थः ॥23 ॥

(3 शान्तनवी) रविः निजान् आत्मीयान् रश्मीन् किरणान् तस्या देव्याः समस्तेषु सर्वेषु रोम्णां कूपेषु आधारगतेषु ददौ निक्षिप्तवान्। 'किरणप्रग्रहौ रश्मी' 'स्वके नित्ये निजं त्रिषु'। कालो यमः तस्यै देव्यै निर्मलं खड्गं निर्मलं स्वच्छं चर्म च दत्तवान्। अङ्गत्राणसाधनं फलकं चर्म चर्ममयत्वाच्चर्म दत्तवान्। 'फलकोस्त्री फलं चर्म' 'कालो मृत्यौ महाकाले यमनेहसि च स्मृतः' ॥23 ॥

(4 नागोजीभट्टी) समस्तेति। कालस्तदभिमानिनी देवता। तस्या इति संबन्धत्वेन विवक्षायां षष्ठी ॥23 ॥

(5 जगच्चन्द्रचन्द्रिका) समस्तरोमेति 24 ॥23 ॥

(6 दंशोद्धारः) समस्तेति। तस्यै इति वक्तव्ये तस्या इति षष्ठी तु शेषत्वविवक्षया रजकस्य वसु ददातीतिवत्। यद्वा तस्य आः च्छेदः

---

1. तस्य चर्म, इत्यपि पाठः।

इत्यव्ययमनुरूपार्थे। तस्य खड्गस्य आः योग्यं चर्मेत्यर्थः। तस्यै इति पाठः सुगमः ॥23॥

क्षीरोदश्चामलं हारमजरे च तथाम्बरे।
चूडामणिं तथा दिव्यं कुण्डले कटकानि च ॥24॥

(1 गुप्तवती) ॥24॥

(2 चतुर्धरी) अजरे अविनश्वरे नित्यनूतने अम्बरे वाससी कटकानि वलयानि ॥24॥

(3 शान्तनवी) क्षीराण्युदकानि यस्य यस्मिन्सत्वाक्षीरोदश्च। 'उदकस्योदः संज्ञायाम्' क्षीराब्ध्यधिदेवता अमलं हारं मुक्ताहारं तस्यै देव्यै दत्तवान्। तथा स एव क्षीरोदः तस्यै देव्यै अजरे च नूतने जरारहिते अम्बरे वाससी दत्तवान्। 'अम्बरं व्योम्नि वाससि' चूडामणिरित्यारम्भ श्लोकत्रयमेककर्तृकैकक्रियकं द्रष्टव्यम्। तथाहि विश्वकर्मा देवशिल्पी सूर्योपि। यदभ्यधुः। 'विश्वकर्मार्कसुरशिल्पिनोः' इति। विश्वस्य कर्मास्मादर्कात् विश्वकर्मास्य सुरशिल्पिन इति विश्वकर्मा स देवशिल्पी तस्यै देव्यै तथा चतुर्येण रचितं दिव्यं दिवि भवम्। 'द्युप्रागपागुदक्प्रतीचो यसत्'। चूडामणिं शिरोरत्नं ददौ। तथा कुण्डले कर्णवेष्टने सुवर्तुले तस्यै देव्यै स एव विश्वकर्मा ददौ। कटकोऽर्धर्चादित्वादस्त्रियाम्। तथा स एव तस्यै देव्यै कटकानि वलयानि ह्रस्वसूत्राख्यानि च ददौ। 'कटकोर्धर्चादित्वादस्त्रियाम्' ॥24॥

(4 नागोजीभट्टी) क्षीरोदश्चेति। अङ्गुलीयकरत्नदानान्तं क्षीरोदः कर्ता ॥24॥

(5 जगच्चन्द्रचन्द्रिका) क्षीरोदश्चेति 25 ॥24॥

(6 दंशोद्धारः) ॥24॥

अर्धचन्द्रं तथा दिव्यं केयूरान्सर्वबाहुषु।
नूपुरौ विमलौ तद्वद्ग्रैवेयकमनुत्तमम् ॥25॥

(1 गुप्तवती) ॥25॥

(2 चतुर्धरी) केयूरान् अङ्गदानि। 'अङ्गदं तु केयूरं पुंनपुंसकम्' इत्यभिधानात्। नूपुरौ हंसकटकौ। गैवेयकं ग्रीवाभरणम्। अनुत्तमं न विद्यते उत्तमं यस्मात् ॥25॥

(3 शान्तनवी) तथा स एव तस्यै देव्यै शुभ्रम् अर्धचन्द्रम् अर्धचन्द्रस्य समप्रविभाग: अर्धचन्द्र: तं ददौ। 'अर्धं नपुंसकम्' इति समास:। 'परवल्लिङ्गं द्वन्द्वतत्पुरुषयो:'। तथा स एव विश्वकर्मा तस्यै देव्यै सर्वबाहुषु सर्वेषु बाहुषु केयूरान् केयूराणि अङ्गदानि ददौ। केयूरोर्धर्चादित्वादस्त्रियाम्। तद्वत्पूर्ववत्स एव विश्वकर्मा तस्या देव्या: पादयो: नूपुरौ मञ्जीरौ विमलौ निर्मलौ मञ्जीरौ ददौ। 'पादाङ्गदं तुलाकोटिमञ्जीरो नूपुरोऽस्त्रियाम्। हंसक: पादकटक:'। तद्वत् पूर्ववत् चातुर्येण रचितम्। अनुत्तमं नान्यदुत्तमं यस्मात्तदनुत्तमं वरेण्यं ग्रैवेयकं ग्रीवालंकारं कण्ठभूषणं तस्यै देव्यै ददौ। विश्वकर्मा 'कुलकुक्षिग्रीवाभ्य: श्वास्यलंकारेषु' इति ढकञ्। 'नास्त्रसत्करिणां ग्रैवम्' इत्यत्र त्वनलंकारत्वादणेव ॥25 ॥

(4 नागोजीभट्टी) विश्वकर्मण: परशु: अस्त्रकवचदातृत्वं चूडामण्यादि-कवचदानान्तं विश्वकर्मकर्तृत्वमित्यन्वय:। तन्मते अर्धचन्द्रशब्देन तदाकारो ललाटभूषणविशेष: ॥25 ॥

(5 जगच्चन्द्रचन्द्रिका) अर्धचन्द्रमिति 26 ॥25 ॥

(6 दंशोद्धार:) ॥25 ॥

अङ्गुलीयकरत्नानि समस्तास्वङ्गुलीषु च।
विश्वकर्मा ददौ तस्यै पाशुं चातिनिर्मलम् ॥26 ॥

(1 गुप्तवती) ॥26 ॥

(2 चतुर्धरी) अङ्गुलीयकरत्नान्यङ्गुलीयसकभूषणमुख्यानि ॥26 ॥

(3 शान्तनवी) तथा स एव विश्वकर्मा देवशिल्पी तस्या देव्या: समस्तासु सकलासु अङ्गुलीषु योग्यानि अङ्गुलीयकरत्नानि समस्तानि तस्यै देव्यै ददौ। 'जिह्वामूलाङ्गुलेश्छ:' स्वार्थे कन्। अङ्गुलीषु भवानि अङ्गुलीकानि, अङ्गुलीयकानां रत्नानि अङ्गुलीयकान्येव वा रत्नानि। 'रत्नं स्वजातिश्रेष्ठेऽपि' इत्यभिधानत: गुणत: श्रेष्ठानि मनोज्ञानि अङ्गुलीयकरत्नानि। रमन्तेऽस्मिन् रत्नम्। 'जातौ जातौ यदुत्कृष्टं तद्रत्नमभिधीयते'। यद्वा अङ्गुलीकानि च रत्नानि चेति द्वन्द्व:। तथा स एव विश्वकर्मा तस्यै देव्यै अतिनिर्मलं परशुं च परान् श्यति खण्डयति परशु: तं परश्वधं ददौ। 'द्वयो: कुठार: स्वधिति: परशुश्च परश्वध:' ॥26 ॥

(4 नागोजीभट्टी) ॥26॥

(5 जगच्चन्द्रचन्द्रिका) अङ्गुलीयकेति 27 ॥26॥

(6 दंशोद्धारः) ॥26॥

अस्त्राण्येकरूपाणि तथाभेद्यं च दंशनम्।
अम्लानपङ्कजां मालां शिरस्युरसि चापराम्॥27॥

(1 गुप्तवती) अभेद्यं दंशनं कवचम्॥27॥

(2 चतुर्धरी) अनेकरूपाणि बहुप्रकाराणि। अभेद्यं भेत्तुमशक्यं दर्शनं कवचम्। चूडामण्यादिकं विश्वकर्मा ददावित्यन्वयः। अम्लानानि म्लानिहीनानि पङ्कजानि यस्याम्। ॥27॥

(3 शान्तनवी) तथा अनेकरूपाणि अस्त्राणि तस्यै देव्यै ददौ विश्वकर्मा। शूलचक्रादिभ्यो देवैः दत्तेभ्योऽन्यान्यायुधानि अस्त्राणि तस्यै देव्यै दत्तवानित्यर्थः। अस्यन्ते अस्त्राणि। तथा स एव विश्वकर्मा अभेद्यं दशनं तनुत्रं चर्म दंशनं च दिव्यं कवचं च तस्यै देव्यै ददौ। दंश्यते बध्यते दंशनं 'तनुत्रं वर्म दंशनम्। उरच्छदः कंकटकोऽजगरः कवचोऽस्त्रियाम्'। अम्लानानि पङ्कजानि यस्यां सा। माल्यते धार्यते सा माला स्रक्। यद्वा नास्ति म्लानं म्लानिः सर्वदा येषां तानि अम्लानानि पङ्कजानि यस्यां सा ताम्। आपराम् आसमंतादाप्ता आप्तिक्रियापेक्षया आशब्दस्योपसर्गत्वम्। आपोऽम्भांसि यैः यानिं वा तानि आपानि पङ्कजानि राति गृह्णति आपरा ताम्। 'ऋक्पूरब्धूः पथामानक्षे' इति अः समासान्तः। 'ह्यन्तरुपसर्गेभ्योप ईत्' न तु 'ईत्त्वमनवर्णान्तादिति वक्तव्यम्' इति स्मरणात्। इत्थं च आपराम् इति छेदः। यद्वा नास्ति परं श्रेष्ठं यतः सा आपरा अनुत्तमा ताम्। यद्वा न विद्यन्ते पराः शत्रवो यत्र धार्यमाणायां सा ताम्। यद्वा ततो देवीतः अपरा न परा अपरा अभिन्ना अपृथग्भूता सदैव संलग्ना ताम्। यद्वा शिरसि उरसि च अपरां पृथग्भूतां शिरसि मालां माल्यारूपां स्त्रजम् 'माल्यं मालास्त्रजौ मूर्ध्नि' इत्यभिधानात्। उरसि कण्ठात् प्रालम्बरूपां मालां 'प्रालम्बमृजुलम्बि स्यात्' कण्ठात् इत्यभिधानात् कण्ठाद्वक्षस्यवलम्बमानं माल्यं प्रालम्बमुच्यते इति अपरत्वं पृथक्त्वं मालायाः॥27॥

(4 नागोजीभट्टी) अम्लोनेत्यारभ्य पङ्कजदानान्तं जलधिः कर्ता। तत्र पङ्कजं हस्ते रत्नसिंहयोर्दाने हिमवानददददिति। दद दाने इत्यस्य लङि रूपम्। छान्दसत्वात्परस्मैपदम् ॥27 ॥

(5 जगच्चन्द्रचन्द्रिका) अस्त्राण्यनेकेति 28 ॥27 ॥

(6 दंशोद्धारः) ॥27 ॥

अददज्जलधिस्तस्यै पङ्कजं चातिशोभनम्।
हिमवान्वाहनं सिंहं रत्नानि विविधानि च ॥28 ॥

(1 गुप्तवती) ॥28 ॥

(2 चतुर्धरी) अददत्। ददातेरात्मनेपदिनोपि छान्दसत्वात् परस्मैपदम्। एवं युयुधुरिति, न चोत्पस्त्यन्ति चापरे इति, निरीक्षिष्यामि यन्मुनीन् इति यथा परस्मैपदेप्यात्मनेपदम्। भवेथाः सर्वदाम्बिके इति, बद्ध्वा चान्यानकर्षतेति, खड्गेननिरंकृतत, प्राप्स्यसे मत्परिग्रहात्, स्वं राज्यं प्राप्स्यते भवानिति ॥28 ॥

(3 शान्तनवी) जलधिः समुद्रः तस्यै देव्यै शिरसि उरसि विषये अपरामम्लानपङ्कजां मालाम् अददात्। डुदाञ् दाने। भूतानद्यतने लङ् परस्मैपदम्। अदददिति पाठे तु चक्षिङो ङित्करणाज्ज्ञिङ्गात्। अनुदात्तेत्त्वनिबन्धनमात्मनेपदमानित्यमित्यात्मनेपदाभावः। किंच स एव जलधिः तस्यै देव्यै अतिशोभनमत्यर्थं मनोहरं पङ्कजं लीलारविन्दम् अददात् अददद्वा। हिमवान् अद्रिराजः तस्यै देव्यै सिंह वाहनं ददौ। वाहयति प्रापयति तद्वाहनम्। यद्वा वहति वाहनम् 'वाहनमाहितात्' इति प्रयोगात् 'अन्येषामपि दृश्यते' इति दीर्घः। यद्वा उह्यते प्राप्यते अनेनेति वाहनम्। 'वाहनमाहितात्' इति निपातनादुपधादीर्घत्वम्। हिनस्ति सिंहः पञ्चास्यः कण्ठीरवः। किंच स एव हिमवान् तस्यै देव्यै च विविधानि नानाप्रकाराणि रत्नानि अददात् ॥28 ॥

(4 नागोजीभट्टी) ॥28 ॥

(5 जगच्चन्द्रचन्द्रिका) अदददिति 29 ॥28 ॥

(6 दंशोद्धारः) अदददिति। अदददिति परस्मैपदमार्षम्। ददेरनुदात्तेत्वात्। आत्मनेपदानित्यत्वं वा कल्पयम्। अददादिति पाठः सुगमः ॥28 ॥

ददावशून्यं सुरया पानपात्रं धनाधिपः।
शेषश्च सर्वनागेशो महामणिविभूषितम्। ॥29॥

(1 गुप्तवती) ॥29॥

(2 चतुर्धरी) सुरया अमृतेन अशून्यं पूरितम्। मणिभ्यो महान् महामणिः तेनेत्यर्थः ॥29॥

(3 शान्तनवी) धनाधिपः कुबेरः तस्यै देव्यै सुरया अशून्यं सर्वदा परिपूर्णं पानपात्रं ददौ। सूयते परिवास्यते सुरा गन्धोत्तमा। इमां पृथिवीं धत्ते धारयति सर्वनागेशः सर्वनागाधिपः शेषः अनन्तश्च महामणिविभूषितम्। अग्रिम-स्थेनान्वयः ॥29॥

(4 नागोजीभट्टी) ददाविति। अनेनाष्टादशभुजा सहस्रभुजा चैषेति सूचितम्। तदुक्तं वैकृतिकरहस्ये। 'अष्टादशभुजा पूज्या सा सहस्रभुजा सती'। अष्टादशभुजधार्याणां विशिष्योक्तेः सामान्यतः अन्यैरपि देवैरायुधैरित्युक्तेश्चेति भावः। 'आयुधान्यत्र वक्ष्यन्ते दक्षिणाधःकरक्रमात्। अक्षमाला च कमलं बाणोऽसिः कुलिशं गदा। चक्रं त्रिशूलं परशुः शङ्खो घण्टा च पाशकः। शक्तिर्दण्डश्चर्म चापं पानपात्रं कमण्डलुः। अलंकृतभुजामेभिरायुधैः कमलासनाम्। सर्वदेवमयीमीशां महालक्ष्मीमिमां नृप। पूजयन्सर्वलोकानां स देवानां प्रभुर्भवेत्'। इति एवंस्वरूपायुधैरस्या ब्राह्मीत्व वैष्णवीत्वं त्रिगुणात्वं च सर्वमूलभूतशक्तेरयं प्रादुर्भावस्तत्समान इति च सूचितम्। यद्यप्यत्र ब्रह्मादीनाममिन्द्रादीनां च शरीरान्निष्कान्ततेजो देवीविग्रहरूपेणाभिव्यक्तमासीत् आयुधानि च देवैः स्वस्वशूलादिभ्यो विनिर्गमय्य दत्तनि इत्येवोक्तम्, तथापि देवीशक्त्यंशा एव तत्तद्देवपालनीयैकदेशपालनशक्तित्वेन ये देव्या निवेशितास्ते एव महिषवधेन सर्वलोकरक्षणाय पुनरेकीभूय देवीरूपं प्राप्ताः। एवं तदायुधाः निजशक्त्यंशा अपीति बोध्यम्। 'अहं विभूत्या बहुभिः' इत्यादितृतीयचरितगतवचनसमूहात्। लक्ष्मीतन्त्रेपि शक्रं प्रति लक्ष्मीवचनानि। 'महालक्ष्मीरहं शक्रं पुनः स्वायंभुवेऽन्तरे। हिताय सर्वदेवानां जाता महिषमर्दिनी। मदीयाः शक्तिलेशा ये तत्र देवशरीरगाः धृतं मया तैः संभूतै रूपं परमशोभनम्। आयुधानि च देवानां यानि यानि सुरेश्वर। मच्छक्तयस्तदाकाराण्यायुधानि ममाभवन्' इति ॥29॥

(5 जगच्चन्द्रचन्द्रिका) ददावशून्यमिति 30 ॥29 ॥

(6 दंशोद्धारः) ॥29 ॥

नागहारं ददौ तस्यै धत्ते यः पृथिवीमिमाम्।
अन्यैरपि सुरैर्देवी भूषणैरायुधैस्तथा ॥30 ॥

(1 गुप्तवती) ॥30 ॥

(2 चतुर्धरी) नागहारं नागलोकोद्भवम्। इमां धत्ते धारयति ॥30 ॥

(3 शान्तनवी) नागहारं नागरूपं हारं तस्मै देव्यै ददौ। नागाः सर्पेभ्योऽन्ये देवयोनय इत्याहुः। 'अनन्तो नागराजः स्यात्सर्पराजस्तु वासुकिः। काद्रवेये गजे सीसे नागः स्यान्नागकेशरे'। यैरायुधालंकारादिकं देव्यै समर्पितं देवैस्ततोऽन्यैरपि सुरैः सर्वैर्विभूषणैस्तथा आयुधैश्च ॥30 ॥

(4 नागोजीभट्टी) पूर्वश्लोकेन सह व्याख्यातास्य पद्यस्य टीका ॥30 ॥

(5 जगच्चन्द्रचन्द्रिका) नागहारमिति 31 ॥30 ॥

(6 दंशोद्धारः) नागहारमिति। नागलोके भवो हारो नागहारः। नाग एव वा हारत्वमापन्नः ॥30 ॥

संमानिता ननादोच्चैः साट्टहासं मुहुर्मुहुः।
तस्या नादेन घोरेण कृत्स्नमापूरितं नभः ॥31 ॥

(1 गुप्तवती) ॥31 ॥

(2 चतुर्धरी) साट्टहासं महाहाससहितं यथा स्यात्। कृत्स्नमशेषं नभो व्योम। भुवर्लोक इत्यर्थः। आपूरितमभिव्याप्तम् ॥31 ॥

(3 शान्तनवी) संमानिता पूजिता सती देवी साट्टहासम् अत्यधिकहासगर्भं यथा स्यात्तथा उच्चैः उदग्रं यथा स्यादुदात्तं वा यथा स्यात्तथा मुहुर्मुहुर्वारंवारं ननाद। नद अव्यक्ते शब्दे। मुखार्तो नादमानन्दतः सिंहनादं च कारणम्। एतेन संग्रामतः शत्रून् संहारयिष्यामि इति वीररसाविर्भावः सूचितः। सिंहनादेन 'क्ष्वेडा तु सिंहनादः स्यात्'। सिंहस्येव नादो नदनं वीराणां योदुकामानां खलु भवति। अट्ट अतिक्रमणहिंसनयोः। भावे घञ्। अट्टनम्। अट्टः। अट्टः। अट्टेन जातो हासोऽट्टहासः। अट्टहासेन सहितं साट्टहासम्। क्रियाविशेषणमेतत्। तस्या देव्याः

घोरेण भयंकरेण नादेन सिंहनादेन कृत्स्नं नभः अन्तरिक्षम् आपूरितम् अभिव्याप्तं कवलितम् ॥31 ॥

(4 नागोजीभट्टी) संमानितेति साट्टहासमिति नादक्रियाविशेषणम्। साट्टहासोत्यर्थहासः। नभ इति भुवर्लोकोपलक्षणम् ॥31 ॥

(5 जगच्चन्द्रचन्द्रिका) संमानितेति 32 ॥31 ॥

(6 दंशोद्धारः) ॥31 ॥

अमायतातिमहता प्रतिशब्दो महानभूत्।
चुक्षुभुः सकला लोकाः समुद्राश्च चकम्पिरे ॥32 ॥

(1 गुप्तवती) अमायता अपर्याप्ताधिकरणकरणकेन ॥32 ॥

(2 चतुर्धरी) अमायतेति। मीयतेऽनयेति मा परिमाणं तां यता गच्छता मायता। न मायता अमायता। अपरिमितेनेत्यर्थः। यद्वा अमा (रवि) रश्मिविशेषः तां यता गच्छता। स्पृशतेति यावत्। 'अमा नाम रवे रश्मिः सूर्यलोके प्रतिष्ठितः' इति स्मरणात्। यद्वा अमायता सह गच्छता। अर्थादट्टहासेन। 'अमा सह समीपे च' इत्यभिधानात्। यद्वा मानं माया न विद्यते माया यस्य सोऽमायः तद्वदिव आचरतीत्यमायिः तेन अमायता। शत्रन्तात्तृतीयेत्यन्ये। यद्वा अमायस्य भावः अमायता तया। अमायतातिमहतेत्येकं पदम्। अतिमहतेति हेतुगर्भं विशेषणम्। प्रतिशब्दो मुख्यसदृशध्वन्यन्तरम्। चुक्षुभुश्चलिताः ॥32 ॥

(3 शान्तनवी) अथ च अमायता असमीपे आयता आगच्छता अतिमहता अतिदीर्घेण वर्धमानेन तेन सिंहनादेन घोरेण जनितः प्रतिशब्दः प्रतिध्वनिः महानभूत्। इण् गतौ। आङ्पूर्वः। यद्वा अनुपसर्गः। शतरि इणो यणादेशः। तृतीयान्तं नादेनेत्यस्य विशेषणम्। अमायतेतिः। 'समीपार्थे सहार्थे च स्यादमेत्येतदव्ययम्।' कश्चित्तु माङ्माने दैवादिकः आत्मनेपदानित्यत्वेन शत्रन्तं मायतेत्येतदित्याख्यत्। तन्न ङित्त्वनिमित्तात्मनेपदस्यानित्यत्वाभ्युपगमात्। यद्वा माङ् माने दिवादिः। भूतानद्यतने लङ्। तेन नादेन कृत्स्नं नभः आपूरितं सत् अमायत् परिमितम् अजायत। अहो विभुः नभः अनन्तं महत्परिमाणमपि तेन सिंहनादेन आपूरितत्वादमायत परिमितमजायतेत्याश्चर्योक्तिः। अन्यथा विभु तावन्न परिमीयते। परिमीयते चेद्विभुत्वव्याहतिरिति। तेन प्रतिशब्देन निमित्तेन सकला

लोकाः चुक्षुभुः क्षोभमापुः। क्षुभ संचलने। 'लोकस्तु भुवने जने'। तेन प्रतिशब्देन समुद्राश्च चकम्पिरे सरित्पतयश्च कम्पमापुः। कपि चलने ॥32 ॥

(4 नागोजीभट्टी) अमायतेति। मा माने दैवादिकण्यन्ते नञ्समासः। तेन असंभवतेत्यर्थः। अस्य नभसीत्यादि: ॥32 ॥

(5 जगच्चन्द्रचन्द्रिका) अमायतेति 33 ॥32 ॥

(6 दंशोद्धारः) तस्या इति। मीयतेऽनयेति माता मातीति मायन् न मायन् अमायन् तेन। अमितेनेत्यर्थः। यद्वा अम इत्यव्ययं सहार्थे। सह गच्छता अट्टहासेन सहेत्यर्थः। यद्वा अमा सूर्यरश्मिविशेषः। 'अमा नाम सूर्यरश्मिः सूर्यलोके प्रतिष्ठिता' इति वचनात् तां यथाऽस्पृशतेत्यर्थः। यद्वा मानं मायः न विद्यते मायो यस्येत्यमायः। स इवाचरन्नमायन् तेन। घञन्तान्माधातोर्नञ्समासेऽ-मायशब्दादाचारक्विबन्तात्। यद्वा मानं मा तामयतीति मायः। कर्मण्यण्। न मायोऽमायस्तस्य भावोऽमायता तया। अतिमहतेति समस्तं पदम् ॥32 ॥

चचाल वसुधा चेलुः सकलाश्च महीधराः।
जयेति[1] देवाश्च मुदा तामूचुः सिंहवाहिनीम्[2] ॥33 ॥

(1 गुप्तवती) ॥33 ॥

(2 चतुर्धरी) महीधराः पर्वताः अर्थापत्त्यलंकारोऽयम् ॥33 ॥

(3 शान्तनवी) चचाल वसुधा भूः चलनमाप। चल कम्पने। सकलाश्च महीधराः पर्वताः चेलुः कंपिरे कम्पमापुः। चल कम्पने। सर्वत्र कर्तरि लिट्। सिंहो वाहनं यस्याः सा सिंहवाहना तां सिंहवाहनां देवीम्। जय लोकोत्कर्षेण वर्तस्वेति देवा ऊचुः। सिंहवाहिनीमिति पाठे सिंहाः वाहयंत्यात्मानं सिंहवाहिनी तां सिंहवाहिनीम् ॥33 ॥

(4 नागोजीभट्टी) चचालेति। महीधराः पर्वताः ॥33 ॥

(5 जगच्चन्द्रचन्द्रिका) चचालेति ॥34 ॥33 ॥

(6 दंशोद्धारः) जयेति ॥33 ॥

---

1. 'जयेति च मुदा देवास्तामृचुः निंहवाहनाम्' इत्थमपि शान्तनवीस्थः पाठः।
2. सिंहवाहनम् इति पाठः।

तुष्टुवुर्मुनयश्चैनां भक्तिनम्रात्ममूर्तयः ।
दृष्ट्वा समस्तं संक्षुब्धं त्रैलोक्यममरारयः ॥34॥

(1 गुप्तवती) ॥34॥

(2 चतुर्धरी) संक्षुब्धमाकुलीकृतम् ॥34॥

(3 शान्तनवी) अथो एनां देवीं भक्तिनम्रात्ममूर्तयो मुनयस्तुष्टुवुः चकारादानर्चुश्च। भक्त्या नम्राः आत्ममूर्तयो येषां ते तथोक्ताः। आत्ममूर्तयः स्वकीयाः। तदित्थम्। देव्याः साट्टहाससिंहनादेन समस्तं त्रैलोक्यं त्रिभुवनं संक्षुब्धं दृष्ट्वा प्राप्तसंक्षोभं वीक्ष्य ते सर्वे अमरारयः महिषासुरादयः दैत्याः सन्नद्धाखिलसैन्याः उदायुधाः सन्तः समुत्तस्थुः योद्धुमुत्थिता अभूवन् इत्यन्वयः। सम्यक् क्षुब्धं संक्षुब्धम्। क्षुब्धशब्देन दध्यादिमथनेन साधनमुच्यते। क्षुधादन्यत्र जृंभितमित्येव भवति इह रूपमानात्संक्षुब्धमिव संक्षुब्धम्। यदाहुः। क्षुब्धस्वान्तेति निपातनान्मन्थातिरिक्तविषयः क्षुभितमिति प्राप्नोति तत्र परिहारः। क्षुब्धागिरिनदीत्याद्यमिति। 'क्षुब्धागिरिनदीत्याद्यमुपमानाद्भविष्यति' इति। त्रयो लोकाः त्रैलोक्यम्। चातुर्वर्ण्यादित्वात्स्वार्थे ष्यञ् अमराणाम् अरयः अमरारयः अमराः अरयो येषां ते अमरारयः महिषासुरादिदैत्याः ॥34॥

(4 नागोजीभट्टी) तुष्टुवुरिति। भक्त्या नम्रः अपकृष्टत्वज्ञानवानात्मा शरीरं येषाम्। संक्षुब्धम् आकुलं जातमिति शेषः। अमरारयश्च संक्षुब्धा इत्यर्थः ॥34॥

(5 जगच्चन्द्रचन्द्रिका) तुष्टुवुरिति ॥35॥34॥

(6 दंशोद्धारः) आत्मा अन्तःकरणम्। मूर्तिःशरीरम्। दृष्ट्वेति। क्षुब्धमन्थेति निपातितत्वात्संक्षुब्धमिव संक्षुब्धमित्युपचारात्साधु ॥34॥

सन्नद्धाखिलसैन्यास्ते समुत्तस्थुरुदायुधाः ।
आः किमेतदिति क्रोधादाभाष्य महिषासुरः ॥35॥

(1 गुप्तवती) ॥35॥

(2 चतुर्धरी) सन्नद्धानि सज्जितानि अखिलसैन्यानि येषाम्। समुत्तस्थुः उद्योगं चक्रुः। उदायुधाः उद्यतास्त्राः। आः इत्यव्ययं क्रोधाविष्कारस्यानुकारे ॥35॥

(3 शान्तनवी) सन्नद्धाः व्यूढकण्टकाः अखिलाः सैन्याः सैनिकाः येषां सेनाधीश्वराणां ते तथोक्ताः। 'सन्नद्धो वर्मितः सज्जो दंशितो व्यूढकण्टकः' 'सेनायां समवेता ये सैन्यास्ते सैनिकाश्च ते'। योद्धुमूर्ध्वीकृतानि आयुधानि यैस्ते उदायुधाः सेमुत्तस्थुः। 'उदोनूर्धुकर्मणि' इत्युक्तेर्नात्रात्मनेपदम्। 'आस्तु स्यात्कोपपीडयोः'। महिषासुरः आः एतत् किम् इति क्रोधात् आभाष्य उक्त्वा ॥35 ॥

(4 नागोजीभट्टी) सन्नद्धेति। युद्धाय सज्जानि धृतसन्नाहानि अखिलसैन्यानि येषाम्। आः इति क्रोधाविष्कारे। अनेन च महिषासुरस्य तमोमयत्वमुक्तम्। दूताप्रेरणात् कस्यचित्सैनिकस्य प्रथममप्रेषणाच्च स्वयमेव क्रोधजमाह। न प्रथममेव युद्धार्थं धावमानाच्च रूपेणापि तमोमयत्वाच्च। अत एव रजःसत्त्वाधिकदेव्यास्तद्धन्तृत्वम् ॥35 ॥

(5 जगच्चन्द्रचन्द्रिका) सन्नद्धेति 36 ॥35 ॥

(6 दंशोद्धारः) आः किमिति। आ इत्यव्ययं क्रोधाविष्कारे। 'आस्तु स्यात्कोपपीडयोः' ॥35 ॥

अभ्यधावत तं शब्दमशेषैरसुरैर्वृतः।
स ददर्श ततो देवीं व्याप्तलोकत्रयां त्विषा ॥36 ॥

(1 गुप्तवती) ॥36 ॥

(2 चतुर्धरी) अभ्यधावत शब्दलक्ष्याभिमुखं गतवान् ॥36 ॥

(3 शान्तनवी) अशेषैरसुरैर्वृतः सन् तं देव्याः शब्दं सिंहनादलक्षणम् अभ्यधावत अभिययौ। धावु गतिशुद्धयोः। स्वरितेत्त्वादात्मनेपदम्। श्लोकद्वयमेकान्वयं द्रष्टव्यम्। ततः अभिधावनानन्तरं स महिषासुरः तां देवीं ददर्श। कीदृशीं ताम्। त्विषा दीप्त्या तेजसा व्याप्तलोकत्रयाम् ॥36 ॥

(4 नागोजीभट्टी) अभ्यधावतेति स्वरितेत् ॥36 ॥

(5 जगच्चन्द्रचन्द्रिका) अभ्यधेति 37 ॥36 ॥

(6 दंशोद्धारः) ॥36 ॥

पादाक्रान्त्यानतभुवं किरीटोल्लिखिताम्बराम्।
क्षोभिताशेषपातालां धनुर्ज्यानिःस्वेनन ताम्॥37॥

(1 गुप्तवती) ॥37॥

(2 चतुर्धरी) किरीटेनोल्लिखितम् अम्बरं व्योम यया। धनुर्ज्यानिःस्वनेन क्षोभितान्यशेषपातालानि यया॥37॥

(3 शान्तनवी) पादाक्रान्त्या नतभुवं नम्रवंसुधरां किरीटेन उल्लिखिताम्बरां स्पृष्टगगनाम्। धनुर्ज्यायाः निःस्वनेन च क्षोभिताशेषपातालां कम्पितसकलरसातलाम्।॥37॥

(4 नागोजीभट्टी) देवीं विशेषयति सार्धेन। पादेति। धनुषो ज्यायाश्च निःस्वनेन। धनुषः क्रेङ्कारः। ज्यायाष्टङ्कारः॥37॥

(5 जगच्चन्द्रचन्द्रिका) पादाक्रान्त्येति 38॥37॥

(6 दंशोद्धारः) ॥37॥

दिशो भुजसहस्रेण समन्ताद्व्याप्य संस्थिताम्।
ततः प्रववृते युद्धं तया देव्या सुरद्विषाम्॥38॥

(1 गुप्तवती) समन्ताद्व्याप्य संस्थिताम् इत्यस्योत्तरम् 'अष्टाशीतिसहस्रेण सखीभिः परिवारिताम्'इत्यर्धमधिकम्॥38॥

(2 चतुर्धरी) समन्तात् सर्वतः॥38॥

(3 शान्तनवी) भुजसहस्रेण समन्तात्समन्ततः दिशः दश व्याप्य संस्थितां सम्यगवस्थिताम्। 'मुकुटं किरीटं पुन्नपुंसकम्' धनुर्ज्या धनुषि आरोपिता मौर्वी। समन्तात्समन्तत इत्यर्थे अव्ययम्। 'संस्थाधारे स्थितौ मृतौ'। ततो देवीदर्शनानन्तरं तया देव्या सह सुरद्विषां महिषासुरादीनां युद्धं प्रवृते प्रकर्षेण अवर्तिष्ट॥38॥

(4 नागोजीभट्टी) दिश इति। समन्तात्सर्वतः॥38॥

(5 जगच्चन्द्रचन्द्रिका) दिशो भुजेति 39॥38॥

(6 दंशोद्धारः) तत इति॥38॥

शस्त्रास्त्रैर्बहुधामुक्तैरादीपितदिगन्तरम्।
महिषासुरसेनानीश्चिक्षुराख्यो महासुरः॥39॥

(1 गुप्तवती) ॥39॥

(2 चतुर्धरी) शस्त्रैरक्षेप्यै: खड्गादिभि:। अस्त्रै: क्षेप्यै: शरादिभि:। शस्त्रास्त्रै: लोहास्त्रैर्वा। 'शस्त्रमायुधलोहयो:' इत्यमर:। बहुधा बहुप्रकारै:। चिक्षुराख्य: चिक्षुरनामा ॥39॥

(3 शान्तनवी) कीदृग्युद्धम्। बहुधा उज्झितै: प्रयुक्तै: प्रेरितै: शस्त्रास्त्रै: खड्गबाणादिभि: आदीपितदिगन्तरम् आसमन्ताद्दीपितं द्योतितं दिशामन्तरं मध्यमन्तरालं यस्य यत्र वा तत् तथोक्तम्। क्रियाविशेषणं चैतत्स्यात्। तद्यथा 'आयुधं तु प्रहरणं शस्त्रमस्त्रम्' इत्यभिन्नार्थतयाभ्यधुस्तथापि शस्त्राणि खड्गादीनि करस्थानि। अस्त्राणि तु बाणादीनि मोक्तव्यानि इत्यस्यावान्तरभेद:। अथवा 'शस्त्रमायुधलोहयो:' इत्यभिधानात् शस्त्रेण लोहेन कालायसेन निर्मितान्यस्त्राणि तै:। अतश्च सेनाङ्गत्वनिबन्धनैकवद्भावशङ्काप्यपास्ता। शास्त्रैरिति पाठे आयुधशास्त्रे कथितान्यस्त्राणि तै:। यद्वा शस्त्रैस्तत्तद्देवताकैर्मन्त्रै: शिक्षितान्यस्त्राणि। यद्वा शस्त्रस्य लोहस्य इमानि शास्त्राणि लोहमयानि तै:। सेनां नयमान: सेनानीर्महिषासुरस्य सेनानी: सेनाधिप: चिक्षुराख्य: चिक्षुरसंज्ञो महासुर: ॥39॥

(4 नागोजीभट्टी) शस्त्रास्त्रैरिति। शस्त्रं केवलम्। मन्त्रयुक्तं यत्तदस्त्रम् ॥39॥

(5 जगच्चन्द्रचन्द्रिका) शस्त्रास्त्रैरिति 40 ॥39॥

(6 दंशोद्धार:) शस्त्रैरक्षेप्यै: खड्गादिभि:। अस्त्रै: क्षेप्यैर्बाणादिभि:। यद्वा शस्त्रं लोहं तस्यास्त्रैरित्यर्थ:। 'शस्त्रमायुधलोहयो:' इत्यभिधानात् शस्त्रैरायुधै:। अस्त्रैराग्नेयादिभिर्वा ॥39॥

युयुधे चामरश्चान्यैश्चतुरङ्गबलान्वित:।
रथानामयुतै: षड्भिरुदग्राख्यो महासुर: ॥40॥

(1 गुप्तवती) ॥40॥

(2 चतुर्धरी) चामरश्च अन्यै: असुरान्तरै: सहित:। चत्वारि रथनागहयपादातान्यङ्गानि यस्य तेन अन्वित:। उदग्राख्य उदग्रनामा ॥40॥

(3 शान्तनवी) युयुधे। युध संप्रहारे। आत्मनेपदो। संप्रहारो हननम्। अथ च अन्य: चामर: महासुरश्चतुरङ्गबलान्वित: सन् युयुधे संप्रजहार।

'हस्त्यश्वरथापादातं सेनाङ्गं स्याच्चतुष्टयम्'। चत्वारि अङ्गानि यत्र बले तेनान्वितः। रथानां षड्भिः अयुतैः अन्वितः रथानां षष्ट्या सहस्त्रैर्युक्तः उदग्राख्यो महासुरः युयुधे। एकाद्याः संख्या अष्टादशपर्यन्ताः संख्येयेषु वर्तमानास्त्रिलिङ्गाः विशेष्यलिङ्गा भवन्ति। इह षड्भिरित्येतदयुतैरित्यस्य विशेषणं द्रष्टव्यम्। किंच विंशत्याद्यास्तु सर्वाः संख्याः संख्यायां च संख्येये च वर्तमानाः सत्यः एकवचनान्ता एव भवन्ति। किंच संख्यामात्रार्थे वर्तमानाया विंशत्यादेः संख्यायाः द्विवचनबहुवचने अपि भवतः। सरूपाणामेकशेषारम्भात्। द्वे विंशति तिस्त्रो विंशतयः गवां विंशतयः। इह च षट् अयुतानि षड्भिरयुतैरित्ययुतशब्दस्य एकशेषस्ततो बहुवचनम्। एवमुत्तरत्रापि यथासंख्यं व्युत्पत्तिरनुसंधेया। दशसहस्त्राण्ययुतम् ॥40 ॥

(4 नागोजीभट्टी) युयुधे इति। अन्यैः प्रधानदैत्यैः सहितः चामराख्यः चिक्षुराख्यश्च रथनागहयापादातरूपचतुरङ्गसेनायुतो युयुधे इत्यर्थः ॥40 ॥

(5 जगच्चन्द्रचन्द्रिका) युयुधे इति 41 ॥40 ॥

(6 दंशोद्धारः) रथानामिति। अयुतानां सहस्त्रेण कोट्येत्यर्थः। 'एकं दशशतं चैव सहस्त्रमयुतं तथा। लक्षं च नियुतं चैव कोटिरर्वुदमेवच। वृन्दं खर्वोनिखर्वश्च शङ्खपद्मौ च सागरः। महापद्मं परार्धं च दशावृत्त्या यथाक्रमम्' इति गणनात्। एवमग्रेपि ॥40 ॥

अयुध्यतायुतानां च सहस्त्रेण महाहनुः।
पञ्चाशद्भिश्च नियुतैरसिलोमा महासुरः ॥41 ॥

(1 गुप्तवती) अयुतं दशसहस्त्राणि। नियुतं दशलक्षाणि ॥41 ॥

(2 चतुर्धरी) अयुतानां सहस्त्रेण कोट्या इत्यर्थः। 'एकं दशशतं चैव सहस्त्रमयुतं तथा। लक्षं च नियुतं चैव कोटिरर्बुदमेव च। वृन्दं खर्वो निखर्वश्च शङ्खपद्मौ च सागरः। अन्त्यं मध्यं परार्धं च दशवृद्ध्या यथाक्रमम्' इति ब्रह्माण्डपुराणे दर्शनात्। पञ्चाशद्भिर्नियुतैः पञ्चकोटिभिः ॥41 ॥

(3 शान्तनवी) महाहनुर्नाम महासुरः रथानाम् अयुतानि यानि तेषामयुतानां सहस्त्रेण रथायुतसहस्त्रेण युद्धसाधनेन देव्या सह अयुध्यत। रथानां कोट्या साधनभूतया युद्धमकरोदित्यर्थः। असयः खड्गा इव लोमानि असय एव वा लोमानि यस्य स असिलोमा नाम महासुरश्च रथानां

पञ्चाशद्भिर्नियुतैः युद्धसाधनैः देव्या सह अयुध्यत युद्धमकरोत्। दशलक्षाणि नियुतम्। पञ्चाशन्नियुतानि पञ्चकोट्यः। रथानां पञ्चभिः कोटिभिरयुध्यतेत्यर्थः। द्वौ पञ्च तौ पङ्क्तिः। दशपङ्क्तयः शतम्। दशशतानि सहस्रम्। दश सहस्राण्ययुतम्। दशायुतानि प्रयुतम्। तत्तु लक्षमेव दशलक्षाणि नियुतमेय। अत एव लक्षादुपरि गणितस्थानं नियुतमुक्तं गणितागमे। लक्षमयं नियुतमिति। एतेन तन्निरस्तम्। यत् 'अयुतं दशसाहस्रं नियुतं स्याद्दशायुतैः' इति। नियुतं दशायुतैरित्येतदमूलप्रमाणमुपेक्ष्यं प्रेक्षावद्भिः। विंशत्याद्याः सदैकत्वे यद्यपि स्युस्तथापि संख्यामात्रेर्थे वर्तमानानां विंशत्यादीनां संख्यानां द्विवचनबहुवचने अपि भवतः। एकशेषात्। ततश्च पञ्चाशद्भिरित्यत्र बहुवचनं युक्तम्। नियुतैरित्यत्र बहुत्वात् ॥41 ॥

(4 नागोजीभट्टी) अयुध्यतेति। अयुतानामिति नियुतैरिति च तद्गतबहुत्वविवक्षया बहुवचनम्। एवमग्रेपि। 'एकं दशशतं चैव सहस्रमयुतं तथा। लक्षं च नियुतं चैव कोटिरर्बुदमेव च। वृन्दं खर्वो निखर्वश्च शङ्खपद्मौ च सागरः। अन्त्यं मध्यं परार्धं च दशवृद्ध्या यथाक्रमम्' इति ब्रह्माण्डे ॥41 ॥

(5 जगच्चन्द्रचन्द्रिका) अयुध्यतेति 42 ॥41 ॥

(6 दंशोद्धारः) ॥41 ॥

अयुतानां शतैः षड्भिर्बाष्कलो युयुधे रणे।
गजवाजिसहस्रौघैरनेकैः[1] परिवारितः ॥42 ॥

(1 गुप्तवती) एवं 'गजवाजिसहस्रौघैरनेकैरुग्रदर्शनः। उग्रश्चात्युग्रवीर्यश्च त्रिनेत्रश्च महाबलः' इति चरणत्रयमधिकम् ॥42 ॥

(2 चतुर्धरी) अयुतानां षड्भिः शतैः षष्टिलक्षैः रथानामित्यनुवर्तते। गजवाजिसहस्राणामोघैर्वृन्दैः ॥42 ॥

(3 शान्तनवी) रणे युद्धे बाष्कलो नाम महासुरः अयुतानां षड्भिः शतैः युयुधे। स्थाना यानि अयुतानि षड्भिः शतैर्गुणितानि षष्टिलक्षाणि तैः साधनैः

---

1. कैरुग्रदर्शनः इत्यपि पाठः।

देव्या समं बाष्कलो युद्धं चकार। तस्मिन्युद्धे उग्रदर्शनो नाम महासुरः अनेकैर्गजवाजिसहस्त्रौघैश्च रथानां कोट्या च वृतः परिवेष्टितः सन् देव्या समम् अयुध्यत। गजाश्च वाजिनश्च भूयांसः गजवाजि। सेनाङ्गत्वात् द्वन्द्वैकवद्भावः। गजवाजिनो भूयांसः सहस्राणि अपरिमितानि तेषामोघाः समूहाः अनेके अपरिमिताः तैः ॥42 ॥

(4 नागोजीभट्टी) अयुतानामिति। गजवाजीत्यतो बिडालसैन्यम् ॥42 ॥

(5 जगच्चन्द्रचन्द्रिका) अयुतानामिति 43 ॥42 ॥

(6 दंशोद्धारः) ॥42 ॥

वृतो रथानां कोट्या च युद्धे तस्मिन्नयुध्यत।
बिडालाख्योऽयुतानां[1] च पञ्चाशद्भिरथायुतैः ॥43 ॥

(1 गुप्तवती) बिडालाख्य इति। बिडालाक्ष इति पाठ एव मुख्यः। वामनादिपुराणेषु 'दुर्धरो दुर्मुखश्चैव बिडालनयनस्तथा' इत्यादिदर्शनात् आख्येतिपाठे नामैकदेशपरतया व्याख्येयम्। एवं बिडालस्यासिना कायादित्युत्तराध्यायप्रयोगोपि। अयुतानां पञ्चाशदयुतानि पञ्चाब्जानि। शतकोटिपञ्चकेनेतियावत् ॥43 ॥

(2 चतुर्धरी) रथानां च कोट्या वृतः परिवारितः परिवारितनामाऽ-युध्यतेत्यन्वयः। बिडालस्याक्षिणी इवाक्षिणी यस्य स बिडालाक्षः। बिडाल इत्याख्या यस्येति केचित्। तन्न 'दुर्धरो दुर्मुखश्चैव बिडालनयनोऽपरः' इति वामनपुराणवचनात्। अथेत्यानन्तर्ये ॥43 ॥

(3 शान्तनवी) वृतः परिवेष्टितः। अथच रथानां कोट्या वृतः। कोटिः संख्याविशेषः। कोटिरर्बुदसंज्ञा संख्या। प्रयुतसंज्ञं लक्षम्। अर्बुदसंज्ञा कोटिरिति ह्याहुः। अथ तत्र संयुगे संग्रामे बिडालाख्यः बिडालो नाम महादैत्यः रथानां पञ्चाशद्भिरयुतैः पञ्चभिर्लक्षैः ॥43 ॥

(4 नागोजीभट्टी) वृत इति। अथ तेषां वधानन्तरम्। अयुतानां पञ्चाशद्भिरयुतैः परिवारितो बिडालनामा तत्र संयुगे युयुधे इत्युत्तरश्लोकेनान्वयः। 'दुर्धरो दुर्मुखश्चैव बिडालनयनस्तथा' इति वामनपुराणेपि बिडालनयनशब्दो

---

1. 'बिडालाख्यो महादैत्यः' इति शान्तनवीपाठः। 'बिडालाक्षः' इत्यपि पाठः कैश्चिद्व्याख्यातः।

योगारूढो न केवल यौगिक:! प्रकृते च नामैकदेशे नामग्रहणम्। अतएव बिडालस्यासिनेति वक्ष्यमाणं संगच्छते ॥43 ॥

(5 जगच्चन्द्रचन्द्रिका) वृतो रथानामिति 44 ॥43 ॥

(6 दंशोद्धार:) बिडालाक्ष इति पाठ:। 'बिडालनयनोऽपर' इति वामनपुराणात्। बिडालस्यासिनेतिनामैकदेशग्रहणम्। बिडालाख्य इति क्वचित् ॥43 ॥

युयुधे संयुगे तत्र रथानां परिवारित:।
अन्ये च तत्रायुतशो रथनागहयैर्वृता: ॥44 ॥

(1 गुप्तवती) ॥44 ॥

(2 चतुर्धरी) रथानामयुतानां च पञ्चाशद्भिरयुतै:। पञ्चाशत्कोटिभिरित्यर्थ:। परिवारितो वेष्टित:। संयुगे रणे। अन्ये च चण्डमुण्डरक्तबीजादय:। अयुतशो लक्षयुता लक्षसंख्याका वा ॥44 ॥

(3 शान्तनवी) परिवारित: परिवेष्टित: सन् देव्या सह समं युयुधे युद्ध चकार।

(वृत:[1] कालो रथानां च रणे पञ्चाशतायुतै:।

युयुधे संयुगे तत्र तावद्भि: परिवारित: ॥45 ॥

कालनामा महादैत्य: रणे रथानां पञ्चाशतायुतै: पञ्चशतसंख्यागुणितैस्तैरयुतै: पञ्चभिर्लक्षै: वृतो वेष्टित: युयुधे। अपिच स एव तत्र संयुगे युद्धे तावद्भिरेव हस्तिभि: वाजिभि: पदातिभिश्च सेनाङ्गै: प्रत्येकं पञ्चाशलक्षै: परिवारित: सन् देव्या समं युयुधे ॥45 ॥) तत्र संयुगे युद्धे अन्ये च चिक्षुरादिभ्योऽपरे ये असुरास्तत्र तेषु महासुरा अयुतश: अयुतैरयुतै: दशसहस्रै: रथनागहयै: करणैर्वृता: परिवेष्टिता: सन्त: देव्या सह युयुध:। चक्षिङो ङित्करणतोऽनुदात्तेत्त्वनिमित्तात्मनेपदस्यानित्यत्वात्परस्मैपदम्। अन्यथात्र युयुधिरे इत्येव न्याय्यम्। युध्यतेरनुदात्तेत्त्वात्। इह अन्थे च तत्रेति निर्धारणे सप्तमी। ये

1. इदं पद्यं केवलं शान्तनव्यामेव व्याख्यातं नान्यैष्टीकाकारै:।

चिक्षुरादिभ्योऽन्ये असुराः सन्ति तत्र तेषु महासुरा इति यत्तदोरर्थतो नित्यः संबन्धः। परितो यस्तत्र शब्दः स संयुगे इत्येतदपेक्षयाधिकरणसप्तम्यन्तः। अयुतश इति। 'संख्यैकवचनाच्च वीप्सायाम्' इति कारकवाचिनः संख्याशब्दात् वीप्सायां शस्प्रत्ययः। रथैः सहिताः नागाः गजाः रथनागाः रथनागैः सहिताः हयाः रथनागहयास्तैः। समानाधिकरणाधिकारे शाकपार्थिवादीनामुपसंख्यानमुत्तर-पदलोपश्चेति समासः। अन्यथा रथाश्च नागाश्च हयाश्चेति द्वन्द्वे तुरथनागहयमिति सेनाङ्गत्वादेकवद्भावः स्यात् ॥44 ॥

(4 नागोजीभट्टी) युयुधे इति स्पष्टम् ॥44 ॥

(5 जगच्चन्द्रचन्द्रिका) युयुधे संयुगे इति 45 ॥44 ॥

(6 दंशोद्धारः) अन्ये चेति। तस्मिन् बिडालाख्ये महिषासुरे वा युध्यमाने इति शेषः। रथैः सहिता नागा रथनागास्तैः सहिता हयाः। द्वन्द्वे तु सेनाङ्गत्वादेकवत्स्यात् ॥44 ॥

युयुधुः संयुगे देव्या सह तत्र महासुराः।
कोटिकोटिसहस्रैस्तु रथानां दन्तिनां तथा ॥45 ॥

(1 गुप्तवती) कोटिकोटिसहस्रं परार्धमेव। तत्संख्याकैरप्यनेकै रथादिभिः प्रत्येकं युक्तो महिषासुरः ॥45 ॥

(2 चतुर्धरी) कोटिकोटिसहस्रैः कोट्य कोटिसहस्रैः। परार्धैरिति यावत्। रथानां दन्तिनां हयानां च कोटिकोटि सहस्रैरित्यर्थः ॥45 ॥

(3 शान्तनवी) महिषासुरस्तु तत्र युद्धे रथानां दन्तिनां हयानां च प्रत्येकं कोटिकोटिसहस्रैर्वृतः परिवेष्टितः सन् तया देव्या सह योद्धुमवहितोऽभूत्। कोट्या गुणिता कोटिः कोटिकोटिः। कोटिकोट्या गुणितानि सहस्राणि कोटिकोटिसहस्राणि तैः। चकारात्पदातिनामपि तावद्भिरेव कोटिकोटिसहस्रैर्वृतः इत्यवगन्तव्यम् ॥45 ॥

(4 नागोजीभट्टी) युयुधुरिति। अस्य पूर्वेणान्वयः। अनुदात्तेत्त्वलक्षणतङोऽनित्यत्वात्परस्मैपदम्। उत्तरार्धमुत्तरान्वयि ॥45 ॥

(5 जगच्चन्द्रचन्द्रिका) युयुधुः संयुगे देव्येति 46 ॥45 ॥

(6 दंशोद्धारः) युयुधुरिति त्वनुदात्तेत्वप्रयुक्तात्मनेपदानित्य-त्वात्परस्मैपदम् ॥45 ॥

हयानां च वृतो युद्धे तत्राभून्महिषासुरः।
तोमरैर्भिन्दिपालैश्च शक्तिभिर्मुसलैस्तथा ॥46॥

(1 गुप्तवती) ॥46॥

(2 चतुर्धरी) तोमरैः सर्वलानामभिः। भिन्दिपालैः हस्तिवेधकशरैः। शक्तिभिः शल्यैः। मुसलैर्जयदण्डैश्च ॥46॥

(3 शान्तनवी) संयुगे युद्धे चिक्षुराद्याः सर्वेऽपि महासुराः तोमराद्यैरायुधैः साधनैः देव्या समं युयुधुः। चक्षिङो ङित्करणाल्लिङ्गादात्मनेपदानित्यत्वात्परस्मैपदम्। अन्यथा युयुधिरे इत्येव स्यात्। युधेरनुदात्तेत्त्वात्। 'सर्वला तोमरोऽस्त्रियाम्' स्तोम्यन्ते श्लाघ्यन्ते तोमराः। स्तोम श्लाघायाम्। 'भिन्दिपालः सृगस्तुल्यौ'। भिन्दतः शत्रोः प्रयोक्तारं पालयति भिन्दिपालः हस्तक्षेप्यो लगुडः। 'कासूसामर्थ्ययोः शक्तिः'। कांसूर्नामायुधविशेषः। 'अथोग्रं मुसलोऽस्त्री स्यात्'। मुस्यते खण्ड्यतेऽनेन मुसलम् ॥46॥

(4 नागोजीभट्टी) हयानां चेति। रथदन्तिहयानां प्रत्येकं कोटिकोटिसहस्रसंख्यायुतो महिषस्ताभूदित्यर्थः। उत्तरान्वयि। भिन्दि इति दन्त्यान्तः ॥46॥

(5 जगच्चन्द्रचन्द्रिका) हयानां चेति 47 ॥46॥

(6 दंशोद्धारः) तोमरैरिति। तोमरैः सर्वलादिभिः। भिन्दिपालैः। क्षेपणीभिः शक्तिभिः शल्यैः। मुसलैरयोग्रदण्डैः परशुभिः कुठारैः। पट्टिशैर्विस्तीर्णखड्गैः ॥46॥

युयुधुः संयुगे देव्या खड्गैः परशुपट्टिशैः।
केचिच्च चिक्षिपुः शक्तीः केचित्पांशांस्तथापरे ॥47॥

(1 गुप्तवती) ॥47॥

(2 चतुर्धरी) परशुभिः कुठारिकाभिः। पट्टिशैः खड्गविशेषैः। मुशलपट्टिशौ दन्त्यमध्यान्तौ तालव्यमध्यान्तावपि। महापट्टिसभल्लभवबाणगुरुमुसललंविनीति(?)भट्टिस्मरणात्। 'वंशः करीशकमुशलमिति'। 'पट्टिश पाशकापाशवश्योशा' इति वोष्मभेदात्(?) ॥47॥

(3 शान्तनवी) खण्डयति भिनत्ति खड्गः द्विधारः करवालोऽसिरित्यर्थः परान् श्यन्ति तनूकुर्वन्ति परशवः कुठारभेदाः। 'पट्टिः क्षेत्रादिविन्यासे

हिंसास्त्राधधारयोरपि'। पट्टिर्धाराविशेषोऽस्त्यस्मिन् पट्टिशः। लोमादित्वात् शः। परशुभिः राहिताः पट्टिशाः परशुपट्टिशाः तैः। परशवश्च पट्टिशाश्च आयुधविशेषा इति द्वन्द्वे तु सेनाङ्गत्वात् द्वन्द्वैकवद्भावः स्यात्। ततो युद्धप्रवृत्तेरनन्तरं केचिन्महासुराः देवीं हन्तु शक्तीश्चिक्षिपुः। क्षिप प्रेरणे। आचिक्षिपुरिति पाठे प्रत्योक्तुमाकृष्टवन्तः। तथा केचिद्देवीं हन्तुं पाशांश्चिक्षुपुः पाशान् प्रेरितवन्तः॥47॥

(4 नागोजीभट्टी) युयुधुरिति। केचिद्दैत्या इति शेषः। अपरे इत्युत्तरान्वयि॥47॥

(5 जगच्चन्द्रचन्द्रिका) युयुधुः संयुगे देव्या खड्गैरिति 48॥47॥

(6 दंशोद्धारः) केचिच्चेति। प्रचक्रमुः उद्यममित्यध्याहारः। उद्यमं प्रकर्षेण चक्रुरित्यर्थः। तेनाकर्मकत्वाभावात् 'प्रोपाभ्याम्' इत्यात्मनेपदं न। यद्वा प्रेत्युपसर्गप्रतिरूपकमव्ययं न तूपसर्गः॥47॥

देवीं खड्गप्रहारैस्तु ते तां हन्तुं प्रचक्रमुः।
सापि देवी ततस्तानि शस्त्राण्यस्त्राणि चण्डिका॥48॥

(1 गुप्तवती) ॥48॥

(2 चतुर्धरी) प्रचक्रमुः प्रक्रान्ताः॥48॥

(3 शान्तनवी) तथैव अपरे केचित्तु खड्गप्रहारैर्देवीं हन्तुं प्रचक्रमुः। आदिकर्मणि प्रयोक्तव्ये 'प्रोपाभ्यां समर्थाभ्याम्' इत्यात्मनेपदेन भाव्यमितिचेत्। उच्यते। पूर्वं धातुः साधनेन युज्यते। पश्चादुपसर्गेणेत्यादि-कर्मणि वृत्तिः। अथवा नायं प्र इत्युपसर्गः तर्हि प्रोपसर्गप्रतिरूपकः अव्ययाख्यः। अन्यथा प्रचक्रमिरे इत्यात्मनेपदमेव स्यात्। ततः सा देवी विजिगीषमाणा चण्डिकापि निजान्त्यात्मीयानि शस्त्राणि खड्गादीनि अस्त्राणि च बाणादीन्यायुधानि वर्षति प्रवर्तयति तच्छीलेति तथोक्ता सती तानि महासुरप्रवर्तितानि प्रयुक्तानि शस्त्राणि खड्गादीनि अस्त्राणि च बाणादीन्यायुधानि॥48॥

(4 नागोजीभट्टी) देवीमिति। अपरे तु ते प्रसिद्धदैत्या इत्यर्थः। 'प्रोपाभ्याम्' इत्यात्मनेपदं न। छान्दसत्वात्॥48॥

(5 जगच्चन्द्रचन्द्रिका) देवीं खड्गेति 49॥48॥

(6 दंशोद्धारः) ॥48॥

लीलयैव प्रचिच्छेद निजशस्त्रास्त्रवर्षिणी।
अनायस्ताननना देवीं स्तूयमाना सुरर्षिभिः ॥49॥

(1 गुप्तवती) अनायस्तम् आयासजन्यविकारमप्राप्तम् आननं यस्याः सा ॥49॥

(2 चतुर्धरी) अनायस्ताननना अविकृतमुखी। 'आयस्तस्तेजिते क्षिप्ते क्लेशिते कुपिते हते' इत्यभिधानात् ॥49॥

(3 शान्तनवी) लीलयैव प्रचिच्छेद द्वेधा चकार खण्डयामास। छिदिर् द्वैधीकरणे। हलादिः शेषे पुनः प्रसङ्गविज्ञानात्सिद्धमिति प्रसक्तोपि। ननु किं हलादिः शेषः नावयवावयवः। समुदायावयवो भवतीति वचनात्। शस्त्राण्यस्त्राणि चण्डिकेति पाठे अन्तरेणापि चकारे चार्थोऽर्थतः क्वचिल्लभ्यते। यथा अहरहर्नयमानोपि गामश्वं पुरुषं पशुव्रजं वैवस्वतो न तृप्यतीति वाक्ये। अथवा शस्त्राण्यस्त्राणि चाम्बिका इति पाठः। 'शस्त्राण्यस्त्राणि चेश्वरी' इति तु क्वचित्पाठः। लीला हेलाविलासः खेला क्रीडा वा तथा। अनायस्तमखिन्नमम्लानम् आननं मुखं यस्याः सा तथोक्ता देवी विजिगीषमाणा सर्वैर्ब्रह्मादिभिर्ऋषिभिर्वसिष्ठादिभिश्च। यद्वा नारदादिभिः सुरर्षिभिः स्तूयमाना ईश्वरी च भगवती असुराणां देहेषु। यद्वा असुरेषु असुरसंबन्धिषु देहेषु शस्त्राणि खड्गादीनि। अस्त्राणि बाणादिन्यायुधानि ॥49॥

(4 नागोजीभट्टी) लीलयैवेति। आयासरहिताननना ॥49॥

(5 जगच्चन्द्रचन्द्रिका) लीलयैवेति 50 ॥49॥

(6 दंशोद्धारः) ॥49॥

मुमोचासुरदेहेषु शस्त्राण्यस्त्राणि चेश्वरी।
सोऽपि क्रुद्धो धुतसटो देव्या वाहनकेसरी ॥50॥

(1 गुप्तवती) धुताः कम्पिताः सटाः केसराणि ग्रीवा वा यस्येति यावत् ॥50॥

(2 चतुर्धरी) धुतसटः कम्पितकेसरः। दन्त्यमध्यस्तालव्यमध्यश्च। केशरः केसरोऽपीति द्विरूपात्। केसरी सिंहः ॥50॥

(3 शान्तनवी) मुमोच प्रयुक्तवती प्रेरितवती। ईश्वरस्य स्त्री ईश्वरी। यद्वा 'अश्नोतेराशुकर्मणि वरट् चेच्चोपधायाः' इति। ईश्वरी विश्वव्यापिका भगवतीत्यर्थः। स प्रसिद्धः देव्याः वाहनीभूतः केसरी सिंहोऽपि क्रुद्धः धुतसटः कम्पितस्कन्धकेसरः सन् ॥50॥

(4 नागोजीभट्टी) मुमोचेति। उत्तरार्धमुत्तरान्वयि। धुताः कम्पिताः सटा येन ॥50॥

(5 जगच्चन्द्रचन्द्रिका) मुमोचासुरेति 51 ॥50॥

(6 दंशोद्धारः) ॥50॥

चचारासुरसैन्येषु वनेष्विव हुताशनः।
निःश्वासान्मुमुचे यांश्च युध्यमाना रणेऽम्बिका ॥51॥

(1 गुप्तवती) ॥51॥

(2 चतुर्धरी) ॥51॥

(3 शान्तनवी) असुरसैन्येष्विति। असुरसैन्येषु चचार प्रससार परिबभ्राम। केषु क इव। वनेषु हुताशनोऽग्निरिव। सिंहः क्रोधेन ज्वलद्रूपत्वाद्धुताशन इव। हुताशनसादृश्यं सिंहस्य वर्णितम्। यथाच वनानि वनाग्निदग्धानि भस्मीस्युस्तथा दैत्यसैन्यान्यपि देवीवाहनीभूतसिंहरोषानलदग्धानि भवेयुरिति दैत्यसैन्यानां वन्सादृश्यं द्रष्टव्यम्। 'क्रुद्धः कण्ठीरवो गर्जन्नुज्ज्वलोज्ज्वल-दीधितिः। उद्वमन्निव सज्वालमज्वालि ज्वलनं युधि' इति भावः। 'व्रतिनस्तु सटा जटा' इत्यभिधानात् व्रतिनः शिखा सटेत्युच्यते। इह तु सटेव सटा इत्युपमानात् धुताः सटा येन स तथोक्त इति सटाप्रयोगसिद्धिः। अम्बिका चण्डिका रणे संग्रामे महासुरैः समं युद्ध्यमाना सती यान् यान् यानेव यावत एव निःश्वासन् उच्छ्वासान् मुमुचे उज्झितवती ॥51॥

(4 नागोजीभट्टी) चचारेति। उत्तरार्धमुत्तरान्वयि। यान् यावतः ॥51॥

(5 जगच्चन्द्रचन्द्रिका) चचारासुरेति 52 ॥51॥

(6 दंशोद्धारः) ॥51॥

त एव सद्यः संभूता गणाः शतसहस्रशः।
युयुधुस्ते परशुभिर्भिन्दिपालासिपट्टिशैः ॥52॥

(1 गुप्तवती) ॥52॥

(2 चतुर्धरी) ते निःश्वासा एव गणाः संभूता इत्यन्वयः सद्यस्तत्क्षणात् ॥52॥

(3 शान्तनवी) ते एव तावन्त एव निःश्वासाः प्रत्येकं सद्यः तस्मिन्नेव क्षणे सहस्रश गणाः चण्डिकागणाः संभूताः समदृश्यन्त। इह गणाः शताधिकं सहस्रं चेद्विवक्षिताः स्युस्तदा शतसहस्रम्। एकादशशतानि। शतसहस्रं शतसहस्रमिति वीप्सायां शतसहस्रशः। 'संख्यैकवचनाच्च वीप्सायाम्' शस्। अथ च गणाः शतगुणितानि सहस्राणि शतं वा सहस्राणि स्युस्तदा शतसहस्राणि लक्षमित्यर्थः। शतसहस्राणि शतसहस्राणि शतसहस्रशः। लक्षशतगुणाः समुत्पन्न इत्यर्थः। ते रणे देवीरोषनिःश्वासजाः गणाः युध्यध्वं युध्यध्वमिति देव्या उपबृंहिताः प्रोत्साहिताः परशुभिर्भिन्दिपालसिपट्टिशैः आयुधैः असुरगणान् नाशयन्तः महासुरैः सम युयुधुः। चक्षिङो ङित्करणात् ज्ञापकात्। 'अनुदात्तङितः' इत्यात्मनेपदनित्यत्वात् युयुधिरे इत्यात्मनेपदमेव स्यात्। भिन्दिपालैः सहिता असयः खड्गः तैश्च सहिताः पट्टिशाः तैः। द्वन्द्वे तु सेनाङ्गत्वादेकवचनत्वं स्यात् ॥52॥

(4 नागोजीभट्टी) ए एवेति। तावन्त एवेत्यर्थः। एकैकनिःश्वासादेकैको गणः संभूत इत्यर्थः। ते गणाः ॥52॥

(5 जगच्चन्द्रचन्द्रिका) त एव सद्य इति 53 ॥52॥

(6 दंशोद्धारः) ॥52॥

नाशयन्तोऽसुरगणान्देवीशक्त्युपबृंहिताः।
अवादयन्त पटहान् गणाः शङ्खांस्तथापरे ॥53॥

(1 गुप्तवती) ॥53॥

(2 चतुर्धरी) ते गणाः देव्याः शक्त्याः प्रभावेण उपबृंहिताः आप्यायिताः। अवादयन्त इति क्वचित्पाठः। तत्र युयुधुरिति संबन्धः ॥53॥

(3 शान्तनवी) बृहि वृद्धौ। उपपूर्वः प्रोत्साहने वृद्ध्युत्कर्षे वा वर्तते।

देवीशक्त्यपबृंहितानिति केचित्पठन्ति तदा अपपूर्वो बृहिर् वृद्धिवाची। ते गणाः देवीसामर्थ्यात्क्षीणानसुरगणान् नाशयन्तः युयुधुरित्यर्थः। अस्मिन्पाठे गणानां शौर्योत्कर्षो नास्ति। यतो देवीशक्त्युपबृंहिता एवासुरगणान् नाशयन्तो युयुधुः। युद्धे महोत्सवे इव तस्मिन् युद्धमहोत्सवे देव्याः गणाः पटहानानकानवादयन्त वादितवन्तः। वदेर्ण्यन्ताल्लङि 'णिचश्च' इत्यात्मनेपदम्। 'आनकः पटहोऽस्त्री स्यात्'। तथा अपरे गणाः शङ्खान् अवादयन्त प्रदध्मुः॥53॥

(4 नागोजीभट्टी) नाशयन्त इति। देवीप्रभावेणाप्यायिताः अवादयन्त। वादितवन्त इत्यर्थः। गणाः केचिदिति शेषः॥53॥

(5 जगच्चन्द्रचन्द्रिका) नाशयन्त इति 54॥53॥

(6 दंशोद्धारः) आवादयन्तः पटहानिति पाठः क्वचित्। आ समन्ताद्वादयन्त इत्यर्थः॥53॥

मृदङ्गांश्च तथैवान्ये तस्मिन्युद्धमहोत्सवे।
ततो देवी त्रिशूलेन गदया शक्तिवृष्टिभिः[1]॥54॥

(1 गुप्तवती) ॥54॥

(2 चतुर्धरी) युद्धमेव महोत्सवः। वीराणां हर्षावहत्वात्। शक्तीनां वृष्टिभिर्वर्षैणैः॥54॥

(3 शान्तनवी) तथा अन्ये च गणाः मृदङ्गान् मुरजान् अवादयन्त। युद्धमहोत्सव इत्यनेन गणानां रणोन्मुखत्वेन शौर्योत्कर्षः संग्रामविजयित्वं च सूच्यते। उत्सूते सुखमुत्सवः। महानुत्सवो महोत्सवः। ततः रणोत्सवोत्साहकारणपटहादिवादनादनन्तरं देवी त्रिशूलेन गदया शरवृष्टिभिः॥54॥

(4 नागोजीभट्टी) मृदङ्गांश्चेति। युद्धमेव महोत्सवो वीराणां हर्षत्वात्। शक्तीनां वृष्टिभिर्वर्षैरित्यर्थः॥54॥

(5 जगच्चन्द्रचन्द्रिका) मृदङ्गांश्चेति 55॥54॥

(6 दंशोद्धारः) युद्धमेव महोत्सवः वीराणां हर्षजनकत्वात्॥54॥

---

1. 'शक्तिऋषिभिः' इति पाठो नागोजीभट्टीसंमतः।

खड्गादिभिश्च शतशो निजघान महासुरान्।

पातयामास चैवान्यान्घण्टास्वनविमोहितान् ॥55॥

(1 गुप्तवती) ॥55॥

(2 चतुर्धरी) ॥55॥

(3 शान्तनवी) खड्गादिभिश्च संग्रामसाधनैरायुधै: शतश: शतै: शतै: महासुरान् निजघान नितरां जिहिंस। आदिशब्देन पट्टिशपरशुकुन्तमुद्गर-मुसलकर्तरीकरवालिकाभिन्दिपालपरिघशङ्कुतोमरवज्रशक्तिपाशचक्राद्यायुधानि गृह्यन्ते। अथच देवी घण्टास्वनविमोहितान् घण्टानिर्घोषमूर्च्छितान् अन्याम् असुरान् भुवि पातयामास प्रभ्रंशयामास ॥55॥

(4 नागोजीभट्टी) खड्गेति स्पष्टम् ॥55॥

(5 जगच्चन्द्रचन्द्रिका) खड्गादिभिश्चेति 56 ॥55॥

(6 दंशोद्धार:) पातयामासेति ॥55॥

असुरान् भुवि पाशेन बद्ध्वा चान्यानकर्षयत्[1]।

केचिद्द्विधा कृतास्तीक्ष्णै: खड्गपातैस्तथापरे ॥56॥

(1 गुप्तवती) ॥56॥

(2 चतुर्धरी) अकर्षयत् आकृष्टवती। कृषेश्चौरादिकाद्रूपम्। अकर्षतेति वा पाठ: ॥56॥

(3 शान्तनवी) अथ च देवी अन्यान् असुरान्पाशेन अकर्षयच्च आकृष्टवती। कृषेश्चौरादिकात्स्वार्थे णिचि लङि रूपम्। ननु च नायं पठ्यते चुरादौ। यत्तु 'कर्षत्याकर्षणेशे तु कर्षते कृषतीत्युभे' इत्येवं पठ्यते। एवं तर्हि भ्वादे: कर्षते: कर्षणं कर्ष: कर्षमकरोत् अकर्षयत्। तत्करोतीति णिच्। देव्यास्तीक्ष्णै: खड्गपातै: केचिन्महासुरा: द्विधा कृता: द्विधा खण्डिता:। तथा अपरे असुरा: देव्या गदया कृतेन निपातेन विपोथिता: सन्त: भुवि भूमौ शेरते शयितवन्त इत्यर्थ:। लङो ङ:। 'आत्मनेपदेष्वनत:' 'शीङो रुट्' 'शीङ: सार्वधातुके गुण:' ॥56॥

---

1. 'चान्यानकर्षत:' इति चतुर्धरीसंमत:। पाठ:।

(4 नागोजीभट्टी) असुरानिति। अकर्षयदिति कृषेश्चौरादिकाल्लङ्। अपर इत्युत्तरान्वयि ॥56 ॥

(5 जगच्चन्द्रचन्द्रिका) असुरानिति 57 ॥56 ॥

(6 दंशोद्धारः) अकर्षतेयात्मनेपदमार्षम्। अकर्षयदिति पाठे चौरादिकस्य रूपम् केचिदिति ॥56 ॥

विपोथिता निपातेन गदया भुवि शेरते।
वेमुश्च केचिद्रुधिरं मुसलेन भृशं हताः ॥57 ॥

(1 गुप्तवती) विपोथिताः आघातेनाधः पतिताः शेरते दीर्घतन्द्रया। वेमुरित्यादि छान्दसशब्दनिर्णयो वैयाकरणः शान्तनव्यादि-टीकातोऽवसेयः ॥57 ॥

(2 चतुर्धरी) गदया विपोथिताः आमर्दिताः सन्तो निपातेन भुवि शेरते इत्यन्वयः। अथवा गदया यो निपातो निपतनं तेन। युद्वा गदयेति षष्ठ्यर्थे तृतीया। गदया निपातेन आघातेनेत्यर्थः। वेमुरुद्गिरन्। वाधितोपि सर्वे विधयः छन्दसि विकल्पन्त इति नानानिर्दिष्टस्यानित्यत्वाद्वा। 'न शसददवादि' इत्यादि एत्वमभ्यासलोपनिषेधो न भवति। यद्वा निरोष्ठ्यो वकारोऽन्योऽस्ति तस्येदं रूपम्। सूत्रे निर्दिष्टो दन्त्य इति 'उद्वेमुस्तत्र रुधिरं बलिनोऽन्ये निराकृताः' इत्यत्रापि भृशं दृढं हतास्ताडिताः ॥57 ॥

(3 शान्तनवी) विपोथिता इति। पुथ हिंसायाम्। दिवादिः यदभ्यधुः 'पुथ्येत्पुंथति हिंसार्थे भाषार्थे पोथयेदिति'। विविधं पोथनं विहननं पोथः स जातो येषां विपोथिताः। संजातविघाता इत्यर्थः। यद्वा विविधः पोथः विघातो येषां ते विपोथाः विपोथाः कृताः विपोथिताः। 'तत्करोति' इति णिचि कर्मणि क्तः। ननु च पुथ्यतेर्णिचि कर्मणि क्तः। ननु च पुथ्यतेरुदुपधत्वान्नपुंसके भावे क्ते कृते कित्त्वनिषेधपक्षे पोथितमिति स्यात्। ततश्च विविधं पोथितं पोथनं विहननं येषां ते इति बहुव्रीहौ वाहिताग्न्यादित्वान्निष्ठान्तस्य परिनिपाते विपोथिताः स्युः न स्युः। यतः 'उदुपधाद्भावादिकर्मणोरन्तरस्याम्' इति शब्विकरणानामेवोदुपधानां तत्र सूत्रे ग्रहणं नान्येषामित्यभ्युपजग्मुः। यद्वा विपुंथिता इति पाठे पुथ हिंसाक्लेशनयो

भ्वादिः। कर्मणि क्तः विपुथिता विहिंसिताः संक्लेशिताः क्लेशिताः। वधिता इति यावत्। केचिच्च महासुराः देवया मुसलेन भृशम् अत्यर्थं हताः ताडिताः रुधिरं रक्तं वेमुः उज्जगरुः। वेमुरिति 'अत एकहल्मध्येऽनादेशादेर्लिटि' टुवम् उद्गिरणे इत्यस्य इति निषेधादेत्वा- भ्यासलोपौ न स्तः इत्याहुः। ततश्च ववमुः इत्येवं भवितव्यम्। अत्रसमादधुः। 'न शसददवादिगुणनाम्' 'अत एकहल्मध्येऽनादेशादेर्न शसददवादिगुणानां लिटि' इत्येकयोगे कर्तव्ये योगविभागादस्यानित्यत्वमिति। ततः वेमुरित्यपि क्वचित् साधु स्यादिति ॥57 ॥

(4 नागोजीभट्टी) विपोथिता इति। अपरे गदया विपोथिता आमर्दिताः निपातेन निपतनेन भुवि शेरत इत्यन्वयः। वेमुरिति छान्दसम् ॥57 ॥

(5 जगच्चन्द्रचन्द्रिका) विपोथिता इति 58 ॥57 ॥

(6 दंशोद्धारः) गदया विपोथिता निपातेन शेरते गदारूपेण निपातेन वा। कर्मणि घञ्। षष्ठ्यर्थे वा तृतीया। गदया निपातेन विपोथिता इत्यन्वयः। वेमुश्चेति। वेमुरुद्गीर्णवन्तः। वादित्वादेत्वाभ्यासलोपनिषेधस्तु न। छन्दसि सर्वविधीनां विकल्पनात्। यद्वा 'न शसददवादिगुणानाम्' इति वक्तव्ये आदिग्रहणमुपदेशे यो वादिरित्यर्थलाभाय तत्। अनुबन्ध एकारान्त इति पक्षेऽस्यावादित्वेन वकारात्प्राक् एकारप्रश्लेषेण वा वादित्वाभावादिह निषेधो नेति भागवृत्तिमते। मतान्तरेपि 'अत एकहल्मध्येऽनादेशादिशसददवादिगुणानाम्' इति वक्तव्ये योगविभागसामर्थ्यादस्यानित्यत्वं बोध्यम्। केचित्तु वमिमोष्ठ्यादिमाहुस्तन्निर्मूलम्। जग्धं गीर्णं वान्तमित्यादौ दन्त्योष्ठ्यपाठस्यैव निर्विवादत्वात् ॥57 ॥

केचिन्निपतिता भूमौ भिन्नाः शूलेन वक्षसि।
निराकृताः[1] शरौघेण कृताः केचिद्रणाजिरे ॥58 ॥

(1 गुप्तवती) ॥58 ॥

(2 चतुर्धरी) ॥58 ॥

---

1. 'निरन्तरशरौघेण' 'निरन्तराः शरौघेण' इति शान्तनवी।

(3 शान्तनवी) केचिच्च महासुराः देव्या शूलेन वक्षसि भिन्नाः विदारिताः सन्तः भूमौ निपतिताः न्यपतन्। केचित् शैलानुकारिणः शैलान् स्वगात्रपरिमाणतः अनुकुर्वाणाः पर्वतायमानाः त्रिदशानां देवानाम् अर्दनाः अर्दयितारः हिंसकाः असुराः रणाजिरे रणस्याग्रे देव्या प्रत्युक्तेन निरन्तरं शरौघेण अविच्छिन्नबाणव्यूहेन कृताः छिन्नाः विद्धाः त्यक्तचेष्टाः प्राणान् असून् मुमुचुः व्यमुञ्चन्। शराणामोघः शरौघः तेन शरौधेण। 'कुमति च' इति णत्वम्। निरन्तराः शराःतेषामोघः समूहः तेन निरन्तरशरौघेण ॥58 ॥

(4 नागोजीभट्टी) केचिदिति। शूलेन वक्षसि भिन्नाः भूमौ निपातिताः निपेतुरित्यन्वयः। उत्तरार्धमुत्तरान्वयि ॥ 58 ॥

(5 जगच्चन्द्रचन्द्रिका) केचिन्निपतिता इति 59 ॥58 ॥

(6 दंशोद्धारः) निरन्तरा इति ॥58 ॥

सेनानुकारिणः[1] प्राणान्मुमुचुस्त्रिदशार्दनाः[2]।
केषांचिद्बाहवश्छिन्नाश्छिन्नग्रीवास्तथापरे ॥59 ॥

(1 गुप्तवती) सेनामनु पश्चाद्भागे कुर्वन्ति ते सेनानकारिणोऽग्रेसरा इति यावत् ॥59 ॥

(2 चतुर्धरी) श्येनानां पक्षिणामनुकारिणः सदृशः। यथा श्येनाः स्वपत्रैर्निरन्तरास्तथा दैत्या अपि शरैरित्यन्वयः। यद्वा श्येनाः शल्यमृगाः 'श्येनः पत्रिणि शल्ये च' इत्यजयतोशात्। शरौघपूर्णत्वात् शल्यमृगा इव लक्ष्यन्ते इति। सेनानुकारिण इति पाठे सेनामनु पश्चात् कर्तुं शीलं येषां ते सेनाग्रगा इत्यर्थः। सेनानियन्तार इति केचित्। यद्वा सेध इति पाठे सेधस्तद्वतो मत्स्य इति ॥59 ॥

(3 शान्तनवी) सेनानुकारिणः प्राणान्मुमुचुस्त्रिदशार्दिनः इति वा पाठः। शरौघेण प्रतिलोमकूपं निरन्तराः व्याप्तावयवाः कृताः सेनानुकारिणः सेना सैन्यम् अनु पश्चात् कर्तुं शीलं येषां ते तथोक्ताः अग्रेसराः त्रिदशार्दिनः देवहिंसिनः

1. 'शल्यानुकारिणः' इति शान्तनवी। 'श्येनानुकारिणः' इति चतुर्धरी।
2. 'त्रिदशार्दिनः' इति शान्तनवीपाठः।

केचिदसुराः रणाजिरे प्राणान् मुमुचुः अत्याक्षुः। सेधानुकारिण इति पाठे सिध्यन्ति सेधाः। शल्यानुकारिणः इति तु सभ्यः पाठः। 'श्वावित्तु शल्यः' इत्यभिधानात्। शल्यः शल्यको भक्ष्यः पञ्चनखः। शरौघेण निरन्तरा प्रतिलोमकूपं व्याप्ताः कृताः विद्धाः। अत एव शल्यका इव शललीकण्टकशतावृताः शल्यका इव दृश्यमाना रणाग्रे प्राणान् मुमुचुः केचिदसुरा इत्यर्थः। निरन्तराः शरौघेण कृताः इति तु पाठे कृत्ताः रचिता इत्यर्थः। तथा देव्या केषांचित् असुराणां बाहवो भुजाः छिन्नाः खण्डिताः भुवि पेतुः तथा देव्या परे असुराः छिन्नाः ग्रीवाः शिरोधयो येषां ते तथोक्ताः छिन्नग्रीवाः सन्तः भुवि पेतुः ॥59॥

(4 नागोजीभट्टी) सेनेति। सेनामनु पश्चात्कुर्वन्ति सेनाग्रगाः शरौघव्याप्तत्वात् सेनाः शल्लक्यस्तत्सदृशाश्च अपरे छिन्नग्रीवाः प्राणान् मुमुचुरित्यर्थः॥59॥

(5 जगच्चन्द्रचन्द्रिका) सेनानुकारिण इति 60॥59॥

(6 दंशोद्धारः) निरन्तरा इति। सेनामनु पश्चात्कर्तुं शीलं येषां ते सेनाग्रसरा इत्यर्थः। श्येनानुकारिण इति पाठे श्येनपक्ष्यनुसारिणः यथा श्येनाः पक्षिण उत्पत्य निपतन्ति तथा सोपि पार्श्वसंलग्नशरपुङ्खतया सपक्षा इवेत्यर्थः॥59॥

शिरांसि पेतुरन्येषामन्ये मध्ये विदारिताः।
विच्छिन्नजङ्घास्त्वपरे पेतुरुर्व्यां महासुराः॥60॥

(1 गुप्तवती) ॥60॥

(2 चतुर्धरी) मध्ये हृदि। उर्व्यां भूमौ॥60॥

(3 शान्तनवी) तथा देव्या अन्येषाम् असुराणां छिन्नानि शिरांशि भुवि पेतुः। तथा देव्या अन्ये असुराः वपुषो मध्यदेशे विदारिताः खण्डिताः पेतुः भूमां बभ्रशुः। 'असाकल्ये तु चिच्चन' 'छिन्नं छातं लूनं कृत्तं दातं दितं छितं वृक्णम्' 'दारितौ भिन्नभेदितौ'। अपरे तु महासुराः महान्तोऽसुराः देवया विच्छिन्नजङ्घाः खण्डितजङ्घकाः सन्तः उर्व्यां भुवि पेतुः प्रबभ्रुशः॥60॥

(4 नागोजीभट्टी) शिरांसीति। छिन्नानीति शेषः॥60॥

(5 जगच्चन्द्रचन्द्रिका) शिरांसीति॥61॥60॥

(6 दंशोद्धारः) ॥60॥

एकबाह्वक्षिचरणाः केचिद्देव्या द्विधा कृताः।
छिन्नेपि चान्ये शिरसि पतिताः पुनरुत्थिताः ॥61॥

(1 गुप्तवती) ॥61॥

(2 चतुर्धरी) पतिताः पुनरुत्थिताः इति 'मनुष्याणां सहस्रेषु हेतेषु पतितेषु च। उदतिष्ठन्कबन्धानि बहूनुत्थापि तान्यपि' इति शान्तिपर्वणि। अतः सहस्रेऽभिहते कबन्ध एक उत्तिष्ठते इति ॥61॥

(3 शान्तनवी) केचित्तु महासुराः युध्यन्त एकबाह्वक्षिचरणाः एकबाहुकाः एकाक्षाः एकचरणकाश्च सन्तो देव्या द्विधा कृताः खण्डिताः उर्व्यां पेतुः न्यपतन्। बाहुश्च अक्षि च चरणं च बाह्वक्षिचरणं युद्धतः प्रति महासुरं संपन्नम्। एकमेव बाह्वक्षिचरणं येषां ते एकवाह्वक्षिचरणाः। द्वन्द्वान्ते श्रूणमाणं व्यावर्तकं पदं प्रत्येकमभिसंबध्यते। तथा संपन्नव्रीहियवो ग्रामः। तथा च व्रीहीयवधनाः प्रजाः (?) अन्ये महासुराः शिरसि छिन्नेपि सति भूमौ पतिताः पुनस्तदनु उत्थिताः ॥61॥

(4 नागोजीभट्टी) एक इति। आशिरः पादपर्यन्तं पाटिता इत्यर्थः। उत्तरार्धमुत्तरान्वयि ॥61॥

(5 जगच्चन्द्रचन्द्रिका) एकबाह्वक्षीति ॥62॥ ॥61॥

(6 दंशोद्धारः) छिन्नेपीति। अयुतवीरवधे एकः कबन्ध उत्तिष्ठत इति प्रसिद्धिः। उक्तं च महाभारते भीष्मपर्वणि। 'मनुष्याणां सहस्रेषु शतेषु पतितेषु च। उदतिष्ठन्कबन्धानि बहून्युत्थाय चाद्रवन्' इति। कश्चित्त्वत्र शतसहस्रशब्दोऽयुतपरत्वेन व्याख्येय इत्याह। तदसत्। बहूनि इत्यस्याऽसंगत्यापत्तेः शतपदस्यानन्तरस्योचितत्वात् ॥61॥

कबन्धा युयुधुर्देव्या गृहीतपरमायुधाः।
ननृतश्चापरे तत्र युद्धे तूर्यलयाश्रिताः1 ॥62॥

(1 गुप्तवती) तूर्याणां लयं कालक्रियामानरूपतालविराम-साम्यमाश्रिताः ॥62॥

(2 चतुर्धरी) तूर्यलयान्विताः वाद्यानुसारिणः ॥62॥

(3 शान्तनवी) कं शिरो बध्नन्ति कबन्धाः सन्तः पुनः शिरोधारिणः

सन्तः गृहीतपरमायुधा आत्तोत्तमशस्त्राः सन्तः पुनर्देव्या समं युयुधुः। चक्षिङो ङित्त्वादनुदात्तेत्वनिमित्तात्मनेपदनित्यत्वाद्युध्यतेः अनुदात्तेत्त्वेपि परस्मैपदम्। अन्यथा। युयुधिरे इत्यात्मनेपदमेव स्यात्। गृहीतमपरमायुधाः। देव्या इति तृतीयान्तम्। 'कबन्धोऽस्त्री क्रियायुक्तमपमूर्धकलेवरम्' कस्य शिरोबन्धोऽत्र कबन्धः। कं बध्नाति वा कबन्धः। 'कबन्धं सलिले रुण्डे'। 'युद्धे योधृषु शूरेषु सहस्त्रं कृत्तमूर्धसु। तदावेशात्कबन्धः स्यादेकोऽमूर्धा क्रियान्वितः' इति कबन्धलक्षणम्। 'देवीदानवयुद्धे तु कबन्धार्बुदकोटयः। क्षणे क्षणे समुत्पन्ना देव्या युयुधिरे पुनः। देवीदानवयुद्धोत्थकबन्धार्बुदकोटयः। देवीरोषोत्थहुंकारज्ज्वलनभस्मिताः'। तत्र युद्धे देवीदानवसंग्रामे अपरे महासुराः तूर्यलयाश्रिताः तूर्याणां वाद्यानां ततविततानद्धशुषिराणां चतुर्णां लयः साम्यं वाद्यादीनामन्योन्समतामाश्रिताः वीररसावेशवशाः खड्गशक्तयृष्टिपाणयः युद्ध्यमानाः पूर्वं देव्या छिन्नशिरसोऽपि वीररसाविष्कारात्संग्रामाधिदेवतावेशाच्चावित्कृतचेतनाः सन्तः पश्चात्कं शिरो बध्नंति स्वंस्वं यथास्थानं संनिवेशयन्तीति कबन्धाः सन्तः पुनः शिरोधारिणः सन्तः ननृतुः नृत्यं चक्रुः। चकारात्केचिद्देव्या समं युयुधिरे च। तूर्यलयाश्रिता हि नृत्यन्ति ॥62 ॥

(4 नागोजीभट्टी) कबन्धा इति। "मनुष्याणां सहस्रेषु हतेषु हतमूर्धसु। तदावेशात्कबन्धः स्यादेको मूर्धा क्रियान्वितः' इति लक्षितः। अपरे कबन्धाश्च युयुधुः ॥62 ॥

(5 जगच्चन्द्रचन्द्रिका) कबन्धा युयुधुरिति 63 ॥62 ॥

(6 दंशोद्धार) नृनृतुरिति। छिन्नानि शिरांसि अर्थादन्येषां यस्ते कबन्धा इत्यर्थः। यद्वा छिन्नशिरसोपि कं शिरो बध्नन्ति मायावित्वात्। यद्वा कबन्धा असुरविशेषाः। को वायुरेव बन्ध आश्रयो येषामित्यन्ये ॥62 ॥

कबन्धाश्छिन्नशिरसः खड्गशक्त्यृष्टिपाणयः।
तिष्ठतिष्ठेति भाषन्तो देवीमन्ये महासुराः ॥63 ॥

(1 गुप्तवती) कबन्धाः निःशिरस्कदेहा वीरावेशेन क्षतान्तराणामिव शिरश्छेदस्याप्यभावेनोभयत्र व्यासज्यवृत्तिजीवनसत्त्वात्पतितेन मुखेन भाषणं चलता कबन्धेन प्रहारश्चाभवदित्याशयः ॥63 ॥

(2 चतुर्धरी) कबन्धाश्छिन्नशिरास इति पर्यायाभ्यां तेषामतिबहुत्वमाह। छिन्नशिरस इति स्वरूपाख्यानं वा। को वायुरेव बन्धः आश्रयो येषां ते कबन्धा इति वा। यद्वा छिन्नशिरसोपि कबन्धाः कं शिरो बध्नन्तीति कबन्धाः। तेषमायावित्वात् छिन्नमपि शिरो बद्धं भवतीति तदा बह्वपि क्षमाधिष्टानत्वाच्च। यद्वा छिन्नं शिरो यैः कबन्धा अपि अन्येषां शिरः छिन्दन्ति। 'कबन्धोऽस्त्री क्रियायुक्तमपमूर्धकलेवरम्' इत्यमरः। पूर्वं छिन्नशिरसः पश्चात्कबन्धाः क्रियायुक्ताः। तूर्यतालाश्रिता इति यावत्। तिष्ठतिष्ठेति भाषन्तो हस्ताक्षेपादेव भाषमाणा इवेति इवार्थो गम्यः। अन्यथा छिन्नशिरां स्त्वात् कथं तिष्ठतिष्ठेति वदिष्यन्ति इति कश्चिदाह। कबन्धोऽसुरजातिविशेषः तद्विशेषणं छिन्नशिरस इति। अन्य आह कबन्धजात्यसुरव्यवच्छेदकं छिन्नशिरस इति विशेषणम्। ऋष्टय एकधाराः खड्गः। अन्ये कबन्धेतरे युयुधुः ननृतुश्चेत्यनुषज्यते ॥63॥

(3 शान्तनवी) खड्गशक्त्यृष्टिपाणयो हि युध्यन्ते। 'ततं वीणादिकं वाद्यमानद्धं मुरजादिकम्'। वंशादिकं तु शुषिरं कांस्यतालादिकं घनम्'। तथा च भरतः 'ततं चैवावनद्धं च घनं शुषिरमेव च। चतुर्विधं तु विज्ञेयतामोद्यं लक्षणान्वितम्'। अत एवाभ्यधुः। 'चतुर्विधमिदं वाद्यं वादित्रातोद्यनामकम्' इति। यद्यपि 'खड्गे तु निस्त्रिंशचन्द्रहासासिऋष्टयः' इति ऋष्टिः खड्गपर्यायस्तथाप्याकृतिसन्निवेशविशेषभेदभिन्नतया पृथक्पृथक् प्रयुक्तः। खड्गशक्त्यष्टपाणय इति तु पाठे खड्गैः शक्तिभिश्च अष्टाः व्याप्ताः पाणयो येषां ते तथोक्ताः। यद्वा दैत्याः केचिदष्टभुजाः सन्तीति। खड्गश्च शक्त्यश्च अष्टस्वपि पाणिषु येषां ते खड्गशक्त्यष्टपाणयः। अन्ये महासुराः संग्रामशूराः युद्धे तिष्ठतिष्ठेति देवीं भाषन्तः कथयन्तः स्वकीयामहमहमिकां प्रकटयन्तो देव्या समं योद्धुमाजग्मुरिति शेषः। तिष्ठतिष्ठेत्यत्र 'नित्यवीप्सयोः' इति नित्ये आभीक्ष्ण्ये च तङि तस्य द्विर्वचनम्। भाषन्त इति भाष व्यक्तायां वाचि। अनुदात्तेत्त्वात् प्राप्तस्यात्मनेपदस्य चक्षिङो ङित्त्वादनित्यत्वात्परस्मैपदम्। शतृप्रत्ययः। तिष्ठतिष्ठेत्यभाषन्तेति पाठे तु अन्ये महासुराः देवीं तिष्ठतिष्ठ अद्य स मदग्रे क्व यास्यसि क्व च निलीयसे इति भर्त्सनं नामग्राह मालपन्नित्यर्थः। 'तिष्ठतिष्ठेति चैवोक्त्वा देव्याऽन्ये युयुधुर्मृधे' अन्ये च महासुराः मृधे युद्धे देवीं तिष्ठतिष्ठेति सभर्त्सनमुक्त्वा देव्यैव समं युयुधुः।

---

1. 'तूर्यलयान्विताः' इति चतुर्धरीसंमतः पाठः।

'रुधिरौघविलुप्ताङ्गाः संग्रामे लोमहर्षणे'। लोमाणि रोमाणि हृष्यन्त्युद्भवन्त्यनेनेति लोमहर्षणं तस्मिन् रोमाञ्चोद्गमकारिणि संग्रामे रुधिराणामोघाः स्तोमाः तैः रक्तसमूहैः विलुप्ताङ्गाः अपरे महासुराः देवीमपलायस्वेति संभर्त्सनमुक्त्वैवं देव्या समं युयुधिरे। 'रोमाञ्चो रोमपुलको रोमहर्षणमित्यपि'। 'ओघो वृन्देऽम्भसां रथे' ॥63॥

(4 नागोजीभट्टी) कबन्धा इति। उभयत्रापि युयुधुरिति शेषः। छिन्नशिरस इति स्वरूपकथनम्। छिन्नानि शिरासि यैरिति वा। ऋष्टय उभयतोधाराः खड्गः। भाषन्त इति छान्दसः ॥63॥

(5 जगच्चन्द्रचन्द्रिका) कबन्धाच्छिन्नेति 64 ॥63॥

(6 दंशोद्धार) ऋष्टयः खड्गाकारा एकधाराः। तिष्ठतिष्ठेति भाषन्त इति। शतृप्रत्यय आर्षः। आत्मनेपदित्वात्। यद्वा भाषन्त इति भाषः। पचाद्यच्। स इवाचरतीत्याचारक्विवन्ताच्छता ॥63॥

पातितै रथनागाश्वैरसुरैश्च वसुंधरा ।
अगम्या साभवत्तत्र यत्राभूत्स महारणः ॥64॥

(1 गुप्तवती) ॥64॥

(2 चतुर्धरी) ॥64॥

(3 शान्तनवी) देव्या पातितैः भ्रंशितैः रथैः नागैः गजैः अश्वैरसुरैश्च आकीर्णा सा वसुंधरा अगम्या अनधिगम्या गन्तुमशक्त्या तत्राभूत्। क्व यत्र स महारणः संग्रामः देव्या सह महिषासुरसैन्यानामभूत्। पातितै रथेत्यत्र **'रो रि'** इति रेफलोपः। रथसहिता नागाः रथनागाः। रथनागसहिताः अश्वाः रथनागाश्वाः तैः। द्वन्द्वे तु सेनाङ्गत्वादेकवद्भावः। वसूनि धारयतीति वसुंधरा। अगम्या असेव्या। गमेः 'पोरदुपधात्' इति यत् ॥64॥

(4 नागोजीभट्टी) पातितैरिति। रथनागसहितैरश्वैरित्यर्थः। एवमग्रेपि ॥64॥

(5 जगच्चन्द्रचन्द्रिका) पातितै रथेति 65 ॥64॥

(6 दंशोद्धार) ॥64॥

शोणितौघा महानद्यः सद्यस्तत्र विसुस्रुवुः ।
मध्ये चासुरसैन्यस्य वारणासुखाजिनाम् ॥65॥

(1 गुप्तवती) ॥65॥

(2 चतुर्धरी) वारणा गजाः। महानद्यः तत्र असुरसैन्यस्य मध्ये सद्यः विसुस्रुवुः ॥65॥

(3 शान्तनवी) किंच तत्र युद्धे असुरसैन्यमध्ये। 'सद्यः सपदि तत्क्षणे' देव्या सह संग्रामारम्भक्षणे एव वारणानां गजानाम् असुराणां दैत्यानां वाजिनो घोटकानां शोणितौघाः रक्तसमूहा एव महानद्यः समुद्रगाः आपगाः सत्यः विसुस्रुवुः। प्रमुस्रुवुरित्यर्थः। विशेषेण स्रवन्ति प्रवहन्ति स्म। रक्तप्रवाहमय्यो महानद्यो बभूबुरित्यर्थः। विसुस्रुवुः। स्रु गतौ लिट्। उस्युवङ् ॥65॥

(4 नागोजीभट्टी) शोणितौघेति असुरसैन्यस्य मध्ये वारणासुरवाजिनां शोणितस्य ओघः प्रवाहो यासु तादृश्यो नद्यः प्रसुस्रुवुः। छान्दसत्वात्समासः ॥65॥

(5 जगच्चन्द्रचन्द्रिका) शोणितौघेति 66 ॥65॥

(6 दंशोद्धार) शोणितौघा इति। वारणाश्च असुराश्च वाजिनश्चेति द्वन्द्वः। तेषां शोणितमेव ओघो जलप्रवाहो यासु ॥65॥

क्षणेन तन्महासैन्यमसुराणां तथाम्बिका।
निन्ये क्षयं यथा वह्निस्तृणदारुमहाचयम् ॥66॥

(1 गुप्तवती) ॥66॥

(2 चतुर्धरी) महासैन्यं समुदायं क्षयं निन्ये नीतवती ॥66॥

(3 शान्तनवी) यथा यद्वद्वह्निः तृणदारुमहाचयं क्षणेन क्षणमात्रेण क्षयं विनाशं नेयति तथा निन्ये प्रापयामास। नयतिर्द्विकर्मकः तृणानि च दारुणि च तृणदारुणि तेषां महान् चयः गणः समूहः तम्। यद्वा यथा तथैव साम्यम् ॥66॥

(4 नागोजीभट्टी) ॥66॥

(5 जगच्चन्द्रचन्द्रिका) क्षणेन तदिति 67 ॥66॥

(6 दंशोद्धार) ॥66॥

स च सिंहो महानादमुत्सृजन्धुतकेसरः।
शरीरेभ्योऽमरारीणामसूनिव विचिन्वति ॥67॥

(1 गुप्तवती) असूनिव विचिन्वति प्राणानिव विचिनोनि ॥67॥

(2 चतुर्धरी) असून् प्राणान् विचिन्वन् आदाय समुच्चिनोतीवेत्युत्प्रेक्षायाम्। विचिन्वतीति। अतिपूर्वत्वच्चिन्नोतेः क्रियासमभिहारत्वान्नास्त्यपि पञ्चम्या मध्यमपुरुषैकवचनम्। अतिविचिन्वति। अतीति अतिपूर्वत्वात् साध्यं ततश्छन्दसि दूरे परे चेति अतिशब्दस्य परनिपातः। यद्वा विचिनोतीति वक्तव्ये विचिन्वतीत्युक्तम्। तत्र वर्णागमोऽधिकारो वा छन्दानुरोधेन 'स देवीं शरवर्षेण ववर्ष समरेऽसुरः। यथा मेरुगिरेः शृङ्गं तोयवर्षेण तोयदः'। यथा अम्बिका महासैन्यं क्षयं निन्ये सिंहश्च तस्मिन् सिंहे असुराणां शरीरेभ्यः असून् प्राणान् विचिन्वति राशिमिव कुर्वति सति ॥67॥

(3 शान्तनवी) न केवलमम्बिकैव असुरसैन्यं क्षयं निन्ये अपि तु स सिंहश्च। स प्रसिद्धो देवतावाहनीभूतो धुतकेसरः कम्पितस्कन्धकेसरः सिंहश्च महानादं महान्तं नादं कण्ठीरवत्वात् कण्ठगर्जनम्। उत्सृजन् कुर्वन् यथोचितं असुरसैन्यं क्षयं नाशं निन्ये। प्रापयामास। यच्चाख्यात्। 'सोपि क्रुद्धो धुतसटो देव्या वाहनकेरी। चचारासुरसैन्येषु वनेष्विव हुताशनः'। अथवा स च सिंहः कर्ता। विचिन्वतीति विचयनक्रियया संबन्धनीयः। स प्रसिद्धः देव्याः सिंहश्च महानादमुत्सृजन् धुतकेसरः सन् अमरारीणां सुरद्विषां शरीरेभ्यः सकाशात् असून् प्राणान् विचिन्वन्निव प्राणान् गृह्णीयादिव। विचिन्वतीति चिञ् चयने। विध्यादौ लिङर्थे लेट्। कर्तरि स्वादिभ्यः श्नुः। लेटस्तिप् 'लेटोडाटौ' इति अडागमः। छान्दसो गुणभावः। इकोयणचि तु ना किं तु हुश्नुवोः सर्वधातुके यण्। 'इतश्च लोपः परस्मैपदेषु' इति तु वा। तेनात्र इति श्रूयते। अथवा विचिन्वीति सप्तमीयम्। स च सिंहश्च धुतकेसरः महानादमुत्सृजन् असुरान् व्यापाद्य तच्छरीरेभ्यः प्राणान् विचिन्वतीयेत्युत्प्रेक्षते। ततश्च तस्मिन्सिहे अमरारीणां शरीरेभ्यः सकाशात् असून् प्राणान् विचिन्वतीव इतस्ततः संहर्तुं गवेषयतीव सति देव्यागणैश्च तैः असुरैः सह युद्धं कृतम्। व्यधायीत्यर्थः॥67॥

(4 नागोजीभट्टी) स चेति। क्षयं निन्ये इति शेषः। तत्रोत्प्रेक्षते। अमरारीणां शरीरेभ्यः असून्विचिन्वतीष। 'भूते लट्' इति अडागमो गुणाभावश्च छान्दसः॥67॥

(5 जगच्चन्द्रचन्द्रिका) स च सिंह इति 68 ॥67॥

(6 दंशोद्धार) स चेति। विचिनोति वक्तव्ये छान्दसोऽकारागमः। कश्चित्तु विचिनु अतीति छेदः। अति अतिशयेन पुनःपुनर्व्यचिनोदित्यर्थः। क्रियासमभिहारे लोट्। अतः परनिपातश्छान्दस इत्यार्ष आह। तदसत्। क्रियासमभिव्याहारे द्वित्वप्रसंगात्। लोटि कृञोनुप्रयोगापत्तेश्च। नापि समुच्चस्तत्र सामान्यवचनानुप्रयोगापत्तेश्च। यद्वा विचिन्वतीति लिङर्थे लोट्। इवो भिन्नक्रमः। विचिन्वतीव विचिनुयादिव। लेटस्तिपो 'लोटोऽडाटौ' इत्यडागमः। छान्दसो गुणाभावः। 'हुश्नुवोः' इति यण्। वस्तुतस्तु विचिन्वतीति सप्तम्यन्तं शत्रन्तम्। स च सिंह इति पूर्वार्धम्। असुराणां सैन्यं क्षयं निन्ये इति पूर्वत्रान्वेति। तत्र तस्मिन्सिंहे अमरारीणाम् असून् विचिन्वति सति देव्या गणैर्युद्धं कृतमित्यन्वयः ॥67 ॥

देव्या गणैश्च तैस्तत्र कृतं युद्धं तथासुरैः।
य[1]थैषां तु[2]तुषुर्देवाः पुष्पवृष्टिमुचो दिवि ॥68 ॥

इति श्रीमार्कण्डेयपुराणे देवीमाहात्म्ये महिषासुरसैन्यवधो नाम द्वितीयोऽध्यायः ॥2 ॥

(1 गुप्तवती) देव्या गणैः कर्तृभिरसुरैः सह तथा युद्धं कृतम्। यथा देवास्तुष्टुवुः ॥68 ॥ इति श्रीगुप्तवत्यां मन्त्रव्याख्याने द्वितीयोऽध्यायः ॥2 ॥

(2 चतुर्धरी) देव्या अम्बिकायाः गणैस्तत्र असुरैः सार्धं तथा युद्धं कृतम्। यथा दिवि देवाः एषां गणानां तुष्टुवुस्तुष्टा इत्यन्वयः ॥68 ॥ इति श्रीचतुरर्धरीटाकायां द्वितीयोध्यायः ॥2 ॥

(3 शान्तनवी) तत्र संग्रामभूमौ देव्याः अम्बिकायाः अम्बिकारोषिनःश्वासभूतैर्गणैश्च तैरसुरैः सह युद्धं तथा कृतं यथा दिवि स्वर्गे देवाः दिविषदः पुष्पवृष्टिमुवः संतः एनां देवीं तुष्टुवुः स्तुतवन्तः। पुष्पाणां वृष्टयः ता मुञ्चन्तिं पुष्पवृष्टिमुचः। युद्धं महासुरैः। अथैनां तुष्टुवुरिति पाठे तु देव्याः गणैश्च तत्र युद्धभूमौ तैर्महासुरैः समं युद्धं कृतम्। अथ समनन्तरं पुष्पवृष्टिमुचो देवा दिविपदः एनां युध्यमानां ससिंहां सगणामम्बिकां तुष्टुवुः।

---

1. यथैनां इति पाठः।
2. तुष्टुवुर्देवाः इति पाठः।

अहो इदं नामाश्चर्यम्। योद्धारो मायाविनो महासुराः तैः सममेकाकिन्यबला युध्यते। महासुरसैन्यान्यप्यनेकानि दशशः शतशः अयुतशः लक्षशः कौटिशः कोटिकोटिशश्च क्षयं तयैकयैव नीतानि। तद्रणे कबन्धाः अपि तया अवलया युध्यन्ते। तेच तदबलरोषहुंकारज्ज्वलज्ज्वलनज्वालाक्लीढाः क्षणक्षणे भस्मीभवन्ति। अथ च रणमण्डले तदबलाविखण्डितप्रचण्डविक्रमोल्ल-सिमहायोद्धमहासुरवपुर्विगलदुधिरौघाः महानद्यः प्रवहन्ति इति तामत्यद्भुता-द्भुतचरितां लोकाभ्युदयैकफलोदयामम्बिकां दिविषदः स्तुवन्तीत्यर्थः ॥68 ॥

इति श्रीमद्राजाधिराजश्रीमतोमरान्वयश्रीमदुद्धरणात्मज श्रीशंतनुचक्र-वर्तिविरचितायां शान्तनव्यां चण्डिकामहात्म्यटीकायां महिषासुरसैन्यवधविध्यु-पलक्षितो द्वितीयोऽध्यायः ॥2 ॥

(4 नागोजीभट्टी) देव्या इति। चोप्यर्थे। तुतुषुस्तुष्टाः ॥68 ॥ इति शिवभट्टसुतसतीगर्भजनागोजीभट्टकृते सप्तशतीव्याख्याने द्वितीयोऽध्यायः ॥2 ॥

(5 जगच्चन्द्रचन्द्रिका) देव्या गणैरिति 69 ॥68 ॥ ॥ इति श्रीकूर्माचलेन्द्राराजर्षिवर्यश्रीज्ञानचन्द्रात्मजश्रीकुमारजगच्चन्द्राश्रितसोमयाजिपुरोहित-बलभद्रपण्डितगोत्रपत्यहर्षदेवात्मजवासथिभगीरथविरचिता कण्वगोविन्दकृत-सप्तशतीमन्त्रहोमविभागकारिकाणां द्वितीयाध्यायस्य जगच्चन्द्रचन्द्रिकाख्यटीका संपूर्णा ॥2 ॥

(6 दंशोद्धार) देव्या इति। एषां तुतुषुः तुष्टा बभूवुः। तुष्टवुरिति पाठे एतानित्यर्थे शेषे षष्ठी। युद्धमित्यध्याहारो वा ॥68 ॥ इति श्रीमद्वल्लोपनामढुण्ढिराजभट्टसूरिसूनुराजारामविरचिते सप्तशतीदंशोद्धारे द्वितीयोऽध्यायः ॥2 ॥

Chapter - II

Translation

Slaughter of the army of the Asura Mahiṣa.

The gods were defeated in a great battlle formerly by the Asuras and driven from heaven, and the Asura Mahiṣa became supreme. —All the gods gave forth their special energies, which combined and formed the goddess Caṇḍikā. —They gave her their weapons, and she fought with and destroyed the Asuras.

The ṛṣi spoke :

★ Of yore there was a fight for a full hundred years between the gods and Asuras, when Mahiṣa was lord of the Asuras and Indra lord of the gods; in it the army of the gods was vanquished by the Asuras who excelled in valour, and the Asura Mahiṣa after conquering all the gods became the Indra. Then the vanquished gods, placing the Prajapati-Brahmā at their head, went where abode Śiva and Viṣṇu. The thirty gods described to them accurately what had happened, the full story of the gods' discomfiture which had been wrought by the Asura Mahiṣa, — "He, *Mahiṣa,* in his own person domineers over the jurisdictions of the Sun, Indra, Agni, Vāyu and the Moon of Yāma and Varuṇa and of the other gods. Cast out by that evil-souled Mahiṣa from

Svarga all the hosts of the gods wanter on the earth like mortals. It has now been related to you both, all that has been wrought by the foe of the Immortals, and we have sought you both as a refuge; let his destruction be devised!"

Having thus heard the words of the gods, Viṣṇu was wroth and Śiva also; both their faces became furrowed with frowns. Then issued forth great energy from the mouth of Viṣṇu who was full of intense anger, and from the mouth of Brahmā and Śiva; and from the bodies of Indra and the other gods went forth a very great energy; and it all amalgamated. The gods beheld the mass of intese energy there like a burning mountain, pervading the other regions of the sky with its blaze; and that unparalleled energy born of the bodies of all the gods, which pervaded the three worlds with its light, gathering into one became a female. By what was Śiva's energy here face was developed, and by Yama's energy grew her hair, and her arms by Viṣṇu's energy, by the Moon's her twin breasts; and her waist came into being by Indra's energy, and by Varuṇa's her legs and thighs, by the Earth's energy her hips, by Brahmā's energy her feet, her toes by the Sun's energy, and by the Vasus' energy her hands and fingers, and by Kuvera's her nose; and her teeth grew by the Prajāpati's energy, and three eyes were developed by Agni's energy; and her eyebrows *were* the energy of the two twilights, and her ears Vāyu's energy; and the coming into being of the energies of the other gods became the auspicious goddess.

Then gazing at her, who had sprung from the combined energies of all the gods, the Immortals who were afflicted by Mahiṣa felt a keen joy. The bearer of the bow Pinãka drawing a trident forth from his own trident gave it to her; and Kṛiṣṇa gave a discuss pulling it out of his own dicus; and Varuṇa gave her a counch, Agni a spear, Māruta gave a bow and a quiver filled with arrows. Indra lord of the Immortals gave a thunder-bolt pulling it out of his own thunder-bolt; the Thousand-eyed gave her a bell from his elephant Airāvata. Yama gave a rod from his own rod of Fate, and the lord of the waters a noose;l and the Prajāpati gave her a necklace of beads, Brahmā an earthen water-pot; the Sun bestowed his own rays on all the pores of her skin; and Destiny gave her a sword and a spotless shield; and the Ocean of milk a spotless necklace of pearls and also a pair of undecaying garments. And a celestial crest-jewel, a pair of ear-rings, and bracelets, and a brilliant half-moon ornament, and armlets over all hr arms, and also a pair of bright anclets, a necklet of thefinest make, and rings and gems on all her finger—these Viśvakarman gave to her, and also a brightly polished axe, weapons of many shapes and also armour that could not be pierced. And Ocean gave her a garland of fadeless lotus-flowers for her head and another for her breast, and a very brilliant lotus-flower besides. Himavat gave a drinking cup full of wine. And Śeṣa, the lord of all the serpents who supports this earth, gave her a serpent-necklace adorned with large gems. Honoured by other gods also with gifts of ornaments and weapons, the goddess uttered a loud roar blended with a horse laugh again and again. The whole welkin was filled with her terrible roar. By that penetrating and exceedingly great *roar* a great echo arose, all the worlds shook and the seas trembled, the earth quaked and all the mountains moved. And 'Conquer thou!' exclaimed the gods with joy to her who role on the lion and the munis extolled her as they bowed their bodies in faith.

Seeing all the three all the three worlds greatly agitated, the foes of the Immortals uniting all their armies rose up together, with uplitfted weapons. "Ha! what is this?" excalimed the Asura Mahiṣa in wrath, and rushed surrounded by all the Asuras towards that roar. Then he saw the goddess, pervading the three worlds with her light, causing the earth to bow at the touch of her feet, grazing the firmament with her crest, shaking the whole of Pātāla with the twang of her bow-string, standing pervading the sky all around with her thousand arms. Then began a battle between the goddess and the enemies of the goes, in which every region of the sky was illumined with the weapons and arms hurled in abundance. And the Asura Mahiṣa's general, the great Asura named Cikṣura, fought with her; and the Asura Cāmara attended by his cavalry fought along with others. The great Asura named Udagra with six myraids of chariots fought; and Mahāhanu with a thousand myriads gave battle; and the great Asura Asi-loman with fifty millions; with six hundred myraids Vāskala fought in the battle; Ugradarśana with many troops of thousands of elephants and horses, and surrounded with ten milk lion chariots fought in that battle; and the Asura named Viḍāla fought in the battle there, surroundeed with fifty myriads of myriads of chariots. And other great Asuras in myraids, surrounded with chariots, elephants and horses, fought with the goddess in that battle there. Now the Asura Mahiṣa was surrounded with thousands of ten million times ten millions of chariots and elephants and horses in the battle there. With iron maces and javelins, with spears and clubs, with swords, with axes and halberds they fought in the battle against the goddess. And some hurled spears, and other nooses, but they assailed the goddess with blows from their swords in order to slay her.

And then the goddess Caṇḍikā clove, as it were in merest play, those weapons and arms by raining forth her own weapons and arms. The goddess betrayed no exertion in her countenance, while the gods and ṛṣis were praising her. The queenly goddesshurled her weapons and arms at the Asuras' bodies. The lion also that bore the goddess, enraged and with ruffled mane, stalked among the armies of Asuras, like fire through the forests. And the deep breaths, which Ambikā fighting in the battle breathed forth, came into real being at once as tropps by hundreds and thousands. These fought with axes, with javelins, and swords and halberds, destroying the Asura bands, being invigorated by the goddess' energy. And of these bands some raised a din with large drums, and others with conchs, and others besides with drums, in that great battle-festival. Then the goddess with her trident, her club, with showers of spears, and with her sword and the other weapons slaughtered the great Asuras in hundreds, and laid others low who were bewitched with the ringing of her bell; and binding other Asuras with her noose dragged them on the ground. And others again, cloven in twain by sharp diskashes of her sword and crushed by blows with her mace, lie on the ground; and some grievously battered by her club vomited forth blood. Some were felled to the ground, pierced in the breats by her trident. Some being closely massed together were cut in pieces by the torrent of her arrows in the battle-filed. Following the manner of an army, the afficters of the thirty gods gave up the ghost; some with their arms cut off, and others with severed necks; their heads fell from others, others were torn asunder in the middle; and other great Asuras fell to the earth with legs clean cut off; some were cloven by the goddess into two parts, with a single arm and eye and foot to each part; and others fell and rose again, although with head cut off. Headless corpses, still grasping the finest weapons, fought with the goddess; and others danced there in the battle, keeping time to the strains of the musical instruments. Corpses, with heads severed, still held swords and spears and lances in their hands; and other great Asuras were shouting to the goddess, "Stand! stand!" With the prostrate chariots, elephants and horses and Asuras the earth became impassable where that great battle took place. And large formed of torrents of blood straightway flowed along there amidst the armies of Asuras, and among the elephants, Asuras and horses.

Thus Ambikā brought that great army of the Asuras to utter destruction in a moment, even as fire utterly consumes a huge pile of grass and timber. And the lion, with quivering mane, stalked on roaring aloud. While he prowled as it were for lives out of the bodies of the foes of the Immortals, the battle was fought there between those troops of the goddess and the Asuras, so that the gods in heaven sending down showers of flowers gratified her.

तृतीयोऽध्यायः

ऋषिरुवाच।

निहन्यमानं तत्सैन्यमवलोक्य महासुरः।
सेनानीश्चिक्षुरः कोपाद्ययौ योद्धुमथाम्बिकाम्॥1॥

(1 गुप्तवती) अथ पूर्वाध्यायान्त्यश्लोकान्तमृष्युक्तेरनुवृत्तिसत्त्वेपि पुनरेतदध्यायारम्भे ऋषिरुवाचेति कथनमध्यायसमाप्तिबोधकवाक्यस्य सूताद्युक्तिरूपस्य व्यवधायकतया तस्या उत्तरत्राननुवृत्त्यभिप्रायेण। अत एव यामलादितन्त्रे समाप्तिवाक्यस्यापि स्वातन्त्र्येण मन्त्रान्तरत्वकथनमुपपद्यते। ततस्त्रिदशाः कथयामासुरित्यनेनैव गतार्थत्वात्सूर्येन्द्राग्न्यनिलेन्दूनामिति श्लोकत्रयारम्भे देवा ऊचुरित्यनपेक्षितत्वादेव नास्ति। तदुत्तरमृषिरुवाचेत्यपेक्षितमपि नैतत्तन्त्रसंमतमिति मण्डूकप्लुत्यैवाध्याय-प्रारम्भस्थस्यासमाप्त्यनुकर्षः। तन्त्रान्तरेषु सप्तश्लोकोत्तरम् ऋषिरिति पठ्यत एव। एवमष्टमे 'भक्ष्यमाणास्त्वया चोग्रा इत्यर्धादुत्तरं दशमे श्लोकत्रयोत्तरं चापेक्षितस्य तत्रान्तरे सतोप्यृषिमन्त्रस्य प्रकृततन्त्रेऽभावादियमेव यत्र गतिरिति दिक्॥1॥

(2 चतुर्धरी) ॥1॥

(3 शान्तनवी) अथ महिषासुरस्य सेनानीः चिक्षुरः चिक्षुरसंज्ञकः महासुरः तत्सैन्यं तस्य महिषासुरस्य सैन्यंव्या निहन्यमानं नितरां हन्यमानम् अवलोक्य वीक्ष्य कोपाद्योद्धुमम्बिका देवीं ययौ जगाम। निहन्यमानमिति वर्तमान सामीप्ये वर्तमानवद्वा' इति भूते लट्। निहतमित्यर्थः॥1॥

(4 नागोजीभट्टी) ऋषिरुवाच। निहन्यमानमिति॥1॥

(5 जगच्चन्द्रचन्द्रिका) अथ तृतीयाध्यायस्य सप्तशतीमन्त्रहोमविभाग

उच्यते। आदौ ऋषिरुवाचैक इति। आदौ अध्यायस्य पूर्व ऋषिरुवाच इति एको मन्त्रो भवेत्। 'ऋषिरुवाच स्वाहा 1।' पञ्चत्रिंशत्ततः परम्। निहन्यमानाद्याः श्लोका मुखरागाकुलाक्षरम्। इत्यन्ता इति। ततः परम् ऋषिरुवाचेत्यनन्तरं निहन्यमान आद्यो येषां ते निहन्यमानाद्यां मुखरागाकुलाक्षरमित्यन्ता एतत्पर्यन्ताः श्लोकाः श्लोकारूपा मन्त्राः पञ्च अधिका त्रिंशत् पञ्चत्रिंशत्। दञ्चदश अधिका विंशतिरित्यर्थः। वर्तते इति शेषः। तथाहि ऋषिरुवाच 1। निहन्यमानमिति 2 ॥1 ॥

(6 दंशोद्धार) ॥1 ॥

स देवीं शरवर्षेण ववर्ष समरेऽसुरः।
यथा मेरुगिरेः शृङ्गं तोयवर्षेण तोयदः ॥2 ॥

(1 गुप्तवती) ॥2 ॥

(2 चतुर्धरी) यथा मेरुगिरेः शृङ्गमिति अभूतोपमा ॥2 ॥

(3 शान्तनवी) स चिक्षुराख्यः असुरः समरे संग्रामे शरवर्षेण निरन्तरं प्रयुक्तबाणपातनेन देवीं ववर्ष छादयामास। कः केन कमिव। तोयं ददातीति तोयदः मेघः तोयवर्षेण संततप्रवृद्धपाथः प्रथितपातनेन मेरुगिरेः हेमाद्रेः शृङ्गं यथा शृङ्गमिव। 'न भिन्ने वचने लिङ्गे न हीनाधिकतापि वा। उपमादूषणायालं यत्रोद्वेगो न धीमताम्। क्रियावाचितत्वमाख्यातुमेकोऽत्रार्थः प्रदर्शितः। प्रयोगतोऽनुसर्तव्या अनेकार्था हि धावतः'। यद्वा यस्थातथैवैव साम्ये ॥2 ॥

(4 नागोजीभट्टी) ॥2 ॥

(5 जगच्चन्द्रचन्द्रिका) स देवीमिति 3 ॥2 ॥

(6 दंशोद्धार) स देवीमिति। यथा मेरुगिरेः शृङ्गमित्यभूतोपमा। मेघमण्डलस्य मेरोरधो विद्यमानत्वात् ॥2 ॥

तस्य च्छित्त्वा ततो देवी लीलयैव शरोत्करान्।
जघान तुरगान्बाणैर्यन्तारं चैवं वाजिनाम् ॥3 ॥

(1 गुप्तवती) ॥3 ॥

(2 चतुर्धरी) शरोत्करान् शरसमूहान्। यन्तारं सारथिम् ॥3 ॥

(3 शान्तनवी) ततोऽनन्तरं देवी संग्रामे लीलयैव क्रीयैव अनायासेनैव बाणे: तस्य चिक्षुरसंज्ञस्य महासुरस्य शरोत्करान् बाणपुञ्जान् छित्वा खण्डयित्वा तुरगान् घोटकान् बाणैर्जघान। अथ च बाणैरेव वाजिनां घोटकानां यन्तारं सारथिं जघान। 'क्रीडा लीला च नर्म च'। 'स्त्रीणां विलासविव्वोकविभ्रमाललितं तथा। हेलालीलेत्यमी हावा: क्रिया: शृङ्गारभावजा:' 'नियन्ता प्राजिता यन्ता सूत: क्षत्ता च सारथि:' ॥3 ॥

(4 नागोजीभट्टी) तस्येति। उत्कर: समूह:। वाजिनां यन्तारं रथं च जघानेत्यन्वय: ॥3 ॥

(5 जगच्चन्द्रचन्द्रिका) तस्य छित्त्वेति 4 ॥3 ॥

(6 दंशोद्धार) ॥3 ॥

चिच्छेद च धनु: सद्यो ध्वजं चातिसमुच्छ्रितम्।
विव्याध चैव गात्रेषु छिन्नधन्वानमाशुगै: ॥4 ॥

(1 गुप्तवती) ॥4 ॥

(2 चतुर्धरी) आशुगै: बाणै: ॥4 ॥

(3 शान्तनवी) सा देवी सद्य: सपदि तत्क्षणे एव आशुगै: विशिखै: धनु: कोदण्डं चिच्छेद अच्छिनत्। अत्युन्नतम् अत्युच्चतरं ध्वजं केतनम् आशुगै: चिच्छेद अच्छैत्सीत्। छिन्नं धनु: यस्य स तथोक्त: तं छिन्नधन्वानं चिक्षुरं महासुरं गात्रेषु सर्वावयवेषु च आशुगैरेव विव्याध ताडयामास। व्यध ताडने 'लिट्यभ्यासस्योभयेषाम्' इति संप्रसारणम्। 'आशुगौ वायुविशिखौ'। धनुरर्धर्चादित्वान्नपुंसकेपि। अन्यथा 'धनुश्चापौ धन्वशरासनकोदण्डकार्मुकम्' इत्यभिधानात् पुंस्येव म्यात्। 'धनुर्वंशविवृद्धोपि निर्गुण: किं करिष्यति' इतिवत् ॥4 ॥

(4 नागोजीभट्टी) चिच्छेदेति। आशुगा: बाणा: ॥4 ॥

(5 जगच्चन्द्रचन्द्रिका) चिच्छेदेति 5 ॥4 ॥

(6 दंशोद्धार) ॥4 ॥

स च्छिन्नधन्वा विरथो हताश्वो हतसारथिः।
अभ्यधावत तां देवीं खड्गचर्मधरोऽसुरः ॥5॥

(1 गुप्तवती) ॥5॥

(2 चतुर्धरी) ॥5॥

(3 शान्तनवी) सः चिक्षुराख्यः महासुरः देव्या छिन्नं धन्व धनुर्यस्य सः छिन्नधन्वा। विच्छिन्नो रथो यस्य स विरथः। हताः अश्वाः यस्य स हताश्वः। हतः सारथिर्यस्य सः हतसारथिः। ईदृगवस्थः खड्गचर्मधरः सन् तां देवीं हन्तुं अभ्यधावत उपाद्रवत्। सृ गतौ। सर्तेर्वेगितायां गतौ धावादेशो वक्तव्यः। यद्येवं सर्तेः परस्मैपदित्वादात्मनेपदं न स्यात्। स्यात्कर्तरि कर्मव्यतिहार इति। न स्यात् 'न गतिहिंसार्थेभ्यः' इति प्रतिषेधात्। अतश्च 'अभ्यधावत्ततो देवीम्' इत्यपाठिषुः। यद्वा धावु गतिशुद्ध्योः। इत्येतस्य स्वरितेत्त्वात् पाक्षिकमस्यात्मनेपदमित्यस्तु। अभ्यधावत तां देवीमित्यपि पाठपाटवं पठितॄणाम्। 'फलकोऽस्त्री फलं चर्म' गात्रत्राणं चर्ममयत्वाच्चर्म। धृञ् धारणेः। धरते धरः। खड्गश्च चर्म च खड्गचर्म। सेनाङ्गत्वादेकवद्भावः। खड्गचर्मणो धरः खड्गचर्मधरः। अन्यथा कर्मण्यण् स्यात् ॥5॥

(4 नागोजीभट्टी) ॥5॥

(5 जगच्चन्द्रचन्द्रिका) स च्छिन्नधन्वेति 6 ॥5॥

(6 दंशोद्धार) ॥5॥

सिंहमाहात्म्य खड्गेन तीक्ष्णधारेण मूर्धनि।
आजघान भुजे सव्ये देवीमप्यतिवेगवान् ॥6॥

(1 गुप्तवती) सव्ये वामे ॥6॥

(2 चतुर्धरी) सिंहमाहत्येति। सव्ये वामे तस्या भुजमित्यग्रिमेणान्वयः ॥6॥

(3 शान्तनवी) अतितरां वेगवान् इति अतिवेगवान् सः चिक्षुरः सेनानीरसुरः तीक्ष्णा नेमयो धारा यस्य तेन तथोक्तेन खड्गेन मण्डलाग्रेण सिंहं मूर्धनि आहत्य प्रहृत्य देवीमपि सव्ये वामे भुजे आजघान प्रजहार। अकर्मत्वात्पराङ्गकर्मकत्वाच्च 'आङो यमहनः' इत्यात्मनेपदप्राप्तिः। 'वामं शरीं सव्यं स्यादपसव्यं तु दक्षिणम्' ॥6॥

(4 नागोजीभट्टी) सिंहमिति। सव्ये वामे ॥6 ॥

(5 जगच्चन्द्रचन्द्रिका) सिंहमाहत्येति 7 ॥6 ॥

(6 दंशोद्धार) सिंहमिति। 'आङो यमहनः' इत्यात्मनेपदं तु न। अकर्मकात्स्वाङ्गकर्मकादिति वचनात्। सव्ये वामे ॥6 ॥

तस्याः खड्गो भुजं प्राप्य पफाल नृपनन्दन।
ततो जग्राह शूलं स कोपादरुणलोचनः ॥7 ॥

(1 गुप्तवती) पफाल विशीर्णः ॥7 ॥

(2 चतुर्धरी) तस्या भुजमित्यन्वयः। पफाल अभज्यतेत्यर्थः। ञिफला विशरण इत्यस्य रूपम्। हे नृपनन्दन। यद्वा नन्दयतीति नन्दः। हे नृपनन्द। न पफाल आत्मक्रियानिश्पत्तिं नाकरोत्। एवं च फल निष्पत्तावित्यस्मादेव रूपम्। तच्छूलमिति पाठः। 'अस्त्री शूलं रुगायुधम्' इति द्विलिङ्गत्वाभिधानात् ॥7 ॥

(3 शान्तनवी) हे राजन् सुरथ निशामयेति तस्याः देव्याः वामभुजं प्राप्य चिक्षुराख्यमहासुरप्रयुक्तः खड्गः मण्डलाग्रः पफाल। ञिफला विशरणे। विशशार चूर्णीबभूव विशीर्णोऽभूत्। ततः खड्गभङ्गानन्तरं कोपात् अरुणलोचनरक्तलोचनः सः चिक्षुराख्योऽसुरः शूलं त्रिशूलम् आयुधं जग्राह अग्रहीत्। 'अस्त्री शूलं रुगायुधम्' ॥7 ॥

(4 नागोजीभट्टी) तस्या इति। पफाल विशीर्णः। तस्या भुजमित्यन्वयः ॥7 ॥

(5 जगच्चन्द्रचन्द्रिका) तस्याः खड्ग इति 8 ॥7 ॥

(6 दंशोद्धार) तस्या इति। पफाल व्यशीर्यत्। ञिफला विशरणे। यद्वा नृपान्नन्दयतीतिनृपनन्दनः। मूलविभुजादित्वात्कः। तत्संबुद्धिः हे नृपनन्दन। पफाल। निजकार्यं चकारेत्यर्थः। फल निष्पत्तौः। अन्तर्भावितण्यर्थः ॥7 ॥

चिक्षेप च ततस्तत्तु भद्रकाल्यां महासुरः।
जाज्वल्यमानं तेजोभी रविबिम्बमिवाम्बरात् ॥8 ॥

(1 गुप्तवती) ॥8 ॥

(2 चतुर्धरी) तेजोभी रश्मिभिः जाज्वल्यमानम् अतयन्तं ज्वलत्। अम्बरात्

आकाशे। 'सुपां सुपो भवन्ति' इति सप्तम्यर्थे पञ्चमी। यद्वा अम्बरे समवस्थायि रविबिम्बमिवेति ल्यब्लोपे पञ्चमी। केचित्तु अम्बरम्। अत सातत्यगमने इति क्विप् रविबिम्बस्यैव विशेषमाहु:। तेजोभी रविबिम्बमिवेति। रो रीतिलोपे शिति दीर्घत्वम्। ह्रस्वपाठे तु अविशब्द एव रविबिम्बवचन:। 'अविर्मेषे गिरौ सूर्ये' इत्यभिधानात् ॥8 ॥

(3 शान्तनवी) तत: त्रिशूलग्रहणादनन्तरं चिक्षुराख्यो महासुर: तत: प्राक् गृहीतत्रिशूलमायुधं भद्रकाल्यां देव्यां विषये चिक्षेप अक्षैप्सीत्। क्षिप्रेरणे। कीदृशं त्रिशूलम्। अम्बरात् आकाशात् अम्बरमाकाशम् आक्राम्य तेजोभि: रविबिम्बमिव सूर्यमण्डलमिव जाज्वल्यमानं देदीप्यमानम्। इत्यर्थ:। अम्बरादिति कर्मणि ल्यब्लोपे पञ्चमी वक्तव्या। तेजोभि: रविबिम्बमित्यत्र रो रीति रेफलोपे पूर्वस्याणो दीर्घ:। तेजोभिरविबिम्बमित्यदीर्घपाठेऽपि अवे: सूर्यस्य बिम्बमिवेत्यर्थ:। 'अवय: शैलमेषार्का:' इत्यभिधानात्। अम्बरमतति सततं गच्छति अम्बरादिति प्रथमान्तत्वे तु रविबिम्बविशेषणं द्रष्टव्यम्। भद्रा च सा कालस्य कालाग्निरुद्रस्य स्त्री काली चेति भद्रकाली। यद्वा काली चण्डिका ॥8 ॥

(4 नागोजीभट्टी) चिक्षेपेति। तत् शूलं अम्बराद्रविबिम्बमिव इत्युत्तरान्वयि। तेजोभि: इत्यत्र इलोप इति दीर्घ: ॥8 ॥

(5 जगच्चन्द्रचन्द्रिका) चिक्षेपेति 9 ॥8 ॥

(6 दंशोद्धार) चिक्षेपेति। जाज्वल्यमानमत्यर्थं ज्वलत्। अम्बरात् आकाशे। छान्दसत्वाद्विभक्तिव्यत्यय:। यद्वा अम्बरे अवस्थाप्य चिक्षेपेत्यर्थ:। ल्यब्लोपे पञ्चमी। यद्वा अम्बरमततीत्यम्बरात्। प्रथमान्तं रविबिम्बविशेषणम्। अत सातत्यगमनेऽस्मात् क्विप् तेजोभिरविबिम्बमिति पाठे अवि: बिम्बमिति च्छेद:। 'अवि: शैले रवौ मेषे' इति विश्व: ॥8 ॥

दृष्ट्वा तदापतच्छूलं देवी शूलममुञ्चत।
ते[1]न तच्छतधा नीतं शूलं स च महासुर: ॥9 ॥

(1 गुप्तवती) तेन देवीमुक्तेन प्रतिशूलेन स चिक्षुरश्च शतधा नीत इति लिङ्गविपरिणामेनान्वय: ॥9 ॥

1. तच्छूलं, इति पाठ:।

(2 चतुर्धरी) ॥9 ॥

(3 शान्तनवी) तत् चिक्षुरप्रयुक्तम् आपतत् आगच्छत् शूलं कर्म दृष्ट्वा देवी स्वकीयं शूलम् अनुञ्चत प्रयुक्तवती। तेन देव्या अम्बिया प्रयुक्तेन शूलेन तत् चिक्षुरप्रयुक्तं शूलं शतधा शतप्रकारैः चूर्णतां नीतं प्रापितमभूत्। न केवलं चिक्षुरसंबन्धिशूलमेव शतधा चूर्णतां नीतम् अपितु सः चिक्षुरश्च महासुरः देव्या प्रयुक्तेन शूलेन शतधा चूर्णतां नीत इत्यर्थः। चिक्षुरप्रयुक्तं शूलं चिक्षुरश्च देव्या प्रयुक्तेन शूलेन शतधा चूर्णतां नीतश्चाभूदित्यर्थः। 'अस्त्री शूलं रुगायुधम्'। अमुञ्चत। मुच्लृ मोक्षणे स्वरितेत् ॥9 ॥

(4 नागोजीभट्टी) दृष्ट्वेति। तत् एवं सुन्दरं शूलमापतत् आगच्छत् दृष्ट्वा चेत्यर्थः। तच्च शतधा नीतमिति शेषः ॥9 ॥

(5 जगच्चन्द्रचन्द्रिका) दृष्ट्वा तदेति 10 ॥9 ॥

(6 दंशोद्धार) ॥9 ॥

हते तस्मिन्महावीर्ये महिषस्य चमूपतौ।

आजगाम गजारूढश्चामरस्त्रिदशार्दनः ॥10 ॥

(1 गुप्तवती) ॥10 ॥

(2 चतुर्धरी) ॥10 ॥

(3 शान्तनवी) महिषासुरस्य चमूपतौ सेनाधिनाथे तस्मिन् चिक्षुरे चिक्षुराख्ये महासुरे देव्या हते संग्रामे व्याहते सति चामरो नाम त्रिदशार्दनः अमरहिंसनः महासुरः गजारूढः सन् देव्या सह संग्राममवितुम् आजगाम आययौ आगतवान् वीर्यं बलं प्रभावश्च। अर्दयति हिनस्ति अर्दनः ॥10 ॥

(4 नागोजीभट्टी) हते तस्मिन्निति ॥10 ॥

(5 जगच्चन्द्रचन्द्रिका) हते तस्मिन्निति 11 ॥10 ॥

(6 दंशोद्धार) हत इति। चामरनामा दैत्यः ॥10 ॥

सोऽपि शक्तिं मुमोचाथ देव्यास्तामम्बिका द्रुतम्।

हुंकाराभिहतां भूमौ पातयामास निष्प्रभाम् ॥11 ॥

(1 गुप्तवती) ॥11 ॥

(2 चतुर्धरी) ॥11 ॥

(3 शान्तनवी) अथ सः चामरः चामरनामा महादैत्यः देव्याः प्रतिघातनाय शक्तिम्' आयुधविशषं मुमोच प्रतिक्षेप अथ अम्बिका देवीं तां शीघ्रं सत्वरं हुंकाराभिहताम् अत एव निष्प्रभां तां चामरदैत्यप्रयुक्तां शक्तिं भूमौ पातयामास प्रभ्रंशयांचकार ॥11 ॥

(4 नागोजीभट्टी) सोऽपीति। हुंकारेति ह्रस्वम् ॥11 ॥

(5 जगच्चन्द्रचन्द्रिका) सोऽपि शक्तिमिति 12 ॥11 ॥

(6 दंशोद्धार) सोऽपीति। देव्यै इति वक्तव्ये शेषे षष्ठीयम्। वधायेत्यध्याहारो वा ॥11 ॥

भग्नां शक्तिं निपतितां दृष्ट्वा क्रोधसमन्वितः।
चिक्षेप चामरः शूलं बाणैस्तदपि साच्छिनत् ॥ 12 ॥

(1 गुप्तवती) ॥12 ॥

(2 चतुर्धरी) ॥12 ॥

(3 शान्तनवी) चामराख्यो महासुरः आत्मीयां शक्तिम् आयुधं देव्यां भग्नां चूर्णितां भूमौ निपतितां प्रभ्रष्टां दृष्ट्वा क्रोधसमन्वितः अप्रतिहतशक्तिः। शक्तिरद्य मदीया हता ईदृगवस्थामास्तादिति क्रोधोर्मिमूर्च्छितः सन् देवीं प्रति शूलं चिक्षेप मुमोच। तदपि चामरदैत्यप्रयुक्तं शूलं सा देवी बाणैः कृत्वा अच्छिनत् खण्डयामास। छिदिर् द्वैधीकरणे। भूतानद्यतने लङ् लिङ्विषयेपि क्वचिदस्ति। पुराकल्प एव तदास्यदिति भाष्यकारप्रयोगाल्लिङ्गादित्याहुः ॥12 ॥

(4 नागोजीभट्टी) ॥12 ॥

(5 जगच्चन्द्रचन्द्रिका) भग्नां शक्तिमिति 13 ॥12 ॥

(6 दंशोद्धार) ॥12 ॥

ततः सिंहः समुत्पत्य गजकुम्भान्तरस्थितः।
बाहुयुद्धेन युयुधे तेनोच्चैस्त्रिदशारिणा ॥ 13 ॥

(1 गुप्तवती) ॥13 ॥

(2 चतुर्धरी) समुत्पत्य आप्लुत्य ॥13 ॥

(3 शान्तनवी) ततः देव्या चामरीये शूले भग्न चूर्णिते सति अनन्तरं सिंहः पञ्चास्यः उच्चैः समुत्पत्य सम्यगुत्प्लुत्य गजस्य कुम्भौ तयोरन्तरं मध्यं तस्मिन् गजकुम्भान्तरे बिन्दौ स्थितः सन् तेन त्रिदशारिणा सुरद्विषा चामरेण दैत्येन समं उच्चैरतितरां बाहुभ्यां प्रवर्तितेन युद्धेन बाहुर्युद्धेन नियुद्धेन संप्रहारेण युयुधे संप्रजहे। युध्यतेरनुदात्तेत्त्वादात्मनेपदम्। 'कुम्भौ तु पिण्डौ शिरसस्तयोर्मध्ये बिदु पुमान्' ॥13॥

(4 नागोजीभट्टी) तत इति। समुत्पत्य आप्लुत्य। गजकुम्भान्तरस्थित इत्येकं पदम्॥13॥

(5 जगच्चन्द्रचन्द्रिका) ततः सिंह इति 14॥13॥

(6 दंशोद्धार) ॥13॥

युध्यमानौ ततस्तौ तु तस्मान्नागान्महीं गतौ।
युयुधातेऽतिसंरब्धौ प्रहारैरतिदारुणैः॥14॥

(1 गुप्तवती) युयुधाते इति प्रकृतिवद्भावश्छान्दसः॥14॥

(2 चतुर्धरी) अतिसंरब्धौ क्रोधातिशयशालिनौ॥14॥

(3 शान्तनवी) ततो बाहुयुद्धप्रवृत्तितः तु पुनः युध्यमानौ तौ सिंहचामरौ तस्मान्नागाद्गजात्सकाशात् मर्हीं भूमिं गतौ सन्तौ अतिदारुणैः भयंकरः प्रहारैः अतिसंरब्धौ अतितरां क्रोधाविष्टौ युयुधाते संग्रामं चक्रुः। संपूर्वो रभिः क्रोधार्थः। युयुधाते अतिसंरब्धौ इति छेदः। मणीवादित्वात्प्रगृह्यत्वाभावात्प्रकृतिभावाभावात् 'एङ पदान्तादति' इति पूर्वरूपत्वमेव। अथवा शिष्टप्रयोगतः संज्ञापूर्वको विधिरनित्यः। ओर्गुणादित्यतः स्वायंभुवप्रयोगवत्॥14॥

(4 नागोजीभट्टी) युध्यमानाविति। नागात् गजात्। युयुधाते इत्यत्र प्रगृह्यत्वाभावश्छान्दसः॥14॥

(5 जगच्चन्द्रचन्द्रिका) युध्यमानाविति 15॥14॥

(6 दंशोद्धार) युध्यमानाविति। नागात् गजात् युयुधातेऽतिसंरब्धावित्यत्र संधिरार्षः। एदन्तद्विवचनत्वेन प्रगृक्तत्वात् प्राचामनुरोधेनेट्। नव्यमते अतिशब्दः प्रकारे। मणीवेत्यत्र वशब्दो वाशब्दो वा बोध्य इत्युक्तम्। अवयवानामपि समुदायार्थत्वमत्र बीजम्। अत एव भागुरिरवाप्योरलोपमाह। अवाप्योरित्युदाहरणं परिगणने तु धिषणेति न सिध्येदित्याशयः। मणीवादित्वं वा कल्प्यम्॥14॥

ततो वेगात्खमुत्पत्य निपत्य च मृगारिणा।
करप्रहारेण शिरश्चामरस्य पृथक्कृतम्॥15॥

(1 गुप्तवती) ॥15॥

(2 चतुर्धरी) वेगात् गतितारतम्यात् खमाकाशम्। मृगारिणा सिंहेन पृथक्कृतं छिन्नम्॥15॥

(3 शान्तनवी) ततो युद्धरसावेशतो वेगात् जगज्जयरयात् खम् अन्तरिक्षम् उत्पत्य उत्प्लुत्य पुनर्वेगान्निपत्य च मृगारिण मृगशत्रुणा सिंहेन चामरस्य चामरनाम्नो महासुरस्य शिरः मस्तकं करप्रहारेण करकृतः प्रहारस्ताडनं तेन पृथक्कृतं दूरीकृतं छिन्नम्। 'प्रवाहजवयोर्वेगो षिण्मूत्रातिप्रवर्तने'॥15॥

(4 नागोजीभट्टी) तत इति। युद्धानन्तरं वेगात्खमुत्पत्य गत्वा पुनस्ततो निपत्यावतीर्य इत्यर्थः॥15॥

(5 जगच्चन्द्रचन्द्रिका) ततो वेगादिति 16॥15॥

(6 दंशोद्धार) ॥15॥

उदग्रश्च रणे देव्या शिलावृक्षादिभिर्हतः।
दन्तमुष्टितलैश्चैव करालश्च निपातितः॥16॥

(1 गुप्तवती) मुष्टिभिस्तलैश्चपेटादिभिश्च॥16॥

(2 चतुर्धरी) रणे युद्धे दन्तेन हस्तिदन्तेन निर्मितो मुष्टिः खड्गमुष्टिस्तस्य तलैरधोभागाघातैः। यद्वा दन्तैर्मुष्टिभिस्तलैः करतलैश्च। भुजसहस्रत्वाद्बहुवचनम्॥16॥

(3 शान्तनवी) रणे देव्या शिलाभिः पाषाणैः वृक्षैस्तरुभिः। आदिशब्दात् धनुराद्यायुधैश्च उदग्रः उदग्राख्यो महासुरः हतः न्यघाति व्यसूकृतः। करालो नाम महासुरः चकारात्ससैन्यः दन्तमुष्टितलैः दन्तैर्मुष्टिभिः तलैः प्रतलैः। चशब्दात् खड्गाद्यैरायुधैश्च रणे सिंहेन गणैः देव्या च निपातितः न्यघाति व्यसूकृतः। 'पाणौ चपेटप्रतलप्रहस्ता विस्तृताङ्गुलौ'। दन्तैः सहिताः मुष्टयः दन्तमुष्टयः दन्तमुष्टिभिः सहिताः

तलाः प्रतलाः दन्तमुष्टिलाः तैः। द्वन्द्वे तु प्राण्यङ्गत्वादेकवद्भावः स्यात्। दन्तो गजदन्तः तेन निर्मितो मुष्टिः छुरिकामुष्टिः तस्य तलैः भागदेशैः छुरिकाधाराविशेषैश्च निपातित इत्यपि व्याख्यानम्। कश्चिद्दत्तमुष्टितलैरिति क्तान्तं पठित्वा दत्तं मुष्टितलं यैर्गुणैस्ते दत्तमुष्टितलाः तैर्निपातित इत्यपि व्याख्यत् ॥16 ॥

(4 नागोजीभट्टी) उदग्रश्चेति। रणे युद्धे दन्तैर्गजदन्तनिर्मितायुधैः मुष्टिभिः। तलैश्चपेटैश्च इत्यर्थः। यद्वा दन्तैर्दन्तक्षतैरित्यर्थः ॥16 ॥

(5 जगच्चन्द्रचन्द्रिका) उदग्रश्च रण इति 17 ॥16 ॥

(6 दंशोद्धार) उदग्र इति। उदग्रनामा दैत्यः। एवमग्रेपि दैत्यनामान्यूह्यानि। दन्तैः मुष्टिभिः तलैश्चपेटाभिः यद्वा दन्तो गजदन्तः तन्मयमुष्टिभिस्तलैस्तलभागैरित्यर्थः ॥16 ॥

देवी क्रुद्धा गदापातैश्चूर्णयामास चोद्धतम्।
बाष्कलं भिन्दिपालेन बाणैस्ताम्रं तथान्धकम् ॥ 17 ॥

(1 गुप्तवती) ॥17 ॥

(2 चतुर्धरी) उद्धतम् उद्धतनामानम् ॥17 ॥

(3 शान्तनवी) रणे देवी क्रुद्धा उद्धतं नाम महासुरं चशब्दात् ससैन्यंः गदापातैश्चूर्णयामास संपिपेष परासुमकार्षीत्। त्रिनेत्रा परमेश्वरी चण्डिका देवी रणे क्रुद्धा सती भिन्दिपालेन हस्तक्षेप्येण लगुडेन बाष्कलं नाम महासुरं जघान जिहिंस व्यसुं चकार। 'भिन्दिपालः सृगस्तुल्यौ'। 'रिष्टिः कृपाणिका प्रोक्ता भिन्दिपालस्तु गोफणिः' इति। भिण्डिपालव्याख्यानममूलपव्याख्यानं मूले प्रेक्ष्यं प्रेक्षावद्भिः। तथा परमेश्वरी बाणैस्ताम्रं नाम महासुरं जघान व्यसुं चकार। तथा परमेश्वरी बाणैरेव अन्धकनामानं महासुरं जघान ॥17 ॥

(4 नागोजीभट्टी) देवीति। उद्धतं तन्नमानम्। भिन्दीति दमध्यः ॥17 ॥

(5 जगच्चन्द्रचन्द्रिका) देवी क्रुद्धेति 18 ॥17 ॥

(6 दंशोद्धार) ॥17 ॥

उग्रास्यमुग्रवीर्यं च तथैव च महाहनुम्।
त्रिनेत्रा च त्रिशूलेन जघान परमेश्वरी ॥ 18 ॥

(1 गुप्तवती) ॥18॥

(2 चतुर्धरी) ॥18॥

(3 शान्तनवी) तथा परमेश्वरी उग्रास्यम् उग्रम् आस्यं मुखं यस्य तम् उग्रास्य नाम महासुरं जघान व्यसुं चकार तथा परमेश्वरी उग्रवीर्यम् उग्रं वीर्यं यस्य तम् उग्रवीर्यनामानं महासुरं जघान। चशब्दात्ससैन्यं तं व्यसुं चकार। 'वीर्यं बले प्रभावश्च'। तथैव परमेश्वरी बाणैरेव महान्तौ हनू कपोलाधोभागौ यस्य तं महाहनुं नाम महासुरं जघान। चशब्दात्ससैन्यं तं व्यसुं चकार। त्रिनेत्रं चेति पाठे परमेश्वरी त्रीणि नेत्राणि यस्य तं त्रिनेत्रं नाम महासुरं त्रिशूलेन जघान। चशब्दात्ससैन्यकं तं व्यसुं चकार। परमा ईश्वरी। 'अश्नोतेराशुकर्मणि वरट् चेच्चोपधायाः'। यद्वा परमेश्वरस्य स्त्री परमेश्वरी ॥18॥

(4 नागोजीभट्टी) ॥18॥

(5 जगच्चन्द्रचन्द्रिका) उग्रास्यमिति 19 ॥18॥

(6 दंशोद्धार) ॥18॥

बिडालस्यासिना कायात्पातयामास वै शिरः।
दुर्धरं दुर्मुखं चोभौ शरैर्निन्ये यमक्षयम् ॥19॥

(1 गुप्तवती) ॥19॥

(2 चतुर्धरी) बिडालस्य बिडालाक्षस्य। संज्ञैकदेशे संज्ञाप्रतीतिरिति न्यायात् यमक्षयं यमगृहम्। बाणैर्दुर्धरं दुर्मुखं निन्ये ॥19॥

(3 शान्तनवी) रणे देवी असिना खड्गेन बिडालस्य बिडालनाम्नो महासुरस्य शिरः मूर्धानं कायात् शरीरात् वै प्रख्यातितः पातयामास प्रभंशयामास। रणे देवी शरैः दुर्धरं च दुर्मुखं च उभौ महासुरौ कर्मणी। यमक्षयं यमस्य गृहं द्वितीयं कर्म। निन्ये प्रापयामास। नयतिर्द्विकर्मकः। 'क्षयो यक्ष्मणि कल्पान्ते तथैव निलयेऽपि च'॥

'कालं[1] च कालदण्डेन कालरात्रिरपायत। उग्रदर्शनमत्युग्रैः खड्गपातैरताडयत् ॥20॥

---

1. इदं श्लोकद्वयं पाठकर्तृभिर्नाद्रियते। केवलं शान्तनव्यामेव व्याख्यातम।

असिनैवासिलोमानमाच्छिनत्सा रणोतसवे। गणैः सिंहने देव्या च जपक्ष्वेडाकृतोच्चकैः ॥21॥'

कालं नाम महासुरं कालरात्रिरम्बिका कालदण्डेन अपातयत्। उग्रदर्शनं नाम महासुरम् अत्युग्रैः खड्गपातैः कालरात्रिरम्बिका अताडयत्। तड आघाते चुरादिः। सा कालरात्रिरम्बिका रणोत्सवे असिनैव असिलोमनामानं महासुरम् आच्छिनत् अच्छैत्सीत्। 'क्ष्वेडा तु सिंहनादः स्यात्' कालं चेत्यादिश्लोकद्वयं केचित्पठन्ति केचित्तु न ॥19॥

(4 नागोजीभट्टी) बिडालस्येति। यमक्षयं यमगृहम् ॥19॥

(5 जगच्चन्द्रचन्द्रिका) बिडालस्येति। 20 ॥19॥

(6 दंशोद्धार) बिडालस्येति। बिडालाख्यस्य। यमक्षयं यमगृहम् ॥19॥

एवं संक्षीयमाणे तु स्वसैन्ये महिषासुरः।
माहिषेण स्वरूपेण त्रासयामास तान्गणान् ॥20॥

(1 गुप्तवती) ॥20॥

(2 चतुर्धरी) ॥20॥

(3 शान्तनवी) एवं प्रागुक्तभङ्ग्या स्वसैन्ये आत्मीयसैन्ये स्वयं संक्षीयमाणे सति महिषासुरस्तु तदसहमानः सन माहिषेण महिषसंबन्धिना महिषाकारेण स्वरूपेण तान् देवीसंबन्धिनो गणान् त्रासयामास उद्वेजयामास। संक्षीयमाण इति। क्षि क्षये भ्वादिरकर्मकः परस्मैपदी। इह तु प्रयोगतोऽन्तर्भावितण्यर्थ-विवक्षायाम् 'नाभुक्तं क्षीयते कर्म' 'क्षीयन्ते चास्य कर्माणि' इतिवत् सकर्मकत्वे सति कर्मकर्तरि लटः शानचि 'कर्मवत्कर्मणा तुल्यक्रियः' इति यक्यात्मनेपदे अकृत्सार्वधातुकयोर्दीर्घे रूपम् ॥20॥

(4 नागोजीभट्टी) एवमिति। गणान् निःश्वाससंभवान् ॥20॥

(5 जगच्चन्द्रचन्द्रिका) एवं संक्षीयेति 21 ॥20॥

(6 दंशोद्धार) एवमिति। तान् निःश्वासभवान् ॥20॥

काांश्चित्तुण्डप्रहारेण खुरक्षेपैस्तथापरान्[1]।
लाङ्गूलताडितांश्चान्यान् शृङ्गाभ्यां च विदारितान्॥21॥

(1 गुप्तवती) ॥21॥

(2 चतुर्धरी) खुरक्षेपैः पादाघातैः। कवर्गद्वितीयोयं खुरशब्दः। 'अश्वादिस्तु कवर्गयोः' इत्यभिधानात्॥21॥

(3 शान्तनवी) स महिषासुरः तुण्डप्रहारेण तुण्डेन वक्त्रेण जनिताघातेन कांश्चित्कानपि गणान् देवीरोषजनितान् पुरुषान् रणशूरान् भूतले पातयामास। तथा खुरक्षेपैः अपरान् गणान् भूमौ भूतले पातयामास। 'शफं क्लीबे खुरः पुमान्'। स तथा अन्यान् लाङ्गूलताडितान् गणान् भूमौ पातयामास। 'पुच्छोऽस्त्री लूमलाङ्गूले'। स तथान्यांश्च शृङ्गाभ्यां विदारितान् विषाणाभ्यां भेदितान् गणान् भूमौ पातयामास। 'दारिते भिन्नभेदितौ'॥21॥

(4 नागोजीभट्टी) कांश्चिदिति। खुरः कवर्गादिः॥21॥

(5 जगच्चन्द्रचन्द्रिका) कांश्चित्तुण्डेति 22॥21॥

(6 दंशोद्धार) ॥21॥

वेगेन कांश्चिदपरान्नादेन भ्रमणेन च।
निःश्वासपवनेनान्यान्पातयामास भूतले॥22॥

(1 गुप्तवती) ॥22॥

(2 चतुर्धरी) वेगेन गतितारतम्येन। भ्रमणेन मण्डलाकारगत्या॥22॥

(3 शान्तनवी) तथा महिषः नादेन ध्वनिना कण्ठगर्जितेन अपरान् व्याकुलचित्तान् भूमौ पातयामास। सः तथा अन्यान्गणान् निःश्वासपवनेन निःश्वास एव पवनो वायुस्तेन पातयामास। सः महिषः तथा अपरान् गणान् भ्रमणेन परितोऽग्रतः पार्श्वतश्च भूतले पातयामास। स तथा वेगेन जवेन कांश्चिदपरान्भूमौ पातयामास॥22॥

---

1. 'क्षुरक्षेपैः' इत्यपि पाठः।

(4 नागोजीभट्टी) वेगेन कांश्चिदिति। वेगयुक्तभ्रमणेन। वेगो गतेः भ्रमणं मण्डलाकारगतिः ॥22॥

(5 जगच्चन्द्रचन्द्रिका) वेगेनेति 23 ॥22॥

(6 दंशोद्धार) ॥22॥

निपात्य प्रमथानीकमभ्यधावत सोसुरः।
सिंहं हन्तुं महादेव्याः कोपं चक्रे ततोऽम्बिका ॥23॥

(1 गुप्तवती) ॥23॥

(2 चतुर्धरी) प्रमथा गणाः तेषामनीकं सैन्यम् ॥23॥

(3 शान्तनवी) इत्थं महिषासुरः महादेव्याः अम्बिकायाः प्रमथानाम् अनीकानि सैन्यानि प्रमथगणान् निपात्य भूमौ नितरां पातयित्वा तस्याः सिंहं पञ्चास्यं हन्तुं हिंसितुम् अभ्यधावत् आभिमुख्येन अधावत्। 'वरूथिनी बलं सैन्यं चक्रं चानीकमस्त्रियाम्'। ततः प्रमथगणमथनतः। सिंहं हन्तुमागमत्। ततश्च महिषमहासुरविषयेऽम्बिका चण्डिका कोपं चक्रे क्रोधं व्यधादित्याह। कोपं चक्रे ततोऽम्बिकेति ॥23॥

(4 नागोजीभट्टी) निपात्येति। प्रमथाः गणाः 24 ॥23॥

(5 जगच्चन्द्रचन्द्रिका) निपात्येति ॥23॥

(6 दंशोद्धार) ॥23॥

सोऽपि कोपान्महावीर्यः खुरक्षुण्णमहीतलः।
शृङ्गाभ्यां पर्वतानुच्चांश्चिक्षेप च ननाद च ॥24॥

(1 गुप्तवती) ॥24॥

(2 चतुर्धरी) ॥24॥

(3 शान्तनवी) महावीर्यः सः महिषासुरः खुरक्षुण्णमहीतलः सन् क्रोधात् कोपात् अग्रैकपादशफनिष्पिष्टकृताग्रक्षोणिभागः सन् उच्चैरभ्रल्लिहान् पर्वतान् उच्चैरभ्रंलिहमुकुटमूर्धनि देव्यामुच्चैश्चिक्षेप च उच्चैरक्षैप्सीत्। अथवा उच्चैर्ननाद। णद अव्यक्ते शब्दे। गलगर्जनं चोच्चैश्चकारः। 'वीर्यं बलं प्रभावश्च'। बलं प्राणसामर्थ्यम्। महावीर्यसंपन्नः सत्त्ववान् महिषोऽतितरामिति यावत् ॥24॥

(4 नागोजीभट्टी) ॥24॥

(5 जगच्चन्द्रचन्द्रिका) सोऽपि कोपादिति 25 ॥24॥

(6 दंशोद्धार) ॥24॥

वेगभ्रमणबिक्षुण्णा मही तस्य व्यशीर्यत।
लाङ्गूलेनाहतश्चाब्धिः प्लावयामास सर्वतः ॥25॥

(1 गुप्तवती) ॥25॥

(2 चतुर्धरी) तस्य वेगभ्रमणाभ्यां बिक्षुण्णा मही व्यशीर्यत विशीर्णा। कर्मकर्तर्यात्मनेपदम् ॥25॥

(3 शान्तनवी) तस्य महिषस्य महासुरस्य वेगेन जवेन युक्तं भ्रमणं तेन विक्षुण्णा विशेषेण संपिष्टा मही व्यशीर्यत स्वयमेव विशीर्णा अभवत्। शॄ हिंसायाम्। क्र्यादिः परस्मैपदी विपूर्वकाऽकर्मकः। इह तु अन्तर्भावितण्यर्थविवक्षायां विशीर्यते मेघः स्वयमेव। विशीर्यते सेतुः स्वयमेवेतिवत्कर्मकर्तरि लङि रूपम्। किंच तस्य महिषस्य लाङ्गूलेन पुच्छेन आहतस्ताडितोऽब्धिरर्णवः सर्वतः सर्वत्र पृथिव्यां सकलजनान् प्लावयामास वारिमग्नं चकार। तसिप्रकरणे 'आद्यादिभ्य उपसंख्यानम्' इत्यधिकरणे तसिः। यद्वा कर्मणि ल्यब्लोपे पञ्चमी। सर्वतः सर्वां पृथ्वीं प्राप्य प्लावयामास मज्जयामसेत्यर्थः ॥25॥

(4 नागोजीभट्टी) वेगेति। विक्षुण्णा कुट्टिता व्यशीर्यतेति कर्मकर्तरि रूपम्। सर्वतः। सार्वविभक्तिकस्तसिः। प्लावयामास। जलेनेति शेषः ॥25॥

(5 जगच्चन्द्रचन्द्रिका) वेगभ्रमणेति 26 ॥25॥

(6 दंशोद्धार) वेगेति। व्यशीर्यतेति कर्मकर्तरि तङ् ॥25॥

धुतशृङ्गविभिन्नाश्च ख[1]ण्डंखण्डं ययुर्घनाः।
श्वासानिलास्ताः शतशो निपेतुर्नभसोऽचलाः ॥26॥

(1 गुप्तवती) ॥26॥

---

1. खण्डखण्डं, इति पाठः।

(2 चतुर्धरी) खण्डंखण्डमिति क्रियाविशेषणम्। ययुरुपागताः घना मेघाः श्वासानिलास्ताः निःश्वासवातनिक्षिप्ताः नभसः आकाशात्। असु क्षेपेणे ॥26 ॥

(3 शान्तनवी) घनाश्च महान्तो मेघाः तेन महिषेण धुताभ्यां शृङ्गाभ्यां विभिन्नाः विदारिताः सन्तः खण्डंखण्डं शकलंशकलं ययुः प्रापुः। महिषेण धुतशृङ्गविदारिताः महान्तो मेघाः खण्डप्रकाराः खण्डसदृशाः सन्तः खण्डसादृश्यं ययुरित्यर्थः। 'प्रकारे गुणवचनस्य' इति अधिकस्याल्पसादृश्ये गुणवचनस्य द्विर्भावः। खण्डखण्डमयुरिति तु पाठे 'कर्मधारयवदुत्तरेषु' इति विकल्पेन कर्मधारयत्वातिदेशात् द्विरुक्तयोर्भागयोर्मध्ये पूर्वभागसंबन्धिन्याः विभक्तेर्लुक्। 'श्वासानिलास्ताः शतशो' 'श्वासानिलाहताः शीर्णाः' 'श्वासानिलास्ताऽविशीर्णा' इति पाठत्रयम्। तस्य महिषस्य रोषजाः श्वासा एव अनिलाः वायवः तैरस्ताः क्षिप्ताः अत एव विशीर्णश्चूर्णीभूताः अचलाः पर्वताः नभसः सकाशात् निपेतुः निपतिताः। यद्वा श्वासानिलास्ताः शतशः। शतंशतं शतशः। 'संख्यैकवचनाच्च वीप्सायाम्' इति शप्रत्ययः। यद्वा श्वासानिलाहताः शीर्णाः श्वासानिलैराहतास्ताडिताः इत्युनसंधेयम्। शीर्णाश्चूर्णीभूताः ॥26 ॥

(4 नागोजीभट्टी) धुतेति। कम्पितेत्यर्थः। खण्डस्य खण्डा यस्यां क्रियायाम्। श्वासानिलेकाकाशं प्रत्यस्ताः क्षिप्ताः अचलाः पुनराकाशात्पेतुरित्यर्थः ॥26 ॥

(5 जगच्चन्द्रचन्द्रिका) धुतशृङ्गेति 27 ॥26 ॥

(6 दंशोद्धार) ॥26 ॥

इति क्रोधसमाध्मातमापतन्तं महासुरम्।
दृष्ट्वा सा चण्डिका कोपं तद्वधाय तदाकरोत् ॥27 ॥

(1 गुप्तवती) ॥27 ॥

(2 चतुर्धरी) क्रोधसमाध्मातं क्रोधेनोद्दीप्तम् ॥27 ॥

(3 शान्तनवी) इति प्रागुक्तरीत्या क्रोधसमाध्मातं क्रोधाग्नियुक्तं क्रोधेन समन्तादाविष्टमासमन्ताद्विजृम्भितम् आपतन्तम् अभ्यधावन्तं महिषं महासुरं

दृष्ट्वा वीक्ष्य तदा तद्वधाय तं महिषं हन्तुं चण्डिकादेवी कोपम् अकरोत्। वध हिंसार्थः इति। वधिः प्रकृत्यन्तरम् 'जनिवध्योश्च' इति वधिग्रहणादवसीयते। तद्वधायतेति। तस्य वधनं वधः। भावे घञ् 'जनिवध्योश्च' 'अत उपधायाः' वृद्ध्यभावः। 'क्रियार्थोपपदस्य च कर्मणि स्थानिनः' इति चतुर्थी। तद्वधं विधातुं कोपं क्रोधमकरोत् अकुप्यत। चडि कोपे। चण्डते चण्डति वा चण्डिका ॥27॥

(4 नागोजीभट्टी) ॥27॥

(5 जगच्चन्द्रचन्द्रिका) इति क्रोधेति 28 ॥27॥

(6 दंशोद्धार) इतीति। क्रोधेन समाध्मातं संतप्तम् ॥27॥

सा क्षिप्त्वा तस्य वै पाशं बबन्ध महासुरम्।
तत्याज माहिषं रूपं सोऽपि बद्धो महामृधे ॥28॥

(1 गुप्तवती) ॥28॥

(2 चतुर्धरी) तस्येति। संबन्धलक्षणा षष्ठी। मृधे युद्धे ॥28॥

(3 शान्तनवी) म्रियन्ते यस्मिन्वीराः मृधं युद्धं तत्र महति मृधे सा चण्डिका देवी तावत् तस्य महिषस्य महासुरस्य वधाय वै प्रसिद्धं वरुणादवाप्तं पाशं पाशाख्यमायुधं क्षिप्त्वा प्रवर्तन्तं महिषं महासुरं बबन्ध। अथ स पाशबन्धमसहिष्णुर्माहिषं रूपं तत्याज अत्याक्षीत्। ततोनु स संत्यक्तमाहिषकारो मायावित्वादन्य एव पशुः शार्दूलः खड्गः पोत्री वा प्रशस्तः प्रथमक्षतगात्रोऽभूत्। अथ देव्या पाशेन सोपि वा बद्ध एवाभूत् ॥28॥

(4 नागोजीभट्टी) सेति। सा तस्योपरि पाशं क्षिप्त्वा तं बबन्धेत्यन्वयः ॥28॥

(5 जगच्चन्द्रचन्द्रिका) सा क्षिप्त्वेति 29 ॥28॥

(6 दंशोद्धार) सा क्षिप्त्वेति। तस्या पांशं बन्धनायेति शेषः। तस्य तस्मिन् संबन्धसामान्ये षष्ठी वा ॥28॥

ततः सिंहोऽभवत्सद्यो यावत्तस्याम्बिका शिरः।
छिनत्ति तावत्पुरुषः खड्गपाणिरदृश्यत ॥29॥

(1 गुप्तवती) ॥29॥

(2 चतुर्धरी) ॥29॥

(3 शान्तनवी) ततः महिषादिरूपरित्यागादनन्तरं सः महासुरः मायावित्वात्सद्यः सपदि देव्या समं योद्धुं सिंहोऽभूत्। ततः अम्बिकादेवी तस्य मायामयसिंहस्य शिरः मूर्धानं यावत् यावता कालेन छिनत्ति छेत्स्यति तावत तावत्येव काले स मायावी महासुरः खड्गपाणिः पुरुषः प्रादुर्भवन् अदृश्यत दृष्टः। देव्येति शेषः। यावच्छिनत्ति इति भविष्यतिकाले 'यावत्पुरानिपातयोर्लट्' छिदिर् द्वैधीकरणे रुधादिः। 'यावत्तावच्च साकल्येऽवधौ मानेऽवधारणे'। खड्गं पाणौ यस्य स तथोक्तः। 'प्रहरणार्थेभ्यः परे निष्ठासप्तम्यौ भवतः' इति च वक्तव्यम् ॥29॥

(4 नागोजीभट्टी) तत इति। तस्य सिंहीभूतस्य। अदृश्यत देव्येति शेषः ॥29॥

(5 जगच्चन्द्रचन्द्रिका) ततः सिंह इति 30 ॥29॥

(6 दंशोद्धार) तत इति। छिनत्ति छेत्स्यति। 'यावत्पुरानिपातयोः' इति भविष्यति लट् ॥29॥

तत एवाशु पुरुषं देवी चिच्छेद सायकैः।
तं खड्गचर्मणा सार्धं ततः सोऽभून्महागजः ॥30॥

(1 गुप्तवती) ॥30॥

(2 चतुर्धरी) आशु शीघ्रम्। आश्वेव तं पुरुषं चिच्छेदेत्यन्वयः। सायकैर्बाणैः। खड्गचर्मणा सहितं पुरुषं खड्गं च चर्म च चिच्छेदेत्यन्वयः ॥30॥

(3 शान्तनवी) ततः खड्गपाणेः पुरुषस्य दर्शनादन्तरमेव देवी आशु सत्वरं सायकैराशुगैः खड्गचर्मणा सार्धं तं खड्गपाणिं पुरुषं कण्ठे चिच्छेद। खड्गं चर्म च पुरुषं च सायकैश्चिच्छेदेति सूचयितुं सार्धमित्युक्तम्। खड्गं चर्म च खड्गचर्म। सेनाङ्गत्वादेकवद्भावः। तेन सार्धम् 'फलकोऽस्त्री फलं चर्म' चर्ममयं गात्रत्राणं हस्तग्राह्यं फलकम्। ततः पुरुषरूपतः सकाशात् स महासुरः महागजोऽभूत् ॥30॥

(4 नागोजीभट्टी) तत इति। तं पुरुषं देवी आश्वेव। खड्गचर्मणेति समाहारद्वन्द्वः। तत्सहितं सायकैश्चिच्छेदेत्यन्वयः ॥30॥

(5 जगच्चन्द्रचन्द्रिका) तत एवाश्विति 31 ॥30॥

(6 दंशोद्धार) ॥30॥

करेण च महासिंहं तं चकर्ष जगर्ज च।
कर्षतस्तु करं देवी खड्गेन निरकृन्तत ॥31॥

(1 गुप्तवती) ॥31॥

(2 चतुर्धरी) ॥31॥

(3 शान्तनवी) स च महागजः करेण हस्तेन शुण्डादण्डेन तं प्रसिद्धं देव्या वाहनं सिहं चकर्ष आकृष्टवान् जगर्ज च। बृंहितं चकार। 'बृंहितं करिगर्जितम्'। गर्ज शब्दे भ्वादिः परस्मैपदी। गजः सिंह चकर्षेति हि महासुरविनाशकसूचक उत्पातोयम्। प्रसिद्धिवैपरीत्यात्। ततः देवी तु पुनः सिंहं कर्षतः आक्षिपतः आहरतः तस्य महागजस्य करं शुण्डादण्डं खड्गेन चन्द्रहासेन निरकृन्तत निष्कृष्य अच्छैत्सीत्। कृती छेदने परस्मैपदी। यदभ्यधुः। 'कृणत्ति कृन्ततीत्येते वेष्टने छेदने क्रमात्' इति। इह तु छान्दसमात्मनेपदम्। ऋषयश्छान्दसं पदमनुकुर्वन्ति। अन्यथा निरकृन्तादित्येव स्यात्। कर्षतस्तत्करं देवीति पाठे कर्षतो गजस्य स करः प्रसिद्धः तत्कर इति व्याख्या। इह स महासुरः प्राङ्महाहवक्षमः 'महिषोऽभूत्ततो व्याघ्रः खड्गः पोत्री हरिः पुमान्। गजोऽथ महिषो भूयो मायावी स महामृधे' इत्येतदावेदयितुमाह ॥31॥

(4 नागोजीभट्टी) करेणेति। महासिंहं देवीवाहनं कर्षत इत्यस्य सिंहमित्यादि। निरकृन्ततेति छान्दसम् ॥31॥

(5 जगच्चन्द्रचन्द्रिका) करेण चेति 32 ॥31॥

(6 दंशोद्धार) करेणेति। गजेन सिंहाकर्षणं महासुरविनाशसूचक उत्पातोयम्। अकृन्तत। कृती छेदने। परस्मेपदित्वेपि तङार्षः ॥31॥

ततो महासुरो भूयो माहिषं वपुरास्थितः[1]।
तथैव क्षोभयामास त्रैलोक्यं सचराचरम् ॥32॥

---

1. 'वपुराश्रितः' इति शान्तनवीपाठः।

(1 गुप्तवती) ॥32 ॥

(2 चतुर्धरी) वपुः शरीरम्। आस्थितो गृहीतवान्। तथैव पूर्ववत् ॥32 ॥

(3 शान्तनवी) ततः गजरूपवपुस्त्यागादनन्तरं भूयः पुनरपि स महासुरः माहिषं वपुराश्रितः प्राप्तवान् सन् तथैव पूर्ववदेव प्राग्वत् महिषः सन् त्रैलोक्यं क्षोभयामास क्षोभं प्रापयामास। तथैव च चराचरं त्रैलोक्यं लोकत्रयं क्षोभयामास। आश्रित इति श्रिञ् सेवायां सेवानुसरणे गतिविशेषे इति कर्तरि क्तः। आस्थित इति पाठे तु आङ्पूर्वस्तिष्ठतिः प्रतिज्ञानार्थः सकर्मकः। 'गत्यर्थाकर्मकश्लिषशीङ्स्थास' इत्यादिन कर्तरि क्तः। वपुरास्थितः अङ्गीकृतवान् सन् त्रैलोक्यं क्षोभयामासेत्यर्थः। आस्थितेत्यविसर्गपाठे तु 'आङस्थः प्रतिज्ञाने' इत्यात्मनेपदम्। कर्तरि लुङ्। 'स्थाध्वेरिच्च' इत्याकारस्य इत्वं सिचः कित्त्वं च। तेन गुणाभावः। 'ह्रस्वादङ्गात्' इति सिचो लोपः। त्रैलोक्यं सचराचरम् इत्यत्र त्रयो लोकास्त्रैलोक्यम्। चातुर्वर्ण्यादित्वात्स्वार्थे ष्यञ्। स इति छेदे तु स महासुर इत्यर्थः। चराश्च देवादयः। अचराश्च पर्वतादयः। चराचरम्। सर्वो द्वन्द्वो विभाषैकवद्भवति। चराचरात्मकं त्रैलोक्यं स महासुरः क्षोभयामासेत्यर्थः। यद्वा चराश्चाचराश्च चराचरास्तैः सहितं त्रैलोक्यं सचराचरं संभवात्स्वरूपाख्यानतो विशेष्यभावः। यद्वा त्रैलोक्यं क्षोभयामास। तत् कीदृशं चराचरं जगदात्मकमित्यर्थः। स महासुरः जगदात्मकं त्रैलोक्यं क्षोभयामासेत्यर्थः। यद्वा सचराचरं जङ्गमाजङ्गमसहितं त्रैलोक्यं क्षोभयामासेत्यर्थः। चरिर्गत्यर्थः। 'चरिचलिपतिवदीनां वा द्वित्वमच्याक्चाभ्यासस्य' इति पचाद्यचि द्विर्भावेऽभ्यासस्य च आगागमः। अविधिसामर्थ्याद्धलादिःशेषाभावः। अन्यथा ह्यागमादेशयोर्विशेषाभावादागमलिङ्गमपार्थकं स्यात्। 'चरिष्णु जङ्गमचरं त्रसमिङ्गं चराचरम्' ॥32 ॥

(4 नागोजीभट्टी) तत इति। तथैव प्राग्वदेव ॥32 ॥

(5 जगच्चन्द्रचन्द्रिका) ततो महेति 33 ॥32 ॥

(6 दंशोद्धार) ॥32 ॥

ततः क्रुद्धा जगन्माता चण्डिका पानमुत्तमम्।
पपौ पुनः पुनश्चैव जहासारुणलोचना ॥33 ॥

(1 गुप्तवती) क्रुद्धेति। तुरीयापि चण्डिका प्रधानहननरूपं कृत्वापि रजोगुणाविर्भावाधिक्येन स्वस्या महालक्ष्मीत्वमापादितवतीति ध्वननाय मध्ये पानमाह। अत एवारुणलोचनत्वं मुखरागादिश्च युज्यते॥33॥

(2 चतुर्धरी) पीयत इति पानं मधु॥33॥

(3 शान्तनवी) पीयते इति पानम्। कर्मणि ल्युट्। ततस्त्रैलोक्यक्षोभणादनन्तरं जगन्माता जगतां जननी जगद्धिता चण्डिकादेवी क्रुद्धा सती अत एव अरुणलोचना अरुणे रक्ते लोचने यस्याः सा। उत्तमम् अमृतं पानं मधु पुनः पुनः पपौ। पा पाने। लीलया मध्वेव पपौ। पुनः पुनश्च जहासैव। युद्धं तु न गणयामास। हसे हसने। लिटस्तिपो णल्। पपाविति 'आत औ णलः'। वीरपानं चकारेत्यर्थः। 'वीरपानं तु यत्पानं वृत्ते भाविनिःवारणे' वीराणां कर्तव्यं मद्यपानं वीरपानं 'मुहुः पुनःपुनः शश्वदभीक्ष्णमसकृत्समाः' 'घटायुतायुतोन्मानं मधु मांसोपदंशकम्। एकैकश्वासतश्चण्डी पपावत्र रणोत्सवे'॥33॥

(4 नागोजीभट्टी) तत इति। महिषस्य शिवावतारत्वेन जायमानदयादिविच्छेदायात्र मद्यपानं पानं मद्यम्। कर्मणिल्युट्। पानादरुणलोचना पुनः पुनर्जहासेत्यन्वयः॥33॥

(5 जगच्चन्द्रचन्द्रिका) ततः क्रुद्धेति 34॥33॥

(6 दंशोद्धार) ॥33॥

ननर्द चासुरः सोपि बलवीर्यमदोद्धतः।
विषाणाभ्यां च चिक्षेप चण्डिकां प्रति भूधरान्॥34॥

(1 गुप्तवती) ॥34॥

(2 चतुर्धरी) बलं शारीरं सामर्थ्यम्। वीर्यम् उत्साहः। ताभ्यां यो गर्वः मदः। उद्धतः उद्रिक्तः॥34॥

(3 शान्तनवी) बलेन सामर्थ्येन। वीर्येण प्रभावेन तेजसा मदेन हर्षेण गर्वेण च उद्धतः अविनीतः निर्मर्यादः उत्कटः स महिषः असुरोऽपि ननर्द च कण्ठगर्जनं चकार। 'नर्द गर्द शब्दे' चण्डिकां प्रति भूधरान् गिरीन् विषाणाभ्यां शृङ्गाभ्यां चिक्षेप प्रक्षिप्तवान्। 'अविनीतः समुद्धतः'। 'स्थालैयसामर्थ्यसैन्येषु बलं ना काकसीरिणोः'। 'वीर्यं बलं प्रभावश्च'॥34॥

(4 नागोजीभट्टी) ननर्देति। बलं शारीरम्। वीर्यमुत्साहः। ताभ्यां मदो गर्वः ॥34॥

(5 जगच्चन्द्रचन्द्रिका) ननर्द चेति 35 ॥34॥

(6 दंशोद्धार) ननर्देति बलं शरीरशक्तिः। वीर्यम् उत्साहशक्तिः। ताभ्यां मदो गर्वस्तेनोद्धतः 'विषाणं दन्तशृङ्गयोः'। इत्यमरः ॥34॥

सा च तान्प्रहितांस्तेन चूर्णयन्ती शरोत्करैः।
उवाचं तं मदोद्धूतमुखरागाकुलाक्षरम् ॥35॥

(1 गुप्तवती) लक्ष्म्याः सुरायाश्च मादकत्वेन साम्याच्च। 'सहेत्या (?) वा एतद्देवताया रूपं यन्मधु' इति श्रुतेश्च मदेन सुराजन्येन उद्धूतः अतिशयितो मुखस्य रागो रक्तिमा यत्र। आकुलान्यस्पष्टाक्षराणि च यस्मिन्कर्मणि तत् ॥35॥

(2 चतुर्धरी) मदेन उद्धूतो मुखरागो यस्याः सा। आकुलाक्षरम् अव्यक्तवर्णं यथा स्यात्तथा ॥35॥

(3 शान्तनवी) सा चण्डिका तेन महिषेण महासुरेण प्रक्षिप्तान् क्षिप्तान् तान् भूधरान् गिरीन् शरोत्करैः शराणाम् उत्करैः उत्क्षेपैः प्रक्षेपणैः चूर्णयन्ती निःशेषयन्ती सती महिषासुरं मदोद्धूतमुखरागाकुलाक्षरं यथा स्यात्तथा उवाच। मदान्मधुपानजादुद्धूतो मुखे रागः तेनाकुलान्यक्षराणि वर्णा यस्मिन्कर्मणि वचने तन्मदोद्धूतमुखरागाकुलाक्षरम्। क्रियाविशेषणानां कर्मत्वं नपुंसकैकत्वं च वक्तव्यम्। यद्वा मदोद्धूतमुखरागा देवी मदेन मधुपानजेन उद्धूतो जातो मुखे रागः कषायभावो यस्याः सा तथोक्ता। आकुलाक्षरमिति क्रियाविशेषणम्। आकुलानि व्यामिश्रितानि अस्पष्टानि अक्षराणि यस्मिन्कर्मणि तत् आकुलाक्षरम् अस्पष्टाक्षरम् ॥35॥

(4 नागोजीभट्टी) सा चेति। मदेनोद्धूतः अतिशयेन जातो मुखे रागो यस्याः सा। आकुलाक्षरमिति वचनं क्रियाविशेषणम्। मद्यस्वभावोऽयम् ॥35॥

(5 जगच्चन्द्रचन्द्रिका) सा च तानिति 36 ॥35॥

(6 दंशोद्धार) मदेनोद्धूतो यो मुखरागस्तेनाकुलान्यक्षराणि यस्यां क्रियायां तथोवाच मदोद्धूतमुखरागेति देवीविशेषणं पृथक्पदं वा ॥35॥

देव्युवाच।

गर्ज गर्ज क्षणं मूढ मधु यसावत्पिबाम्यहम्।
मया त्वयि हतेऽत्रैव गर्जिष्यन्त्याशु देवताः ॥36॥

(1 गुप्तवती) मधु यावत् पिबामि लक्ष्म्यावेशविशिष्टा यावद्द्रवामि। मया लक्ष्म्या। 'इन्दिरा लोकमाता मा' इति कोशात् ॥36॥

(2 चतुर्धरी) गर्जगर्जेति संभ्रमेण पुनरुक्तिः। आशु शीघ्रम् ॥36॥

(3 शान्तनवी) अत्र ह्याकुलाक्षरमुवाचेत्युक्तत्वात् गर्जगर्ज इत्येवं प्रतिपदं व्यत्यस्ताक्षरं देव्युक्तम्। ऋषिणा तु तत्संस्कृत्यार्थसंगत्या प्रणीतम्। रे मूढ हे अज्ञ त्वं क्षणं तावत् गर्जगर्ज। यावदहं मधु पिबामि यावता क्षणेन मधु पास्यामि तावन्तं क्षणं त्वमपि कण्ठगर्जनं कुरुकुरु। तावदेव तवायुः। ततः क्षणान्तरे मया त्वयि महिषासुरे हते व्यसूकृते सति अत्र अत्रैव संग्रामभूमावेव। अत्रैवास्मिन्नेव क्षणेऽवसरे वा आशु अविलम्बितं देवताः इन्द्रादयो देवाः गर्जिष्यन्त्यानन्दतो गायस्यन्ति। गृजि शब्दे लृट्। पिबामीति। पा पाने भविष्यति काले 'यावत्पुरानिपातयोर्लट्' इति लट्। 'अज्ञे मूढयथाजातमूर्ख-वैधेयवालिशाः' ॥36॥

(4 नागोजीभट्टी) देव्युवाच। गर्जगर्जेति संभ्रमेण द्विरुक्तिः। मदेन च पिबामीति पूर्वं पपावित्युक्तिः राजानं प्रति क्रम इति न दोषः ॥36॥

(5 जगच्चन्द्रचन्द्रिका) देव्युवाचैक इति। देव्युवाचेति एको मन्त्रः तथाहि 'देव्युवाच स्वाहा 37।' गर्जगर्जेति चापरे इति। तथाहि 'गर्जगर्ज क्षणं मूढ' इति अपरोऽन्यः श्लोकरूपो मन्त्रः 38 ॥36॥

(6 दंशोद्धार) गर्जेति। गर्जगर्जेति 'नित्यवीप्सयोः' इति पौनःपुन्ये द्वित्वम् पिबामि पास्यामि। 'यावत्पुरा' इति लट् ॥36॥

ऋषिरुवाच।

एवमुक्त्वा समुत्पत्य सारूढा तं महासुरम्।
पादेनाक्रम्य कण्ठे च शूलेनैनमताडयत् ॥37॥

(1 गुप्तवती) ॥37॥

(2 चतुर्धरी) पादेनाक्रम्य। पृष्ठे इति शेषः ॥37॥

(3 शान्तनवी) सा देवी एवमुक्त्वा समुत्पत्य उत्प्लुत्य तं महिषासुरम् आरूढा आरूढवती सती एनं महिषं महासुरं कण्ठे च कण्ठप्रदेश एव एकेन पादेन उचितेनाक्रम्य शूलेन आयुधेन अताडयत्। तड आघाते चुरादि:। आरूढा। इह तु 'गत्यर्थाक्रमक' इत्यादिना कर्तरि क्त:। एनमित्यन्वादेशे रूपमिदम्। 'एतदोऽन्यतरस्याम्' ॥37॥

(4 नागोजीभट्टी) ऋषिरुवाच। एवमिति। समुत्पत्य कूर्दनं कृत्वा तं सा आरूढा अथ एनं पादेनाक्रम्य दृढंबद्ध्वा कण्ठे शूलेनाताडयदित्यन्वय: ॥37॥

(5 जगच्चन्द्रचन्द्रिका) ऋषिरुवाचेति 'ऋषिरुवाचस्वाहेत्ययं मन्त्र: 39'। पुनश्च श्लोकपञ्चकमिति। पुनर्भूयोऽपि श्लोकानां पञ्चकं पञ्चश्लोकरूपा मन्त्रा इति। तथाहि एवमुक्त्वेति 40 ॥37॥

(6 दंशोद्धार) ॥37॥

ततः सोऽपि पदाक्रान्तस्तया निजमुखात्ततः।
अर्धनिष्क्रान्त एवाति[1] देव्या वीर्येण संवृतः ॥38॥

(1 गुप्तवती) ॥38॥

(2 चतुर्धरी) ततस्तान् निजमुखात् आत्ममुखात्। तत: शूलताडनात् हेतो: अर्धनिष्क्रान्त: नि:सृतार्धकाय: तया देव्या वीर्येण सामर्थ्येन अत्यतिशयेन संवृत: प्रतिबद्ध इत्यर्थ: ॥38॥

(3 शान्तनवी) ततोऽनन्तरं स महिषासुर: तया देव्या पदा पादेन आक्रान्त: शूलेन ताडित: सन्नपि ततस्तस्मान्निजमुखादात्मीयात् महिषवक्त्रात् सकाशात् अर्धनिष्क्रान्त एव अर्धेन शरीरेण निर्गत: देव्या वीर्येण बलेन सामर्थ्येन संवृत:संछादित: स्तम्भित आसीत्। तथैवास न संपूर्णो निष्क्रान्त:। अर्धनिष्क्रान्त: अर्धेन वा निष्क्रान्त: अर्धनिष्क्रान्त: ॥38॥

(4 नागोजीभट्टी) तत इति। तया पादाक्रान्त: दृढं धृतोपि स: तत: शूलाताडनोत्तरं तत: महिषस्वरूपीयात् निजमुखादर्धनिष्क्रान्त: नि:सृतार्धकाय एव देव्या वीर्येण अति अतिशयेन संवृत: परिबद्ध: निष्क्रमितुं नाशकदित्यर्थ: ॥38॥

---

1. 'एवासीद्देव्या' इति शान्तनवी पाठ:।

(5 जगच्चन्द्रचन्द्रिका) ततः सोऽपीति 41 ॥38 ॥

(6 दंशोद्धार) ॥38 ॥

अर्धनिष्क्रान्त एवासौ युद्ध्यमानो महासुरः ।
तया महासिना देव्या शिरश्छित्त्वा निपातितः ॥39 ॥

(1 गुप्तवती) तया देव्या मधुपानेन परिणता राजसी लक्ष्मीस्तया निपातित इत्यर्थः। शिरश्छेदोत्तरमपि युद्धशेषः पुराणान्तरेषु द्रष्टव्यः ॥39 ॥

(2 चतुर्धरी) एवं च 'शिरश्छेदोद्भवं तद्वद्दानवं खड्गपाणिनम्' इत्यादिविशेषः कल्पान्तरीण इति प्रतीयते ॥39 ॥

(3 शान्तनवी) असौ महासुरः महिषवक्त्रात् अर्धनिष्क्रान्तः शरीरस्यार्धेन निर्गतः युध्यमान एव युद्धं कुर्वाण एव तया देव्या भगवत्या महासिना मण्डलाग्रेण शिरः तस्यासुरस्योत्तमाङ्गं छित्त्वा भूमौ निपातितः। शरीरस्यार्धः निष्क्रान्तः। विशेषणसमासः। शरीरस्यार्धेन वा निष्क्रान्तः अर्धनिष्क्रान्तः। 'कर्तृकरणे कृता बहुलम्' इति समासः। न बहुव्रीहिः। अर्धो निष्क्रान्तो देहभागो यस्य सोऽर्धनिष्क्रान्तः इति बहुव्रीहौ वातादिष्विति निष्ठान्तस्य परनिपातः। नात्र 'अर्धं नपुंसकम्' इति समासः। अर्धनिष्क्रान्तस्येति विग्रहप्रसङ्गात् ॥

'एवं[1] स माहिषो नाम ससैन्यः ससुहृद्गणः। त्रैलोक्यं मोहयित्वा तु तया देव्या विनाशितः ॥40 ॥'

एवमुक्तरीत्या महिषो नाम प्रसिद्धः स महासुरः ससैन्यः सैन्यसहितः सुहृद्गणः सुहृद्गणसहितः त्रैलोक्य त्रीँल्लोकान् मोहयित्वा मोहं दुःखं प्राप्तवान्। ततो युद्धं कुर्वाणो देव्या तया भगवत्या तु विनाशितः विनाशं प्रापितः। 'महाकाल्या निपातितः' इति क्वचित्पाठः। महान्कालः उग्रः तत्पत्न्या मही काली दुर्गा तया वा निपातितः। परासु कृतः॥

त्रैलोक्यस्थैस्तदा[1] भूतैर्महिषे विनिपातिते। जयेत्युक्तं तदा सर्वैः सदेवासुरमानुषैः ॥41 ॥

1. अयं श्लोको न पाठान्तर्गतः केवलं शान्तनवीकारेणैव व्याख्यात इति मध्ये निवेशितः।

तदा तस्मिन्समये देव्या महिषे महासुरे विनिपातिते सति त्रैलोक्यस्थैः सर्वैः पुरुषैः देवीं प्रति जयेति लोकोत्कर्षेण वर्तस्वेत्युक्त्वा। कीदृशैः त्रैलोक्यस्थैः सर्वैः पुरुषैः। सदेवासुरमानवैः देवाः स्वर्लोकसद्मानः इन्द्रादयः। असुराः पाताललोकसद्मानो बलिप्रभृतयः। मानवाः भूलोकसद्मानो ब्राह्मणादयः। तैः सहिताः तैः। पुनः कीदृशैः। त्रैलोक्यस्थैः तदा भूतैः तस्मात् महिषासुरात् आ भूताः पीडां प्राप्नुवंतः तैः 'आस्तु स्यात्कोपपीडयोः' भूप्राप्तावात्मनेपदी चुरादिः 'आधृषाद्वा' इति णिजभावपक्षे कर्तरि क्ते रूपम्। योगविभागात्समासः। इत्थंभूतेति निर्देशाद्वा ॥39॥

(4 नागोजीभट्टी) अर्धेति। एवं च शिरश्छेदोद्भवं तं दानवं शूलपाणिनमिति विशेषः कल्पान्तरीय इति बोध्यम् ॥39॥

(5 जगच्चन्द्रचन्द्रिका) अर्धनिष्क्रान्त इति 42 ॥39॥

(6 दंशोद्धार) ॥39॥

ततो हाहाकृतं सर्वं दैत्यसैन्यं ननाश तत्।
प्रहर्षं च परं जग्मुः सकला देवतागणाः ॥40॥

(1 गुप्तवती) ननाश पलायितम्। अत्र ऋषिद्वयं यथास्थानमपेक्षितमेव। देव्युक्तिरनपेक्षितैवास्तीति दिक् ॥40॥

(2 चतुर्धरी) हाहाकृतं कृतहाहाशब्दम्। सर्वमित्यवशिष्टाभिप्रायेण ननाश पलायितम्। प्रहर्षं हर्षोद्रेकं परं निरतिशयं जग्मुर्लब्धवन्तः ॥40॥

(3 शान्तनवी) ततो महिषमर्दनानन्तरं यत्किंचिद्दैत्यसैन्यम् अवशिष्टम् अल्पं स्वल्पं तदपि हाहाकृतं हाहा इति ससंभ्रमं दीनभावेन कृतम् आहितं तत् ननाश। णश अदर्शने। अर्दनमभावः। अदृष्टमभूत्। किंच देवतानां गणास्तु सकलाः सर्वेऽपि परमुत्कृष्टं प्रहर्षं संतोषं जग्मुश्च प्राप्तवन्तः। 'हा विषादशुगर्त्तिषु'। चापले द्वे भवत् इति वक्तव्यम्। संभ्रमेण प्रवृतिश्चापलम्। हाहा इति संभ्रमप्रवृत्त्या दीनत्वेन कृतमनाथं ननाश। दैत्यसैन्यमित्यर्थः ॥40॥

(4 नागोजीभट्टी) तत इति। हे ननाश पलायितम्। हाहेति कृतं येनेति सैन्यविशेषणम् ॥40॥

(5 जगच्चन्द्रचन्द्रिका) ततो हाहेति 43 ॥40॥

(6 दंशोद्धार) तत इति। ननाश पलायितम्। णश अदर्शने ॥40॥

तुष्टुवुस्तां सुरा देवीं सह दिव्यैर्महर्षिभिः।
जगुर्गन्धर्वपतयो ननृतुश्चाप्सरोगणाः ॥41॥

इति श्रीमार्कण्डेयपुराणे सावर्णिके० महिषासुरवधस्तृतीयोऽध्यायः ॥3॥

(1 गुप्तवती) ॥41॥ इति श्रीगुप्तवत्यां मन्त्रव्याख्याने तृतीयोऽध्यायः ॥3॥

(2 चतुर्धरी) दिव्यैर्दिवि भवैः। महर्षिभिर्नारदादिभिः ॥41॥ ॥ इति श्रीमार्कण्डेयपुराणे चतुर्धरीटीकायां तृतीयोऽध्यायः ॥3॥

(3 शान्तनवी) अथ तां देवीं सुरा इन्द्रादयः दिवि भवैः महर्षिभिः सह सहितास्तुष्टुवुः स्तुतवन्तः। सुराश्च दिव्यमहर्षयश्च देवीं स्तुतवन्त इत्यर्थः। अथ गन्धर्वपतयश्च जगुः हाहाहूहूप्रभृतयो गन्धर्वा गायनाः तेषां पतयो गायनविचक्षणास्तुम्बरुप्रभृतयः गीतवन्तः। गै शब्दे लिट्। अथाप्सरोगणाश्च अप्सरसां गणाश्च ननृतुः। उर्वशीप्रभृतयः स्वर्गवाराङ्गनाः अप्सरसः तासां गणाः नृत्तवन्तो देवीविजयमहोत्सवे। नृती गात्रविक्षेपे। लिट् उस् ॥41॥ इति श्रीमद्राजाधिराजश्रीतोमरान्वयश्रीमदुद्धरणात्मजश्रीशन्तनुचक्रवर्तिरचितायां शान्तनव्यां चण्डिकामाहात्म्यटीकायां महिषासुरवधविध्युपलक्षित-स्तृतीयोऽध्यायः ॥3॥

(4 नागोजीभट्टी) तुष्टुवुरिति। सुरा इन्द्राद्याः। दिव्यैर्ब्रह्मादिभिः महर्षिभिश्च सह तुष्टुवुरित्यर्थः ॥41॥

इति शिवभट्टसतीगर्भजनागोजीभट्टकृते सप्तशतीव्याख्याने महिषासुरवधो नाम तृतीयोऽध्यायः ॥3॥

(5 जगच्चन्द्रचन्द्रिका) तुष्टवुस्तामिति 44॥ चतुश्चत्वारिंशतिस्तु सर्वे मन्त्रास्तृतीयके इति। तु पुनः तृतीयश्चके अध्याये सर्वे मन्त्राः चतुर्भिरधिकाश्चत्वारिंशतिः स्युरिति शेषः। चतुर्दशाधिकत्रिंशतिः स्युरित्यर्थ ॥41॥ इति श्रीभगीरथविरचिता सप्तशतीमन्त्रहोमविभागकारिकाणां जगच्चन्द्रचन्द्रिकाख्या टीका संपूर्णा ॥3॥

(6 दंशोद्धार) ॥41॥ इति श्रीदंशोद्धाराख्यसप्तशतीटीकायां तृतीयोऽध्यायः ॥3॥

Chapter - III

Translation

The slaying of the Asura Mahiṣa.

The description of the battle is continued—The goddess slew the Asura chiefs in single combat and finally the Asura Mahiṣa.

The ṛṣi spoke :

★ Now the great Asura, the general Cikṣura, seeing that army being slaughtered, advanced in wrath to fight with Ambikā. The Asura rained a shower of arrows on the goddess in the battle, as a cloud deluges mount Meru's summit with a shower of rain. The goddess, cutting asunder the masses of his arrows then as it were in play, smote his horses with her arrows and their charioteer; and split his bow forth with and his banner raised high aloft; and with swift missiles pierced his limbs as the stood with shattered bow. His bow shattered, his chariot useless, his horses killed,his charioteer slain, the Asura armed with sword and shield rushed at the goddess. With the utmost celerity he smote the lion on the head with his sharp-edged sword, and struck the goddess also on her left arm. His sword shivered to pieces as it touched her arm (O prince). Thereon red-eyed with anger, he grasped his pike, and he, the great Asura, flung it at Bhadrakālī, as it were the Sun's orb blazing brightly with its splendour from out the sky. Seeing that pike falling on her, the goddess hurled her pike, and it shattered that pike into a hundred fragments and the great Asura also.

When he, Mahiṣa's very valiant general, was slain, Cāmara, the afficter of the thirty gods, advanced mounted on an elephant; and he also hurled his pear at the goodess. Down to the ground Ambikā quickly struck it, assailed with a contemptuous hoot and rendered lustre less. Seeing his spear broken and fallen, Cāmara filled with rage flung a pike; and that she split with her arrows. Then the lion leaping up fastened on to the hollow of the elephant's forehead, and fought in close combat aloft with that foe of the thirty gods; but both then fell, as they were fighting, from the elephant to the ground. They fought closely locked together with most terrible blows. Then quickly springing up to the sky, and descending, the lion severed Cāmara's head with a blow from his paw.

And Udagra was slain in battle by the goddess with stones, trees and other things, and Karāla also was stricken down by her teeth and fists and feet. And the goddess enraged ground Uddhata to powder with blows from her club; and killed Vāskala with a dart, Tāmra and Andhaka with arrows. And the supreme three-eyed goddess slew Ugrāsya and Ugravīrya and Mahāhanu also with her trident. With her sword she struck Viḍāla's head clean down from his body. She despatched both Durdhara and Durmukha to Yama's abode with her arrows.

Now, as his army was being thus destroyed utterly, the Asura Mahiṣa in his own buffialo-shape terrified her troops. Some he laid low by a blow from his muzzle, and others by stamping with his hooves, and others because they were lashed with his tail and gashed with his horns, and others again by his impetuous rush, his bellowing and his wheeling career, and othes by the blast of his breath – thus he laid them low on the face of the earth. Having laid low the van of her army, the Asura rushed to attack the great goddess' lion. Thereat Ambikā displayed her wrath. And he, great in valour, pounding the surface of the earth with his hooves in his rage, tossed the mountains aloft with his horns and bellowed. Crushed by his impetuous wheelings the earth crumbled to pieces; and the sea lashed by his tail overflowed in every direction; and the clouds pierced by his swaying horns were rent to fragments; mountains fell in hundreds from the sky, being cast down by the blast of his breath.

Caṇḍikā looked on the great Asura, as swollen with rage he rushed on, and gave a way to her wrath then in order to slay him. She flung her noose full over him, and bounded the great Asura fast. And he quitted his buffialo shape when held bound in the great battle, and then became a lion suddenly. While Ambikā is cutting off his head he took the appearance of a man with scymitar in hand. Straightway the goddess with her arrows seiftly pierced the man together with his scymitar and shield. Then he became a huge elephant, and tugged at her great lion with his trunk and roared, but the goddess cut off his trunk with her sword as he made his tugs. Next the great Asura assumed his buffalo shape again, and so shook the three worlds with all that is moveable and immoveable therein. Enraged thereat Caṇḍikā, the mother of the word, quaffed a sublime beverage again and again, and laughted as her eyes gleamed ruddy. And the Asura roared out, puffed up with his strength and valour and frenzy, and hurled mountains against Caṇḍikā with his horns. And she, shivering to atoms with showers of arrows those nountains that he hurled, spoke to him in confused words, while her mouth was rendered ruddier by the mead that she had drunk.

The goddess spoke :

Roar, roar on thy brief moment, O fool, the while I quaff this mead! The gods shall soon roar, when I shall slay thee even here.

Exclaiming thus she leaped upwards and sat herself on that great Asura, and kicked him on the neck with her foot and struck him with her spear. And thereupon he, being assailed by her foot, half issued forth from his own mouth in sooth, being completely encompssed by the goddess' valour. That great Asura being thus attacked half issued forth indeed. The goddess struck off his head with her great sword and laid him low.

Then perished all that Daitya army with great lamentation. And all the hosts of the gods rose to the highest excultation. The gods and the great heavenly ṛṣis poured forth priases to the goddess, the Gandharva chiefs burst into song and the bevies of Apsars into dances.

चतुर्थोऽध्यायः

Chapter IV

ऋषिरुवाच।

शक्रादयः सुरगणा निहतेऽतिवीर्ये
तस्मिन्दुरात्मनि सुरारिबले च देव्या।
तां तुष्टुवुः प्रणतिनम्रशिरोधरांसा
वाग्भिः प्रहर्षपुलकोद्गमचारुदेहाः ॥1॥

(1 गुप्तवती) शक्रादय इति महर्षीणामुपलक्षणम्। उभयेषामप्येतदृष्टत्वात्। 'महिषान्तकरीसूक्तं दृष्टं देवैर्महर्षिभिः' इति तन्त्रान्तरात्। तस्मिन् महिषासुरे तां महालक्ष्मीं प्रणतिभिर्नम्रा शिरोधरा ग्रीवा अंसौ च येषां ते। पुलकोद्गमेन रोमाञ्चाविर्भावने चारवः कण्टकिता इव देहा येषाम् ॥1॥

(2 चतुर्धरी) (ततः[1] सुरगणाः सर्वे देव्या इन्द्रपुरागमाः। स्तुतिमारेभिरे कर्तुं निहते महिषासुरे ॥1॥

ततोऽनन्तरम् इन्द्रमुख्या देवाः महिषासुरवधानन्तरं देवीस्तुतिं कर्तुम् आरेभिरे उद्यमं चक्रुः ॥1॥)

शक्रादय इति। तस्मिन्महिषे सुराबिले दैत्यसैन्ये देव्या निहते सति सुरगणास्तां देवीं वाग्भिस्तुष्ट्ववुरिन्त्यन्वयः। देवा इति पाठः। सुरगणाः देवाः क्रीडायुक्ता इति योज्यम्। शिरोधरा ग्रीवा। अंसौ स्कन्धौ (बाहुमूर्धानश्च) प्रणत्या नम्राः शिरो धरांसा येषां ते। प्रहर्षपुलकोद्गमः प्रहर्षजनितरोमोत्थानं तेन चारवो देहा येषाम् ॥1॥

---

1. इदं पद्यमध्यायारम्भे चतुर्धरीशान्तनव्योरेव विवृतमस्ति।

(3 शान्तनवी) ऋषिरुवाच सुमेधा ऋषिः सुरथं राजानं प्रति वाक्यमुक्तवान्।

ततः सुरगणाः सर्वे देव्या इन्द्रपुरोगमाः। स्तुतिमारेभिरे कर्तुं निहते महिषासुरे ॥1 ॥

चण्डिकया रणे महिषासुरे निहते सति ततोऽनन्तरम् इन्द्रपुरोगमाः शक्रमुखाः सर्वेपि सुरगणाः देव्याः स्तुतिं कर्तुमारेभिरे उपक्रान्तवन्तः रभ राभस्ये। आत्मनेपदे लिङि पुरो गच्छति पुरागमः। इन्द्रः पुरोगमः अग्रेसरो येषां ते तथोक्ताः। 'पुरोगमः पुरोगामी'। रणे देव्या चण्डिकया तस्मिन्नतिवीर्ये सुरारिबले महिषासुरसैन्ये च तस्मिन्नतिवीर्ये दुरात्मनि महिषासुरे च निहते वधिते सति प्रणतिनम्रशिरोधरांसाः प्रहर्षपुलकोद्गमचारुदेहाः शक्रादयः सुरगणाः तां देवीं वाग्भिः तुष्टुवुः स्तुतवन्तः। वीर्यं बलं प्रभावश्च। प्रणतिभिः नम्राः शिरोधराः शिरोधयः कंधराः ग्रीवाः अंसाः स्कन्धा भुजशिरांसि च येषां ते तथोक्ताः। धरन्ति धराः शिरसां धराः शिरोधराः प्रहर्षेण प्रमोदेन पुलकाः रोमाञ्चाः तेषाम् उद्गमः प्रादुर्भावः तेन चारवः मनोरमाः दहाः येषां ते तथोक्ताः। वाग्भिरिति चतुर्विधाभिः वाणीभिः। यद्भाष्यं 'चतुष्टयी शब्दानां प्रवृत्तिः' 'जातिशब्दा गुणशब्दाः क्रियाशब्दाः द्रव्यशब्दाश्च चतुर्धा' इति। अन्ये त्वाहुः। 'द्रव्यं गुणं क्रियां जातिमाहुः शब्दाश्चतुर्विधाः। यदृच्छया प्रयुक्ताः स्युः संज्ञाशब्दस्तु पञ्चमः'। अपरे त्वाहुः। 'वैखरी शब्दनिष्पत्तिर्मध्यमा श्रुतिगोचरा। द्योतितार्था च पश्यन्ती सूक्ष्मा चाप्यनपायिनी' इति चतुर्धा वागुच्यते। शब्दान्तं निष्पत्तिर्यस्याः सा शब्दनिष्पत्तिः घटाद्यर्थरूपा वाक् वैखरी इत्युच्यते। श्रुतिगोचरा श्रोत्रग्राह्या वाक् मध्यमेत्युच्यते। द्योतितः अर्थो यया सा द्योतितार्था ज्ञानरूपा वाक् पश्यन्तीमुच्यते। अनपायिनी ब्रह्मरूपा वाक् सूक्ष्मेत्युच्यते ॥1 ॥

(4 नागोजीभट्टी) तुष्टुवुः सुरा इत्युक्तं तां स्तुतिमाह। ऋषिरुवाच। शक्रादय इति। तस्मिन्महिषासुरे देव्या निहते इत्यन्वयः। शिरोधरा ग्रीवा। अंसः स्कन्धः। पुलकाः रोमाञ्चाः ॥1 ॥

(5 जगच्चन्द्रचन्द्रिका) अथ चतुर्थाध्यायस्य सप्तशतीमन्त्रहोमविभाग उच्यते। आद्य ऋषिरुवाचेति शक्राद्याश्लोकमन्त्रकाः। षड्विंशा इति। आद्यः प्रथमः ऋषिरुवाचेति ऋषिरुवाचस्वाहेत्ययं मन्त्रो वर्तते 1। शक्राद्याः शक्रादयः सुरगणा इत्येवमादयः श्लोकमन्त्रका श्लोकरूपा मन्त्रा षड्विंशाः। षडधिका

विंशतिरित्यर्थः। शक्रादय इति 2 ॥1॥

(6 दंशोद्धार) शक्रादय इति। सुरारिबले च देवा इति पाठे देवाः क्रीडायुक्ताः इति बोध्यम्। प्रणत्या आनतं शिरोधरांसं ग्रीवास्कन्धे येषां ते। अंसशब्दस्याऽल्पाक्षरत्वेन पूर्वप्रयोगस्याऽनित्यत्वात्परनिपातः ॥1॥

देव्या यया ततमिदं जगदात्मशक्त्या
निःशेषदेवगणशक्तिसमूहमूर्त्या।
तामम्बिकामखिलदेवमहर्षिपूज्यां
भक्त्या नताः स्म विदधातु शुभानि सा नः ॥2॥

(1 गुप्तवती) ॥2॥

(2 चतुर्धरी) इदं जगत् ब्रह्माण्डम् आततम् अभिव्याप्तम् आत्मशक्त्या निजेनौपाधिकस्वभावेन। वैभवेनेत्यर्थः। कथं तर्हि अस्या मूर्तिमत्त्वम् इत्याह। निःशेषेति। निःशेषदेवगणस्य शक्तिसमूहाय सामर्थ्योपचयाय मूर्तिः विग्रहो यस्याः। 'मूर्तिर्देहे परिग्रहे'। देवगणैर्हि प्राग् आर्तस्वरैः प्रार्थिता सती शक्तिरासीत्। यद्वा ततं प्रपञ्चितम्। सृष्टमित्यर्थः। आत्मशक्त्या निजप्रभावेण निःशेषदेवगणस्य शक्तिसमूहः तेजोंशप्रचय एव मूर्तिः कायो यस्याः तया। भक्त्या सेव्यसेवकभास्वीकारपुरःसरेण नम्रीभावेन नताः प्रणताः स्म। स्म इत्यव्ययं स्मः इत्यर्थे। पादपूरणे वा छन्दोनुरोधात् लुप्तविसर्जनीयसं वा। अम्बिका नोऽस्माकं शुभानि विदधातु ॥2॥

(3 शान्तनवी) निःशेषदेवगणशक्तिसमूहमूर्त्या यया देव्या आत्मशक्त्या इदं जगत् प्रपञ्चितं ताम् अखिलदेवमहर्षिपूज्याम् अम्बिकां चण्डिकां देवीं भक्त्या आनताः स्म। सा नोऽस्माकं शुभानि विदधातु करोतु। 'तु हि चस्मह वै पादपूरणे'। निःशेषाः सर्वे देवाः तेषां गणाः तेषां शक्तयः तासां समूहाः ते एव मूर्तयो यस्याः सा तथोक्ता। अखिलाः सर्वे देवा महर्षयश्च तैस्तैश्च पूज्यां पूजनीयाम्। आनताः वयं भक्तिप्रह्वाः ॥2॥

(4 नागोजीभट्टी) देव्येति। आततं व्याप्तं ततं सृष्टं च निःशेषदेवगणशक्तीनां समूहनाय वृद्धये तच्छक्तिसमूह एव तेजोशप्रचय एव च मूर्तिविग्रहो यस्यास्तयेत्यर्थः। समूह इति भावे क्तः। नताः स्मेत्यत्र 'वा शरि' इति विसर्गस्य सः ॥2॥

(5 जगच्चन्द्रचन्द्रिका) देव्या ययेति 3 ॥2 ॥

(6 दंशोद्धार) देव्येति ततं व्याप्तं सृष्टं वा। अशेषदेवगणानां शक्तिसमूहाय सामर्थ्योपचयाय मूर्तिर्यस्याः। निःशेषदेवगणानां शक्तिसमूह एव मूर्तिर्यस्या इति वा। स्मेति छान्दसत्वात्। विसर्गलोपः। स्मः इत्यर्थेऽव्ययं वा पादपूरणे वा ॥2 ॥

यस्याः प्रभावमतुलं भगवाननन्तो
ब्रह्मा हरश्च न हि वक्तुमलं बलं च।
सा चण्डिकाखिलजगत्परिपालनाय
नाशाय चाशुभभयस्य[1] मतिं करोतु ॥3 ॥

(1 गुप्तवती) ॥3 ॥

(2 चतुर्धरी) प्रभावं प्रकृष्टं स्वभावम् अतुलम् अनन्यसाधारणं बलं सामर्थ्यं च वक्तुं वर्णयितुं नह्यलं न पर्याप्ता इत्यन्वयः। अशुभम् अकल्याणम् भयं भाविदुःखप्रतिसंधानजमसुखम्। अशुभभयस्य नाशाय चेत्यन्वयः। वैभाषिक एकवद्भावः। अशुभा दैत्यास्तेभ्यो भयं तस्य ना शायेति वान्वयः ॥3 ॥

(3 शान्तनवी) यस्याः देव्याः अतुलम् अनुपमं प्रभावं बलं च वक्तुं साकल्येन वर्णयितुं ब्रह्मा चतुर्मुखः भगवान् सवैश्वर्यसंपन्नः अनन्तः विष्णुः हरश्च नालं न हि समर्थः। हि प्रसिद्धमेतत्। सा चण्डिका देवी अखिलजगत्परिपालनाय अशुभभयस्य च नाशाय मतिं करोतु। अखिलं जगत् पालयितुम् अशुभेभ्यो भयं नाशयितुं च स्वयं स्वान्तं दत्तावधानं करोतु। प्रभावः प्रभुत्वम्। 'स्थौल्यसामर्थ्यसैन्येषु बलम्'। असुरभयस्य इति पाठः। अशुभभवस्येति पाठे भवः उदयः ॥3 ॥

(4 नागोजीभट्टी) यस्या इति। यस्या अतुलं प्रभावं तेजः बलं शारीरं वक्तुम् अनन्तः सहस्रास्योपि ब्रह्मा स्रष्टापि हरः सर्वशक्तिरपि नालं न पर्याप्ताः। असुरेभ्यो भयस्येत्यर्थः। समाहारे द्वन्द्वो वा ॥3 ॥

(5 जगच्चन्द्रचन्द्रिका) यस्याः प्रभावमिति 4 ॥3 ॥

(6 दंशोद्धार) यस्या इति। अशुभमकल्याणं भयं भाविदुःखप्रतिसंधानम्। समाहारे द्वन्द्वैकवद्भावः। अशुभयुक्तस्य भयस्येत्युत्तरपदलोपो वा ॥3 ॥

---

1. 'चासुरभयस्य' इति नागोजीभट्टीसंमतः पाठः।

या श्रीः स्वयं सुकृतिनां भवनेष्वलक्ष्मीः
पापात्मनां कृतधियां हृदयेषु बुद्धिः।
श्रद्धा सतां कुलजनप्रभवस्य लज्जा
तां त्वां नताः स्म परिपालय देवि विश्वम्॥4॥

(1 गुप्तवती) कृतधियां 'पण्डितेषूत्तमानां च विद्वत्सु कृतबुद्धयः' इति भारतात्। कुलजनप्रभवस्य महाकुलोत्पन्नकुलवधूसमूहस्य। स्मेति विसर्गलोपोऽव्ययं वा॥4॥

(2 चतुर्धरी) सुकृतिनां पुण्यशीलानां भवनेषु गृहेषु या स्वयमात्मना पूर्वरूपाहारेणेत्यर्थः। श्रीः संपदित्यन्वयः। तथा पापात्मनां पापशीलानां भवनेष्वलक्ष्मीरित्यन्वयः। तथा कृतधियाम् अभ्याससंस्कृतान्तःकरणानां हृदयेषु अन्तःकरणेषु बुद्धिः अध्यवसायः। यद्वा हृदये मनसि सुबुद्धिः स्वर्गापवर्गसाधनं ज्ञानम्। तथा सतां सत्पथगानामस्तिकानाम् आगमचोदिते तथात्वाध्यवसायः श्रद्धा। कुलजनप्रभवस्य शुद्धसंतनाजन्मनो जनस्याकरणीयाप्रवृत्तिलक्षणान्तःकरणगुणो लज्जा तां तथाविधाम्। विश्वं जगत्॥4॥

(3 शान्तनवी) हे देवि सुकृतिनां पुण्यवतां भवनेषु गेहेषु या श्रीः संपत्तिरभूदस्ति भविष्यति स्वयं तां त्वां नताः प्रणताः वयं स्म। अतस्त्वं सुकृत्यात्मकं विश्वं श्रीः सती परिपालय। हे देवि पापात्मना भवनेषु या अलक्ष्मीः अभूदस्ति भविष्यति स्वयं तां त्वां नताः प्रणताः वयम्। अतस्त्वं पापात्मकं विश्वम् अलक्ष्मीः सती परिपालय। हे देवि कृतधियां शास्त्रजनितधियां ज्ञानिनां हृदयेषु या बुद्धिः अभूदस्ति भविष्यति स्वयं तां त्वां नताः प्रणताः वयम्। अतस्त्वं कृताध्यात्मकं बुद्धिः सती परिपालय। हे देवि सतां सज्जनानां हृदयेषु या श्रद्धा सत्कर्मनिष्ठाऽभूदस्ति भविष्यति स्वयं तां त्वां नताः प्रणताः वयम्। अतस्त्वं श्रद्धा सती सदात्मकं विश्वं परिपालय। हे देवि त्वं कुलजनप्रभवस्य सतां सज्जनानां कुलभूतस्य लोकस्य हृदये या लज्जाऽभूदस्ति भविष्यति स्वयं तां त्वां नताः प्रणताः वयम्। अतस्त्वं सकलाचारसंरक्षणे लज्जां लज्जा सती सत्कुलजनप्रभवात्मकं विश्वं परिपालय। स्मशब्दः पादपूरणे। स्वयमव्ययम्। सुष्टु अयः शुभावहो विधिर्यस्मिन् कर्मणि नमने परिपालने वा तत्। स्वयमिति क्रियाविशेषणम्। नपुंसकलिङ्गम्॥4॥

(4 नागोजीभट्टी) या श्रीरिति। पापात्मनां भवनेष्वलक्ष्मीः। कृतधियां निर्मलान्तःकरणानां हृदये बुद्धिः स्वर्गापवर्गसाधनम्। सतां हृदयेषु श्रद्धा आस्तिक्यबुद्धिः। कुलजनप्रभवस्य शुद्धजन्मनो हृदयेषु लज्जा अकरणीयाप्रवृत्तिलक्षणान्तःकरणवृत्तिविशेषः। नताः स्मेति प्राग्वत् ॥4 ॥

(5 जगच्चन्द्रचन्द्रिका) या श्रीरिति 5 ॥4 ॥

(6 दंशोद्धार) या श्रीरिति। सुकृतिनां भवनेषु श्रीः पापात्मनां भवनेष्वलक्ष्मीरित्यन्वयः। कृतधियाम् अभ्याससंस्कृतचित्तानां हृदयेषुं बुद्धिरसद्व्युदासपूर्वकस्तत्त्वाध्यवसायः। यद्वा हृदयेषु मनःसु बुद्धिः स्वर्गादिसाधनज्ञानम्। सतामास्तिकानां श्रद्धा आगमचोदिते तत्त्वनिश्चयः। कुलजनप्रभवस्य शुद्धसंतानजन्मनोऽकार्यकरणे लज्जा ॥4 ॥

किं वर्णयाम तव रूपमचिन्त्यमेतत्किं
चातिवीर्यमसुरक्षयकारि भूरि।
किं चाहवेषु चरितानि तवाति[1] यानि
सर्वेषु देव्यसुरदेवगणादिकेषु ॥5 ॥

(1 गुप्तवती) किं वर्णयाम। तव रूपवीर्यचरितानि वाचामगोचराणीत्यर्थः ॥5 ॥

(2 चतुर्धरी) एतच्च स्तुतिपरम्। वस्तुतस्त्वनिर्वाच्यैव त्वमित्याह। किमिति। इदं तव रूपं स्वरूपं कि वर्णयामेति समर्थनायां पञ्चमा। असामर्थ्ये हेतुमाह। अचिन्त्यमिति। सर्वेषु असुरदेवगणादिकेषु अचिन्त्यम् अनिरूपणीयं सर्वोत्कृष्टत्वादित्यन्वयार्थो। एतत्प्रसिद्धम् अतिवीर्यमनन्यसाधारणं सामर्थ्यं च तव किं वर्णयामेत्यन्वयः। प्राचीन एव हेतुः। भूरि प्रचुरम्। हे देवि यानि चाहवेषु तव अति चरितानि अनन्यसमानि चेष्टितानि च किं वर्णयामेत्यन्वयः। इहापि स एव हेतुत्वेन विपरिणमते सु(ख)चरितानीति वा पद(रि)च्छेदः ॥5 ॥

(3 शान्तनवी) असुराश्च देवाश्च असुरदेवाः। शाश्वतिकविरोधविवक्षायां तु असुरदेवम्। तेषामसुराणां च देवानां च गणाः आदयो येषां मनुष्यादीनां ते तथोक्ताः तेषु। 'अजाद्यदन्तम्' इत्यसुरशब्दस्य पूर्वप्रयोगः। अजाद्यदन्तत्वादभ्यर्हितत्वाच्च। अमरदैत्यगणादिकेषु इति पाठः सभ्यः। हे

1. 'तवाद्भुतानि' इत्यापि पाठः।

देवि सर्वेषु असुरदेवगणादिकेषु तव अद्भुतं रूपम् अचिन्त्यं मनसापि चिन्तयितुं स्मर्तुम् अप्यशक्यम् एतत्तव मनोहरं रूपं वाचा किं वर्णयामः। वर्ण वर्णक्रियायाम्। चुरादिलोडन्तं तत्। मनसापि स्मर्तुमशक्यं तत् वाचा किं वर्णयितुं शक्यं स्यादिति भावः। हे देवि तव भूरि अधिकम् असुरक्षयकारि अतिवीर्यं च किं वाचा वर्णयामः। यन्मनसापि अचिन्त्यं स्यात् वीर्यं बलं प्रभावश्च। हे देवि सर्वेषु असुरदेवगणादिकेषु आहवेषु संग्रामेषु तवाद्भुतानि चरितानि वीरकर्माणि च किं वर्णयामः वाचा वाण्या यानि मनसापि स्मर्तुमशक्यानि ॥5॥

(4 नागोजीभट्टी) एषा आपाततः स्तुतिर्वस्तुतस्त्वनिर्वाच्याऽ-स्तुत्यैवेत्याह। किमिति। असुरा दैत्याः। देवाः शिवादयः। गणाः प्रमथाः। तत्प्रभृतिषु अचिन्त्यं सर्वोत्कृष्टत्वादनिरूपणीयं तव रूपम्। अतः किं केन प्रकारेण वर्णयाम। च परं दैत्यनाशकारि भूरि वीर्यम्। अति अत्युत्कृष्टम्। च परं युद्धेषु यानि चरितानि तान्यप्यति अत्युत्कृष्टानि। अतः किं वर्णयामेत्यन्वयः। सर्वत्राचिन्त्या इति। ॥5॥

(5 जगच्चन्द्रचन्द्रिका) किं वर्णयाम इति 6 ॥5॥

(6 दंशोद्धार) किं वर्णयाम इति। लोडुत्तमबहुवचनम्। दन्त्यपाठे सुचरितानीति च्छेदः। यानि सर्वेषु असुरदेवगणादिकेषु अतिशयेन वर्तन्ते। अद्भुतानीति वा पाठः ॥5॥

हेतुः समस्तजगतां त्रिगुणापि दोषैर्न
ज्ञायसे हरिहरादिभिरप्यपारा।
सर्वाश्रयाखिलमिदं जगदंशभूतम-
व्याकृता हि परमा प्रकृतिस्त्वमाद्या ॥6॥

(1 गुप्तवती) दोषैः बुद्धिमान्द्यादिभिः अंशभूता। तवेति शेषः। 'पादोऽस्य विश्वाभूतानि' इति श्रुतेः। अव्याकृता नामरूपव्याक्रियातः पौर्वकालिकी। अत एवाद्या ॥6॥

(2 चतुर्धरी) मूलप्रकृतिश्च त्वमेवेत्याह। हेतुरिति। त्वं समस्तजगतां हेतुः मूलकारणम्। तत्रोपपत्तिमाह। त्रिगुणेति। सत्त्वरजस्तमोमयीत्यर्थः। नन्वेवं रागादिसंबन्धः स्यान्न च सः। किन्तु सर्वकारणं त्वमेवेत्याह। अपीति। त्रिगुणापि सती दोषैः रागादिभिर्न ज्ञायसे। न विषयीक्रियसे इत्यर्थः। एवमपि परिच्छिन्नतया

सर्वकारणमप्यसीत्याह। हरिहरादिभिरिति। अथवा सर्वाश्रयेति क्वचित् तत्पुरुषेऽपि वाच्यलिङ्गता। सर्वाश्रया सर्व आश्रयो यस्या इति बहुव्रीहिः। कारणान्तरमप्यस्तोत्याह। अखिलमिति। इदमखिलं जगत् ब्रह्माण्डम् अंशभूतं तवैकदेशाश्रितम् अनन्तब्रह्माण्डाधिकरणत्वात्। न त्वेवं विकारापत्तिः। सांशत्वेन मूर्तित्वापत्तेरित्याह। अव्याकृतेति। षड्विधविकारहीनेत्यर्थः। 'भूमिरापोऽनलो वायुः खं मनो बुद्धिरेव च। अहंकार इतीयं मे भिन्ना प्रकृतिरष्टधा' इति भवद्गीतासु। हि यस्मात्। त्वम् आद्या प्रकृतिः तस्याः विशेषणं परमेति। परः परमात्मा मीयते जीवभावेनावच्छिद्यतेऽनयेति परमा। परो हि प्रकृतधर्माध्यासात् जीवभावेनाध्यवसीयते ॥6 ॥

(3 शान्तनवी) हे देवि त्वं त्रिगुणापि त्रयो गुणाः यस्यां सा सत्त्वं रजस्तम इति त्रयो गुणाः सत्त्वगुणा त्वं वैष्णवी शक्तिः सती जगन्ति रक्षसि। रजोगुणा त्वं ब्राह्मी शक्तिः सती जगन्ति सृजसि। तमोगुणा त्वं माहेश्वरी शक्तिः सती जगन्ति संहरसि। अत एव त्रिगुणाप्यसि। अत एव त्वं समस्तजगतां हेतुरसि। सर्जनीयसंरक्षीयसंहरणीयानि विविधानि जगन्ति स्वर्गभूतापातालाख्यानि तेषां त्वं हेतुरसि। हे देवि त्वं हरिहरादिभिरपि देवैस्त्वत्त्वतो न ज्ञायसे। मायारूपत्वात्। हे देवि त्वम् अपारा अनवधिरनन्ता अन्तरहिता। हे देवि त्वं सर्वाश्रया सर्वः आश्रयो यस्याः सा तथोक्ता या आश्रीयते आश्रया सर्वस्याश्रया सर्वाश्रयापि। हे देवि इदमखिलं जगत् तवैव अंशूभूतं मायामयत्वाज्जगतः अंशरूपेण समत्वं निष्पन्नं समस्तांशत्वभूतवं प्रापदिति वा अंशभूतम्। हे देवि त्वमव्याकृतासि केनापि न व्याकृतासि पदेन वाक्येन वा। 'यतो वाचो निवर्तन्ते अप्राप्य मनसा सह' इति श्रुतेः। त्वं च विद्यात्वेन परब्रह्मतत्त्वेन। यद्वा हे देवि त्वम् अव्याकृतासि केनापि प्रकाशितासि। परप्रकाशित्वानभ्युपगमात् ब्रह्मस्वरूपस्य स्वयंप्रकाशत्वाभ्युपगमाच्च। तस्य त्वं च परब्रह्म तत्त्वमेव स्वयं प्रकाशमानमनतिशयानन्दचिद्रूपमसीत्यर्थः। यद्वा हे देवि त्वमव्याकृतासि अव्याहतासि। केनापि न हिंसितासि। कृञ् हिंसायां स्वादिः। त्वमेव तु युद्धे हितान्व्याकृणोषि व्याहंसि। यदभ्यधुः। 'हिंसाकरणयोः स्वादौ कृणोति कृणुते कृञः। करोति कुरुते द्वे द्वे संपद्येते पदे क्रमात्' इति। अव्याकृता हि परमा इति पाठे तु हि यस्मात् हे देवि त्वं परमा परा उत्कृष्टा मा लक्ष्मीः ततः अव्याकृता अः विष्णुः तेन व्याकृता उरसि स्थापिता लोकेषु वा व्याकृता व्यवस्थिता। यद्वा हे देवि हि यस्मात् तव समस्तरोमकूपेषु निजरश्मीन् दिवाकरो ददौ। अतस्त्वम्

अव्याकृतासि अविना सूर्येण आसमन्तात् कृतासि तेजोभिर्निर्मितासि। अत एव त्वं परमा परा श्रेष्ठा मा तेजोलक्ष्मीः। 'अवयः शैलमेषार्काः'। यद्वा 'अव्याकृता हि परमा प्रकृतिस्त्वमाद्या'। हे देवि हि यतः त्वं जगतामाद्या मूलभूता। अतः सृष्टेः प्राक् केवलैवेति अव्याकृता सत्त्वरजस्तमोगुणानुदयात् भेदप्रत्ययानुदयात्स्वत्वादिना अपृथक्कृता सांख्यदर्शनप्रसिद्धा परमा प्रकृतिः प्रधानाख्यासि। इयं देवी सांख्यमते प्रकृतिराख्याता। वेदान्तिनस्तु तामनिर्वचनीयामात्ममायामनादिमविद्यामाहुः। शब्दिकास्तां शब्दशक्तिमाचक्षते। तान्त्रिकास्तां कर्मणामपूर्वोत्पादनसामर्थ्यलक्षणां फलगतिमाहुः। तार्किकास्तां च स्तुता(?) चावसिति सिद्धिभिदामाहुः। शैवास्तां शिवशक्तिमाहुः। वैष्णवा विष्णुमायां तामाहुः। शाक्तास्तु तां माहामायामनादिमादिमां शक्तिमाहुः। पौराणिकास्तु तां देवीमाहुः ॥6 ॥

(4 नागोजीभट्टी) मूलप्रकृतिस्त्वमेवेत्याह। हेतुरिति। त्वं समस्तजगतां हेतुर्मूलकारणम्। तत्र हेतुः। यतः त्रिगुणा सत्त्वरजस्तमोयुता। नन्वेवं रागादिसंबन्धेन सर्वकारणं न स्यादत आह। अपीति। त्रिगुणापि दोषैः रागादिभिर्न ज्ञायसे न विषयीक्रियसे। यद्वा दोषैर्विशिष्टा केनापि न ज्ञायसे। तदभावादित्यर्थः। नन्वेवं परिच्छिन्नतया सर्वहेतुत्वं न स्यादत आह। हरिहरादिभिरप्यपारा अज्ञाता। परिच्छेदाभावादित्यर्थः। तत्र हेतुः। सर्वाश्रया सर्वमाश्रयं यस्याः सा कार्यं हि कारणमाश्रयते। सर्वत्र वर्तमाना च। यत एव जगत् तवांशभूतं सर्वसमष्टेर्ब्रह्मणस्त्वदंशत्वात्। एतद्द्वयं परिच्छिन्नं त्वयाहतं स्यादिति भावः। नन्वेवं विकोरापत्तिरत आह। अव्याकृता षड्विधविकाररहितत्वात् हि यतः संसारमाद्या प्रथमा प्रकृतिः सत्त्वरजस्तमसां साम्यावस्थासि। कीदृशी। परमा पर आत्मा मीयते जीवभावेन विच्छिद्यते यया। परमात्मैव प्रकृतिः धर्माध्यासाज्जीवत्वेनाध्यवसीयते ॥6 ॥

(5 जगच्चन्द्रचन्द्रिका) हेतुः समस्तेति ॥7 ॥6 ॥

(6 दंशोद्धार) मूलप्रकृतिश्च त्वमेवेत्याहुः। हेतुरिति। यतो हरिहरादिभिरप्यपारा अपरिच्छिन्ना। तत्र हेतुः। सर्वाश्रया। आर्षत्वात्परवल्लिङ्गत्वाभावेन विशेष्यनिघ्नता। यद्वा सर्वेषामाश्रयो यस्यामिति बहुव्रीहिः। हेत्वन्तरमाह। अखिलं जगतवांशभूतम्। नचैवं विकारितापत्तिरित्याह। अव्याकृता विकारहिता। यत आद्या परमा प्रकृतिः पर आत्मा मीयतेऽवच्छिद्यतेऽनया जीवत्वेनेति परमा। आवरणशक्तिरित्यर्थः ॥6 ॥

यस्याः समस्तसुरतासमुदीरणेन तृप्तिं
प्रयाति सकलेषु मखेषु देवि।
स्वाहासि वै पितृगणस्य च तृप्तिहेतुरु-
च्चार्यसे त्वमत एव जनैः स्वधा च॥7॥

(1 गुप्तवती) सुरता देवता। 'देवात्तल्' इति देवशब्दोऽर्थपरः। यद्वा सुरसमूहः सौमा 'पौष्णं त्रैतमालभेत' इति वाक्ये त्रयाणां यमलानां समूहस्त्रिता तत्र भवस्त्रैत इत्यत्रैव प्रकृतेऽपि निर्वाहाय 'गजसहाभ्यां च' इति वार्तिके चकारादन्यत्रापीति मुख्यत्वात्। समस्तसुरशक्तिरूपा त्वमित्यन्वयो वा। तृप्तिं प्रयाति देवगण इति शेषः॥7॥

(2 चतुर्धरी) यस्याः स्वाहायाः समुदीरणेन सुच्चारणे समस्तसुरता निःशेषदेवगणः। तृप्तिं प्रयाति'। सा स्याहासि भवसि। यत्तदोः साहचर्य नियमात्। स्वधा च त्वमेवेत्यन्वयः। अतो हेतोः त्वम् उच्चार्यसे। पितृकर्मस्विति शेषः॥7॥

(3 शान्तनवी) समस्तसुरता इति। सुर ऐश्वर्ये। सुरन्ति सुराः। सुराणां भावः सुरता। सास्ति येषां ते सुरताः इन्द्रादयः। मत्वर्थे अर्शआदित्वादच्। समस्ताश्च ते सुरताश्च समस्तसुरताः। समस्तविबुधा इति यावत। हे देवि सा वै प्रसिद्धा स्वाहा त्वमेवासि। 'स्वाहा' च हुतभुक्प्रिया'। यस्याः स्वाहायाः समुदीरणेन उच्चारणेन सकलेषु मखेषु यज्ञेषु समस्तसुरताः समस्तविबुधा यज्ञभुजः तृप्तिं प्रयान्ति प्राप्नुवन्ति। किंच हे देवि वै प्रसिद्धा सा स्वधा त्वमेवासि। अत एव खलु पितृयज्ञेषु जनैः पितृश्राद्धकृद्भिः पुरुषैः पितृगणस्य तृप्तिहेतुः स्वधा स्वधेत्येवंरूपमन्त्रात्मा सती त्वमेवोच्चार्यसे कथ्यसे। 'दैवे श्राद्धे भवेत्स्वाहा पैत्र्ये श्राद्धे स्वधोच्यते'। 'स्वाहा देवहविर्दाने श्रौषड् वौषड्वषट्स्वधा' इत्यभिधाने तु विभागो नाश्रितः॥7॥

(4 नागोजीभट्टी) यस्या इति। हे देवि यस्याः समुदीरणेन उच्चारणेन समस्तसुरता सकलसुरसमूहः सर्वयज्ञेषु तृप्ति प्रयाति सा स्वाहा त्वमेवासि। वै प्रसिद्धम्। तथा पितृगणस्यापि तृप्तिहेतुस्त्वमेव। अत एव जनैः पितृकर्मणि स्वधा च उच्चार्यते वा॥7॥

(5 जगच्चन्द्रचन्द्रिका) यस्याः समस्तेति 8॥7॥

(6 दंशोद्धार) यस्या इति। यस्याः स्वाहायाः समुदीरणेन समुच्चारणेन समस्तसुरता समस्तदेवगणस्तृप्ति प्रयाति सा स्वाहासि। तथा स्वधा च पितृगणतृप्तिहेतुरसि ॥7 ॥

या मुक्तिहेतुरविचिन्त्यमहाव्रता त्वमभ्य-
स्यसे[1] सुनियतेन्द्रियतत्त्वसारैः।
मोक्षार्थिभिर्मुनिभरस्तसमस्तदोषै-
र्विद्यासि सा भगवती परमा हि देवी ॥8 ॥

(1 गुप्तवती) अस्तसमस्तदोषैः 'ऋतंभरा तत्र प्रज्ञा' इति योगसूत्रोक्ताऽसत्त्वविषयकत्वादिदोषविरहिताबुद्धिभिः परमा विद्यासि निर्विकल्पकवृत्तिरूपा त्वमेवासि ॥8 ॥

(2 चतुर्धरी) या मुक्तिहेतुरिति। हे देवि सा प्रसिद्धा विद्या त्वमसि। भवती भगवद्विषये (ब्रह्मविषये)ति यावत्। परमा प्रकृष्टतमा। तत्रोपपत्तिमाह। येति। 'सा विद्या या विमुक्तये' इति वचनात्। अचिन्त्यं दुरनुष्ठेयं महाव्रतं साधनं यस्याः सा तथा। महाव्रतमाह भगवान् पातञ्जलिः। 'अहिंसा सत्यमस्तेयं ब्रह्मचर्यापरिग्रहाः। एते तु जातिदेशकालसमयावच्छिन्नाः सार्वभौमा महाव्रतम्' इति। हि हेतौ। यस्मात् विद्यासीत्यन्वयः। अतस्त्वं मुनिभिर्मननपरैरभ्यस्यसे। पुनरध्यवस्यसे। सुष्टु नियतानि वशीकृतानीन्द्रियाणि यैः तैः तत्त्वं ब्रह्मैव सारो येषां सुनियतेन्द्रियाश्च ते तत्त्वसाराश्चेति विग्रहः। अस्ताः ध्वस्ताः समस्ता दोषा रागादयो येषाम् ॥8 ॥

(3 शान्तनवी) हे देवि हि निश्चयेन या मुक्तिहेतुः अचिन्त्यमहाव्रता परमा वेदान्तोद्भावनीयपरब्रह्मतत्त्वावगतिरूपसाक्षात्कारलक्षणा विद्यास्ति सा भगवती त्वमेव सुनियतेन्द्रियतत्त्वसारैः मोक्षार्थिभिरस्तसमस्तदोषैर्मुनिभिः अभ्यस्यसे पुनःपुनरावर्त्यसे शिक्ष्यसे इत्यन्वयः। विद्यासि इति पाठे तु हे देवि हि निश्चयेन त्वमेव भगवती सा परमा वेदान्तश्रवणमनननिदिध्यासनवर्जनीय-ब्रह्मतत्त्वावगत्याकृतिसाक्षात्कृतिरूपा विद्यासि। या यद्रूपा विद्या त्वमेव मुक्तिहेतुः अविचिन्त्यमहाव्रता त्वं मुनियतेन्द्रियतत्त्वसारैर्मोक्षार्थिभिः अस्तसमस्तदोषैः

---

1. 'अभ्यस्यते' इतिपाठः।
2. 'उद्गीतरम्य' इति पाठो बहुभिर्व्याख्यातः समीचीनश्च।

मुनिभिरभ्यस्यसे शिक्ष्यसे शश्वद्गुरुभ्य इत्यन्वयः। मुक्तिरमृतं कैवल्यम्। 'ज्ञानादेव तु कैवल्यम्' इत्युपगमात् मुक्तिहेतुर्विद्या। 'हेतुर्ना कारणं बीजम्'। कीदृशी विद्या। अचिन्त्यानि चिन्तयितुमप्यशक्यानि दुश्चराणि महान्ति व्रतानि उपवासादीनि पुण्यानि यस्यां सा अविचिन्त्यमहाव्रता अभ्यस्यसे। असु क्षेपणे अभिपूर्वः कर्मणि लट्। वासः से। सुष्टु नियतानि विषयेभ्यो व्यावर्तितानि इन्द्रियाणि यैस्ते सुनियतेन्द्रियाः ते च ते तत्त्वसाराश्चेति मुनियतेन्द्रियतत्त्वसाराः। तत्त्वं तत्त्वं ज्ञानं सारं न्याय्यं (नान्यं) येषां ते तत्त्वसाराः मन्यन्ते मुनयः तैः मोक्षमर्थयन्ते मोक्षार्थिनः। अस्तः नष्टः समस्तः दोषः कामक्रोधलोभादिरूपो यषां ते अस्तसमस्तदोषाः तैः। विद्यते ज्ञायतेऽनया विद्या भगवती सर्वैश्वर्यसंपन्ना परमा सा चोत्कृष्टा ॥8 ॥

(4 नागोजीभट्टी) प्रकृतिरूपमुक्त्वा ब्रह्मापि त्वमेवेत्याह। येति। हे देवि या मुक्तिहेतुः। अविचिन्त्यमनुष्ठेयत्वचिन्ताया अप्यविषयं महाव्रतम् अहिंसासत्यास्तेयब्रह्मचर्यापरिग्रहरूपं योगशास्त्रप्रसिद्धं साधनं यस्या ईदृशी च या सा भगवती भगवद्विषया परमा उत्कृष्टविद्या तद्विषयावरणभर्जिका ब्रह्मज्ञानरूपा त्वमेवासि। हि यतः अतस्त्यक्तसमस्तरागादिनोक्षेच्छुभिर्मुनिभिर्वशीकृतेन्द्रियैः तत्त्वं ब्रह्मैव ज्ञेयत्वेन सारो येषां तैरभ्यस्यते इत्यर्थः। अभ्यस्यसे इत्यत्रासंधिः संहिताया अनित्यत्वात् ॥8 ॥

(5 जगच्चन्द्रचन्द्रिका) या मुक्तिहेतुरिति 9 ॥8 ॥

(6 दंशोद्धार) या मुक्तिहेतुरिति। सा परमा उत्कृष्टा भगवती विद्या त्वमेव। सा का। याऽविचिन्त्यमहाव्रता अविचिन्त्यं महाव्रतं यस्याः। महाव्रतं च पातञ्जले अभिहितम्। 'अहिंसा सत्यमस्तेयं ब्रह्मचर्यापरिग्रहाः। एते तु जातिदेशकालसमयावच्छिन्नाः सार्वभौमा महाव्रतम्' इति। सुष्टु नियतानि इन्द्रियाणि यैः। तत्त्वं ब्रह्मैव सारो येषां ते च ते ॥8 ॥

शब्दात्मिका सुविमलर्ग्यजुषां निधानमुद्गी-
थरम्यपदपाठवतां च साम्नाम्।
देवि त्रयी भगवती भव भावनाय
वार्ता च सर्वजगतां परमार्तिहन्त्री ॥9 ॥

(1 गुप्तवती) शब्दात्मिका नादब्रह्म। ऋग्यजुषामिति समासान्तोज् नेह अनित्यत्वात्। उद्गीथः पञ्चभक्तिकस्य साम्नो द्वितीया भक्तिरुत्तमत्वात् सैव

निर्दिष्टा। रम्यपदपाठो देवतापदस्तोमैः कालपूरणम्। भवभावनाय उत्पत्तिकृत्यार्थं वार्ता जीवनस्थितिकृत्यम्। आर्तिहन्त्री अनुग्रहकृत्यवती। तेन पञ्चकृत्यपरायणेति यावत् ॥9 ॥

(2 चतुर्धरी) शब्दात्मिका इति। शब्दात्मिका शब्दब्रह्मस्वरूपा। ऋक् ऋग्वेदः। यजूंषि यजुर्वेदः। सुविमलानि निर्दोषाणि ऋग्यसजूंषि चेति तेषां साम्नां सामवेदानां च विविधामानाश्रय इत्यर्थः। व्यक्त्यपेक्षया बहुवचनं निधानमिति। अजहल्लिङ्गत्वात् वाच्यलिङ्गाभावः। उद्गीतमुच्चैर्गानं तेन रम्यः पदानां पाठो विद्यते येषु सागसु। उद्गीथेति पाठे उद्गीथः साम्नीयः विभक्तिविशेषः। तेन रम्याणां पदानां रसविशेषभाजां पाठो विद्यते येषु। 'साम्न उद्गीथो रसः' इति श्रुतेः यद्वा उद्गीथः प्रणवो मन्त्रः तेन रम्यपदपाठवतामिति सर्वेषां विशेषणम्। 'उद्गीथः प्रणवो मन्त्रः सर्वव्यापी निरञ्जनः' इति नैगमाभिधानाच्च। तेन रम्यपदपाठवतामिति सर्वेषां विशेषणम्। 'ब्रह्मणः प्रणवं कुर्यादादावन्ते च सर्वदा। क्षरत्यादौ (अवद्येनौ) कृतं पूर्वं परस्ताच्च विशीर्यते' इति मनुस्मरणात्। इत्थं त्रयी वेदत्रयरूपा त्वम्। आथर्वणास्तु शान्तिकपौष्टिकाभिचारिकात्मकतयैतेष्वन्तर्भावात् पृथङ्नामाभिधानम्। देवयति सर्वान् प्रवृत्तिनिवृत्त्युपदेशेन व्यवहारयतीति देवी भगवती वीर्यातिशयशालिनीं सर्वप्राणिभ्यो बलीयस्त्वात्। भवः संसारः तस्य भावनाय अनुवर्तनाय। वार्ता कृष्यादिरूपा। 'कृषिर्वणिज्या तद्वच्च तृतीयं पशुपालनम्। विद्या ह्येता महाभाग वार्तावृत्तित्रयाश्रयाः' इति विष्णुपुराणे दर्शनात्। परमार्तिहन्त्री पीडातिशयस्फोटिनी। वार्ताविशेषणं वा भवति भावनाय संसारज्ञानार्थं वा भवती भावनाय संसारज्ञानार्थं त्रयी वेदस्त्वमित्यन्वयः। अन्य आह भवभावनाय संसारस्थितये त्रयी त्वं यज्ञोपदेशत्वात्। तथाच 'अग्नौ प्रास्ताहुतिः सम्यगादित्यमुपतिष्ठते। आदित्यसाज्जायते वृष्टिर्वृष्टेरन्नं ततः प्रजाः' इति ॥9 ॥

(3 शान्तनवी) हे देवि त्वं भगवती ऐश्वर्यादिसंपन्ना शब्दात्मिका वर्णपदवाक्यरूपणीयस्वरूपा सुविमलर्ग्यजुषाम् उद्गीथरम्यपदपाठवतां साम्नां च निधानं सर्वजगताम् आर्तिहन्त्री परमा उत्तमा चतुर्वर्गदर्शनी वार्ता वृत्तान्तरूपा त्र्यसि वेदानां त्रयी भवसीत्यन्वय। अथ वा हे देवि भ्वती त्वं सर्वजगतां भवभावनाय संसृत्युत्पादनाय पर निधानम् आश्रयः स्थानं वसतिरसि आतिहन्त्रयसि। त्वं वार्तासि कृषिगोरक्ष्यादिवृत्तिरसि। त्वं

शब्दात्मिका नादरूपासि। यद्वा वर्णपदवाक्यरूपासि गद्यपद्यात्मिकासि। हे देवि त्वं सुविमलानि ऋग्भिः सहितानि यजूंषि तेषां विमलर्ग्यजुषाम् ऋचः ऋग्वेदाः यंजूंषि यजुर्वेदाः तेषाम् उद्गीथरम्यपदपाठवतां साम्नां सामवेदानां त्रष्यसि इत्यन्वयः। वेदशाखानां बाहुल्याद्बहुवचनप्रयोगः। उद्गीथ उद्गानम् अत एव रम्यपदपाठवताम् उद्गीथेन रम्याणि पदानि तैः कृत्वा पाठवताम्। अन्यथा पदानां पाठः पदपाठः उद्गीथेन रम्यः पदपाठो येषां तानि उद्गीथरम्यपदपाठानि सामानि इति स्यात्। उद्गीथः प्रणव इति क्षीरतरङ्गिणीकारो व्याख्यत्। उद्गीथः सामवेदः इत्यौणादिवृत्तिकारः। प्रणवपक्षे उद्गीथरम्यता ऋग्यजुषामपि अस्ति। यद्वा उद्गीथः उद्गानं साम्नि प्रसिद्धम्। 'वार्ता वृत्तौ जनश्रुतौ' वृत्तिः कुसीदपाशुपाल्यवाणिज्याख्या। जनश्रुतिर्वृत्तान्तः। 'स्त्रियामृक्सामयजुषी इति वेदास्त्रयस्त्रयी'। ऋचश्च यजूंषि च ऋग्यजुषाणि। अचतुरादिना अच् समासान्तः। इह तु समासान्तविध्यनित्यत्वमाश्रितम्। सुविमलानि ऋग्यजूंषि येषाम्। यद्वा समासान्तरमुक्तमेव। भवभावनाय भवः शिवः परामात्मा तस्य भावनं ध्यानं तस्मै प्रवृत्ता त्रयी त्वमेवासि इत्यर्थः। 'रुद्रे (उग्रे) जन्मनि कल्याणे प्राप्तौ संसृतिसत्तयोः'। भवः आर्तिहन्त्रीहति। 'जनिकर्तुः प्रकृतिः' इति निर्देशात्समाससिद्धिः। 'आर्तिः पीडा धुनः कोट्योः' अङ्पूर्वता क्वचित्। देवि इति। अत्र देवि इति संबुद्ध्यन्तः पाठः। असीति संबन्धतः॥9॥

(4 नागोजीभट्टी) शब्देति। सुविमलानामपौरुषयेत्वेन दोषरहितानाम् ऋचां यजुषां साम्नां च निधानमाश्रयः शब्दब्रह्मरूपा भवस्य संसारस्य भावनाय प्रवृत्त्यविच्छेदाय या देवी द्योतनशीला त्रयी वेदत्रयी सा भगवती। भवन्ति ते भवाः प्राणिनस्तेषां भवाय जीवनाय वार्ता कृषिवाणिज्यपशुपालत्वम्।॥9॥

(5 जगच्चन्द्रचन्द्रिका) शब्दात्मिकेति 10॥9॥

(6 दंशोद्धार) शब्दात्मिकेति। शब्दात्मिका शब्दब्रह्मरूपा सुविमलानाम् ऋग्यजुषाम् ऋग्वेदयजुर्वेदौ तयोर्निधानमाश्रयः। व्यक्त्यभिप्रायेण बहुवचनम्। उद्गीथेनोच्चैर्गानेन रम्याणां पदानां पाठो विद्यते येषु तेषां साम्नां च निधानम्। उद्गीथेति पाठे उद्गीथः सामविशेषः। यद्वा उद्गीथेन प्रणवेन रम्यपदपाठवतामिति ऋग्यजुषामपि विशेषणम्। 'उद्गीथः प्रणवो मन्त्रः सर्वव्यापी निरञ्जनः' इत्यभिधानात्। कश्चित्तु रम्यः पदपाठो

येष्विति विजग्राह। तच्चिन्त्यम्। कर्मधारयान्मत्वर्थीयस्यास्य निषिद्धत्वात्। बहुव्रीहिणैव गतार्थत्वात्। अथर्वणस्त्वभिचारादिविषयत्वेन त्रय्यामन्तर्भावान्न पृथगभिधानं मन्यन्ते। देवयति प्रवृत्तिनिवृत्त्युपदेशेन सर्वान् व्यवहारयतीति देवी भगवती सर्वोत्कृष्टा त्रयी। भवभावनाय संसारानुवर्तनाय वार्ता कृष्यादिः। यद्वा भवभावनाय संसारस्थितये त्रयी त्वमित्यन्वयः। 'अग्नौ प्रास्ताहुतिः सम्यगादित्यमुपतिष्ठते। आदित्याज्जायते वृष्टिर्वृष्टेरन्नं ततः प्रजाः' इति वचनेन यज्ञादिद्वारा स्थितिकर्तृत्वात् ॥9॥

मेधासि देवि विदिताखिलशास्त्रसारा
दुर्गासि दुर्गभवसागरनौरसङ्गा।
श्रीः कैटभारिहृदयैककृताधिवासा
गौरी त्वमेव शशिमौलिकृतप्रतिष्ठा ॥10॥

(1 गुप्तवती) नौरसङ्गा सङ्गाभावस्यैव तारकत्वात् 'सङ्गः सर्वात्मना त्याज्यः' इति वचनात् ॥10॥

(2 चतुर्धरी) मेधा इति। मेधा सरस्वती। विदितः ज्ञातः अखिलशास्त्राणां सारस्तत्त्वं यया सा। दुर्गो दुरवच्छेदो यो भवसागरः संसारसागरः तत्र नौरिव नौः पारगतिसाधनम्। असङ्गा अप्रतिहतप्रसरा अन्य आह। असङ्ग अद्वितीया। नोस्तु कर्णधारवाहकयुक्ता। त्वं तद्रहितापि पारयसि। श्रीर्लक्ष्मीः कैटभारेः हृदये एकया अद्वितीयया कृतोऽधिवासो यया सा। शशिमौली हरशिरसि कृता प्रतिष्ठा आस्पदं यया। यद्वा शशिमौलेर्हरस्य कृता प्रतिष्ठा उत्कर्षो ययेत्यन्वयः ॥10॥

(3 शान्तनवी) हे देवि त्वं मेधासि। अत एव त्वं विदिताखिलशास्त्रसारासि। यद्वा हे देवि त्वं विदिताखिलशास्त्रसारा मेधासि। 'धीर्धारणावती मेधा'। विदितानि अखिलानि शास्त्राणि साराणि चतुर्वर्गतत्त्वपुराणि न्याय्यानि मया मेधया सा त्वमेवासि। 'प्रवृत्तिर्वा निवृत्तिर्वा नित्येन कृतकेन वा। पुंसां येनोपदिश्येत तच्छास्त्रमभिधीयते'। हे देवि त्वम् असङ्गा संत्यक्ताखिलबन्धहेतुः अप्रतिबन्धा अनिवारितगतिः दुर्गा दुष्प्रापा दुःखेन गमयमाना दुर्गा दुर्गभवसागरनौरसि। दुर्गो दुस्तरः भवः संसारः सागर इव दुर्गभवसागरः दुर्गभवसागरे नोः दुर्गभवसागरनौ तरणिरसि। लोके नोः नौका प्रसिद्धा। यद्वा दुर्गो दुस्तरो भवः संसारः तं दुर्गभवं स्यति

खण्डयति दुर्गभवसा। न विद्यते गरो विषं दुःखं यत्र सा अगरा अगरा चासौ नौश्चेति अगरनौः दुर्गभवसा चासौ अगरनौश्चेति दुर्गभवसागरनौः। अथवा हे देवि त्वं दुर्गे दुर्गमे दुष्प्रापे भवे शंभौ परब्रह्मतत्त्वसारे सामृते विषये असङ्गा रागादिरहिता दुर्गा दुष्प्रापा दुर्लभा नौस्तरणिरसि। नौरवि नौः। देवी ब्रह्मप्राप्तिसाधनभूता विद्यारूपेति भावः। हे देवि त्वं कैटभारिहृदयैककृताधिवासा श्रीरसि। विष्णुवक्षःस्थलनिवासिनी लक्ष्मीस्त्वमेवासि। कीटस्येव इन्द्रगोपकस्येव भा यस्य तत् कीटभं विष्णुकर्णमलं तत्र भावः कैटभः असुरः अधिवासः स्थितिर्यस्याः सा तथोक्ताः। 'हृदयं चित्तवक्षसोः'। हे देवि त्वमेव शशिमौलिकृतप्रतिष्ठा गौरी उमा असि। शशी चन्द्रः मौलौ किरीटे यस्य स चन्द्रशेखरः शंभुः तेन कृता प्रतिष्ठा अवस्थितिरर्धशरीरभाक्त्वेन यस्याः सा तथोक्ता। 'चूडा किरीटं केशाश्च संयता मौलयस्त्रयः'॥10॥

(4 नागोजीभट्टी) तदधिष्ठात्र्यपि त्वमेवेत्याह मेधासीति। मेधा सरस्वती। सैव दुःखप्राप्यत्वेन दुर्गासीत्युच्यते। दुर्गसंसारसागरस्य नोः ज्ञानद्वारा। एवं पूर्वार्धेन ब्राह्मीत्वं चोक्तम्। प्रसिद्धनौतो व्यतिरेकमाह। असंगेति। सा हि कर्णधारादिसंगवती। शंभौ कृता प्रतिष्ठा आस्पदं यया अर्धशरीरत्वात्। उत्तरार्धेन रौद्रीत्वं वैष्णवीत्वं चोक्तम्॥10॥

(5 जगच्चन्द्रचन्द्रिका) मेधासीति 11॥10॥

(6 दंशोद्धार) मेधासीति। मेधा सरस्वती विदितोऽखिलशास्त्राणां सारस्त त्त्वं यया। दुर्गे दुर्गमे भवसागरे सङ्गाऽप्रतिहतप्रसारा नौः। यद्वा असङ्गा अद्वितीया। कर्णधाराद्यनपेक्षेत्यर्थः। कैटभारिर्विष्णुः॥10॥

ईषत्सहासममलं परिपूर्णचन्द्रबिम्बा-
नुकारि कनकोत्तमकान्तिकान्तम्।
अत्यद्भुतं प्रहृतमात्तरुषा तथापि वक्त्रं
विलोक्य सहसा महिषासुरेण॥11॥

(1 गुप्तवती) अत्युद्भुतमिति। ईदृशवक्त्रालोकनेनारिषड-वर्गध्वंसपूर्वकचित्तशुद्ध्या परतत्त्वावबोधस्य सद्योऽवश्यंभावादिति भावः। तेन पापाधिक्यं ध्वनितम्॥11॥

(2 चतुर्धरी) ईषद्धासेन सह वर्तत इति ईषत्सहासम्। सैषद्धासमिति वक्तव्ये ईषत्सहासमिति पदव्यत्ययश्छान्दसः। यद्वा ईषत्सहासमिति क्रियाविशेषणं भिन्नं पदम्। कनकोत्तमम् अत्युत्कृष्टं काञ्चनं तस्य कान्तिरिव कान्तिर्यस्य कनकादप्युत्तमा कान्तिर्यस्येति वा। अतएव कान्तं मनोरमम्। तथापि वक्त्रं विलोक्य महिषासुरेण प्रहृतं तदत्युद्भुतमत्याश्चर्यमित्यर्थः। आत्तरुषा व्याप्तकोपेनेति महिषासुरस्य विशेषणम्। सहसा बलेन ॥11॥

(3 शान्तनवी) ईषत्सहासं मन्दस्मितोपेतम् अमलं रुचिरं परिपूर्णचन्द्रबिम्बानुकारि पूर्णेन्दुबिम्बोपमं कनकेषु उत्तमं यत्कनकं तस्येव कान्तिः शोभा यस्य तत् कनकोत्तमकान्ति अत एव कान्तं शोभाढ्यं मनोहरम्। हे देवि ईदृग्विधं तव वक्त्रकमलं जगन्मोहनं जयति तथापि तव वक्त्रं विलोक्यं सहसा अतर्कितम् आत्तरुषा प्राप्तकोपेन महिषासुरेण प्रहृतम् अत्युद्भुतमेतत्। अहो ईदृशं जगन्मोहनं जगत्संजीवनं वक्त्रं विलोक्य पुमानानन्दमाप्नुयात् तत्कथं महिषासुरस्तद्विलोक्य संजातकोपः प्राहार्षीदिति चित्रमेतदिति भावः। अतर्किते तु सहसा अव्ययम्। बले त्वन्ययम्। सहसा बलेन वा महिषासुरेण प्रहृतम्। 'सहो बलं सहा मार्गः। सहते सहः। अनव्ययत्वे सहसा कृतमिति। 'ओजःसहोम्भस्तमसस्तृतीयाः' इत्यौत्तरपदिकमलुग्विधानं चावगमकम्। अत्यद्भुतम्। अदि भुवो डुतच्। आदित्याश्चर्येऽव्ययम्। अत्ता रुट् क्रुध् येन सः तेन परिपूर्णचन्द्रबिम्बानुकारि तादृशमिति ॥11॥

(4 नागोजीभट्टी) ईषदिति। ईषत् हाससहितम्। छान्दसः पदव्यत्ययः। पूर्वार्धोक्तगुणविशिष्टं तव वक्त्रं विलोक्यापि आत्तरुषा प्राप्तरोषेण महिषासुरेण सहसा दर्शनसमकालमेव तथातिनिष्ठुरं यत्प्रहृतं तदत्याश्चर्यमित्यर्थः। जगन्मोहकमिति दृष्ट्वापि न तस्य मोह इति अतिसुभेदोऽयम्। तादृशस्यापि बधेन देव्या एवोत्कर्षः सिध्यति ॥11॥

(5 जगच्चन्द्रचन्द्रिका) इषत्सहासेति 12 ॥11॥

(6 दंशोद्धार) ईषदिति। ईषद्धासने सह वर्तमानम्। सेषद्धासमिति वक्तव्ये आर्षः पदव्यत्ययः। यद्वा ईषदिति प्रहृतविशेषणम्। कनकोत्तमस्य कान्तिरिव कान्तिर्यस्य। कान्तिकान्तमिति पाठे कनकादुत्तमा कान्तिर्यस्य अत एव कान्तम् ईदृशमपि वक्रं विलोक्य महिषासुरेण प्रहृतमित्यद्भुतम्। आह्लादिमुखचन्द्राव- लोकनेन कोऽयमनवकाशः। अवकाशस्यानौचित्यादिति भावः ॥11॥

दृष्ट्वा तु देवि कुपितं भ्रुकुटीकराल-
मुद्यच्छशाङ्कसदृशच्छवि यन्न सद्यः।
प्राणान्मुमोच महिषस्तदतीव चित्रं
कैर्जीव्यते हि कुपितान्तकदर्शनेन ॥12॥

(1 गुप्तवती) पुण्याधिक्यं चास्तीत्याह। दृष्ट्वेति। उद्यदित्यारक्तताश्वननाय शशाङ्कविशेषणम् ॥12॥

(2 चतुर्धरी) तव वक्त्रं दृष्ट्वा यत्सद्यस्तक्षणान्महिषः प्राणान्न मुमोच तदतीव चित्रम् आश्चर्यमित्यर्थः। भ्रुकुट्या कौटिल्येन करालं भीषणम्। उद्यच्छशाङ्कसदृशच्छवि रोषारुणम्। जीव्यते जीवितुं शक्यते। हि हेतौ। कुपितस्यान्तकस्य यमस्य दर्शनेनावलोकनेन ॥12॥

(3 शान्तनवी) हे देवि कुपितं क्रोधाविष्टं भ्रुकुटीकराले भ्रुकुट्या करालं विषमं विरुद्धं भयंकरम् अत एव क्रोधताम् उद्यच्छशाङ्गसदृशच्छवि। उद्यत् उदयं कुर्वन् शशाङ्कः शशलाञ्छनः शशी आरक्तः पूर्णमण्डलचन्द्रः तेन सदृशी छवि प्रभापल्लवरागताम्रा यस्य तत्तथोक्तं त्वदीयं संग्रामोन्मुखं मुखं दृष्ट्वा तु दृष्ट्वैव महिषो महिषासुरः सद्यः सपदि दर्शनक्षण एव प्राणान्न मुमोच न तत्याज इति यत् तदतीव चित्रम्। युक्तोऽयमर्थः। हि निश्चयेन। कुपितान्तकदर्शनेन कुपितकृतान्तदर्शनेन कैर्जन्तुभिः जीव्यते। न कैश्चिदपि। जीव प्राणधारणे। अकर्मकत्वाभावे लटि यगात्मनेपदे प्रथमपुरुषैकवचनमेव। भावस्यैकत्वात्। प्राणधारणं प्रकृतावन्तर्भूतम्। इति। जीवति देवदत्त इति प्रयोगे पृथक् प्राणपदं कर्मवाचिनः प्रयुज्यते। अनुच्यमानेऽपि तस्मिन्प्राणान्धारयतीति गम्यमानत्वात्। अतश्च जीवतिरकर्मकः। भ्रुवौ कुटी इव भ्रुकुटी। 'इको ह्रस्वोऽव्यो गालवस्य' इत्युत्तरपदिकं ह्रस्वत्वम् अत्वं च वा तेन भ्रुकुटी भ्रुकुटीव भ्रुकुटीकरालं कुटिलम्। 'बलवत्सुष्टु किमुत स्वत्यतीव च निर्भरे' 'करालो दन्तुरे तुङ्गे'। कृणोति हिनस्ति करालम् ॥12॥

(4 नागोजीभट्टी) दृष्ट्वा त्विति। दृष्ट्वापीत्यर्थः। भ्रुवोः कुटी वक्रता तया करालं भीषणम्। उद्यच्छशाङ्केत्यनेनातिरक्तता। अनेन महिषस्यापि धीरत्वम्। देव्युत्कर्षः प्राग्वदेव ॥12॥

(5 जगच्चन्द्रचन्द्रिका) दृष्ट्वा तु देवीति 13 ॥12 ॥

(6 दंशोद्धार) दृष्ट्वेति। भ्रुवोः कुट्या कौटिल्येन करालम्। उद्यच्छशाङ्कसदृशच्छवि कोपादरुणम्। जीव्यते जीवितुं शक्यते ॥12 ॥

देवि प्रसीद परमा-भवती भवाय
सद्यो विनाशयसि[1] कोपवती कुलानि।
विज्ञातमेतदधुनैव यदस्तमेतन्नीतं
बलं सुविपुलं महिषासुरस्य ॥13 ॥

(1 गुप्तवती) मा च भा च माभे श्रीधियावैश्वर्यपाण्डित्ये इति यावत्। परे उत्कृष्टे माभे लभ्येते यस्मात् स परमाभः प्रसादः तद्वीति त्वं चेद्भवाय कुलाभिवृद्धये भवसि। कोपवती चेन्नाशयति। न केवलमेकमेव किं तु कुलानि। अतोऽस्मासु प्रसीदैव। कोपफलं दर्शयति। विज्ञानमेतदिति ॥13 ॥

(2 चतुर्धरी) प्रसीद प्रसादं कुरु। परा उत्कृष्टा सानुग्रहा मा बुद्धिर्यस्या सा तथा सती भवती त्वं भवायोद्भवसंपदे भवतीति यावत्। यद्वा भवाय भावाय संपदे भवतीति यावत्। यद्वा भवभावनाय संसारविभूतिजननाय भवती त्वं परमा उत्कृष्टा। प्रसादपरमेति वा पाठः। कुलानि गणान्। बलं सैन्यम्। अस्तं विनाशं नीतं प्रापितम् ॥13 ॥

(3 शान्तनवी) हे देवि प्रसीद प्रसन्ना भव। हे देवि त्वं परमासि परा उत्कृष्टा मा लक्ष्मीरसि। हे देवि भवती प्रसन्ना सती जतां भवाय संपदुद्भवाय सद्यः सपदि भवति संपद्यते। हे देवि भवती त्वं कोपवती अप्रसन्ना भवसि तर्हि सद्यः सपदि जगतां कुलानि गृहाणि वंशान् समूहान् वा विनाशयति विध्वंसयति। इह भवतीति भवच्छब्दप्रयोगे युष्मदस्मच्छब्दान्यत्वेन शेषे प्रथमः पुरुशः। विनाशयतीत्ययम् 'वंशे वृन्दे गृहे कुलम्'। उक्तमर्थं प्रकृतेन देवीचरितेन योजयति विज्ञातमित्यादिनार्धेन। हे देवि भवती कोपवती कुपिता सती कुलानि विश्वानि विनाशयतीत्येतत् अधुनैव विज्ञातं विदितमस्माभिः। एतत् किं यत् त्वम् एतम् आ इतम् एतं योद्धुमागतं सुविपुलं सुष्ठु बहुलं बहुतरं महिषासुरस्य बलं सैन्यम् अस्तं विनाशं नीतं प्रापितमित्येतदस्माभिर्ज्ञातम्। प्रसादपरमा भवती भवायेति

1. 'विनाशयति' इति शान्तनवी।

पाठे तु हे देवि भवती प्रसादेन प्रसन्नत्वेन परमा उत्कृष्टा स्याश्चेत् तर्हि लोकानां भवाय भूतये संपदुदयाय भवति संपद्यते। अथ चेत् भवती कोपवती स्या: तर्हि सद्य: सपद्येव कुलानि लोकानां वृन्दानि विनाशयत्येवेति पूर्वार्धस्यार्थो ज्ञेय:। प्राग्वदुत्तरार्धार्थ:। भवतीति भवच्छब्दयोगे प्रथमपुरुष एव। विनाशयतीति अस्तमदर्शने अस्तमिति मकारान्तमव्ययनुपलब्धेर्थे वर्तते। असु क्षेपण इत्यतो नपुंसके भावे क्ते तु अस्तं प्रेरणं दूरीकरणम् अन्यत्र क्षयं नीतं प्रापितमित्यर्थ: स्यात्। विनाशं नीतमित्यर्थस्तु न स्यात्। अस्तमित्यव्ययग्रहणे त्विष्टसिद्धि: ॥13 ॥

(4 नागोजीभट्टी) देवीति। देवि प्रसीदेत्युक्त्वा विचार्य व्यर्थमेतद्वच: प्रसन्नत्वादेव तवेत्याह। भवती परमा परा सानुग्रहा मा बुद्धिर्यस्तास्तादृशी। कथमेतत् ज्ञानं तत्राह। यतो ना भवाय कोपवती त्वं नो रिपूणां कुलानि सद्यो विनाशयसि। तत्र संप्रतिपत्तिमाह। विज्ञातमित्यादि। एवं च कोपोप्यपररक्षणफलको न तु स्वाभाविक इति सत्त्वगुणप्रधानत्वं दर्शितम् ॥13 ॥

(5 जगच्चन्द्रचन्द्रिका) देवि प्रसीदेति 14 ॥13 ॥

(6 दंशोद्धार) देवीति। परा सानुग्रहा मा शोभा यस्यास्तथा भवती जायमाना त्वं प्रसीद। भवाय उत्तरोत्तरसंपदे। भवती त्वमिति वाऽन्वय:। भवभावनायेति पाठे संसारविभूतिजननाय। अस्तं विनाशम् ॥13 ॥

ते संमता जनपदेषु धनानि तेषां
तेषां यशांसि न च सीदति धर्मवर्ग:।
धन्यास्त एव निभृतात्मजभृत्यदारा
येषां सदाभ्युदयदा भवती प्रसन्ना ॥ 14 ॥

(1 गुप्तवती) प्रसादफलमाह। ते संमता इति त्रिभि:। धन्या धनलाभवन्त:। 'धनगणं लब्धा' इति य: ॥14 ॥

(2 चतुर्धरी) संमता: संमानभाज:। न सीदति अवसानं न लभते। धर्मवर्ग इति धर्मपदं पुरुषार्थोपलक्षणम्। पुरुषार्थवर्ग इत्यर्थ:। धन्या: श्लाघ्या: निभृता विनीता: आत्मजा: सुता: भृत्या: सेवका: दारा: कुटुम्बादय: येषां ते ॥14 ॥

(3 शान्तनवी) हे देवि भवती सदाभ्युदयदा सती येषां प्रसन्नास्ति ते एव लोका: जनपदेषु नीवृत्सु देशेषु संमता: सत्पुरुषा: लब्धप्रतिष्ठा: स्यु:। हे देवि

भवती येषां प्रसन्नास्ति तेषामेव धनानि स्युः। तेषामेव यज्ञांसि कीर्तयः स्युः। हे देवि भवती सदा अभ्युदयदा सती येषां प्रसन्नास्ति तेषामेव बन्धुर्गश्च न सीदति न दुःख्यति। चकाराच्चतुष्पात्प्रभृतिश्च न सीदति। त एव धन्या धनेषु साधवः। यद्वा धनानि लब्धारः प्राप्तारः धन्याः। 'धनगणे लब्धा' इति सूत्रेण यत् प्रत्ययः। 'सुकृती पुण्यवान् धन्यः'। हे देवि येषां भवती सदाभ्युदयदा सती प्रसन्नास्ति त एव निभृतात्मजभृत्यदाराः धन्याश्च स्युः। निभृताः विनीताः शिक्षितकुलाचारा अचपलाः आत्मजाः सुताः भृत्याः अनुचराः दाराः कुलस्त्रियश्च येषां ते तथोक्ताः। देव्याः समनुग्रहात् भवन्त्येते गुणा इति भावः। 'निभृतविनीतप्रश्रिताः समाः' ॥14॥

(4 नागोजीभट्टी) ते इति। संमताः महाजनाङ्गीकृताः। धर्मवर्गः धर्मघटितो वर्गः धर्मार्थकाममोक्षरूपः। धन्याः पुण्यवत्त्वेन प्रसिद्धाः। निभृताः नितरां पोषिताः। अभ्युदयदा सर्वमनोरथदा ॥14॥

(5 जगच्चन्द्रचन्द्रिका) ते संमता इति 15 ॥14॥

(6 दंशोद्धार) ते संमता इति। धर्मवर्ग इति पुरुषार्थोपलक्षणम्। निभृता विनीता आत्मजभृत्यदारा येषाम्। वन्धुवर्ग इत्यपि पाठः ॥14॥

धर्म्याणि देवि सकलानि सदैवकर्मा-
ण्यत्यादृतःप्रतिदिनं सुकृति करोति।
स्वर्गं प्रयाति च ततो भवतीप्रसादा
ल्लोकत्रयेऽपि फलदा ननु देवि तेन॥ 15॥

(1 गुप्तवती) धर्म्याणि धर्मेण प्राप्यागि। 'नौवयोधर्म' इत्यादिना यः ॥15॥

(2 चतुर्धरी) धर्म्याणि धर्मादनपेतानि। अत्यादृतोऽतिश्रद्धावान्। ततः कर्मणा हेतोः स्वर्गं ब्रह्मलोकादिलक्षणं चकारानमोक्षं च भवतीप्रसादाद्भवत्यनुग्रहात्। छन्दोनुरोधात् न पुंवद्भावः। यद्वा भवतीति भिन्नं पदम्। प्रसादात्प्रसन्नतया। ननु भो तेन हेतुना लोकत्रये इह स्वर्गे मोक्षेपीत्यर्थः। तत्रैहिकं फलं सत्कर्माचरणं स्वर्गीयसुखानुभवः। मौक्तिकं नित्यानन्दोद्बोधः। लोकद्वय इति ठः। तत्र इहलोके पर लोके च ॥15॥

(3 शान्तनवी) हे देवि भवतीप्रसादात् भवत्याः देव्याः प्रसादात्संभावितः सुकृती सुकृतवान् पुण्यवाञ्जनः प्रतिदिनं सदैव अत्यादृतः अतितरां सादरः

सन् सकलानि समस्तानि स्वशाखोक्तानि अत एव धर्म्याणि धर्मेण प्राप्याणि धर्मादनपेतानि वा यथायथं स्मार्तानि श्रौतानि चोभयानि वा कर्माणि ब्रह्मयज्ञाद्यानि करोति। ज्योतिष्टोमादीनि हि स्वर्गकामः करोति ततश्च स्वर्गं प्रयाति। इत्थं पुनः कर्म करोति पुनः स्वर्गं प्रयाति। तेन हेतुना हे देवि लोकद्वयेपि भुवि दिव्यपि त्वमेव फलदासि। ननु इदम् इत्थमेव। 'प्रश्नावधारणानुज्ञानुनयामन्त्रणे ननु' 'नौवयोधर्म' इति धर्मेण प्राप्याणीत्यर्थे यत्प्रत्ययः। यद्वा धर्मादनपेतानि धर्म्याणि 'धर्मपथ्यर्थन्यायादनपेते' इति यत्। 'आदृतौ सादरार्चितौ'। ननु च भवतीप्रसादादित्यत्र सर्वनाम्नो वृत्तिमात्रे पूर्वपदस्य पुंवद्भावो भवतीति भवत्प्रसादादिति स्यात्। उच्यते। पुंवदिति योगविभागसाध्यमिदं पुंवत्त्वम्। क्वचिदेव योगविभागादिष्टसिद्धिः। ततश्च 'एकोऽहं भवतीसुतः क्षयकरो मातः कियन्तोऽरयः' इतिवत्पुंवद्भावाभावः। क्वचिदस्त्येव भवतीति तु छित्त्वा प्रसादात् प्रसन्नत्वाद्भवती लोकद्वयेपि फलदास्ति इति पुंवत्त्वशङ्कानिरासपरव्याख्याने भवतीसुतक्षयकर इति प्रयोगः कदर्थितः स्यात् ॥15॥

(4 नागोजीभट्टी) धर्म्याणीति। हे देवि भवतीप्रसादात् यः सुकृती प्राग्जन्मार्जितपुण्यवान् सततमेव सुकृतलब्धात्त्वत्प्रसादादेव अत्यादृतः नित्यनैमित्तिकादावतिश्रद्धावान् प्रतिदिनं सदैव। षष्टिघटिकावच्छेदेन सकलानि धर्म्याणि कर्माणि करोति। पुनस्त्वत्त एव त्वत्प्रीत्युद्देशेन कृतकर्मभ्यो लब्धत्वत्प्रसादादेव स्वर्गं प्रयाति। ततः क्रमेण वा मोक्षं च। ननु निश्चये। तेन त्वं लोकत्रयेऽपि फलदा इति शेषः ॥15॥

(5 जगच्चन्द्रचन्द्रिका) धर्म्याणीति 16 ॥15॥

(6 दंशोद्धार) धर्म्याणीति। चान्मोक्षम्। भवतीप्रसादात्। आर्षत्वान्न पुंवद्भावः। यद्वा भवती कर्त्री। प्रसादाल्लोकत्रयेऽपि फलदा। ऐहिकफ़लं सदाचारः। स्वर्गफलं सुखानुभवः। मुक्तिफलं नित्यानन्दः। लोकद्वये इति वा पाठः ॥15॥

दुर्गे स्मृता हरसि भीतिमशेषजन्तोः
स्वस्थैः स्मृता मतिमतीव शुभां ददासि।
दारिद्र्यदुःखभयहारिणि का त्वदन्या
सर्वोपकारकरणाय सदार्द्रचित्ता ॥16॥

(1 गुप्तवती) ॥16 ॥

(2 चतुर्धरी) दुर्गे संकटे। दारिद्र्यं निर्धनता। दु:खं प्रतिकूलप्रवेदनीयम्। भयमनागतप्रतीकूलसंधानजदु:खम्। आर्द्रचित्ता स्निग्धचित्ता त्वदन्या कापीत्यर्थ: ॥16 ॥

(3 शान्तनवी) हे देवि हे दुर्गे भीतस्य अस्वस्थस्य अशेषजन्तो: सर्वस्यापि प्राणिन: स्वान्तेन स्मृता सती त्वं भीतिं हरसि। हे दुर्गे त्वं स्वस्थैरभीतै: तु जन्तुभि: स्मृता सती अतीव शुभां मतिं चतुर्वर्गफलसाधनभूतां बुद्धिं ददासि। त्वन्मन्त्रत्वद्ध्यात्वद्भजनपरां मतिं वा ददासि। तदित्थम्। हे देवि त्वं दारिद्र्यदु:खभयहारिणि सर्वोपकारकरणाय सर्वोपकारान् कर्तुं सदा आर्द्रचित्ता कृपार्द्रहृदया परा देवता त्वदन्या कास्ति। न कापि 'अग्न्यादितो भयं हर्तुं मतिं दातुमनुत्तमाम्। देवि त्वदपरा कास्ति सर्वोपकृतिकारिणी'। दु:खेन गन्तुं शक्यतेऽस्यां दुर्गा 'सुदुरोरधिकरणे च' इति ड:। 'बलवत्सुष्टु किमुत स्वत्यतीव च निभरि'। स्वस्थै: स्वर्गस्थैर्देवै: स्मृता अतीव शुभां मतिं ददासि इत्यर्थ:। दरिद्रा दुर्गतौ दरिद्राति दुर्गच्छति नि:स्वीभवति निर्धनीभवत्यकिंचनीभवतीति दरिद्र: दरिद्रस्य भाव: कर्म च दारिद्र्य दारिद्र्यत: समुत्थितं दु:खं दारिद्र्यदु:खं दारिद्र्यदु:खाद्भयं दारिद्र्यदु:खभयं तत् हरतीति तच्छीला दारिद्र्यदु:खभयहारिणी तस्या: संबुद्धि: हे दारिद्र्यदु:खभयहारिणि। सर्वेषु भक्तेषु अभक्तेषु उदासीनेषु शत्रुषु च उपकाराणां करणं विधानं तस्मै ॥16 ॥

(4 नागोजीभट्टी) दुर्गे इति। दुर्गे दुर्गमे संकटे इति यावत्। तन्नाम इति च। दरिद्रशब्दाद्भावे घञ्। भयं प्रतिकूलप्रतिसंधानजम्। आर्द्रचित्ता स्निग्धचित्ता ॥16 ॥

(5 जगच्चन्द्रचन्द्रिका) दुर्गे इति 17 ॥16 ॥

(6 दंशोद्धार) दुर्गे इति। दुर्गे संकटे। संबोधनं वा ॥16 ॥

एभिर्हतैर्जगदुपैति सुखं तथैते
कुर्वन्तु नाम नरकाय चिराय पापम्।
संग्राममृत्युमधिगम्य दिवं प्रयान्तु
मत्वेति नूनमहितान्विनिहंसि देवि ॥ 17 ॥

(1 गुप्तवती) ईषत्सहासमिति श्लोकद्वयेनोक्तमाश्चर्यं परिहरति द्वाभ्याम्। एभिरिति ॥17॥

(2 चतुर्धरी) एभिरिति। एभिरसुरैः हतैः सद्भिः। प्रकृत्यादित्वात्तृतीया। चिराय चिरकालम्। नरकायेति तादर्थ्ये चतुर्थी। पापं प्रतिकूलं कुवन्तु नामेति नामशब्दोऽभ्युपगमे। नूनमुत्प्रेक्षायाम् ॥17॥

(3 शान्तनवी) अद्यैषा देवी सर्वोपकारकरणाय दत्तावधाना सदार्द्रचित्ता स्यात् किमिति तर्हि दैत्यान् निहन्ति तत्रोत्तरमाह। उपैतु इति लोडन्तः पाठः। कुर्वन्तु इतिवत्। नाम इत्ययपाठः। नाम्ब इति पाठे न अम्ब इति छेदः। हे देवि हे अम्ब हे सर्वजननि त्वं सर्वोपकारणाय सदा कृपार्द्रचित्ता असीति यत्तत्तथैव नान्यथा। तथाहि एभिः अहितैर्जगत्पीडाकरैर्महिषासुरादिभिर्दैत्यैर्हतैः रणे त्वद्धतैः जगत् लोकः मुखमुपैतु पीडकाभावात् सुखं प्राप्नोतु। तथा एते अहिताः लोकत्रयद्रुहः महिषासुरादयो दैत्याः चिराय नरकाय नरकं निरयं गन्तुं पापं पाप्मानं कुर्वन्तु। किंतु। संग्रामे मृत्युं मरणम् अधिगम्य मृत्युमुपेत्य दिवं स्वर्गं प्रयान्तु प्राप्नुवन्तु इति मत्वा विचिन्त्य अनुग्रहबुद्ध्या एव एतान् अहितान् सर्वलोकद्रुहो महिषासुरादीन् दैत्यान् विनिहंसि मारयसि। ततोऽन्यानपि दैत्यान् विनिहंसि हनिष्यसि। च। 'वर्तमानसामीप्ये वर्तमानवद्वा' इति लट्। नूनमवश्यम्। निश्चयेऽव्ययम्। 'चिराय चिररात्राय चिरस्याद्याश्चिरार्थकाः' अव्ययाख्याः। अम्ब इति 'अम्बार्थनद्योर्ह्रस्वः'। नामेत्येव पाठे न आमनरकाय इति छेदः। आमनरकाय कुष्ठादिमहाव्याधिननरकाय पापं न कुर्वन्तु इत्यर्थः। अथवा 'नाम प्राकाश्यसंभाव्यक्रोधोपगमकुत्सने'। एभिः असुरैर्हतैः जगत्सुखमुपैतु। तथा एते असुराः यद्यपि पापं कृतवन्तः कुर्वन्तु नाम चिराय चिरकालं तथा वधेनोद्धरणीया इत्यर्थः। नरकाय पापं कुर्वन्तु नाम तथापि संग्राममृत्युमधिगम्य तु दिवं प्रयान्तु इति मत्वा नूनं निश्चित्याह। हे देवि त्वम् एतान् असुरान् अहितान् विनिहंसि तस्मात्त्वं सर्वोपकारकरणाय सदार्द्रचित्तासीति यदुक्तं तत्तथैव नान्यथा ॥17॥

(4 नागोजीभट्टी) सर्वोपकारित्वमुपपादयति। एभिरिति। दैत्यैरित्यर्थः। उपैतीति। लट्। उपैत्वित्यर्थः। एते दैत्याः। नामेत्यभ्युपगमे। नरकायेति तादर्थ्ये चतुर्थी। तथापि रणे मृत्युं प्राप्य स्वर्गं गच्छन्तु इति हेतुत्रयं मनसि कृत्वा जगदहितान् हंसीत्यर्थः ॥17॥

(5 जगच्चन्द्रचन्द्रिका) एभिर्हतैरिति 18 ॥17 ॥

(6 दंशोद्धार) नन्वसुरापकारिण्या मम कथं सर्वोपकारित्वमित्यत आहुः। एभिरिति। असुरहननेन जगदुपकारित्वं पापिनामपि स्वर्गदानेन दैत्योपकारित्वम् इति भावः ॥17 ॥

दृष्ट्वैव किं न भवति प्रकरोति भस्म
सर्वासुरानरिषु यत्प्रहिणोषि शस्त्रम्।
लोकान्प्रयान्तु रिपवोऽपि हि शस्त्र-
पूता इत्थं मतिर्भवति तेष्वहितेषु साध्वी ॥ 18 ॥

(1 गुप्तवती) शस्त्रेण धारातीर्थत्वात्पावनेन पूताः ॥18 ॥

(2 चतुर्धरी) दृष्ट्वैव विलोक्यैव दृष्ट्वा चक्षुषैवेति (दृष्ट्या दर्शनेनैवेति) पाठार्थौ। न किं भस्म प्रकरोति कर्तुं शक्नोति। प्रहिणोषि व्यापारयसि। लोकान् इन्द्रलोकादीन् शस्त्रैः पूतान् निर्जितानिति पाठार्थौ। इत्थम् एवं प्रकारेषु तेषु रिपुष्वपि अतिसाध्वी परोपकारस्वरूपा ॥18 ॥

(3 शान्तनवी) हे देवि भवती सर्वासुरान् सर्वेषामपि असून् प्राणान् रान्ति गृह्णन्ति सर्वासुराः तान् असुरान् दृष्ट्वैव क्रूरदृष्ट्यैव भस्म भस्मीभूतान् किं न प्रकरोति किं न भस्मीकरोति। किंतु सामर्थ्यतः करोत्येव। तथापि हे देवि त्वम् अरिषु शत्रुषु शस्त्रम् आयुधं प्रहिणोषि प्रयुंक्षे इति यत् तत्र तवाभिप्रायोऽन्य एव। हि निश्चयेन। रिपवोऽपि शत्रवोपि संग्रामे शस्त्रपूताः शस्त्रहताः कृतप्रायश्चित्ता इव शमितपापफलाः सन्तः लोकान् वाञ्छितान् स्वर्गादीन् प्रयान्त्विति। तदित्थम्। हे देवि तव तेष्वहितेष्वपि शत्रुष्वपि साध्वी मतिरनुग्रहबुद्धिर्भवति। किं पुनः साधुषु स्वधर्मनिरतेषु साध्वी तव मतिर्भवतीति किं ब्रूम इति भावः। भवतीशब्दप्रयोगेप्रकरोतीति प्रथमपुरुषः। भस्मत्वस्य विधेयत्वादेकत्वेपि न विरोधो वेदाः प्रमाणमितिवत्। प्रहिणोषि। हि गतौ 'स्वादिभ्यः श्नुः' 'हिनुमीना' इति णत्वम्। 'लोकस्तु भुवने जने'। साध्वी। 'वोतो गुणवचनात्' इति ङीप् ॥18 ॥

(4 नागोजीभट्टी) दृष्ट्वैति। दर्शनोत्तरमेतावन्मात्रेणैव भस्मकरणयोग्येषु यत् त्वं शस्त्रं पातयसि तत्तेषामुत्तमलोकप्राप्तये इति तष्वपि उपकारिकैव त्वमिति किं वक्तव्यं भक्तेष्विति भावः ॥18 ॥

(5 जगच्चन्द्रचन्द्रिका) दृष्ट्वैव किं नेति 19 ॥18 ॥

(6 दंशोद्धार) ननु जगद्रक्षार्थमेतान्हन्मि तत्कथं स्वर्गादिदानेनोपकारित्वं निर्णीतं भवद्भिरिति चेत्तत्राहुः। दृष्ट्वैवेति। लोकानिन्द्रालोकादीन् शस्त्रपूतानिति पाठे। शस्त्रनिर्जितानित्यर्थः ॥18 ॥

खड्गप्रभानिकरविस्फरणैस्तथोग्रैः
शूलाग्रकान्तिनिवहेन दृशोऽसुराणाम्।
यन्नागता विलयमंशुमदिन्दुखण्डयो-
ग्याननं तव विलोकयतां तदेतत् ॥19 ॥

(1 गुप्तवती) ॥19 ॥

(2 चतुर्धरी) खड्गस्य प्रभानिकरो दीप्तिसमूहस्तस्य विस्फुरणैः सर्वतः प्रसरणैः उग्रैः भयानकैः कृत्वा शूलाग्र शूलमुख्यम्। अग्रशब्दस्य श्रेष्ठवाचित्वात्। तस्य कान्तिनिवहेन दीप्तिसमूहेन कृत्वा असुराणां दृशः चक्षूंषि कर्तृणि विलयं विनाशनं यन्नागताः तदेतदाश्चर्यमिति शेषः। हेतुगर्भविशेषणमाह। अंशुमत् इन्दुखण्डयोग्यम् अर्धचन्द्रान्विते तव आननं मुखं विलोकयतामित्यन्वयः ॥19 ॥

(3 शान्तनवी) हे देवि रणे तव उग्रैः खड्गप्रभानिकरविस्फुरणैः तथा उग्रेण शूलाग्रकान्तिनिवहेन च असुराणां दृष्टयः दृश विलयं विनाशं नागताः नागमन् इति यत् तदेतदन्यदेवास्ति कारणम्। किं तत्। अंशुमदिन्दुखण्डयोगि आननं सुधांशुखण्डयुक्तं तव वक्त्रं विलोकयताम् इति हेतुगर्भितं विशेषणम् असुराणाम्। यद्यपि असुराः रणे देव्याः अंशुमदिन्दुखण्डयोगि अमृतांशुखण्डयुक्तम् आननं न विलोकयेयुः तर्हि उग्रैः खड्गप्रभानिकरविस्फुरणैः तथा उग्रेण शूलाग्रकान्तिनिवहेन च विलयं गतदृशः विनाशं गतदृष्टयः संपद्येरन्निति भावः। अत्र क्रियात्तिपत्तिर्घटते। यथा हे देवि संग्रामे यद्यसुरास्तवामृतांशुमयेन्दुखण्डयोगि आननं न व्यलोकयिष्यन् तर्हि उग्रैः खड्गप्रभानिकरविस्फरणैः तथा उग्रेण शूलाग्रकान्तिनिवहेन च विलीनदृशः समपश्यन्त। न च तदेतत् समपत्स्यत। यत् यस्मात् अंशुमदिन्दुखण्डयोगि आननं व्यलोकयिष्यन्। तस्मादसुरा विलीनसदृशो न पश्यन्त इति। खड्गप्रभाः तासां निकरः स्तोमः तस्य विस्फरणानि संचलानि तैः। शूलस्याग्राणि त्रीणि

तेषां कान्तयः प्रभाः तासां निवहः समूहः तेन अंशवः किरणाः तद्वानिन्दुरमृतमयूखः तस्य खण्डः शकलः तेन योगः संबन्धो मेलनं तद्वत् अंशुमदिन्दुखण्डेन योक्तुमर्हं योग्यम् आननम् अंशुमदिन्दुखण्डयोग्याननम् इत्यपि समासः। 'अकः सवर्णे दीर्घः'॥19॥

(4 नागोजीभट्टी) खड्गेति। निकरः समूहः। विस्फुरणं सर्वत्र प्रसरणम्। निवहः समूहः। यद्विलयं नागतास्तदेतत् अंशुमद्यदिन्दुखण्डं तद्योगि तद्युक्तमाननं तव विलोकयतां चैषामाश्रयादिति शेषः॥19॥

(5 जगच्चन्द्रचन्द्रिका) खड्गप्रभेति 20॥19॥

(6 दंशोद्धार) खड्गप्रभेति। किंच खड्गप्रभानिकरविस्फुरणैः असिकान्तिसमूहस्फुरणैः शूलाग्रस्य शूलमुख्यस्य दीप्ति समूहेन च कृत्वा असुराणां दृशो विलयं यन्नागतास्तदेतद्युक्तमिति शेषः। यतः अंशुमदिन्दुखण्डयोगि अर्धचन्द्रान्वितं तवाननं विलोकयताम्। यद्वा अंशुमदिन्दोः खण्डने योग्यं शरत्पूर्णचन्द्रापेक्षयाऽधिकाह्लादकारित्वात् सर्वोत्कृष्टत्वन्मुखचन्द्रावलोकने-नाह्लादितारिदृष्टीनां दुःसहमपि शस्त्रतेजः सुसहं जातमित्यर्थः। कश्चित्तु तदेतदाश्चर्यमित्यध्याजहार तन्न। अंशुमदित्यादिहेतुगर्भविशेषणासंगतेः॥19॥

दुर्वृत्तवृत्तशमनं तव देवि शीलं
रूपं तथैतदविचिन्त्यमतुल्यमन्यैः।
वीर्यं च हन्तृ[1] हृतदेवपराक्रमाणां
वैरिष्वपि प्रकटितैव दया त्वयेत्थम्॥20॥

(1 गुप्तवती) हृतदेवपराक्रमाणां दैत्यानां हन्तृ वीर्याणामित्यन्वयः॥20॥

(2 चतुर्धरी) हे देवि तव दुर्वृत्तवृत्तशमनं दुर्जनचेष्टाखण्डनशीलं चरितं रूपं सौन्दर्यम् अस्ति। हृतो देवानां पराक्रमो यैस्तेषामसुराणामित्यर्थः। इत्थम् एवं सत्यपि दया शस्त्रप्रहरणलक्षणा। शस्त्रहता हि पापिनोऽपि पूयन्ते॥20॥

(3 शान्तनवी) हे देवि तव शीलं सद्वृत्तं कर्तृ। दुर्वृत्तवृत्तशमनम्। दुष्टं वृत्तं येषां ते दुर्वृत्ताः तेषां दुष्टचरित्राणां पुंसां वृत्तस्य शमनं शमयितृ निवारकं

---

1. 'हन्तृहतदेव' इत्यपि पाठः।

वर्तते। यद्वा दुष्टेन वृत्तेन वृत्तं निष्पन्नं फलं दुर्वृत्तवृत्तं दुष्टं फलं नरकलक्षणं तस्य शमनं शमयितृ अपनेतृ तव शीलम्। तथा हे देवि तव एतत् सर्वसौभाग्यसौन्दर्यभाजनं रूपम् अचिन्त्यं मनसापि विचारयितुमशक्यम् अविचार्यं सत् अन्यैर्मनोहरैरतुल्यम् असदृशम् असाधारणमसमानं वर्तते। तथाच हे देवि तव वीर्यं च हृतदेवपराक्रमाणां दैत्यानां हन्तृ घातकं वर्तते। तथा हे देवि इत्थं प्रागुक्तभणित्या त्वया देव्या स्वकीया दया कृपा वैरिष्वपि प्रकटितैव प्रकाशितैव। 'वृत्तं पद्ये चरित्रे त्रिष्वतीते दृढनिस्तले' 'शीलं स्वभावे सद्वृत्ते' 'रूपं गुणे स्वभावे च'। अचिन्त्यं स्मर्तुम् अशक्यं वीर्यं बलं प्रभावश्च। वीर्यं कर्तृ। हृतः देवानां पराक्रमो यैः तेषाम् असुराणाम् ॥20॥

(4 नागोजीभट्टी) दुर्वृत्तानां वृत्तं पापं तस्य शमनं तव शीलं स्वाभाविको गुणः। तथान्यैरतुल्यमत एवाविचिन्त्यम्। कीदृशमिति चिन्ताविषयं दृष्ट्वैव किं नेत्यादिना रूपमाकृतिः च परं हृता आत्मसात्कृताः देवा येन ईदृशः पराक्रमो येषां तेषां दैत्यानां हन्तृ वीर्यम्। एवं चेदृशरूपेणेदृशबलेन तेषां शस्त्रतो हननमिति तदीयपापशान्तये इति तेषु दयैव त्वया कृतेति भावः ॥20॥

(5 जगच्चन्द्रचन्द्रिका) दुर्वृत्तेति 21 ॥20॥

(6 दंशोद्धार) ॥20॥

केनोपमा भवतु तेऽस्य पराक्रमस्य
रूपं च शत्रुभयकार्यतिहारि कुत्र।
चित्ते कृपा समरनिष्ठुरता च दृष्टा
त्वय्येव देवि वरदे भुवनत्रयेऽपि ॥21॥

(1 गुप्तवती) अतिहारि अतिसुन्दरम्। वरदे वरान् ददासीति कृपा। वरान्दैत्यान् हंसि खण्डयसीति निष्ठुरता च ॥21॥

(2 चतुर्धरी) ते तव पराक्रमे केनान्येनोपमा भवतु। अपि तु न केनापि। रूपं च तव शत्रुभयकारि शत्रूणां भयकर्तृ शीलं यस्य तत्। अतिहारि अतिमनोहरं कुत्र। न कुत्रापि। किंतु भुवनत्रये त्वय्येवेत्यन्वयः ॥21॥

(3 शान्तनवी) हे देवि वरदे भुवनत्रयेऽपि ते तव अस्य पराक्रमस्य केन सह उपमा भवतु। केनापि उपमैव नास्ति। निरुपमत्वात्ते पराक्रमस्य। ननु

'अतुलोपमाभ्याम्' इति निषेधात् तृतीया न स्यात् सहविवक्षायां तृतीयास्त्येव। सूत्रं तु षष्ठ्यर्थं सहभावाविवक्षार्थं च। हे देवि हे वरदे रूपं च शत्रुभयकारि शत्रूणां भयोत्पादनशीलं ततोऽन्येषां तु अतिहारि अतिमनोहारि तवैवास्ति न त्वन्यस्य कस्यापि। हे देवि हे वरदे त्वदीये चित्ते कृपा च समरनिष्ठुरता तथा त्वय्येव दृष्टा नान्यत्र दृष्टा न कुत्रापि दृष्टेति भावः। भवत्विति लोट्। दृष्टा इति निष्टा। दृष्टा इति क्त्वानतोऽपपाठः। कृपा समरनिष्ठुरता इति च प्रथमा न तु द्वितीया। समरे निष्ठुराया भावः। 'त्वतलोर्गुणवचनस्य पुंवद्भावः'॥21॥

(4 नागोजीभट्टी) केनेति। अतिहारि मनोहरम्। विरोधोऽत्रालंकारः। केनोपमेति तृतीया आर्षत्वात्। चित्ते कृपा रिपुष्वप्युपकारकत्वात् निष्ठुरता तु स्पष्टैव। अत्र कृपा स्वाभाविकी निष्ठुरता त्वारोपितेति विरोधपरिहार इति बोध्यम्॥21॥

(5 जगच्चन्द्रचन्द्रिका) केनोपमेति 22॥21॥

(6 दंशोद्धार) केनेति। अतिहारि अतिमनोहरम्॥21॥

त्रैलोक्यमेतदखिलं रिपुनाशनेन त्रातं
त्वया समरमूर्धनि तेऽपि हत्वा।
नीता दिवं रिपुगणा भयमप्यपास्त-
मस्माकमुन्मदसुरारिभवं नमस्ते॥22॥

(1 गुप्तवती) ॥22॥

(2 चतुर्धरी) ते रिपवोऽपि समरमूर्धनि रणप्रधानस्थाने हत्वा दिवं नीता इत्यन्वयः। उन्मदाः उद्रिक्ताहंकाराः ये सुरारयस्तद्भवं तेभ्यो जातं भयमपि अपास्तम् अपनीतम्। ते तुभ्यम्॥22॥

(3 शान्तनवी) हे देवि त्वया एतत् त्रैलोक्यं रिपुनाशनेन अखिलं यथा भवति तथा त्रातं रक्षितम्। त्रैङ् पालने 'नुदविदोन्दत्राघ्राह्रीभ्योऽन्यतरस्याम्' इति वा निष्ठानत्वम्। हे देवि त्वया समरमूर्धनि युद्धभूमौ रिपुगणान् हत्वा ते रिपुगणाः दिवं स्वर्गं नीताः प्रापिताः। हे देवि त्वया अस्माकं देवानाम् उन्मदसुरारिभवं भयमपि अपास्तम् अपक्षिप्तं दूरीकृतम्। हे देवि सर्वजननि नमस्ते। लोके खलु हिताः नतिमर्हन्ति। त्रयो लोकास्त्रैलोक्यम्। चातुर्वर्ण्यादित्वात्

स्वार्थे ष्यञ्। अखिलं त्रैलोक्यमितिपाठे पौनरुक्त्यशङ्का। न विद्यतेऽखिलं यस्मिन्निति क्रियाविशेषणं द्रष्टव्यम्। 'संभवे व्यभिचारे च स्याद्विशेषणमर्थवत्'। रिपूणां नाशनेन समरमूर्धनि समरस्य मूर्धेव मूर्धा युद्धाप्रभूमिः। तत्र उदुच्छ्रितमदेभ्यः सुराणामरिभ्यो दैत्येभ्यो भवं संभवम्। 'नमः स्वस्ति' इति चतुर्थी ॥22॥

(4 नागोजीभट्टी) त्रैलोक्यमिति। त्वयेत्यन्तमेकान्वयः। ततो रिपुगणा इत्यन्तम् अपरं वाक्यम्। भयमित्यतो भवमित्यन्तमपरम्। अनेन चित्ते कृपेत्येतद्विवृतम्। नमस्ते इत्यनेन नमस्कारातिरिक्तप्रत्युपकारणे नास्माकं सामर्थ्यमिति ध्वनितम् ॥22॥

(5 जगच्चन्द्रचन्द्रिका) त्रैलोक्यमिति 23 ॥22॥

(6 दंशोद्धार) ॥22॥

शूलेन पाहि नो देवि पाहि खड्गेन चाम्बिके।
घण्टास्वनेन नः पाहि चापज्यानिः स्वनेन च ॥23॥

(1 गुप्तवती) ॥23॥

(2 चतुर्धरी) ॥23॥

(3 शान्तनवी) हे देवि हे अम्बिके त्वं शूलेन आयुधेन शत्रुभ्यो नोऽस्मान् पाहि रक्ष। पा रक्षणे। 'सेर्ह्यपिच्च'। 'अस्त्री शूलं रुगायुधम्'। हे देवि अम्बिके त्वं घण्टास्वनेन घण्टायाः स्वनेन नः शत्रुतः पापतश्च पाहि। हे देवि हे अम्बिके त्वं चापज्यानिःस्वनेन चापरोपिताकृष्टमौर्वीजनितनिः स्वनेन च नोऽस्मान् पाहि शत्रुतः पाप्मनश्चेति शेषः ॥23॥

(4 नागोजीभट्टी) ॥23॥

(5 जगच्चन्द्रचन्द्रिका) शूलेनेति 24 ॥23॥

(6 दंशोद्धार) ॥23॥

प्राच्यां रक्ष प्रतीच्यां च चण्डिके रक्ष दक्षिणे।
भ्रामणेनात्मशूलस्य उत्तरस्यां तथेश्वरि ॥24॥

(1 गुप्तवती) भ्रामणेनेत्यनेन विदिक्ष्वध ऊर्ध्वं च रक्षेति ध्वनितम्। ॥24॥

(2 चतुर्धरी) दक्षिणे दक्षिणभागे भ्रामणेन। संज्ञापूर्वकविधेरनित्यत्वात् ह्रस्वो न भवति। यथा। 'स तैराक्रमया मास अस्मान् संक्रामितैः परेः' इति ॥24॥

(3 शान्तनवी) हे ईश्वरि ईश्वरस्य पत्नि। यद्वा हे ईश्वरि जगद्व्यापिनि। 'अश्नोतराशुकर्मणि वरट् चेच्चोपधायाः'। हे देवि हे चण्डिके त्वम् आत्मनः शूलस्य आयुधस्य भ्रामणेन परितोऽमितश्चक्राकारेण परिवर्तनेन अस्मान् देवान् प्राच्यां दिशि रक्ष शत्रुतः। हे ईश्वरि हे चण्डिके त्वं प्रतीच्यां दिशि पश्चिमायामाशायाम् आत्मशूलस्य भ्रामणेन अस्मान् रक्ष शत्रुतः। हे ईश्वरि अम्बिके आत्मशूलस्य भ्रामणेन दक्षिणे दिग्विभागे अवाच्यां दक्षिणस्यां दिशि अस्मान् रक्ष शत्रुतः। तथा हे ईश्वरि हे अम्बिके हे चण्डिके त्वम् आत्मशूलस्य भ्रामणेन उत्तरस्यां दिशि अस्मान् रक्ष शत्रुतः। भ्रामणेनेति भ्रमणस्येदं भ्रामणं प्रदक्षिणीकरणं परितो मण्डलीकरणम्। अन्यथा अनवस्थानमात्रं चलनमात्रं वा शूलसमवेता क्रिया स्यात्। अतश्च प्रदक्षिणाकृति परिभ्रामणं विवक्षितमिति सूचयितुं प्राच्यां प्रतीच्यां दक्षिणस्यामुत्तरस्यामित्युक्तम्। चकाराद्विदिग्ग्रहणम् ॥34॥

(4 नागोजीभट्टी) प्राच्यामिति। दक्षिणे इत्यस्य दिग्भागे इति शेषः। भ्रामणेनेत्यत्र ह्रस्वभावः संज्ञापूर्वकविधेरनित्यत्वात् ॥24॥

(5 जगच्चन्द्रचन्द्रिका) प्राच्यां रक्षेति 25 ॥24॥

(6 दंशोद्धार) प्राच्यामिति। दक्षिणे दक्षिणभागे ॥24॥

सौम्यानि यानि रूपाणि त्रैलोक्ये विचरन्ति ते।
यानि यान्त्यर्थघोराणि[1] तै रक्षास्मांस्तथा भुवम् ॥25॥

(1 गुप्तवती) ॥25॥

(2 चतुर्धरी) सौम्यानि सृष्टिस्थितिव्यापाराणि अत्यन्तमतिशयेन घोराणि संहारकराणि। अत्यर्थेति वा पाठः। अस्मान् रक्ष। तथा भुवं पृथिवीं चेत्यर्थः ॥25॥

(3 शान्तनवी) हे देवि त्रैलोक्ये त्रिषु लोकेषु ते तव यानि सौम्यानि सुन्दराणि प्रसन्नानि रूपाणि विचरन्ति विहरन्ति। यानि चात्यन्तघोराणि भयंकराणि रूपाणि विचरन्ति तैस्तैश्च रूपैरूपलक्षिता त्वं तैस्तैः करणैर्वा अस्मान्देवान्

---

1. 'चात्यन्तघोराणि' इति चतुर्धरीशान्तनव्योः संमतः पाठः।

रक्ष। तथा त्तैरेव द्विविधैः रूपैर्भुवं रक्ष। तथा चकारात्। तैरेव रूपैः पातालं रक्ष। 'सौम्यं तु सुन्दरे सोमदेवते' सोमाद्यणि भवेत्सौम्यं सुन्दरे तूपचारतः'। 'अनुगृह्णाति यान्देवी तेषां सौमी जगन्मयी। नानुगृह्णाति यान्देवी तेषां घोरा जगन्मयी' ॥25 ॥

(4 नागोजीभट्टी) सौम्यानीति। सृष्टिस्थितिव्यापाराणि। अत्यर्थघोराणि संहारव्यापाराणि। तथा भुवं पृथिवींचेत्यर्थः ॥25 ॥

(5 जगच्चन्द्रचन्द्रिका) सौम्यानीति 26 ॥25 ॥

(6 दंशोद्धार) ॥25 ॥

खड्गशूलगदादीनि यानि चास्त्राणि तेऽम्बिके।
करपल्लवसङ्गीनि तैरस्मान् रक्ष सर्वतः ॥26 ॥

(1 गुप्तवती) ॥26 ॥

(2 चतुर्धरी) करपल्लवसङ्गीनि करपल्लवेन सङ्गः संसर्गो विद्यते येषाम् ॥26 ॥

(3 शान्तनवी) हे अम्बिके देवि यानि ते तव करपल्लवसङ्गीनि खड्गशूलगदादीनि यान्यायुधानि तैः यानि चास्त्राणि धनुरादीनि सन्ति तैश्च त्वं सर्वतः समंततः अस्मान् त्वदेकशरणान् देवान् रक्ष। दुःखत पापतः शत्रुतश्च पालय। 'हस्तिशुण्डांशुवाहाग्रबलिषूक्तः करः पुमान्' करो हस्तः पाणिः। 'पञ्चशाखः शयः पाणिः' 'अङ्गुल्यः करशाखाः स्यसुः' कर पल्लवाः अङ्गुल्यः तैः सङ्गः तद्वन्ति करपल्लवसङ्गीनि। यद्वा करः पल्लव इव करपल्लवः तेन सङ्गः तद्वन्ति वा करपल्लवसङ्गीनि। हस्तस्थितानीत्यर्थः। 'समंततस्तु परितः सर्वतो विष्वगित्यपि'। खड्गश्च शूलश्च गदा च खड्गशूलगदम्। सेनाङ्गत्वादेकवत्त्वम्। तत् आदिर्येषां तानि तथोक्तानि धनुरादीनि ॥26 ॥

(4 नागोजीभट्टी) खड्गेति। सङ्गः संसर्गः ॥26 ॥

(5 जगच्चन्द्रचन्द्रिका) खड्गशूलेति 27 ॥26 ॥

(6 दंशोद्धार) ॥26 ॥

ऋषिरुवाच।

एवं स्तुता सुरैर्दिव्यैः कुसुमैर्नन्दनोद्भवैः।
अर्चिता जगतां धात्री तथा गन्धानुलेपनैः ॥27 ॥

(1 गुप्तवती) ॥27॥

(2 चतुर्धरी) नन्दनोद्भवैर्देवोद्यानजातैः। गन्धैः श्रीवासादिभिः अनुलेपनैः श्रीखण्डादिभिः ॥27॥

(3 शान्तनवी) एवमुक्तभणित्या जगतां धात्री पोषयित्री देवी देवैः स्तुता ततो दिव्यैर्दिवी भवैः नन्दनोद्भवैनन्दनं स्वस्तनवनं तत उद्भवैः कुसुमैः। तथा दिव्यैः गन्धानुलेपनैः चार्चिता पूजिता अराधिता गन्धैरनुलेपनीयैः गन्धाः कुङ्कुमादयः। 'कुङ्कुमागरुकस्तूरीकर्पूरं चन्दनं तथा। महासुगन्धमित्युक्तं नाम्ना स्याद्यक्षकर्दमः'। अनुलेपमनङ्गरागः ॥27॥

(4 नागोजीभट्टी) ऋषिरुवाच। एवमिति। नन्दनं देवोद्यानम्। दिव्यैः उत्कृष्टैः। गन्धाः श्री(रागा)वासादयः। अनुलेपनं श्रीचन्दनादि ॥27॥

(5 जगच्चन्द्रचन्द्रिका) आद्येन ऋषिरुवाचेत्यनेन सह खड्गशूलान्ताः श्लोकरूपा मन्त्राः सप्तविंशतिमन्त्राद्या इत्यर्थः। ऋषिरिति ऋषिरुवाच स्वाहेत्यष्टाविंशतिका मन्त्राः 28। श्लोकद्वयमिति। श्लोकयोर्द्वयं युग्मं द्वौ श्लोकरूपौ पृथक् मन्त्रावित्यर्थः। तथाहि एवं स्तुतेति 29 ॥27॥

(6 दशोद्धार) ॥27॥

भक्त्या समस्तैस्त्रिदशैर्दिव्यैर्धूपैः सुधूपिता[1]।
प्राह प्रसादसुमुखी समस्तान्प्रणतान्सुरान् ॥28॥

(1 गुप्तवती) ॥28॥

(2 चतुर्धरी) दिव्यैर्मनोज्ञैः। प्रसादेन कृपया शोभनं मुखं यस्याः। सुरान्देवान्प्रणतान् चरणौ गतान् ॥28॥

(3 शान्तनवी) समस्तैरखिलैस्त्रिदशैर्देवैर्भक्त्या दिवि भवैः धूपैः गन्धाद्यैः धूपराजैः सुधूपिता सुपूजिता देवी प्रसादसुमुखी प्रसादत्वेन प्रसन्नत्वेन सुमुखी सती तान् प्रणतान्समस्तान् सुरान् इन्द्रादीन्देवान् वाक्यं प्राह उवाच। उपसर्गप्रतिरूपः प्रशब्दोऽव्ययाख्यः। अहेति निपातस्तिङन्तप्रतिरूपकः

---

1. 'धूपैस्तु धूपिता' इति पाठ।

कालसामान्यवचनः। शोभनं मुखमस्त्यस्याः सुमुखी। 'स्वाङ्गाच्चोपसर्जनादं-संयोगोपधात्' इति वा ङीष् टाप् च। 'नखमुखात्संज्ञायाम्' इति ङीषो निषेधस्तु संज्ञायामेव ॥28 ॥

(4 नागोजीभट्टी) भक्त्येति। अन्तःकरणे प्रेमया भजनं सेवनं भक्तिः तया प्रेमलक्षणया भक्त्या दिव्यैर्मनोज्ञैः धूपैस्त्विति पाठः ॥28 ॥

(5 जगच्चन्द्रचन्द्रिका) भक्त्या समस्तैरिति 30 ॥28 ॥

(6 दंशोद्धार) ॥28 ॥

देव्युवाच।

व्रियतां त्रिदशाः सर्वे यदस्मत्तोऽभिवाञ्छिम्।
(ददाम्यहमतिप्रीत्या[1] स्तवैरेभिः सुपूजिता)।

देवा ऊचुः।

भगवत्या कृतं सर्वं न किंचिदवशिष्यते ॥29 ॥

(1 गुप्तवती) ॥29 ॥

(2 चतुर्धरी) अतिप्रीत्या प्रीत्यतिशयेन। प्रीतेति वा पाठः ॥29 ॥

(3 शान्तनवी) हे सर्वे त्रिदशाः युष्मत्कृतैरेभिः स्तवैः प्रपूजिता अहम् अतिप्रीतास्मि। युष्माभिः सर्वैर्देवैर्यदस्मत्तः सकाशात् अभिवाञ्छितम् अभिलषितं वर्तते तद्वस्तु व्रियतां प्रार्थ्यताम्। अहं ददामि दास्यामि। इह प्रीत्या प्रीत्या इति पाठद्वयम्। अत्र आद्ये पाठे अर्थ उक्तः। यत्तन्मत्तोऽभिवाञ्छितम् इति पाठः सभ्यः। यदस्योऽभिवाञ्छितमिति पाठे अस्मत् देवीतः व्रियताम् अहं ददामीति वचनचातुर्यम् कीदृशं स्यात्। बहुत्वेनोपक्रम्यैकत्वेनोपसंहाराद्वाचोयुक्तिरियं वाचोयुक्तिमतामुद्वेगं जनयतीत्यर्थः।

कर्तव्यमपरं[2] यच्च दुष्कृतं तन्निवेद्यताम्। इत्याकर्ण्य वचो देव्याः प्रत्यूचुस्ते दिवौकसः॥

---

1. इदं पद्यार्धं गुप्तवतीनागोजीभट्टीकारैर्नादृतं दृश्यते।
2. इदं पद्यमपि केवलं शान्तनवीकारैरेव व्याख्यातमतो नास्य मूले निवेशः कृतः।

हे देवाः अपरं युष्माभिः कर्तव्यं सत् दुष्कृतं दुःसाध्यं यत् तच्च मदग्रे मह्यं निवेद्यतां ज्ञाप्यतां तदप्यपरं महिषासुरवधापेक्षया द्वितीयं कार्यं साधयमीति भावः। इति इत्थं देव्याः वचः आकर्ण्य श्रुत्वा ते सर्वे दिवौकसः इन्द्रादयः सुराः प्रत्यूचुः प्रतिवाक्यमुक्तवन्तः। दिवि ओकांसि निवासा येषां ते दिवौकसः। पृषोदरादित्वात्साधुः ॥29॥

(4 नागोजीभट्टी) देव्युवाच। व्रियतामिति। देवा ऊचुः। भगवत्येति ॥29॥

(5 जगच्चन्द्रचन्द्रिका) देवीति। 'देव्युवाचेत्ययं मन्त्रः 31'। ततः परं देव्युवाचेत्यनन्तरं 'त्रियतां त्रिदशाः सर्वे यदस्मत्तोऽभिवाञ्छितं स्वाहा 32' इति अर्धश्लोकमन्त्रोऽर्धश्लोकरूपो मन्त्रः। अथ देवा ऊचुरिति। अथानन्तरं 'देवा ऊचुः स्वाहेत्यपरो मन्त्रः 33'। ततः परभिति। देवा ऊचुरित्यनन्तरं 'भगवत्या कृतं सर्व'मित्यर्धं श्लोकमन्त्रक इति भगवत्येत्यादि अर्धश्लोकरूपो मन्त्रः। तथाहि 'भगवत्या कृतं सर्वं न किंचिदवशिष्यते स्वाहा 34' ॥29॥

(6 दंशोद्धार) ॥29॥

यदयं निहतः शत्रुरस्माकं महिषासुरः।
यदि[1] वापि वरो देयस्त्वयास्माकं महेश्वरि ॥30॥

(1 गुप्तवती) ॥30॥

(2 चतुर्धरी) ॥30॥

(3 शान्तनवी) हे देवि यद्यस्मात् त्वया भगवत्या अस्माकं देवानां शत्रुरयं महिषासुरनामा निहतः व्यसूकृतः अतस्त्वया भगवत्या सर्वस्माकं देवानां प्रयोजनं कृतमेव। न किंचिदवशिष्यते। न किंचित्कार्यशेषोऽवशिष्यते। न कश्चिदपि शत्रुः शेषोऽवशिष्टः। हे महेश्वरि महानीश्वरः तस्य स्त्री। यद्वा महती ईश्वरी। 'अश्नोतेराशुकर्मणि वरट् चेच्चोपधायाः' देवि यदि पक्षान्तरे। त्वया भगवत्या अस्माकं त्वदनुग्रहजीविनां देवानां त्वदेकजीविनां वरश्च देयोऽनुमतः स्यात तर्हि अयं वरः प्राथ्र्यतेऽस्माभिः ॥30॥

1. 'यदि चापि' इति पाठः।

(4 नागोजीभट्टी) यदिति। यत इत्यर्थः। पूर्वान्वय्यर्थम्। उत्तरार्धमुत्तरान्वयि। यदि वापीति। वाशब्द एवमर्थे। यद्येवं सत्यपि वरो देय इति तवेच्छा चेत्तदा वक्ष्यमाणमस्त्वित्यर्थः। अस्माकमस्मभ्यमित्यर्थः ॥30॥

(5 जगच्चन्द्रचन्द्रिका) यदयंनिहताद्यं च श्लोकमन्त्रत्रयं भवेदिति। तु पुनः यदयंनिहत आद्यो यस्य तत् यदयंनिहताद्यं श्लोकरूपा ये मन्त्रास्तेषां त्रयं भवेत्। त्रयः पृथक् मन्त्रा भवेयुरित्यर्थः। तथाहि तदयं निहत इति 35 ॥30॥

(6 दंशोद्धार) ॥30॥

संस्मृता संस्मृता त्वं नो हिंसेथाः परमापदः।
यश्च मर्त्यः स्तवैरेभिस्त्वां स्तोष्यत्यमलानने ॥31॥

(1 गुप्तवती) ॥31॥

(2 चतुर्धरी) हिंसेथा इति। भौवादिगणपाठादात्मनेपदम्। हे अमलानने प्रसन्नवदने अम्बिके यश्च मर्त्यः लोकः एभिः स्तवैः पूर्वोक्तैः त्वां स्तोष्यति ॥31॥

(3 शान्तनवी) कोऽसौ। हे देवि त्वं परमापत्सु अस्माभिस्त्वदेकशरणैर्देवैः संस्मृता संस्मृता सती वारंवारं ध्याता सती नोऽस्माकं परमापदः परमाः आपदः। यद्वा परमा अत्यर्थाः आपदः येभ्यस्ते परमापदः शत्रवः तान् महासुरान् हिंसेथाः हिंस्याः। हिसि हिंसायाम्। रुधादेः प्रार्थने लिङ्। परस्मैपदस्थाने 'व्यत्ययो बहुलम्' इत्यात्मनेपदस्य थासः सीयुट्। अस्माकमिति दानप्रतिग्रहभावाभावात्संप्रधानत्वात्संबन्धे षष्ठ्येव। मात्रा पित्रा च पुत्राणां बालानां कशिपुर्दीयते 'रजकस्यांशुकं दत्ते स्वामी भृत्यस्य वेतनम्' इतिवत्। पक्षान्तरे चेद्यदि च। देवाः द्वितीयं वरं प्रार्थयन्ते। हे अम्बिके हे अमलानने हे प्रसन्नवदने त्वम् अस्माभिः प्रपन्ना प्रणता सेविता सती वरदासि अतः यश्च मर्त्यः एभिस्त्वद्विषयैरस्माभिर्देवैः कृतैः स्तवैः त्वां देवीं स्तोष्यति भक्तितः स्तविष्यति ॥31॥

(4 नागोजीभट्टी) संस्मृतेति। हिंसेथा इत्यार्षः। उत्तरार्धमुत्तरान्वयि ॥31॥

(5 जगच्चन्द्रचन्द्रिका) संस्मृता संस्मृतेति 36 ॥31॥

(6 दंशोद्धार) यदिति। हिंसेथा इति भौवादिकस्य रूपं न तु रौधादिकस्य। तस्य परस्मैपदित्वात् ॥31॥

तस्य वित्तर्द्धिविभवैर्धनदारादिसंपदाम्।

वृद्धयेऽस्मत्प्रसन्ना[1] त्वं भवेथाः सर्वदाम्बिके ॥32॥

(1 गुप्तवती) वृद्धय इति। अस्मदिति निमित्तपञ्चमी। प्रसन्ना सती सर्वदा पुरुषार्थप्रदा भवेथाः। मर्त्यस्यापराधान्निमित्तीकृत्य तस्मै मा क्रुद्धय इति भावः। स्पष्टमन्यत् ॥32॥

(2 चतुर्धरी) तस्य मर्त्यस्य अस्मत्प्रसन्ना सती अस्माके प्रसन्ना सती त्वं वित्तर्द्धिविभवैः धनदारादिसंपदाम्। वित्त वेदनम्। ज्ञानमिति यावत्। भावे क्तविधानात्। ऋद्धिः उपचयः। विभवः ऐश्वर्यम्। तैरिति सहार्थे तृतीया। अर्थेनापि भवतीति स्मरणात्। धनं कनकादि। आदिशब्दः क्षेत्रादिपरिग्रहार्थः (आदिशब्दात्पुत्रदारादिसंग्रहः) धनदारादय एव संपदः तासां वृद्धये उपचयाय भवेथा इत्यन्वयः ॥32॥

(3 शान्तनवी) तस्य मर्त्यस्य मनुष्यस्य वित्तर्द्धिविभवैः सह धनदारादिसंपदां सदा वृद्ध्ये प्रवृद्धये भवेथाः। सर्वदा वित्तस्य अर्थस्य ऋद्धेः समृद्धेर्विभवैरुद्भवैः सह धनस्य गोमहिष्यश्वादेः दाराणां पत्नीनाम्। आदिशब्दात्सेवकादीनां संपदां क्षेत्रारामधान्यपुत्रमित्रादिसंपत्तीनां च वृद्धये भवेथाः। प्रार्थने लिङ्। 'व्यत्ययो बहुलम्' इत्यात्मनेपदम्। (वैदिकं वेदकल्पमिदं देवीस्तवनमिति सूचयितुं प्रयुक्तमृषिभिः) यद्यपि वित्तं धनमिति पर्यायौ तथाप्युपचाराद्गवाश्वादिकं धनशब्देन विवक्षितम्। वित्तर्द्धयश्च विभवाश्च ऐश्वर्याणि तैः सहितं धनं गवादि दारादि पत्न्यादि तेषां संपदः तासाम् ॥32॥

(4 नागोजीभट्टी) तस्येति। वित्तर्द्धिविभवैरिति सहयोगे तृतीया। भवने च साहित्यं वित्तं ज्ञानं तस्य वृद्धिरुपचयः। विभवा ऐश्वर्यादयः। धनदारादीनां संपदः अनुरूपा आत्मभावाः। आदिना पुत्रादिवृद्धये उपचयाय ॥32॥

(5 जगच्चन्द्रचन्द्रिका) तस्य वित्तर्द्धीति 37 ॥32॥

(6 दंशोद्धार) यश्चेति। वित्तं वेदनं ज्ञानम्। भावे क्तः। ऋद्धिरुपचयः। विभव ऐश्वर्यम्। सहार्थे तृतीया ॥32॥

---

1. 'अस्मत्प्रसन्ना' इति शान्तनवीसंमतः पाठः।

ऋषिरुवाच

इति प्रसादिता देवैर्जगतोऽर्थे तथात्मनः ।
तथेत्युक्त्वा भद्रकाली बभूवान्तर्हिता नृप ॥33॥

(1 गुप्तवती) ॥33॥

(2 चतुर्धरी) भद्रं कल्याणं करोतीति भद्रा। भद्रा चासौ काली चेति विग्रहः। भद्रं कालयति वर्धयतीति कर्मण्यणेव। अन्तर्हिता अदृश्या ॥33॥

(3 शान्तनवी) हे नृप हे सुरथ इति प्रागुक्तरीत्या देवैर्जगतोऽर्थे त्रैलोक्यसंरक्षणप्रयोजनाय तथा आत्मनोऽर्थे स्वार्थे देवकार्यविषयेऽर्थे च प्रसादिता प्रसादसुमुखीकृता भद्रकाली भद्रा सर्वमङ्गला काली रुद्रपत्नी। कर्मधारयः। हे देवाः तथास्तु युष्मद्वाञ्छितमस्तु सिध्यत्वित्युक्त्वा अन्तर्हिता बभूव अन्तर्धानमगात् अदृश्या बभूव ॥33॥

(4 नागोजीभट्टी) ऋषिरुवाच। इतीति। तथात्मनः आत्मनश्चार्थे इत्यर्थः। तथेत्युक्त्वा तथास्त्वित्युक्त्वा भद्रं कालयतीति भद्रकाली। अन्तर्हिताऽदृश्या बभूवेत्यन्वयः ॥33॥

(5 जगच्चन्द्रचन्द्रिका) ऋषिरुवाच। 'ऋषिरुवाचेत्यपरो मन्त्रः 38'। श्लोकाश्चत्वारो मनवः परिकीर्तिता इति चत्वारो मन्त्रा भवेत्युरित्यर्थः। प्रकीर्तिता उक्ताः। तद्यथा 'इति प्रसादितेति 39' ॥33॥

(6 दंशोद्धार) इतीति। भद्रा चासौ काली चेति विग्रहः। यद्वा भद्रं कारयतीति तथा। कर्मण्यण्। रलयोरभेदः ॥33॥

इत्येतत्कथितं भूप संभूता सा यथा पुरा।
देवी देवशरीरेभ्यो जगत्त्रयहितैषिणी ॥34॥

(1 गुप्तवती) ॥34॥

(2 चतुर्धरी) ॥34॥

(3 शान्तनवी) हे भूप हे सुरथ। जगत्त्रयहितैषिणी सा देवी देवशरीरेभ्यो यथा पुरा पूर्वं तेजोरूपा संभूता महिषासुरवधाय प्रादुरभूत् इत्येतत् सर्वं ते तुभ्यं सुरथाय मया सुमेधसा मुनिना कथितं तथाह्युक्तम् ॥34॥

(4 नागोजीभट्टी) इतीति। स्पष्टम् ॥34॥

(5 जगच्चन्द्रचन्द्रिका) इत्येतत्कथितं भूपेति 40 ॥34॥

(6 दंशोद्धार) ॥34॥

पुनश्च गौरीदेहात्सा[1] समुद्भूता यथाभवत्।
वधाय दुष्टदैत्यानां तथा शुम्भनिशुम्भयोः ॥35॥

(1 गुप्तवती) गौरीदेहादिति। गौरवर्णशरीरप्रकटनाय नीलवर्णकोशरूपं शरीरं पार्वत्या परित्यक्तमिति वक्ष्यते। देहात्कोशादित्यर्थः॥35॥

(2 चतुर्धरी) इतिहासान्तरं निरूपयति। पुनरिति। गौरी पार्वतीत्यनुषज्यते। देहं शरीरम् आसनम् आसः अवस्थितिर्यस्याः सा देहासा। गृहीतशरीरेति यावत्। सा गदितमाहात्म्या गौरी पुनर्गृहीतदेहा सती यथा समुद्भूताऽभवदित्यन्वयः। अथवा गौर्या देहः शरीरकोश एव देहकारणं यस्याः सा गौरीदेहा। शाकपार्थिवादित्वान्मध्यमपदलोपी समासः। देहग्रहे हेतुमाह। वधायेति। दुष्टदैत्यानां धूम्रलोचनादीनाम्। ते तुभ्यम्॥35॥

(3 शान्तनवी) इदं श्लोकद्वयमेकक्रियमेकान्वयं द्रष्टव्यम्। शृणु स्व इति पदद्वयम्। हे स्व हे आत्मीय भूय सूरथ सा प्रसिद्धा देवानामुपकारिणी देवी पुनश्च पुनरपि दुष्टदैत्यानां दुष्टानां देवादिपीडकानिां धूम्रलोचनरक्तबीजचण्डमुण्डादीनां दैत्यानां वधाय च तथा शुम्भनिशुम्भयोः वधाय च लोकोनां रक्षणाय च प्रयोजनाय यथा गौरीदेहात् गौर्याः देहात्समुद्भूता अभवत् आसीत् तत्सर्वं यथावद्यथार्थं यावत् ते तुभ्यं राज्ञे कथयाम्यहं सुमेधानाम ऋषिः तत् त्वं यथावत् यावत्प्रकारेण ख्यातं मया कथितं शृणु आकर्णयं शृणुष्वेति पाठे 'व्यत्ययो बहुलम्' इत्यात्मनेपदम्। शुम्भ भाषणे हिंसायां च भ्वादिः। शुम्भति भाषते हिनस्ति वा शुम्भः। दन्त्यादिरयम्। तालव्यादिपाठे शुभशुम्भ-शोभार्थे तुदाद्रिः। शुम्भति शोभते रणेष्विति शुम्भः। यथाप्रकारवत् यथावत्। क्रियाविशेषणम्॥35॥

(4 नागोजीभट्टी) पुनश्चेति। गौरीदेहः कारणं यस्या इत्यर्थः। समुद्भवः यथा तत्र हेतुर्दुष्टवधो देवलोकरक्षणे वा॥35॥

---

1. 'गौरी देहा सा' इति चतुर्धरीपाठः।

(5 जगच्चन्द्रचन्द्रिका) पुनश्च गौरीति 41 ॥35 ॥

(6 दंशोद्धार) इतिहासान्तरं सूचयति। पुनश्चेति। गौरीदेहासा इति पाठे गौरीदेह एव आसनमासः स्थितिरस्याः। शरीरकोशनिः सृतत्वात्। यद्वा गौरीदेहो देहकारणमस्या इति मध्यमपदलोपी समासः ॥35 ॥

रक्षणाय च लोकानां देवानामुपकारिणी।
तच्छृणुष्व[1] मयाख्यातं यथावत्कथयामि ते ॥36 ॥

इति श्रीमार्कण्डेयपुराणे शक्रादिकृतदेव्याः स्तुतिर्नाम चतुर्थोऽध्यायः ॥4 ॥

(1 गुप्तवती) अत्र चण्डीस्तवे देवकृतास्त्रयः स्तवास्तत्तदारम्भे देवा ऊचुरित्यपेक्षितम्। तथा देवकृतवरप्रार्थनद्वयमपीति तयोरारम्भेऽपि द्विवारमिति पञ्चवारं तन्त्रान्तरे देवोक्तिरस्ति। परं तु स्तवारम्भे प्राक् श्लोकेषु नियमेन तदर्थस्योपनिबद्धत्वेन पौनरुक्त्यापत्त्या स्तवारम्भे त्रितयं नापेक्षितमित्याशयेन यामलपाठे प्रार्थनारम्भ एव द्विवारं देवोक्तिरादृता। प्रकृततन्त्रे त्वर्धजरतीयमेव प्र(थम)कृतस्तवस्य चरमस्तवस्य चारम्भे परिहृत्यैतदुत्तरं स्तवारम्भे प्रार्थनाद्वयारम्भे चेति त्रिर्देवोक्तिरङ्गीकारादिति द्रष्टव्यम्। अतः प्रथमश्लोकोत्तरं देवा ऊचुरिति न वक्तव्यम्। इतरद्यथास्थानं युक्तमेवेति दिक्। पूर्वाध्याये मध्येमध्ये श्लोकान्तराण्यत्र फलश्रुतौ च तानि बहुत्वान्न ॥36 ॥ इति श्रीगुप्तवत्यां मन्त्रव्याख्याने शक्रादिस्तुतिवर्णनं नाम चतुर्थोऽध्यायः ॥4 ॥

(2 चतुर्धरी) ॥36 ॥ इति चतुर्धरीटीकायां शक्रादिभिः कृता देव्याः स्तुतिर्नाम चतुर्थोऽध्यायः ॥4 ॥

(3 शान्तनवी) अस्य श्लोकस्य व्याख्या पूर्वश्लोकेन सह कृतास्ति ॥36 ॥ इति श्रीमद्राजाधिराजतोमरान्वयश्रीमदुद्धरणात्मजशन्तनुविरचितायां शान्तनव्यां देवीमाहात्म्यटीकायां शक्रादिस्तुतिश्चतुर्थोऽध्यायः ॥4 ॥

(4 नागोजीभट्टी) ननु तेनाप्यस्याः कोर्थस्तदाह। उपकारिणीति। उपकारस्वभावा यत इत्यर्थः। तच्छृणुष्वेत्यार्षस्तङ्। तत्प्रकारं मया मत्तः।

---

1. 'शृणु स्व' इति शान्तनवीकारादृतः पाठः।

निपातोऽयम्। ख्यातं लोकप्रसिद्धम्। एनामुपक्रम्य लक्ष्मीतन्त्रे लक्ष्मीवाक्यम्। 'अभिष्टुता सुरैः साहं महिषं जघ्नुषी क्षणात् महिषात्करीसूक्तं दृष्टं देवैर्महर्षिभिः। उत्पत्तिं युद्धविक्रान्तिः स्तोत्रं चेति सुरेश्वर। कथयन्ति सुविस्तीर्णं ब्राह्मणा वेदपारगाः। लभन्ते च फलं शश्वदाधिपत्यमनश्वरम्'। इति महिषान्तकरीसूक्तं देवैर्महर्षिभिश्च दृष्टम्। देव्या यया ततमिति श्लोकेऽखिलदेवमहर्षिपूज्य-त्वविशेषणात्। युष्माभिःस्तुतयो याश्चेति श्लोके ब्रह्मर्षीणां स्तुतिकर्तृत्वप्रतिपादना-च्चेति बोध्यम्॥36॥ इति शिवभट्टसुतसतीगर्भजनागोजीभट्टकृते सप्तशती-व्याख्याने चतुर्थोऽध्यायः॥4॥

(5 जगच्चन्द्रचन्द्रिका) रक्षणाय च लोकानामिति 42 ॥36॥ "ऋषित्रयं तु देव्यैका एकदेवास्तु पञ्चभिः। उवाचवचनैः श्लोकाः पञ्चत्रिंशत्तु मन्त्रकाः"। अर्धश्लोकात्मकं यत्तन् मन्त्रद्वयं भवेदिहेति। इह चतुर्थेऽध्याये तु पुनः ऋषित्रयम्। ऋषिरुवाचेति त्रयो मन्त्राः। देव्यैका देव्युवाचेत्येको मन्त्रः। एकदेवाः देवा ऊचुरित्येको मन्त्रः। तु पुनः एतैः पञ्चभिरुवाचवचनैः सह पञ्च अधिका त्रिंशत् एका श्लोकरूपा मन्त्रका मन्त्रा इत्यर्थः। अर्धश्लोकरूपं यन्मन्त्रद्वयं मन्त्रयुग्मं द्वौ मन्त्रावित्यर्थः भवेत्। "षट्त्रिंशच्छ्लोककेऽध्याये चत्वारिंशद्व्याधिका। विभज्य गणना कार्या मन्त्राणां हवनादिषु"। इति षट्त्रिंशच्छ्लोका यस्मिन्नीदृशेऽध्याये चतुर्थाध्याये द्व्याधिका द्वाभ्यामाधका चत्वारिंशत् भवेदिति शेषः। द्विचत्वारिंशन्मन्त्रा भवन्तीत्यर्थः। मन्त्राणां शक्रादय इत्यादिमन्त्राणां हवनादिषु होमादिषु विभज्य मन्त्रविभागं कृत्वा गणना संख्या कार्या कर्तव्या। मन्त्रविभागः कर्तव्य इत्यर्थः॥36॥ इति श्रीसप्तशतीमन्त्रहोमकारिकाणां भगीरथविरचिता जगच्चन्द्रचन्द्रिकाख्या चतुर्थाध्यायस्य टीका संपूर्णा॥4॥

(6 दंशोद्धार) ॥36॥ इति श्रीदंशोद्धारटीकायां चतुर्थोऽध्यायः॥4॥

Chapter - IV

Translation

The Slaying of the Asura Mahiṣa concluded.

The gods poured forth their praises to Caṇḍikā on her victory—And She gave them the boon that she would always befriend them, if they recalled her to mind in calamities.

The ṛṣi spoke :

★ When that most valiant evil-souled army of the gods' foes was vanquished by the goddess, Śakra and the hosts of other gods poured forth their praises to her with their voices, reverently bending down their necks and shoulders, while their bodies looked handsome because their hair stood erect with exultation.

★ The goddess, who strectched out this world by her power, Whose body comprises the entire powers of all the hosts of gods,

Her, Ambikā, worthy of worship by all gods and great ṛṣis,

We bow before in faith; may she ordain blessings for us!

★ May she, whose peerless majest and power Ananta

Adorable, Brahmā and Hara cannot in sooth declare,

May she, Caṇḍikā, to protect the entire world

And to destroy the fear of evil turn her mind!

★ Her, who is Good-Fortune herslef in the dwellings of men of good deeds, Ill-Fortune

In those of men of sinful soul; who is Intelligence in the hearts of the prudent,

Who is Faith in those of the good, and Modesty in that of the high-born man;

Her, even thee, we bow before; protect the universe, O goddess!

★ Can we describe this thy thought-transcending form?

Or thy abundant surpassing valour that destroyed the Asuras?

Or thy surpassing feats which were displayed in battless

Among all the hosts of Asuras, gods and others, O goddess?

★ Thou art the cause of all the worlds! Though characterized by the three qualities, by faults.

Thou art not known! Even by Hari, Hara and the other gods thou art incomprehensible!

Thou art the resort of all; thou art this entire world which is composed of parts!

Thou verily art sublime original Nature untransformed!

★ Thou, whose complete divinty by means of utterance

Finds satisfaction in all sacrifices, O goddess,

Art verily Svāhā, and givest satisfaction to the Pitṛ-hosts!

Hence, thou art in truth declared by men to be Svadhā also.

★ Thou art she, who effects final emancipation, and performs great through-transcending penances!

Thous studiest with thy organs, which are the essence of strength, well-restrained!

With munis, who seek final emancipation and who have shed all their faults,

Thou art The Knowledge, adorable, sublime in sooth, O goddess!

★ Sound is thy soul! thou art the repository of the most spotless Ṛc and Yajus hymns,

And of the Sāmans, which have the charming-worded texts of the Udgītha!

Thou as goddess art the triple Veda, the adorable, and for the existence and production

Of all the worlds art active; thou art the supreme destroyer of their pains!

★ Thou art Mental Vigour, O goddess! thou has comprehended the essence of all the Scriptures!

Thou art Durgā; the boat to cross the difficult ocean of existence; devoid of attachments!

Thou art Śrī, who has planted her dominion alone in the heart of Kaiṭabha's foe!

Thou indeed art Gaurī, who has fixed her dweling in the moon-crested god!

★ Slightly-smiling, spotless, resmbling the full moon's

Orb, beautiful as the choicest gold, and lovely was thy face!

Yet's was very marvellous that, being swayed by anger,

The Asura Mahiṣa suddenly smote thy face when he saw it.

★ But after seeing thy wrathful face, O goddess, terrible with its frowns,

And sheeny in hue like the rising moon, that Mahiṣa

Did not forthwith yield up his life, It was passing wonderful!

For who can live after beholding the King of Death enraged?

★ Be gracious, O goddess, as supreme lady, to life!

When enraged thou dost forthwith destroy whole families!

Known at this very moment is this, that here is brought to its end

The Asura Mahiṣa's most extensive might!

★ Esteemed arethey among the nations, theirs are riches,

Theirs are glories, and their sum of righteousness perishes not,

Happy are they indeed, and they possess devoted children, servants and wives,

Oh whom thou, well-pleased, dost always bestow prosperity, O lady!

★ All righteous actions ever indeed, O goddess,

With utmost respect the man of good deeds daily performs,

And grain heaven thereafter by thy favour, O lady.

Dost thou not by him bestow rewards even on the three worlds, O goddess?

Thou O Durgā, when called to mind, dost remove terror from every creature!

Thou, when called to mind by those ion health, dost bestow a mind extremely bright!

What goddess but thou, O dispeller of poverty, pain and fear,

Has ever benevolent thoughts in order to work benefits to all?

★ By these slain foes the world attains to happiness; thus let these

Forsooth practise sin so as to descend to hell for long!

'Meeting death in battle let them proceed to heaven' –

Thinking thus, thou dost assuredly destroy the enemies, O goddess!

★ Having indeed seen them, why dost thou not, O lady, reduce to ashes

All the Asuras, since thou directest thy weapon against the foes?

'Let even enmies, purified by dying in arms, attain in sooth to the bright words' –

· Such is thy most kindly intention towards even them.

★ And though, neither by the sharp flashes of abundant light from thy scymitar,

Nor by the copious lustre of thy spear-point, the eyes of the Asuras

Were destroyed; yet, as they gazed upon thy countenance which bore a portion of the radiant moon, this very thing happened.

★ Thy disposition, O goddess, subdues the conduct of men of evil conduct;

And this thy form surpasses thought and rivalry by others; And thy valour vanquishes those who have robbed the gods of their prowess;

Thou hast as it were manifested pity thus even on enemies!

★ To what my this thy prowess be compared?

And whereto thy form most charming, which strikes fear among foes?

Compassion in mind and relentlessness in battle are seen

In thee, O goddess, who bestowest boons even on thethree worlds!

★ Through the destruction of the foes, these three words entire

Have been saved by thee. Having slain them in the battle front

Thou hast led even those hosts of foes to heaven, and dispelled the fear

Which beset us from the frenzied fores of the gods.

Reverence to thee!

★ With thy spear protect us, O goddess!

Protect us with thy sowrd also, O Aṃbikā!

By the clanging of thy bell protect us,

And by the twaning of the thong of thy bow!

★ In the east guard us, and in the west;

O Caṇḍikā, guard us in the south

By the brandhishing of thy spear,

And also in the noth, O goddess!

★ Whatever gentle forms of thee wander about in the three worlds,

And whatever exceedingly terrible forms wander, by means of them guard us and the earth!

Thy sword and spear and club, and whatever other weapons, O Ambikā.

Rest in thy pliant hand, with them guard us on every side!

The ṛṣi spoke :

★ Thus was she, the Upholder of the worlds, hymned by the gods, and they paid honour to her with celestial flowers that blossomed in Nandana, and with perfumes and unguents. Morever, all the thirty gods in faith censed her with heavenly incenses. Beningly sweet in countenance she spoke to all the prostrate gods.

The goddess spoke :

★ Choose, ye thirty all! whatever ye desire of me, for I grant it with pleasure, being highly honoured by these hymns.

The gods spoke :

★ Thou, O adorable lady, has accomplihsed all, nought remains undone, in that this Asura Mahiṣa, our foe has been slain. Yet if thou must grant us a boon, O goddess great! wheneve rwe call thee, call thee to mind, do thou away with our direst calamities! And whatever mortal shall praises thee with these hymns, O lady of spotless countenance, to prosper him in wealth and wife and other blessings by means of riches, success and power do thou incline always, O Ambikā, who art propitious to us!

The ṛṣi spoke :

★ Being thus propitiated by the gods for the good of the world and on their own *behalf,* "Be it so!" said she, Bhadrakālī; and vanished from their sight, O king.

Thus, I have narrated this, O king, how the goddess came into being of yore from out of the gods' bodies, she who desires the good of all the three worlds. And again she came into existence having the body of Gaurī, just as she did before, in order to slay the wicked Daityas and Śumbha and Niśumbha, and to preserve the worlds, as benefactress of the gods. Hearken then to what I have declared to thee. I have truly told it thee.